Spurensuche
in Baden-Württemberg:

Klöster
Stifte
Klausen

Ein kulturhistorischer Führer

Gewidmet den engagierten Elternvertretern
des AK der Gesamtelternbeiräte Baden-Württemberg.

Gefördert durch:

Titelbild: Kreuzgang des Klosters Heiligkreuztal
              (Foto: Aßfalg)
Rückseite: Berwarttreppe im Deutschordensschloß Bad Mergentheim
              (Foto: Steinbach)

Gedruckt auf chlorfrei gebleichtem Papier

Wolfgang Willig

Spurensuche
in Baden-Württemberg:
Klöster
Stifte
Klausen

Ein kulturhistorischer Führer

© 1997 Gebr. Metz Verlags GmbH, Wannweil

ISBN 3-86144-122-5

1. Auflage 1997

Auflagenhöhe: 5 000 Exemplare

Umschlaggestaltung: Ralf Musen, Balingen

Druck: Kina Italia, Mailand

Herausgeber: Selbstverlag W. Willig, 72312 Balingen, Postfach 101212

ISBN 3-9801006-9-3

Auf Spurensuche zu den Klöstern, Stiften und Frauenklausen! Das heißt, daß in diesem Buch nicht nur die weithin bekannten, ins Auge springenden Anlagen à la Barockkloster Weingarten oder Zisterzienserabtei Maulbronn oder Stift Comburg dargestellt werden. Sondern darüberhinaus auch all die versteckt-vergessenen und z.T. untergegangenen Klösterchen und Stifte. Denn wer kennt sie schon, die ehemalige Frauenklause im Dorf, das schlichte Kapuzinerkloster am Rande der Altstadt, die Bedeutung des Namens „Stiftskirche", die moderne Ordensniederlassung im Gründerzeithaus? Oder die verschwundene Frauensammlung, an die nur noch ein Straßennamen erinnert?

Beides will dieses Buch darstellen: Das Spektakuläre wie das Unscheinbare. Unter dem Oberbegriff **„Religiöse Gemeinschaften"** sollen alle religiösen Institutionen, die ein Minimum an Gemeinschaftsleben praktizierten oder noch praktizieren, erwähnt werden: die großen Orden (Benediktiner, Zisterzienser, Franziskaner, Dominikaner) ebenso wie die modernen Kongregationen; die klassischen Klöster ebenso wie die weltlichen Stifte; die Ritterordenshäuser ebenso wie die evang. Diakonissenanstalten.

Auf Spurensuche in Baden-Württemberg! Begrenzt auf dieses 1952 entstandene Bundesland sollen die Klöster, Stifte und Klausen eingeordnet werden in eine allgemeine Ordensgeschichte. Die kulturelle Vielfalt dieses historisch zersplitterten Raumes bietet so viele Nuancen und besondere Entwicklungen, daß mit dem vorliegenden Werk nur ein kleiner Teil davon abgebildet werden kann. Als Thema für einen kulturhistorischen Führer würde sich z.B. auch die Beschreibung der vielen Ritterschaftsorte im Lande eignen.

Ein Ziel der vorliegenden Zusammenstellung ist, dem Leser die kulturelle Reichhaltigkeit des Landes vor seiner Haustüre, seiner **Heimat** aufzuzeigen. Und zugleich die Erinnerung an eine (häufig) vergessene **Kultur** zu erhalten.

Das Werk entstand aus einer jahrelangen *ehrenamtlichen Tätigkeit* als Leiter von Studienfahrten für die Heimatkundliche Vereinigung Balingen und von Seminaren zur Ordensgeschichte für die Fortbildungsstätte „Kloster Heiligkreuztal". Es entstand aus dem Freizeitinteresse des Autors für Geschichte und insbesondere aus dem Verlangen, die nähere Umgebung zu erkunden. Der persönliche Besuch der rund 400 Objekte brachte die Entdeckung einer faszinierenden, weitgehend unbekannten Welt: Spurensuche als detektivisches Abenteuer.

Somit entstand ein Werk aus der Praxis des Reiseleiters und Freizeithistorikers für die Hand des kunst- und kulturhistorisch interessierten Laien. Dies bestimmte auch die sprachliche Gestaltung der Texte:

Eine übersichtliche und verständliche Darstellung wurde angestrebt, unnötige Fachbegriffe vermieden. Die beruflichen Voraussetzungen als Verfasser mehrerer Psychologielehrbücher mit über 100 000 verkauften Exemplaren waren dabei hilfreich. Manche Aussagen wurden jedoch bewußt überspitzt formuliert, um den Leser zu einer Auseinandersetzung damit anzuregen.

Das Buch enthält Fehler, Ungenauigkeiten, Verzerrungen. Dies ist zum einen auf das Ausgangsmaterial zurückzuführen, in dem bereits Fehler auftauchen können. Zum anderen kann sich inzwischen vor Ort eine Änderung ergeben haben (z.B. Renovierung). Und schließlich ist der Autor auch nur ein Mensch, noch dazu ein nicht-historisch ausgebildeter. So steht nicht das exakte historische Detail im Vordergrund, sondern die kulturhistorische Einordnung dessen, was man vor Ort noch sieht bzw. davon noch weiß.

Als Ausgangsmaterial für die Zusammenstellung der Orte diente folgende **Literatur:**
• Das Land Baden-Württemberg. Amtliche Beschreibung nach Kreisen und Gemeinden. 8 Bände, Kohlhammer 1977
• Handbuch der Historischen Stätten Deutschlands: Baden-Württemberg. Krönerverlag 1965
• Reclams Kunstführer Baden-Württemberg, Reclam 1985
• Kommission für geschichtliche Landeskunde: Handbuch der badenwürttembergischen Geschichte, Bd. 2, Klett-Cotta 1995
Diese Literatur wurde ergänzt durch spezielle Vor-Ort-Literatur (Ortsbeschreibungen und Veröffentlichungen zu einzelnen Klöstern). Diese Angaben sind nicht für den wissenschaftlichen Historiker konzipiert, sondern für den „Alltagsbesucher", der die Schönheit des Objekts beschrieben haben möchte. Deshalb werden v.a. die ausliegenden kleinen Broschüren („Kunstführer") aufgeführt. Die kunsthistorische Beschreibung beschränkt sich im vorliegenden Werk auf einige wenige Hinweise (Baustil, Erbauungszeit, besondere Merkmale), da eine ausführliche Darstellung den Rahmen dieses Buches sprengen würde. Das Buch will Appetit machen auf mehr.

Das Werk soll eine „Marktlücke" schließen: Es fehlt bisher ein zusammenhängender Überblick zur Ordensgeschichte unseres Raumes für alle Orden, es fehlt die Einordnung der einzelnen Niederlassung in einen Gesamtrahmen.
So bietet das vorliegende Werk mit der Beschreibung von rund 400 Ordensniederlassungen einen einmaligen Überblick. Dabei werden jedoch verschwundene **Frauenklausen** nur dann angesprochen, wenn der Ort

wegen einer sonstigen Ordensniederlassung bereits erwähnt wird. Denn Frauenklausen waren für jeden größeren Ort gängig. (Eine Aufzählung der franziskanischen Frauenklausen bringt das Standardwerk „Alemania Franciscana Antiqua" Bd. 18, S. 368–378.)

Zum Schluß ein persönliches Anliegen: Ich möchte die Leser dieses Buches zum **umweltbewußten** Reisen anregen. Die Mönche früherer Jahrhunderte machten ihre „Dienstreisen" zu Fuß, die Klöster praktizierten nachhaltiges Wirtschaften statt Ausbeutung der Resourcen. Ich habe als Autor dieses Buches die notwendigen Reisen möglichst umweltbewußt gestaltet: Mit der Bahn wurde ein zentralgelegener Ort angefahren, von dort aus wurden die abgelegenen Landklöster vor Ort mit einem Leihwagen erkundet. (Ein Tip: Wochenendtarife für Leihwagen sind sehr günstig). Die Ordensanlagen in den Städten können gut zu Fuß erkundet werden, da sie in der Regel im Stadtzentrum liegen. (Ein Tip: Stadtpläne sind beim jeweiligen Verkehrsverein erhältlich). Es ist mir ein persönliches Anliegen, daß die Menschen meiner Umwelt die Welt aus der Perspektive früherer Generationen erkunden statt nur das „unhistorische" Fortbewegungsmittel Auto zu benutzen. Zudem kann die Benutzung öffentlicher Verkehrsmittel den Eindruck des Abenteuers noch verstärken!

Mein **Dank** gilt folgenden Personen, die mich mit Materialien unterstützt haben:
Winfried Aßfalg, Fotograf (Riedlingen); Dieter Bauer, Akademie der Diözese Rottenburg (Weingarten); Dr. Herbert Burkarth, Hohenzollerischer Geschichtsverein (Gammertingen); Prof. Kaspar Elm, FU Berlin; Adolf Klek, Kloster Kirchberg; Hans Kratt, Heimatkundliche Vereinigung Balingen; Prof. Franz Quarthal, Universität Stuttgart; Bruno Schneider (Riedlingen); Hans-Ulrich Schneider (Groß-Zimmern); Manfred Schramm (Schwäbisch Gmünd); Thomas Wagner „das Buch" (Balingen);
und allen, die mir Fotos zur Verfügung stellten
sowie der Firma **BL-Immobilien** (Balingen) für die finanzielle Unterstützung.

Abkürzungen:

BW = Baden-Württemberg	*30j. Krieg= 30jähriger Krieg*	*Lit. = Literatur*
evang. = evangelisch	*kath. = katholisch*	

Es wird zwischen dem alten Wirtemberg (Grafschaft, Herzogtum) und dem Königreich Württemberg (ab 1806) unterschieden.
Ein Punkt neben dem Text zeigt an, daß hier noch heute eine religiöse Gemeinschaft besteht. Die Ordensangaben im Text sind entsprechend ihrer Bedeutung in Groß- oder Kleinbuchstaben geschrieben.

Inhalt

Ordensgeschichtliche Begriffe

Kloster bedeutet in seinem Grundgedanken Rückzug aus der Welt, Absonderung in ein Claustrum (lat. = abgeschlossener Raum), Leben in Askese, Gebet, Meditation. Dieses Grundschema entwickelte sich in der christlichen Antike im vorderasiatischen Raum. Ursprünglich als Rückzug von **Einsiedlern** (= Eremiten) praktiziert, entstanden daraus Gemeinschaften von **Mönchen** (griech. monachos = einsam lebend), die sich an einer Regel orientierten. Für das abendländische Mönchtum wurde die Regel des **Benedikt** von Nursia aus dem 6. Jh. dominierend, die in ihren Grundsätzen die 3 Gelübde des Gehorsams, der Keuschheit und der individuellen Armut vorschreibt und „ora et labora" (= Beten und Arbeiten) zur Richtschnur für die Tagesgestaltung macht. Die frühen Klöster unseres Raumes waren von Laiengemeinschaften bewohnt, die ab dem 9. Jh. nach der Benediktregel lebten.

Analog dazu verlief die Entwicklung bei den Frauen. **Nonnen** (lat. Nonna = ehrwürdige Frau) lebten jedoch im Unterschied zu Männern weltabgeschieden in strenger Klausur (lat. clausus = geschlossen), seitdem der Abt Caesarius von Arles (6. Jh.) in seinen Regeln für Frauenklöster dies fordert.

Auch bei **Klerikern** (Priester, Kanoniker) finden wir die Tendenz zum Zusammenleben in einer klosterähnlichen Art. Da sie in ihrem Beruf Aufgaben in der Welt erfüllen müssen, bleibt ihnen jedoch der radikale Rückzug verwehrt.

Die erste derartige Gemeinschaft tritt bei dem Kirchenvater **Augustinus** im 4. Jh. ans Licht der Ordensgeschichte, der als Bischof von Hippo in Nordafrika die Priester seiner Stadt in einem Haus zusammenwohnen ließ und ihnen hierzu eine Reihe von Regeln gab. Als zwei unterschiedliche Augustinusregeln dienen sie später überall den Klerikerngemeinschaften als Richtschnur. Im Unterschied zum Kloster spricht man hier vom **Stift** und statt Mönche treffen wir **Stifts- bzw. Chorherren** an. Diese leben entweder nach der strengen, mönchsähnlichen Augustinusregel und nennen sich **Augustiner**-Chorherren, regulierte Chorherren oder **Regularkanoniker.** Oder als **Kollegiatstifte** (= **weltliche** Stifte) übernehmen sie die gemäßigte Regel des Augustinus, die sogar Privatbesitz erlaubt. Wir finden letztere meistens als für den Adel reservierte Stifte im Dienste eines Hochadelsgeschlechts.

Analog dazu gibt es Augustiner-**Chorfrauen** bzw. **Kanonissen** bzw. weltliche **Stiftsdamen.**

Eine Zwischenform zwischen Kloster und Welt bilden die **Frauenklausen.** In der ursprünglichen Bedeutung des Wortes „Klause" haben wir es auch hier mit Rückzug in Form von Einsiedelei zu tun. Der Begriff ändert sich in der spätmittelalterlichen Ordensgeschichte. Jetzt stellen die

Frauenklausen eine Sonderform religiöser Gemeinschaften dar. Und zwar werden damit die **Beginen**, die als Gemeinschaft ohne einen Anschluß an einen Orden zusammenleben, in die Kirchenhierarchie integriert. Als 3. Orden dürfen sie weiterhin in der Welt aktiv sein und zugleich ein religiöses Leben führen (s. S. 16). Häufig nennen sie sich **Schwestern** statt Nonnen, ihre Vorsteherin „Meisterin".

Die Unterscheidung in **1.-, 2.- und 3. Orden** bedeutet: Dem 1. Orden gehören die Männer als Mönche an, dem 2. Orden die Frauen als Nonnen in Klöstern mit Klausur, dem 3. Orden die in der Welt aktiven Religiosen. Sowohl Einzelpersonen wie auch ganze Konvente können einem 3. Orden angehören.

Priorate und **Propsteien** sind bei den Benediktinern Filialen eines Klosters, bei denen der Abt des Mutterklosters über dem Prior (lat. der Obere) oder Propst (lat. präpositus = Vorgesetzter) steht. Bei den Bettelorden und Stiften jedoch sind Prior und Propst die Bezeichnungen für die Vorsteher selbständiger Konvente („Stiftspropst, Dompropst"). Bei den Frauen findet man die Bezeichnung „Priorin".

Es ist unhistorisch, Ordensgeschichte auf dieses erst seit 1952 bestehende Bundesland zu verengen, das zur Zeit des Hl. Römischen Reiches, also vor der napoleonischen Flurbereinigung, aus einem Flickenteppich von hunderten von Territorien bestand. So gibt es z.B. die beiden für dieses Bundesland zuständigen Bistümer erst seit den 20er Jahren des 19. Jh. Zuvor war dieses Gebiet einer Reihe von Bistümern zugeordnet: Konstanz, Basel, Straßburg, Worms, Speyer, Mainz, Würzburg, Augsburg. Daher ist die Verbreitung von Orden in unserem Raum häufig von außerhalb stehenden Mächten abhängig, z.B. fränkische Ostpolitik, Bistumseinteilung, Zentrale der Ordensprovinz, päpstliche Kurie, vorderösterreichische (= Habsburger) Regierung. Aber dennoch lassen sich immer wieder Parallelen zwischen den verschiedenen Klöstern oder Stiften unseres Raums feststellen. Und lassen sich die Niederlassungen der Orden rein quantitativ für dieses Bundesland festhalten und vor Ort besichtigen.

Die Ordensgeschichte für das Land Baden-Württemberg ist eingeordnet in die allgemeine Ordensgeschichte mit ihrem Auf und Ab, mit ihrem Werden und Vergehen von Orden. Man kann diese Geschichte mit einem Bonmot kennzeichnen: „Jede Zeit schafft ihre Orden und Bewegungen, jeder Orden und jede Bewegung ist nach einiger Zeit geschafft!".

1. VON DEN KAROLINGERN ZUR CLUNY-HIRSAU-BEWEGUNG (700–1100)

Klöster treten in unserem Gebiet erst in karolingischer Zeit auf, vorangehende frühmittelalterliche Gründungen sind nur legendenhaft (s. Münstertal-St. Trudpert). Verbreitet werden sie v.a. von irischen Mönchen. Deren Form von Mönchtum spricht die germanische Oberschicht an, weil im Eigenklosterwesen die weltliche Herrschaft eine Kontrolle der geistlichen Institution behält (s. Sulzburg). Die frühen Mönche lebten nach der Regel des Iren Kolumban oder einer Mischregel (s. Friesenheim-Schuttern). Erst unter den Karolingern mußten im Frankenreich alle Klöster die **Benediktregel** annehmen, weshalb wir vor 1100 in ganz Europa nur den Benediktinerorden vorfinden. Von Westen (Frankenreich, Rheintal, s. Gengenbach) verbreitet er sich nach Osten, wobei aus strategischen Gründungen frühe Niederlassungen an der bairischen Grenze gegründet werden (s. Herbrechtingen). Mit den Klöster entstehen Kulturzentren (s. Reichenau), verschwinden weiße Flecken von der Landkarte. Es entsteht der Idealplan einer Klosteranlage (St. Gallener Klosterplan, s. Reichenau). Für die weiblichen Angehörigen des Hochadels werden Frauenklöster reserviert (Buchau, Säckingen, Waldkirch). Einige Gründungen gehen wieder unter (s. Wiesensteig) oder verarmen wegen der Ungarn- und Normanneneinfälle. Ein Aufschwung ist erst wieder mit der politischen Stabilisierung unter den Ottonen feststellbar.

Ihren Höhepunkt erleben die Benediktiner mit der **Cluny-Hirsau-Reform-Bewegung** des 11. Jh., in der eine Unmenge von Neugründungen in unserem Raum vorgenommen werden (s. Calw-Hirsau). Darunter finden wir auch die ersten Filialen in Form von Prioraten und Propsteien (s. Ebringen). Es ist die Zeit des Investiturstreits, in dem der regionale Adel seine Opposition zu Kaiser Heinrich IV. durch eine Klostergründung dokumentiert. Diese Klöster genießen eine zuvor unbekannte Unabhängigkeit von weltlichen Mächten und sind (theoretisch) nur dem Papst in Rom unterstellt. Auffallend ist dabei auch, daß fast sämtliche Reformklöster dieser Zeit als Doppelklöster entstehen, in denen Mönche und Nonnen bei getrennter Wohnung bestimmte sakrale Handlungen gemeinsam begehen (z.B. Prozessionen). Erst nach einiger Zeit werden die Frauenklöster abgesondert (s. Bad Teinach-Zavelstein). Die Besiedlung des Schwarzwaldes ist die Leistung einiger dieser Reformklöster (St. Blasien, St. Georgen).

Kanoniker finden wir bereits seit ca. 800 im Dienste der Bischöfe. Eigentliche **Stifte** werden in unserem Raum jedoch erst im 11. Jh. gegründet. Parallel zur Cluny-Hirsau-Reform kommt es auch bei den Chorherren (Kanonikern) zu einer Hinwendung zu der strengeren Augustinusregel (Augustiner-Chorherren). Man spricht aufgrund dieser Regelorientierung von den **Regularkanonikern** (s. Ühlingen-Birkendorf-Riedern). Damit gewinnen die Bischöfe ein Instrument, um ihren Weltklerus zu reformieren. Augustinerchorherrenstifte wie weltliche Kollegiatstifte dienen den Bischöfen als Stützpunkte und Verwaltungszentren für den Ausbau ihres Fürstbistums (s. Wimpfen i.T.).

2. DIE NEUEN ORDEN DES HOCHMITTELALTERS (1100–1300)

In Burgund und Norditalien entstehen Bewegungen, die als neue Orden nach dem Motto „zurück zu den Anfängen des Mönchtums" die mächtig gewordenen Benediktinerklöster verdrängen: **Zisterzienser, Eremiten** und bei den Klerikern die **Prämonstratenser.** Diese Bewegungen schwappen schnell in unseren Raum über (s. Rot a.d. Rot). Über eine systematische Kontrolle ihrer Filialen bauen sie gezielt eine Organisation auf (s. Schönau). Von vornherein streben sie eine Exemption (= Befreiung) von der Bischofsaufsicht an, unterstehen also nur dem Papst. Auch diese Ordensgemeinschaften leben nach der Benedikt- oder Augustinusregel, jedoch in einer konsequenten und strengen Ausführung mit Fasten und Arbeiten. Dementsprechend sind ihre wirtschaftlichen Leistungen: Die letzten unzugänglichen Wald- oder Sumpfgebiete werden in einer „Inneren Kolonisation" erschlossen und bilden die Basis für ihren späteren Reichtum (s. Freiamt-Tennenbach). Die klassischen Benediktinerklöster jedoch werden immer mehr zu reinen Versorgungsinstituten des Adels und geraten in eine geistige und wirtschaftliche Krise. So wechseln in dieser

Zeit z.B. die Hochadelsfrauenklöster von der benediktinischen Regel hin zur gemäßigten Augustinusregel und werden weltliche Damenstifte.

Die Zisterzienser entwickeln, aufbauend auf dem St. Gallener Klosterplan, ein **Klosterbauschema**, das sich im Schlepptau ihrer kolonisatorischen Leistungen überall im westlichen Europa verbreitet und von den anderen Orden letztlich auch übernommen wird.

Das „klassische" Klosterbauschema ist zisterziensisch:

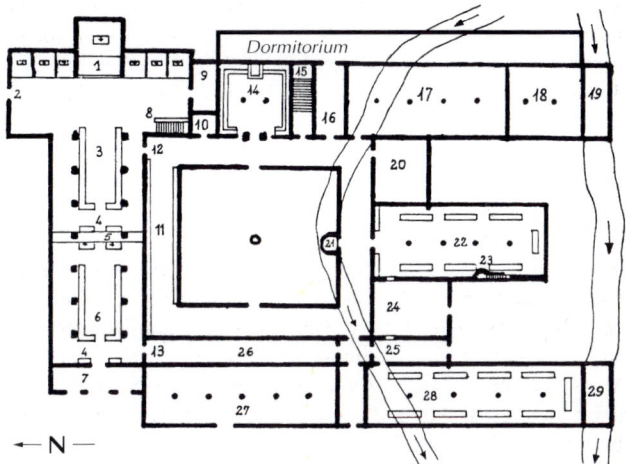

Idealplan eines Zisterzienserklosters (nach Braunfels, S. 124):
1 Sanktuarium, 2 Totenpforte, 3 Mönchschor, 4 Krankenbänke, 5 Lettner, 6 Konversenchor, 7 Narthex, 8 Dormitoriumstreppe, 9 Sakristei, 10 Armarium, 11 Mandatum – Steinbänke zum Lesen und zur Fußwaschung, 12 Mönchspforte, 13 Konversenpforte, 14 Kapitelsaal, 15 Dormitoriumstreppe, 16 Auditorium, 17 Mönchssaal, 18 Noviziat, 19 Mönchslatrine, 20 Wärmeraum, 21 Brunnen, 22 Mönchsrefektorium, 23 Lesekanzel, 24 Küche, 25 Sprechraum des Cellerars, 26 Konversengasse, 27 Vorratshaus, 28 Konversenrefektorium, 29 Konversenlatrine

Die Stauferzeit läutet eine neue Epoche ein. Mit dem Aufkommen der Stadtkultur stehen die Landklöster der bereits klassisch gewordenen neuen Orden außen vor. Entsprechend den Gesetzen der Marktwirtschaft schafft der neue Bedarf in den Städten eine Nachfrage nach neuen Formen religiöser Betreuung, bildet sich hier das Aufgabengebiet und zugleich die wirtschaftliche Grundlage der **Bettelorden: Franziskaner** (= Barfüßer, Minoriten, Minderbrüder), **Dominikaner** (= Prediger, Prädikanten), **Augustiner-Eremiten** (s. Weil d. Stadt) und **Karmeliten** (s. Kirchzarten) dringen aus Italien schnell in unseren Raum vor. Bereits 20 Jahre nach der offiziellen Anerkennung durch den Papst finden wir ihre Niederlassungen in Freiburg, Konstanz, Esslingen, Ulm. Zur spätmittelalterlichen Stadt gehört ein Bettelordenskloster, und die Bedeutung einer Stadt läßt sich u.a. an der Anzahl derartiger Niederlassungen ersehen (s. Esslingen).

Der Südwesten Deutschlands ist als ein Kernland der **Ritterorden** anzusehen, denn hier findet man mit Mergentheim (Deutscher Orden) und Heitersheim (Malteserorden) ihre Zentralen für Deutschland. Ritter und Mönche, ein scheinbar unüberbrückbarer Gegensatz. Die Ausgangslage der Ritterorden ist jedoch karitativ: die Pilgerbetreuung in Palästina während der Kreuzzüge. Der **Johanniterorden** (später **Malteserorden)** erweitert dies um die Aufgabe des Kampfes gegen Andersgläubige, wodurch sich v.a. Ritter angesprochen fühlen. In diese Fußstapfen tritt der **Deutsche Orden** bereits bei seiner Gründung. Beide Orden werden von den Staufern und deren Anhängern gefördert und reichsfrei. Zudem bringen aufstrebende Ministerialen und Ritter bei einem Ordenseintritt ihre Ländereien ein (Mergentheim, Konstanz-Mainau). Der Zerfall des Stauferreichs macht sich v.a. in ihrem Kernland Schwaben bemerkbar und hinterläßt ein Vakuum, in dem die Kommenden der Ritterorden überleben können. Während die Johanniterbesitzungen im Lande verstreut bleiben, können die Deutschherren mehrere geschlossene Territorien aufbauen (s. Gundelsheim-Horneck). Altshausen wird die Zentrale der Ballei (= Provinz) Elsaß-Burgund, zu der die südliche Hälfte unseres Bundeslandes gehört. Der Ritterorden **Templer** besaß wahrscheinlich keine Niederlassungen in unserem Raum.

Ein Produkt der Kreuzzüge sind in unserem Bereich auch die **Chorherren v. Hl. Grab**, die in Denkendorf ihre Zentrale für Deutschland einrichten sowie der Pflegeorden der **Lazariten** (s. Bad Krozingen-Schlatt). Weitere Pflegeorden entstehen in dieser Zeit mit den **Antonitern** (s. Teningen-Nimburg) und dem **Hospitalorden v. Hl. Geist** (s. Markgröningen).

3. DIE FRAUENBEWEGUNG

Im Hochmittelalter erleben wir eine neue Qualität von Frauenreligiosität. Die **Beginensammlungen**, die im Bodenseeraum zeitgleich wie in ihrem Zentrum in den Niederlanden auftreten (s. Wald), münden in den Anschluß an bereits bestehende Orden. Gegen den Widerstand der Männer erzwingen die Frauen eine kirchenrechtlich notwendige Betreuung und Übernahme durch einen Orden ihrer Wahl. Zuerst durch die Zisterzienser (s. Baindt), dann durch die Dominikaner (s. Sulz-Kirchberg), schließlich auch durch die Franziskaner (s. Pfullingen). Aus den unreguliert lebenden Frauensammlungen werden somit Zweit-Ordens-Klöster, in denen die Frauen einer strengen Klausur verpflichtet sind. Hierin entwickelt sich sodann eine Mystik-Bewegung, die als typisch für unseren Raum und diese Zeit angesehen werden kann (s. Sulz-Kirchberg). Man kann die Frauenbewegung mit dem modernen Begriff der Emanzipation kennzeichnen. Am Ende gibt es in unserem Gebiet mehr Frauen- als Männerklöster, sind einige dieser Frauenklöster sogar reichsfrei (s. Rottweil-Rottenmünster). Eine weitere Welle beginischer Frauensammlungen mündet in die **Dritt-Ordens**-Klöster bzw. **Frauenklausen**. Im 14. Jh. ist die Frauenbewegung ungebrochen. Die jetzt entstehenden Frauengemeinschaften bzw. -sammlungen besitzen jedoch im Unterschied zu denen des vorangehenden Jahrhunderts nicht mehr die finanzielle Substanz, sich zu einem regulären Kloster mit strenger Klausur zu entwickeln. Sie bleiben auf der Stufe kleiner Konvente stehen, die kirchenrechtlich einem regulären Orden angeschlossen sein und offiziell von ihm betreut werden müssen. Denn das Konzil von Vienne verbietet 1312 die „freien" Beginengemeinschaften als ketzerisch.

Hier zeigt sich das Ordenswesen überraschend flexibel. Man findet die Lösung des **3. Ordens.** Das bedeutet: Offiziell wird die Betreuung von einem regulären Männerorden(skloster) übernommen, die betreuten Frauen dürfen jedoch ihre bisherigen sozial-karitativen Tätigkeiten in der Welt weiter ausüben (Krankenpflege, Sterbebegleitung, Jahrtaggedenken, Mithilfe in der Pfarrkirche, s. Unlingen). Dementsprechend sind sie nicht an eine strenge Klausur gebunden und besitzen auch keine eigene Kirche. So werden sie in der Praxis von ihrem zuständigen örtlichen Pfarrherren betreut, weshalb wir ihre Niederlassungen in der Regel neben der Pfarrkirche finden (s. Pfullendorf). Aus dieser Bewegung heraus entstehen auch die zahlreichen Dorfklausen (s. Balingen), in denen 3–10 Frauen in einer Mischung von Klausur- und Ausgehschwestern weltliches und klösterliches Leben kombinieren. Diese Anlagen bleiben klein („Klösterchen"), weshalb sie meistens nach der Säkularisation verschwinden oder heute kaum von einem sonstigen Wohnhaus zu unterscheiden sind. Meistens finden wir den offiziellen Anschluß an die Franziskaner vor, aber auch die Dominikaner sind regional sehr stark vertreten (s. Sulz-Kirchberg). Auffallend ist, daß in der Neuzeit (nach der Reformation) keine einzige Frauenklause in BW neu entsteht.

4. NIEDERGANG UND REFORM IM SPÄTMITTELALTER

Es ist ein Kennzeichen menschlichen Seins, daß die Ideale bestimmter Lebens- oder Zeitepochen auf Dauer nicht durchgehalten werden können. Man nennt dies Anpassung an den Zeitgeist und spricht von Sachzwängen. Dies tritt auch in der Ordensgeschichte so auf: Die Ideale der Gründungszeit sind nicht mehr nachvollziehbar, man „verweltlicht". Das Armutsideal der Franziskaner z.B. wird zur Fiktion, weil man eine Form der Regelauslegung konstruiert, die faktisch den Besitz von Geld und Gütern erlaubt. Bei den Benediktinern kann man die Tendenz zur Verweltlichung anhand der auftretenden Umwandlungen in weltliche Stifte dokumentieren (s. Sinsheim). Es ist die Krise der Kirche insgesamt mit ihren Renaissance-päpsten.

Aus diesem geistigen Vakuum will eine Reformbewegung bei den Bettelorden führen, die in Italien entsteht: zurück zur strengen **Observanz** (= Beachtung) der ursprünglichen Regeln. Am Ende haben sich fast alle Bettelordensklöster unseres Bereichs dieser Bewegung angeschlossen, und auch die Frauenklöster müssen nolens-volens mitziehen (s. Gomadingen-Offenhausen). Selbst bei den Benediktinern greift die Idee der Reform: Es bilden sich **Kongregationen**, also Zusammenschlüsse unter Federführung eines Reformklosters (z.B. Bursfelde und Kastl, s. Ulm-Wiblingen).

Neben der Reform etablierter Orden fördert man in dieser Zeit neue, unverbrauchte Bewegungen. So entstehen rund 15 Niederlassungen des Einsiedlerordens der **Pauliner** (s. Satteldorf) und 2 der **Kartäuser** (s. Wurzach-Marienau) in unserem Raum. Auch die Ansiedlung der **Brüder v. gemeinsamen Leben** durch den wirtembergischen Grafen Eberhard im Barte (s. Urach) paßt hier hinein.

Eine Sonderrolle spielen im Spätmittelalter die **Kollegiatstifte** für weltliche Chorherren. Die aufstrebenden Adelsgeschlechter gründen in ihrer Residenzstadt ihr **Hausstift**. Mit der Verlegung der Grablege in dieses Stift wird es zum geistigen Zentrum der Herrschaft (s. Wertheim und Stuttgart). Die Chorherren erhalten häufig eine juristische Ausbildung an einer der jungen Universitäten und dienen als juristische Berater beim Aufbau des jeweiligen Territorialstaates. Einige Kollegiatstifte bilden sogar die wirtschaftliche und personelle Grundlage für das ehrgeizige Projekt der Universitätsgründung (s. Heidelberg und Tübingen).

Eine Regellockerung läßt Augustinerchorherrenstifte ebenso wie Benediktinerklöster (s.o.) zu weltlichen Stiften werden (s. Backnang).

5. REFORMATION, BAROCK UND SÄKULARISATION

Aus der Observanz-Reform-Bewegung entsteht die Reformation (Luther war Augustiner-Eremit der observanten Linie), die das Mönchtum an den Rand des Untergangs bringt. Entweder werden die religiösen Vereinigungen durch die Landesherren aufgehoben, indem diese ihre Vogteirechte ausspielen (s. Zwiefalten). Oder aufgrund fehlenden Nachwuchses sterben sie aus (s. Friedenweiler). Ja, die Mönche selbst verbreiten die Ideen der Reformation, v.a. die bürgernahen Bettelordenskonvente (s. Rottenburg). Die Frauenklöster jedoch wehren sich in ihrer Mehrzahl gegen die Auflösung (s. Leutkirch). Manche Konvente stehen nur zeitweise leer, weil der Landesherr nach seiner Rückkehr zum Katholizismus eine Neubesiedlung vornimmt (s. Marxzell-Frauenalb).

In dieses Vakuum stoßen die neuen Bewegungen hinein: Die **Jesuiten** verkörpern die Erneuerung des Priesterstandes und leben nach strengen Regeln, weshalb man all diese neuen Klerikerorden **Regularkleriker** (s. Rastatt) nennt. Nicht nur Seelsorge, sondern auch die Bildung der Jugend wird zu einem Schwerpunkt, was zu „jesuitischen" Frauenorden führt (**Ursulinen, Augustiner-Chorfrauen**, s. Offenburg). Die **Kapuziner** wollen das franziskanische Armutsideal radikal verwirklichen und somit die kath. Kirche wieder glaubwürdig machen. Zudem sprechen sie über das Wallfahrtswesen das emotionale Glaubenserleben an (s. Waghäusel). Hier mischen auch die Franziskaner mit, die einige Neugründungen vornehmen können (s. Ehingen). Jesuiten wie Kapuziner werden von den kath. Landesherren unseres Gebietes gezielt als **gegenreformatorische** Stoßtruppen angesiedelt (s. Baden-Baden). Vor allem die Kapuziner mit ihrer Unmenge von Niederlassungen erzielen eine breite Wirkung (s. Haslach). Der 30j. Krieg zerstört vorübergehend die konfessionellen Strukturen.

Ebenso wie das Wirtschaftswunder nach dem 2. Weltkrieg mag den Zeitgenossen der Aufstieg im Barock erschienen sein. Aus der totalen Zerstörung und Entvölkerung des 30j. Krieges erfolgt ein langsamer Aufstieg, der in die Blüte der **Klosterstaaten** mündet: Reichsfreie Klöster bauen ihr Territorium aus, andere erreichen durch hohe Ablösezahlungen den politischen Idealzustand der Reichsfreiheit (s. Zwiefalten). Barocke Klosterstaaten prägen bis heute Oberschwaben (s. Obermarchtal), die politische Freiheit gab den Spielraum für riesige Repräsentationsanlagen (s. Weingarten). Augustinerchorherren- und Kollegiatstifte führen daneben ein Schattendasein, mit Ausnahme von Neugründungen in den Reichsstädten (s. Schwäbisch Gmünd).

Es war jedoch eine Glanzzeit auf tönernen Füßen, der Aufklärung und französische Revolution ein kompromißloses Ende setzen. Einen Vorgeschmack hierzu bieten bereits die Aufhebungen der „unnützen" Klöster durch Kaiser Joseph II. ab 1780 für das Habsburger Gebiet sowie das päpstliche Verbot des Jesuitenordens. Gegen die Pläne Napoleons, der im Reichsdeputationshauptschluß von 1803 eine totale Neuordnung des alten Römischen Reiches Deutscher Nation durchsetzt und die allgemeine **Säkularisation** (= Verweltlichung) aller Klöster erlaubt, haben die religiösen Institute keine Chance. Die Klosteridee als solche ist out, hat sich in den Augen der Zeitgenossen überlebt. Gerade mal 8 Frauenklöster überstehen in unserem Bereich die Aufhebung (s. Offenburg). Eine Reihe von Klosterkirchen dient jetzt für den evang. Gottesdienst, so daß wir heute in Ellwangen, Friedrichshafen, Bad Mergentheim, Rastatt, Rottweil und Schwäbisch Gmünd Barockkirchen im Dienste protestantischer Gemeinden vorfinden.

6. KONGREGATIONEN UND DIAKONISSENANSTALTEN

Es ist bezeichnend, daß die Neugründung eines Klosters der alten Orden erst über 50 Jahre nach der Säkularisation erfolgen kann (s. Beuron). Aber bereits zuvor sprießen neue religiöse Niederlassungen und Bewegungen hervor, jedoch nicht mehr in der Form der herkömmlichen Orden: kath. **Kongregationen** und evang. **Diakonissenanstalten**, die nicht den Rückzug aus der Welt suchen, sondern den Einsatz an den sozialen Brennpunkten der aufkommenden Industriegesellschaft. Frauen reagieren hier schneller als Männer (s. Untermarchtal und Rheinau-Nonnenweiler) und knüpfen an die Idee der mittelalterlichen 3. Orden (s. Punkt 3) an. Sie beschränken sich auf den Bereich der Diözese oder des jeweiligen Staatsgebietes, sodaß die staatlichen Aufsichtsbehörden weniger mißtrauisch gegen eine „Verschwörung" sind. In den 20er Jahren unseres Jahrhunderts werden die letzten derartigen Gemeinschaften gegründet (s. Aidlingen).

In der kath. Kirche entstehen auch bei den Männern neue Gemeinschaften, die sich von den herkömmlichen Orden absetzen. Sie sehen ihre Aufgaben in der Mission (s. Aulendorf) oder im Apostolat, also der Nachfolge der Apostel (s. Bad Wurzach). Hierzu wollen sie in allen Bereichen der Welt arbeiten, von der Volksmission über den Unterricht bis hin zur Seelsorge. In unserem Gebiet finden wir Niederlassungen der Redemptoristen, Salvatorianer, Salesianer, Pallottiner, Herz-Jesu-Priester, unterschiedliche Namen bei teilweise gleicher Tätigkeit. Ein Überblick über diese Vielfalt fällt schwer (s. Stegen).

Hierzu passen die modernen **Säkularinstitute** (Weltgemeinschaften), Genossenschaften sowohl von Klerikern wie auch von Laien. Die Mitglieder legen zwar ein Gelübde ab, verbleiben jedoch meist in ihren Berufen.

Foto: Willig

Da die Frauenklausen bzw. Klöster des 3. Ordens in ihrer Anfangszeit keine eigene Kirche besitzen durften, ließen sie den Gottesdienst für kranke Mitschwestern mit Hilfe eines Tragaltars feiern. In der Kirche des seit über 700 Jahren bestehenden Dominikanerinnenklosters Zoffingen in Konstanz (S. 205) befindet sich an der Südwand ein derartiger Tragaltar aus der Anfangszeit als Drittordensgemeinschaft.

Schema zur Ordensgeschichte in *Baden-Württemberg*

	Mönche	Kleriker	Frauen
Antike	Benedikt (um 530) Abt in Montecassino	Augustinus (um400) Bischof in Hippo	Regel des Cäsarius von Arles: strenge Klausur
Frankenreich	Irische Mönche verbreiten neue Form des Mönchtums: Zusammenarbeit von weltlicher und geistlicher Macht		
Karolingerzeit	Benediktinerregel verbindlich, St. Gallener Klosterplan	Bischofskanoniker (Domstifte)	Benediktinische Hochadelsklöster
Cluny-Hirsau-Reform (ca. 1000–1150)	Reformklöster, Doppelklöster, Priorate und Propsteien	Kirchenreform: Augustinerchorherren, Regularkanoniker	Doppelklöster, Augustinerchorfrauen
Neue Orden (ca. 1100–1200)	Einsiedler, Zisterzienser	Prämonstratenser, Ritterorden	Prämonstratenserinnen
Bettelorden (ca. 1215–1300)	Franziskaner, Karmeliten	Dominikaner, Augustinereremiten	Beginen, Frauensammlungen, Zisterzienserinnen, Dominikanerinnen, Klarissen, Mystik
Spätmittelalter (ca. 1300–1500)	Benediktiner: Umwandlung in Stift oder Anschluß an Kongregation Bettelorden: Observanz	Kollegiatstifte (Adelsgründung, Klosterumwandlung) Brüder v. gemeinsamen Leben	Dritte Orden, Klausen, (Franziskanerinnen)
Reformation/ Gegenreformation	Klosteraufhebungen, Kapuziner	Regularkleriker (Jesuiten)	Aufhebung der Klausen, Aussterben der Klöster
Barock	Klosterstaaten		Mädchenunterricht (Ursulinen, Augustinerchorfrauen)
Revolution/ Säkularisation	Aufhebung aller Arten von Klöstern und Stiften		Überleben von 8 Klöstern mit Mädchenunterricht
19. Jahrhundert	Missionsorden, Beuroner Kongregation	Kongregationen mit einfachen Gelübden (Apostolat)	Diözesane Kongregationen, Evangelische Diakonissenanstalten
Heute	Nachwuchsprobleme, Jugendbewegung (Taizé)	Säkularinstitute	Nachwuchsprobleme

Literaturüberblick

Allgemeine Ordensgeschichte:
• Borst, A.: Mönche am Bodensee. Sigmaringen: Thorbeckeverlag, 1978
• Frank, K.S.: Geschichte des christlichen Mönchtums. Darmstadt: Wissenschaftliche Buchgesellschaft, 1988
• Gregoire, R. u.a.: Die Kultur der Klöster. Stuttgart: Belserverlag, 1995
• Hawel, P.: Das Mönchtum im Abendland. Freiburg: Herderverlag, 1993
• Heimbucher, M.: Die Orden und Kongregationen der kath. Kirche. 2 Bände. Paderborn: Schöninghverlag. Nachdruck d. Ausgabe von 1933
• Lanczkowski, J.: Kleines Lexikon des Mönchtums und der Orden. Stuttgart: Reclam, 1993
• Schwaiger, G.: Mönchtum, Orden, Klöster. Ein Lexikon. München: Beckverlag, 1993
• Wienand, A.: Das Wirken der Orden und Klöster in Deutschland. 2 Bände. Köln: Wienandverlag, 1957

Einzelne Orden:
• Quartal, F.: Die Benediktinerklöster in Baden-Württemberg. **Germania Benediktina,** Bd. 5. St. Ottilien: EOS-Verlag, 1975
• Hilpisch, St.: Geschichte des **Benediktinischen** Mönchtums. Freiburg: Herderverlag, 1929
• Sydow, J. u.a.: Die **Zisterzienser.** Stuttgart; Belserverlag, 1989
• Schneider, A. u.a.: Die **Cistercienser.** Köln: Wienandverlag, 3. Auflage 1986
• Backmund, N.: Geschichte des **Prämonstratenserordens.** Grafenau: Morsakverlag,1986
• Zadnikar, M.: Die **Kartäuser.** Köln: Wienandverlag, 1983
• Baur, L.: Die Ausbreitung der **Bettelorden** in der Diözese Konstanz. Freiburger Diözesanarchiv, Bd. 1+2, 1900, 1901
• Gatz, J.: Alemania **Franciscana** Antiqua, Bd. 1–19. Bayr. Franziskaner-Provinz, 1957–1966
• Autorenteam: Franz v. Assisi. Stuttgart: Belserverlag, 1990
• Walz, A.: **Dominikaner und Dominikanerinnen** in Süddeutschland. Freising: Kyrios-Verlag, 1967
• Kunzelmann, A.: Geschichte der deutschen **Augustiner-Eremiten.** 2 Bände. Würzburg: Augustinusverlag, 1969, 1970
• Smet, J., Dobhan, U.: **Karmeliten.** Freiburg: Herderverlag, 1981
• Veröffentlichungen des Max-Planck-Instituts für Geschichte, Nr. 68 und Nr. 114 zum **Kollegiatstift** in Deutschland. Göttingen: Vandenhoeck & Ruprecht, 1980 und 1995 („Studien zur Germania Sacra" Nr. 14 u. Nr. 18)
• Marchal, G.P.: Die Dom- und **Kollegiatstifte** der Schweiz. Helvetia Sacra, Bd. II/2, 1981
• Boockmann, H.: Der **Deutsche Orden.** München: C.H. Beck-Verlag, 1981

• Wienand, A. u.a.: Der **Johanniterorden,** der **Malteserorden**. Köln: Wienandverlag, 1988
• Barthel, M.: Des Hl. Vaters ungehorsame Söhne (**Jesuiten)**. Gernsbach: Katzverlag, 1991
• Braun, P.: Die Kongregationen. Helvetia Sacra, Bd. VIII/1, 1994

Frauenbewegung:
• Beyer, R.: Die andere Offenbarung. **Mystikerinnen** des Mittelalters. Berg. Gladbach: Lübbeverlag, 1989
• Grundmann, H.: Religiöse Bewegungen im Mittelalter. Darmstadt: Wissenschaftliche Buchgesellschaft, 1977 (1. Auflage 1935)
• Wilts, A.: **Beginen** im Bodenseeraum. Sigmaringen: Thorbeckeverlag, 1994

Klosterbaukunst:
• Badstübner, E.: Kirchen der Mönche: Die Baukunst der Reformorden im Mittelalter. Berlin: Koehler und Amelung, 1992
• Binding, G., Untermann, M.: Ordensbaukunst in Deutschland. Darmstadt: Wissenschaftliche Buchgesellschaft, 1985
• Braunfels, W.: Abendländische Klosterbaukunst. Köln: Dumontverlag, 1978

Foto: Willig

Wappen von Klöstern
in Baden-Württemberg

Achberg

Das Schloß Achberg bildete das Zentrum einer mittelalterlichen Herrschaft, die 1691 infolge des Ankaufs durch den Landkomtur von Altshausen in den Besitz des **DEUTSCHEN ORDENS** kam. Dieser Landkomptur hatte irgendwie daran einen Narren gefressen, ließ es repräsentativ herrichten, residierte und starb dort. Danach verfiel es in einen Dornröschenschlaf und diente ab und zu als Sommersitz.

Nach der Säkularisation von 1806 wurde Achberg als Exklave zum südlichsten Ort der Fürstentümer Hohenzollern, seit 1849 dann Preußens, losgelöst vom sonstigen Territorium. Zurück geht dies auf Napoleon, der das Schloß den Hohenzollern als Privateigentum schenkte. Deshalb gehörte dieser Ort bis zur letzten Kreisreform zum Landkreis Sigmaringen. Das Schloß befindet sich inzwischen im Besitz des Landkreises Ravensburg, der es mustergültig renovierte und für Ausstellungen und Konzerte nutzt. Im Sommer ist es geöffnet. Die Zufahrt ist sehr gut ausgeschildert!

Der Reiz des Schlosses liegt in verschiedenen Gegebenheiten. Zum einen seine Lage: ein mittelalterlich wirkendes, burgähnliches Gebäude auf einem Sporn hoch über der Argen und einem Nebenbach, abseits der Verkehrswege. Zum anderen in der Ausstattung mit barockisierten Räumen. Besonders der Deckenstuck ist sehenswert: schwer (der Zeit entsprechend) und sich von Stockwerk zu Stockwerk steigernd. Den Höhepunkt bildet der Rittersaal im 3. Obergeschoß mit seiner Stuckdecke aus Wappenfeldern, Trophäen und Waffen. Hier träumte ein alter Ritter von seinen Kämpfen gegen die Türken in jungen Jahren.

Daten: 1691–1806 Deutschordens-Sommersitz

Adelberg

Das Zusammenleben von Männern und Frauen ist (fast) immer und überall problematisch, auch bzw. insbesondere im Bereich der Orden und Klöster. Hier versuchte man es wiederholt im Verlaufe der Ordensgeschichte mit der Einrichtung von Doppelklöstern, also von Männer- und Frauenklöstern unter einer gemeinsamen (männlichen) Leitung bei teilweiser räumlicher Trennung. Mit dem Ergebnis, daß man nach kurzer Zeit eine große räumliche Trennung vornahm, indem man die Frauen aussiedelte. So verfuhren die benediktinischen Klöster der Cluny-Hirsau-Reformbewegung des 11. Jh. (z.B. Hirsau, Isny, St. Blasien), so die Prämonstratenserklöster des 12. Jh. (z.B. Rot). Dabei gehörte es gerade bei den Prämonstratensern zur Gründungstradition, religiös-aktive Frauen in das gemeinsame Leben mit frauenspezifischen Aufgaben und Arbeiten einzubinden, da ihr Gründer Norbert von Xanten bei Frauen eine Welle der Begeisterung ausgelöst hatte. Desto enttäuschender die hier nach nicht mal

50 Jahren auftretende
Tendenz zur Auflösung
der Doppelklöster. Die
später (im 13. Jh.) ent-
standenen Bettelorden
ließen aufgrund dieser
Erfahrungen von vorn-
herein keine Doppel-
klöster zu, ja wollten
prinzipiell keine Frauen-
klöster betreuen, obwohl
die beiden Ordensgründer
Franziskus und Domini-

Adelberg: Eingangsportal mit
Informationstafel

Foto: Steinbach

kus jeweils als erstes Kloster eine Frauengemeinschaft gegründet hatten.

Daher muß es verwundern, daß in Adelberg fast 300 Jahre lang ein
Doppelkloster der **PRÄMONSTRATENSER** bestand/bestehen konnte,
länger als jedes sonstige Doppelkloster dieses Ordens in Deutschland.
Gegründet wurde das Kloster 1178 von einem ortsansässigen Mitglied der
Stauferfamilie als Tochtergründung des Klosters Roggenburg (heute
Bayerisch-Schwaben). 10 Jahre danach erweiterte man es zum
Doppelkloster durch die Ansiedlung von Frauen, die eigene Gebäude und
Kirche besaßen. Das Kloster entwickelte sich wirtschaftlich sehr gut: zur
Zeit der reformationsbedingten Aufhebung besaß es 10 Dörfer, 19 Weiler,
22 Mühlen und 17 inkorporierte Pfarrkirchen. Da die Grafen von
Wirtemberg seit 1291 die Schirmvogtei ausübten, konnte das Kloster keine
Reichsfreiheit erwerben. Sein Abt spielte jedoch eine bedeutende Rolle
innerhalb des Prälatenstandes der Grafschaft bzw. späteren Herzogtums
Wirtemberg. Nach der Aufhebung wurde das Vermögen als Oberamt
Adelberg verwaltet und eine der Landes-Kloster-Schulen (vergl. Blaubeuren) im Abteigebäude eingerichtet (1565–1629).
Eine wichtige Episode in der Geschichte des Klosters war die Beseitigung
des Doppelklosterzustandes durch die Verlegung der Frauen (1476). Denn
die Initiative hierfür ging nicht vom Kloster aus, sondern von der weltlichen Macht. Es war die Zeit der spätmittelalterlichen Klosterreformen, die
insbesondere durch die Grafen von Wirtemberg energisch durchgeführt
wurden (vergl. hierzu D. Stievermann: „Landesherrschaft und Klosterwesen im spätmittelalterlichen Württemberg", Thorbeckeverlag, 1989, S.
261–290). Dabei führte Graf Ulrich V. die Verlegung des Adelberger
Nonnenkonvents nach Lauffen ins dort aufgelöste Dominikanerinnenkloster gegen den Willen seiner Tochter durch, die als Priorin in Adelberg
lebte. Die Begründung war die seit Jahrhunderten übliche, wonach
Nonnen nicht den Versuchungen der Welt ausgesetzt sein dürfen: Da

Adelberg ein Männerkloster sei und auch sonst viele Leute dort verkehrten, sei es ein für Frauen ungeeigneter Ort. In Lauffen könnten sie ungestört ihre Andacht und Übungen halten. In Lauffen blieben die Nonnen weiterhin von Adelberg abhängig und waren einem von dort entsandten Prior unterstellt.

Der heutige Besucher findet eine Anlage in abgelegener Lage vor. Auf der Höhe des Schurwaldes zwischen den Tälern von Rems und Fils liegend, umschließt eine ca. 1 km lange Mauer mit 2 Toren eine Fläche von 6 ha. Das Areal ist durch Einfamilienhäuser zersiedelt, aber einige wenige Bauten stammen noch aus der Klosterzeit (Informationstafel am Eingang ist vorhanden). So das große Gebäude der Abtei, das später zur Klosterschule und anschließend zum evang. Pfarrhaus wurde. So der mit zwei Rundtürmen flankierte Fruchtkasten. Die mächtige Zehntscheuer am westlichen Klostertor wurde 1747 anstelle einer baufälligen errichtet. Ins Auge springt die von einer Mauer umgebene gotische Ulrichskapelle mit ihrer künstlerisch wertvollen Ausstattung (Führungen möglich). Die eigentliche Klosterkirche war im Bauernkrieg zerstört und dann abgetragen worden. Ein kleines Museum zur Klostergeschichte ist vorhanden.

Von der Anlage führt ein Fußweg hinab ins südlich gelegene Herrenbachtal, in dem 3 Klostermühlen standen, darunter die heute denkmalgeschützte Herrenmühle.

Daten: 1178–535 Prämonstratenser (1188–1476 Doppelkloster)

Lit.:   *Evang. Kirchengemeinde Adelberg: Kloster Adelberg, 1985 (Broschüre,liegt aus)*

     N. Backmund: Geschichte des Prämonstratenserordens. Grafenau: Morsakverlag, 1986, S. 87–92

H 7   *Aidlingen*

„Die Sinnfindung fürs Leben", dies ist auch in unserer Zeit mit ihrer Reizüberflutung und grenzenlosen Mobilität ein zentrales Thema für junge Menschen. Daher lassen sich Jugendliche durchaus von religiösen Themen ansprechen und sogar begeistern, wie das Beispiel Taizè in Burgund jährlich beweist. Die aktuellen Nachwuchsprobleme vieler Diakonissenhäuser liegen wohl darin, daß die in rund 100 Jahren gewachsenen Aufgabenfelder den jungen Menschen keine attraktive Orientierung fürs Leben mehr bieten. Denn die „klassischen" Angebote in Form von pflegerischen oder erzieherischen Tätigkeiten werden inzwischen auch von einer staatlichen Konkurrenz abgedeckt. Anscheinend hat man im Diakonissenmutterhaus Aidlingen jedoch eine (eigene) Lösung gefunden, wovon in der Regel mehrere jährliche Neueintritte zeugen. Bibelabende und jährliches

Jugendtreffen vermitteln wohl eine Atmosphäre der Zusammengehörigkeit und Geborgenheit, wie sie Heranwachsende in ihrer Ablösungsphase von der Herkunftsfamilie suchen. Dies wiederum bietet die Grundlage für eine lebenslange Mitarbeit in der Gemeindediakonie, in der Mission, im pflegerischen oder erzieherischen Bereich.

Diese **DIAKONISSENanstalt** wurde erst 1924 ins Leben gerufen und ist damit die letzte derartige Gründung in BW. Damit krönte Christa von Viebahn eine jahrelange diakonisch-missionarische Tätigkeit, die ihre Wurzeln in der Erweckungsbewegung des 19. Jh. hatte. Da die Frauen, die sich ihr in der Danneckerstraße in Stuttgart als Mitarbeiterinnen angeschlossen hatten, einen anerkannten Status als Diakonisse anstrebten, gründete sie ihre innerhalb der Landeskirche eigenständige Einrichtung.

Foto: Metz

Aidlingen: Modernes Diakonissenmutterhaus im Grünen

Bereits nach 3 Jahren zog man 1927 nach Aidlingen in das neu erbaute Diakonissenmutterhaus. 1961 kam ein erneuter Umzug in eine moderne Anlage oberhalb des Ortes, wo man völlig umgeben von Wald und Wiesen Bibelschule und Angebote für Familien und Jugendliche anbietet. Wenn zum jährlichen Pfingstjugendtreffen mehrere Tausend Besucher kommen, werden die Grünflächen zum Zeltlager. Die Parallele zu Taizè ist unübersehbar.

Das Diakonissenmutterhaus gehört dem (kleinen) Bund Deutscher Gemeinschaftsdiakonissenmutterhäuser an, ebenso wie St. Chrischona in Lörrach und die Missionsschwestern in Bad Liebenzell. Die Gemeinschaft besitzt keinen „Hausvater"; eine Unabhängigkeit, die aus der Gründungsgeschichte erklärt werden kann. Sie unterhält einen Schriften-Missions-Verlag.

Der Besucher findet die Zufahrt von Böblingen her über eine beschilderte Zufahrt. Im Ort selbst wird weiterhin das ursprüngliche Diakonissenmutterhaus in der Sonnenbergstraße für Veranstaltungen genutzt.

Daten: 1924–27 in Stuttgart, seit 1927 Diakonissenmutterhaus in Aidlingen

Lit.:   Verlag des Diakonissenmutterhauses: „Ich hatte Durst nach Gott", o.J.

Die Kleinstaaterei des alten Deutschen Reichs hat mitunter heute reizvolle Konstellationen hervorgebracht: Man entdeckt überraschende Strukturen aus alter Zeit. So auch in Albstadt, dieser Ansammlung verschiedenster Gemeinden unter einem 1972 künstlich geschaffenen Namen. Mitten in diesem Gebilde liegen die Ortschaften Lautlingen und Margrethausen als kath. Dörfer in altprotestantischem Umland. Denn diese beiden Dörfer unterstanden den Schenken von Stauffenberg (die in der neueren Geschichte ein bleibendes Andenken erworben haben durch den Anschlag auf Hitler), blieben daher katholisch, während alle umgebenden Orte wirtembergisch waren und damit protestantisch wurden. Der heutige Besucher kann selbst den Unterschied zwischen den ehemals stauffenbergischen Orten und dem Umland entdecken. Während im Umland (Laufen, Ebingen, Pfeffingen) sämtliche Kirchen nüchtern-protestantisch wirken, entdeckt er in Lautlingen neben dem Schloß eine Kirche mit barockem Zwiebelturm und in Margrethausen eine wunderbare kleine Klosteranlage mit Pfarrkirche und Friedhof, idyllisch am Rande des alten Ortes gelegen.

Margrethausen

Das Kloster entwickelte sich aus einer mittelalterlichen **FRAUEN-KLAUSE** bzw. aus zwei Gründungen. Die erste von 1298 fiel anscheinend einer Beginenverfolgung (!) zum Opfer. Erst eine durch den Ortsadel unterstützte Neugründung (1338) hatte Bestand. Hier lebte auch vorübergehend die selige Luitgard von Wittichen (s. Schenkenzell). Die Klause schloß sich als 3. Orden den **FRANZISKANERINNEN** an, wurde jedoch vom Ortspfarrer betreut. Eine typische Konstellation (s. Sigmaringen-

Foto: Willig

Margrethausen: Eine katholische Insel in protestantischem Umland (Frauenklause rechts der Kirche)

Laiz). Als Kloster sammelte es einen soliden Besitz, der es ihm ermöglichte, in der Stadt Ebingen das Bürgerrecht zu erwerben. Selbst nach der Reformation bestanden weiterhin gute Beziehungen zur inzwischen protestantisch gewordenen Ebinger Bevölkerung.

Mit dem Übergang der Stauffenberger Herrschaft an das Königreich Württemberg wurde das Kloster aufgehoben und der Südflügel abgebrochen. Heute dient es als kath. Gemeindehaus und ist z.T. in Eigentum der bürgerlichen Gemeinde. Die Anlage stammt aus der Barockzeit und ist alleine schon aufgrund ihrer typischen Lage einen Besuch wert.

Daten: 1298–? Beginen, 1338–1811 3.-Orden-Franziskanerinnen

Lit.: Alemania Franciscana Antiqua, Bd. 13, S.44–58

A. Wilts: Beginen im Bodenseeraum, S. 376.

Ebingen

Hier existierte eine **Frauenklause,** die sich als 3. Orden den Franziskanern angeschlossen hatte. Sie lag neben der Pfarrkirche und war mit dieser durch einen Gang verbunden (wie viele andere Klausen dieser Art, s. Leutkirch). Acht Frauen unterhielten so etwas wie eine Sozialstation, und wohl deshalb wurden sie auch noch nach der württembergischen Glaubensänderung von 1535 hier geduldet. Anfang des 17. Jh. starb die letzte im Spital. Ihr Anwesen wurde verkauft und verschwand.

Lit.:   A. Wilts: Beginen im Bodenseeraum, S. 323

Allensbach N 7

Hegne

An der Grenze zur Schweiz trifft man auf eine Reihe von Gemeinschaften, die sozusagen als Ableger auf deutschem Boden gegründet wurden: Die Diakonissenanstalt St. Chrischona in Lörrach, die Benediktinerinnen von Ofteringen (s. Wutöschingen), die Lehrschwestern v. Hl. Kreuz in Säckingen und hier in Hegne die *Barmherzigen Schwestern vom Hl. Kreuz.* Deren imposante (Schloß-) Anlage kann man von der B 33 her nicht übersehen. Diese Kongregation von **FRANZISKANERINNEN** wurde 1852 aus der Zusammenarbeit eines Kapuzinermönches mit der späteren Oberin Maria Theresia Scherer in Ingenbohl (Kanton Schwyz) gegründet. Man wollte, wie so viele Frauenkongregationen dieser Zeit, die sozialen Probleme der beginnenden Industrialisierung lösen helfen. Der Aufschwung war rasant und griff auch auf den Bereich des Großherzogtums Baden über. So entschloß man sich 1895 zur Einrichtung eines Provinzmutterhauses für das Erzbistum Freiburg und wählte dafür die ehemalige Sommer-residenz der Konstanzer Bischö-fe in Hegne.

Hegne: Provinzmutterhaus im ehemaligen Schloß

Foto: Willig

Die Aufgaben sind breitgestreut, wie bei den Kongregationen üblich (s. Berkheim-Bonlanden): Von der Pflege über Kinderbetreuung bis hin zu pastoralen Aufgaben in der Gemeinde. Alleine im Bereich des Provinz-mutterhauses Hegne sind rund 750 Schwestern tätig. Auch die selig gesprochene Ulrika Nisch war in Hegne. Ihr Grab befindet sich in der Krypta der um 1900 erbauten Kirche.

Lit.:   Informationsprospekt des Klosters Hegne

St. Adelheiden

Es gab im Spätmittelalter im Bodensee- und Schweizerraum eine Bewegung, die unter dem Begriff **Waldbrüder und -schwestern** weite Kreise des einfachen Volkes ansprach. Nikolaus von der Flüe ist davon der bekannteste Vertreter geworden. Hier zogen sich Menschen in die Einsamkeit des Waldes zurück, gründeten darin ein Bruderhaus-/Schwesternhaus, lebten in einer kleinen Gemeinschaft als Begarden-/Beginen bzw. schlossen sich pro Forma einem anerkannten Orden als 3. Orden an (s. Sulz-Bernstein und Bermatingen).

Östlich des Klosters Hegne kann man in einer Waldlichtung ein Gehöft entdecken, das ursprünglich seit 1355 ein solches Bruderhaus beherbergte. Anscheinend bekamen diese Waldbrüder Probleme, denn Ende des 14. Jh. zogen an ihrer Stelle Frauen ein. Die Parallele zu den Bruderhäusern in Konstanz-Mainau (St. Katharina) und in Sipplingen springt ins Auge. Diese Frauen schlossen sich 1436 als 3.-Orden-**AUGUSTINER-ERE-MITINNEN** einem anerkannten Orden an. Sie ließen sich ebenso wie St. Katharina (s. Mainau) von den Konstanzer Augustiner-Eremiten betreuen. Nach der Aufhebung in der napoleonischen Säkularisation wurde 1809 die Kapelle abgebrochen. Taufbecken und Bilder brachte man in die Kirche in Dettingen. Am heutigen Hofgut kann man äußerlich keine sichtbaren Zeichen der ehemaligen Nutzung entdecken. Aufgrund der Lage muß sich der moderne Besucher fragen: Wie konnten es hier Frauen über Jahrhunderte aushalten?

Daten: 1355–? Bruderhaus, ?–1436 Frauensammlung, 1436–1803 Augustiner-Eremitinnen

Lit.:   A. Wilts: Beginen im Bodenseeraum, S. 412–416

J 5 *Alpirsbach*

„Wer Hirsau sucht muß Alpirsbach besuchen!" Diese Kurzformel drückt aus, daß man hier das vorfindet, was in Hirsau (s. Calw) zerstört wurde. Nämlich die Kirche, die den Geist der Hirsau-Reform-Bewegung des 11. Jh. verkörpert. Ihr Auftreten brachte einige Änderungen im mönchischen Leben, was sich grundlegend auf die Gestaltung des Kirchenbaus auswirkte. Die Funktion, also der Ablauf des Mönchsalltags, formte den **Kirchenbau!**

Denn mit der Hereinnahme von Laien als Konversen ins Kloster benötigte man eine Kirche, in der Mönche und Laienbrüder den Gottesdienst feiern konnten und dabei standesgemäß getrennt waren. Dies erreichte man durch eine Abtrennung (= Lettner) in einen Mönchschor im Osten und ein Konversenlanghaus im Westen. In Alpirsbach kann man diese Trennung anhand des Wechsels vom Pfeiler zur Säulenreihe erkennen. Zudem führte das vermehrte Lesen von Messen für lebende und verstorbene Sponsoren (Stifter, Wohltäter) und die Einführung von Seelenmessen dazu, daß so gut wie alle Mönche zugleich auch Priester waren und folglich ihre tägliche Messe feiern durften bzw. mußten. Mit der Notwendigkeit, dementsprechend viele Altäre zu installieren. Daher wurden die Seitenschiffe über das Querschiff hinaus verlängert, wodurch man 2–4 zusätzliche Altäre gewinnen konnte, und in der Apsis hinter dem Chor schuf man einen Altarkranz in Form von 3 Altarnischen. In Alpirsbach kann man zudem darüber noch die Bühne für einen Altar erkennen. Und schließlich brachte das Aufkommen von Prozessionen anläßlich der vielen Heiligenfeste (Allerheiligen ist eine Erfindung von Cluny) die Notwendigkeit, einen Sammelpunkt für die Laien außerhalb der Kirche zu schaffen. Hierzu verlängerte man das Längsschiff nach Westen und gewann eine Vorhalle, die sog. „Galiläa", die man – in später veränderter Form – noch heute in Alpirsbach findet.

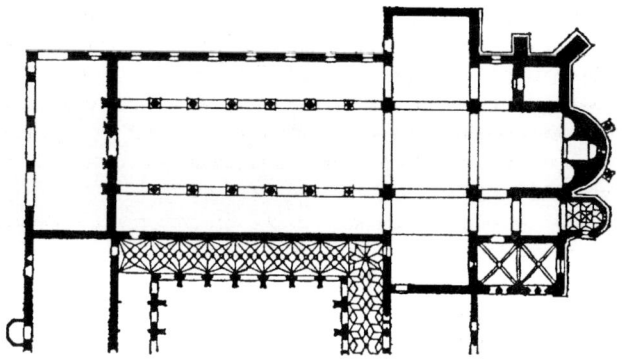

Hirsau-Schema von Alpirsbach
(Quelle: G. Binding, M. Untermann: Ordensbaukunst in Deutschland, S. 135, Wissenschaftliche Buchgesellschaft, 1985)

Alpirsbach entstand als **BENEDIKTINERkloster** der Reformbewegung des 11. Jh. Denn die drei adligen Stifter (– darunter ein Zoller –), die ein ererbtes Hofgut zum Kloster umwidmeten, gehörten der päpstlichen Partei an, und der Konvent kam vom Reformkloster St. Blasien. Folglich unterstellte sich das Kloster von vornherein direkt Rom. Verständlich, daß der Kaiser diese Stiftung erst 30 Jahre später nach dem Ende des Investiturstreites bestätigte! Die nachfolgenden Schenkungen brachten Alpirsbach ein Territorium, das vor allem im weiteren Umkreis lag.

Die Gemeinschaft existierte über 3 Jahrhunderte hinweg ohne besondere Auffälligkeiten, weder im Positiven noch im Negativen. Aber dann kam es dick: Zuerst eine Krise, weil infolge der Pfründevergabe an einzelne

Mönche das Kloster wirtschaftliche Probleme hatte. Der Konvent spaltete sich in Reformbefürworter und -gegner, mit dem Ergebnis, daß man für 5 Jahre den Betrieb einstellen wollte, um zu sparen. Schließlich setzte sich die Reformpartei mit Hilfe der neuen Vogteiherren, der Wirtemberger, durch und holte Mönche aus dem Reformkloster Wiblingen (s. Ulm). Der Neubau der Konventbauten aus dieser Zeit zeugt von der neugewonnenen Kraft.

Ein Umbruch kündigte sich 1522 mit dem Austritt des Mönches Ambrosius Blarer an, der später als einer der Reformatoren von Wirtemberg berühmt wurde. Die Auflösung und Abfindung des Konventes folgte 1535. Das Herzogtum Wirtemberg gewann damit eine Brücke zu seinen Besitzungen im Gutach- und Kinzigtal. Ein evang. Abt fungierte als Vermögensverwalter. 1556 wurde für 40 Jahre eine evang. Schule eingerichtet als Vorbereitung auf das Theologiestudium (s. Blaubeuren). Ansonsten dienten die Bauten für Verwaltung und der evang. Kirchengemeinde zum Gottesdienst. In neuerer Zeit kam von hier frischer Wind in die Kirche: Eine Reformbewegung „kirchliche Arbeit von Alpirsbach"

Foto: Tourist Information

Alpirsbach: Kircheninnenraum in rein romanischem Stil

wollte den evang. Gottesdienst um Elemente des mönchischen Gesanges erweitern.

So führte die Anlage einen Dornröschenschlaf. Erst mit dem letzten Jahrhundert änderte sich das Gesamtbild wesentlich, weil man die Umfassungsmauer entfernte und der Eisenbahnbau die südlich der Klausur gelegenen Wirtschaftsgebäude beseitigte. Die Klosterkirche jedoch sowie der östliche Kreuzgang blieben aus der Entstehungszeit erhalten. Mit ihrer Nüchternheit und Strenge erinnert die Kirche an den ursprünglichen clunizianischen Reformgeist, und die nachfolgenden Zisterzienser und Bettelorden übernahmen diese Strenge als Symbol des Reformgeistes für sich.

Die Konventbauten des 15. Jh. sind heute nur teilweise zugänglich, da sie von der evang. und der kath. Gemeinde benutzt werden (Kapitelsaal und Brüderraum bzw. Refektorium). Die zugänglichen Teile dienen einem Museum, das seit der 900-Jahr-Feier 1995 eingerichtet ist. Das evang. Pfarrhaus im Osten war ehemals Kloster-Krankenhaus. Eingebettet ins enge Kinzigtal erwartet den Besucher nicht nur eine romanisch-gotische Klosteranlage, sondern auch noch das dazu passende Klosterbräu!

Daten: 1095–1535 Benediktiner

Lit.:   Germania Benedictina, Bd. V, S. 117–124

Schnell & Steiner Kunstführer Nr. 617: Kloster Alpirsbach, 1990

Altheim   K/L 9

Heiligkreuztal

„Heiligkreuztal erleben und dann sterben", könnte man in Abwandlung eines stehenden Ausdrucks sagen. Denn diese Anlage darf man nicht nur sehen und besichtigen, diesen Ort muß man erleben bei einem der vielen öffentlichen Seminare oder in beruflicher Fortbildung. Daß dieses Kloster überhaupt wieder bewohnbar wurde, ist einer kath. Laienorganisation zu verdanken, der Stefanus-Gemeinschaft. In jahrelangem arbeits- und finanzintensivem Engagement machte sie die heruntergewirtschaftete Anlage zu einem Kleinod BWs. Dabei ist es auch ein Glücksfall der Geschichte, daß dieser Ort keinen Brand erlebte und Kriege, Säkularisation und Modernisierungswellen (z.B. Barock) so gut überlebt hat. Die jahrhundertelange Existenz mit bescheidenen Mitteln hat eine selten anzutreffende harmonische Mischung der verschiedenen Stilrichtungen hervorgebracht, von der Romanik über die Gotik bis zum Barock. Der Besucher bzw. Bewohner findet zudem über den engen Klausurbereich hinaus eine fast intakte Gesamtanlage vor, mit Garten, Teichanlage, Bach, Verwaltungsbauten, Landwirtschaftsgebäuden, umschlossen von der Klostermauer. Eine Harmonie im großen wie im kleinen, die stellvertretend stehen kann für mittelalterliche Klosteranlagen.

Die Entstehungsgeschichte ist typisch für die Frauenbewegung dieser Zeit (vergl. Baindt): Eine **Frauensammlung** im Zentralort Altheim kaufte 1227 ein Gut Wasserschapfen, baute darauf ihre Häuschen und schaffte 1231 durch päpstlichen Entscheid die Übernahme in einen offiziellen Orden als **ZISTERZIENSERINNEN**. Dabei hatten zwei Männer ihre Hände im Spiel. Zum einen Eberhard von Rohrdorf, der als Abt des Zisterzienserklosters Salem (1191–1240) die Betreuung einer Reihe von oberschwäbischen Frauenzisterzen übernahm (vergl. Wald). Und Konrad von Urach, der 1217 als Generalabt von Citeaux und Kardinal von Porto die notwendige Rückendeckung gab.

Das Kloster erlebte einen gewaltigen Zulauf, konnte bereits in der Gründungszeit seine im Grundriß bis heute bestehende Anlage erstellen. Die Grabplatten im Kreuzgang zeugen von der breiten Unterstützung des

Foto: Aßfalg

Heiligkreuztal: Idealtypische Klosteranlage, entstanden über Jahrhunderte

umwohnenden Adels, der es zu seiner Grablege erwählte, hierher seine Töchter schickte und die Äbtissinnen stellte. So konnte das Kloster 8 Dörfer im Umkreis erwerben und unterhielt 3 von Laienbrüdern bewirtschaftete Grangien (= Hofgüter). Die Übernahme der Vogtei durch Habsburg und später durch die Sigmaringer Zollern verhinderte zwar die faktische Reichsfreiheit wie bei den Schwesterklöstern Gutenzell, Heggbach und Baindt. Die Äbtissinen wußten jedoch den Spielraum zu nutzen, den ihnen die niedere Gerichtsbarkeit gab.

Der obligatorische Niedergang des Spätmittelalters wurde glücklicherweise in der Reformationszeit mit der Äbtissin Veronika von Rietheim beendet. Diese sogenannte „zweite Gründerin" ließ sich im Kreuzgang in einem Renaissance-Standbild und überall im Haus mit ihrem „Eselswappen" verewigen. Denn unter ihrer Herrschaft entstand die Anlage, wie wir sie heute noch weitgehend antreffen. In der Barockzeit fügte dem die Äbtissin Maria Josepha Holzapfel einige Bauten und Verschönerungen hinzu. Ein grundlegender Neubau war jedoch infolge fehlender Mittel (zum Glück) nicht möglich, denn sonst wäre eine der üblichen oberschwäbischen Barockanlagen erstanden.

Die Säkularisation brachte Heiligkreuztal an das Königreich Württemberg. Nach der obligatorischen Ausplünderung versuchte man die Vermietung an Handwerker, richtete Verwaltungsstellen und die Dorfschule ein, überließ jedoch schließlich die Anlage einem Dornröschenschlaf. Bis in die 70er Jahre unseres Jahrhunderts fand sich keine geeignete Nutzung für das gesamte Anwesen. Erst mit der Übernahme (1972) durch die (nach dem 2. Weltkrieg entstandene) Stefanus-Gemeinschaft änderte sich das. In vielen Arbeitsstunden und (glücklicherweise) mit beschränkten Mitteln wurde eine Wiederherstellung entsprechend der zisterzienserischen Schlichtheit geschafft. Die heutige Anlage atmet den Geist des ehemaligen Klosters.

So findet der Besucher eine Anlage, die sowohl das Klosterbauschema des Zisterzienserordens (s. Einleitung) wie auch den Herrschaftsanspruch der Barockzeit zeigt. Man sollte sich an dem im Hof aufgestellten Übersichtsplan orientieren. Die von der Mauer umschlossene Fläche beträgt ca. 16 ha, sozusagen der Selbstversorgungsbereich des Konvents. Selbst das frauenklostertypische Beichtigerhaus ist erhalten, wo der Seelsorger der Nonnen untergebracht war. Man kann die verschiedenen Höfe des

Barockschemas (s. Weingarten) entdecken: Landwirtschafts- und Wirtschaftshof im Süden; repräsentativer Äbtissinnenhof nördlich der Kirche
mit Verwaltungsbauten und Blick auf das mächtige Äbtissinnenhaus;
Konventhof im Zentrum innerhalb des Kreuzgangs. Zisterziensertypisch
ist der Kern, das „Claustrum" mit dem
Kreuzgang und seinem Zugang zu den
verschiedenen Räumen (Refektorium,
Schlafräume, Küche, Arbeitsraum, Kapitelsaal) und zur Kirche.
An Kunstwerken ist in der Kirche neben
dem gotischen Chorfenster vor allem die
Johannesminne zu erwähnen. Diese
Darstellung des Jesus-Jünger-Verhält-
nisses ist beschränkt auf den Bodenseeraum. Man muß sich vorstellen, daß wohl
fast alle damaligen Frauenklöster eine
solche Plastik besaßen, die ihnen als
Anregung diente für mystisches Erleben.
Ein Besuch des gotischen Kreuzgangs
mit romanischen Resten und barocker
Ausgestaltung ist ein „Muß". Als Semi-

Foto: Aßfalg

Heiligkreuztal:
Gotische „Johannesminne"

narteilnehmer wird man evtl. auch im Empfangssaal der Äbtissin tagen:
Rokokodecken über schmuckvollen Renaissancesäulchen.

Daten: 1227–1231 Frauensammlung, 1231–1804 Zisterzienserinnen

Lage: An der Straße Ertingen-Andelfingen

Lit.: A. Bacher u.a.: Heiligkreuztal. Heiligkreuztal: Verlag aktuelle Texte, 1977

Schnell & Steiner Kunstführer Nr. 1629: Heiligkreuztal, 1995

K.W. Steim: Heiligkreuztal: Vom Kloster zum Dorf. Gemeindeverwaltung, 1992

W. Aßfalg: Erlebtes Heiligkreuztal (Bildband). Verlag aktuelle Texte, 1986

A. Wilts: Beginen im Bodenseeraum, S. 306–307

Inzwischen haben sich neben der Fortbildungsstätte erneut religiöse
Gemeinschaften hier angesiedelt. So leben seit einigen Jahren eine kleine
Klarissengemeinschaft entsprechend dem ursprünglichen Armutsideal
einer Clara von Assisi und eine **dominikanische** weibliche Laiengemeinschaft nebeneinander im Brauhaus. An ihren Andachten in der
„versteckten" Helenakapelle im Fruchtkasten mit einer wunderbaren
Mondsichelmadonna kann man teilnehmen. Zudem unterhält ein interkon-
fessionell-christlicher **Tempelherren-Orden** einen Raum, in dem einmal
pro Monat die „Kommende Baden-Württemberg" tagt. Diese (kirchlich
nicht anerkannte) Ritterordensgemeinschaft will an christlichen Idealen
der Kreuzzugszeit anknüpfen.

Die Ritterorden hatten ihre europäischen Besitzungen in einzelne Provinzen (= Balleien) unterteilt, die eine Reihe von Kommenden bzw. Komptureien (= einzelne Verwaltungszentren) umfaßten (vergl. Heitersheim). Beim Deutschen Orden nannte sich das Zentrum der jeweiligen Ballei Landkommende, der Leiter der Ballei Landkomtur. Das heutige BW gehörte zu den Balleien Elsaß-Burgund (mit der Landkommende Altshausen) und Franken. Über dem Landkomtur standen nur noch der Deutschmeister und der Hochmeister des Deutschen Ordens (vergl. Bad Mergentheim). Der Landkomtur von Altshausen war im Range eines Reichsgrafen und nahm den 1. Platz auf der Grafenbank des Schwäbischen Kreises ein. Dementsprechend repräsentativ wirkt die vorhandene Schloßanlage.

Angefangen hatte es 1264 mit der Schenkung des Grafen von Altshausen an den **DEUTSCHEN ORDEN** und seinem anschließenden Eintritt in diesen Orden. Die Kommende wurde das Verwaltungszentrum für eine Reihe von Dörfern der Umgebung: Fleischwangen, Esenhausen, Pfrungen, Boms u.a. Aufgrund ihrer Größe und ihres Reichtums wurde sie schließlich (1450) zum Zentral-

ort der gesamten Ballei Elsaß-Burgund erhoben, worunter der Bereich Elsaß-Schweiz-Schwaben zu verstehen ist.

Die Tatsache, daß Altshausen im Laufe der Zeit noch weitere Herrschaften ankaufen konnte (Hohenfels, Achberg, Arnegg u.a.), beweist, welch gewaltige Abgaben und Gel-

Altshausen: Zentrale des Deutschen Ordens
für Schweiz, Schwaben und Elsaß

Foto: Aßfalg

der hier zusammenflossen. Daher bestand in der Barockzeit mehr oder weniger der soziale Zwang, dies durch eine dementsprechende Residenzanlage nach Außen zu demonstrieren. Der Ordensbaumeister Johann Kaspar Bagnato entwarf einen Idealplan, dessen Verwirklichung alle anderen Anlagen Oberschwabens in den Schatten gestellt hätte: In 3 Stufen wollte er bauen, vom Torhaus über einen Mittelbau hin zu einem Hochbau. Alles sollte dafür abgerissen werden, auch die Kirche. Verwirklicht davon wurden nur das wunderbar verspielte Torhaus, rechts und links daran anschließende Wirtschaftsgebäude (heute: Polizei, Behörden) sowie hinter dem Torhaus rechter Hand Reitschule und Reithalle und linker Hand Wohngebäude. Weit entfernt im Park entdeckt man zudem eine kleine Orangerie. Denn inzwischen war das Geld ausgegangen, sodaß schließlich auch die Kirche nur noch umgestaltet werden konnte.

Somit findet der heutige Besucher eine Gotik-Barock-Anlage, reizvoll und zugleich provinziell, weil unfertig. Das Haus Württemberg, das nach der Ordensauflösung aus der Anlage ein Hofkameralamt gemacht hatte und seit 1919 selbst hier residiert, bewohnt die massiven Gebäude linker Hand hinter dem Torbau (nicht öffentlich zugänglich). Dahinter steht die barockisierte gotische Kirche, in der überall Erinnerungen an die Deutschordens-Vergangheit angebracht sind, so z.B. die Totenschilde der Landkompture am Eingang zur Kompturgruft und das prachtvolle Wappen über dem Chorbogen.

Daten: 1267 Kommende, 1450–1806 Landkommende

Lit.:   *Schnell & Steiner Kunstführer Nr. 428: Pfarrkirche St. Michael Altshausen, 1989*

      Spahr: Oberschwäbische Barockstraße, Bd. IV, S. 14–27. Verlag Isa Beerbaum

Attenweiler L 10

Oggelsbeuren

Die größten privaten Grundbesitzer Deutschlands sind Adelshäuser, deren Vermögen vor allem auf säkularisiertem Klosterbesitz beruht. Denn unter Napoleon erhielten sie 1803 die Besitzungen aufgehobener Klöster zugesprochen, angeblich als Entschädigung für ihre linksrheinischen Verluste. Als sie kurze Zeit darauf (1806) ihre politische Selbständigkeit zugunsten größerer Staaten (Württemberg, Baden) verloren, durften sie als „Trostpflaster" den säkularisierten Besitz als persönliches Eigentum behalten. Daher sind solche Adelsgeschlechter wie Thurn und Taxis, Waldburg oder Fürstenberg heute reicher als die politisch bedeutenderen Adelshäuser der Hohenzollern oder Württemberg. Denn letztere hatten den säkularisierten Klosterbesitz in Staatseigentum überführt und besaßen daher 1918 bei ihrer Abdankung keinen Zugriff darauf. Das Schicksal des Oggelsbeurener Klosterbesitzes nach der Säkularisation soll hier stellvertretend stehen für andere Klöster.

Eine kleine Frauensammlung erhielt 1378 vom Ortsadel ein Klostergebäude und schloß sich als 3.-Orden-**FRANZISKANERINNEN** einem regulären Orden an. Zuerst wurden sie von den Ulmer Franziskanern betreut, nach deren reformationsbedingten Aufhebung von den Ehingern. Von vornherein lebte ein Teil der Frauen in Klausur, während die Neueintritte als „Vorschwestern" die Tätigkeiten außerhalb des Hauses ausübten (z.B. Krankenpflege, s. Unlingen). Eine typische Aufgabenteilung. Typisch auch, daß sie keine eigene Kapelle besaßen, sondern nur ihre Schwesternempore im Westteil der danebenstehenden Pfarrkirche. Erst 1708 erhielten sie eine eigene Kapelle und lebten jetzt nur noch in Klausur.

Als Kaiser Joseph II. überall in Habsburger Landen die „nichtproduktiven" Klöster aufhob, sah das Adlige Damenstift Buchau seine Chance gekommen. Als Besitzer der Ortsherrschaft über Oggelsbeuren setzte es 1787 die Aufhebung des Klosters durch und übernahm dessen Vermögen. Aber lange konnten die Stiftsdamen nicht davon profitieren: Unter Napoleon wurde Buchau ebenfalls aufgehoben, seine Besitzungen gingen an die Fürsten von Thurn und Taxis. Und damit auch die Klostergebäude von Oggelsbeuren samt 12 Gutshöfen und Waldungen. Die Gebäude dienten kurze Zeit als Schloß, eines unter vielen erworbenen. Da die Fürsten jedoch keine rechte Nutzung dafür fanden, wurden 1835 die Gebäude auf Abbruch verkauft.

Übrig blieb nur das sogenannte „Gästehaus", ein Gebäude, das erst 1712–14 erstellt worden war. Damals waren die Schwestern von den

Foto: Willig

Oggelsbeuren: Gästehaus des ehemaligen Klosters

beaufsichtigenden Franziskanern wegen der Größe und des „Luxus" dieses Gebäudes gerügt worden. Jetzt kaufte es der Ortspfarrer in Absprache mit den Franziskanerinnen von Medingen (bei Nördlingen), die sich im Königreich Württemberg ansiedeln wollten. Sie blieben jedoch nur kurze Zeit und zogen 1860 nach Sießen (s. Saulgau) weiter. An ihre Stelle trat die Piuspflege aus Baindt mit einem Kinderheim.

Bereits von weitem kann der Besucher das ehemalige Gästehaus über dem Ort thronen sehen, direkt neben der ebenfalls auf einem Hügel stehenden Pfarrkirche aus dem 19. Jh. Die verschwundenen Konventbauten standen südlich der Kirche, zwischen Gästehaus und Kirche.

Daten: vor 1378 Beginen, 1378–1787 3.-Orden-Franziskanerinnen

Lit.: Alemania Franciscana Antiqua, Bd. 2, S. 59–94

Blönried

Die Ordensgeschichte des 19. Jh. wird geprägt vom Entstehen der Kongregationen (s. Stegen) und der **Missionsgesellschaften**. Missionsorden finden wir in unserem Gebiet mit den Combonimissionaren in Ellwangen, den Weißen Vätern in Haigerloch und den Spiritanern in Stuttgart. Die bedeutendste Gemeinschaft wurde jedoch 1875 von dem Deutschen Arnold Janssen mit der „Gesellschaft des Göttlichen Wortes" gegründet. Da zu diesem Zeitpunkt infolge des Kulturkampfes keine Ordensgründung auf deutschem Gebiet möglich war, wich er nach Steyl in Belgien aus. Heute ist diese Gründung unter dem Begriff „Steyler Missionare" zu einer festen Institution geworden, mit einem Schwesternzweig (s. Laupheim) und 2 Niederlassungen in BW in Mosbach und hier in Blönried.

Bereits von der Straße bzw. Bahnlinie her fällt das Gebäude der **STEYLER MISSIONARE** aufgrund seiner Schaufront auf. Wie ein Schloß wirkt es vom Tal her. 1925 siedelte sich der Orden außerhalb des Dorfes an. Hier richtete er ein Gymnasium und bis vor kurzem ein Internat ein. Anscheinend ist inzwischen selbst Oberschwaben zu einem Missionsgebiet geworden, da von hier aus 17 Pfarreien in der Umgebung betreut werden.

Das Spätmittelalter gilt als Zeit der Krise und des Zerfalls der Klosterzucht. Dies zeigt sich nicht nur bei den Bettelorden und den Benediktinern, sondern auch bei den Augustiner-Chorherren. Viele dieser nach der strengen Regel des Kirchenlehrers Augustinus lebenden Kanonikerstifte machten in dieser Zeit einen Wechsel, wie wir ihn bei den Benediktinern auch antreffen: Sie wandelten sich in weltliche Kollegiatstifte um. Jetzt durften die Chorherren ebenso wie ihre weltlichen Standesgenossen persönlichen Besitz haben und waren nicht mehr zum gemeinsamen Chorgebet verpflichtet. Nur eines durften sie nicht: sich verheiraten. Aber das dem zugrundeliegende Bedürfnis läßt sich ja bekanntlich auch anders lösen. In Backnang finden wir ein „umgewandeltes" Stift vor.

Die Gründung des **AUGUSTINER-CHORHERREN-Stifts** in Backnang geht auf die badischen Markgrafen zurück, die 1116 eine vorhandene Pfarrkirche zum Stift erhoben und hierin sogar ihre Grablege einrichteten. Zu diesem Zeitpunkt lag ein Schwerpunkt badischer Besitzungen im Neckarraum, was die Wirtemberger Grafen erst 1297 als Heiratsgut über-

Backnang: Vom Augustiner-Chorherren-stift zum weltlichen Kollegiatstift

nahmen. Es ist typisch für diese Zeitepoche, daß aufstrebende Hochadelsgeschlechter ihr Hausstift als geistigen Mittelpunkt ihrer Herrschaft gründeten (s. Weinstadt-Beutelsbach). Wie es sich für ein Hausstift gehörte, wurde Backnang mit reichem Besitz ausgestattet. Unter den Wirtembergern verlor das Stift seine eigentliche Funktion, denn die Gebeine der Markgrafen wurden nach Pforzheim umgebahrt. Daher erfolgte 1477 die Umwandlung in ein **Kollegiatstift** rein zu dem Zweck, vorhandenes Vermögen zu sichern. Das Ende kam in der Reformation. Anstelle der Stiftshäuser wurde schließlich 1605 ein Schloß erbaut.

Die Stiftskirche thront über der Stadt. Der romanische Ostteil stammt aus der Gründungsphase, der spätgotische Chor aus der Kollegiatzeit. Das Langhaus wurde nach den Zerstörungen durch die Soldaten des Sonnenkönigs 1697 erneut erstellt. Gedenkplatten erinnern an die Grablege der Markgrafen. Leider ist die Kirche untertags geschlossen.

Daten: 1116–1477 Augustiner-Chorherren-Stift, 1477–1557 Kollegiatstift

Lit.: Schnell & Steiner Kunstführer Nr. 1073: Stiftskirche Backnang

G 4 *Baden-Baden*

Baden-Baden ist ein einmalig seltsamer Name für eine deutsche Stadt. Ein Name, der Geschichte erzählt. Die Geschichte der Stadt Baden, die einem Land ihren Namen gegeben hat und die bei der Landesteilung (1535) zur Haupt- und Residenzstadt der einen Hälfte und damit zu Baden-Baden wurde. Die Rivalität der beiden Linien führte zur konfessionellen Spaltung in ein protestantisches Baden-Durlach und ein (nach mehreren Konfessionswechseln) katholisches Baden-Baden. Daher finden wir in dieser Stadt auch mehrere Klöster/Stifte, die bis Napoleon bestanden, ja sogar noch bis heute bestehen. Darunter zwei Frauenklöster, die einmalig sind für Deutschland.

Lichtenthal

● Die **FRAUENZISTERZE** von Lichtenthal (Lucida Vallis) ist einmalig, da sie als einziges westdeutsches Zisterzienserinnenkloster seit ihrer

Gründung ununterbrochen besteht, also auch nicht zwischenzeitlich – wie andere bestehende Klöster – aufgehoben war. Die Erklärung für ihre Nichtauflösung in napoleonischer Zeit liegt zum einen in der Führung einer (ehemals Mädchen-) Schule; zum anderen jedoch, und dies hat den Ausschlag gegeben, im Traditionsbewußtsein der badischen Markgrafen. Denn sie diente über Jahrhunderte als Hauskloster des badischen Fürstenhauses. Dies war der protestantischen Linie von Baden-Durlach, die im 18. Jh. das katholische Baden-Baden übernommen hatte, eine Verpflichtung zum Erhalt des Klosters. So verlor es in der napoleonischen Zeit nur seine Besitzungen und Gerichtsrechte, konnte aber als Konvent weiterbestehen.

In der Blütezeit der Frauenreligion, in der die meisten Frauenklöster Deutschlands entstanden, wurde es von der Markgräfin Irmengard von Baden gegründet (1245), die selbst ihre letzten Lebensjahre hier verbrachte. Die Gründungsschwestern stammten aus dem Kloster Wald, also aus einer Gegend, die von Frauenzisterzen überfloß. Mit der Gründung verlegte man auch die Grablege des Hauses Baden von Backnang hierher. Hierfür erbaute man 1288 sogar eine eigene Fürstenkapelle auf der Nordseite der Klosterkirche, in der bis 1424 die Mitglieder der Fürstenfamilie ihre letzte Ruhe fanden. Sie fällt heute aufgrund ihrer neugotischen Fassade von1830–32 auf.

In Fortführung der Gründungstradition stammten im Mittelalter die meisten Äbtissinnen aus der badischen Familie oder ihnen verwandten Familien. Der Konvent erlebte zwar im 15. Jh. den typischen Niedergang wirtschaftlicher und moralischer Art, konnte jedoch mit markgräflicher Hilfe reformiert werden. Damit besaß er die Basis, um in der Reformationszeit durchgehend als katholisches Kloster zu bestehen, obwohl der Großteil des Umlandes protestantisch wurde. Lichtenthal zählt zwischen 1550 und 1620 zu den wenigen Orten der Markgrafschaft, in der noch kath. Gottesdienste abgehalten wurden. Zudem hatte es die Kraft, im 16. Jh. verwaiste Frauenklöster zu besiedeln, so z.B. das der Benediktinerinnen in Friedenweiler und das der Dominikanerinnen in Neudingen (s. Donaueschingen). Erstaunlich ist, daß dieses Kloster die verschiedenen

Foto: Kloster

Lichtenthal: Frauenzisterze mit markgräflicher Tradition

41

Kriege so unversehrt überstand, sowohl den 30j. Krieg wie auch die französischen Grenzkriege. Darunter auch den pfälzischen Erbfolgekrieg, in dem 1689 ganz Baden-Baden abgebrannt wurde.

Der Besucher findet das Kloster Lichtenthal im Südosten der Stadt, Richtung Schwarzwaldhochstraße. Eingebettet in eine Schleife des Flüßchens Oos liegt es abgeschirmt durch eine Mauer und verschiedene im Halbrund angeordnete Wirtschaftsbauten, darunter auch die heutige Grundschule des Ortes. Durch einen hohen Torbau gelangt man in einen stillen, gepflegten Klosterhof mit Bäumen und Brunnen. Im Hintergrund sieht man die gotische Klosterkirche mit einem schlichten Barockdachreiter. Unter ihrem heutigen Fußboden liegen zahlreiche Grabmäler. In Verlängerung der Kirche nach Westen steht das Abteigebäude, ein schlichter Barockbau mit vorgezogenen Seitenrisaliten. Hier werden die Besucher im Sprechzimmer empfangen und können das Museum besichtigen. Die übrigen Teile des Konventbauses schließen sich daran zum Süden hin an und sind den Besuchern sowohl von der Sicht her verborgen wie auch sonst nicht zugänglich (Klausur!). Der Klosterneubau erfolgte 1728–31 durch den Vorarlberger Baumeister Peter Thumb. Die gotische Kirche erhielt in dieser Zeit einige barocke Veränderungen (Einwölbung, Fenster).

Im Zuge einer grundlegenden Renovierung wurden auch die ehemaligen Ökonomiegebäude saniert. Sie dienen heute als Tagungsstätte bzw. für eine Buch- und Kunsthandlung. Auch die Paramentenstickerei des Klosters ist hier untergebracht. Mit seiner zisterziensertypischen Lage ist Lichtenthal ein Ort des Rückzuges in einer Stadt voll mondänen Lebens.

Daten: 1245 bis heute Zisterzienserinnen

Lit.: Schnell & Steiner Kunstführer Nr. 587:Cistercienserinnen-Abtei Lichtenthal.

   Abtei Lichtenthal (Broschüre). Herausgegeben von der Abtei Lichtenthal.

   W. Müller: Die Klöster der Ortenau. In: Die Ortenau,Bd. 58, 1978, S. 398–416

● Noch eine weitere Frauengemeinschaft existiert in neuerer Zeit in Lichtenthal: die Kongregation der **SCHWESTERN vom guten Hirten**, in der Hildastraße 30. In einer Etagenwohnung werden asylsuchende oder sonstige hilfesuchende Frauen betreut.

Kernstadt

● Das Kloster der **CHORFRAUEN vom Hl. Grab** ist einmalig in Deutschland, da es sie als einzige dieses Ordens nur hier gibt, und noch dazu ununterbrochen seit über 300 Jahren. Es liegt im Herzen der Stadt, nicht nur im geographischen, sondern auch im wahren Sinne des Wortes. Denn um dieses Kloster herum befinden sich die Heilquellen und Bäder, also die Quelle des Reichtums dieser Stadt. So findet der Besucher 20 m vor dem Eingang der Klosterkirche eine uralte gefaßte Quelle und sieht im Umkreis die verschiedensten Kureinrichtungen (u.a. Caracalla-Therme). Die Kloster-anlage und die Kirche sind äußerlich architektonisch wenig attraktiv, und auch im Kircheninneren fallen nur das schöne Emporengitter und die geschnitzte Kanzel (beides von 1730) auf.

Das Besondere dieses Frauenklosters liegt in seiner Einmaligkeit und Extravaganz als Gegenstück zu den Chorherren vom Hl. Grab. Diese Chorherren gab es seit der Eroberung Jerusalems durch die Kreuzfahrer (1099), und ihre Zentrale für Mitteleuropa war das Kloster Denkendorf. Denkendorf beauf-sichtigte im niederländisch-belgischen Raum mehrere kleine Konvente. Als Denkendorf in der Reformationszeit durch Württemberg aufgehoben wurde, erlebten diese nun verwaisten Klöster eine Blüte. Insbesondere die dort entstandenen Frauenkonvente pflegten die Grabeswacht (und einige pflegen sie dort noch heute!). Aus einem dieser Klöster, nämlich St. Agathe in Lüttich, holte 1670 die Mark-gräfin Maria Franziska von Baden die Gründungsschwestern für einen eigenen

Foto: Steinbach

Baden-Baden: Chorfrauen v. Hl. Grab. Eine Gründung der Markgrafen

Konvent in ihrer Residenzstadt. (Die Parallele zur Gründung von Lichtenthal ist offensichtlich!).

Das Kloster bekam einen „privilegierten" Platz unterhalb des Schlosses. Es überlebte die Wirren des kurz danach einsetzenden pfälzischen Erbfolgekrieges durch ein 10jähriges Exil im habsburgischen Rottenburg, und ihre Kirche überstand sogar den durch französische Soldaten verur-sachten Stadtbrand von 1689. Der Aufhebung in napoleonischer Zeit ent-ging es ebenso wie 7 weitere Frauenklöster im Großherzogtum Baden durch den Umstand, daß eine Mädchenschule dem Kloster angeschlossen war und somit eine „sinnvolle" gesellschaftliche Funktion ausgeübt wurde. Ursprünglich war dies nur eine Elementarschule. Im bismarck-schen Kulturkampf jedoch gab man den Elementarunterricht an die Stadt ab und beschränkte sich auf die weiterführende Schule. Daraus wurde das heutige Mädchengymnasium (vergl. Augustinerchorfrauen in Offenburg). Nach über 300jährigem Bestehen steht jetzt das Ende des Klosters bevor: Nur noch eine Handvoll Schwestern bewohnen es, die Jüngste davon mit 70 Jahren. Der Sinn ihrer Tätigkeit ist anscheinend heutigen jungen Frauen nicht mehr einsichtig.

Daten: 1670 bis heute: Chorfrauen v. Hl. Grab

Lit.:   Festschrift zum 300jährigen Bestehen (beim Kloster erhältlich)
*   W. Müller: Die Klöster der Ortenau. In: s.o., S. 545–563*

Zu einer Residenz gehört ein **KOLLEGIATSTIFT.** Diese allgemeine Aussage gilt auch für Baden-Baden. Eine vorhandene Pfarrkirche wurde 1453 vom Markgräflichen Hause zum Stift erhöht und mit den Einkünften für 12 Chorherren und Vikare dotiert. Zugleich verlegte man die fürstliche Grablege aus dem Kloster Lichtenthal hierher. Heute füllen daher die Grabdenkmäler von insgesamt 14 Markgrafen und einigen Gräfinnen den Chor der Kirche, was

Baden-Baden: Stiftskirche. „Zu einer Residenz gehört ein Kollegiatstift"

man sonst nur in aufgelösten evangelischen Stiftskirchen vorfindet (s. Tübingen).

Die Erhöhung zum Stift brachte einige Neu- und Umbauten mit sich, so u.a. eine Verlängerung des Kirchenschiffes. Da jedoch aufgrund der Hanglage der Platz beengt war, mußte das Kirchenschiff um den Turm herum gebaut werden, was nach Außen eine massive Gestalt erzeugt. Doch auch der Chor mußte verlängert werden, damit die Chorherren genügend Platz für ihr Chorgebet erhielten. Daher finden wir heute Kirchenschiff und Chor mit jeweils 23 m gleich lang vor.

Die 1689 beim großen Stadtbrand abgebrannte Kirche wurde wieder aufgebaut, 1732 im Rokokostil erneuert, 1866 regotisiert. Die Einheit von Chor und Schiff wirkt gelungen, trotz völlig unterschiedlicher Funktionen (Grablege versus Gebetsraum). Dem Stift war seit dem 16. Jh. eine Elementarschule zugeordnet, die später mit dem Jesuitenkolleg zusammengelegt wurde.

Der Besucher entdeckt bereits von weitem die heutige Pfarrkirche. Durch ihre Höhenlage dominiert sie die mittlere Baustufe der Stadt, wiederum überragt vom darüberliegenden Schloß. Die Verbindung von Herrschaft und Stift springt ins Auge (vergl. Wertheim).

Daten: 1453–1803 Kollegiatstift „Unser Lieben Frau"

Lit.:   Schnell & Steiner Kunstführer Nr. 380: Stiftskirche Baden-Baden, 1991

Wenige Schritte vom Stift entfernt, also in der Mitte der Stadt, stehen die Gebäude des ehemaligen **JESUITENklosters.** Wenn darin heute die Stadtverwaltung untergebracht ist, so zeigt dies, wie „privilegiert" dieser Orden 1622 angesiedelt wurde: Hier befand sich zuvor der markgräfliche Freihof am Marktplatz. Denn von den Jesuiten versprach sich der katholische Markgraf Wilhelm sehr viel, als er eine weitgehend protestantische

Markgrafschaft Baden-Baden übernahm. Die katholische Partei hatte im beginnenden 30j. Krieg gerade die Oberhand, eine totale Rekatholisierung der Bevölkerung Badens war angesagt. Hierzu wurden zuerst einmal die protestantischen Prediger entlassen. Den Jesuiten kam die Aufgabe zu, im Lande herumziehend Konversionen vorzunehmen. Anscheinend gelang ihnen das auch, denn in ihren Jahresberichten kommen regelrechte Massenbekehrungen vor. Nebenbei sei erwähnt, daß ihre Auftritte begleitet wurden von Vertretern der Staatsgewalt und entsprechenden Strafandrohungen gegenüber renitenten „Ketzern".

Da der Markgraf nicht sofort die nötigen Finanzmittel für die Einrichtung einer Vollniederlassung besaß, plante man die Übergabe bestehender Benediktinerklöster an die Jesuiten (vergl. Rheinmünster-Schwarzach). Dies hätte das historisch gewachsene Ordenswesen weggeblasen, daher war der Widerstand dagegen gewaltig. Schließlich erhielten die Jesuiten gegen Ende des 30j. Krieges ihre entsprechende Ausstattung in Form der Ottersweier Güter des aufgehobenen Zisterzienserklosters Herrenalb (s. Ottersweier). Sie konnten damit zu einem vollausgebauten Kolleg mit einer „höheren" Schule werden.

Neben dem Unterricht übernahmen sie als Aufgaben allgemein die Seelsorge in der Markgraftschaft, wo „Not am Mann war". Ihnen war z.B. die Predigt in der Stiftskirche reserviert. Zudem organisierten sie Wallfahrten und förderten das Wiederaufleben von Bruderschaften (s. Ottersweier). Insgesamt ca. 20 Patres waren der Zentrale in Baden-Baden zugeordnet.

Der Einfluß der Jesuiten auf den markgräflichen Hof kann als typisch für ihre politische Macht in katholischen Herrschaftsgebieten angesehen werden. Sie dienten dort als Beichtväter, waren die Erzieher der Prinzen und übernahmen sogar diplomatische Dienste. Ihre generelle Auflösung 1773 ist u.a. mit diesem übermächtigen Einfluß an den Fürstenhöfen zu erklären. Nach ihrer Aufhebung legte man ihre Schule mit der (Grund-) Schule des Kollegiatstifts zusammen (1775) und schuf somit die Basis für eine generelle Schulausbildung im Lande. Die Baden-Badener Kirche wurde 1811 abgerissen, die Konventgebäude dienen seit 1862 als Rathaus (oberer Teil). Der sogenannte „Jesuitensaal" im Rathaus ist kunsthistorisch nicht sehenswert.

Daten: 1622–1642 Residenz, 1642–1773 Kolleg der Jesuiten

Lit.:   W. Müller: Die Klöster der Ortenau. In: s.o. S. 530–538.

Wo Jesuiten sind, da findet man auch **KAPUZINER**. Beide ergänzten sich als gegenreformatorische Stoßkräfte. Von 1624–1806 waren Mitglieder der schwäbischen Kapuzinerprovinz außerhalb der Stadt jenseits der Oos angesiedelt. Hier befand man sich auf Straßburger Diözesangebiet und somit außerhalb des Zuständigkeitsbereichs des Speyrer Bischofs, der in der Stadt nur Kapuziner der rheinischen Provinz zulassen wollte. Solche Rivalitäten sind zeitlos! Heute steht auf dem Kapuzinergelände das Steigenberger Hotel „Badischer Hof" und erinnert eine Kapuzinerstraße an sie.

Fremersberg

Zwischen der Stadt und den Teilorten Varnhalt und Steinbach findet man zwischen Wald und Weinbergen die Reste eines **FRANZISKANER-klosters.** Wie kommt ein Stadtorden in diese einsame Gegend weit ab jeder Siedlung? Franziskanische Klöster in solch untypischer Lage treffen wir sonst in BW nicht an, und einige Versuche dieser Art scheiterten (vergl. Freudenstadt-Kniebis, Heiligenberg-Betberg). Also muß ein außergewöhnliches Ereignis die Ausnahme bewirkt und müssen außerordentliche Kräfte zum Gelingen beigetragen haben. Die Lösung liegt in der Feststellung, daß wir es hier mit dem ersten Reformkloster der Franziskaner-Observanten der oberdeutschen Provinz zu tun haben. Diese Reformbewegung breitete sich von Italien nach Norden aus, und um einen Fuß in die deutsche Provinz zu bekommen, gründete sie 1426 in völlig unfranziskanischer Lage ein neues Kloster. Am Ende schloß sich die Mehrheit der oberdeutschen Klöster den Observanten an, war die Operation also gelungen.

Das Kloster wurde von Beginn an vom badischen Herrscherhaus gefördert und stellte bis zum Auftauchen der Jesuiten die Prediger an der Hof- und der Stiftskirche. Die napoleonische Zeit überlebte es zwar aufgrund seiner Armut, aber 1826 war es dann ausgestorben. Die Gebäude wurden auf Abbruch verkauft und teilweise beseitigt. In den Resten befindet sich heute ein Weingut. Der Besucher kann äußerlich den Gebäuden ihren klösterlichen Ursprung ansehen, und am Eingang zum Weingut findet er noch eine Spitzbogenpforte. Bereits wegen der Lage über dem Rheintal lohnt sich ein Ausflug hierher.

Daten: 1426–1826 Franziskaner-Oberservanten

Lit.: Alemania Franciscana Antiqua, Bd. 1, S. 7-33

W. Müller: Die Klöster der Ortenau. In: s.o., S. 438–444

14 *Baiersbronn*

Klosterreichenbach

Die Bildung der Staaten bzw. Länder Baden und Württemberg steht in engem Zusammenhang mit der Übernahme von Klosterbesitz in Reformationszeit und Säkularisation. Rund $^1/_3$ des Territoriums des Herzogtums Wirtemberg stammte aus der reformationsbedingten

Aufhebung, ebenso wie $^1/_3$ der Staatseinnahmen. Der Zugriff auf ein Kloster war nur über die rechtliche Konstruktion der Vogtei möglich (vergl. Zwiefalten). Gerade Wirtemberg hatte in dieser Beziehung eine konsequente und erfolgreiche Politik im Spätmittelalter betrieben und Klostervogteien „gesammelt". Aber auch Baden wäre nicht zu einem Großherzogtum geworden, wenn nicht bereits in der Reformationszeit die Linie Baden-Durlach ihr Staatsgebiet arrondiert hätte. Daher ist

Foto: Willig

Klosterreichenbach: Priorat von Hirsau im Überschneidungsgebiet von Wirtemberg und Baden

nachvollziehbar, daß es immer wieder zu Zusammenstößen wegen der Übernahme einer Klostervogtei kam. Klosterreichenbach bietet ein besonders spektakuläres und zugleich typisches Beispiel für den Kampf um die Besitzrechte über ein Kloster.

Das neugegründete und gerade in der Blüte stehende **BENEDIKTINER**-kloster Hirsau (s. Calw) bekam 1082 von einem Ortsadligen dessen Besitz am Reichenbach geschenkt. Es errichtete damit ein **Priorat**, ein Beispiel für die vielen Neubesiedlungen von Klöstern durch Hirsauer Mönche in der Zeit des Investiturstreites. Der Abt des Mutterklosters hatte das Recht zur Ernennung des Priors und zur Kontrolle der Einkünfte. Aus dieser Abhängigkeit von Hirsau konnte sich Reichenbach nicht mehr befreien, obwohl im 15. und 16. Jh. immer wieder Versuche dazu gestartet wurden. Und zwar von der Markgrafschaft Baden, die seit 1399 die Vogtei über Reichenbach mit den Ebersteinern teilte und mit aller Macht direkten Einfluß in dieser Region erreichen wollte. Hirsau jedoch blieb stur, stellte seinen Rechtsanspruch über benediktinische Freiheit und erhielt hierbei von Papst und Konzil Unterstützung. Die gewaltsame Einsetzung eines Priors durch Baden 1472 mißglückte total.

Man sollte annehmen, daß mit der reformationsbedingten Aufhebung des Klosters Hirsau der Weg frei geworden wäre für die Aufwertung von Reichenbach zur Abtei. Aber Wirtemberg betrachtete sich als Rechtsnachfolger von Hirsau und besetzte in einem Handstreich 1595 Reichenbach. Der Rechtsanspruch war zwar konstruiert und führte zu dementsprechenden Protesten, aber letztlich gewann der Mächtigere: 1603 wurde das Kloster aufgehoben, 1648 sanktionierte der westfälische

Frieden diesen Akt. Der wirtembergische Herzog hatte damit ein wichtiges Landstück im Westen erworben, wodurch das 1590 neugegründete Freudenstadt ein ausreichendes Hinterland erhielt.

Das Kloster liegt im Murgtal über dem Reichenbach. Die 1082–1085 erbaute Kirche hat sich weitgehend aus der Zeit der Romanik erhalten, von den Konventbauten steht nur noch der ins Gemeindehaus einbezogene Westflügel und das Badhaus. Die Grundmauern von Ost- und Südflügel sind freigelegt. Die Ringmauer stammt aus Wirtemberger Zeit. Eine Informationstafel oder -schrift wäre wünschenswert.

Daten: 1085–1603 Benediktinerpriorat

Lit.:   Germania Benedictina, Bd. V, S. 336–344

M 10 *Baindt*

Das Zusammenleben von Frauen als emanzipatorische Bewegung?! Dies ist der Fall bei den Frauen, die unter dem Begriff „**Beginen**" in die Geschichte eingingen. Für die Zeit ab ca. 1220 findet man im Bodensee-Oberschwaben-Gebiet Frauengruppen („Sammlungen"), die ohne einen Anschluß an einen anerkannten Orden zusammenlebten. Nach einigen Jahren mündete ihr Zusammenleben in die Gründung eines regulären Klosters durch Einordnung in einen regulären Orden. Die erste Welle dieser Bewegung schloß sich den Zisterziensern an, die nachfolgenden Wellen wollten sich lieber von den neu entstandenen Bettelorden (Domikaner, Franziskaner) betreuen lassen. Man kann diese Entwicklung, die zum Ende der Stauferzeit einsetzte, als Zeichen von Frauen-emanzipation ansehen, weil hier Frauen entsprechend ihren Idealen handelten. Die Hl. Elisabeth von Thüringen ist wohl die berühmteste dieser Frauen. Dabei wird anhand der Entstehung von Baindt offensichtlich, wie stark diese Bewegung sein mußte, um schließlich trotz aller Irrungen, Wirrungen und Widerstände zum Ziel zu gelangen.

Denn die **FRAUENZISTERZE** Baindt entstand aus 2 verschiedenen Beginensammlungen von Mengen und Birnau, die lange Zeit ihren Platz suchten. Gemeinsam waren sie in Boos (bei Saulgau) 1231 angesiedelt, wo sie 1236 sogar ihre Einordnung in den Zisterzenserorden erhielten. Dies war der Verdienst des Salemer Abtes Eberhard v. Rohrdorf (s. Wald). Aber der örtliche Adel unterstützte sie nicht, ihre Existenz stand auf der Kippe. Da griff der kaiserliche Vertreter, der Landvogt Konrad v. Winterstetten ein. Er verpflanzte sie auf sein Gebiet (1240) und sorgte für dementsprechende Unterstützung durch seine Ministerialen sowie für einen königli-chen Schutzbrief.

Der Schutzbrief schuf die Voraussetzungen für die Reichsfreiheit, die 1479 mit einem Sitz auf dem Reichstag offiziell bestätigt wurde. Jetzt gehörte man zum exklusiven Kreis der 4 einzigen reichsfreien Frauenzisterzen neben Rottenmünster (s. Rottweil), Heggbach (s. Maselheim) und Gutenzell. Ein Territorium konnte man jedoch nicht erwerben, da die Klöster Weingarten und Weissenau (s. Ravensburg) bereits zuvor ihr Stück vom Kuchen herausgeschnitten hatten. Der Konvent setzte sich vor allem aus den Töchtern des umgebenden Adels und des Städtepatriziats zusammen, erst im 16. Jh. kamen bürgerliche Mitglieder hinzu.

Nach der napoleonischen Auflösung kam die Anlage an die Grafen von Aspermont-Linden, dann an das Haus Salm. Die Nonnen durften zwar bis zum Tode dort wohnen (1850), die Konventgebäude jedoch wurden 1842 abgebrochen. Übrig blieben im Süden die Wirtschaftsgebäude und westlich der Kirche das Gästehaus, das inzwischen den *Franziskanerinnen von Heiligenbronn* als Heim für blinde Kinder dient. Die Klosterkirche wurde zur Pfarrkirche, wobei man die Nonnenempore beseitigte

Der Besucher findet im Ortszentrum eine große Anlage mit mächtigen Wirtschaftsbauten vor. Südlich der Kirche jedoch steht die Fläche leer: Hier befand sich das Konventgebäude. Die Kirche stammt aus der Gründungszeit des 13. Jh., mit späteren Veränderungen (z.B. Gewölbe von 1560).

Daten: Sammlungen 1227 in Birnau und 1231 in Mengen, 1231–40 in Boos, 1240–1803–1850 Zisterzienserinnen in Baindt

Lit.: Schnell & Steiner Kunstführer Nr. 1471: Baindt, 1984

A. Wilts: Beginen im Bodenseeraum, S. 61–79

Balingen K 7

„In jedem Dorf eine **Frauenklause**, jedoch kein großes Frauen- oder Männerkloster", diesen Eindruck muß man für diese ehemals wirtembergische Landstadt gewinnen. Die heute eingemeindeten Dörfer Endingen, Erzingen, Engstlatt, Dürrwangen und die Kernstadt selbst hatten solche Klausen, die durchwegs in der Reformationszeit untergingen. In der Nachbarschaft gab es ähnliches in Geislingen, Dotternhausen oder Schömberg, von denen wir heute keine Überreste mehr finden. Ihre Häuser waren zu unbedeutend, um sie zu erhalten. Wahrscheinlich unterschied sich damit diese Region in keiner Weise von den anderen Landschaften BWs. Glücklicherweise haben sich in Balingen wenigstens noch einige Erinnerungsreste erhalten.

Kernstadt
Zwischen Stadtmauer und Stadt erinnern massive Mauern an eine ehemalige Kapelle, die einer **franziskanischen** Frauensammlung als Gebetsraum diente. Als obere Klause wird sie 1399 erstmals erwähnt, in der Reformation wurde sie 1545 mit der dominikanischen Sammlung (s.u.) zusammengelegt und aufgehoben. Ihre „Ölbergkapelle" ging in den späteren Bau des Kameralamtes (= Finanzamt) ein, heute Landwirtschaftsamt. An sie erinnern eine Ölbergstraße und Mauerreste „Im Zwinger". In der Nähe der Urpfarrkirche und heutigen Friedhofskirche befand sich von ca. 1430–1547 eine **dominikanische** Klause. An sie erinnert die kürzlich daneben erbaute Klausenbrücke.

Lit.: Amtliche Kreisbeschreibung von 1961, Bd. II, S. 39

Erzingen
Hier lebte eine wohl **franziskanische** Klause von 3–4 Frauen, die 1415 erwähnt wird. Ihre Niederlassung befand sich in der Nähe der Pfarrkirche und benutzte die danebenstehende Friedhofskapelle wahrscheinlich mit. In der Reformation (1546) wurden die Schwestern mit einer finanziellen Abfindung zur Aufgabe gezwungen. Ihre „Sebastianskapelle" wurde zum Schafstall, später zum Fruchtkasten, und steht heute frisch renoviert als Holzlager auf einem Privatgrundstück. Zu finden ist sie in der M.-Luther-Straße, Richtung Geischberghalle.

Daten: vor 1415–1546 3.-Orden-Franziskanerinnen

Endingen
Über einen unterirdischen Gang, der 1930 entdeckt wurde, war hier eine **franziskanische** Frauenklause mit der Pfarrkirche verbunden. Das läßt darauf schließen, daß eine Teil der Schwestern in Klausur lebte und beim Gang zur Kirche nicht von der Öffentlichkeit gesehen werden durfte/wollte. Das Gebäude ist verschwunden, die Kirche mit ihrem wunderbar schlichten, gotischen Chor erhalten.

Daten: vor 1372–1547 3.-Orden-Franziskanerinnen

Engstlatt
Hier stand bereits seit 1433 eine Schwesternklause neben der Kirche. Sie diente als Sammelkloster für die Schwestern der anderen, in der Reformationszeit aufgelösten Klausen. 1570 starb die letzte Insassin.

Frommern-Dürrwangen
Hier erinnert die Beginenstraße an eine verschwundene Frauensammlung, die neben der Kirche wohnte.

Zillhausen

In der Literatur (z.B. Kreisbeschreibung von 1961) wird erwähnt, daß im Bereich des Hofes „*Unterwannental*" eine Gemeinschaft von Augustiner-Eremiten bis 1406 gelebt hätte, die anschließend von Frauen dieses Ordens abgelöst worden seien. Dies dürfte eine Mißdeutung derart sein, daß hier **Eremiten** nach der Augustinusregel lebten, was jedoch in keinem Bezug zum Bettelorden der Augustiner-Eremiten steht (vergl. Weil der Stadt). Das gilt auch für die Frauen. Inzwischen sind diese Gebäude samt Kapelle verschwunden. Überlebt hat das oberhalb liegende Hofgut Oberwannental (Zufahrt über den Teilort Stockenhausen).

Berg N 10

Kellenried

Hoch über dem Schussental ragt eine Klosteranlage auf, die man aufgrund von Lage und prachtvoller Fassade für eine Gründung vergangener Jahrhunderte halten könnte. Dem ist jedoch nicht so. Denn erst 1924 siedelten sich hier **BENEDIKTINERINNEN** an: 22 Ordensfrauen aus Gurk in Österreich, die aus ihrem angestammten Kloster ausziehen mußten, verstärkt um 6 Schwestern der Beuroner Frauenabtei St. Gabriel/Prag. Bereits zwei Jahre später wurde Kellenried zu einer selbständigen Abtei im Verband der Beuroner Kongregation. Heute wohnen dort ca. 50 Nonnen, die in Verbindung

Foto: Abtei

Kellenried: Benediktinerinnenabtei St. Edeltraud, eine Gründung unseres Jahrhunderts

von Gebet und Arbeit, entsprechend dem benediktinisch-kontemplativen Ideal, ihren Lebensunterhalt verdienen.

Der Besucher findet die in den 20er Jahren erbaute Anlage über die L 291 zwischen Berg und Fronhofen. Ein Aufenthalt im Gästehaus ist möglich.

Bonlanden

Kongregationen anstelle von Orden, damit öffnet sich ein neues Kapitel der Ordensgeschichte, das im 16. Jh. seinen Anfang nahm und im 19. Jh. seine Krönung erlebte. Und das zugleich ein Meilenstein in der Geschichte der Frauenemanzipation ist. Denn jetzt geschah der Ausbruch aus dem jahrtausendalten Dogma der strengen Klausur, der Abschirmung der Frauen vor den Versuchungen der Welt. Die Welt wird zu ihrem Aufgabengebiet, und entsprechend den Marktgesetzen von Angebot und Nachfrage decken sie überall in den deutschen Kleinstaaten einen Bedarf ab: Krankenpflege, die Betreuung von Kindern sowie Seelisch-, Körperlich- und Geistig-Behinderten, Unterricht und Erziehung, all dies sind Teile eines breiten Aufgabenspektrums (vergl. Untermarchtal). Auf evang. Seite entstehen hierzu Diakonissenanstalten, auf kath. Seite Kongregationen, was beweist, daß man bei beiden Konfessionen die Zeichen der Zeit erkannt hat. Der Gründer von Bonlanden sah einen Bedarf in der Mädchenerziehung.

Faustin Memel, Pfarrer im benachbarten Erolzheim, nutzte die Schenkung eines Grundstückes, um 1856 seine Vorstellungen von einer christlichen Erziehung umzusetzen. Mit Hilfe der Franziskanerinnen von Dillingen, die er aus Oggelsbeuren (s. Attenweiler) holte, gründete er seine eigene **franziskanische Kongregation** gegen den Widerstand kirchlicher wie weltlicher Vorgesetzter. Ein Mangel herrschte in der Ausbildung von Mädchen: Mit Haushaltungsschulen begann man, später kam eine Lehrerinnenausbildung (ab 1894) und der Unterricht an allgemeinbildenden Schulen hinzu. Hier bestand so etwas wie eine

Bonlanden: Mutterhaus der Franziskanerinnen. „Kongregationen anstelle von Orden"

Foto: Kloster

Marktlücke, was ein entsprechender Zulauf belegte. Dementsprechend wurden Filialen im Rottenburger Bistum gegründet (Riedlingen, Ulm u.a.) und wurde das Mutterhaus immer mehr ausgebaut.

Im Laufe der Zeit erfolgte eine Diversifizierung auf andere Aufgaben, vor allem in der Mission. Mit dem Ergebnis, daß heute in den beiden südamerikanischen Staaten Argentinien und Brasilien jeweils mehr Schwestern dieser Kongregation angehören als in Deutschland selbst. Und auch die

Mädchenschulbildung kann heute nicht mehr ein Kloster ernähren, da durch den Ausbau des öffentlichen Schulwesens zuviele Alternativen gegeben sind. Daher mußten seit 1985 mehrere Schularten in Bonlanden geschlossen werden, zuletzt (1996) die dem Kloster direkt angegliederte Faustin-Mennel-Schule, sucht die Gemeinschaft eine Neuorientierung.

Der Besucher findet im Illertal, abseits der Hauptverkehrswege, ein Dorf vor, das vom hochgelegenen Gebäudekomplex des Klosters dominiert wird. Im Mittelpunkt steht die neugotische Klosterkirche von 1864–66. Weithin bekannt ist die Barockkrippe, in deren Besitz das nichtbarocke Kloster durch Zufälle gelangte.

Daten: seit 1856 Mutterhaus der Kongregation der Franziskanerinnen von der unbefleckten Empfängnis Mariens.

Lit.: P. Kopf: Die Franziskanerinnen von Bonlanden. Thorbecke 1992

Schnell & Steiner Kunstführer Nr. 1449: Klosterkirche Bonlanden, 1993

Bermatingen N 9

Wir finden im Bodenseeraum eine Reihe von Frauenklausen, die sämtlich in unwegsamen Einöden angesiedelt waren: Bächen (Salem), Rubacker (Deggenhausertal), St. Adelheiden (Allensbach), St. Katharina (Konstanz-Mainau), Hermannsberg (Herdwangen-Schönach), Sipplingen, Steißlingen und Weppach bei Bermatingen. Anscheinend gab es hier im Spätmittelalter eine regelrechte Einsiedlerbewegung bei den Frauen, wie man sie ähnlich auf Schweizer Gebiet mit den „Waldschwestern" auch finden kann. Daran waren die verschiedenen Bettelorden beteiligt, denn die Frauenklausen waren entweder den Franziskanern oder den Dominikanern oder den Augustiner-Eremiten angeschlossen. Anderswo in BW dagegen treten solche Einsiedlerinnen-Klausen so gut wie nirgends auf, ein Beleg für die grenzübergreifende Kultur des Bodenseeraums.

Im Nordosten des Ortes liegt, nur über Feld- und Waldwege erreichbar, in einer Rodungsinsel im Wald die ehemalige Frauenklause **Weppach**. Vor 1384 hatten sich hier 2–3 Frauen an einer wundertätigen Quelle angesiedelt, deren Nachfolgerinnen sich 1440 als **FRANZISKANERINNEN** des 3. Ordens einem regulären Orden anschlossen. Der Hof war eine Schenkung zweier Markdorfer Bürger. Eine eigene Kapelle durften sie erst Ende des 15. Jh. besitzen, was bei der weiten Entfernung zum Hauptort zuvor erhebliche Probleme bereitet haben muß. Ihren Lebensunterhalt bestritten sie über ihre Landwirtschaft.

Nach der napoleonischen Säkularisation wurden die Konventgebäude abgerissen, die Kirche jedoch als Schuppen weiterbenutzt. So kann man sie noch heute vorfinden, falls man den Weg dorthin findet.

Daten: vor 1384–1440 Beginen, 1440–1803 Franziskanerinnen

Lit.: Alemania Franciscana Antiqua, Bd. 13, S. 151–162

A.Wilts: Beginen im Bodenseeraum, S. 458

L 7 *Beuron*

Welche Kraft in der monastischen Idee stecken muß, dies beweist erneut das Wiedererstehen der Benediktinerklöster im 19. Jh. 60 Jahre lang, seit der napoleonischen Säkularisation, gab es kein Kloster mehr dieses Ordens in BW, war eine Neugründung in den Ländern Baden und Württemberg verboten. Über den Schlupfwinkel Hohenzollern, über persönliche Beziehungen und zufällige Bekanntschaften, trotz der Unterdrückung im preußischen Kulturkampf entstand plötzlich hier die Zentrale einer **Benediktiner-Kongregation**, die mit einer Fülle von Leistungen aufwarten kann: Eigene Kunstschule und -verlag, zeitweise führend in der Kirchenmusik Deutschlands, ein eigenes Institut für die Erforschung von Bibeltexten und Palimpsestfotografie (= Entschlüsseln überschriebener Handschriften), eine wissenschaftliche Bibliothek mit über 300000 Bänden, die Entwicklung und Herausgabe eines eigenen Meßbuches („Schott"), weg-

Beuron: Kuppel der Gnadenkapelle als Musterbeispiel der Beuroner Kunstschule

Foto: Metz

weisend in Anbau und Veredelung von heimischen Apfelsorten. Mit all dem knüpft man an die über tausendjährige Tradition der Benediktiner als Kunst- und Kulturträger an.

Inzwischen macht man jedoch auch hier die typische, ordensgeschichtliche Erfahrung, wonach eine Neugründung einen rasanten Aufstieg erlebt und anschließend dem Alltag verfällt. Die Hirsau-Reformbewegung des 11. Jh., die Zisterzienser des 12. Jh., die Bettelorden des 13. Jh. und die Frauenkongregationen des 19. Jh. erlebten dies auch. Denn die etablierte Beuroner Kongregation muß heute mit dem Nachwuchsproblem kämpfen.

Die Geschichte Beurons ist ursprünglich nicht benediktinisch, sondern augustinisch. Denn 1077 wurde hier ein **AUGUSTINER-Chorherren-Stift** gegründet. (Bereits zuvor besaß das Kloster St. Gallen hier eine Art Niederlassung, was 1760 einen Tübinger Universitätsprofessor zur nachträglichen Erfindung einer karolingischen Klostergründung anregte). Es mutet seltsam an, daß sich eine priesterliche Gemeinschaft in diese Einöde zurückzog und nach den strengen Regeln des Augustinus lebte, obwohl ihre eigentliche Aufgabe ja die Betreuung von Gemeinden war. Es war die Zeit, in der auch Priester mönchisch leben wollten (vergl. Riedern, Gemeinde Ühlingen-Birkendorf), und Beuron gehört diesbezüglich zu den Pionieren.

Das Stift bekam freie Vogtwahl, gelangte jedoch unter die Vogtei der Herren der nahen Stadt Mühlheim, kaufte sich 1614 von der Vogtei los und erreichte sogar kurz vor der Säkularisation die Reichsfreiheit. Dazwischen lag im 16. Jh. eine schwere Krise, die nur mit der Hilfe des Augustinerstifts Kreuzlingen (Thurgau) bewältigt werden konnte. In dieser Zeit kamen mehrere Pröpste und Mönche von dort. Ende des 17. Jh. jedoch erwarb der Propst den Abtstitel und initiierte das Kloster eine florierende Wallfahrt. Von der Blütezeit des 18. Jh. zeugt noch heute die damals entstandene Barock-Anlage.

Die napoleonische Säkularisation brachte 1802 die Aufhebung und Übereignung an das Fürstenhaus Hohenzollern-Sigmaringen. Die Anlage lag brach, wurde z.T. als Schloß genutzt. Erneutes klösterliches Leben zog erst 1863 durch die Brüder Maurus und Placidus Wolter aus dem Rheinland ein, die in Rom in ein **BENEDIKTINERkloster** eingetreten waren und in Deutschland ein eigenes Kloster gründen wollten. Mit Hilfe der Fürstin Katharina von Hohenzollern-Sigmaringen besiedelten sie Beuron. Es war die erste derartige Gründung Deutschlands seit der Säkularisation außerhalb von Bayern. Von vornherein strebte man Unabhängigkeit von sonstigen benediktinischen Verbänden an, wollte man eine eigene Kongregation gründen. Unterstützung und spirituelle Orientierung holte man sich im französischen Kloster Solesmes (Nordwestfrankreich).

Bereits nach 5 Jahren kam die Erhebung vom Priorat zur Abtei, weil man die Mindestanzahl von 12 Mönchen erreicht hatte. Mitten in diese Gründungsphase hinein wurde Beuron infolge des preußischen Kulturkampfes aufgehoben. Mit dem Ergebnis, daß es 12 Jahre später erstarkt wiedererstand, weil in der Zwischenzeit der vertriebene Konvent in anderen Ländern Neugründungen vorgenommen hatte, und daher gleichzeitig mit der Wiedereröffnung 1887 zur Erzabtei einer eigenen **Kongregation** mit mindestens 3 Abteien erhoben werden konnte. Inzwischen sind dieser Kongregation je 10 Frauen- und Männerklöster angegliedert, darunter sämtliche Benediktinerklöster in BW (Neresheim, Weingarten, Heidelberg-Neuburg) und die altehrwürdige Abtei Maria

Foto: Metz

Beuron: Ehemaliges Augustiner-Chorherrenstift
in eremitischer Lage

Laach. Jede dieser Abteien ist in sich selbständig, wie es der benediktinischen Tradition entspricht.

Beuron hat von vornherein die Übernahme von Unterricht, wie es viele andere Benediktinerklöster (z.B. in Bayern) praktizieren, abgelehnt. Statt dessen sieht es seine Aufgabe in der Übernahme von Aushilfsseelsorge und Volksmission. Auch die Tradition der Wallfahrt wurde sofort mit der Gründung wieder aufgenommen. Inzwischen gibt es innerhalb der Gemeinschaft eine „demokratische" Neuerung: Patres und Brüder gelten als gleich.

Der Besucher findet Beuron im Durchbruchtal der Donau durch die Schwäbische Alb, eines der touristischen Zentren BWs. Die Ur-Donau hat sich hier tief in die Kalkfelsen eingegraben, daher ist der Blick auf Beuron von Oben, von einem der vielen Felsen am schönsten. Die barocke Konventanlage von 1694–1705 und die Kirche von 1732–38 sind durch die Neugründung erweitert bzw. verändert worden. So findet man in der Kirche auch immer wieder die Spuren der Beuroner Kunstschule vom Ende des 19. Jh., religiöse Kunst mit Rückgriff auf antike und ägyptische Stilelemente. Insbesondere die auf der Nordseite angefügte Gnadenkapelle mit der Wallfahrtsmadonna zeigt diese Stilrichtung. Neben der Kirche bietet ein Kiosk Info-Materialien an. Bereits von der Lage her ist dieser Ort besuchenswert!

Daten: 1077–1802 Augustiner-Chorherrenstift, 1863–68 Priorat, 1868–75 Abtei,
seit 1887 Erzabtei (bened. Kongregation)

Lit.: Germania Benedictina, Bd. V, S. 135–144
Beuroner Kunstverlag: Kloster- und Wallfahrtskirche Beuron. 1990 (Broschüre)

L 11 *Biberach*

Biberach ist stolz darauf, mit seiner Stadtkirche eine der ersten (wahrscheinlich sogar die erste) simultan genutzten Kirchen BWs zu besitzen. Seit der Einführung der Reformation (1548) bis heute halten Katholiken und Protestanten darin ihren Gottesdienst ab. Damit wurde aus der Not eine Tugend gemacht. Denn in anderen Städten mit 2 Konfessionen konnte man auf verschiedene Kirchen zurückgreifen: Die Mehrheit nahm die Pfarrkirche, die Minderheit wählte sich die Klosterkirche eines

Bettelordens aus. Für Biberach als reiche und bedeutende Reichsstadt müßte man die Niederlassung eines Bettelordens erwarten können. Dem ist jedoch nicht so: Es gab im Mittelalter kein einziges Männerkloster innerhalb der Stadtmauern. Damit steht diese Stadt einzig da unter allen Städten BWs vergleichbarer Größenordnung und Bedeutung. Folglich war die Stadt zur gemeinsamen Nutzung der einzigen Pfarrkirche gezwungen, denn die Kirche des riesigen und mächtigen Spitals war für dieses reserviert.

Auch hinsichtlich der Frauenklöster fällt Biberach aus dem gewohnten Rahmen. Normalerweise wären mehrere Sammlungen zu erwarten gewesen, die sich im Laufe der Zeit zu Dritt-Ordensklöstern entwickeln. Hier jedoch finden wir diesen Prozeß nur für ein einziges **FRANZISKANERINNENkloster**. 1365 entstand es als Sammlung und schloß sich wie die meisten Klausen den Franziskanern als 3. Orden an, wodurch es eine relative Freiheit genoß. Es überlebte die Reformation, und war schließlich so unfranziskanisch reich, daß es gegen den Widerstand des Städtischen Rates einen Prachtbau für gerade mal 5 Bewohnerinnen errichten konnte (1697). So kaufte es

Foto: Willig

Biberach: „Von der Frauenklause zum Prachtbau"

auch kurzerhand die umliegenden Häuser auf, um vor dem Kloster eine Freifläche zu gewinnen.

Nach der Aufhebung von 1807 durch Württemberg wurde die Kirche sofort abgebrochen. Die Konventbauten erlebten eine Nutzung als Kaserne, Postamt und heute Amtsgericht.

Der Besucher findet die Anlage im Norden der Altstadt, nahe dem Bahnhof. Der direkt daneben verlaufende Altstadtring markiert den ehemaligen Graben vor der Stadtmauer. Das Gebäude wirkt noch heute herrschaftlich, völlig unfranziskanisch. Es läßt sich wahrlich nicht mit den sonstigen 3.-Orden-Nutz-Klöstern vergleichen (s. Munderkingen). Die Kirche stand quer zum heutigen Gebäude. Ein stimmungsvoller (renovierter) Innenhof bietet heute einen Ort der Ruhe und Betrachtung.

Daten: 1365–1807 3.-Orden-Franziskanerinnen

Zu einem späteren Zeitpunkt ließ sich doch noch ein Bettelorden in der Stadt nieder, und zwar die **Kapuziner**. In der Zeit der Gegenreformation wurden sie von der katholischen Minderheit gerufen (1615) und außerhalb der Stadtmauern Richtung Riedlingen angesiedelt. „Berühmt-berüchtigt" waren sie für ihre Predigen gegen die „Andersgläubigen": Einmal pro Jahr durften sie eine „Kontroverspredigt" halten, die jedesmal prompt zu Protesten der Protestanten führte. (Es war wohl eine Situation wie heute in Nordirland, wenn die Protestanten alljährlich die Eroberung durch England mit einem Umzug feiern). 1810 wurde das Kloster aufgelöst. Heute steht dort ein modernes Tagungshotel („Kapuzinerhof") und erinnert die Kapuzinerstraße an sie.

● Inzwischen hat sich ein moderner Orden angesiedelt. Die **OBLATEN der makellosen Jungfrau** in der Klockhstraße sind eine Kongregation des 19. Jh. Gegründet wurden sie 1816 von dem französischen Priester de Mazenod. Ihr Aufgabengebiet umfaßt vor allem Volksmissionen und Exerzitien. In BW besitzen sie keine weitere Niederlassung.

F 8 *Bietigheim-Bissingen*

Bietigheim
Das Beginenhaus (Hauptstraße 68) erinnert an eine **Frauensammlung,** die in der Reformation 1534 aufgelöst wurde. Nach dem Tode der letzten Insassin 1557 dient es als Wohnhaus. In der heutigen Form entstand es nach dem großen Stadtbrand 1727. Das am Haus angebrachte Wappen wurde vom abgebrochenen Tor hierher versetzt.

Lit.:   Stadtarchiv: Historischer Stadtrundgang, 1996, S. 16

C 8 *Billigheim*

Reformationsbedingte Klosteraufhebungen sind allgemein bekannt für protestantische und reformierte Länder. Man findet sie jedoch auch in katholischen Gebieten. Hier boten verwaiste Klöster eine geschickte Gelegenheit zur Aufbesserung des Staatseinkommens. Häufig erfolgte zu einem späteren Zeitpunkt eine Neubesiedlung, weil der zuständige Bischof darauf bestand (s. Marxzell-Frauenalb). Wenn jedoch der Bischof zugleich Landesherr war wie im Fall von Billigheim und dem benachbarten Seligental (s. Osterburken), so hatte dem verwaisten Kloster das letzte Stündchen geschlagen. Denn die bischöfliche Hofhaltung konnte die Einnahmen brauchen.
Billigheim wird 1166 erstmals erwähnt als **Benediktinerinnenkloster,** muß jedoch schon lange zuvor bestanden haben. Wahrscheinlich wurde es

von einem Regionaladligen (von Lauda) gegründet. Eine Reform nutzen 1238 die Nonnen, sich den **ZISTERZIENSERINNEN** anzuschließen. Die Aufsicht übernahm das Zisterzienserkloster Ebrach (Steigerwald), später das nahe Schöntal. Es ist schon seltsam und zugleich typisch, daß kein einziges Männerkloster unseres Bereiches einen solchen Wechsel vollzog, jedoch mehrere Frauenklöster (z.B. Breisach-Marienau).

Die Besitzungen verteilten sich über 25 Orte der näheren Umgebung. In Heilbronn unterhielt das Kloster zudem einen Stadthof. Die Insassen kamen ursprünglich vor allem aus dem umgebenden Landadel, im Spätmittelalter jedoch aus dem Heilbronner und Haller Patriziat. Da sich in diesen beiden Städten die Reformation durchsetzen konnte, geriet Billigheim in eine Nachwuchskrise. Beim Tod der Äbtissin 1584 lebte nur noch eine Nonne dort. Der Mainzer Erzbischof, der die Vogteirechte erworben hatte, löste daraufhin kurzerhand das Kloster auf und vereinnahmte die Einkünfte für sein Kammergut. So residierte nur noch ein Verwalter hier. In der Napoleonischen Säkularisation ging der Besitz an die Grafen von Leinfelden, die vorübergehend die Region als Fürstentum erhielten. Sie bauten die Gebäude zum Schloß um. 1902 brannte die Anlage mit Ausnahme der Kirche ab.

Der Besucher findet mitten im Dorf eine Grünanlage am Bach ("Schloßpark"), von der Lage her typisch für Frauenzisterzen. Die moderne Kirche wurde an die Klosterkirche aus dem 12. Jh. hinzugebaut. Aus Mainzer Zeit haben sich eine Remise, erbaut aus Steinen des Konventgebäudes, (heute Kindergarten) und ein Verwaltungsbau erhalten. Leider findet man keine Übersichtstafel, und selbst die Straßennamen geben keinen Hinweis auf die Klostervergangenheit.

Daten: vor 1166–1238 Benediktinerinnen, 1238–1584 Zisterzienserinnen

Lit.:   *Schnell & Steiner Kunstführer Nr. 1321: St. Michael Billigheim, 1981*

Bissingen H 9

Hier findet man neben der Kirche eine Erinnerung an das **Benediktinerkloster** St. Peter im Schwarzwald, das ja aus der Nähe (Weilheim) stammte. Es hatte von den Teck-Herzögen in der Gegend reichen Besitz erhalten, den es zuerst durch eine Propstei in Jesingen (heute nach Kirchheim eingemeindet) verwalten ließ. Nach dem Verkauf Jesingens an Wirtemberg richtete St. Peter in Bissingen einen Pfleghof ein. Man findet an dem 1722 erbauten stattlichen (heute Gast-) Haus neben der Kirche das Wappen von St. Peter.

Lit.:   *Germania Benedictina, Bd. V, S. 331–334*

Blaubeuren

Wer dieses Kloster besichtigen will, muß sich damit zufrieden geben, daß er nur Teile der Anlage sehen kann, nämlich Kirche und Kreuzgang. Der Großteil der Gebäude wird bewohnt und genutzt vom *Seminar Blaubeuren*. Hinter diesem Namen steckt eine Institution, die nach der Klosteraufhebung in der Reformationszeit eine sinnvolle Nutzung für die Klosterbauten brachte und zugleich einen Teil des ehemaligen Kloster- gutes als Bildungsinvestition zukunftsorientiert verwertete. Mit der Um-

Foto: Metz

Blaubeuren: Außergewöhnlicher spätgotischer Hochaltar (Ulmer Schule)

wandlung von 13 Klöstern in **Klosterschulen** nach dem sächsischen Vorbild hat Herzog Christoph von Wirtemberg 1556 eine Bildungsinfrastruktur geschaffen, die als vorbildlich für ganz Deutschland (und wohl sogar Europa) bezeichnet werden konnte. Dabei übernahm Blaubeuren zusammen mit den 8 anderen Klosterschulen (Adelberg, Alpirsbach, Anhausen, Denkendorf, St. Georgen, Königsbronn, Lorch, Murrhardt) eine Vorbereitungsfunktion für 4 höhere Schulen (Bebenhausen, Herrenalb, Hirsau, Maulbronn). Wer diese Ausbildung erfolgreich durchlaufen hatte, der konnte in Tübingen am evang. Stift Theologie studieren und somit in die Elite des Landes („Ehrbarkeit") aufsteigen (s. Augustiner-Eremiten-Kloster in Tübingen).

Später wurde die Anzahl der Schulen zwar reduziert, aber das System als solches blieb über 250 Jahre bestehen. Erst mit der Bildung des Königreiches Württemberg wurde es neu strukturiert. Blaubeuren jedoch bestand – ebenso wie Maulbronn – als Schule weiter, jetzt als evang. theologisches Seminar. Es bietet mit solchen Fächern wie Griechisch (ab 9. Klasse) und Hebräisch (als Arbeitsgemeinschaft) eine ideale Vorbereitung für ein Theologiestudium, am besten im Tübinger Stift.

Ein Nebeneffekt dieser Maßnahme kommt uns heute als Besucher zu Gute: Die Klosteranlage wurde unversehrt in die Neuzeit gerettet, nicht zerstört durch falsche Nutzung (z.B. als Fabrik) oder durch barocke „Modernisierung".

Blaubeuren begann als eines der typischen **BENEDIKTINER**-Reformklöster der Cluny-Hirsau-Bewegung. Der Gründungskonvent kam aus Hirsau, als 1085 die Pfalzgrafen von Tübingen eine kurz zuvor getätigte Stiftung von Egelsee (Gemeinde Laichingen-Feldstetten) hierher verlegten. Ein Frauenkonvent bestand ebenfalls, ca. 500 m abwärts der Blau an der Quelle des Giesselbaches, typisch für diese Bewegung; im 14. Jh. verschwand er.

Die große Krise erlebte das Kloster im 14. Jh., als es eine wirtschaftliche Schwäche seiner Vogteiherren, der Grafen von Helfenstein, ausnutzen wollte und deren Güter aufkaufte. Es übernahm sich dabei total, stand kurz vor dem Bankrott, konnte auch durch die Absetzung des Abtes nicht gesunden. Erst die großzügige Schenkung von 2 Dörfern durch eine ulmische Patrizierfamilie half aus der Misere. Um diese Zeit wurde ein Abt sogar durch einen Klosterinsassen umgebracht.

Das Jahr 1447 kann im nachhinein als der entscheidende Einschnitt in der Klostergeschichte bezeichnet werden: Die Helfensteiner Grafen mußten ihre Herrschaft Blaubeuren samt Vogtei über das Kloster an die Grafen von Wirtemberg verkaufen. Dabei rutschte Blaubeuren in die Situation eines landsässigen Klosters, eine Entwicklung, wie wir sie in ganz Europa für diese Zeit finden. Die neuen Vogtherren wollten die Klöster ihres Gebietes reformieren, u.a. auch, um damit ihre Macht zu beweisen. Die 1451 durchgeführte Reform, bei der Mönche aus Wiblingen (s. Ulm) nach Blaubeuren kamen, brachte eine Blütezeit. Ab jetzt war man selbst in der Lage, andere Klöster zu reformieren, z.B. Lorch und Schuttern (s. Friesenheim). Die Blaubeurener Äbte bekamen zudem die ehrenvolle Aufgabe der Visitation in einer ganzen Reihe von Klöstern, bis ins Elsaß hinein. Solche Erfolge schaffen Zusammenhalt. Daher traf Wirtemberg auf einen geschlossenen Widerstand, als es die Reformation einführen wollte. Eine Zeitlang (bis 1562) existierte sogar ein kath. Konvent neben der neugegründeten evang. Klosterschule.

Der Besucher findet neben dem Blautopf eine gotische Anlage aus der Blütezeit des Klosters vor. In der Kirche steht ein aufklappbarer Wandelaltar der Ulmer Schule, eines der schönsten spätgotischen Kunstwerke Süddeutschlands. Davor das geschnitzte Chorgestühl von Jörg Syrlin d.J. Ein Lettner trennt den Mönchschor vom Laienschiff. Eine Rarität ist das vollständig erhaltene Badhaus der Mönche.

Daten: 1085–1535 Benediktinerkloster

Lit.: Germania Benedictina, Bd. V, S. 160–174

G.Dopffel, G.Klein: Kloster Blaubeuren 900 Jahre. Theissverlag, 1985

I. Eberl (Hrsg.): Kloster Blaubeuren 1085–1985. Thorbeckeverlag, 1985

Ohne Impressum: Kloster Blaubeuren (Broschüre, liegt aus)

Weiler

Bei der Kirche bestand von 1375–1570 eine **franziskanische** Frauenklause, deren Gebäude 1640 von den Schweden zerstört wurde. Die Nonnen hatten zwar die Reformation überlebt, wanderten aber schließlich nach Schelklingen-Urspring ins dortige Benediktinerinnenkloster aus.

N 7 *Bodman-Ludwigshafen*

Hoch über diesem Ort, der dem Bodensee seinen Namen gab, thront das Klösterchen Frauenberg. Hier stand ursprünglich eine Burg der Herren von Bodman. Als 1307 der Blitz einschlug und mehrere Familienangehörige und Gäste tötete, schenkten diese den Berg an das **Zisterzienserkloster** Salem. Das erbaute eine Kapelle und ein Mönchshaus. Daraus wurde später ein Wallfahrtsort. Die heute dort stehenden Bauten stammen von 1611–15 und wurden später barockisiert. Zur Zeit wird die frisch renovierte Anlage von einer kath. **Laiengemeinschaft** („Agnus Dei") bewohnt. Die Zufahrt mit dem PKW ist Besuchern nicht erlaubt. Die kürzeste Wegstrecke findet man, wenn man die Abfahrt von der Straße nach Liggeringen wählt.

An eines der frühen **KOLLEGIATSTIFTE** erinnert die Stiftskirche St. Cyriakus (Patrozinium wie im nahen Wiesensteig). Bereits vor 1155 scheint es von der Gräfin Bertha aus staufischem Geschlecht gegründet worden zu sein, die hierfür die Steine von ihrer Burg abtragen ließ. Das Stift war dem Konstanzer Bischof zinspflichtig, woraus sich folgern läßt, daß der Bischof die Chorherren für die Betreuung des Weltklerus einsetzte. Während anfangs die Ausstattung für einen Propst und 5 Chorherren reichte, war im 15. Jh. nur noch 1 Kanoniker versorgt. Daher wurde die Stiftung dem Kollegiatstift Oberhofen in Göppingen einverleibt.

Wir finden hier eine der seltenen romanischen Kirchen unseres Raumes vor (vergl. Göppingen-Faurndau). Das Kircheninnere wird geprägt von den massiven Pfeilerarkaden. Von Außen wirken Kirchhofmauer, Turm und massive Kirchenwände wie eine Wehrkirchenanlage. Eine Pforte in der Mauer führte zu den Kanonikerhäusern „Im Winkel". Die Krypta in der Kirche ist nicht zugänglich.

Daten: 1155–1464 Kollegiatstift

Lit.:   Kirchengemeinde: Stiftskirche Boll (Broschüre, liegt aus)

Boll ist heute ein Zentrum des *Protestantismus*: Zum einen wegen der Herrnhuter Brüdergemeinde, einer evang. Gemeinschaft, die sich im 19. Jh. neben dem Schwefelbad ansiedelte. Zum anderen unterhält hier die württembergische Landeskirche die evang. Akademie Bad Boll, deren Seminare über das Land hinaus einen guten Ruf besitzen.

St. Ulrich

Wer heute nach Cluny in Burgund kommt und die Reste des dortigen Benediktinerklosters sieht, der muß sich an Babylon erinnert fühlen. Dieses mächtigste Kloster des Abendlandes, das die europäische Politik und Gesellschaft so maßgeblich beeinflußt hat (s. Calw-Hirsau), hat nur in Form eines Turmes, mächtiger Grundmauern und einiger später errichteter Gebäude architektonische Spuren hinterlassen. Daraus kann man jedoch noch immer die immense Ausdehnung der Anlage und die Kolossalität der Kirche, die die Größte Europas war, erahnen. Eine Erklärung für die Notwendigkeit zu solchen Dimensionen besteht u.a. darin, daß Cluny andere Klöster als Priorate übernahm und den Vorsteher (= Prior) dort ernannte. Für beinahe 1000 Priorate mußte zum einen genügend Nachwuchs im Mutterkloster herangezüchtet und zum anderen ein Versammlungsort angeboten werden. St. Ulrich gehörte als einziges Kloster des heutigen Deutschlands zum clunizianischen **Prioratsverband.**

Der Hl. Ulrich hatte eine große Karriere hinter sich, bevor er sich in dieses abgelegene Tal im Schwarzwald zurückzog und ein **BENE-DIKTINERkloster** gründete. Nach hohen Ämtern in der Weltkirche trat er als Mönch in Cluny ein. Dort wurde er Beichtvater des Abtes und Novizenmeister und übernahm für Cluny den Aufbau mehrerer Priorate (darunter das Königskloster Payerne in der Westschweiz). Seine weitreichendste Leistung war jedoch, daß er für Hirsau die Statuten von Cluny aufzeichnete, die später als Grundlage für alle Klöster der Hirsaubewegung galten. Schließlich landete er

St. Ulrich: Einziges Cluny-Priorat Deutschlands

Foto: Lutz

als Prior eines kleinen Konventes in Grüningen bei Breisach-Oberrimsingen. 1087 übersiedelte er den Konvent ins abgelegene Quelltal der Möhlin an die Stelle einer bereits bestehenden Zelle des Klosters St. Gallen. Von hier aus wurde ein Frauenkonvent in Sölden gegründet und betreut, ein Beispiel für die Integrierung der Frauen in diese Bewegung.

Als *Priorat* blieb es bis 1546 bei Cluny, wurde dann kurze Zeit von St. Georgen in Villingen verwaltet und schließlich dem Benedikterkloster St. Peter einverleibt. Nach der Aufhebung zusammen mit dem Mutterkloster wurde es zur Pfarrkirche mit Pfarrhaus. Inzwischen befindet sich zudem noch eine Landvolkshochschule in den Gebäuden.

Die herrlich gelegene Anlage am Ende des Tals (und der Welt) stammt aus der Zeit von 1740–50, erbaut von Peter Thumb. Berühmt ist der sogenannte Taufstein aus dem 12. Jh. mit einem Durchmesser von 2,60 m, der im Freien vor der Kirche steht. Wahrscheinlich diente er ursprünglich als unterste Stufe einer Brunnenschale.

Daten: 1087–1546 Cluny-Priorat, 1560–1806 Priorat von St. Peter

Lit.:   Germania Benedictina, Bd. V, S. 615–620

Schnell & Steiner Kunstführer Nr. 855: St. Ulrich, 1991

N4 *Bonndorf*

Im Zentrum dieses Städtchens findet man das Paulinerheim (Pfarrgemeindehaus) und die Paulinerstraße. Damit wird an den Orden der **Paulinereremiten** erinnert, der hier 1402 die Pfarrbetreuung übernahm. In jener Zeit erfolgte ein Wechsel in der Tätigkeit dieser Einsiedlermönche (vergl. Tettnang), die jetzt verstärkt in den Gemeinden aktiv wurden. Das Klösterchen hatte maximal 8 Insassen. Es stand seit 1613 unter der Schirmherrschaft des Benediktinerklosters St. Blasien, das die Herrschaft Bonndorf aufgekauft hatte. Nach der Napoleonischen Auflösung (1807) wurden die Gebäude 1842 abgerissen.

Lit.:   Stadtverwaltung: Bonndorf. Freiburg: Schillingerverlag

Bönnigheim E/F 8

Der Betteorden der Franziskaner siedelte sich in der Regel in Städten an, wo er sein Aufgabengebiet in der Seelsorge fand. Aber vereinzelte Niederlassungen außerhalb von Städten kann man immer wieder entdecken, so z.B. auf dem Fremersberg bei Baden-Baden oder Bernstein (s. Sulz). Diese Ausnahmen haben ihre besondere Geschichte.

So ist die 1477 erfolgte Gründung der **FRANZISKANER** auf dem Frauenberg südwestlich von Bönnigheim ebenso wie die auf dem Fremersberg eine Entscheidung der Reformpartei der Observanten, die mit solchen Gründungen Einfluß nehmen wollte auf die nichtreformierten Klöster der Konventualen. Infolge der Reformation ging die kleine Niederlassung („Residenz") bereits 1543 wieder ein. Heute erinnert ein Gedenkstein neben den ausgegrabenen Grundmauern inmitten der Weingärten an diese Vergangenheit.

Lit.:   Alemania Franciscana Antiqua, Bd. 16, S. 79–88

Innerhalb des kleinen Städtchens bestand vom 14. Jh. bis 1566 eine Klause der **Franziskanerinnen** des 3. Ordens. Direkt neben der Kirche, wie so viele andere auch. Nach der reformationsbedingten Aufhebung wurde das Gebäude als Schulhaus und zuletzt als Altersheim benutzt. In den 80er Jahren unseres Jahrhunderts wurde es abgerissen.

Lit.:   s.o., S. 89–92

Boxberg C 10

Wölchingen

Die in der Kreuzzugszeit neugegründeten Ritterorden bekamen in Europa reiche Schenkungen von Adligen, die sich anschließend einem solchen Orden anschlossen. Für diesen umfangreichen und mitunter verstreuten Besitz mußte man eine Verwaltungsform finden. Im Laufe des 13. Jh. entwickelte sich schließlich die Organisationsform der Komturei oder Kommende (vergl. Heitersheim), bei der in einem Haus verschiedene Ritter zusammenlebten, die umgebenden Güter verwalteten und einen Teil des Überschusses an die Ordenszentrale weiterleiteten. Zugleich bildeten diese Ritter eine Art Reserve für den Kampfeinsatz in Palästina. Typisch für die Anfangszeit der Kommenden war das Zusammenwirken verschiedener Berufs- und Gesellschaftsgruppen: Neben Rittern treffen wir noch Brüder für die Krankenpflege und Pilgerbetreuung, Familiaren (= Förderer und Pfründner) sowie Priester für die zu betreuenden Kirchen an. Dem Ganzen stand eine Person vor, zuerst Meister und ab Mitte des 13. Jh. Komptur (abgeleitet von Commendator = Befehlshaber) genannt. In Wölchingen haben wir ein Beispiel für eine frühe, so gegliederte Kommende des Johanniterordens.

Die Niederlassung entstand anläßlich eines Kreuzzugs aus einer Schenkung der einflußreichen Herren von Boxberg an den **JOHANNITERorden** (1192). Daraus entwickelte sich eine Gemeinschaft mit einem Vorsteher, die als Kommende betrachtet werden kann, obwohl offiziell erst 1274 der Begriff des Kompturs für Wölchingen genannt wird. Aufgrund weiterer Schenkungen, darunter Burg und Ort Boxberg, wurde die Region zu einem Johanniterzentrum. Einer der Boxberger Schenker übte sogar das Amt des Großpriors von Deutschland aus. Überraschend schnell kam das Ende. Denn bereits 1381 mußte die Provinz Franken aufgrund ihrer Schulden Besitzungen verkaufen, darunter auch diese Kommende. Der Besitz ging an das Geschlecht der Rosenberger und später an die Kurpfalz und wurde protestantisch.

Die Kommendegebäude sind verschwunden, aber die Kirche des Ortes stammt aus dieser Zeit, mit einer Mischung von romanischen und frühgotischen Stilelementen. Leider sind keine deutlichen Erinnerungszeichen an den Orden mehr ersichtlich. Die Krypta unterhalb der Apsis scheint jedoch eine Nachbildung des Hl. Grabes von Jerusalem darstellen zu wollen. Seltsam wirkt das keltische Kreuz auf der Westseite, das Spekulationen auf eine Zugehörigkeit zum Templerorden weckt.

Daten: 1192–1239 Hof, 1239–1381 Kommende des Johanniterordens

Lit.:   Schnell & Steiner Kunstführer Nr. 1862: Boxberg-Wölchingen. 1992

E 7   *Brackenheim*

Stockheim

Oberhalb dieses Weinortes steht die Burg Stocksberg, die weit ins Zabertal hineinschaut. Eine Zufahrt über Feldwege (Richtung Sportplatz) endet vor dem Eingangstor, über dem ein Wappen an die Zugehörigkeit zum **DEUTSCHEN ORDEN** erinnert. Der weitere Zugang ist nicht erwünscht.

Die Burg kam um 1300 von den Neipperg an die Deutschordens-
kommende in Ulm. Zeitweise diente sie als selbständige Kommende,
wurde dann jedoch als Unteramt Burg Horneck untergeordnet (s.
Gundelsheim). Nach der Zerstörung im Bauernkrieg erfolgte ein
Neuaufbau. Nur der Bergfried stammt aus der Stauferzeit. 1805 ging die
Anlage an das Königreich Württemberg, wechselte anschließend häufig
den Besitzer und ist als Privatbesitz nicht öffentlich zugänglich.
Daten: 1334–1374 Deutschordens-Kommende, 1374–1805 Unteramt

Breisach ᴸ₁

Breisach nimmt eine Sonderstellung unter den Städten des Rheintals ein
aufgrund seiner exponierten Lage auf einem Felsen direkt am Rhein, denn
alle anderen Städte liegen in der Ebene. Daher war diese Stadt in den
deutsch-französischen Auseinandersetzungen immer wieder umkämpft
und unter dem Sonnenkönig von Frankreich annektiert (vergl. Neuenburg).
Wenn man sich von Süden oder Westen (Elsaß) her der Stadt nähert,
erkennt man von weitem bereits das mächtige romanische **Münster** *St.
Stephan* auf dem Felsen, sozusagen als Wahrzeichen der sie umgebenden
Stadt. Deren Alter sowie die Tatsache, daß dieser Ort einem ganzen Gau
(Breisgau) seinen Namen gegeben hat, läßt spontan die Vermutung aufkommen, daß wir es hier mit einem alten Benediktinerkloster oder einem
frühen Stift zu tun haben, aus dem die Stadt entstand. Diese Vermutung
wird in der Kirche noch verstärkt, weil hier Chor und Schiff durch einen herrlichen gotischen Lettner getrennt werden und ein Chorgestühl im gro-
ßen Chor steht. Aber (leider) täuscht man sich (auch als Kenner) mit dieser Vermutung. Dieses Münster hatte immer nur Pfarrkirchenfunktion und war

Foto: Metz

Breisach: Romanisches Münster

niemals Kloster oder Stift. Das Chorgestühl stammt nur vom ehemaligen
Frauenkloster Marienau in der Unterstadt. Lettner und Chorgestühl legen
jedoch nahe, daß eine Stiftsgründung geplant war.

Dafür existierten auf dem Felsen einige andere Klöster, die leider aufgrund des letzten Weltkrieges oder durch die Zerstörungen in der französischen Revolution nur noch in äußerst geringen Resten auf uns gekommen sind: Untergegangen sind die **Kapuziner** (1684–1793), an die auf dem Felsen eine Kapuzinerstraße, das Hotel „Kapuzinergarten" und ihre Gruft auf einem unzugänglichen Privatgrundstück erinnern.

In der gleichen Straße zeigt eine unscheinbare Mauer neben dem Amtsgericht den Platz des **Franziskanerklosters** an (1301–1793).

Der Straßenname „Klösterle" (neben dem jüdischen Friedhof) verweist auf eine verschwundene **Frauenklause**.

In einer Mauer in der Augustinerbergstraße kann man ein Relief mit einem Totenkopf und dem Spruch „Memento Mori" entdecken, ein Rest des 1793 abgebrannten **Augustiner-Eremitenklosters** (1270–1775).

Immerhin finden wir heute noch das Gebäude, in dem neuzeitliche Frauenorden wohnten und unterrichteten. Hochragend steht es auf dem Felsen, Thcrcsianum (nach der Kaiserin Maria Theresia) genannt. 1731 kamen **AUGUSTINERchorfrauen** aus Straßburg hierher, die sich auf das Unterrichten von Mädchen spezialisiert hatten. Anderswo in Deutschland übten diese Tätigkeit Ursulinen oder Englische Fräuleins aus, im Bereich des heutigen BW jedoch dieser „französische" Orden. 1558 war er als Kongregation der Augustinerinnen „Unser Lieben Frau" („Notre Dame") in Lothringen gegründet worden war (vergl. Offenburg). Ebenso wie dort endete im Verlauf der Französischen Revolution auch hier 1793 sein Dasein, als Breisach weitgehend von den Revolutionstruppen zerstört wurde. 1822 erfolgte eine Neugründung, diesmal von den **Ursulinen** aus Freiburg, die mit ihrer Schule die Säkularisation überlebt hatten. Bis in die 70er Jahre unseres Jahrhunderts unterrichteten sie hier. Inzwischen wird das Gebäude von der Grundschule „Theresianum" benutzt.

Daten: 1731–1793 Augustinerchorfrauen Unser Lieben Frau, 1822–1975 Ursulinen

Unterhalb des Felsens, hinter Marktplatz und Spitalkirche, erinnert die Straße „Marienau" an das älteste Kloster der Stadt. Hier siedelten **Benediktinerinnen** von 1255–1526, die irgendwann im Laufe ihrer Existenz zu **Zisterzienserinnen** wurden. Ihr Chorgestühl hat im Münster einen neuen Platz gefunden.

E/F 6 *Bretten*

Als die kath. Linie der Pfalzgrafen mit ihrer Machtübernahme 1685 den Versuch der Rekatholisierung einläutete, siedelte sie in den Städten der Kurpfalz kath. Orden an (vergl. Mannheim). So wurden die **Kapuziner** nach Bretten geholt. Auf dem Gelände ihres verschwundenen Klösterchens östlich der Altstadt steht heute die Hebelschule, eine Grund- und Hauptschule.

In der Altstadt nennt sich die Pfarrkirche seit etwa 1600 „*Stiftskirche*". Es gibt jedoch keinen Beleg, daß dieser Kirche je eine Gemeinschaft von Stiftsherren angeschlossen war.

Bretzfeld D/E 9

Rappach

In diesem Dörfchen findet man auf einer Erhebung mitten im Ort eine romanische Kirche vor. Diese Chorturmkirche des 12. Jh. mit romanischen Fratzen diente zusammen mit dem ummauerten Friedhof als Wehrkirche. In den Besitz des **Benediktinerklosters** Odenheim (s. Östringen) war sie durch eine Schenkung des Ortsadels gelangt. Das setzte für die Verwaltung seiner Besitzungen einen Mönch als *Propst* ein. In der Krise des Mutterklosters wurde die Propstei an das Stift in Öhringen verkauft.

Daten: 1343–1444 Propstei von Odenheim

Bruchsal E 5

Den Abfall vom Hügelland des Kraichgaus hin zur Rheinebene bezeichnet man als Bruhrain. Hier befand sich mit der Stadt Bruchsal das faktische Zentrum des Bistums Speyer, seitdem die Reichsstadt Speyer protestantisch geworden war. Davon zeugt noch heute die Residenz der Bischöfe mit dem berühmten Treppenhaus von Balthasar Neumann. Ansonsten teilte diese Stadt das Schicksal der meisten Städte im Grenzbereich zu Frankreich, die durch die Kriege des Sonnenkönigs weitgehend ihre mittelalterliche Substanz verloren (vergl. Pforzheim). Daher finden wir nur geringe Überreste ehemaliger Klosterkultur.

Kernstadt

Der einzige Rest findet sich am Rande der Altstadt mit der Stadt- und Stiftskirche „Unsere Liebe Frau". Bereits im 10. Jh. hatte man anstelle eines Königshofes eine Basilika errichtet, die im 15. Jh. als Stadtkirche neu erbaut wurde. Als 1507 das vom Benediktinerkloster zum **KOLLE-GIATSTIFT** umgewandelte Kloster Odenheim (s. Östringen) sich in Bruchsal ansiedeln wollte, weil es sich hinter Stadtmauern sicherer fühlte, übergab ihm der Bischof den Chor dieser Kirche. Das Langhaus stand weiterhin der Stadtgemeinde zur Verfügung. Damit waren Querelen und Konflikte vorprogrammiert, die erst 1753 ihren Abschluß durch päpstlichen und kaiserlichen Schiedspruch fanden.

Die 12 Stiftsherren stammten fast durchweg aus dem umgebenden Kraichgauer Landadel, weshalb man es als **Ritterstift** bezeichnete. Das enorme Vermögen des reichsfreien Stifts diente vor allem dem aufwendigen Lebensstil der Stiftsherren, die in ihren eigenen Häusern wohnen durften. Denn klösterlich mußte man in solch einer Institution nicht leben! Darin war auch ein Teil der Konflikte mit der Stadtbevölkerung und mit dem Bischof begründet, die von den Chorherren bestimmte seelsorgerische Leistungen erhofft hatten.

Kirche und Rathaus stehen sich gegenüber und bilden zusammen die Fassade für einen freien Platz. Die Kirche war in den Kriegen des Sonnenkönigs weitgehend zerstört und wurde in alter Form 1716 wieder erstellt, mit einer Änderung: Man fügte einen barocken Turm hinzu. Im 2. Weltkrieg erfolgte eine erneute Totalzerstörung mit einem Wiederaufbau bis 1958 durch das Land: Ein modernes Langhaus mündet in einen gotischen Chor.

Daten: 1507–1803 Kollegiatstift (Ritterstift)

Lit.: Stadtkirche „Unsere Liebe Frau" Bruchsal, 1977 (Broschüre, liegt aus)

Die älteste geistliche Niederlassung der Stadt war die **Johanniterkommende** von 1272, an die heute nur noch die Johanniterstraße in einem östlichen Vorstadtbezirk erinnert. Diese Kommende verlor im Laufe der Zeit immer mehr an Bedeutung und bildete schließlich nur noch eine Niederlassung der Kommende Heimbach in der Pfalz.

Auch die **Antoniter** (s. Teningen-Nimburg) unterhielten eine (verschwundene) Niederlassung.

Eine wichtige Niederlassung als gegenreformatorisches Zentrum unterhielten die **Kapuziner** von 1670–1803, denn von hier aus kamen sie in badischen und pfälzischen Gebieten zum Einsatz. Ihre Anlage wurde 1690 durch Franzosen verwüstet und ist heute völlig verschwunden. Im Bereich ihres Geländes entstand in neuerer Zeit (seit 1916) eine Niederlassung der **PALLOTTINER**. Diese unterhalten hier ein großes Privatgymnasium. Ihre Kapelle St. Paulus ist bereits vom weitem sichtbar, da sie zusammen mit dem Schulgebäude über dem nordöstlichen Bereich der Kernstadt thront (Kreuzung Huttenstraße/Steighohle). Dieser moderne Orden entstand im 19. Jh. in Italien durch Vinzenz Pallotti (s. Immenstaad).

Untergrombach

An exponierter Stelle, am Übergang vom Kraichgau zur Rheinebene, liegt auf einem vorgeschobenen Bergrücken die Michaelskapelle. Kein anderer

Ort weit und breit bietet solch einen herrlichen Blick in die Rheinebene. Hier befand sich von 1754–1806 eine kleine Niederlassung der **Kapuziner**. Bereits im Mittelalter hatte man eine Kapelle errichtet, die von einem Einsiedler betreut wurde. Der Name Michaelskapelle deutet auf ein altes Bergheiligtum hin (s. Cleebronn-Michaelsberg). Als der Speyerer Bischof einen Neubau erstellen ließ, übergab er die Betreuung den Kapuzinern von Bruchsal. Diese ordneten 1–2 Mönche dorthin ab.

Nach dem Untergang des Bruchsaler Klosters verkaufte man die Michaelskapelle an Handwerker. Vor der Zerstörung wurde sie durch den Ortspfarrer 1855 gerettet. Anschließend wohnte hier eine Bruderschaft von Laienbrüdern, die 1914 ausstarb. Nach dem 1. Weltkrieg wollten sich Beuroner Mönche dort ansiedeln, die jedoch aufgrund der abgelegenen Lage ohne Zufahrt schließlich darauf verzichteten und Heidelberg-Neuburg wählten. Inzwischen existiert eine bequeme Zufahrt im Osten des Dorfes Richtung Obergrombach. Eine Gaststätte wurde hinter der Kapelle errichtet.

Daten: 1754–1806 Kapuziner-Eremitorium

Baustil: Ländlicher Barock, Deckengemälde von 1907–09

Lit.:   Michaelsberg bei Bruchsal-Untergrombach, 1994 (Broschüre, erhältlich in der
*   Gaststätte)*

Bad *Buchau* L 10

„Freiweltliches, hochadliges Stift", „Damenstift", „Fräuleinstift", alles Begriffe für eine Institution, die im Grenzbereich von Kloster und Welt angesiedelt war (und in Norddeutschland als evang. Adelstifte bis in unsere Zeit bestanden). Hier konnten nur Frauen aus dem Adel eintreten, die

ohne Gelübde nach den einfachen Regeln des Kirchenvaters Augustinus lebten. Also unverheiratet (keusch) und gehorsam, jedoch ohne Armutsverpflichtung und ohne gemeinsames Wohnen. Dabei war es auch möglich, aus der Institution auszuscheiden, z.B. im Falle einer Heirat. Die einzige gemeinsame Verpflichtung der Stiftsdamen bestand

Foto: Weiß

Bad Buchau: Hochadliges Damenstift und Freie Reichsstadt auf engstem Raum

im Chorgebet, jedoch auch nicht täglich, sondern nur zu besonderen Anlässen. Im Grunde haben wir es hier mit einer Versorgungsanstalt für

Mädchen aus besseren Kreisen zu tun. Im Falle des Damenstiftes Buchau aus besten Kreisen, nämlich nur freiherrlicher oder gräflicher Herkunft, also nicht aus Ministerialenadel.

Die Gründung erfolgte wohl ungefähr um die gleiche Zeit wie in Lindau, einem weiteren derartigen Hochadelskloster, zwei von sieben im alemannischen Raum (s. Säckingen). Nach einer historischen Untersuchung geschah die Gründung Buchaus in der Karolingerzeit, um 770 herum. Gründerin war Adelindis, die Frau des fränkischen Statthalters in Alemannien, also des damals wohl mächtigsten Mannes in unserem Raum. Belegt ist auf jeden Fall, daß König Ludwig der Deutsche im 9. Jh. seiner Tochter Irmengardis als Äbtissin von Buchau Besitz in den Orten Saulgau und Mengen schenkte. Eine Königstochter leitet nicht ein unbedeutendes Kloster! Wahrscheinlich lebte man nach der **Benediktinerregel**, wobei dies nirgends belegt ist (vergl. Säckingen).

Um 900 trat die Gräfin Adelinde aus dem schwäbischen Hochadel ein, nachdem sie ihren Mann und ihre 3 Söhne verloren hatte. Um diese Frau, die anscheinend sehr wohltätig wirkte, bildete sich in Oberschwaben eine Heiligen-Legende. In der nach Gottesdiensten und mit Führung zugänglichen Krypta unter dem Chor sind ihre Gebeine aufgebahrt.

Für das 13. Jh. ist ein wirtschaftlicher Niedergang festzustellen. In dieser Zeit erfolgte wohl auch die Umwandlung in ein **Kanonissenstift**, also ein Leben nach der gelockerten Augustinusregel als Kanonisse. 1417 wurde daraus sogar ein **freiweltliches DAMENSTIFT**. Damit hatten Töchter aus höchsten Kreisen als Pfründeninhaberinnen Anspruch auf eine geregelte Versorgung. Sie konnten auch im Laufe des Jahres Urlaub nehmen. Selbstverständlich ging dies auf Kosten der allgemeinen Einnahmen des Stiftes und führte zu wirtschaftlichen Problemen. Konflikte mußten dabei auftreten wegen der Einkommensverteilung von Äbtissin und Kapitel, weshalb man im 15. Jh. deren Einkünfte voneinander trennte. Die Äbtissin und die Stiftsdamen bezogen ihre Einkünfte aus unterschiedlichen Dörfern.

Ein besonderes Verhältnis bestand zur daneben entstandenen Reichsstadt Buchau. Es gehört zu den heute unverständlichen staatsrechtlichen Gegebenheiten des Deutschen Reiches, daß auf Rufweite zwei selbständige Miniherrschaften entstehen und bestehen konnten. In der Stadt wohnten meist Fischer und Handwerker, keine Patrizier. Wie muß man von hier aus zu dem hochherrschaftlichen Stift hinaufgeschaut haben, zu dessen Kirche man ja keinen Zugang hatte; und von dort aus zu den „Banausen" hinunter. Eine Unmenge von Konflikten wegen Kleinigkeiten war das Ventil für aufgestauten Neid, Ärger und Unterdrückung.

Die Bedeutung der Buchauer Äbtissin dokumentierte ihre Stellung auf dem Reichstag. Seit 1347 war sie dort mit einem Sitz vertreten, saß neben so hochadligen Stiften wie Burtscheid, Essen, Gandersheim, Gernrode, Herford und Quedlinburg. Man ordnete sie auf der Ebene der Reichsgrafen ein. So half das Reichsgrafen-Kollegium auch nach dem 30j. Krieg, als das Stift verarmt war. Dafür wollte es natürlich Mitspracherecht, vor allem für die dort untergebrachten Töchter. Die Fürstäbtissin jedoch ließ sich nicht hineinregieren. Das Stift erreichte eine finanzielle Konsolidierung, die es mit den Neubauten nach außen demonstrierte. Für den Gottesdienst unterhielt es zeitweise 7 Kanoniker.

Bei der Aufhebung umfaßte das Territorium ca. 3500 Einwohner, wobei die größte zusammenhängende Herrschaft das Gebiet um Straßberg (Zollernalbkreis) ausmachte, das man seit 1628 als Eigenbesitz übernommen hatte. Die Fürsten von Thurn und Taxis benutzten die Gebäude als Schloß und für die Verwaltung. Heute befindet sich eine Klinik in den Wohnbauten, die Kirche ist zur Pfarrkirche geworden. Der einzige für die Öffentlichkeit zugängliche Raum ist das ehemalige Tafelzimmer des Stifts, der sogenannte „Goldene Saal" mit monatlichen Schloßkonzerten.

Der Besucher sollte sich vom Marktplatz her diesem Moränenenhügel nähern, der vielleicht unmittelbar nach der Eiszeit gänzlich vom Federsee umgeben war. Hier das Städtchen, dort die Ansammlung von herrschaftlichen Gebäuden, dazwischen eine Mauer. Die heute von der Klinik benutzten, frisch renovierten Gebäude stammen von dem bekannten Baumeister des Deutschen Ordens, Johann G. Bagnato. Die Kirche erstellte im frühklassizistischen Stil Michel d'Ixnard, der später St. Blasien erbaute.

Daten: um 770 – 13. Jh. Benediktinerinnen, 13. Jh. – 1802 Damenstift

Lit.: *Germania Sacra, Bd. 32, 1994: Das freiweltliche Damenstift Buchau.*

Pfarramt: Die Stiftskirche in Bad Buchau, o.J. (Broschüre, liegt aus)

Buggingen M 1

Betberg

War es möglich, daß ein kath. Kloster nach der Reformation das Gehalt von protestantischen Pfarrern bezahlte und deren Kirchen renovieren ließ? In Betberg war dies der Fall. Und zwar gehörte dieser Ort zum **BENEDIKTINERkloster** St. Peter, das hier einen *Propst* als Vermögensverwalter eingesetzt hatte. Die Vogtei jedoch hatte Baden-Durlach erworben. Mit der Einführung der Reformation (ab 1556) endete zwar die Existenzberechtigung der Propstei, die Besitzungen jedoch wurden von St. Peter nicht aufgegeben. So kam es zu oben geschilderter Konstruktion.

Betberg war eine Urpfarrkirche für mehrere Orte, obwohl dieser Flecken nur aus Pfarrhaus und zwei Erblehenshöfen bestand. Anscheinend ging diese Zentralfunktion auf vorchristliche Zeit zurück, in der hier ein Heiligtum vermutet werden darf. In der Karolingerzeit jedoch findet man bereits eine christliche Kirche. Um 1111 kam diese Kirche samt Gütern und Rechten an das Schwarzwaldkloster St. Peter, das zur Absicherung daraus eine Propstei bildete. Der Pfarrer war damit ein Mönch des Klosters, der als wirtschaftlicher Sachverwalter den Zehnten und sonstige Abgaben eintrieb. Ihm zur Seite standen mehrere Kapläne, die für die Abhaltung des Gottesdienstes in den umliegenden Gemeinden zuständig waren und dafür im Kaplaneihaus in St. Ilgen wohnten. Wir haben es also nicht mit einem richtigen Kloster zu tun.

Kritisch wurde die Situation für St. Peter mit der Einführung der Reformation durch die badischen Vögte (ab 1556). Betberg wurde samt Filialgemeinden protestantisch. Dies brachte das Ende der Propstei, aber nicht das Ende der Patronatsrechte für St. Peter. Das kath. Kloster bezog weiterhin seine Einkünfte aus der Betberger Kirche und bezahlte dafür einen evang. (verheirateten) Pfarrer. Heute bezeichnen wir einen solchen Zustand mit dem Begriff „Koexistenz".

Der heutige Besucher wird überrascht von dieser wunderbar gelegenen wehrkirchenartigen Anlage. Abgesehen von kleinen späteren Änderungen (Fenster) ist das Kirchengebäude romanisch: das Schiff wurde nach 1100, der Turm um 1200 erbaut. In der Eingangshalle finden sich Ausmalungen aus dem 16. Jh. „Endlich einmal eine evang. Kirche, die untertags geöffnet ist!"

Daten: 13. Jh. – 1556 Propstei des Benediktinerklosters St. Peter

Lit.:   Germania Benedictina, Bd. V, S. 133/134

G. Teutsch: Die Geschichte der Pfarrei Betberg. (Broschüre, liegt aus)

H 3 *Bühl*

Nach der Katastrophe der napoleonischen Säkularisation schien das Ordensleben am Ende, konnte man den Eindruck einer untergegangenen Kultur gewinnen. Den wenigen überlebenden Klöstern und Orden waren Neugründungen verboten. Denn die europäischen Staaten dieser Zeit („Restauration") hatten von den vorangehenden Klosteraufhebungen finanziell profitiert. Dieser Zustand änderte sich erst zur Mitte des 19. Jh., als die soziale Lage breiter Bevölkerungsschichten so unerträglich geworden war, daß sich kirchliche Amtsträger und Privatpersonen zum Handeln herausgefordert fühlten. Neue Formen von Frauengemeinschaften bildeten sich: die evangelischen *Diakonissenanstalte*n (vergl. Schwanau-Nonnenweier) und die katholischen **Kongregationen** (vergl. Untermarchtal). Sie erhielten riesigen Zulauf für die Übernahme einer neuen Art von Aufgabe, nämlich Pflege und soziale Betreuung. Dabei mußten starke Widerstände sowohl von Seiten der Staaten wie auch der Kirche überwunden werden. In Bühl finden wir 2 Niederlassungen von in dieser Zeit gegründeten Gemeinschaften.

Neusatz

Im Süden von Bühl kann man am Aufstieg zum Schwarzwald bereits von weitem die Gebäude der **DOMINIKANERINNEN** von Neusatzeck sehen. 1855 entstand hier eine freie Gemeinschaft von Frauen unter Leitung des Ortspfarrers Josef Bäder, der zuvor aufgrund seiner vielfältigen Aktivitäten aus Freiburg hierher strafversetzt worden war. Offiziell durfte man zu dieser Zeit noch nicht als Orden auftreten. Diese Frauen richteten ein Waisenheim ein, das erste der Erzdiözese Freiburg. 1865 übernahm die Gemeinschaft die Regeln der Dominikanerinnen von Adelhausen in Freiburg mit Erweiterungen: ewige Anbetung, Exerzitien, Pflege und Unterricht. Erst 1910 bekam man die offizielle bischöfliche Anerkennung als 3. Orden, was dem Status einer Kongregation entsprach; 1917 dann die staatliche Anerkennung.

Der Besucher findet 2 Gebäude vor: Das Mutterhaus mit moderner Kapelle und gegenüber das Josef-Bäder-Exerzitienhaus mit neugotischer Kirche. Ca. 100 Schwestern umfaßt heute die Gemeinschaft. Sie unterhält eine Haushaltungsschule und eine Sonderberufsschule für Mädchen.

Daten: 1855–1865 freie Gemeinschaft, ab 1865 freie dominikanische Gemeinschaft,
seit 1910 Kongregation

Lit.: Schnell & Steiner Kunstführer Nr. 2018: Kloster Neusatzeck, 1992
W. Müller: Die Klöster der Ortenau. In: Die Ortenau, Bd. 58, 1978, S. 582–587

Kernstadt

Hier errichtete man 1923 das Mutterhaus für die Provinz Baden-Hessen der **SCHWESTERN v. Göttlichen Erlöser** (Niederbronner Schwestern). Diese Kongregation entstand 1849 im Elsaß, wo sich noch heute in Oberbronn ihre Zentrale befindet. Der Zulauf war gewaltig, denn ihre kongregationstypischen Aufgaben sprachen die Frauen an: Kranken- und Altenpflege, Ausbildung in sozial- und hauswirtschaftlichen Berufen. Die Kongregation orientierte sich dabei an den Idealen eines Vinzenz von Paul. Bereits 1857 konnte man mit dem Vinzentiuskrankenhaus in Karlsruhe die 1. Niederlassung jenseits des Rheins errichten. Nach dem 1. Weltkrieg mußten für Deutschland eigene Provinzen mit entsprechenden Mutterhäusern gebildet werden: Bayern, Pfalz und Baden-Hessen. Der Bühler Pfarrer, der zugleich als Landtagsabgeordneter politisch tätig war, holte sie hierher. Heute dient das Mutterhaus in Bühl vor allem als Heim für aus dem Dienst ausgeschiedene Schwestern. Mit seiner Ausdehnung demonstriert es den großen Anklang, den diese Bewegung ursprünglich fand. Die neubarocke Kirche stammt von 1928.

Lage: Kloster Maria Hilf, nordöstliche Stadtrandlage
Lit.:   W. Müller: Die Klöster der Ortenau. s.o., S. 603–605
*   Broschüre über die Kongregation (im Hause erhältlich)*

H 6 *Calw*

Hirsau

Die Geschichte der Orden entspricht weitgehend dem Auf und Ab eines Wellengangs: Gründung – Niedergang – Reform – Niedergang – Neuanfang. Diese Aussage gilt insbesondere für den Benediktinerorden: Von der karolingischen Aufbruchstimmung zur Krise des 9. und 10. Jahrhunderts; von der Clunyreformbewegung zur Abspaltunng des Zisterzienserordens; vom moralischen Niedergang im Spätmittelalter zur Bildung von Reformkongregationen; von der Katastrophe der Reformation zur Blüte des Barock; vom Untergang der Säkularisation zum Neubeginn des 19. Jh. In diesem Auf und Ab hat eine Epoche über die Ordensgeschichte hinaus die Kirchengeschichte, ja sogar die Weltpolitik und das mittelalterliche Weltbild entscheidend geformt, nämlich die **Clunyreform.** Hier setzte sich die Idee der Unabhängigkeit der geistlichen Institutionen von der weltlichen Macht durch, hier gewann im Investiturstreit das Papsttum die Vorherrschaft über das Kaisertum. Entscheidenden Anteil daran hatte das Kloster Hirsau.

Gegründet wurde das **BENEDIKTINERkloster** Hirsau zweimal. Zuerst 830 nach Übertragung der Aureliusreliquien aus Mailand. Es war eine Krisenzeit infolge der Ungarn- und Normanneneinfälle, das Kloster verlor seinen Besitz und erlosch wieder. Die Initiative zur Neugründung ging von einem schwäbischen Adligen aus, der als Reformpapst Leo IX. seinem Neffen, dem Grafen von Calw, hierzu den Auftrag gab. Als Gründungs-konvent holte man 1059 die Mönche aus einem Kloster, das damals als Vorkämpfer einer Klosterreform gelten konnte: Einsiedeln in der Schweiz. Mit Wilhelm von St. Emmeran in Regensburg wählte man einen Abt, der kämpferisch und moralisch integer die Klosterreform durchsetzen wollte und konnte.

Man übernahm die Ideen von Cluny, dem burgundischen Reformzentrum für ganz Europa. Hier lag der Schwerpunkt mönchischer Tätigkeit auf dem „Ora" (= Beten), indem die meiste Zeit für Messefeiern und Prozessionen verwendet wurde. Hier war der Mönch zum Priester und somit zum Herren

Hirsau: Ruine des Kreuzgangs mit gotischer Kapelle im Hintergrund

geworden. Die grundlegende Forderung war die Freiheit der Kirche von weltlicher Einflußnahme, was in Bezug auf das Kloster die freie Wahl von Abt und Vogt bedeutete, in Bezug auf die Kirche insgesamt die Unabhängigkeit des Papstes und der Bischöfe von weltlichen Herren („Libertas Romana" = Römische Freiheit). Der Investiturstreit war die Folge.

Hirsau wurde mitten in den Investiturstreit hinein gegründet und übernahm sofort die Führungsrolle der päpstlichen Partei, während Cluny selbst neutral blieb. Daneben entwickelte Hirsau verschiedene Neuerungen. So integrierte man die nichtadligen Laien in das Kloster, indem man ihnen den Status eines Bruders (= Konverse) zubilligte. Und die Frauen, die sich der Reformbewegung anschlossen, übernahm man durch die Konstruktion des Doppelklosters. Deshalb findet man bei den meisten Klöstern, die sich an Hirsau orientierten, in der Anfangszeit die Form des Doppelklosters. Hirsau verlegte schon bald seine Frauen nach Kentheim (s. Bad Teinach Zavelstein).

Bei dieser Vorreiterrolle kann es nicht erstaunen, daß Hirsau durch die Schenkungen seiner Anhänger in den Besitz von 31 Dörfern kam. Infolge der Eintrittswelle reichte der Platz der vorhandenen Anlage nicht mehr, man schuf eine Neuanlage auf einem höheren (hochwasserfreien) Platz. 1091 wurde hier die Kirche eingeweiht, deren Patrone Peter und Paul auch die Stadtpatrone von Rom sind und somit bereits das Programm der „Römischen Freiheit" verkünden. Gleichzeitig war man in der Lage, überall in Deutschland bestehende Konvente mit eigenen Mönchen zu reformieren und Neugründungen vorzunehmen (z.B. Zwiefalten). Im Unterschied zu Cluny entwickelte man jedoch keinen straffen Reformverband, weshalb die Energie letztendlich verpuffte. Mit dem Ausgleich von Papst und Kaiser im Investiturstreit (1122) war auch Hirsaus Blütezeit vorüber. Es sank zu einem reinen Adelskloster ab und erlebte schließlich den üblichen wirtschaftlichen und moralischen Niedergang des Spätmittelalters. Als ein Aufbäumen kann der Anschluß an die Reformkongregation von Bursfelde angesehen werden (1458, s. Ulm-Wiblingen). Das Ende kam mit der Reformation. Denn die Grafen von Wirtemberg hatten die Vogteirechte im 14. Jh. vom König erworben und lösten Hirsau wie alle anderen Klöster ihres Machtbereiches 1535 auf. Als Klosteramt zur Güterverwaltung blieb es bestehen, und 20 Jahre später wurde auch noch eine Klosterschule (s. Blaubeuren) eingerichtet. Als jedoch 1692 die französischen Truppen im pfälzischen Erbfolgekrieg die Anlage abbrannten, überließ man die Ruinen ihrem Schicksal. Erst die Romantiker des 19. Jh. fanden wieder einen Bezug dazu.

Der heutige Besucher findet zwei Anlagen vor. Zum einen im Dorf die Reste des ersten Klosters in Form der *Aureliuskirche*, die erst vor kurzem auf Originalen im romanischen Stil wiederhergerichtet wurde. Daneben ist ein Museum eingerichtet. Ca. 300 m nördlich, oberhalb der Nagold, liegt die eigentliche Klosteranlage, eine imposante Ansammlung von Ruinen. Anhand eines ausgehängten Planes kann man sich ein Bild von der ehemaligen Anlage machen. Eine Orientierung vorweg: Der stehengebliebene Turm („Eulenturm") mit seinem romanischen Schmuck bildete den Abschluß der Kirche nach Nordwesten. Die Kirche lag also östlich davon. In die Kunstgeschichte ist das sogenannte Hirsauer Kirchenbauschema eingegangen. Demnach sind zum einen die Seitenschiffe über das Querschiff hinaus verlängert, wodurch man Platz für zusätzliche Altäre gewann und somit entsprechend dem Aufgabenschwerpunkt ständig Messen lesen konnte. Zum anderen wurde das Längsschiff nach Westen hin erweitert, um eine Vorhalle zu gewinnen, in der sich die Gläubigen für die Prozessionen sammeln konnten. Diese Neuerungen sind von vielen Klöstern übernommen worden und dokumentieren deren Anschluß an die Reformbewegung (vergl. Alpirsbach).

Die Konventbauten sind entsprechend dem klassischen Klosterbauschema südlich der Kirche um den Kreuzgang herum angeordnet. Das später hinzugefügte Schloß im Südosten der Anlage ist durch die von Uhland besungene Ulme berühmt geworden, auch wenn inzwischen diese wegen einer Krankheit gefällt werden mußte (1988).

Daten: 830–?, 1059–1535 Benediktinerkloster

Lit.:   Germania Benedictina, Band V, S. 281–303

Kurzführer zur Anlage (im Museum erhältlich)

Altburg

Hier befand sich 1470–1566 ein **Dominikanerinnenkloster** im Gebiet des Pfarrgartens, an das der Straßenname „Klösterle" erinnert. Es war aus einer Frauensammlung (Beginen) entstanden, die 1367 zum ersten Mal erwähnt wurde. Die Grabplatte der letzten Priorin findet man in der Kirche.

Cleebronn E/F 7

Michaelsberg

Der Name ist bereits Programm. Der streitbare Erzengel Michael stand häufig Pate bei Kirchen, die in exponierter Lage an der Stelle eines vorchristlichen Heiligtums/Kultstätte errichtet wurden. So könnte es auch hier auf diesem Zeugenberg des Stromberg-Keuperlandes gewesen sein, der mit seinen 394 m den Zabergäu dominiert. Denn archäologische Grabungen haben Reste aus römischer und frühkeltischer Zeit erbracht. Hierzu passen wunderbar die Kapitelle in der Kirche mit ihren phantasievollen Darstellungen aus der spätromanischen Bilderwelt: Tiere, Fabelwesen, menschliche Köpfe.

Bereits im frühen Mittelalter befand sich hier das Zentrum eines großen Kirchensprengels. Im Spätmittelalter entstand eine Wallfahrt zu den Bergheiligen. Gottesdienst und Wallfahrt gingen in der Reformationszeit unter, die Kirche wurde als Scheune genutzt. Die Mainzer Grafen von Stadion, die mit Bönnigheim und dem Michaelsberg eine katholische Insel in protestantischem Umland besaßen, reaktivierten die Kirche und siedelten 1739 ein **KAPUZINER-Hospiz**, also eine kleine Niederlassung dieses gegenreformatorischen Ordens daneben an. Hierzu wurden die Steine einer mittelalterlichen Burg auf dem Berg verwendet.

Seltsam hören sich die Tätigkeiten dieser Mönche an. So wurden sie geholt, wenn ein durchreisender Katholik im württembergischen Umland starb. Oder wenn die württembergische, katholische Herzogsfamilie in Ludwigsburg residierte. Zudem wurde der Michaelsberg zum Ziel eines regelrechten „Trauungstourismus" für Paare aus dem katholischen Teil Badens.

Heute dient das barocke Gebäude der Diözese Rottenburg-Stuttgart als Jugendbildungsstätte.

Daten: 1739–1823 Kapuzinerhospiz

Lit.:   Faltblatt des Landesdenkmalamtes (liegt in der Kirche aus)

Kernort

Im Ort Cleebronn bestand im Mittelalter eine Frauenklause (1392 erwähnt).

Frauental

Wenn die Plünderung und Zerstörung eines Klosters durch seine Untertanen als Ventil für erlittene Unterdrückung angesehen werden kann, so muß sich bei den Untertanen des Klosters Frauental ein schwerer Haß angestaut haben. Denn es war nicht das Werk eines fremden Bauernhaufens, als man im Mai 1525 systematisch an die Niederlegung der Klostergebäude ging. Zuerst fischte man jedoch die Fischteiche leer, die als Ursache für die hohen Lebenshaltungskosten in den fleischlosen Zeiten galten (ca. $^1/_3$ des Jahres bestand Fleischverbot). Denn die Klöster hatten das Monopol auf Fischzucht. Sodann plünderte man die Wirtschaftshöfe des Klosters. Bei der Kirche deckte man das Dach ab und zerstörte in reformatorischem Eifer Altäre. Von den Konventbauten überstand nur der Ostflügel (bis heute). Im inzwischen in der Klosterkirche eingerichteten Museum „Vom Kloster zum Dorf" wird das Kapitel **„Bauernkrieg"** nicht übergangen.

Die Herren von Hohenlohe-Brauneck gründeten 1232 hier ihr Hauskloster und siedelten darin **ZISTERZIENSERINNEN** an, die dem Abt des

Foto: Willig

Frauental: Frauenzisterze in typischer Lage am Bach

Männerklosters Bronnbach (s. Wertheim) unterstellt waren. Da diese entsprechend ihrer Regel eine Eigenwirtschaft betreiben wollten, wurde eine bereits bestehende Siedlung aufgelöst. Es gelang den Nonnen jedoch nicht, ein eigenständiges Territorium aufzubauen. Ihre Herrschaft umfaßte gerade mal ca. 200 Untertanen im direkten Umland.

Nach dem Aussterben der Hohenlohe gelangte die Vogtei an die Markgrafen von Hohenzollern-Ansbach. Diese führten in ihrem Gebiet die Reformation ein und lösten 1547 das infolge des Bauernkriegs halbzerstörte Kloster auf. Ein Kastamt wurde eingerichtet, und im 17. Jh. durch Aufteilung der Liegenschaften eine Ansiedlung von Bauernhöfen geschaffen. Nur noch die Unterkirche diente für den Gottesdienst, Langhaus und Chor dagegen als Kornspeicher.

1982–85 nahm man eine Gesamtrenovierung des Kirchengebäudes vor, in dem schließlich aufgrund einer Bürgerinitiative ein Museum eingerichtet wurde. Der Verein „Tauberfränkische Volkskultur" weckt mit seinen

Aktivitäten das Verständnis der Bevölkerung für seine historischen Wurzeln.

Der Besucher findet im abgelegenen Muschelkalktal der Steinach eine gotische Kirche aus dem 13. Jh. vor. Das Museum ist auf der Nonnenempore eingerichtet und kann im Sommer besichtigt werden. Hierzu muß man die nahe wohnende Mesnerin verständigen. Nördlich der Kirche steht der Ostflügel des Konvents (heute Privatwohnungen). Die Konventbauten lagen also nördlich statt – wie üblich – südlich der Kirche. Das ganze in der zisterziensertypischen Lage an einem Bach, wahrlich eine Idylle!

Daten: 1232–1547 Zisterzienserinnen

Lit.:   W. Schurr: 750 J. Kloster Frauental. Selbstverlag, 1967

Deggenhausertal N 9

Rubacker

Auf dem Höchsten, der höchsten Erhebung Oberschwabens, erinnert nur noch ein Bildstock an das ehemalige **DOMINIKANERINNENkloster** *Rubacker (Rugacker)*. Eine Frauengemeinschaft hatte sich hier um 1430 angesiedelt und 1439 einem regulären Orden angeschlossen. Als 3. Orden besaß sie eine eigene Kapelle, war jedoch an die Kirche in Homburg gebunden, für die sie sogar das Patronatsrecht geschenkt bekommen hatte. Nach wiederholten Zerstörungen im 30j. Krieg ging sie unter. 1811 riß man ihre Kapelle ab.

Um den Ort zu finden, muß man sich heute an der Fachklinik für Suchtkranke auf dem Höchsten orientieren. In Verlängerung des Fahrwegs findet man den Bildstock an der Stelle des Klosters. Man muß sich fragen, warum sich Frauen freiwillig in solch eine verlassene und unwirtliche Gegend zurückgezogen haben. Dieses Kloster ordnet sich ein in eine Reihe von eremitischen Frauenniederlassungen im Umland des Bodensees (verg. Bermatingen).

Lit.:   A. Wilts: Beginen im Bodenseeraum, S. 410–412

Deggingen H 10

Die Betreuung von Wallfahrern war und ist ein Spezialgebiet der Kapuziner. So sind sie heute noch in Mergentheim, Stühlingen, Waghäusel, Zell und hier in Deggingen an Wallfahrtskirchen angesiedelt. Die Wallfahrtskirche „Ave Maria" steht an der Stelle eines alten germani-

schen Quell-Heilig-
tums, das bereits seit
dem frühen Mittel-
alter zu einem Ma-
rienheiligtum um-
gewidmet ist. Nach
den Zerstörungen von
Reformation und 30j.
Krieg erstellte es die
„Ave-Maria-Bruder-
schaft" völlig neu.
Aber erst 1929, also
in neuerer Zeit, holte
der zuständige Rot-

Foto: Metz

Deggingen: Von Kapuzinern betreute Wallfahrtskirche

● tenburger Bischof **KAPUZINER** zur Betreuung. So leben heute 6 Mönche
dort, die neben der Wallfahrt auch noch Pfarrseelsorge betreiben.

Der Besucher findet eine auf halber Höhe über dem Tal stehende
Barockkirche von 1716–18 vor, zu der ein Kreuzweg führt. Daneben ein
Wasserfall. Die Konventgebäude stammen von 1932. Die Zufahrt ist mit
„Ave-Maria" gekennzeichnet.

Lit.:   Kapuzinerkloster: Ave Maria Deggingen. Metzverlag, o.J. (Broschüre)

L 5 *Deißlingen*

Kernort
Auf dem Kirchberg, ostauswärts des Ortes auf einer Anhöhe gelegen,
befand sich um 1360 eine Albertskapelle, neben der sich
Franziskanerinnen des 3. Ordens ansiedelten. Anscheinend ging die
Klause im 30j. Krieg unter, denn anschließend wird das Gebäude von den
Franziskanern in Villingen versorgt. 1957 wurde die verfallene Kapelle
zum Abriß freigegeben. Eine gotische Fensterumrahmung in Sandstein
wurde dabei gerettet und in der „Aubertschule" (= Albert) aufgestellt.

Lit.:   Gemeindeverwaltung: Deißlingen und Lauffen. 1987, S. 38

Lauffen
In diesem Dorf, das vollständig dem Zisterzienserinnenkloster
Rottenmünster (s. Rottweil) gehörte, bestand im 14. und 15. Jh. neben der
Pfarrkirche eine **Frauenklause**.

Die Kreuzzugszeit muß im Gebiet des heutigen BW tiefere und länger anhaltende Spuren hinterlassen haben als in den anderen Gebieten Deutschlands. Denn wie wäre es sonst zu erklären, daß alle im Zusammenhang mit den Kreuzzügen entstandenen und das Mittelalter überlebenden Orden ihre Zentralen für das Gebiet des Deutschen Reiches hier einrichteten: Der Johanniterorden in Heitersheim, der Deutsche Orden auf Schloß Horneck (bei Gundelsheim) bzw. ab 1525 in Bad Mergentheim, und die Chorherren vom Hl. Grab in Denkendorf.

Der Orden der **CHORHERREN v. Hl. Grab** geht zurück auf die Eroberung von Jerusalem im Jahre 1099. Herzog Gottfried von Bouillon betraute anschließend 20 Kleriker mit dem Dienst in der Grabbasilika und unterstellte sie direkt dem Patriarchen von Jerusalem. Seit 1114 lebte man als regulierte Chorherren nach der **Augustinusregel** zusammen. In Europa entstanden über Schenkungen adliger Kreuzfahrer verschiedene Niederlassungen, sodaß der Orden auch nach dem Verlust Palästinas weiter existieren konnte. Seine Zentrale war jetzt nach Perugia verlegt, wo der Patriarch von Jerusalem residierte. Europa selbst hatte man in mehrere Provinzen unterteilt, darunter Ober- und Niederdeutschland mit der Leitung in Denkendorf. Die Klöster im niederrheinischen Bereich (Belgien) erlebten am Ende des 15. Jh. eine Reformblüte und überlebten die Reformationszeit. Von dort erfolgte 1670 die Besiedlung eines heute noch bestehenden Frauenklosters in Baden-Baden.

Die Einrichtung einer **Propstei** dieses Ordens in Denkendorf geht zurück auf die Stiftung durch einen ortsadligen Kreuzfahrer um 1130. Von hier aus wurden dann mehrere Niederlassungen im Bereich des Niederrheins (vor allem im Hennegau, im heutigen Belgien) und der Rheinpfalz errichtet. Die Niederlassungen erreichten den Status von Prioraten mit teilweiser Unabhängigkeit, unterstanden jedoch de jure dem Propst in Denkendorf. Dieser Propst gehörte seit 1414 dem Zentralkapitel in Perugia an, war also in direktem Kontakt mit der Ordensspitze. Erst als sich innerhalb des Denkendorfer Konventes im 15. Jh. Auseinandersetzungen entwickelten, erreichte die niederdeutsche Provinz ihre Selbständigkeit und existiert noch heute.

Denkendorf jedoch wurde in der Reformation aufgelöst, da die Wirtemberger Grafen bzw. Herzöge hier immer stärkeren Einfluß gewonnen hatten und seit dem 15. Jh. auch die Vogtei innehatten. Der Propst wurde zu einem der 4 Superintendenten der wirtembergischen Landeskirche, in die Gebäude zog eine evangelische Klosterschule ein. Von 1810–30 war eine Zuckerrübenfabrik hier eingerichtet, seit 1949 dient die Anlage als Diakonieseminar und Fortbildungsstätte der evang. Landeskirche.

Denkendorf

Foto: Steinbach

Die Besonderheit dieses Ordens zeigt sich noch heute in der baulichen Anlage: Die Kirche wurde bewußt über den Hang hinaus gebaut, weil man damit eine große Krypta gewann. In dieser Krypta befindet sich ein Schacht, den man als heiliges Grab interpretieren kann. Hier wurde von den Chorherren die Leidensge-

Denkendorf: Klosterkirche mit Hl.-Grab-Krypta. Zentrale eines einflußreichen Chorherrenordens

schichte Jesu auf eine besondere Art und Weise gefeiert, mit dieser Art von Liturgie war eine Legitimierung der Existenz verbunden.

Der Besucher findet eine weitgehend romanische Kirche vor, in der die Kapitelle an französische Vorbilder erinnern. Teile des spätgotischen Kreuzgangs sind erhalten. Die Klostergebäude wirken ländlich.

Daten: ca. 1130–1535 Chorherren v. Hl. Grab

*Lit.:	H. Werner: Kloster Denkendorf. Selbstverlag, o.J. (Broschüre, in der*
*	Fortbildungsstätte erhältlich)*
*	K. Elm: St. Pelagius in Denkendorf. In: Landesgeschichte und Geistesgeschichte.*
*	Kohlhammer, 1977*

19 *Dettingen* a.d. Erms

Die Reformbewegung des Spätmittelalters, die sich im Bereich der Grafschaft Wirtemberg u.a. in der Ansiedlung der **BRÜDER vom gemeinsamen Leben** (Kappenherren, s. Urach) durch Graf Eberhard im Barte niederschlug, hinterließ auch hier ihre Spuren. Denn in Dettingen wurde 1482 eine Gemeinschaft dieser Kanoniker angesiedelt und gleichzeitig die vorhandene Pfarrkirche zum **Stift** erhoben. In dieser Zeit (1494) entstand ein Kirchenneubau durch Peter von Koblenz. Als jedoch Herzog Christoph 1517 die Niederlassungen der Kappenherren aufheben ließ, endete die Existenz des Stifts.

Überlebt aus dieser Zeit hat der Chor der Stiftskirche. Südlich der Kirche steht das ehemalige Stiftshaus, Schlößle genannt, ein schöner Fachwerkbau.

*Lit.:	Evang. Kirchengemeinde: Evang. Stiftskirche Dettingen. (Broschüre, liegt aus)*

84

Regglisweiler (Brandenburg)

Für viele Klöster ist es so etwas wie ein Markenzeichen, daß sie an exponierter Lage stehen und weithin ins Land grüßen. Selbst junge Gemeinschaften des 19. und 20. Jh. fallen häufig durch ihre außergewöhnliche Lage auf. Sei es, daß sie sich in einem ehemaligen Kloster angesiedelt haben (z.B. Saulgau-Sießen, Münstertal-St. Trudpert) oder ein ehemaliges Schloß gekauft haben (z.B. Pallottiner auf Immenstaad-Hersberg, Benediktinerinnen in Wutöschingen-Ofteringen, Vinzentinerinnen in Untermarchtal). Letzteres finden wir im Illertal mit dem Kloster *Brandenburg* vor.

Als letzte **Kongregation** BWs entstand hier 1929 eine Gemeinschaft von **FRANZISKANERINNEN**. Ihre Gründerin Theresia Hecht kaufte das Schloß Brandenburg von den verschuldeten Frh. von Bühler und siedelte sich mit 6 Frauen an. 1933 erfolgte die erste Profeß, 1962 bekam man die endgültige bischöfliche Anerkennung. Heute umfaßt die Gemeinschaft, die sich auf die Diözese Rottenburg-Stuttgart beschränkt, rund 60 Schwestern. Als Aufgabe übernahm man die Betreuung von geistig behinderten Kindern, wofür man in Zußdorf, Haslach und Heudorf eigene Anlagen erstellte. Im Mutterhaus selbst bietet man inzwischen Exerzitien und Altenbetreuung an.

Der Besucher findet im Süden des Dorfes eine moderne Anlage, in deren Mitte ein in den 60er Jahren neuerrichtetes Schloß steht. Ein wunderbarer Park umgibt das Ganze. Die Höhenlage ermöglicht den Blick über das Illertal.

Daten: seit 1929 Mutterhaus der Immakulataschwestern (Franziskanerinnen)

Lit.:   hauseigener Prospekt

Neudingen

Besitzstandswahrung als Hindernis für notwendige Reformen, dies ist nicht erst ein Problem unserer Zeit. So taucht es auch in der Ordensgeschichte immer wieder auf, daß sich ein Orden gegen die Übernahme eines seiner Klöster durch einen anderen Orden wehrt, selbst wenn dieses Kloster verwaist ist und in der Zwischenzeit faktisch zu existieren aufgehört hat. Die Wiederbelebung eines verwaisten Klosters durch Angehörige eines anderen Ordens war ein Politikum, das in der Regel erst durch ein päpstliches Machtwort geregelt werden konnte. Denn hier ging es um Besitz: Die Rechte und Einkünfte dieses Klosters ruhten, eine Wiederbesiedlung ermöglichte auch den Zugang zu diesem Besitz. So war es auch in Neudingen.

Gegründet wurde das Kloster *Maria Hof* vor 1244 an einem historischen Ort. Hier muß sich die karolingische Königspfalz befunden haben, in der Kaiser Karl III. 888 gefangengesetzt und ermordet wurde. Daher der seltsame Name „Maria Hof", abgeleitet von Königshof. Von vornherein war es eine Art Hauskloster der Fürstenberger, die in der Nachfolge der Zähringer den Ostteil des Schwarzwaldes geerbt hatten. So traten Mitglieder der Herrscherfamilie bereits zu einem Zeitpunkt hier ein, als sich das Kloster noch nicht offiziell einem Orden angeschlossen hatte. Eine Konstellation, wie wir sie auch von anderen Frauenklöstern her kennen (z.B. Stetten bei Hechingen), und die in der Regel zu einer Aufwertung durch die schnelle Übernahme in einen regulierten Orden führte. Hier jedoch dauerte dieser Zustand seltsamerweise über ein halbes Jahrhundert, denn erst 1305 erfolgte die offizielle Übernahme als **DOMINIKANE-RINNEN.**

Dem folgte die Erwählung als Grablege der Fürstenberger. Jetzt mußte es aufwärts gehen, denn der gesamte Adel der Baar schickte nun seine Töchter hierher, mit einer dementsprechenden Mitgift. Neudingen wurde zum führenden Adelskloster der Baar. Aber zuviel Mitgift ist Gift für das Ordensleben. So kam der Abstieg wirtschaftlicher und moralischer Art (wie überall) im Laufe des 15. Jh. In der Reformationszeit stand es schließlich leer. Diesem Zustand wollten die Fürstenberger ein Ende setzen, indem sie 1562 **ZISTERZIENSERINNEN** aus Lauingen (Bayr. Schwaben) und aus Lichtental (s. Baden-Baden) ansiedelten. Da stellte sich jedoch der Predigerorden quer. Ein Gutachten sagte klipp und klar: Kein Bischof oder Landesherr habe das Recht, die Ordenszuordnung zu ändern, dies könnten nur die (alten) Klosterinsassen selbst. Da es die jedoch nicht mehr gab, entschied schließlich 1585 der Papst für die Übernahme durch die Zisterzienser, wobei Salem die Betreuung übernahm.

Nach der Aufhebung von 1802 wurden die Gebäude als Spital für russische Soldaten benutzt und schließlich 1843 zum Heim für verwahrloste Kinder. In dieser Funktion brannten sie 10 Jahre später infolge Brandstiftung vollständig ab. Es erfolgte kein Wiederaufbau. Über ihrer Grablege in der abgebrannten Kirche errichteten die Fürstenberger eine Gruftkapelle.

Die ehemalige Klosteranlage liegt am Rande des Dorfes an der Straße nach Geisingen. Von außen ist sie nur als riesige Parkanlage zu erkennen. Nach dem Eintritt durch das alte Tor liegt rechterhand die verschlossene Gruftkirche der Fürstenberger, ein Zentralbau mit Kuppel.

Daten: vor 1244–1305 Frauensammlung, 1305–1515 Dominikanerinnen,
1562–1802 Zisterzienserinnen

Lit.: M. Münzer: Die Geschichte des Dorfes Neudingen. Gemeindeverwaltung, 1973

Bei der heutigen Wallfahrtskirche *Gnadental* waren im 13. Jh. **Augustinerchorherren** vom Kloster Öhningen angesiedelt. Nach ihnen übernahm das Frauenkloster Neudingen 1296 die Kapelle.

Dornstetten 15

Im Bereich zwischen Schwarzwald und Schwäbischer Alb finden wir die Frauenklausen, die sich als 3. Orden den Dominikanern anschloßen, wie an einer Schnur aneinander gereiht (s. Sulz-Kirchberg). In Dornstetten beginnt diese Schnur mit 2 solcher Klausen.

Hallwangen (Engeltal)
In der Mitte dieses Weilers steht ein Kirchlein, neben dem sich ursprünglich einmal das **Dominikanerinnenkloster** Engeltal befand. Diese 1276

Foto: Willig

durch den Ortsadel gegründete Klause hob das inzwischen zur Vogteiherrschaft gelangte Wirtemberg in der Reformation auf. Die Gebäude wurden 1558 abgebrochen. Am Platz der heutigen Kirche stand ehemals die Klosterkirche. Die alt wirkende Pforte daneben könnte ein Rest der Klostergebäude sein. Der „Klosterweg" sowie eine Informationstafel erinnern an die Vergangenheit.

Engeltal: Untergegangene Dominikanerinnenklause

Kernort
Hier befanden sich 2 Frauenklausen, beide neben der Pfarrkirche. Rechts der Kirche stand das Haus der **Franziskanerinnen** (gegr. um 1360), links das der **Dominikanerinnen** (gegr. vor 1275). Um 1400 wurden die Klausen vereinigt. Nach der reformationsbedingten Aufhebung durften die Schwestern bis zum Aussterben bleiben. Der Abbruch der Gebäude erfolgte 1565.

Lit.: Alemania Franciscana Antiqua, Bd. 17, S. 87–90

Durmersheim

Die Ordensgeschichte ist ein Auf und Ab. Der Untergang der alten Orden in der Zeit der Aufklärung brachte eine neue Art von religiösen Gemeinschaften hervor: die **Kongregationen** (vergl. Untermarchtal und Stegen). Eine frühe Männerkongregation waren die **Redemptoristen**, gegründet 1735 von dem Priester Alfons Maria von Liguori in Süditalien. Im deutschsprachigen Raum verbreiteten sie sich durch Clemens Maria Hofbauer (s. Jestetten). Die Priester dieser Gemeinschaft legten einfache statt feierlicher Gelübde ab und fanden ihr Aufgabengebiet in Volksmission und Mission. In Durmersheim finden wir eine ihrer 3 baden-württembergischen Niederlassungen.

Die Wallfahrtskirche „Maria Heimsuchung" in Bickesheim wurde bereits im Hochmittelalter von den Markgrafen von Baden gefördert. Nach Reformation und 30j. Krieg erweckten die Jesuiten von Baden-Baden und Ettlingen die Wallfahrt zu neuem Leben (vergl. Ottersweier). Nach dem Aus in der Säkularisation ging die Wiederbelebung im 19. Jh. von einem Ortsgeistlichen aus. Seit 1920 wird die Wallfahrtskirche von
● **REDEMPTORISTEN** betreut, die in einem schlichten Gebäude daneben wohnen.
Die gotische Kirche wurde von 1420–1450 erbaut und 1908 grundlegend umgestaltet. Sie steht am Rande des Ortes Durmersheim. Am 1. Sonntag im September findet die große Wallfahrt statt.
Daten: Schnell & Steiner Kunstführer Nr. 992: Maria Bickesheim

Dürnau

Was machen **KAPUZINER** in einem erzprotestantischen Dorf? Der Ortsherr, ein zum Katholizismus konvertierter Graf von Degenfeld, hatte sie 1681 aus Schwäbisch Gmünd geholt. Als Hospiz (= kleine Niederlassung) wohnten sie im Dorf, in der evang. Kirche hatten sie unter der Fürstenempore einen eigenen Altar aufgestellt, zu einem in der Nähe liegenden Berg veranstalteten sie Wallfahrten. Die evang. Bevölkerung jedoch blieb desinteressiert und konnte diese Riten nicht verstehen.
Nach der napoleonischen Aufhebung (1803) wäre der „Spuk" vorüber gewesen, wenn nicht die kath. Kirche ihre hier erworbenen Rechte vor dem Verfall gewahrt hätte, indem sie in regelmäßigem Abstand einen Gottesdienst abhielt. Dies zahlte sich nach dem 2. Weltkrieg aus: Für den durch Zuzug von Heimatvertriebenen entstandenen kath. Bevölkerungsanteil konnte man auf den kath. Altar zurückgreifen und somit die Kirche simultan benutzen. So wirkte sich die Anwesenheit der Kapuziner nachträglich doch noch aus, bis zum Bau einer eigenen Kirche (1964).

Inzwischen sind kath. Altar und Fürstenempore aus der 1583 erbauten Kirche ausgeräumt, erinnern nur noch Wappen und Grafenstandbilder an diese Vergangenheit.

Ebringen M 2

Die dominierenden Klöster Schwabens im karolingischen und ottonischen Mittelalter waren Reichenau und St. Gallen. Letzteres erhielt vor allem vom schwäbischen Adel gewaltige Schenkungen, Ersteres eher vom fränkischen Adel. So erwarben beide einen riesigen Streubesitz im Lande. Daher muß es verwundern, daß wir mit Ebringen die einzige Propstei dieser Klöster in BW vorfinden. Die Erklärung hierfür liegt in den Schwierigkeiten dieser frühen Reichsklöster, ihren Streubesitz zu verwalten. In der Regel übernahmen sie den Besitz nicht in Eigenregie, sondern setzten ortsansässige Adlige als Vögte (advocatus = Anwalt) und Verwalter ein. Mit dem Ergebnis, daß jene im Laufe der Jahrhunderte den Besitz als ihr Eigentum ansahen und sich von St. Gallen bzw. Reichenau mit oder ohne Entschädigung freikauften. Diese Entwicklung hinderte die ursprünglich mächtigen Klöster im Gegensatz zu später gegründeten (z.B. St. Blasien) daran, eigene Propsteien aufbauen. Sie wurden damit Opfer einer schleichenden Säkularisation und verloren weitgehend ihr Eigentum außerhalb ihres direkten Umlandes.

In ähnlicher Weise war es auch in Ebringen abgelaufen. Die Schenkungen aus karolingischer Zeit an das **BENEDIKTINERkloster** St. Gallen waren vom Ortsadel in Verwaltung übernommen worden. Das Kloster mußte sich darauf beschränken, den Pfarrer zu stellen. Als sich jedoch 1621 die Möglichkeit zum Aufkauf der Herrschaft bot, griff St. Gallen zu: es kaufte im Grunde seine eigenen Besitzungen (zurück). Eine **Propstei** mit 3 Ordensangehörigen wurde eingerichtet, die im herrschaftlichen Schloß residierten. Zugleich blieb Ebringen Mitglied des Breisgauer Ritterstandes, war also als ritterschaftlicher Ort politisch vertreten.
Nach den Wirren des 30j. Krieges und der französischen Besetzung des Breisgaus durch den Sonnenkönig war das Schloß erneuerungsbedürftig. Man baute es von 1711–13 neu in der heutigen Form. Seit der Auflösung (1806) befinden sich im Schloß Schule und Rathaus: eine schmucke Anlage mit Eckrisaliten und einem St. Gallener Bären über der Eingangstüre. Im Inneren gibt es mehrere schöne Räume der Rokokozeit. Die Kirche aus der Barockzeit liegt in Sichtweite zum Propsteischloß.

Daten: 1621–1806 Propstei des Benediktinerklosters St. Gallen
Lit.: Schnell & Steiner Kunstführer Nr. 1643: Ebringen, 1987

Istein

Unterhalb des historisch und geologisch bedeutenden Isteiner Klotzes befand sich von 1105 bis ins 15. Jh. ein Klösterchen. Ursprünglich wohl als Doppelkloster entstanden, wohnten ab ca. 1150 nur noch **Benediktinerinnen** hier. Von den Schäden des Erdbebens von 1354 erholte es sich nicht mehr und ging daher bereits vor der Reformation ein. Heute erinnert eine Informationstafel an das Kloster. Lage: Zwischen Isteiner Klotz und Rhein bzw. Autobahn.

J/K 10 *Ehingen*

Mochental

„Jedem Mönch sein tariflich garantierter Ferienaufenthalt", so könnte mit einem modernen Motto die Funktion dieses Ortes in der Barockzeit gekennzeichnet werden. Denn damals wurde aus der Propstei Mochental ein Erholungsort für Mönche und die Sommerresidenz der Fürstäbte von Zwiefalten. Nicht mehr das alte mönchische Ideal der Askese stand im Vordergrund, sondern das neue Ideal der Entfaltung aller Kräfte, was sich ja auch in der Barockkunst ausdrückt. Für die Menschen dieser Zeit bedeutete dies eine konsequente Weiterentwicklung des ursprünglichen Mönchtum-Gedankens und kein Niedergang, ebenso wie bestimmte Entwicklungen unserer Zeit von uns als Fortschritt erlebt werden, während sie zukünftige Generationen als Dekadenz ansehen werden.

Im 12. Jh. erhielt hier das **BENEDIKTINER**kloster Zwiefalten von den Gaugrafen von Berg eine Kapelle in der Burganlage. Im 15. Jh. entwickelte sich daraus eine **Propstei** mit 10 bis 12 Mönchen, weshalb man sogar von der Einrichtung eines Priorats sprechen kann. Einen Streit mit den Vogteiherren löste man geschickt: Man kaufte kurzerhand die Herrschaft Kirchen (teuer) auf und war damit unabhängig. Nachdem

Mochental: „Sommerfrische" der Zwiefaltener Benediktiner

Foto: Willig

das Anwesen 1730 abgebrannt war, wurde es als Schloß wiedererrichtet und als Sommerfrische genutzt.

Nach der Aufhebung von 1803 erhielt der Zwiefaltener Abt hier seinen Ruhesitz. Anschließend wurde die Anlage als Landwirtschaftsdomäne genutzt. Neben der Landwirtschaft ist inzwischen eine Gemäldegalerie sowie ein mit Pfiff gestaltetes Besenmuseum eingezogen. In der Kapelle steht jetzt anstelle des Altars ein modernes Gemälde. Wer nach Mochental südwestlich von Ehingen kommt, findet ein Schloß vor, das zur Straße Lauterach–Kirchen hin einen imposanten Eindruck bietet.

Daten: 15. Jh. – 1803 Propstei/Priorat von Zwiefalten

Lit.:   *Germania Benedictina, Bd. V, S. 388–393*

Kernort
Am westlichen Rande der Stadt befindet sich ein ehemaliges **FRANZISKANERkloster**, das zur Betreuung der dortigen Wallfahrtskirche *Unser Lieben Frau* 1630 eingerichtet wurde. Damit übernahmen die Franziskaner Aufgaben, die anderswo in dieser Zeit Kapuziner ausfüllten (s. Waghäusel). Die Entscheidung zur Ansiedlung eines Mönchordens war der Stadt nicht leicht gefallen, denn damit gab sie bereits bestehende Kaplaneistiftungen aus der Hand. Aber die habsburgische Regierung verordnete mehr oder weniger die Klostergründung. Infolge des 30j. Krieges konnte der Konventbau erst 1654 erfolgen.
Die Franziskaner regten die bereits bestehende Wallfahrt so sehr an, daß die Kirche auf Dauer nicht für die Pilgermassen reichte. Denn Wallfahren bedeutete ein Stück Lebensqualität für Katholiken der Barockzeit. Also wurde 1725 ein Neubau erstellt im Stile eines „Bettelordensbarock": massiv, schlicht und zugleich ausgeschmückt.
Nach der Aufhebung unter Napoleon richtete man hier vorübergehend ein Auffangkloster für andere Konvente ein. Später wurde aus den Konventgebäuden ein städtisches Spital, schließlich fast 100 Jahre lang ein Altenheim. Inzwischen wird es renoviert (neue Nutzung unklar). Die Kirche dient einer Pfarrei. Die Anlage liegt gegenüber dem Krankenhaus, an der B 465.

Daten: 1630–1812 Franziskanerkloster

Lit.:   *Alemania Franciscana Antiqua, Bd. 9, S. 5–17*
    Schnell & Steiner Kunstführer Nr. 413: ULF in Ehingen, 1985

Über Jahrhunderte hinweg (1395–1782) wohnte eine **Frauensammlung** im Krockental, seit 1465 als 3.-Orden-**Franziskanerinnen**. Ihr Haus stand nördlich der Konviktkirche (s.u.), an der Stelle des heutigen bischöflichen Konviktes.
Denn die Benedikter von Zwiefalten hatten 1686 auf Bitten der Stadt ein **benediktinisches** Gymnasium aufgebaut, dessen Schulleiter der Abt von Zwiefalten war. Hier wurden kath. Schüler auf ein Studium der Theologie vorbereitet, ähnlich den evang. Klosterschulen (vergl. Blaubeuren). Ein

weiteres derartiges Konvikt gab es im Bereich des heutigen BW nur noch in Rottweil. In Ehingen unterrichteten 6 Lehrer 50–80 Schüler. Das Gymnasium bestand auch nach der Aufhebung von Zwiefalten weiter. Die bedeutendste Erinnerung an diese Institution bildet die *Konviktkirche*, 1698–1706 erbaut: Ein außergewöhnlicher Zentralbau, geweiht dem Herz-Jesu-Kult

Lit.: *Germania Benedictina, Bd. V, S. 184–188*

F 12 *Ellwangen*

Von welcher Seite man auch immer auf diese Stadt zufährt, sofort fallen einem die geistlichen Bauten auf. Im Osten über der Stadt thronen das Residenzschloß der Fürstpröpste und die Wallfahrtskirche auf dem Schönenberg (betreut von einem modernen Orden). Das Stadtzentrum wiederum wird dominiert von dem Komplex Stiftskirche und Jesuitenkonvent. Zudem findet man in den Straßen der Altstadt eine Reihe von Barockhäusern, die ehemals Stiftsherren gehörten. Keine andere Stadt in BW wird in ihrem Gesamtbild so sehr von geistlichen Institutionen geprägt wie Ellwangen. Dies ist das Erbe

Foto: Metz

Ellwangen: Eine „geistliche Stadt" mit Stiftskirche und Jesuitenkloster im Zentrum

eines geistlichen Staates, der mit 400 km² der Durchschnittsgröße eines Landkreises vor der Kreisreform von 1972 entsprach. Die **Fürstpropstei** Ellwangen war damit vergleichbar den Fürstabteien Fulda und Kempten. Kein Wunder also, daß nach der napoleonischen Auflösung der neue Besitzer Württemberg hier Großes plante: Ellwangen wurde zuerst Sitz der Regierung der neuwürttembergischen Lande (für 3 Jahre), dann bis 1924 Sitz der Kreisregierung Jagstkreis (vergleichbar einem heutigen Regierungspräsidium). Zudem war es als Bischofssitz vorgesehen, was jedoch schließlich Rottenburg wurde. In diesem Zusammenhang erhielt es ein Priesterseminar und eine kath.-theologische Universität, die jedoch schließlich in die Universität Tübingen integriert wurde. Zur heutigen Landstadt sank Ellwangen erst 1938 ab mit der Einordnung in den Kreis Aalen. Die katholische Tradition macht sich neben den Bauten noch heute bemerkbar in Form moderner Ordensniederlassungen.

Ausgangspunkt war 764 die Gründung eines **BENEDIKTINERklosters** durch den Bischof von Langres in Nordburgund, der aus dem alemannisch-bairischen Adel stammte. Ellwangen war ähnlich wie Herbrechtingen ein fränkischer Vorposten gegen das unabhängige Herzogtum Baiern. Die Lage an der Fernstraße Rhein-Donau begünstigte die Entwicklung: Bereits 830 hatte das Kloster 120 Mönche und war ein Reichskloster mit Beziehungen zum Hochadel. Bedeutend waren seine Reliquien römischer Herkunft, darunter eine kleinasiatische Pferdeheiligen-Sippe (Speu-, Eleu- und Meleusippus), auf die der noch heute abgehaltene „kalte Pferdemarkt" am ersten Montag nach Dreikönig zurückgeht.

Grundlage für eine Territoriumsbildung war die Schenkung des königlichen Bannforstes „Virngrund", mit dessen Erschließung die Äbte die Voraussetzung schufen für einen Aufstieg zu Reichsfürsten in der Stauferzeit. Mit dem Aufstieg erfüllte sich auch hier das Schicksal all dieser alt-mächtigen Abteien (vergl. Reichenau): Man entfremdete sich immer mehr dem monastischen Ideal, das Kloster sank zu einer Versorgungsanstalt des Adels ab. Abt und Konvent verwalteten ihre Güter getrennt und wohnten schließlich auch getrennt, denn der Abt baute sich seine Burg auf dem Berg (heute Schloß). Wenn alle in ihre eigene Tasche wirtschaften, so ist der wirtschaftliche Niedergang unausweichlich. Nur durch das Eingreifen der Wirtemberger Grafen, die man um Schutz gebeten hatte, wurde ein finanzieller Bankrott im 14. Jh. vermieden.

Die Umwandlung in ein **weltliches CHORHERRENstift** (1460) für 12 Stiftsherren und 10 Chorvikare war die Legitimierung eines Zustandes, der mit Klosterleben nichts mehr gemein hatte.

Foto: Willig

Ellwangen: Kreuzgang der
Stiftskirche mit
„gotique flamboyant"

Die nachfolgende Reformation machte sich zwar bemerkbar, führte jedoch nicht zu einer Auflösung durch Wirtemberg, weil dessen Rechte zu schwach waren. In der Barockzeit ging es wieder aufwärts. Mit Hilfe von Jesuiten und Kapuzinern verbesserte man die Seelsorge und hob den Bildungsstand der Bevölkerung. Ellwangen wurde zu einer gerne erworbenen Apanage für Bischöfe (z.B. aus dem Hause Schönborn), die Bistümer und Abteien sammelten.

Die Stiftskirche kündet noch heute von der ruhmreichen Vergangenheit. Nach einem Brand wurde sie 1182–1233 errichtet. Sie ist der bedeutendste romanische Bau Ostschwabens. Im Inneren wurde sie mit Fingerspitzengefühl barockisiert. Die Konventbauten waren bei der Stadtgründung (1130) von der (klostertypischen) Südseite der Kirche auf die Nordseite verlegt worden und sind infolge verschiedener Brände nur teilweise erhalten. Von der Kirche her kann der spätgotische Kreuzgang begangen werden, der eine für BW einmalige Besonderheit aufweist: Er steigert sich vom Netzgewölbe zu naturalistisch-knorrigen Astwülsten. Hier zeigt sich die in Frankreich gängige „gotique flamboyant" mit ihren „barocken" Auswüchsen.

Daten: 764–1460 *Benediktinerkloster, 1460–1803 weltliches Stift (Fürstpropstei)*

Lit.: *Germania Benedictina, Band V, S. 189–211*

Thier/Leser: Ellwangen. Schwabenverlag 1986

Beinahe nahtlos schließen sich im Westen der Stiftskirche die Gebäude der **JESUITEN** an, bilden sozusagen die Verlängerung des Stiftes und mit diesem zusammen den gewaltigen Komplex, der die Innenstadt dominiert. In der Zeit der Gegenreformation (1611) waren sie von den Stiftsherren ins Land geholt worden. Denn das weltliche Stift war sich bewußt geworden, daß es eine geistige Elite als Hilfe benötigte, um die Bevölkerung rekatholisieren zu können. Hier zeigte sich eine Gesinnungsänderung gegenüber der Vorreformationszeit, in der man keinen anderen Orden neben sich dulden wollte, vor allem keine Bettelorden wegen ihres Einflusses auf die Bevölkerung. Entsprechend der Bedeutung war dann auch der zugewiesene Platz im Stadtzentrum, direkt neben der Machtzentrale. Die Anlage geht auf eine Stiftung des Stiftdekans von Peutingen zurück, der sein Vermögen für den Bau des Jesuitenkollegiums gab (1720–29).

Eine führende jesuitische Persönlichkeit war der 1953 seliggesprochene Philipp Jeningen, der u.a. den Bau der Wallfahrtskirche auf dem Schönenberg anregte. Seine Grabgedenkstätte findet man im Kreuzgang der Stiftskirche in der Liebfrauenkapelle.

Auch nach der päpstlichen Aufhebung des Jesuitenordens existierte die Gemeinschaft als „Kollegium Ignatianum" bis 1802 weiter, weil das hierin eingerichtete Gymnasium unentbehrlich war für die Region. Später wurde daraus das renommierte Peutinger- Gymnasium, nach dessen Auszug 1963 eine Reihe von staatlichen Behörden einzogen. Das Innere der Konventbauten ist daher leider heute nicht mehr zugänglich. Die Jesuitenkirche jeoch, die seit 1803 als evangelische Stadtkirche dient, ist untertags geöffnet. Sie ist eine emporenbesetzte Wandpfeilerkirche, typisch jesuitisch. So findet man in BW immer wieder katholisch-barocke Kirchen im Dienst der Protestanten (z.B. in Schwäb. Gmünd und in Rottweil).

Daten: 1611–1773 *Jesuitenkolleg, 1773–1802 weltliches Kolleg*

Lit.: *Evang. Kirchengemeinde: Kleiner Kunstführer durch die evang. Stadtkirche Ellwangen. Schwabenverlag 1993 (liegt aus)*

Die Ansiedlung der **KAPUZINER** (1729) ist ähnlich zu bewerten wie die der Jesuiten. Man benötigte seelsorgerisch tätige Orden, und gerade bei der einfachen Bevölkerung kamen die Kapuziner mit ihrer schwarz-weiß-Frömmigkeit gut an. Im Süden, außerhalb des Stadtkerns, erbauten sie ihr Klösterchen. Sie konnten sogar die napoleonische Säkularisation überleben, weil man sie als Aussterbekloster für die Insassen anderer, aufgehobener Klöster benötigte. 1830 funktionierte man die Anlage zum Kinderheim um, das 1908 von den **Franziskanerinnen** von Reute (s. Waldsee) übernommen wurde. Im Erdgeschoß richtete man eine Synagoge ein.

Heute bildet das „Kapuzinerclösterle" das Herz des Kinderheims „Marienpflege". Die Konventanlage samt Kreuzgang ist weitgehend erhalten und neu renoviert. Dabei wurde die Kapelle modern ausgestaltet. Der Zugang ist offen.

Daten: 1729–1830 Kapuziner

Heutige Nutzung: Wohnungen und Seminarräume des Kinderheims

In der Bachgasse, im Gebäude des späteren Gasthofs „Anker", befand sich eine **Frauensammlung**, die Seelschwestern genannt wurden. Dies zeigt, daß sie sich ähnlich einer heutigen Sozialstation (vergl. Unlingen) durch Krankenpflege und Sterbebegleitung ihre Existenz verdienten. 1471 wurde sie erstmals erwähnt, 1805 aufgelöst.

Mehrere neuere Orden sind noch heute in Ellwangen zu finden.

So wird die Wallfahrtskirche auf dem Schönenberg, die weit ins Land hinein sichtbar ist, von **Redemptoristen** betreut. Es waren die Jesuiten, die hier eine Wallfahrt im 30j. Krieg ins Leben gerufen und auch die

Betreuung der Kirche übernommen hatten. Mit ihrer Auflösung erlosch die Wallfahrt weitgehend. Seit 1832 jedoch besteht die Wallfahrtskirche als eigene Pfarrei, die 1919 Redemptoristen (s. Durmersheim) übernahmen. Sie errichteten hinter der Kirche ein Bildungshaus, womit sie entsprechend ihrer Spezia-

Ellwangen: Wallfahrtskirche Schönenberg mit Redemptoristenkloster

lisierung auf die Volksmission tätig sein können. Die barocke Kirche besitzt eine spätbarocke Ausstattung. Zur Kirche führt ein Kreuzweg.

Lit.:   Schnell & Steiner Kunstführer: Wallfahrtskirche unsere liebe Frau auf dem
*   Schönenberg, 1935 (1993)*

95

● Außerhalb der Innenstadt, Richtung Crailsheim, befindet sich ein Krankenhaus in Verbindung mit dem Mutterhaus der **ANNA-Schwestern.** Diese Kongregation wurde 1921 von dem Ellwanger Priester Eberhard gegründet. Ursprünglich sollten die Frauen als Familienhelferinnen einspringen. Jedoch bereits seit 1927 spezialisierten sie sich auf Entbindungshilfe. So unterhalten sie in Stuttgart und in Ellwangen Entbindungsheime. Diese Kongregation ist eine Art Nachzügler der sozialen Bewegung des 19. Jh., die kath. Kongregationen und evang. Diakonissenanstalten hervorbrachte. Hierzu paßt ihre Beschränkung auf das Gebiet der Diözese Rottenburg-Stuttgart mit derzeit 125 Schwestern.

Daten: seit 1921 Anna-Schwestern

● Südlich von Ellwangen befindet sich im Ortsteil Schrezheim eine Niederlassung der **Comboni-Missionare**. Das 1929 bezogene Haus „Josefstal" zeigt mit einem riesigen Afrikabild auf der Außenwand bereits ihre Spezialisierung auf die Afrikamission. Im 19. Jh. war dieser Missionsorden entstanden mit einer für seine Zeit mehr als fortschrittlichen Devise: „Afrika muß Afrika retten!" 1920 kamen sie nach Ellwangen, ihrer ersten Niederlassung in Deutschland. Inzwischen wohnt die Gemeinschaft in einem Neubau in der Nähe des Josefstals und unterhält in der Stadt (neben der Stadthalle) ein Bildungshaus „Werkstatt solidarische Welt".

Daten: seit 1920 Comboni-Missionare

C 8 *Elztal*

Dallau

Für über 2 Jahrhunderte unterhielt hier der **Deutsche Orden** ein Verwaltungszentrum für ein kleines Amt, das direkt dem Deutschmeister unterstellt war. 1668 wurde es mit der Kurpfalz gegen mehrere Orte bei Mergentheim und Friedrichshall, also in Kerngebieten dieses Ritterordens, getauscht. Die ehemalige Wasserburg steht mitten im Ort, westlich der B 27. Im frisch renovierten Gebäude finden Ausstellungen statt.

Daten: 1416–1668 Deutscher Orden

M 6 *Engen*

Wenn man mit Bahn oder auf der Bundesstraße in einem Bogen an Engen vorüberfährt, so fällt einem eine Gebäudeflucht auf, die wie eine Befestigung die mittelalterliche Altstadt zum Tal hin abgrenzt. Ihre turm-

Engen: „Von der Frauenklause zum
Dominikanerinnenkloster"

lose Kirche im Norden verrät die Herkunft als religiöse Einrichtung: Ein Bettelordenskloster, entstanden aus dem einzelnen Häuschen einer kleinen Sammlung von 4 Frauen. Welche Kraft und Ausdauer muß diese Gemeinschaft entwickelt haben, daß sie trotz aller Widrigkeiten über Jahrhunderte wachsen und schließlich zum größten Gebäude der Stadt werden konnte!

Der Anfang war schwer. Eine **FRAUENSAMMLUNG** ohne Anschluß an einen anerkannten Orden erwarb vor 1320 in der Nähe der Stadtkirche ein Häuschen (Sammlungsgasse Nr. 11). Eine typische Lage, denn die Frauen wollten religiös leben und benötigten dafür Kirche und Pfarrer. Als Orientierung hatten sie die Augustinusregel gewählt, wie all diese halbkirchlichen Gemeinschaften. Die Betreuung wurde z.T. durch die Konstanzer Dominikaner gewährleistet, denen sie sich 1395 als 3.-Orden-**DOMINIKANERINNEN** offiziell anschlossen. Damit war die Verbindung von rein klösterlichem Leben und sozialpflegerischen Aktivitäten möglich und zugleich die Voraussetzung zur wirtschaftlichen Sicherung geschaffen. Denn weit und breit gab es kein sonstiges Frauenkloster, so daß Schenkungen und Eintritte des umgebenden Landadels und des gehobenen Stadtbürgertums diesem Schritt reichlich folgten. Daher auch der Zukauf von insgesamt 11 Nachbarhäusern: Man brauchte Platz und besaß hierfür die finanziellen Mittel.

Die Reformationszeit brachte die Gemeinschaft an den Rand des Zusammenbruchs. Zum einen bedeutete der Austritt von Schwestern eine schleichende Säkularisation. Zum anderen wuchs nach 1582 mit der Übernahme der Landgrafschaft Stühlingen durch die evang. Pappenheimer der Druck, dieses Kloster aufzulösen. Nur durch eigene Hartnäckigkeit und die Unterstützung altgläubiger Verwandter und sogar des Kaisers konnte man überleben, bis schließlich die kath. Fürstenberger 1639 die Landgrafschaft erbten.

Der Neubeginn nach dem 30j. Krieg mündete 1724 in die Umwandlung in ein Kloster des 2. Ordens, also in strenge Klausur und rein kontemplatives Leben. Diese Entwicklung hatte sich schon lange abgezeichnet, da die betreuenden Dominikaner ihre Frauenklöster in diese Richtung drängten. So hatte man bereits zuvor (im 30j. Krieg) das Recht auf eine eigene

Klosterkirche erworben. Nach der Umwandlung erstellte man 1738 die Konventbauten, die wir heute noch bewundern können.

Nach der napoleonischen Aufhebung von 1802 ging das Gebäude in städtischen Besitz über. Heute befindet sich darin ein Kindergarten und das Hegaumuseum. Der Zugang in der Altstadt geht über die Sammlungsgasse, ein seltener und zugleich treffender Straßenname.

Daten: vor 1320–1395 Frauensammlung, 1395–1724–1802 Dominikanerinnen

Lit.:   A. Wilts: Beginen im Bodenseeraum, S. 325–327

H.Berner: Engen im Hegau, Band 2, S. 99–216. Thorbeckeverlag, 1990

Auf der anderen Seite des Tals, dem Dominikanerinnenkloster gegenüber, kann man eine Kirche entdecken, das Überbleibsel eines ehemaligen **KAPUZINERklosters**. Von 1618–1802 wohnte hier ein kleiner Konvent. Es war eine der ersten Niederlassungen dieses gegenreformatorischen Ordens innerhalb der schwäbischen Provinz. Denn die Fürstenberger suchten ein Mittel zur Bekehrung der protestantischen Bevölkerungsteile, die sie sozusagen mit der Landgrafschaft geerbt hatten. Da sie nicht die Mittel für die Ansiedlung von Jesuiten hatten, griffen sie auf die billigeren Kapuziner zurück.

Nach der Säkularisation durften die Insassen weiter hier wohnen. Anschließend kaufte die Spitalstiftung das Areal und richtete Krankenhaus und Altenheim in den Gebäuden ein. Die Anlage brannte jedoch 1883 ab. Daraufhin erbaute man das Krankenhaus völlig neu an der Stelle des ehemaligen Klostergartens, die Kirche wurde wiedererrichtet. So findet der Besucher heute ein freies Gelände zwischen Krankenhaus und Kirche. Südlich der Kirche standen ehemals die Konventbauten.

Daten: 1618–1802–1820 Kapuziner

Lit.:   H. Berner, s.o., S. 337–366

E 7 *Eppingen*

Mühlbach

Die heutige evang. Kirche dieses Dorfes enthält den Rest eines ehemaligen **WILHElMITENklosters**. Dieser Einsiedlerorden (s. Oberried) hatte im elsässischen Hagenau eine bedeutende Niederlassung. Von dort holte der Ortsadel 1290 den Gründungskonvent für Mühlbach. Von vornherein wurde dem Kloster untersagt, die Ortsherrschaft anzustreben. So entwickelte es sich wirtschaftlich sehr gut und stellte im 14. Jh. sogar den Provinzvikar, blieb jedoch politisch immer von der jeweiligen Ortsherrschaft abhängig. Im 15. Jh. kam – wie überall – die Zeit des

Niedergangs. Die seit der Reformation leerstehenden Gebäude kaufte die Stadt Eppingen.

Die Wilhelmiten machten ihre Kapelle „Unser Lieben Frau" zum Wallfahrtszentrum der Umgebung. Heute dient sie der evang. Gemeinde als Chor, ein wunderbares gotisches Bauwerk. Die Grabplatte des Stifters steht noch in der Kirche.

Daten: 1290 – vor 1546 Wilhelmiten

Esslingen G/H 8/9

Dies ist die Stadt der Bettelorden und Klosterpfleghöfe. **Bettelorden** konnten erst dann und nur dort als Ordensgemeinschaften existieren, als und wo dementsprechend große Ansiedlungen von Menschen einen Überschuß produzierten, von dem sie kostenlos abgeben konnten. Dies war der Fall mit dem Entstehen von Städten im 13./14. Jh. Daher sind Bettelorden die typischen mittelalterlichen Stadt-orden, im Unterschied zu den reichen, etablierten Landorden (Benediktiner, Zisterzienser, Prämon-stratenser). Bettelorden

Foto: Steinbach

Esslingen: Barfüßerkirche St. Georg.
Typischer Bettelordens-Chor

fanden (nur) in der Stadt ihr Auskommen und ihre Aufgabe (Seelsorge). Daraus läßt sich eine Faustregel ableiten: Je mehr Bettelorden in einer Stadt, desto bedeutender und reicher diese Stadt.

Leider werden die Kirchen der Bettelorden oft übersehen oder von Be-suchern in ihrer kunst- und kulturhistorischen Aussage unterschätzt. Wir haben es hier mit der **Architektur** von Reformorden zu tun, die bewußt ihr Ideal von Armut und Einfachheit auch äußerlich zeigen wollten. Also keine Kirchtürme, keine Ausmalungen oder überströmende Aus-schmückungen. Sondern in Nachahmung des zisterzienserischen Beispiels Dachreiter und nacke Wände. Und Kirchen, die zur Aufnahme von Menschenmengen geeignet sind, denen man predigen will. Mit dem Effekt, daß die Bettelorden Hallenkirchen ohne Querschiff entwickelten, die aufgrund ihrer Höhe und Baumasse wirken. Steilaufragend aus dem Gewimmel der Stadthäuser steht ein Chor, der über ein durchgehendes Dach mit dem Schiff verbunden ist. Das Ganze mag an ein riesiges kommunales Gebäude erinnern, das auf der Westseite mit einer glatt abfallenden Mauer endet. Daran schließt sich zur Südseite hin die Konventanlage als ein schmuckloses Karree von Nutzbauten an: Gemeinschaftsräume und eine Ansammlung von Einzelzellen (kein Dormitorium!), in denen der einzelne Mönch schläft und studiert. Wirtschaftsgebäude entfallen vollständig, weil man ja keine Vorräte hamstert.

Kernstadt

In Esslingen hatten sich alle bedeutenden männlichen Bettelorden angesiedelt: Dominikaner, Franziskaner, Augustiner-Eremiten, Karmeliten. Keine andere Stadt im heutigen BW konnte hier mithalten. Dies läßt Rückschlüsse auf die Bedeutung und den Reichtum der freien Reichsstadt Esslingen zu. Und ein weiteres Indiz für Reichtum finden wir hier, nämlich die *Klosterpfleghöfe*. Also die Häuser, die auswärtige Klöster in einer Stadt unterhielten, um die Einkünfte ihres Streubesitzes dort zu sammeln und überschüssige Naturalien zu verkaufen. Esslingen besaß davon 7. Hinzu kamen sogar noch 2 Pfleghöfe von Domkapiteln. Der heutige Besucher bekommt von dieser Größe und Bedeutung einen Einblick: Esslingen ist ein Wochenende wert!

Foto: Steinbach

Esslingen: Dominikanerkirche St. Paul.
„Zu Stein gewordene Logik"

Als erster Bettelorden kamen die **DOMINIKANER** nach Esslingen. Bereits 1221, also bevor eine Niederlassung nördlich der Alpen bestand, sollen sie nach der Überlieferung einen Hof außerhalb der Stadt besessen haben. Aber erst mit der Schenkung eines Platzes innerhalb der Stadt, direkt an der Stadtmauer, wurden sie offiziell tätig (1231). Dort bauten sie ihr Kloster, dort wurde ihre Kirche „*St. Paul*" von dem berühmten Scholastiker und Ordensmitglied Albertus Magnus (v. Lauingen) geweiht. Diese Kirche gilt als die älteste erhaltene Bettelordenskirche Deutschlands. Und zugleich auch als reinste hinsichtlich des Kirchenbauideals jener Aufbruchzeit: schlicht in der Ausstattung, elegant wirkend aufgrund des harmonischen Zusammenspiels von Länge, Einheitlichkeit und Geschlossenheit; ein Beispiel für die Vorreiterrolle der Bettelorden bei der Verbreitung des gotischen Stils! Die

Disziplin der Architektur drückt die Lebenshaltung der dominikanischen Gründergeneration aus: „Es ist zu Stein gewordene Logik"!
Die Bedeutung des Esslinger Klosters bezeugen mehrere dort abgehaltene Provinz-Kapitel sowie der Eintritt hochstehender Personen (u.a. ein Abt von Zwiefalten) und reiche Schenkungen durch die Bürgerschaft. Macht und Reichtum korrumpieren; im 15.Jh. war eine grundlegende Reform nötig und geschah durch den Anschluß an die Observantenbewegung des Ordens. Schließlich waren die Dominikaner die einzigen Esslinger Mönche, die sich gegen die Einführung der Reformation (1531) wehrten. Nach der Klosteraufhebung wurden die Konventgebäude als Waisen-, Zucht- und Arbeitshaus benützt und schließlich 1810 abgebrochen. Darauf entstand eine Schule (heute: Waisenhofschule). Die Kirche dient seit 1861 der katholischen Gemeinde für den Gottesdienst.
Daten: 1233–1535 Dominikaner
Lit.:   Schnell & Steiner: Münster St. Paul in Esslingen

Bedeutend war auch das **BARFÜSSERkloster** (Franziskanergasse) mit seiner Kirche *St. Georg*. Auch hier waren hochstehende Personen in den Konvent eingetreten, darunter aus dem regionalen Hochadel. Auch hier bewirkten Macht und Geld(!) einen radikalen Niedergang im 15. Jh. Während sich die Mönche immer wieder gegen eine Reform wehrten, waren ihnen die Reformideen eines Martin Luther sympathisch: Im Kloster fanden sich Anhänger der neuen Lehre. Nach der freiwilligen Übergabe an die Stadt (1540) erfolgte ein Abbruch der Konventgebäude im Laufe von 17. und 18. Jh. Schließlich fiel 1840 auch das Langhaus der Kirche. Dort steht heute das evangelische Gemeindehaus.
Glücklicherweise verschonte man den Chor. Eingezwängt in die Enge der Altstadt bietet er ein Beispiel sondersgleichen für franziskanische Architektur: hochstrebend, mächtig, gewaltig, erdrückend, ohne Schmuck und Schnörkel .
Daten: 1237 1540 Franziskaner-Konventualen
Heutige Nutzung: Gottesdienste der evang. Gemeinde
Lit.:   Alemania Franciscana Antiqua, Bd. 18, S. 304–348

Auch vom **KARMELITENkloster** finden wir noch einen Rest in Form eines alten Torbogens in der Karmeliterstraße, neben dem Einkaufszentrum Karmeliterpassage. Losgelöst von jedem funktionalen Zusammenhang mit seiner Umgebung erinnert er in dieser Form an Nichts. Daneben stehen auf dem Gelände des ehemaligen Konvents die modernen Bauten der Fachhochschule. Auch dieses Kloster hatte analog zu den anderen Bettelorden im 15. Jh. seinen Tiefpunkt erreicht, so daß 1476 der gesamte Konvent ausgetauscht wurde.
Daten: 1281–1535 Karmeliten

Die **AUGUSTINEREREMITEN** haben eine architektonische Spur in Form eines gotischen Mauerwerks in Esslingen hinterlassen. Ihr Kloster befand sich an der Augustinerstraße, auf dem freien Platz neben dem evangelischen Dekanat. Bei ihrer Ankunft hatten sie das Kloster der **Sackbrüder**, eines in Deutschland seltenen Ordens übernommen. Auch sie hatten im 15. Jh. ihren Niedergang und mußten sich auf Druck der städtischen Obrigkeit der Observantenbewegung ihres Ordens anschließen (zu der übrigens auch Luther gehörte; s. Weil der Stadt).

Neben den männlichen bestanden auch weibliche Klöster der Bettelorden in der Stadt. So finden wir in der Nähe der Franziskaner ein **KLARISSENkloster** (St. Clara), also die weibliche Linie der Franziskaner. Nach 1250 hatten sich Frauen vor dem Obertor in einer Vorstadt angesiedelt. Als etabliertes Kloster eines offiziell anerkannten Ordens wurde es vor allem von den Töchtern der gehobenen Stadtbürger und des Kleinadels besetzt. Dementsprechend bedeutend wurde im Laufe der Zeit ihr Besitz im Umkreis der Stadt, mit einem dementsprechenden moralischen Niedergang. Für viele von ihnen bedeutete

Klarissenkloster St. Clara: Eine Insel der Ruhe im Stadtzentrum

Foto: Willig

die Reformation eine Befreiung: gegen finanzielle Absicherung stimmten die Bewohnerinnen einer Klosterauflösung zu. Zuerst wurde die Kirche als Friedhofskirche benutzt, dann 1702 abgebrochen. Die Konventgebäude dienten als (Alters-) Spital und heute als Altenheim.
Der heutige Besucher findet die Anlage (Obertor-Altenheim) von der Hindenburgstraße her, geschützt von der ehemaligen Klostermauer. Wenige Schritte von der Verkehrsader „Innenstadtring" betritt man hier eine Insel der Ruhe, vor allem wenn man den Innenhof „Rosengarten" aufsucht. Eine ideale Lage fürs Alter: Am Leben der Stadt teilhaben und zugleich den Rückzug in die Ruhe wählen können!
Daten: 1250–1535 Klarissen (Franziskaner des 2. Ordens)

Lit.: Alemania Franciscana Antiqua, Bd. 19, S. 5–59

Auch ein **Dominikanerinnenkloster** befand sich in der Stadt, und zwar in der Sirnauerstraße. Davon finden sich keine baulichen Reste mehr, dafür jedoch im Stadtteil Sirnau, aus dem sie 1292 nach Esslingen umgesiedelt waren.

Sirnau

Hier hatte sich eine Frauengemeinschaft 1245 angesiedelt, die sich den **Dominikanern** anschloß. Wegen der ungeschützten Lage außerhalb einer Stadt entschloß man sich 1292 zur Umsiedlung in die Stadt Esslingen. Von den 50 Jahren in Sirnau zeugt heute ein Hofgut außerhalb des Ortes. Aus den beiden Kirchenwänden sind die Stirnseiten einer Scheune geworden. Umschlossen wird das Gut von der Klostermauer. Noch heute ist dadurch die Lage dieses Klosters nacherlebbar.

Daten: 1245–1292 in Sirnau, 1292–1525 in Esslingen. Dominikanerinnen

Weil

Hier befand sich von 1230–1558 das **Dominikanerinnen**kloster *Weiler*, von dem keine baulichen Reste überdauert haben. Da es nicht mehr zum Esslinger Territorium gehörte und unter württembergischer Vogtei stand, wurde es wiederholt von den „frommen" Esslingern geplündert. Nach seiner Auflösung wurde es württembergisches Klosteramt, und schließlich richtete man an seiner Stelle ein Gestüt ein. Heute erinnert nur noch eine Klosterallee an die Frauen. Erwähnt sei, daß diese Frauen der Mystikbewegung des 13. Jahrhunderts angehörten und mit ihren Nonnenviten eine bleibende Erinnerung hinterlassen haben (vergl. Kloster Kirchberg, Stadt Sulz).

Ettenheim K 2

Ettenheimmünster

Wer Eddos Kloster sucht, findet die Wallfahrtskirche Landelins. Die unterschiedlichen Patroziniumsnamen kennzeichnen das Schicksal dieses altehrwürdigen Klosters und seinen vergeblichen Kampf um Selbstandigkeit, Unabhängigkeit und Reichsfreiheit. In dieser Beziehung kann es stellvertretend stehen für viele andere Klöster (z.B. Reichenau).

Gegründet wurde es um 734 vom Straßburger Bischof Eddo als ein Eigenkloster nach der **BENIDIKTINER**regel. Dementsprechend behandelten es die nachfolgenden Straßburger Bischöfe als ihr Eigentum. Um aus dieser Umarmung zu entkommen, erfand das Kloster im 12. Jh. seine eigene Gründungsgeschichte. Demnach sei hier der Schottenmönch Landelin (Landolin) erschlagen worden und an seinem Grab sei von einem Straßburger Bischof ein (unabhängiges) Kloster erbaut worden. Die Erfindung nutzte wenig, das Kloster blieb bis zu seinem Ende unter der Bischofsfuchtel. Und die zwischenzeitlich als Vögte eingesetzten Geroldsecker Grafen scheinen noch schlimmer als der Bischof gewesen zu sein, denn 1440 verwüsteten sie sogar das ihrem Schutze unterstellte Kloster. Auch ein Prozeß gegen den Bischof, der über 100 Jahre dauerte, endete mit der harten Niederlage der endgültigen Abhängigkeit (1740).

Immerhin gelang es während der Zeit der rechtlichen Schwebe, die gesamte Anlage durch den Vorarlberger Peter Thumb im Barockstil neu zu erstellen. Leider findet man davon nichts mehr: Alles wurde nach der Säkularisation von 1803 auf Abbruch verkauft. Übrig blieb nur die Mauer um das Areal samt der Klostermühle. Eine Gedenktafel am Eingang verweist auf das Kloster. Übrig blieb auch noch die eingangs erwähnte barocke Wallfahrtskirche St. Landelin im heutigen Dörfchen Ettenheimmünster. Mächtig, mit der Schauseite nach Norden zur Straße hin, weil im Westen eine kleine Brunnenkapelle mit „Heilwasser" angebaut wurde. Das prächtige Landelins-Kopf-Reliquar aus Silber befindet sich im Kirchentresor.

Daten: 734–1803 Benediktiner

Lit.:   Schnell & Steiner Kunstführer Nr. 1153: St. Landelin, Ettenheimmünster. 1993

Germania Benedictina, Band V, S. 215–223

Großer Kirchenführer der Pfarrgemeinde (liegt aus)

Unterhalb der Kirche steht auch noch das ehemalige, barocke Bad- und Gästehaus des Klosters, heute Klinik für Suchtkranke. Hier hatten die **BRÜDER von der christlichen Lehre** ihr Provinzialhaus. Diese Kongregation war 1846 im Elsaß gegründet worden. Als nach dem 1.

Foto: Willig

Ettenheimmünster: Bad- und Gästehaus des
verschwundenen Benediktinerklosters

Weltkrieg die deutschen Mitglieder aus Frankreich ausgesiedelt wurden, erwarben sie dieses Haus von den Gengenbacher Schwestern. Von hier aus betreuten sie die Wallfahrtskirche und richteten eine Realschule mit Internat ein. Inzwischen ist die Schule nach Ettenheim umgesiedelt und sind die Brüder infolge Nachwuchsmangels in die Zentrale im Elsaß (Ehl bei Benfeld) zurückgekehrt.

Daten: 1920–1964 Brüder v.d. christlichen Lehre

Lit.:   W. Müller: Die Klöster der Ortenau. In: Die Ortenau, Bd. 58, 1978, S. 645

Achtmal wechselte die Konfession in 100 Jahren in der Markgrafschaft Baden-Baden, und damit auch in der Nebenresidenzstadt Ettlingen: 1558 setzte sich die Reformation weitgehend durch, 1577 kam die kath. Gegenbewegung an die Macht (s. Rheinmünster-Schwarzach), 1594 erfolgte die Besetzung des total überschuldeten Landes durch die protestantischen Markgrafen von Baden-Durlach. Eine konsequente Rekatholisierung mit Hilfe der Jesuiten erfolgte 1622 nach der Rückkehr der kath. Linie (s. Baden-Baden). Der weitere Fortgang des 30j. Krieges brachte mit den jeweiligen Siegern der jeweiligen Konfession ein Übergewicht, bis im Westfälischen Frieden 1648 die kath. Religion für alle Untertanen verbindlich wurde. Verständlich, daß wir nach so vielen Wirrungen eher auf gegenreformatorische Ordensgemeinschaften stoßen und das ältere Chorherrenstift unterging.

Eine Stadt mit einem Schloß, da läßt sich fast auf die Existenz eines Kollegiatstiftes schließen. Denn typischerweise war mit dem Aufstreben eines Adelsgeschlechtes im Spätmittelalter auch die Gründung eines weltlichen Stiftes verbunden (s. Wertheim). So wurde in Ettlingen 1460 durch den badischen Markgrafen die Pfarrkirche St. Martin zu einem **KOLLE-GIATSTIFT** mit je 12 Chorherren und Vikaren erhoben. Die Einrichtung geschah ungefähr zur gleichen Zeit wie in Pforzheim und Baden-Baden und sollte als eine Vorstufe zur

Ettlingen: Stiftskirche in Neben-Residenzstadt

Foto: Metz

Gründung einer Universität dienen (vergl. Heidelberg und Tübingen). Eine vernichtende militärische Niederlage gegen die Pfalzgrafen (bei Seckenheim 1462) zerstörte diesen hochfliegenden Traum, und die spätere Teilung des Landes in Baden-Baden und Baden-Durlach machte eine Realisierung völlig unmöglich. Zurück blieb ein Stift, dessen Ausstattung letztlich mangelhaft war.

Die aufkommende Reformation fand in Ettlingen großen Anklang, was letztlich auch die Stiftsherren spüren mußten. Jetzt übernahm die Stadt eine immer stärkere Kontrolle und legte bürgerliche Pflichten auf, wodurch die Chorherrenpfründe unattraktiv wurden. 1549 endete die Existenz des Stiftes mit dem Tod des letzten Dekans. Das Vermögen ging an die Stadtpfarrei und zum größeren Teil an die badische Herrschaft.

Die Stiftskirche St. Martin wurde nach den Zerstörungen durch die Truppen des Sonnenkönigs im 18. Jh. neu erbaut mit Hilfe der hier residierenden Markgräfin Sybilla Augusta. Eine Mischung von barockem Westteil (Schiff) und gotischem Ostteil (Chor), wunderbar an dem Flüßchen Alb gelegen. Das moderne Deckengemälde ist Geschmacksache.

Daten: 1460–1549 Kollegiatstift

Lit.: R.Stenzel: Geschichte der Stadt Ettlingen. 1982, Verlag der Stadt

Bereits 1571, bei dem kurzen kath. Intermezzo des Markgrafen Philipp, wurde eine Ansiedlung der gegenreformatorischen **JESUITEN** in dieser weitgehend protestantischen Stadt geplant. Erst beinahe 100 Jahre später gelang dies. Anscheinend lebten zu diesem Zeitpunkt noch immer Protestanten hier, obwohl seit 1648 offiziell alle Untertanen Katholiken sein mußten. Da für den Aufbau eines regulären Kollegs die Mittel nicht reichten, fand man eine Kompromißlösung. Man errichtete ein Kolleg für Tertiaren, d.h. Patres im 3. Ausbildungsjahr. Hier leisteten sie sozusagen ein 1jähriges Gemeindepraktikum ab, indem sie im Umland Seelsorge ausübten.

Der heutige Besucher findet ihr Gebäude im Norden der Stadt in der Seminarstraße, eine Art Abschluß der Altstadt. Erstaunlich scheint die Größe des Gebäudes angesichts von nur 6–7 Bewohnern. Heute ist das Finanzamt in ihren Räumen. Rein äußerlich kann man bereits die ehemalige Kirche erkennen.

Lit.: R. Stenzel: s.o.

Ebenfalls gegenreformatorisch waren die **FRANZISKANER** in Ettlingen tätig. Jedoch nicht mit einem regulären Kloster, sondern nur mit einem kleinen Hospiz. Die Witwe des Türkenlouis, Sybilla Augusta, holte aus Rastatt 2–3 Patres, die in einem Haus in der heutigen Klostergasse lebten. Für ihren Gottesdienst benutzten sie die Schloßkapelle, die von Cosmas Damian Asam ausgemalt wurde. Dieser „Asamsaal" kann nur bei Führungen oder Konzerten besichtigt werden.

Daten: 1735–1809 Franziskanerhospiz

Lit.: Alemania Franciscana Antiqua, Bd. 1, S. 97–104

Tennenbach

„Alle wollen zurück zur Natur, aber kaum einer zu Fuß!". Dieser saloppe Graffitispruch, der das inkonsequente Verhalten des modernen Menschen karikiert, paßt nicht auf den **Zisterzienserorden** in seinen Anfängen. Auch der wollte zurück zur Natur, zurück zu den Anfängen des Ordenswesens in der Wüste, und konsequent ging er diesen Weg: Da Europa keine Wüsten hat, suchte er sich die Einöde in der Wildnis. Konsequent waren die frühen Zisterzienser auch in ihrer Abkehr vom gängigen Konsumverhalten: Kein Fleisch, keine Heizung, fasten-beten-arbeiten. Damit spalteten sie sich vom Benediktinerorden ab, der in seiner Ausformung durch Cluny und Hirsau von Wohlstand und Macht gesättigt war. Kein Wunder, daß diese Bewegung vor allem die Jugend ansprach, die unter solch extremen Bedingungen ihr wahres Ich entdecken wollte. Tennenbach mit seiner abgelegenen Lage in einem Bachtal kann als typisch für diesen konsequenten Rückzug gelten.

Mit der Gründung um 1160 wollten die Zähringer die Besiedlung des Schwarzwaldes vorantreiben. Dafür eigneten sich am besten die **ZISTERZIENSER**, die überall in Europa mit ihren Niederlassungen in abgelegenen Gegenden Pionierarbeit leisteten. Prompt wurde das Tennenbacher Kloster zu einem der reichsten Grundbesitzer des Schwarzwaldes. Denn auch die Zähringernachfolger, die Grafen von Freiburg und die Markgrafen von Hachberg förderten es und erwählten es zur Familiengrablege. Ursprünglich bewirtschafteten die Zisterziensermönche zusammen mit den Laienbrüdern (= Konversen) diese Gebiete selbst, indem sie Grangien (= Gutshöfe) einrichteten. Zur Erschließung der weiten Waldflächen mußten sie jedoch schließlich freie Bauern ansiedeln.

Die badischen Markgrafen als Rechtsnachfolger von Hachberg erwarben die Vogtei über diese Siedler, die Habsburger als Rechtsnachfolger von Freiburg jedoch die Vogtei über das Kloster selbst. So kam es zu der im alten Reich nicht außergewöhnlichen Konstruktion, daß vor der Klosterpforte eine andere Herrschaft begann, Tennenbach also eine habsburgische Exklave im badischen Lande war. Folglich überlebte es die Reformation inmitten eines evang. Umfeldes, ja

Foto: Willig

Tennenbach: Gotische Kapelle in zisterziensertypischer Einöde

sogar die josephinische Säkularisation. 1806 jedoch kam es an Baden und wurde aufgelöst. Die Mönche zerstreuten sich im Umland. An deren Stelle zogen die jetzt erwerbslos gewordenen ehemaligen Beschäftigten des Klosters in die leerstehenden Gebäude. Über 100 Personen fielen den Nachbarorten durch Stehlen und Betteln zur Last. Deshalb ließ die Regierung 1827 die Gebäude räumen und auf Abriß versteigern. Mit den Steinen der Klosterkirche erstellte man in der Stadt Freiburg eine Kirche für die zugezogene evang. Bevölkerung (Ludwigskirche, 1944 zerstört).

Zurück blieb der Chor einer gotische Kapelle aus dem 13. Jh., wohl ursprünglich für die Laien erbaut. Und ein ehemaliges Ökonomiegebäude, das heute als Gasthaus genutzt wird. Das gesamte Gelände gehört dem Land BW. Der Besucher findet Kapelle und Gasthaus in einem Bachtal vor, umgeben von weiten Wäldern. Diese Lage läßt etwas von der Grundhaltung des Zisterzienserordens erahnen.

Daten: um 1160–1806 Zisterzienser

Lit.: J.M. Moor: Die Geschichte des Klosters Tennenbach. Emmendingen:
Kesselringverlag, 1982

L 2 *Freiburg*

Erzbistum Freiburg, ein Erzbischof in dieser Stadt. Da kann es nicht verwundern, daß Freiburg die Stadt mit den meisten heute bestehenden Ordensgemeinschaften in BW ist; und ebenso in früheren Zeiten zusammen mit der Bischofsstadt Konstanz die meisten religiösen Gemeinschaften in seinen Mauern hatte, ca. 25 Niederlassungen.

Jedoch: Freiburg ist erst seit 1821 Erzbischofssitz in der Nachfolge anderer Bistümer, geschaffen speziell für das Großherzogtum Baden (vergl. Rottenburg). Die große Anzahl früherer Klöster muß also anders erklärt werden. Zum einen durch den Reichtum dieser Stadt infolge ihrer verkehrsgünstigen Lage am Ausgang des Schwarzwaldes sowie ihres Silberbergbaus; zum anderen durch den freiwilligen Anschluß an das Haus Habsburg, wodurch es zu dessen Vorort in Südwestdeutschland wurde. Damit war es nach der Reformation geradezu prädestiniert, ein Zentrum der Gegenreformation zu werden. Somit treffen wir in dieser Stadt auf die Spannbreite von mittelalterlichen über neuzeitlich-gegenreformatorische Orden bis hin zu den Gemeinschaften der jüngeren Ordensgeschichte.

Kernstadt

1. Mittelalterliche Orden

Zu einer mittelalterlichen Stadt gehören **BETTELORDEN** als typische Stadtorden. In Freiburg hatten sich bereits im 13. Jh. vier angesiedelt, was sowohl von der Anzahl wie auch vom frühen Zeitpunkt her außergewöhnlich ist. Denn nur Esslingen und Basel besaßen ebenfalls vier derartige Niederlassungen, solch bedeutende Städte wie Konstanz, Schwäb. Gmünd und Heidelberg nur drei. Dies belegt die Anziehungs- und Wirtschaftskraft dieser Stadt. Leider haben sich bis heute nur zwei der Bettelordenskirchen in ihrer typischen Gestalt erhalten (Franziskaner, Augustiner-Eremiten). Solche Kirchen wirken von Außen massiv und wuchtig aufgrund ihres durchgehenden Daches und ihrer aufstrebenden, glatten Wände. Im Inneren vermitteln sie den Eindruck einer Halle, da sie vor allem zum Predigen dienten. Ihre Schmucklosigkeit sollte ein Armutsideal demonstrieren (vergl. Esslingen).

Als erster Bettelorden hatten sich die **FRANZISKANER** bereits 1229, also noch nicht einmal 15 Jahre nach ihrer Entstehung, bei der Stadt niedergelassen. In die Stadt durften sie nicht, weil dies der Stadtpfarrer nicht erlaubte, mit Unter-

stützung des zuständigen Konstanzer Bischofs. Eine typische Konfliktsituation dieser Zeit: Die jungen, unverbrauchten Franziskaner sprachen die Sprache der Stadtbürger. Daneben sah ein Pfarrer, der nur auf seine Pfründe achtete, alt aus. Also

Freiburg: Franziskanerkirche St. Martin. Typische Bettelordenskirche mit nachträglich angefügtem Turm

Foto: Metz

machte er das, was man noch heute in solch einer Situation macht: Man spielt seine Beziehungen aus und blockiert den „Außenseitern" den Zugang zu den Fleischtopfen.
Aber die Franziskaner konnten Beziehungen aufbauen: 1246 stellte ihnen der Graf von Freiburg als Stadtherr die Martinskapelle samt 4 Hofstätten zur Verfügung. So gelangten sie mitten hinein ins Zentrum, direkt gegenüber dem späteren Rathaus. Hier errichteten sie ihr Kloster samt Kirche in der Zeit von 1260–1320. In ihren Räumen fanden im 15. Jh. die ersten Veranstaltungen der neugegründeten Universität statt, als diese noch kein eigenes Gebäude besaß.
Im 16. Jh. schloß sich der Konvent der Reformbewegung der Observanten an. Nach der josephinischen Aufhebung wurde aus ihrer Kirche eine Pfarrei, die Mönche mußten ins Augustiner-Eremiten- und später ins Kapuzinerkloster umziehen. Teile der Konventbauten wurden im 19. Jh. abgebrochen, so der Westflügel. In der Pfarrei war der berühmte Pfarrer

und Volksschriftsteller H. Hansjakob tätig, der leider den Kirchturm hinzufügen ließ. Nach den Zerstörungen von 1944 erfolgte ein Wiederaufbau. Der Besucher findet eine bettelordenstypische Kirche (s.o.) vor, deren stilistische Reinheit unter der späteren Hinzufügung des Kirchturms leidet. Die Einrichtung entstammt dem 19. Jh. Von der Kirche her ist ein Zugang zum Kreuzgang offen. Der baumbestandene Platz vor der Kirche entstand durch den Teilabriß des Klosters. Hier erinnert ein Denkmal an Berthold Schwarz, den Erfinder des Schwarzpulvers, der im 14. Jh. Mitglied des Konventes war.

Daten: (1229–1246 vor der Stadt), 1246–1784 Franziskaner

Lit.:   Schnell & Steiner Kunstführer Nr. 1257: St. Martin in Freiburg. 1981

Bereits vor den Franziskanern durften sich die **DOMINIKANER** 1235 in der Stadt ansiedeln, da ihnen der Graf von Freiburg ein Gelände an der nordwestlichen Stadtmauer zur Verfügung stellte. Ihr Kloster wurde zum größten und bedeutendsten der Stadt und gab der davorliegenden Vorstadt seinen Namen (Predigervorstadt). Denn die Dominikaner sprachen gängigerweise die Patrizier an, die sich dann hier beerdigen ließen. Aber auch innerhalb des Ordens nahm dieses Haus eine herausragende Stellung als Studienzentrum ein. Nach der Auflösung (1793) in Folge der josephinischen Reformen wurde der Konventbau abgerissen. Das Kirchenlanghaus fiel den Bomben von 1944 zum Opfer. Nur noch der Name „Am Predigertor", „Predigerstraße" und eine Bronzetafel erinnern an sie.

Als 3. Bettelorden kamen die **AUGUSTINER-EREMITEN** vor 1278 in die Stadt. Dieser Orden war 1256 in einem Zwangszusammenschluß gebildet worden (vergl. Weil der Stadt), weshalb in Freiburg wahrscheinlich der bereits bestehende Konvent der Wilhelmiten (s.u.) einfach umgewidmet wurde. Die Lage an der Stadtmauer ist typisch für Bettelorden (s. Dominikaner).

Mit dem Kloster der Augustiner-Eremiten ist das einzige Bettelordenskloster Freiburgs aus dem Mittelalter unversehrt erhalten geblieben. Nur die Wirtschaftsbauten wurden nach der Aufhebung abgerissen, sodaß dort der heutige Augustinerplatz entstand. Aus Konvent und Kirche wurden zuerst ein Theater und schließlich das Museum für die städtischen Sammlungen („Augustiner-Museum"). Auch der 2. Weltkrieg ging ohne Schaden vorüber. Hier findet man die typische Bettelordensarchitektur (s.o.) vor. Im Inneren dominiert trotz barocker Umbauten die Gotik. Es würde gut zum Museum passen, eine kleine Broschüre über die Geschichte des Klosters anzubieten.

Daten: vor 1278–1790 Augustiner-Eremiten

Lit.:   Stadt Freiburg: Geschichte der Stadt Freiburg. Bd. 1., Theiss 1996, S. 421–425

Der 4. Bettelorden waren die (seltenen) **Sackbrüder** aus der Provence. Ihr nördlich der Altstadt (Bereich Leopoldring/Habsburgerstraße) errichtetes Kloster ging bereits 1300 an die **Augustinerchorherren** von „Allerheiligen", da ihr Orden vom Papst aufgehoben wurde. Diese wiederum mußten 1697 unter französischer Besatzung wegen der Anlage eines Befestigungsringes in die Stadt umsiedeln. Dieses Kloster schließlich mußte 1903 dem Neubau des erzbischöflichen Ordinariats weichen. Ein kleiner, von einer alten Mauer umzäunter Garten in der Schoferstraße könnte zum Kloster gehört haben. Die Augustiner-Chorherren von St. Märgen waren lange Zeit mit dem Freiburger Konvent vereinigt.

Während die Bettelorden vor allem von der städtischen Oberschicht getragen wurden, rekrutierten sich die **RITTERORDEN** aus dem niederen Landadel und erhielten vor allem von dort ihre Schenkungen. So lagen auch im Freiburger Falle die Besitzungen eher im Umland der Stadt, erfüllten die Kommenden also Zentralitätsfunktionen. Sowohl der Deutsche Orden wie auch der Johanniterorden hatten sich im Norden der Stadt angesiedelt. Straßennamen erinnern an ihren Standort im Bereich von Stadtgarten und Karlstraße. Wegen der Kriege des Sonnenkönigs wurden die Anlagen zerstört: die der Johanniter 1677 bei der Belagerung, die der Deutschherren 1697 bei der Anlage des Vaubanschen Befestigungsringes. Der **Johanniterorden** verwaltete daraufhin seine Freiburger Besitzungen von Heitersheim aus. Ursprünglich war dieser Ort der Freiburger

Foto: Willig

Kommende untergeordnet. Aufgrund seines ständig wachsenden Besitzes wurde er schließlich zur Zentrale für Deutschland.

Die **Deutschherren** jedoch zogen ins Zentrum der Stadt (Salzstraße), wo noch heute eine wunderbare Fassade mit Wappen, erstellt 1768

Freiburg: Deutschordenshaus mit typischer Barockfassade

vom Ordensbaumeister Bagnato, an sie erinnert. Das dahinterstehende Gebäude war 1944 zerstört und ist modern aufgebaut worden.

Daten: Johanniterordenskommende 1237 Hof, 1264–1677 Komturei
Deutschordenskommende vor 1258–1697–1806

Wilhelmiten aus Oberried kamen 1262 in die Stadt und errichteten ihr Kloster. Unklar ist, inwieweit die Augustiner-Eremiten (s.o.) sich von ihnen abspalteten und das Kloster übernahmen. Später bestand es ungefähr am heutigen Holzmarktplatz, Ecke Luisenstraße. Nach einem wechselvollen Schicksal gingen sie 1682 in den Oberrieder Konvent auf.

Lit.: Germania Benedictina, Bd. V, S. 448–450

Selbst die **ANTONITER** hatten hier eine Niederlassung. Ihre Spezialisierung als Krankenpflege-Orden (s. Teningen-Nimburg) zeigte sich in der Einrichtung eines eigenen kleinen Spitals und in der Betreuung des Leprosenhauses, das wegen der Ansteckungsgefahr außerhalb der Stadt lag. Als Generalpräzeptorei war das Freiburger Haus für die 6 anderen Häuser des Bistums zuständig, Von hier aus wurden die Niederlassungen in Nimburg (s. Teningen) und Kleinbasel gegründet. Wegen schlechter Wirtschaftsführung war die Niederlassung bereits 1527 am Ende, bestand aber offiziell noch 100 Jahre länger. Noch heute erkennt man ihre ehemalige Unterkunft anhand eines kleinen Glockaufsatzes auf dem Haus Salzstraße 49/51 bzw. von der Herrenstraße her.

Daten: 1295 – 30j. Krieg

Lit.:   Stadt Freiburg: Geschichte der Stadt Freiburg, Bd. 1, S. 448

Außerhalb der Stadt hatte 1346 der Patrizier und Bürgermeister von Schnewlin eine **KARTAUSE** gegründet. Der Einsiedlerorden der Kartäuser erlebte zu dieser Zeit eine Blüte, da in den Städten reich gewordene Kaufleute Klöster dieses strengen Ordens stiften wollten. Wo eine Nachfrage ist, dorthin muß man sein Angebot verlegen. Also kam man aus der Einöde heraus und lebte eremitisch in Stadtnähe. Es ist mehr als erstaunlich, daß sich im Bereich des heutigen BW nur hier und in Urach-Güterstein Niederlassungen dieses Ordens ansiedelten. Die Kartäuser benötigten eine große Grundausstattung, da sie rein kontemplativ lebten und sich von den Zinsen ihrer Besitzungen ernähren mußten. Anscheinend konnten sich nur ein Stadtpatrizier und der Graf von Wirtemberg solche Investitionen leisten (vergl. Kartäuser von heute in Wurzach-Marienau). Bedeutende Beiträge brachten die Kartäuser als Lehrer an der jungen Universität. Viele Ordensmitglieder füllten (bzw. füllen noch heute) ihr komtemplatives Leben mit wissenschaftlicher Arbeit aus. Zur Weitergabe dieses Wissens an der Universität waren sie bereit, während seelsorgerische Aufgaben prinzipiell abgelehnt wurden.
1525 wurde die Anlage von den Bauern geplündert. 1780 brannte sie ab. Notdürftig baute man sie in veränderter Form auf, wobei mitten hinein die Auflösung durch Kaiser Joseph II. platzte. Die Gebäude wurden an Privatpersonen verkauft und gingen 1894 an die Spitalstiftung der Stadt Freiburg. Seitdem werden sie für ein Altenheim genutzt.
Das Kloster lag ca. 3 km östlich der Altstadt oberhalb der Dreisam in idyllischer Waldrandlage. Die „Kartäuserstraße" führt dorthin. Der Besucher

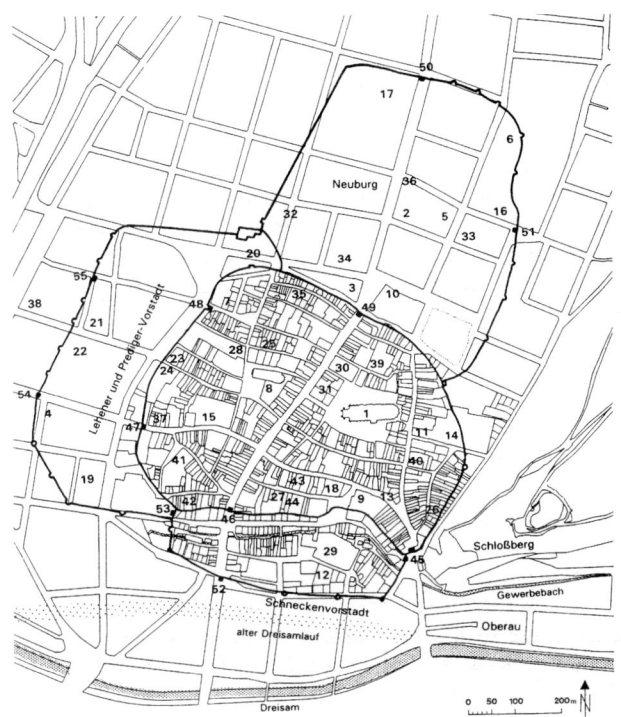

Lage der Klöster, Kirchen und sozialen Einrichtungen:
1. Münster, 2 St. Nikolaus, 3 Michaelskapelle, 4 St. Peter, 5 Kapelle des Friedhofs in der
Neuburg, 6 Michaelskapelle auf dem Alten Friedhof, 7 Dominikaner, 8 Franziskaner, 9
Augustiner-Eremiten, 10 Augustiner-Chorherren (bis 1677), 11 Augustiner-Chorherren, 12
Wilhelmiten, 13 Antoniter, 14 Kapuziner, 15 Jesuiten, 16 Johanniter, 17 Deutscher Orden (bis
1677), 18 Deutscher Orden, 19 St. Agnes, 20 St. Maria Magdalena, 21 St. Katharina de Senis
(bis 1644), 22 St. Klara, 23 St. Katharina de Senis, 24 Ursulinen, 25 Der Turnerin Regelhaus, 26
Augustinerinnen „zum Grünen Wald" (bis 1470), 27 Augustinerinnen „zum Grünen Wald", 28
Regelhaus „zum Lämmlein", 29 Adelhausen Neukloster, 30 Basler Hof, 31 Heiliggeist-Spital, 32
Armenspital, 33 Findelhaus, 34 Blatternhaus (bis 1677), 35 Blatternhaus, 36 Elendenherberge, 37
Hof von St. Trudpert, 38 Hof der Bischöfe von Konstanz, 39 Hof des Klosters Günterstal, 40 Hof
des Klosters Schuttern, 41 Hof des Klosters St. Peter, 42 Haus der St. Gallischen Propstei
Ebringen, 43 Hof des Klosters St. Blasien, 44 Hof des Klosters St. Märgen, 45 Schwabentor, 46
Martinstor, 47 Lehenertor, 48 Predigertor, 49 Christoffelstor, 50 Mönchstor, 51 Johannestor, 52
Schneckentor, 53 Grienlinstor, 54 Peterstor, 55 Büggenreutertor
(Quelle: „Geschichte der Stadt Freiburg", S. 422)

kann in den heutigen Formen nicht mehr die typische Anlage mit
Häuschen für Einsiedlermönche erkennen. Immerhin erinnert eine
Inschrift am Eingang an die ehemalige Funktion.

Daten: 1346–1782 Kartause

Lit.:   Stadt Freiburg: Geschichte der Stadt Freiburg, Bd. 1, S. 440–444

FRAUENSAMMLUNGEN gehören ebenso wie die männlichen Bettelorden zu einer mittelalterlichen Stadt. In Freiburg tummelte sich eine ganze Menge derartiger Sammlungen und Beginen, die in der Regel von einem männlichen Orden betreut wurden. Denn aufgrund einer restriktiven Haltung des Kostanzer Bischofs gegenüber „freien Gemeinschaften" mußte eine kirchenrechtlich gebilligte Lösung gesucht werden. Somit finden wir das für BW typische Phänomen, daß die meisten weiblichen Klöster und Gemeinschaften, die ab dem 13. Jh. entstanden, auf eine Sammlung zurückgehen. Um 1350 gab es alleine in Freiburg rund 8 Beginenhäuser mit ca. 200 Frauen, die sich Regelhäuser nannten, weil sie nach einer Regel lebten, jedoch keinem Orden offiziell angeschlossen waren. Sie lebten daher in einem Zwitterzustand zwischen Welt und Kirche (vergl. das lesenswerte Buch „Margaretha Jedefrau" von S. Roecken und C. Brauckmann, Koreverlag 1989). Beispiel: „Haus zum Pilgerstaab", Franziskanerstraße 9, der „Kötzin Regelhaus".

Die Gemeinschaft der **Reuerinnen** (Maria-Magdalena-Orden), die sich in ihrer Anfangsphase aus ehemaligen Prostituierten rekrutierte, findet man in unserem Bereich nur noch in Pforzheim. Dort wie anderswo (Würzburg, Worms) sind ihre Häuser ebenso verschwunden wie in Freiburg. Die Anlage stand nördlich außerhalb der Stadtmauer (Friedrichring/Katharinenstraße), wo sie 1644 bei der französischen Belagerung zerstört wurde. Die Reuerinnen waren bereits seit 1247 hier. Da sie seit ca. 1300 von den Dominikanern betreut wurden, konnten sie sich ohne weiteres wie die anderen domikanischen Konvente 1651 dem Kloster Adelhausen (s.u.) anschließen.

Die Mehrzahl der Sammlungen hatte sich den Dominikanern angeschlossen. So gab es die **Dominikanerinnen** von *St. Katharina* im Dorf Wiehre (Lessing-, Basler-, Kirchstraße) und von *St. Agnes* in der Lehener Vorstadt (Sedanstraße/Milchstraße). Diese Sammlungen mußten sich unter französischer Besatzung Ende des 17. Jh. dem Konvent von Adelhausen anschließen und innerhalb des befestigten Stadtbereiches ziehen.

Ursprünglich war das *Adelhauser* Kloster jenseits der Dreisam im Stadtteil Wiehre 1234 als Sammlung entstanden und hatte sich von Anfang an den Dominikanern angeschlossen. Offiziell wurde eine Übernahme als **DOMINIKANERINNEN** jedoch erst 1245 erreicht durch die Intervention einer Gräfin von Sulz beim Papst. Damit war eine Lawine losgetreten worden: Ab jetzt gab dieser Bettelorden dem Wunsch der Frauengemeinschaften nach, so daß er schließlich mehr Frauen- als Männerklöster in Deutschland (und auch in BW) umfaßte (vergl. Sulz-Kirchberg) Von vornherein war Adelhausen von adligen Frauen besiedelt, darunter die

Foto: Willig

Freiburg: Dominikanerinnenkloster Adelhausen,
heute Museum

oben genannte Gräfin von Sulz, in der man die Schwester des Königs Rudolf von Habsburg vermutet. Diese Frauen brachten bereits Bildungsvoraussetzungen mit, sodaß die Predigten berühmter Dominikaner (u.a. Albertus Magnus) bei ihnen auf fruchtbaren Boden fielen. Damit läßt sich erklären, weshalb Ende des 13. Jh. hier ein Zentrum mystischer Religiosität entstand, vergleichbar einer Reihe weiterer derartiger Klöster in Süddeutschland und Schweiz (vergl. Sulz-Kirchberg). Die Priorin Anna von Munzingen schrieb in ihrem Buch „von den wunderbaren Gnaden" dieses mystische Erleben verstorbener Konventschwestern auf.

Nach den Zerstörungen durch die französische Annexionspolitik des Sonnenkönigs mußte man in die Schneckenvorstadt (Gerberau) innerhalb der Befestigungsanlage umziehen. Da in der Stadt nur wenig Platz zur Verfügung stand, mußten sich alle dominikanischen Frauenklöster zum Kloster „Neu-Adelhausen" zusammenschließen. Unter Kaiser Joseph II. richtete man eine Mädchenschule ein, um der Aufhebung zu entgehen. Daher überlebte Adelhausen auch die napoleonische Säkularisation als eines von 8 Frauenklöstern im Gebiet des Großherzogtums Baden. Erst in der Zeit des Bismarckschen Kulturkampfes kam die Auflösung. Das Vermögen ging in eine Stiftung für Mädchenunterricht (Volksschule und Gymnasium), die Konventgebäude dienen bis heute dem Natur- und Völkerkundemuseum.

Der Besucher findet die Anlage im Süden der Stadt. Die barocke Klosterkirche von 1695 ist untertags einsehbar. Im Museum (Zugang vom Augustinerplatz) sind der Kreuzgang und Räume sehenswert.

Daten: (234–1675 in Wiehre), 1687–1867 in Gerberau Dominikanerinnen

Lit.:   Schnell & Steiner Kunstführer Nr. 1090: Freiburg-Adelhauser Klosterkirche,1976

S. Roecken, C. Brauckmann: Margareta Jedefrau. Koreverlag, 1989, S. 19–97

Die **Dominikanerinnen** der Hl. Catharina von Siena waren als 3. Orden nicht an die strenge Klosterklausur gebunden. Daher durften sie Aufgaben übernehmen, die den Zweit-Ordens-Nonnen verboten waren: Krankenpflege und ab 1663 Mädchenunterricht. Ihr Haus stand in der Predigervorstadt und wurde 1644 zerstört. Ihr Neubau von 1700 in der Rathausgasse 46/48 steht noch (Infotafel im Innenhof). 1786 vereinigten sie sich mit dem Kloster Adelhausen, dem sie ihre Erfahrungen aus dem Unterrichten von Mädchen weitergaben. So durften diese weiterbestehen.

Daten: 1419–1786 3.-Orden-Dominikanerinnen

Von den Augustiner-Eremiten wurden die **Augustinerinnen** von St. Anna betreut. Wahrscheinlich waren sie aus einer Gemeinschaft der „Willigen Armen" entstanden. 1449 wohnten sie in der heutigen Konviktstraße 37, später zogen sie in die Grünwälderstraße um.

Selbstverständlich gab es auch eine franziskanische Frauengemeinschaft: **KLARISSEN**. Hier waren vor allem die Töchter der gehobenen Bürgerschaft vertreten, u.a. eine Tochter der Grafen von Freiburg im 15. Jh. Im Spätmittelalter erlebten sie eine Blüte durch die Mystikerin Magdalena Beutlerin, die eine Reform von Innen heraus anregte. Ihr Kloster stand im Bereich der heutigen Eisenbahnstraße (Tafel am Hauptpostgebäude), bis es 1644 zerstört wurde. 1673 zog man in ein Haus, in der bereits die **Sammlung** zum Lämmlein wohnte (Gauch-/Merianstraße) und baute schließlich ein eigenes Haus. Eine Gedenktafel am heutigen neugotischen Sparkassengebäude in der Gauchstraße erinnert an sie.

Daten: 1272–1782 Klarissen

Lit.: Alemania Franciscana Antiqua, Bd. 7, S. 137–192

2. Neuzeitliche Gemeinschaften

Habsburg versuchte, mit der systematischen Ansiedlung von gegenreformatorischen Orden ein Gegengewicht aufzubauen gegen das Vordringen des Protestantismus, der die benachbarten Kulturzentren Straßburg, Basel und Zürich für sich gewonnen hatte.

Zuerst kamen die **Kapuziner** 1599 in diese Stadt. Dies war ihre erste Niederlassung im heutigen BW, ja in ganz Deutschland. Gerade erst 25 Jahre zuvor hatten sie vom Papst die Erlaubnis erhalten, sich außerhalb Italiens niederzulassen. Der Freiburger Konvent wurde von Innsbruck aus besiedelt. Ihre Missionstätigkeit sprach vor allem das einfache Volk an. Nach der josephinischen Säkularisation (1784) wurde die Anlage abgerissen. Später entstand darauf das heutige Priesterseminar mit der Konviktkirche (Herrenstraße/Schoferstraße).

Einen entscheidenden Einschnitt und Fortschritt für die Interessen der katholischen Partei brachte 1620 die Ansiedlung von **JESUITEN**. Habsburg holte sie gegen den Protest von Stadtverwaltung und Universität, auf deren Kosten ihnen außergewöhnliche Rechte eingeräumt wurden. So unterstand ihnen die Kontrolle der Schulen, durften sie im Münster predigen, erhielten sie einige theologische Lehrstühle und sogar

116

die gesamte philosophische Fakultät. Damit wurde die Universität Freiburg zum Gegenpol gegen die lutherischen und calvinistischen Hochschulen in Basel, Straßburg, Tübingen und Heidelberg. Dank ihres Wissenschaftshungers wuchs die Universitätsbibliothek unter ihrer Leitung gewaltig.

Bei so vielen Aufgaben kann es nicht verwundern, daß sie auch einen dementsprechenden Gebäudekomplex benötigten bzw. erstellen durften. Zuerst erhielten sie für ihr Kollegium die alte Bursa und das danebenstehende Kartäuserhaus. Zudem wurden 27 Wohngrundstücke ihnen zuliebe abgerissen, sodaß sie von 1699–1725 ihre Gesamtanlage samt Kirche erstellen konnten. Nach dem Verbot des Ordens wurde daraus ein Priesterseminar und ging schließlich 1866 an die Universität, die die Gebäude noch heute nutzt.

Diese Gebäude haben sich bis auf das gegenüberliegende, im 2. Weltkrieg zerstörte Gymnasium erhalten. Einen kleinen Eindruck von der Größe gewinnt der Besucher in der Bertoldstraße, wenn er die Fassade der Gebäude betrachtet. Zwischen der „alten Universität" steht eingeklemmt die frisch renovierte Kirche im typi-

Freiburg: Jesuitenkirche mit typischem Innenraum

Foto: Willig

schen Jesuitenstil (mit Tonnengewölbe), nachgebaut der Jesuitenkirche in Solothurn. Ein Zugang zum schönen Innenhof des Kollegs ist untertags möglich.

Daten: 1620–1770 Jesuiten

Lit.: Stadt Freiburg: Geschichte der Stadt Freiburg, Bd. II, S. 433–435

Daß nicht nur Jungen, sondern auch Mädchen eine Bildung benötigen, diese Erkenntnis setzte sich in der Neuzeit immer mehr durch. In den katholischen Gebieten wurde diese Aufgabe von einer Frauengemeinschaft aufgegriffen, den **URSULINEN**. Ihre Gründerin Angela Merici brach 1535 mit der Tradition der strengen Klausur in Frauenklöstern. Zwar mußte weiterhin aufgrund kirchlicher Bedenken der Klostercharakter gewahrt bleiben, aber mit der Übernahme von Unterricht war man zu einem Teil der Welt außerhalb geworden. Diese Entwicklung ist vergleichbar der Entstehung der Jesuiten zur gleichen Zeit.

Das Freiburger *Schwarze Kloster* gehörte der französichen Linie der **Ursulinen** an, in der Anna de Xainctonge im 17. Jh. die Grundgedanken

117

Mericis weiterentwickelte: keine Klausur, keine feierlichen Gelübde. Es entstand 1696 als eine Filiale des Luzerner Ursulinenkloster, wurde jedoch bereits 1709 selbständig. Unter der Leitung von Euphemia Dorer blühte es auf. Aufgrund seiner anerkannten Tätigkeit konnte es die josephinische und die napoleonische Säkularisation überleben, ebenso wie das Kloster Adelhausen. Von hier aus besiedelte man das Bickenkloster in Villingen, das ohne die Übertragung des „Unterrichts-know-how" untergegangen wäre. Aber 1877 kam das Ende im Bismarckschen Kulturkampf. Als kath. Institut lebt es mit der Schule St. Ursula in der Eisenbahnstraße weiter. Die Gemeinschaft der Ursulinen besteht seit 1922 erneut (s.u.).

Der Besucher findet die Anlage im Westen der Altstadt („Am schwarzen Kloster"). Die Kirche dient den Altkatholiken zum Gottesdienst. An der untertags geschlossenen barocken Kirche in der Rathausgasse ist eine Gedenktafel angebracht. Die Konventgebäude werden von Volkshochschule und Geschäften (Café im Innenhof) genutzt.

Daten: 1696–1877 Ursulinen

Lit.:   Schnell & Steiner Kunstführer Nr. 1637: St. Ursula in Freiburg

3. Moderne Ordensgemeinschaften

In heutiger Zeit findet man in dieser Stadt die meisten existierenden Ordensgemeinschaften BWs, vor allem Gründungen des letzten Jahrhunderts. Alle bewohnen Häuser, die vom äußerlichen her nicht mehr an die klassische Form der Klosteranlage erinnern. Die mittelalterlichen Klosteranlagen selbst dienen nur noch als Museen bzw. sind verschwunden. Trotzdem ist es faszinierend, moderne Konvente zu besuchen und hinsichtlich ihrer veränderten Aufgabenstellungen zu untersuchen. Für den Überblick soll mit den Frauengemeinschaften (*Kongregationen*, s. Untermarchtal) begonnen werden, da sich diese vor den Männern bereits im 19. Jh. hier ansiedelten.

a) Frauenkongregationen

● Dem Mutterhaus der **VINZENTINERINNEN** ist ein eigenes Krankenhaus, Habsburgerstraße 120, angeschlossen. Diese Kongregation hat sich auf Krankenpflege spezialisiert. Bereits 1846 kamen die ersten Schwestern aus Straßburg nach Freiburg. Es war die erste Gründung einer religiösen Gemeinschaft im Bereich des heutigen BW seit der Säkularisation. Man findet leider nur moderne Gebäude vor.

● Auf die Betreuung von Schwangeren und Gebärenden hat sich die Kongregation der **ELISABETHschwestern** spezialisiert, die in der Dreisamstraße 15 eine Entbindungsklinik unterhält. Mit der Entstehung Ende der 20er Jahre unseres Jahrhunderts gehört sie zu den Nachzüglern der Kongregationsgründungen, vergleichbar den Anna-Schwestern von Ellwangen.

In der Maria-Theresia-Straße 10 (Adelheid-Testa-Haus) ist die deutsche Zentrale der **Caritas-Schwesternschaft** angesiedelt. Ihre Akademie bietet Fortbildungskurse zu Alten- Krankenpflege an.

Seit 1922 gibt es wieder eine **Ursulinengemeinschaft** in der Stadt, Landsknechtstraße 2–4. Der überalterte Konvent von 6 Schwestern hat die Schule vermietet.

Die Kongregation der **Schwestern der Liebe vom Kostbaren Blut** ist sowohl kontemplativ wie auch karitativ tätig. Ihre Niederlassung befand sich im Vincentiushaus, Friedrichstraße 46.

Ein Alterssitz der Kongregation der **Schwestern von Jesu-Maria** befand sich in der Reinhold-Schneider-Straße 37. Diese Kongregation wurde 1818 in Lyon gegründet. Sie ist auf apostolisches Wirken vor allem in Form von Unterricht spezialisiert.

b) Männergemeinschaften

Seit 1932 ist erneut eine **Dominikanergemeinschaft** in der Stadt. Sie kam wegen der Studienmöglichkeiten an der Universität. Als Aufgaben betreibt sie Aushilfsseelsorge und bietet Gesprächskreise und Seminare an. Letzteres ist eine alte, dominikanertypische Orientierung: Man will diejenigen Menschen ansprechen, die sich von der Betreuung in ihrer Pfarrei nicht angesprochen fühlen. Die Gemeinschaft bewohnt eine Gründerzeitvilla in der Ludwigstraße 35. Die kleine Kapelle stammt aus den 20er Jahren.

Wenige Meter entfernt (Ludwigstraße 27) wohnen seit den 20er Jahren in einer Gründerzeitvilla die **Kamillianer.** Diese Gemeinschaft von regulierten Klerikern (s. Rastatt) hat sich auf die Seelsorge in Krankenhäusern spezialisiert.

Inzwischen (seit 1918) lebt erneut eine **Franziskanergemeinschaft** in der Stadt, und zwar in einer Gründerzeitvilla mit Park in der Günterstalstraße 59. An die 20 Mitglieder übernehmen Aufgaben verschiedenster Art, von der Pfarrseelsorge bis zur Studentenbetreuung

Die **Herz-Jesu-Priester** (vergl. Stegen) unterhalten in der Okenstraße 17 das Studienhaus für ihre Provinz und bieten für die Öffentlichkeit Seminare zu religiösen Themen an.

● Die **Barmherzigen Brüder von Maria Hilf** in der Seb.-Kneipp-Straße 13 haben sich in der Nachfolge religiöser Bruderschaften auf karitative Tätigkeit spezialisiert. Sie unterhalten hier ein Sanatorium. Diese Kongregation wurde 1850 von einem Schornsteinfeger in Trier gegründet.

Günterstal

● Beim Besuch dieses zwischen Schwarzwaldhöhen eingeschmiegten Dorfes am Fuße des Schauinsland erblickt man bereits von weitem eine Villenanlage im italienischen Stil, hingebettet in halber Höhe über dem Dorf. Dieses Haus wird bewohnt von der *Kongregation* der **BENEDIKTINERINNEN von der Hl. Lioba**. Es ist erstaunlich, wie immer wieder Ordensgemeinschaften der neueren Zeit solche außergewöhnlichen Häuser zu ihrem Zentrum machen können (vergl. Dietenheim-Brandenburg). So gibt es diese Kongregation erst seit 1920, und 1927 übernahm man die italienische Villa Wohlgemut in Günterstal.

Die Gründerin M.B. Föhrenbach hatte als Leiterin des Kinderkrankenhauses St. Hedwig in Freiburg nach dem 1. Weltkrieg das Leiden und die Armut der Bevölkerung miterlebt. Zur Abhilfe gründete sie eine benediktinische Kongregation. Ein Widerspruch in sich? Denn Benediktinerinnen leben in der Regel zurückgezogen in Klausur in einem Kloster, Kongregationen hingegen wollen in der Welt wirken (vergl. Untermarchtal). Aber als be-

Foto: Kloster

Günterstal: St. Lioba, eine moderne benediktinische Kongregation

nediktinische Kongregation kann man weltliches Wirken verbinden mit klösterlichem Rückzug, Aktivität mit Kontemplation, karitatives Wirken mit Phasen der Selbstheiligung. Die Verbindung von „ora et labora" ist hiermit automatisch gegeben.

1927 erhielt die Kongregation die kirchliche Anerkennung. Eine Phase der Expansion konnte beginnen: Niederlassungen in Belgien, Dänemark und Indien, Aufbau einer Mädchenschule im ehemaligen Zisterzienserinnenkloster Wald. So erfüllt man ein breites Aufgabenspektrum von Unterricht über Heimbetreuung bis hin zu Pflege und Mission. Damit unterscheidet man sich nicht von anderen Frauenkongregationen.

Daten: seit (1920) 1927 Benediktinische Kongregation

Im Zentrum des Ortes befand sich über Jahrhunderte ein **ZISTERZIEN-SERINNENkloster,** entstanden 1220 als frühe Beginengemeinschaft, die bereits 1224 den Anschluß an den Zisterzienserorden erreichte. Im Unterschied zu den damals aufkommenden oberschwäbischen Klöstern stand hier nicht das Männerkloster Salem, sondern das nahe Tennenbach (s. Freital) dahinter. Von Anfang an handelte es sich um eine Gemeinschaft von hochstehenden Frauen, denn nur so konnte man so schnell den Anschluß an die Zisterzienser erreichen und gleichzeitig auch eine Klosteranlage bauen. Anscheinend war die Gründerin und spätere Äbtissin die Tochter des Grafen von Kyburg, der die finanzielle Unterstützung gab. Später wurde der Konvent vor allem von den Patriziertöchtern aus Freiburg besiedelt.

Eine Nachblüte erlebte das Kloster durch eine Wallfahrt. Und zwar stellte es 1738 fest, daß es eine Heiligblutreliquie besaß, die der Abt der Reichenau im 30j. Krieg hierher gerettet hatte. Sofort setzte eine dementsprechende, barocktypische Wallfahrt ein, die jedoch mit der Säkularisation wieder verschwand.

Nach der Aufhebung wurde die von Peter Thumb erbaute barocke Anlage von einer Baumwollspinnerei benutzt. Die Klosterkirche diente bereits seit Kaiser Joseph II. 1787 gleichzeitig als Pfarrkirche. Die ganze Anlage brannte 1829 ab und wurde wieder im gleichen Stil aufgebaut. So findet sie der Besucher noch heute inmittten des Ortes („Klosterhof"). Die ehemaligen Konventbauten werden in unterschiedlichster Weise privat genutzt.

Daten: 1220–1224 Frauensammlung, 1224–1806 Zisterzienserinnen

Lit.:   Zeitschrift des Breisgauer Geschichtsvereins, 1987

Freudenstadt 15

Kniebis

Der Wechsel eines kompletten Konventes von einer Ordenszugehörigkeit zur anderen bildete eine Ausnahme, kam aber zu jeder Zeit vor. In der Regel wehrten sich abgebende Orden gegen den Verlust und pochten auf ihre erworbenen Rechte und Ansprüche (vergl. Donaueschingen-Neudingen). Letztlich mußte solch ein Wechsel durch päpstliche Entscheidung erzwungen werden. Im Hochmittelalter finden wir eher den Wechsel in Richtung einer strengeren Observanz, also zu den Zisterziensern, Prämonstratensern und Augustinerchorherren (z.B. Göppingen-Faurndau). Im Spätmittelalter ging es dann eher in die umgekehrte Richtung, von der strengen Regel zum einfacheren Leben, z.B. durch die Umwandlung von Benediktinerklöstern zu weltlichen Stiften (s.

Sinsheim). Fast undenkbar war jedoch bei den Männern ein Wechsel vom Benediktinerorden zu den Bettelorden oder umgekehrt, weil zu große Unterschiede hinsichtlich der Ausgangslage bestanden. Gemeinsamkeiten gab es weder in den Regeln noch in den Traditionen noch in den Aufgabenbereichen. In Kniebis finden wir eine Ausnahme, in der Kombination verschiedener Zugehörigkeiten sogar eine „verrückte" Ausnahme.

Die Lage an einer wichtigen Paßstraße führte bereits im 13. Jh. zur Errichtung eines Hospizes. Die Fürstenberger als Vogteiherren wollten daraus ein **Augustinerchorherrenstift** machen, ähnlich wie in der Schweiz an den Paß-straßen Hospize von diesem Klerikerorden unterhalten wurden (z.B. Großer St. Bernhard). Daher wurde die Kapelle zu einer Zentralkirche erhoben und Chorherren 1271 angesiedelt. Überraschenderweise finden wir jedoch keine 10 Jahre danach **Franziskaner** hier. Ein außergewöhnlicher Wechsel, denn was sucht

Foto: Willig

Kniebis: Klosterkirchenruine und ehemaliges Hospiz. Häufig übersehene Reste einer wechselhaften Ordensgeschichte

ein städtischer Bettelorden in dieser Einöde? (vergleiche Heiligenberg-Betenbrunn). Und wie läßt es sich mit dem Besitzverbot vereinbaren, daß dieses Kloster Grundbesitz und Leibeigene unterhielt? Erklärbar ist dies nur damit, daß hier eine Dritt-Ordens-Gemeinschaft lebte, die sich zwar den Franziskanern angeschlossen hatte, jedoch ihr eigenes Aufgabengebiet suchte und nicht an die strengen Regeln gebunden war. Dennoch entstanden daraus Spannungen mit der Ordensleitung, und jetzt geschah erneut ein ausgefallener Wechsel: Die Mönche nahmen 1341 die **BENEDIKT-regel** an und ordneten sich als *Priorat* dem Kloster Alpirsbach unter. Damit konnten sie weiterhin ihre Aufgabe erfüllen unter weit weniger strengen Vorschriften. Anscheinend wehrte sich der Franziskanerorden nicht gegen den Wechsel.

Da die Vogteirechte inzwischen von Wirtemberg erworben worden waren, wurde das Klösterchen reformationsbedingt 1535 aufgehoben. Die Anlage, die nach einem Brand von 1513 neu errichtet worden war, brannte 1799 infolge der französischen Revolutionskriege erneut ab. Übrig blieben die Ruinen des Westteils der Kirche und in einem rechts des Forbachs stehenden Bauernhaus das ehemalige Hospiz. Man findet die Anlage direkt unterhalb der B 28 an der Straße ins Dorf. Der ursprüngliche Westeingang ist seit dem Brand von 1513 zu Fenstern geworden, dafür wurden zwei neue Eingänge auf den Längsseiten geschaffen.

Daten: 1271–1277 Augustinerchorherren. 1277–1341 Franziskanertertiaren.

1341–1535 Priorat von Alpirsbach

Lit.:   Alemania Franciscana Antiqua, Bd. 18, S. 283–303

Germania Benedictina, Bd. V, S. 345–349

Friedenweiler M 4

„Emanzipation durch Urbarmachung der Erde", diesen Eindruck könnte man gewinnen, wenn man sieht, welch riesiges Gebiet die Frauen dieses Schwarzwaldklosters erschlossen: Vom Titisee im Süden bis Eisenbach im Norden schufen sie eine Einzelhof-Kulturlandschaft, die der Tourist noch heute als typisch erlebt. Solche Rodungsleistungen erwartet man eher von Männerklöstern, St. Blasien und St. Peter sind hierfür die bekanntesten im Schwarzwald. Und die Zisterzienser begründeten damit ihren Ruf als Zivilisatoren. Konnten also Frauen auf diesem Gebiet mit Männern konkurrieren? Bei näherem Hinsehen muß die Antwort lauten: „Nur bedingt". Denn das Frauenkloster hat im Auftrag eines Männerklosters dieses Gebiet erschlossen.

Bereits beim Anlaß für die Gründung wird die Rolle des „Vaterklosters" offensichtlich. 1123 tauschte das Benediktinerkloster St. Georgen seinen Besitz in der Baar gegen die unerschlossenen Wälder um Friedenweiler und Löffingen mit dem Kloster Reichenau. Kurz danach gründete es ein Frauenkloster und besiedelte es mit Nonnen aus seinem abhängigen Frauenkloster Amtenhausen (s. Immendingen). Damit war die Hierarchie geregelt: Der St. Georgener Abt war im 12. und 13. Jh. der eigentliche Herr dieses **BENEDIKTINERINNENklosters**, und die Gründung sollte nur ein bereits bestehendes Rodungswerk auf der Ostseite des Schwarzwaldes fortführen. Somit konnte Friedenweiler ein bleibendes Erbe hinterlassen, auch wenn diese Früchte schließlich an die Fürstenberger (als seine Vögte) statt an St. Georgen fielen.

Im 15. Jh. brach die Entwicklung ab, verfielen viele Höfe, erlebte das Kloster einen wirtschaftlichen Niedergang. Kriege und Brände führten zu Zerstörungen, die Reformation gab den Rest. Von 1536 ab stand das Kloster verwaist da. Hieran mag auch schuld sein, daß das „Vaterkloster" St. Georgen unter wirtembergischer Vogtei aufgelöst wurde. Die Grafen von Fürstenberg griffen schließlich ebenso wie in Neudingen (s.

Donaueschingen) ein und siedelten auch hier 1570 **ZISTERZIENSE-RINNEN** aus Lichtental (s. Baden-Baden) an. Aber ebenso wie in Neudingen war die Umwandlung in ein Kloster dieses Ordens eine langwierige Angelegenheit, die erst 1584 durch päpstlichen Entscheid endete. Tennenbach (s. Freital) erhielt die geistliche Aufsicht. Nach einem Großbrand, dem 1725 alle Klostergebäude samt Kirche zum Opfer fielen, erfolgte ein Wiederaufbau durch den Vorarlberger Baumeister Peter Thumb.

Nach der napoleonischen Aufhebung fiel der Besitz an Fürstenberg. Die Gebäude dienten zuerst als Lazarett, dann als Brauerei, ab 1926 als Kinderheim, und heute als Altenheim.

Wenn man von Südwesten (vom Berg) her auf den Ort zufährt, wirken die Klostergebäude wie ein Schloß. Nur die ehemalige Klosterkirche paßt nicht dazu. Infolge ihres unverputzten grobkörnigen Baumaterials wirkt sie von Außen schlicht. Im Inneren jedoch ist sie typisch barock.

Daten: Nach 1123–1536 Benediktinerinnen, 1570–1802 Zisterzienserinnen

Lit.:   E. Wohlfarth: Friedenweiler. Chronik zur 850-Jahr-Feier. Bürgermeisteramt, 1973

09 *Friedrichshafen*

Die „naturbedingte und gottgewollte" Unterordnung der Frauen unter den Mann galt für alle Bereiche des mittelalterlichen Lebens, auch für die Klöster und Orden. Daher findet man bei den meisten Frauenklöstern die rechtliche Konstruktion, daß über der Vorsteherin oder sogar Äbtissin noch ein Mann steht. Bei den Dritt-Ordens-Klausen ist dies der Ortsgeistliche, bei den regulären Klöstern der Abt des betreuenden Klosters (vergl. Salem) oder ein als Propst beim Frauenkloster eingesetzter Mönch. Die letztere Lösung war vor allem bei den Benediktinern gängig, was mitunter zu Protesten und sogar zur Auflehnung der „überwachten" Frauen führen konnte, wie uns das Beispiel Hofen zeigt.

Hofen

1085 gründeten die Grafen von Buchhorn das **BENEDIKTINERINNEN-kloster** Hofen. (Aus Buchhorn und Hofen wurde im 19. Jh. Friedrichshafen). Die Welfen übereigneten es ihrem Hauskloster Weingarten, das einen seiner Mönche als Propst dorthin abordnete. Die Frauen wehrten sich immer wieder gegen diese absolute Dominanz der Männer. Im 15. Jh. waren sie schließlich so aufsässig, daß Weingarten aus der Position der Stärke heraus kurzen Prozeß machte: Das Kloster wurde 1419 aufgelöst und zu einer reinen Verwaltungs-**Propstei** umgewandelt. Jetzt jedoch verlagerte sich der Konflikt ins Verhältnis Propst-Abt. Denn die residierenden

Hofen: Evangelische Kirche in barockem Kloster

Foto: Aßfalg

Pröpste traten in ihrem Unabhängigkeitsstreben in die Fußstapfen der vertriebenen Frauen. Schließlich wurde als Konsequenz die Propstei aufgelöst (1594) und der Besitz durch weltliche Beamte verwaltet. Die Anlage überlebte den 30j. Krieg nicht. Überraschenderweise richtete Weingarten anschließend ein **Priorat** ein: 12 Patres und 3 Laienbrüder wohnten in einer von Vorarlberger Baumeistern neuerrichteten Klosteranlage. Nach der napoleonischen Aufhebung von 1802 wurde die Kirche der evangelischen Gemeinde überlassen, die Konventbauten gingen als Sommerresidenz an das württembergische Königshaus. So gehört es noch heute als Zweitwohnsitz neben Altshausen dem Hause Württemberg.

Die 1695–1702 erstellte Anlage liegt westlich der Innenstadt idyllisch am Seeufer. Bereits von weitem grüßen die barocken Doppeltürme. Öffentlich zugänglich (jedoch nur zu bestimmten Zeiten) ist die evang. Schloßkirche, ein Bau im Vorarlberger Wandpfeilerschema. Neben Rottweil und Ellwangen ein weiteres Beispiel, wie Protestanten Barockkirchen nutzen.

Daten: *1085–1419 Benediktinerinnenpriorat, 1441–1594 Propstei,*
1702–1802 Benediktinerpriorat

Lit.: *Germania Benedictina, Bd. V, S. 303–308*
Schnell & Steiner Kunstführer Nr. 1089: Schloßkirche Friedrichshafen. 1976

Löwental

Hier gründete ein Ortsadliger das **DOMINIKANERINNEN**kloster Himmelswonne, indem er seine Burg 1250 den Dominikanern von Konstanz schenkte. Es wurde vor allem von niederadligen Nonnen bewohnt und hatte daher umfangreichen Besitz: 4 Weiler und 60 Höfe. Nach der totalen Zerstörung im 30j. Krieg wurde es 1657–87 wiederaufgebaut. Es stand unter Habsburger Vogtei.

Nach der Auflösung durch Württemberg wurde es Kaserne, dann aufgeteilt in Bauernhöfe. 1826 wurden Kirche, Süd- und Westflügel abgerissen. Den Rest beseitigten die Bomben des 2. Weltkrieges.

Man findet heute noch einen Teil der Mauer, das Gasthaus „Klosterwirt" und die ehemalige Mühle an der Rotach. Frisch renoviert bietet letztere einen schönen Anblick. Auf dem Gelände steht u.a. ein Teil der ZF-Werke. Zu finden ist die Anlage von der B 10 Richtung Ulm aus, Abzweigung Ailingen, Flugplatzstraße, hinter Rotachbrücke rechts ab.

Daten: 1250–1806 Dominikanerinnen

Lit.:   A. Wilts: Beginen im Bodenseeraum, S. 320

Kernstadt

Im Bereich der Reichsstadt Buchhorn befand sich nördlich der Nikolausstadtkirche von ca. 1260–1640 eine **Dominikanerinnen**klause („weiße Sammlung"), die bei ihrer Auflösung dem Dominikanerinnenkloster Löwental einverleibt wurde. Von ihr gibt es keine baulichen Überreste mehr.

D 8   *Bad* Friedrichshall

Heuchlingen

Wenn man vom Ortsteil Duttenberg auf Heuchlingen zufährt, steigt aus dem Jagsttal eine Burg-Schloß-Anlage gewaltig in die Höhe. Auf dem Weg zum Innenhof kann man in einer Mauer 2 riesige Wappen mit einem großen Kreuz entdecken: die Wappen des Hochmeisters des **DEUTSCHEN ORDENS** Carl v. Lothringen. Hier befand sich also eine der vielen Deutschherren-Burgen der Deutschen Ebene (s. Gundelsheim). Sie diente als Unteramt für die Verwaltung der umliegenden Orte. 1484 war sie einer Ganerbengemeinschaft abgekauft worden. Die heutige Burganlage entstand weitgehend nach den Zerstörungen des Bauernkrieges. 1806 kam sie in den Besitz des Königreichs Württemberg und ist heute an Privat verpachtet.

Daten: 1484–1806 Deutschordens-Unteramt

J 2   Friesenheim

Schuttern

Nach einer weitverbreiteten Meinung werden die frühen Klöster Europas als Benediktinerklöster bezeichnet, in der Annahme, daß sie nach den Regeln eines Benedikt von Nursia (480–542) gelebt hätten. Dies ist jedoch für die Klöster vor der Karolingerzeit falsch, denn erst zu diesem Zeitpunkt, also rund 200 Jahre nach dem Tode Benedikts im Kloster Montecassino, setzte sich dessen Regel als allgemeinverbindlich durch. Nach welcher Regel lebten dann die Mönche zuvor, wie können sie für diese Zeit bezeichnet werden? Wahrscheinlich galt für die ersten Jahrhunderte des Mönchtums eine Art **Mischregel**: Aus verschiedenen Regeln flickte sich jede Mönchsgemeinschaft ihre eigene Ordnung zusammen. So gesehen war die Benediktregel auch eine Mischregel, da sie ihre einzelnen Anweisungen aus bereits vorhandenen unterschiedlichen Regelwerken übernahm. Erst mit den Zentralisierungsbestrebungen der Karolinger verschwanden die Mischregeln. Denn mit der verbindlichen Einführung der Benediktregel wußte die Machtzentrale, daß alle Klöster im Reiche nach dem gleichen System und Rhythmus funktionierten. Daher finden wir ab diesem Zeitpunkt bis zum Auftreten der neuen Orden des 12. Jh. (Zisterzienser, Eremiten) nur noch Benediktinerklöster vor.

Schuttern war ein Kloster, das nach einer Mischregel gelebt haben muß, wenn die Gründungslegende stimmt. Demnach wäre es 630 durch einen Hochadligen (König?) Offo gegründet worden, könnte somit als das älteste Kloster Baden-Württembergs gelten. Jedoch erst die Gründung nach der **BENEDIKT**regel durch den Reichenaugründer Pirmin (um 730) läßt sich urkundlich belegen. Das Reichskloster Offunwilare (wie es ursprünglich nach seinem legendären Gründer hieß) zählte 817 zu den 14 vermögendsten Abteien im Reiche.

Mit der Ungarnplünderung verfiel es wieder. Kaiser Heinrich II. unterstellte es dem neugegründeten Bistum Bamberg (vergl. Gengenbach) und brachte es mit Schenkungen erneut zum Leben, weshalb dieser Kaiser als der 2. Gründer im Kloster verehrt wurde. Aus dieser Zeit (um 1015) stammt auch ein Mosaik über dem Grabe Offos, das älteste Fußbodenmosaik Deutschlands. Leider überstanden nur Reste davon die Unbilden der

Foto: Stadtverwaltung

Schuttern: Ältestes Fußbodenmosaik Deutschlands

127

Zeiten, denn immer wieder erfolgten Plünderungen: mal durch die Klostervögte, dann durch Bauern, schließlich wie überall im 30j. Krieg. Das Kloster schaffte es nicht, sich von seinen Vögten (Geroldseck, Habsburg) zu lösen und reichsunabhängig zu werden. Nach der Auflösung (1806) erfolgte ein Abbruch der Konventgebäude.

Von 1490–1623 hatte sich der Konvent einer Reformbewegung der Benediktiner angeschlossen, der Bursfelder Kongregation (s. Ulm-Wiblingen). Dies ist als Zeichen für ein funktionierendes Leben entsprechend der Regel zu bewerten. Unter dem Druck des Straßburger Bischofs mußte es aus der Kongregation ausscheiden, womit dieser seinen Einfluß auf das Kloster verstärken konnte. Eine Propstei zur Verwaltung der breisgauischen Güter wurde im 17. Jh. in Wippertskirch (s. Merdingen) eingerichtet.

Der Besucher findet nur noch die Kirche und das barocke Pfarrhaus als Rest des Klosters vor. Von Friesenheim kommend, erblickt man von weitem die Ostfassade der hochragenden Kirche, davor ein Rest der Ummauerung des Klosterareals. Im Kircheninneren erlebt man eine Überraschung: Die klassizistische Ausgestaltung (1767–70) wirkt einfach und harmonisch, wirkt nur aufgrund des Raumeindrucks. Das Mosaikgrab liegt etwa in der Mitte der Kirche.

Daten: 603–730 Mischregel-Kloster (?), 730–1808 Benediktiner

Lit.:   K. List, P. Hillenbrand: Reichskloster Schuttern. Pfarrgemeinde, 1983 (liegt aus)

Germania Bendictina, Band V, S. 562–572

L4 *Furtwangen*

Die soziale Herausforderung des 19. Jh. nahm keine andere Ordensgemeinschaft so an wie die von dem Italiener Don Bosco gegründete. Er sammelte verwahrloste Jugendliche auf, denen er eine Ausbildung zu Handwerkern und eine Integration in die Gesellschaft ermöglichte. Dafür richtete er Lehrwerkstätten ein, eine für die damalige Zeit wohl umwälzende Maßnahme. Kein Wunder, daß er von seinen Zeitgenossen zeitweise sogar ins „Irrenhaus" verbannt wurde. Die Kongregation der **Salesianer** entstand aus den Mitstreitern Don Boscos 1859 in Turin. Ihr Name ist eine Hommage an den bedeutenden Bischof von Genf, Franz von Sales, der im 17. Jh. die Kongregationsidee propagierte.

In Furtwangen unterhalten sie eine moderne Niederlassung („Don-Bosco-Heim"). So betreut diese Gemeinschaft anstelle der Problem-Jugendlichen auch ein Sportzentrum (Am Großhausberg).

Mariaberg

Wie schwierig es häufig ist, eine Frauensammlung eindeutig einem Orden zuzuordnen, dies belegt die Gründungsphase des Frauenklosters Mariaberg. Hierin liegt einer der grundlegenden Unterschiede zu Männerklöstern, die sich von vornherein einem bestimmten Orden anschließen mußten bzw. wollten, und deren Tagesablauf entsprechend ihrer Ordenszugehörigkeit gestaltet war Bei den Nonnen jedoch war das Alltagsleben sowieso weitgehend gleich, egal welcher Ordenszugehörigkeit: Klausur, Beten, Fasten.

Anscheinend gab es bereits vor 1200 ein Frauenkloster, das nach einer Gründungslegende von dem Grafen von Berg gestiftet wurde, weil seine beiden Kinder hier im Heu erstickten. Dieses Kloster ging jedoch trotz reicher Ausstattung nach kurzer Zeit Mitte des 13. Jh. unter, vermutlich wegen eines Wechsels der Vogtherrschaft.

Eine Neugründung erfolgte kurze Zeit danach durch den Bischof von Konstanz (1267). Der verpflichtete die Nonnen auf die **Augustinusregel**,

sagte aber nicht, welchem Orden sie damit angehörten: den Augustiner-Eremiten oder den Dominikanern. Wahrscheinlich keinem von beiden, da sie sich als freie Gemeinschaft nur ganz allgemein an den Regeln orientierten, wie so viele andere Frauensammlungen auch. Daher konnten sich sich anschließend problemlos dem Benediktinerkloster Zwiefalten unterstellen (1293). Aber selbst jetzt lebten

Foto: Mariaberger Heime

Mariaberg: Benediktinerinnenkloster über dem Laucherttal. Älteste stationäre Behinderteneinrichtung Deutschlands

sie vorerst weiterhin nach der Augustinusregel. Erst ca. 30 jahre später wechselten sie zur Regel Benedikts und wurden „echte" **BENEDIKTINERINNEN**, was sich wahrscheinlich im Alltag gar nicht bemerkbar machte. In dieser Zeit beendete Zwiefalten sein Doppelklosterdasein, indem es seine Nonnen nach Gammertingen auslagerte.

Mariaberg blieb bis zur Aufhebung bei Zwiefalten, mit einer kurzen Unterbrechung. Als nämlich 1475 der Vogteiherr von Bubenhofen eine Reform hin zu den strengen Regeln durchführen wollte (s. Gomadingen), wehrten sich die Nonnen dagegen. Daraufhin wurden sie dem bereits reformierten Benediktinerkloster Blaubeuren unterstellt, das die strenge Regelobservanz durchsetzte. Erst als Zwiefalten auch reformiert war, wechselte Mariaberg wieder zurück.

Die Herrschaft Gammertingen-Hettingen gelangte in der Reformationszeit für kurze Zeit an das protestantische Wirtemberg. Danach trat die Hälfte des kleinen Konvents von Mariaberg aus: 5 Nonnen heirateten. Da nach dem Schmalkaldener Krieg die Vogtei an die kath. Freiherren von Speth gelangte, wurde das Kloster gerettet und die gesamte Herrschaft rekatholisiert. In der Barockzeit schaffte es das Kloster sogar, die hohe Gerichtsbarkeit zu kaufen und somit reichsfrei zu werden. Das Territorium umfaßte nur noch das danebenliegende Dorf Bronnen, Die Säkularisation zerstörte diese „Idylle", das Kloster fiel an Württemberg. Die Nonnen durften bleiben, bis die letzte 1837 auszog. Anschließend dienten die Gebäude einer Heilanstalt, heute Behinderteneinrichtung, der ältesten derartigen stationären Einrichtung Deutschlands.

Nach den Schädigungen des 30j. Krieges wagte man einen Neubau durch die Vorarlberger Baumeister Michael Thumb und Franz Beer (1682– 1700). So findet der Besucher eine barocke Anlage vor, mit einer rückversetzten Kirchenfassade und dem Geviert der Konventbauten südlich der Kirche. Den Schlüssel zur Kirche erhält man im Öffentlichkeitsreferat. Daneben noch einige Wirtschaftsbauten. Die Lage über dem mäanderreichen Laucherttal zwischen Gammertingen und Trochtelfingen macht Mariaberg zum Wanderziel.

Daten: vor 1200 – um 1250 Frauenkloster, 1267 – um 1325 Frauensammlung,
1325–1802 Benediktinerinnen, 1802–1837 Aussterbekloster

Lit.:   K.R. Eder: Mariaberg. Sigmaringendorf: Regioverlag, 1991

K/J 6 # *Geislingen* (Zollernalbkreis)

Binsdorf

Das Entstehen einer Frauensammlung im 13. Jh. kann als Hinweis gelten für die politische Bedeutung eines Ortes. Denn zu dieser Zeit entstanden solche Sammlungen fast ausschließlich in Zentralorten bzw. Städten, von wo aus sie dann als reguläres Kloster aufs Land wechselten (vergl. Baindt). Die dörflichen Frauenklausen (s. Balingen) bildeten die zeitlich nachfolgende Epoche dieser Emanzipationsbewegung, die damit frappierend an die Verbreitung moderner Bewegungen mit ihrem Stadt-Land-Gefälle erinnert.

Daher läßt die Existenz einer **Frauensammlung** (1280) in diesem ehemaligen Städtchen darauf schließen, daß zu diesem Zeitpunkt bereits der Stadtstatus erreicht worden war. Dieser Status ging jedoch in der Neuzeit wieder verloren, und das heutige Binsdorf unterscheidet sich auf den ersten Blick nicht von einem sonstigen kleinen Dorf. Wir finden hier ein Beispiel für eine Stadtgründung des Hochmittelalters, die aufgrund der Vielzahl konkurrenter Gründungen in den Anfängen stecken blieb. 1312 schloß sich die Sammlung als 3.-Orden-**DOMINIKANERINNEN** einem regulären Orden an. Dies entsprach dem Trend der Zeit, denn zu diesem Zeitpunkt verbot gerade das Konzil von Lyon die Beginen aufgrund ihrer „ketzerischen" Ideen. Offiziell übernahmen die Rottweiler Dominikaner die Aufsicht, Beichtvater blieb jedoch weiterhin der Stadtpfarrer. Sol-

Binsdorf: Aus Frauenklause entstandenes Dominikanerinnenkloster (rechtes Gebäude)

Foto: Willig

che Rechtskonstruktionen sind typisch für 3. Orden, die ja nicht zur strengen Klausur verpflichtet waren. So erhielten sie anstelle einer eigenen Kirche nur einen Nonnenchor in der Stadtkirche, zu dem sie von ihrem Haus über einen gedeckten Gang gelangen konnten.

Mit der offiziellen Einordnung in einen Orden war ein wirtschaftlicher Aufschwung verbunden. Denn jetzt bekamen die Stiftungen und Spenden einen höheren Wert, da sie ja einer kirchlich anerkannten Institution zukamen. (Ein Vergleich mit den heutigen steuerlichen Absetzungsmöglichkeiten für gemeinnützige Einrichtungen sei erlaubt.) Neben den Einkünften aus ihren Liegenschaften in den umgebenden Orten besaßen sie auch einen Anteil an der Salzgewinnung von Sulz. Damit konnten sie sich ein großes Haus für eine Gemeinschaft von 13 Schwestern (Priorin und 12 Töchter) leisten.

In der Reformationszeit blieb Binsdorf als Habsburger Besitz katholisch, war jedoch den „modernen" Einflüssen aus dem wirtembergischen Umland sehr stark ausgesetzt. Anscheinend fand die neue Lehre im inzwischen zum 2. Orden aufgestiegenen Kloster Anhängerinnen, denn die vorderösterreichische Regierung verwarnte und bestrafte wiederholt den Konvent wegen derartiger Tendenzen.

Überraschenderweise überlebte das Kloster sogar die josephinische Säkularisation des 18. Jh., obwohl es sich weigerte, eine Mädchenschule für Handarbeit einzurichten. 1806 jedoch wurde es von Württemberg aufgehoben. Die Nonnen behielten ihr Wohnrecht, 1838 starb die letzte.

Der Besucher kann heute das Konventgebäude aus der Barockzeit (jetzt Pfarrhaus) vorfinden, obwohl 2 Stadtbrände (1799 und 1904) jeweils den halben Ort vernichteten, darunter auch die Klosterscheune. Es bildet aufgrund seiner Masse und Form den dominanten Abschluß des alten Ortskerns, vor allem nach Osten, wo es auf der alten Stadtmauer aufsitzt. Die danebenstehende Pfarrkirche stammt aus nachklösterlicher Zeit.

Daten: 1280–1312 Beginen, 1312 – ca. 1500 3.-Orden-Dominikanerinnen,

–1806 2.-Orden-Dominikanerinnen

Lit.: Amtliche Kreisbeschreibung des Landkreises Balingen, Bd. 2, 1961, S.111–113

Mit der Stadtvergangenheit war auch die Erhebung der Pfarrkirche zu einem Mini-**Kollegiatstift** verbunden. Die Zollern als Stadtherren dotierten es 1372 für einen Propst und 2 Kapläne. Verglichen mit sonstigen derartigen Stiften (s. Hechingen) war diese Ausstattung jämmerlich. Dementsprechend kurz war seine Lebenszeit, denn der 1492 vom Pfarrherrn geführte Titel „Propst" war nur noch eine Leerformel.

Kernort
Hier wird eine **franziskanische** Frauenklause für die Zeit von 1433–1468 erwähnt. Ihr weiteres Schicksal ist unbekannt.

H 11 *Geislingen* a.d. *Steige*

Bei Frauengemeinschaften hat man häufig das Problem, daß eine eindeutige Zuordnung zu einem Orden nicht möglich ist (vergl. Gammertingen-Mariaberg). Mitunter kann man anhand des betreuenden Männerklosters

Foto: Metz

Geislingen: Frauenklause in typischer Lage neben der Pfarrkirche

eine Ordenszugehörigkeit erschließen. Solche Zuordnungen sind jedoch fragwürdig, wie nachträgliche Ordenswechsel belegen. So auch hier in Geislingen.

Vor 1355 wird eine Frauensammlung erwähnt, betreut von den Zisterziensern aus Kaisheim. Wahrscheinlich handelte es sich um **Beginen**, die sich keinem Orden offiziell anschließen wollten. Um 1400 jedoch ließen sie sich von den Franziskanern aus Schwäbisch Gmünd betreuen, denen sie sich 1481 schließlich als 3.-Orden-**FRANZISKANERINNEN** offiziell anschlossen. Die Klause wurde aufgelöst, als die Reichsstadt

Ulm, zu deren Gebiet Geislingen gehörte, die Reformation einführte. Die Schwestern zogen nach Gundelfingen a.d. Donau und von dort nach Wiesensteig weiter.

Die Klause ist heute evang. Pfarrhaus: ein schöner Fachwerkbau. Man findet sie neben der evang. Stadtkirche aus Tuffstein, mit der sie baulich verbunden ist.

Daten: vor 1355–? Beginen, nach 1400–1531 Franziskanerinnen

Lit.:   Alemania Franciscana Antiqua, Bd. 6, S. 171–184

Ödipale Konstellationen gibt es nicht nur in der menschlichen, sondern auch in der politischen Geschichte. Im alten Reich traten sie wiederholt auf in Form von Kloster (= Vater) und Stadt (= Sohn). Ein einflußreiches Kloster gründet eine Stadt vor seinen Mauern und wird in der Reformationszeit von der reich und groß gewordenen Stadt in seiner Existenz bedroht. Ein bereits zuvor schwelender Machtkampf eskaliert zur Überlebensfrage, weil die mit Begeisterung protestantisch gewordene Stadt die Existenzberechtigung eines katholisch bleibenden Klosters innerhalb ihrer Mauern nicht mehr akzeptieren will/kann. Die Gelegenheit zur Abrechung scheint gekommen!

Auch in Gengenbach war das Ödipusdrama des Vatermordes im Gange. Zuerst entstand das **BENEDIKTINERkloster**: Eine Gründung des von der Reichenau vertriebenen Pirmin in Zusammenspiel mit einem mächtigen fränkischen Grafen (Gründungsdatum zwischen 727 und 753). Als Vorort der fränkischen Besetzer im alemannischen Umland wurde das Kloster mit Mönchen aus Gorze (bei Metz, Lothringen) besiedelt. Schnell stieg es zum Reichskloster auf und war mit 100 Mönchen das größte der Ortenau. Kaiser Heinrich II. übereignete es dem neugegründeten Bistum Bamberg bei weiterhin bestehender Zugehörigkeit zur Diözese Straßburg (wie Schuttern, s. Friesenheim). Spät schloß es sich der Hirsau-Reform-Bewegung an (1117), wovon noch heute der Kirchengrundriß zeugt.

Dann trat die Stadt ans Licht der Geschichte. Entstanden war sie aus einer Ansiedlung von Handwerkern, Kaufleuten und Eigenleuten des Klosters vor dessen Toren, wie viele andere heutige Städte auch. Das Kloster veranlaßte die Aufwertung zur Stadt (1230), was beiden Seiten wirtschaftliche Vorteile brachte (Marktrecht!). Aus der wirtschaftlichen Blüte der Stadt erwuchsen politische Forderungen, die schließlich in den Status der Reichsfreiheit mündeten (1360). Auch hier hatte der damalige, einflußreiche Abt mitgeholfen. Aber auf die Dauer wuchsen die Spannungen, waren die Gegensätze unüberbrückbar: Hier die kleinen Bürger (Handwerker, Fischer, Kaufleute) und der Stadtadel, dort das inzwischen zu einem rein adligen Konvent gewordene Reichskloster. Die Stellung als Versorgungsanstalt des Adels sollte durch eine Umwandlung in ein weltliches Kollegiatstift legitimiert werden, Bischof und Papst hatten bereits ihre Zusage (gegen Geld) gegeben, nur Kaiser Karl V. verhinderte diesen Schritt.

In diese Spannungen hinein kam die Reformation. Prompt schloß sich die Reichsstadt (wie die meisten Reichsstädte) der neuen Bewegung an und setzte einen protestantischen Prediger für die Klosterkirche durch. Selbst der Abt war bereits kalvinistisch geworden. Ödipus setzte zum Todesstoß an, da fiel ihm das Schicksal in Form der allgemeinen Geschichte in die Arme: Die Niederlage der Protestanten im Schmalkaldischen Krieg brachte in der Stadt die Katholikenpartei ans Ruder, die Bevölkerung wurde rekatholisiert, das Kloster durfte weiterbestehen. Stadt und Kloster erlebten in der Folgezeit ein paralleles Schicksal: Zerstörungen im 30j. Krieg, Brand durch die Soldateska des Sonnenkönigs (1689), Aufhebung der Reichsfreiheit und Einordnung in das Großherzogtum Baden unter Napoleon.

Überraschenderweise durfte das Kloster noch 4 Jahre lang als „Superiorat" bestehen, wobei es als eine Art Auffangkloster für Mönche anderer Konvente diente. Nach dem endgültigen Aus von 1807 wurde die Kirche zur Pfarrkirche, die Konventgebäude zu Pfarrhaus, Schule, Obervogteiamt, später zu Lehrerseminar und heute zur Fachhochschule (Außenstelle von Offenburg). Die Ostteile (Kapitelhaus und Brüderhaus) wurden abgebrochen, an deren Stelle befindet sich heute ein Garten.

Der Besucher findet eine (im Verhältnis zur Größe der Stadt) riesige Anlage vor, die wunderbar in dieses Bild einer romantisch-verträumten

Foto: Willig

Gengenbach: Reichsfreies Benediktinerkloster in Freier Reichsstadt (Blick von Osten)

Kleinstadt paßt. Am Ostrand der Stadt gelegen, ist sie von der großen Parkanlage mit Parkplätzen an der Kinzig direkt zugänglich. Ein schöner Innenhof empfängt den Besucher vom Park her, eine herrschaftliche Abtei mit Wappen von der Stadt her. Die romanische Kirche (Hirsauschema, s. Alpirsbach) war 1690–94 von Vorarlberger Baumeistern barockisiert worden. Daran erinnert ihr schöner Barockturm. Das Innere jedoch wurde 1896 reromanisiert und neuromanisch ausgemalt. Kunst ist Geschmackssache und Ausdruck eines bestimmten Zeitgeistes! Die barocken Konventgebäude sind während des Schulbetriebs geöffnet.

Daten: vor 753–1803 Benediktiner, 1803–1807 Superiorat

Lit.: Schnell & Steiner Kunstführer Nr. 909: Gengenbach, 1969

Germania Benedictina, Band V, S. 228–242

W. Müller: Die Klöster der Ortenau. In: Die Ortenau, Bd. 58, 1978, S. 215–242

In der Stadt existierten bis um 1600 zwei **Frauenklausen**.

Im Westen des Städtchens befindet sich das Mutterhaus der Gengenbacher **FRANZISKANERINNEN** („Kongregation der Franziskanerinnen vom göttlichen Herzen Jesu"). Gegründet 1866 im nahen Seelbach (bei Lahr) entsprach diese Kongregation einem Bedürfnis der Zeit, die auf evangelischer Seite die Diakonissenanstalten hervorbrachte: Krankenpflege und Kinderbetreuung als allgemeines Problem und damit auch Marktlücke. Trotz einer feindseligen Haltung staatlicher Behörden („Kulturkampf") erlebte die Kongregation einen rasanten Aufschwung. 1876 zog man nach Gengenbach ins Spital um, und nach der Approbation durch den Erzbischof von Freiburg (1891) baute man hier das Mutterhaus. Filialen wurden im Großherzogtum Baden sowie in der Schweiz eingerichtet, Missionsfilialen entstanden in Chile; ein Teil der Schwestern war 1876 in die USA ausgewandert und hatte dort ihre eigene Kongregation gegründet. Eine separat entstandene Schwesterngemeinschaft von Kürzell-Heiligenzell schloß sich 1893 den Gengenbacher Schwestern an. Während in den 20er und 30er Jahren unseres Jahrhunderts pro Jahr 40–80 Neuaufnahmen vorgenommen werden konnten, besteht heute akuter Nachwuchsmangel.

Die Anlage im Historismusstil zwischen Bahnhofstraße und Leutkircher Straße zeigt durch ihre Größe die Bedeutung. Ein eigenes Krankenhaus steht gegenüber.

Lit.:   100 Jahre Gengenbacher Schwestern. Eigenverlag, 1966

W. Müller: Die Klöster der Ortenau. s.o., S. 594–602

Gerlingen G 7

Hier bestand eine **Frauenklause,** an die noch heute im Volksmund der Name „Klösterle" erinnert. Die Beginen wohnten in einem Fachwerkhaus in der heutigen Eltingerstraße 5. Eine Informationstafel ist vorhanden.

Giengen H 13

Hier hatte der **Deutsche Orden** ab 1275 bis zum Ende des 15. Jh. eine Kommende. Dann verwaltete man von der Kapfenburg aus (s. Lauchheim) den Besitz.

Beim Pfarrfriedhof neben der Pfarrkirche befand sich 1412–1571 eine Frauengemeinschaft, angeblich ein Benediktinerinnenkloster. Von der

Lage her und dem Zeitpunkt des Entstehens jedoch eine typische **Frauen-klause.** Nach der Reformation abgerissen.

Für kurze Zeit (1463–1560) wohnten Frauen, die nach der **Augustinus-regel** lebten, im heutigen evang. Pfarrhaus. Diese schöne Fachwerkhaus auf Felsrandlage diente damals als Vogteigebäude. Wahrscheinlich handelt es sich um eine Frauensammlung, die in der Reformationszeit unterging.

J 9 *Gomadingen*

Offenhausen

Wenn man sieht, wie schwer eine grundlegende Reform in unserem noch nicht einmal 50 Jahre alten Staat durchzusetzen ist, muß man sich wundern, daß sich im Spätmittelalter bei den Bettelorden die Reformbewegung der **Observanten** so weit verbreiten konnte: die ursprünglichen, strengen Regeln beachten (= observare). Wohl sämtliche Klöster unter wirtembergischer Kontrolle oder Einfluß schlossen sich dieser Bewegung an, was vor allem ein Verdienst des Grafen Eberhard im Barte war, der persönlich eine Jerusalemwallfahrt machte. Dabei fehlte es nicht an Widerstand, weder von den Klosterinsassen noch von deren adligen Angehörigen. Insbesondere die Frauenklöster, die dem Landadel als Versorgungsinstitute für „sitzengebliebene" Töchter dienten, wehrten sich gegen eine strenge Regelbefolgung, nach der ein Verbot des Individualbesitzes galt. Vielleicht kann die Konsequenz und Beharrlichkeit eines Grafen Eberhard für uns heute ein Vorbild sein, auch wenn letztlich seine Methoden bei der Reform von Offenhausen für unsere Begriffe als Nötigung wirken mögen.

Die Reformphase in Offenhausen zog sich über 20 Jahre hin. Im 1. Versuch 1463 wollte man den Adelskonvent um bürgerliche Nonnen erweitern, was jedoch mißlang, da die Reformgegner im Konvent deutlich die Mehrheit hatten. Als 1478 vier andere Dominikanerinnenklöster reformiert wurden, schloß sich Offenhausen ebenfalls nicht an. 2 Jahre später kam Graf Eberhard persönlich: Er rückte mit Gefolge und dem Beichtvater des Klosters an, versammelte die Nonnen in der Kirche, ließ ihnen mit allen Qualen der Hölle drohen und setzte die Neuverteilung der Ämter durch. Dafür hatte er bereits auch reformierte Nonnen aus Schlettstadt dabei, die in die Schlüsselpositionen „gewählt" wurden. Offenhausen war ab sofort kein reines Adelskloster mehr. Eine Reihe von Damen trat dafür aus dem Kloster aus.

Die Gründung geht auf die Herren von Lupfen zurück, die 1258 eine bereits bestehende Frauensammlung von Kernheim (Gemeinde Ratshausen im Zollernalbkreis) hierher verpflanzten. Denn hier auf der rauhen

Alb besaßen sie Güter, die weit entfernt von ihrem Herrschaftsgebiet am oberen Neckar lagen, und somit wenig nutzbar. Anscheinend war man zuerst **zisterziensisch** orientiert, denn der Salemer Abt war bei der Gründung anwesend. Auch der Namen „Gnadenzell" spricht dafür (vergl. Michelfeld-Gnadental). 1278 jedoch suchte man als **DOMINIKANE-RINNEN** die Betreuung eines Bettelordens. Der übliche Niedergang kam im 14. Jh., als die einzelnen Nonnen Eigenbesitz und Einkommen haben durften.

Die Vogteirechte lagen ursprünglich bei der Stifterfamilie. Die Grafen von Wirtemberg jedoch, die im Umfeld von Offenhausen immer mehr Rechte und Besitzungen erworben hatten, konnten schließlich auch dieses Kloster unter Kontrolle bringen. Die oben geschilderte Reform war letzlich die

Bestätigung für ihre Oberhoheit. Darin lag wohl auch der wahre Grund, weshalb die meisten Landesherren und Reichsstädte so reformfreudig waren: So konnten sie ihren Einfluß ausweiten.

Foto: Steinbach

Offenhausen: Dominikanerinnenkloster in weltabgeschiedener Klausur

Bei Einführung der Reformation 1535 wurde Offenhausen aufgelöst, was jedoch zu heftigen Protesten der Nonnen sowie der Herren von Lupfen führte. Also ließ man die Frauen weiter hier wohnen. Nach der Niederlage der Protestanten im Schmalkaldischen Krieg erwachte das Kloster zu neuem Leben und durfte wieder Novizinnen aufnehmen. Schließlich kam 1558 die endgültige Schließung, wobei die Frauen weiterhin bleiben und sogar ihren eigenen Gottesdienst behalten durften. Die letzte starb 1611, also erst 50 Jahre später!

Aus der Anlage wurde ein Eselsgestüt. Wegen der Zerstörungen des 30j. Krieges blieb nur die frühgotische Kirche übrig, in der sich heute ein Pferdemuseum und ein Museum zur Geschichte des Klosters befindet. Das ganze gehört zum Pferdegestüt „Marbach", daher stehen auf dem Gelände Ställe und sonstige Gebäude. Der Besucher findet die Anlage 2 km westlich von Gomadingen. Ca. 50 m von der gotischen Kirche mit ihren ungewöhnlich angeordneten Fenstern und somit im Bereich des ehemaligen Klosters entspringt die Lauter in einem für die Alb typischen Quelltopf. Die ursprüngliche Mauer ist noch erhalten.

Daten: 1258–1278 Frauensammlung, 1278–1558 (1611) Dominikanerinnen

Lit.:   Zeitschrift für Württemberg. Landesgeschichte, Bd. 47, S. 149–202

Faurndau

Die romanische Kunst ist in Süddeutschland weniger verbreitet als in Nord- und Mitteldeutschland. So führt z.B. die Straße der Romanik durch Sachsen-Anhalt und Niedersachsen zu Klöstern, die als Ausdruck der ottonischen Macht errichtet wurden und diese Tradition bewahrt haben (z.B. Quedlinburg, Gernrode, Königslutter). In BW dagegen sind viele romanische Bauwerke aus der Stauferzeit verschwunden, weil sie von der Gotik der aufstrebenden Stadtstaaten oder dem Barock der gegenreformatorischen Klosterstaaten überbaut wurden. Zurück blieben nur Einzelobjekte bzw. Teile davon. Faurndau ist eines der verstreuten romanischen Relikte.

875 schenkte König Ludwig der Deutsche das Klösterchen Faurndau seinem Hofkaplan, der es wiederum 25 Jahre später an St. Gallen weitergab. So bestand hier eine Art **Benediktinerpriorat**, das um 1200 in ein **Augustinerchorherrenstift** umgewandelt wurde. Faurndau muß ein Eigenkloster St. Gallens gewesen sein, da es weiterhin unter seiner Aufsicht blieb, was eine seltsame Konstellation erzeugte: Kleriker werden von Mönchen kontrolliert (vergl. Chorherrenstifte auf der Insel Reichenau). Die Umwandlung sollte wohl der Hebung der Klosterzucht dienen. Denn der St. Gallener Abt schrieb den Kanonikern eine strenge

Foto: Metz

Faurndau: Ein Kleinod romanischer Kunst

Lebensführung vor, wie sie um diese Zeit bei Augustinerchorherren eher anzutreffen ist als bei satten Benediktinermönchen. 1290 konnte sich der Konvent unabhängig von St. Gallen machen. Die Vogtei blieb jedoch in den Händen weltlicher Adelsgeschlechter, so daß 1536 durch Wirtemberg als Vogteiinhaber die Reformation eingeführt werden konnte. Die Konventbauten wurden bei einem Brand zerstört.

Der Besucher findet eine der schönsten romanischen Anlagen BWs vor, die aus der Zeit der Umwandlung in ein Chorherrenstift stammt und durch jüngste Renovierungen in den ursprünglichen Zustand versetzt wurde. Die vielen Schmuckformen außen wie innen überraschen: Rundbogenfriese, Lisenen und Fantasiefiguren bieten ein abwechslungsreiches Bild. 1957 wurde

auch eine Freskomalerei aus der Zeit 1250–1300 freigelegt.Die Kirche ist
untertags geöffnet. Wegweiser „Stiftskirche".

Daten: 875 – ca. 1200 Benediktinerpriorat, ca. 1200–1290 abhängiges Chorherrenstift,
1290–1536 Augustinerchorherrenstift

Lit.: Germania Benedictina, Band V, S. 224–227
Schnell & Steiner Kunstführer Nr. 1105: Stiftskirche Faurndau, 1990

Kernstadt

Häufig treffen wir den Fall an, daß eine Pfarrkirche mit großem
Einzugsgebiet zu einem Kollegiatstift erhoben wird (z.B. Lorch). So war
die Martinskirche (heute Oberhofenkirche) die Urkirche des Filstals mit 14
angegliederten Dörfern. Sie stand auf dem urhistorischem Grund eines
römischen Gutshofes bzw. einer zuvor bestehenden keltischen Siedlung.
Die wirtembergischen Grafen als Patronatsinhaber werteten sie 1448 zu
einem **KOLLEGIATstift** auf. Eine Maßnahme, die eine bessere Kontrolle
des Pfarrklerus ermöglichte. Zugleich wurde der Besitz des aufgehobenen
Stiftes Boll (s. Boll) zugewiesen. Mit diesen „fetten" Pfründen konnten 1
Propst, 12 Chorherren und 12 Vikare unterhalten werden. Es war also ein
ziemlich großes Stift, verglichen mit vielen anderen.
Nach der Auflösung in der Reformationszeit blieb es Pfarrkirche bis 1619,
wurde dann Friedhofskirche, in der napoleonischen Zeit Lazarett und
Pferdestall, schließlich Heumagazin, und erst durch die Initiative
geschichtsbewußter Bürger 1839 wieder Pfarrkirche.
Die Anlage ist ein spätgotischer Bau am Rande der Innenstadt, schön in
einem grünen Friedhof gelegen. Bei der Renovierung von 1687 wurde leider eine Barockstuckdecke eingezogen. Die Kirche ist untertags geschlossen.

Daten: 1448–1535 Kollegiatstift

Lit.: Schnell & Steiner Kunstführer Nr. 1621: Oberhofenkirche Göppingen, 1986

Grafenau H 7

Dätzingen

In diesem Dorf fällt das außergewöhnlich repräsentative Schloß in der
Ortsmitte auf. Mit seinem klassizistischen Vorbau, 1812 von Thouret
erstellt, erinnert es nicht mehr an die ursprüngliche Funktion als
Kommende des **JOHANNITER-Ordens**. Nach einer Schenkung des
Ortsadels (1263) residierte hier ein Komptur dieses Ritterordens (s.
Heitersheim). Da die nahe Kommende Rohrdorf ebenfalls klein war, legte
man zu einem späteren Zeitpunkt beide zusammen.1738 erwarb man sogar
die hohe Gerichtsbarkeit, wurde also reichsfrei.

Nach der Aufhebung des Ordens durch Napoleon ging Dätzingen an das Königreich Württemberg. Der frischgebackene König Friedrich I. schenkte das um 1600 erbaute Schloß einem Protegè, dem Grafen von Dillen. 1961 schließlich erwarb es die Gemeinde. Heute befinden sich ein Museum sowie Kunsthandwerksbetriebe in seinen Räumen.

Daten: 1263–1805 Johanniterorden

N 4 *Grafenhausen*

Die Besiedlung dieses Teils des Schwarzwaldes erfolgte wahrscheinlich von der Ostseite, von Hegau und Klettgau her. Denn 1095 erhielt das Schaffhausener Benediktinerkloster Allerheiligen in dieser Gegend ein umfangreiches Gebiet von den Grafen von Nellenburg geschenkt. Anscheinend richtete Allerheiligen zuerst eine Zelle ein, eine Art Ein-Mönch-Filiale. Später besetzte es sie mit **Benediktinerinnen**. Es war die Zeit der Klosterreformbewegung, in der wir einige derartige Frauenniederlassungen vorfinden, die einen wichtigen Beitrag zur Rodung des Landes beigetragen haben (vergl. Friedenweiler). Im 15. Jh. ging dieses Klösterchen unter.

Durch Tausch mit der evang. gewordenen Stadt Schaffhausen erhielt das **BENEDIKTINERkloster** St. Blasien die Rechte über den Ort Grafenhausen. Prompt griff St. Blasien die alte Tradition auf und richtete eine *Propstei* ein, eine von vielen derartigen St. Blasener-Propsteien. Ein Mönch verwaltete also für das Mutterkloster den Besitz. In der Nähe gründete St. Blasien zudem eine Brauerei, die als Staatsbrauerei Rothaus noch heute bekannt ist. Mit der Säkularisation gingen Propstei und Brauerei in badischen Besitz über.

Der Besucher findet diesen abseits der großen Verkehrswege gelegenen Ort südöstlich des Schluchsees. Wunderbar steht die Propsteikirche über Dorf und Tal, eine barocke Anlage von 1656 mit einem gotischen Turm. Daneben die Propstei aus dem 18. Jh., heute Pfarrhaus.

Daten: ? – 15. Jh. Benediktinerinnen, 1736–1805 Propstei von St. Blasien

O 1 *Grenzach-Wyhlen*

WYHLEN

Wie sich eine Organisationsstruktur im Laufe der Zeit ändern kann, dies zeigt uns das Beispiel von Kloster *Himmelspforte*. Ursprünglich gab es im Prämonstratenserorden nur selbständige Klöster, also keine „Filialen" wie bei den Benediktinern in Form von Propsteien oder Prioraten (s. Ebringen). Überraschenderweise treffen wir jedoch im 16. Jh. hier eine Propstei an. Die Prämonstratenser hatten sich also etwas abgeschaut. Kloster Himmelspforte entstand 1303 als selbständiges **PRÄMONSTRATENSER-**Kloster. Seine Mutterabtei Bellelay (bei Biel in der Schweiz) kontrollierte es jedoch weiterhin sehr stark, indem sie immer wieder die Äbte einsetzte. Die Zerstörungen des Bauernkrieges nutzte Bellelay, um es zu einer *Propstei* abzuwerten.

Heute befindet sich in den Gebäuden ein Altenheim. Sie liegen oberhalb (nördlich) von Wylen, Richtung Rührberg: Eine Klosterkirche von 1603 und ein Probsteigebäude aus dem 18. Jh. mit Wappen. Bereits bei der Anfahrt kann man unterhalb der Anlage alte Gemäuer entdecken, wahrscheinlich ein Teil der ehemaligen Wirtschaftsgebäude. Oberhalb des Klosters befindet sich eine Wallfahrts-Mariengrotte.

Großbottwar F 8/9

Hier befand sich wahrscheinlich eine **Frauensammlung**, deren Gebäude noch heute steht. Das zweitletzte Haus in der Mühlengasse vor der Pfarrgasse hat an der Außenwand ein Wappen von 1688. Leider sind keine Dokumente mehr hierzu vorhanden.

Güglingen E 7

Frauenzimmern
Die Herren von Magenheim demonstrierten 1230 ihren Aufstieg mit der Grundung des **Kollegiatstifts** St. Cyriakus, eines der vielen derartigen Adelsstifte in BW (s. Wertheim). Überraschenderweise lösten sie bereits 1246 ihr Stift wieder auf und übergaben den Besitz an **ZISTERZIENSERINNEN**, die von Böckingen (bei Heilbronn) hierher kamen und sich mit den Zisterzienserinnen von Massenbachhausen (bei Schwaigern) vereinig ten. Da die finanzielle Ausstattung schlecht war, geriet das Kloster in eine Dauerkrise. Daher siedelte es 1442 nach Kirchbach (s. Sachsenheim) um, wo es in der Reformation unterging. Konventgebäude und St. Cyriakuskirche wurden im 16. Jh. beseitigt.

Heute findet man im Ort nur noch geringe Reste des Klosters, das sich im Bereich der Torstraße befand. So gibt es in der Hauptstraße ein Wohnhaus mit einem eingemauerten Spitzbogenfenster, steht die Klosterkelter als Fachwerkbau mit Konsolsteinen im Ortszentrum.

Daten: 1245–1442 Zisterzienserinnen

Kernort

Hier lebte eine beginische **Frauenklause** von 1392–1533, wahrscheinlich neben der Pfarrkirche.

D 8 Gundelsheim

Kernort

Dieses Städtchen mit seinem mächtigen Schloß bildet den Abschluß einer Ebene, die vom Deutschen Orden ihren Namen erhielt: **Deutsche Ebene.** Dieser Ritterorden hatte ein Territorium erworben, das entlang des Neckars die Kommenden Heilbronn, Neckarsulm und Heuchlingen umfaßte. Für kurze Zeit ragte Gundelsheim über alle hinaus. Denn fast 100 Jahre lang residierte auf der Burg *Horneck* über der Stadt der Deutschmeister, der ranghöchste Repräsentant des Deutschen Ordens nach dem Hochmeister, zuständig für das Gebiet des Deutschen Reiches. 1440 hatte er sich für Horneck als festen Sitz entschieden, nachdem zuvor immer nur die Kommende, aus der der jeweilige Deutschmeister kam, als Residenz verwendet wurde. Der Bauernkrieg jedoch machte

Gundelsheim: Burg Horneck.
Vom Deutschen Orden beherrschte „Deutsche Ebene"

Foto: Steinbach

diesem Aufstieg ein Ende und führte zur Verlegung der Residenz nach Mergentheim. Als Erinnerung bleibt Schloß Horneck, das als mächtiger, rechteckiger Kasten die Talenge abschließt und weit in die Ebene hinein wirkt.

Die Grundlage der Kommende bildete 1248 die Schenkung der Burg *Horneck* durch einen Ortsadligen an den gerade mal 50 Jahre alten **DEUTSCHEN ORDEN**. Der Schenker trat mit seinen Söhnen in den Orden ein und wurde Komptur, ähnlich wie wir es anderswo auch finden (z.B.

Konstanz-Mainau). Von Anfang an scheint die Kommende zum persönlichen Einkommen des jeweiligen Deutschmeisters gedient zu haben („Kammerkommende"), daher lag es nahe, sie als Residenzort zu wählen. Unterhalb der Burg hatte der Orden im 14. Jh. eine Stadt gegründet und ein Spital angelegt. Damit waren die Voraussetzungen für den Aufstieg zu einem bedeutenden Zentrum gegeben.

Aber das Schicksal wollte es anders. 1525 zerstörten die aufständischen Bauern die Burg vollständig, sozusagen stellvertretend für all die Unterdrückung, die sie durch die Deutschherren erlitten hatten. Dabei ging das Archiv unter, denn hier lagen ja die Urkunden der Ausbeutung (vergl. Östringen-Odenheim). Es erfolgte zwar ein Wiederaufbau, aber das Traum von Größe war vorüber.

Nach der napoleonischen Aufhebung wurde die Anlage zur Kaserne, 1890 Naturheilanstalt, im Weltkrieg Lazarett, dann Lungenheilstätte. Seit 1960 ist sie in Besitz einer Vereinigung der Siebenbürger Sachsen, die hier ein Altenheim und ein Museum zur Geschichte ihrer Volksgruppe unterhält.

Das Schloß stammt aus der Zeit nach dem Bauernkrieg, ist also renaissance. Durch Umgestaltung im 18. Jh. wurde es zu diesem schnörkellosen Kasten. Im Eingangsbereich findet man Wappen und Grabmäler aus der Ordenszeit vor. Leider gibt es keine Informationstafel oder -broschüre vor Ort.

Daten: 1248–1440 Kommende, 1440–1525 Deutschmeistersitz, 1525–1806 Kommende

Lit.:   Schriftenreihe des Deutschen Ordens, Nr.6

Höchstberg

Hier befand sich von 1136–1523 eine *Propstei* des **Benediktiner**klosters Komburg. Aufgrund der Schenkung eines Ortsadligen war ein entsprechender Besitz an das Kloster Comburg (s. Schwäbisch Hall) gekommen, das hierzu einen Mönch zur Verwaltung abstellte. In der Reformationszeit gab man die Propstei auf.

Die heutige Wallfahrtskirche „Unsere Liebe Frau zum Nußbaum" stammt aus der Zeit des Barock und wurde nach dem 2. Weltkrieg neu aufgebaut. Man findet sie außerhalb des Ortes.

Lit.:   Germania Benedictina, Bd. V, S. 445

Gutenzell-Hürbel   L 12

Gutenzell

Zisterzienserklöster ziehen den Besucher bereits aufgrund ihrer Lage in Bann. So auch hier: Dieser Ort wirkt wie eine Seite im Buch der Romantik. Zwischen Bauernhäusern kommt man unter einem giebelgezierten

Foto: Aßfalg

Gutenzell: Frauenzisterze in romantischer Lage

Torgebäude hindurch zu einem Park mit Kirche und Herrschaftshaus, dahinter das Flüßchen Rot. Diese Lage ist typisch für viele Zisterzen, auch wenn in heutiger Zeit aufgrund von Verkehrserschließung und auswuchernder Bebauung starke Veränderungen eingetreten sind. Denn all diese Klöster mußten ursprünglich in unerschlossener Lage an einem Bach angesiedelt werden (vergl. Löwenstein-Lichtenstern), und erst später bildete sich daraus eine Siedlung.

Das Kloster entstand wie so viele oberschwäbische **FRAUEN-ZISTERZEN** aus einer Sammlung heraus, die 1237 über den Salemer Abt in den Zisterzienserorden aufgenommen wurde. Gutenzell = Bona Cella. Aufgrund eines Brandes gingen 1369 sämtliche Urkunden verloren, daher liegt der Anfang etwas im Dunkeln. Das Kloster war von vornherein vogtfrei, was schließlich 1480 zur Reichsfreiheit und einem Sitz im Reichstag führte. Diese schwäbische Besonderheit findet man nur noch bei den Zisterzienserinnen von Baindt, Heggbach und Rottenmünster. Das Territorium umfaßte 8 Dörfer.

Schwer wurde die Anlage im Bauernkrieg geschädigt (vergl. Creglingen-Frauental), schwer auch im 30j. Krieg. Der gelungene Wiederaufstieg dokumentierte sich in einem Neubau der gesamten Anlage. Bei der napoleonischen Aufhebung ging das Kloster an die Grafen von Toerring, die noch heute Besitzer sind. Die letzte Nonne starb 1851, und kurz danach brach man die Klausuranlage mit Ausnahme des Ostflügels (heute Pfarrhaus) ab.

Den Besucher empfängt eine barocke Kirche, die Dominikus Zimmermann für seine in dieses Kloster eingetretene Tochter erstellte. Eines Besuches wert ist auch die barocke Weihnachtskrippe. Im danebenstehenden ehemaligen Gästehaus sind heute die gräfliche Verwaltung und das Forstamt untergebracht.

Daten: vor 1234–1237 Frauensammlung, 1237–1803–1851 Zisterzienserinnen

Lit.:   Schnell & Steiner Kunstführer Nr. 627: Gutenzell, 1992

Die Kleinstaaterei Südwestdeutschlands hinterläßt ihre reizvollen Spuren.
Z.B. dieses verträumt-operettenhaft wirkende Residenzstädtchen, dessen
Besuch sich bereits aufgrund seiner Lage lohnt: Oberhalb/innerhalb von 2
Schleifen des Flüßchens Eyach, das sich tief in den Muschelkalk einge-
schnitten hat, liegen eine kleine Altstadt und ein Renaissanceschloß auf
verschiedenen Höhenrücken sich gegenüber. Faszinierend auch, wie die
Schloßanlage durch die Initiative eines örtlichen Fabrikanten zu neuem
Leben („Künstlerkolonie") erweckt wurde. Obwohl die Zollernstadt
Haigerloch katholisch blieb, überlebten nur wenige Frauenklausen die
Reformation.

Leider erinnert nur ein geringfügiger Rest an die 4 **Dominikanerinnen-
klösterchen**, die sich in eine Kette von fast 20 dominikanischen Frauenkonventen in dieser Gegend einfügten (vergl. Sulz-Kirchberg). Sozusagen
im Schatten Kirchbergs, des bedeutendsten Dominikanerinnenkonvents
BWs, schlossen sich die Frauensammlungen als 3. Orden den Dominikanern an, während sie anderswo in der Regel franziskanisch wurden.

In der Reformationszeit gingen drei von ihnen unter; eines der Beispiele
für die innere Aushöhlung des Ordensgedankens auch in katholisch bleibenden Regionen. Es handelte sich dabei um folgende Orte:

• In der *Kernstadt* Haigerloch, neben der (heutigen) evangelischen Kirche.
Das Klausengässle erinnert noch daran (14.–16. Jh.).

• Im Stadtteil *Weildorf*, ehemals an die Kirche angebaut. Die 1399 gegründete Klause wurde 1550 ins Kloster Gruol umgesiedelt.

• Im Stadtteil *Stetten*, 1360–1550. Das Vermögen ging an das Kloster
Gruol.

Gruol

Das überlebende **DOMINIKANERINNEN**kloster stand bis 1827 in diesem Ort, südwestlich der Kirche am Stunzachbach. 1353 war es als
Frauensammlung entstanden, 1477 hatte es sich den Dominikanern ange-
schlossen, die Reformationszeit konnte es nur auf Kosten der anderen
Klausen überleben. In der Säkularisation wurde es nicht sofort aufgelöst,
da die hohenzollerische Regierung keine direkte Verwendung dafür fand.
So konnten sogar noch neue Priorinnen gewählt werden. Als schließlich
die Auflösung 1827 erfolgte, wurden die Gebäude zum Abriß verkauft, mit
Ausnahme der Klosterscheune von 1743 (Jahreszahl über dem Portal).
Inzwischen dient die frisch renovierte Scheune für Privatwohnungen. Die
Kirche stammt aus dem 19. Jh.

Lit.: Ortschaftsverwaltung: 900 Jahre Gruol. 1994, S. 263–279

Kernstadt

Seit 1903 befindet sich hier ein Haus des Missionsordens der **WEISSEN**   ●
VÄTER. Über den Häusern der Unterstadt thront ihr Haus, gut sichtbar

vom gegenüberliegenden Schloß. Sie kamen hierher, weil damals eine Ansiedlung in Württemberg oder Baden verboten war. Das seit 1848 preussische Fürstentum Hohenzollern dagegen gab die Erlaubnis. Ursprünglich wurde das Haus als Schule für den Ordensnachwuchs eingerichtet, seit 1971 jedoch dient es als Altersruhesitz für zurückkehrende Missionare.

Der Orden der Weißen Väter entstand Ende des 19. Jh. durch die Initiative des französischen Kardinals Lavigerie in Algier. Gedacht für die Mission im damals französischen Algerien, ist er inzwischen in ganz Afrika aktiv. Sein weißes Gewand erinnert noch an die ursprüngliche Zielgruppe der Araber mit ihren weißen Gewändern (Gandura und Burnus).

Lage: Zugang über die Oberstadt (Hinweisschild vorhanden)

K 3 *Haslach*

Die Rückgewinnung protestantischer Gebiete für den katholischen Glauben („Gegenreformation") wird im Allgemeinverständnis als Verdienst der Jesuiten betrachtet. Vermutlich ist sie jedoch vielmehr auf die Leistungen der **Kapuziner** zurückzuführen, weil diese mit einer Unmenge von Niederlassungen breitere Bevölkerungsschichten als die Jesuiten ansprachen. Alleine in BW hatten sie ca. 50 Niederlassungen. Gerade erst zu Beginn des 16. Jh. hatten sie sich als neuer Orden von der strengeren Linie der Franziskaner („Observanten") abgespalten, um noch konsequenter das franziskanische Armutsideal leben zu können. Sie erweckten alte Bettelordensideale zu neuem Leben: Ansiedlung in den Städten in einfachen Häusern, Almosensammeln, Seelsorge (predigen und Beichte hören), Volksmission. Ihre Klientel waren die unteren Bevölkerungsschichten, und dementsprechend einfach und volkstümlich war ihre Religiosität. In ihrem grenzenlosen Glauben und Naivität waren sie echte Nachfolger von Franziskus. Für heutiges Empfinden war es ein Schwarz-Weiß-Glauben. Im deutschsprachigen Raum wurden sie von den Landesherren vor allem in evang.-kath. Mischgebieten dort eingesetzt, wo man auf breiter Ebene eine Rekatholisierung anstrebte.

Dies war z.B. im Kinzigtal der Fall, wo in der Reformationszeit der Großteil der Bevölkerung unter Fürstenberger Herrschaft protestantisch geworden war. Davon zeigten sich noch Spuren 100 Jahre danach, und die Gründung eines **KAPUZINERklosters** durch die Fürstenberger mitten im 30j. Krieg (1630) sollte dem abhelfen. Da die gestifteten Mittel nicht für den Bau reichten, kam man auf eine „unkonventionelle, unbürokratische" Lösung: Mit dem Vermögen der 12 Personen, die in dieser Zeit wegen

Foto: Metz

Haslach: Die wohl am besten erhaltene Kapuziner-
Klosteranlage Baden-Württembergs

Hexerei hingerichtet wurden, konnte man 20% der Bausumme finanzieren. „Geld stinkt nicht und schreit nicht zum Himmel!" 1632 zogen 8 Kapuziner ein. Sie betreuten auch die Wallfahrt zur 1660 nebenan errichteten Loetokapelle, eine kapuzinertypische Aufgabe (vergl. Stühlingen). Ordenstypisch war auch der Mut, mit dem sie in Kriegszeiten Seelsorge durchführten, während die Pfarrer mit dem Großteil der Bevölkerung flüchteten. So überlebte ihr Kloster als einziges Bauwerk der Stadt den 30j. Krieg, die Kriege des Sonnenkönigs und den dabei verursachten Stadtbrand von 1704. Sie müssen also eine Verständigung mit der Soldateska gefunden haben, was auf einer gewissen Wertschätzung durch die andere Seite beruhte.

In der napoleonischen Säkularisation kam das Klösterchen in Fürstenberger Besitz und diente als Aussterbekloster für verschiedene Konvente. Das Bild der Mönche wurde in dieser Zeit getrübt durch interne Streitereien, die durch fürstliche und bischöfliche Interventionen geschlichtet werden mußten. Nachdem 1844 der letzte Insasse ausgezogen war, übernahm die Stadt die Anlage. Sofort beschloß der Stadtrat den Abriß der Gebäude, gegen starke Widerstände in der Bevölkerung. Der Protest hatte Erfolg, der Beschluß wurde durch die badische Regierung rückgängig gemacht. Die Konventgebäude dienten anschließend als Armenwohnung, Schulsaal, seit 1913 als Heimatmuseum und inzwischen auch dem Verkehrsverein. Die Kirche wurde 1869–1953 für den Gottesdienst der evang. Gemeinde genutzt.

Heute finden wir in Haslach die vermutlich besterhaltene Kapuzinerklosteranlage BWs vor. Der Zugang zur Kirche ist über den Verkehrsverein möglich. Die Fürstenbergergruft in der Kirche jedoch ist der Öffentlichkeit verschlossen. Aus dem Klostergarten wurde ein Autoparkplatz, wobei Teile der ehemaligen Klostermauer erhalten blieben.

Daten: *1630–1802–1844 Kapuzinerkloster*

Lage: *Links der Kinzig, gegenüber der Altstadt*

Lit.: *M. Hildenbrand: Haslach im Kinzigtal. Verlag der Stadt, 1978.*

W. Müller: Die Klöster der Ortenau. In: Die Ortenau, Bd. 58, 1978, S. 483–495

K4 Hausach

Den richtigen Zeitpunkt für eine Klosterstiftung zu finden war ausschlaggebend für das Gelingen der Gründung. „Wer zu spät kommt, den straft die Geschichte" (Gorbatschow). Das **FRANZISKANERklösterchen** in Hausach wurde von der Geschichte gestraft.

1475 gründeten die Fürstenberger als Ortsherren dieses Kloster neben einer bereits bestehenden Kapelle St. Sixtus. 50 Jahre später fand die Reformation bei Graf Wilhelm von Fürstenberg und der Kinzigtalbevölkerung Anklang. Verständlich, daß das Kloster damit leerstand. Fast 100 Jahre später versuchte die kath. Linie der Fürstenberger, die inzwischen hier an der Macht war, eine Neugründung. Der 30j. Krieg erwürgte auch diesen Versuch.

Nach dem Untergang des Klosters wurden die Konventgebäude abgerissen. Die Kapelle jedoch benutzte man weiter bis zum Bau einer eigenen Stadtkirche St. Sixt im 19. Jh. und verkaufte sie 1894 an Privat. Seit 1968 jedoch ist der Chor wieder zugänglich und wird von der Pfarrgemeinde genutzt.

Man findet hier eine der versteckten Überraschungen. Die gotische Kapelle ist von der Stadtkirche her über einen Fußweg erreichbar. Von der „Klosterstraße" jedoch trennt sie der Bach. An der Kapelle ist eine Informationstafel angebracht.

Daten: 1475 bis 30j. Krieg: Franziskanerkloster

Lit.:   W. Müller: Die Klöster der Ortenau. In: Die Ortenau, Bd. 58, 1978, S. 445–454

J7 Hechingen

Foto: Steinbach

Hechingen: Stiftskirche (rechts) und Hohenzollern. Ein „Riegel zwischen württembergischem Kernland und Oberschwaben"

Die hohenzollerischen Fürstentümer Hechingen und Sigmaringen schoben sich wie ein Riegel quer zwischen das württembergische Kernland und Oberschwaben. Eigentlich hätten diese Fürstentümer zur Zeit der napoleonischen „Flurbereinigung" aufgrund ihrer geringen Größe aufgelöst werden müssen. Aber durch persönliche Beziehungen (s. Sigmaringen) konnten sie überleben und bis zur Bildung des Landes BW bestehen.

148

Ein wenig kann man die Riegelfunktion heute noch nachvollziehen, wenn man mit der Bahn oder auf der ehemaligen Schweizer Straße, der alten B 27, von Tübingen nach Balingen fährt: Nördlich und südlich des Hohenzollern durchquert man altwürttembergische, protestantische Orte; von Hechingen bis Bisingen-Steinhofen dagegen fährt man im katholisch-zollerischen Gebiet. Hier begegnen uns – wie nicht anders zu erwarten – mehrere Klöster und Stifte, die erst zu napoleonischer Zeit aufgelöst wurden.

Kernstadt

Wenn das Stammhaus der Hohenzollern in der Reformationszeit seine fränkischen und brandenburgischen Ableger nachgeahmt hätte und protestantisch geworden wäre, gäbe es das Kloster *St. Luzen* nicht. Denn erst 1589 wurde es als **FRANZISKANERKloster** von den Zollern gegründet. Zu dieser Zeit riß man anderswo Klöster ab! Hier wurde jedoch ein Testament eingelöst, in dem ein Vorfahre 1512 die Einrichtung eines solchen Klosters gelobt hatte. So können Anachronismen entstehen!

Zuvor war an dieser Stelle bereits eine Kirche, ja sogar die Pfarrkirche von Hechingen gestanden. (Der seltene und alte Namen Luzen verweist auf eine Herkunft von Chur). Neben der Kirche hatte eine *franziskanische* **Frauenklause** existiert. Mit der Verlegung der Pfarrkirchenrechte in die neue Stiftskirche in der Oberstadt (1495) hatte anscheinend auch die Frauenklause ihre Existenzberechtigung verloren. Zurück war ein Friedhof mit Kirche geblieben.

Die Ansiedlung der Franziskaner in der Zeit der Gegenreformation deckte eine „Marktlücke" ab. Denn überall in der Grafschaft und in angrenzenden kath. Gebieten übernahmen sie Predigt- und Seelsorgeaufgaben, also eine Tätigkeit im ursprünglichen franziskanischen Geiste. Das brachte ihnen nicht nur Zustimmung: Die Stiftsherren beschwerten sich immer wieder über ihr Predigen in der Stiftskirche, konnten es ihnen aber aufgrund fürstlicher Protektion nicht verbieten. Ihr Tätigkeitsbereich erstreckte sich sogar ins habsburgische Gebiet bis nach Horb.

St. Luzen bietet eine kunsthistorische Besonderheit: Im 16. Jh. wurden in Südwestdeutschland kaum mehr Kirchen gebaut und Klöster gestiftet. (Erst im 17. Jh. kamen die Kapuziner). In St. Luzen findet der Besucher eine Kirche im Renaissancestil vor (1586–89), ergänzt um einige barocke Ergänzungen (z.B. Altäre). Es ist nicht die elegante Renaissance des Heidelberger Schlosses oder des Augsburger Rathauses, sondern aufgrund seiner Überladenheit wohl die üppigste des süddeutschen Raums. Damit hat diese Kirche keine Ähnlichkeit mehr mit den mittelalterlichen Bettelordenskirchen, die äußerlich wuchtig und massiv und innerlich karg und nüchtern gestaltet sind. Wir finden eine Vor-Barock-Kirche vor, eine Äußerung des gegenreformatorischen Katholizismus.

Wenn man mit der Bundesbahn oder der Hohenzollerischen Landesbahn (auch ein Anachronismus!) an St. Luzen vorbeifährt, springt einem der vor der Kirche stehende Kalvarienberg ins Auge. Hier sieht man den Rest eines kulturhistorisch faszinierenden Phänomens. Solche Kalvarienberge samt Kreuzweg dienten in der Barockzeit als Wallfahrtsziele. Gerade die

Franziskaner (und ihr Ableger, die Kapuziner) verbreiteten diesen Kult in der Neuzeit im kath. Europa. Damit wurde beim einfachen Volk eine gefühlsmäßige Verinnerlichung der Religionsausübung erreicht, ein typisches Zeichen des barocken Katholizismus. Der St. Luzener Kalvarienberg ist einer der wenigen erhaltenen. Ursprünglich bestanden solche Kreuzwege aus 14 Stationen, wovon der Kalvarienberg die drei letzten dar-

Foto: Steinbach

Hechingen-St. Luzen: Franziskanerklosterkirche in seltenem Renaissancestil

stellte. In St. Luzen zeigt eine zusätzliche 15. Station die Wiederauffindung des Kreuzes durch die Kaiserin Helena.

Daten: vor 1372–1488 Frauenklause, 1589–1803 Franziskaner

Heutige Nutzung: Wallfahrtskirche. Bildungsstätte in den Konventgebäuden.

Lit.:   Alemania Franciscana Antiqua, Bd. 16

Mauser/Schatz: St. Luzen in Hechingen. Stuttgart: Theissverlag, 1991

Zu einer bedeutenden Herrschaft gehört ein **KOLLEGIATSTIFT.** Im Zentrum der Stadt steht die Stiftskirche *St. Jacobus*, hochragend und auffallend mit ihrem harmonischen Turm, eher eine Ergänzung als ein Gegengewicht zu der Burg auf dem Hohenzollern. Das Stift wurde gegründet von den Zollerngrafen zum Ende des Mittelalters, indem sie die Pfarrkirche von St. Luzen in der Unterstadt hoch in das jüngere Stadtzentrum verlegten. Zugleich statteten sie es mit den Pfründen für 10 Kanoniker aus und machten es zu ihrer Grablege (anstelle von Kloster Stetten). Eine solche Art von Stift finden wir überall in Residenzstädtchen (s. Wertheim). Es gehörte zum Herrschaftsanspruch, die Weltpriester der „Hauptstadt" zu einem Kollegium zusammen zu fassen (= Kollegiatstift) und ihnen u.a. die Aufgabe des Ahnenkults zu übertragen. Damit konnte die Herrschaft geistlich untermauert und zelebriert werden. Die Stiftsherren durften in Einzelhäusern wohnen und über ihr Vermögen verfügen (im Unterschied zu Augustinerchorherrenstiften).

Sehenswert ist die Stiftskirche als ein Beispiel frühklassizistischer Kunst. Kaum etwas erinnert noch an Barock und Rokoko, kühl und nüchtern wirkt der Innenraum. Der Architekt d'Ixnard hat hier seinen Stil gefunden, den er später in St. Blasien zur Vollendung führte: das Rationale tritt an die Stelle des Gefühls, Aufklärung und Vernunft haben eine überschwengliche Verklärung abgelöst.

Daten: 1495–1806 Kollegiatstift

Lit.:   Baur: Die katholische Stadtpfarrei Hechingen. Libertasverlag, 1954

Stetten

Auch die Kirche des ehemaligen **DOMINIKANERINNENklosters** *„Gnadenthal"* ist von weitem sichtbar. Wenn man von Süden kommend an Hechingen vorbeifährt, fällt einem (von der B 27 rechterhand) eine Kirche wegen ihres wuchtigen Baukörpers mit einem Dachreiter auf. So sehen nicht Dorfkirchen aus, dies ist typische Bettelordensarchitektur. Wir haben es hier mit dem ältesten der Hechinger Klöster zu tun. Bereits vor 1254 lebte in Stetten eine Frauengemeinschaft (Beginen?) nach der Augustinusregel zusammen. Die Tatsache, daß die Zollerngrafen mit aktiver Förderung eingriffen,

Foto: Willig

Stetten: Kirche des Dominikanerinnenkloster. Grablege und Hauskloster der Hohenzollern.

weist auf eine gehobene Herkunft dieser Frauen hin. Folglich mußte auch eine Regulierung in Form einer offiziellen Zuordnung zu einem Orden gefunden werden. Dies war 1278 der Dominikanerorden. Damit haben wir hier ein weiteres Beispiel für die Massierung von Dominikanerinnenklöstern in diesem Landstrich (vergl. Sulz-Kirchberg).

Von 1289 bis 1488 diente es den Zollern als Grablege. Verständlich, daß damit fast automatisch eintretende Töchter dieses Adelsgeschlechts das Stettener Kloster leiteten. Verständlich auch, daß der untergeordnete Adel der Umgebung den Grafen nacheiferte und dieses Kloster als Versorgungsanstalt für eigene Töchter förderte. Die enge Bindung an die Zollern brachte mit sich, daß es 1423 bei der Zerstörung der Burg Hohenzollern durch die Reichsstädte ebenfalls stark beschädigt wurde. Der Wiederaufstieg der Zollern bewirkte für das Kloster eine kurze Zeit der Blüte im ausgehenden Mittelalter.

Seine traditionsreiche Geschichte schützte das Kloster nicht vor der Aufhebung (1802). Es diente als Kaserne, wurde für kurze Zeit von **Franziskanern** besiedelt (1869–1875) und endete schließlich als Schuhfabrik. Denn ein Brand zerstörte 1898 sämtliche Konventbauten. Übrig blieben nur die gotische Kirche, ein Ruinenrest von Kapitelsaal und Kreuzgang, Teile der Klostermauer sowie die außerhalb stehenden Beichtigerhaus und Gästehaus. Seit 1990 gehört die Anlage der katholischen Kirchengemeinde Stetten.

Daten: vor 1254–1278 Frauensammlung, 1278–1802 Dominikanerinnen

Lit.:   Kath. Kirchengemeinde St. Johannes: Klosterkirche Hechingen-Stetten. o.J.

c6 *Heidelberg*

Die Touristen kommen nicht wegen der Heidelberger Klöster hierher, sondern vor allem wegen der Schloßruine und des Renomees der Stadt. Diese gewaltige Ruine zeugt von der ehemaligen politischen Bedeutung Heidelbergs als Zentrum und Residenz eines Kurfürstentums. Denn die Pfalzgrafen vom Rhein gehörten zum exklusiven Kreis jener 7 Fürsten, die den deutschen König erkürten (daher Kurfürst, daher Kurpfalz) und somit zu den einflußreichsten des alten Deutschen Reiches. Keine andere Macht im Gebiet des heutigen BW konnte vergleichbares vorweisen, nur wenige Reichsstädte konnten mit Heidelberg konkurrieren.

Heidelberg: Blick vom Schloß auf gotische Stiftskirche (rechts) und barocke Jesuitenkirche (links). Zeugen einer turbulenten Geschichte

Foto: Metz

Kernstadt

Außer dem Schloß finden wir einen weiteren Zeugen dieser großen Vergangenheit in der *Heiliggeistkirche.* Denn die verschiedenen Schritte zur Erhöhung dieser ursprünglichen Pfarrkirche zur Stiftskirche im Zusammenhang mit der Universitätsgründung waren politische wie kulturhistorische Akte ersten Ranges. Es wurde nämlich die erste Universität des heutigen Deutschlands (1386) gegründet. Damals ein riskantes

Unternehmen, das große finanzielle Mittel benötigte und nur von einem Geschlecht mit entsprechendem Einfluß durchgeführt werden konnte. Die finanziellen Mittel verschaffte man sich, indem man kurzerhand die Pfründen von 12 auswärtigen Chorherrenstellen nach Heidelberg verlegte und mit der Position von Universitätslehrern verband. D.h., daß 12 Universitätslehrer mit Einkünften besoldet wurden, die zuvor auswärtigen Kirchen zugeflossen waren. Diese Dozenten waren gleichzeitig Chorherren, die an ein Stift angeschlossen sein mußten. Hierfür wurde folglich das Heiliggeiststift als weltliches **KOLLEGIATSTIFT** 1400 gegründet, wobei ihm zudem noch die Einkommen des aufgehobenen Kollegiatstifts Neustadt an der Haardt zugeschoben wurden. (75 Jahre später ahmte der wirtembergische Graf Eberhard im Barte dieses Vorgehen für die Universitätsgründung in Tübingen nach). Hierzu mußte der Chor der Kirche vergrößert werden, um Platz für alle Chorherren zu gewinnen.

Für diese durchdachten Schritte benötigte es der richtigen Herrscherpersönlichkeiten. Drei Ruprechte, der letzte davon als Deutscher König, schlossen innerhalb von 25 Jahren den Gründungsprozeß so weit ab, daß Universität und Stift in Koppelung miteinander eine fundierte Basis besaßen. Jetzt kamen die Feinheiten der Ausstattung. Durch großzügige Spenden des Fürstenhauses erhielt die Universität eine Bibliothek, die als „Bibliotheca Palatina" einen europaweiten Ruf bekam. Diese Bibliothek brachte man in der Heiliggeistkirche unter, indem man Emporen in das Kirchenschiff einbaute, auf denen die Bücher angekettet waren. Heute bildet diese berühmte Bibliothek das Herzstück der vatikanischen Bibliothek, weil sie im 30j. Krieg der Papst rauben ließ als Belohnung für seine moralische Unterstützung der „gerechten" katholischen Sache.

Wenn ein Adelsgeschlecht „sein" Kollegiatstift gründet, so legt es in der Regel auch seine Grablege hinein (vergl. Wertheim u.a.). So auch hier: Im Chor wurden die Mitglieder der kurfürstlichen Familie begraben, das Gebet der Chorherren diente u.a. ihrem Seelenheil. Leider findet man heute keine Überreste mehr von den Gräbern und den entsprechenden Grabmalen, da im pfälzischen Erbfolgekrieg die Truppen Ludwigs XIV. hier „aufräumten". Nur die Grabplatte des Königs Ruprecht mit seiner Frau hat überlebt und steht in der Nordhälfte des Kirchenschiffs.

Mit der Einführung der Reformation wurde das Stift aufgehoben. Die geistliche Ausstattung der Kirche (Altäre, geweihte Gegenstände) wurde ausgeräumt und vernichtet. Wie bereits erwähnt, ging im 30j. Krieg auch die berühmte Bibliothek verloren. Schließlich kam die Katastrophe von 1693, als die französischen Truppen Heidelberg abbrannten und das Schloß sprengten. Man stellte die ausgebrannte Heiliggeistkirche schnell wieder her und verwendete sie jetzt als Simultankirche (seit 1698): Die Katholiken im Chor, die Reformierten im Schiff, dazwischen eine

Scheidemauer. Aber sie sollte nochmals Politik machen! Vier Jahre lang tobte wegen ihr die Auseinandersetzung zwischen der Bürgerschaft und dem Kurfürsten aus dem kath. Hause Pfalz-Neuburg, das inzwischen an die Macht gekommen war. Denn der Kurfürst wollte sie ganz und gar für seine Katholiken und ließ dafür die Scheidemauer einreißen. Erst das Einschreiten anderer protestantischer Mächte und ein Schiedsspruch des Kaisers stellte den alten Zustand wieder her. Mit dem Ergebnis, daß der gedemütigte Pfalzgraf seine Residenz nach Mannheim verlegte.

Heute beeindruckt die Stiftskirche im Stadtbild durch ihre geballte Masse, die typisch ist für gotische Hallenkirchen. Chor und Langhaus unter einem durchgehenden Dach ergeben eine wuchtige Geschlossenheit, die durch die Stellung auf dem freien Platz vor dem Rathaus noch verstärkt wird. Sie ist der bedeutendste gotische Bau des Rhein-Neckar-Raums. Darüber als Blickfang die gewaltige Schloßruine: Schloß und Stift gehören zusammen, legitimieren sich gegenseitig (vergl. Wertheim). Die Kirche ist seit 1936 vollständig im Besitz der evangelischen Gemeinde. Sie ist untertags für Besucher geöffnet, dient aber auch für Gottesdienste und Konzerte.

Daten: 1400–1546 Kollegiatstift

Lit.: Schnell & Steiner Kunstführer Nr. 1184: Heiliggeistkirche Heidelberg, 1992

Mehr ein Symbol des Abstiegs von Heidelberg als von seiner Größe und Bedeutung ist die Niederlassung der **JESUITEN** in der Stadt. Zwar nimmt sie insgesamt einen riesigen Raum ein und wirkt wie ein katholischer Kontrapunkt zur protestantischen Heiliggeistkirche. So war sie auch gedacht. Doch diese Funktion, die ihr bei der Gründung (1686) in einer Residenz- und Universitätsstadt zugemessen worden war, besaß sie zum Zeitpunkt ihrer Fertigstellung (1759) nicht mehr: Der kurfürstliche Hof war in der Zwischenzeit nach Mannheim abgewandert und hatte dort sein eigenes Jesuitenkloster erbaut.

Dies erklärt auch die überaus lange Bauzeit. Denn die Gelder und die Förderung des Herrscherhauses flossen plötzlich den Mannheimer Jesuiten zu. So blieb ihnen als Aufgabengebiet letztlich nur ihre Lehrtätigkeit an der ehemals rein kalvinistischen Universität, in die sie aufgrund kurfürstlichen Drucks mit 5–7 Professuren eingedrungen waren. Ihr Baugelände mitten in der Stadt war ihnen auf Kosten der Universität zugewiesen worden, und teilweise mußten für sie gewachsene Baustrukturen geändert werden. Verständlich, daß die alteingesessene kalvinistische Heidelberger Bevölkerung keine Unterstützung zum Bau gewährte.

Kaum hatten sie den Bau ihrer Kirche beendet, da kam auch schon die Auflösung des Jesuitenordens (1773). Die ganze Anlage wurde dem neu-gegründeten Orden der **Lazaristen** (Kongregation der Priester von der Mission des Hl. Vinzenz von Paul) für kurze Zeit übergeben, dann in den napoleonischen Kriegen zu Kaserne und Lazarett, und schließlich aufgeteilt zwischen einer Schule (heute Universität) und dem Pfarrhaus. Ein Teil wurde abgerissen, an dessen Stelle steht heute das Amtsgericht. Die Kirche wurde zur katholischen Pfarrkirche.

Die Anordnung von Seminarbau und Kirche kann als typisch spätjesuitisch bezeichnet werden, gebaut nach einem Schema, das in Frankreich in verschiedenen Vorgängerbauten entwickelt worden war. Vor dem Kircheneingang wird ein kleiner Platz erzeugt, indem ein Flügel des Seminars so weit vorgezogen wird, daß er einen rechten Winkel zur Kirchenfassade bildet. Im Unterschied zum klasssischen Klosterbauschema des Mittelalters steht die Kirche im Süden des Seminarhofes. Auf der Ostseite wird die Kirche vom Konvent umschloßen, ist also nur von Westen her für die Öffentlichkeit zugänglich. So bildet das ganze einen riesigen, abgeschlossenen Block; ein Staat inmitten der Stadt.

Das Collegium Academicum, auf das die Schulstraße hinführt, gehörte ursprünglich als Internat für Schüler noch zu dieser Anlage.

Daten: 1686–1773 Jesuitenkolleg; 1782–1793 Lazaristen

Lit.: Schnell & Steiner Kunstführer Nr. 1057: Die Jesuitenkirche Heidelberg. 1994

Den Aufstieg der Stadt im Spätmittelalter dokumentiert auch die Anwesenheit von drei **BETTELORDENSklöstern**, die heute sämtlich verschwunden oder überbaut sind. Als erste kamen die **Franziskaner** 1268. Sie blieben länger als die beiden anderen, mußten aber schließlich 1565 der Reformation weichen. Von 1698–1804 waren sie erneut angesiedelt. Eine Tafel am heutigen Karlsplatz erinnert an sie. Als zweite kamen die **Augustinereremiten** (1279–1552). Eine im Boden eingelassene Platte auf dem Universitätsplatz erinnert an den Besuch Luthers in diesem Kloster seines Ordens. Schließlich hatte man 1473 auch die **Dominikaner** geholt zur Auffrischung des Universitätslehrkörpers. Sie unterhielten hier ein Ordensstudienhaus. 1550 aufgelöst, waren sie von 1705–1804 erneut an der Universität und übernahmen die jesuitischen Lehrstühle nach dessen Auflösung. Die alte Anatomie steht an der Stelle ihres Klosters (Brunnenstraße).

Die Ansiedlung der Jesuiten, Franziskaner und Dominikaner im 18. Jh. zeigt, daß von Heidelberg aus eine Rekatholisierung der Kurpfalz in Gang gesetzt wurde. Eingeleitet worden war dies durch die Ansiedlung der **Kapuziner** (1688), die mit ihren Volksmissionen als Speerspitze der Gegenreformation gelten können. Sie wohnten zwischen Hauptstraße und Plöck, gegenüber dem heutigen Kurpfälzer Museum. Somit wurde Heidelberg aus einem Vorposten des Kalvinismus in Deutschland zu einem Zentrum der katholischen Erneuerung. Selbst die **Karmeliten** wurden noch angesiedelt, die das mittelalterliche Studienkolleg der Zisterzienser (s. Schönau) übernehmen durften (St. Jakobstift in der St. Jakobstraße).

Die Erinnerung an die Frauenorden, die ebenfalls im 18. Jh. hier Fuß fassen konnten, hält die *Erlöserkirche* in der Plöck wach. Sie gehörte zum „Weißnonnenkloster", wie die **DOMINIKANERINNEN** aufgrund ihrer weißen Kleidung genannt wurden. Eingeklemmt zwischen Bürgerhäusern in der Altstadt finden wir eine Kirche ohne Dachreiter, die von Altkatholiken und Angelikanern benutzt wird. Untertags ist sie geschlossen.

Daten: 1724–1802 Dominikanerinnen

Anstelle des Klosters der aus Frankreich gekommenen **Augustiner-Chorfrauen** „Notre Dame" („Schwarznonnen", s. Offenburg) steht heute die Universitätsbibliothek, ein herrlicher Gründerzeitbau im Neubarock. Eine Gedenktafel erinnert an das Kloster. Die Bibliothek besitzt die Reste der ehemaligen berühmten Bibliotheca Palatina (s. Heiliggeiststift), darunter die prachtvolle Manesse-Liederhandschrift.

Heidelberg: Universitätsbibliothek auf dem Platz eines Chorfrauenklosters

Foto: Willig

Seit 1280 befand sich in der Stadt auch eine **Deutschordens**-Niederlassung als Verwaltungssitz, jedoch ohne Kommendestatus.

● In neuerer Zeit haben sich die **Oratorianer** des Hl. Philipp Neri in der Blumenstraße angesiedelt (1960). Eine kleine Gemeinschaft von Weltpriestern ohne Gelübde, die Klinikseelsorge betreiben und die Pax Christi Bewegung betreuen.

● Ebenso finden wir eine moderne Frauengemeinschaft: Die **Franziskanerinnen** von Nonnenwerth in der Roonstraße, die als Aufgabe Pflege und Unterricht übernommen haben.

Handschuhsheim (Heiligenberg)

Auf dem rechten Neckarufer steht einer der drei heiligen Berge des Oberrheintals, der Heiligenberg. Reste aus der Jungsteinzeit und der Eisenzeit, ein keltischer Ringwall, die Existenz eines römischen Tempels (dessen Inschriften und Bildwerke in der Häusern der Ebene verbaut wurden) und die protzige „Thingstätte" aus der Zeit des „Tausendjährigen Reiches" zeichnen diesen Berg als einen urhistorischen Ort aus. Solche Traditionen mußten vom Christentum aufgegriffen werden. Daher finden wir auf dem Gipfelplateau das **BENEDIKTINERpriorat** *St. Michael*, eine Gründung (um 1020) des Klosters Lorsch an der Bergstraße. Anscheinend löste das Priorat einen Königshof samt Kirche mit dem Namen Aberinsburg ab. Lorsch ließ die Anlage völlig neu errichten. Seltsamerweise wurden dabei die Konventbauten im Osten des Chores angebaut, was kaum auf die beengte Lage auf dem Plateau zurückzuführen sein dürfte.

Die Übernahme (und Auflösung) des Klosters Lorsch durch den Mainzer Erzbischof führte auf dem Heiligenberg zu einem Ordenswechsel: **Prämonstratenser** wurden 1248 vom Kloster Allerheiligen (s. Oppenau) geholt. Daher möglicherweise auch der Namen Heiligenberg als Verkürzung von Allerheiligenberg. Der folgende Aufschwung war kurz, der allgemeine spätmittelalterliche Niedergang lang. Da die Kurpfalz inzwischen die Vogtei über das Priorat übernommen hatte, wurde das verwaiste Kloster mit der Einführung der Reformation eingezogen und die Bauten abgerissen. Erst im 19. Jh. entdeckte man es wieder als historisches Objekt und konservierte die Reste, so daß man heute die Struktur der Anlage sehr gut erkennen kann.

Ca. 1 km unterhalb davon liegen die Reste der **Propstei** *St. Stephan*, deren Schicksal parallel zu St. Michael verlief. Die Grundmauern sind teilweise freigelegt.

Die Auffahrt zu beiden Klöstern geht über Handschuhsheim, ein kürzerer Fußweg ist vom Stadtzentrum über den Philosophenweg in Form einer Wanderung möglich. Zuerst erreicht man St. Stephan, neben dessen Grundmauern ein Aussichtsturm (erbaut aus den Steinen des Klosters) mit einem wunderbaren Blick auf die Altstadt steht. Von einem Parkplatz (mit Gaststätte) geht es zu Fuß weiter, vorbei an der Nazi-Thingstätte und am keltischen Ringwall. Das Klostergelände ist umzäunt, das Tor untertags offen. Erklärungstafeln sind aufgestellt.

Daten: um 1020–1248 Benediktiner-Priorat, 1248 1555 Prämonstratenser-Priorat

Lit.: Schnell & Steiner Kunstführer Nr. 1594: Heiligenberg St. Michael, 1986
Germania Benedictina, Bd. V, S. 269–272

Im Ort Handschuhsheim gab es eine **Frauenklause** gegenüber der Kirche beim Lorscher Hof (1470 – Reformation).

Neuburg (Ort Ziegelhausen)
Ein wechselhaftes Schicksal erlebte das rechts des Neckars gelegene Stift Neuburg, heute von **BENEDIKTINERN** bewohnt. Es konnte eben nicht jede Klostergründung gelingen!
1130 wurde es als *Priorat* des **Benediktiner**klosters Lorsch gegründet. Aber bereits 1195 tauschte man den Konvent gegen Frauen aus. Etwas

ungewöhnlich, weil es meistens umgekehrt verlief. Inzwischen ging Lorsch unter, die Frauen suchten sich ein anderes Männerkloster zur Betreuung und fanden dies 1303 bei den Zisterziensern in Schönau: sie wurden also **Zisterzienserinnen**. Damit einher ging ein Aufschwung. Die Zeiten ändern sich, 1460 kehrte man wieder zu den **Benediktinern** zurück und schloß sich als Frauenkloster der Reformbewegung der Bursfelder Kongregation an. Mehrere Äbtissinnen stammten jetzt aus dem kurpfälzischen Herrscherhaus, was als ein Zeichen für Wohlstand und Ansehen zu werten ist. 1562 kam die reformationsbedingte Auflösung.

Neuburg: Klosteranlage mit häufigen Ordenswechseln

Foto: Metz

Im 30j. Krieg bewohnten **Jesuiten** die Gebäude. Nach der Rückgabe an das kurfürstliche Haus versuchte man es von 1672–1681 als adliges **Damenstift** mit streng kalvinistischer Ordnung. Von diesem mißglückten Versuch stammt der Name „Stift".

1706 kamen erneut die **Jesuiten**, diesmal als Außenstelle ihres Heidelberger Klosters. Aus dieser Zeit stammen einige Um- und Neubauten. Nach der Aufhebung des Ordens (1773) wurden die Gebäude verkauft. In der Zeit der Romantik und vor dem 1.Weltkrieg traf sich hier die jeweilige künstlerisch-geistige Elite, weil inzwischen Angehörige der Familie von J.W. Goethe das Gut erworben hatten. 1927 schließlich kauften es die Beuroner **Benediktiner** und besiedelten es erneut. Welche Personalprobleme diese Gemeinschaft heute hat, dies belegt die Tatsache, daß 1986 ein Trappist, also ein Mönch aus der Zisterzienserfamilie zum Abt gewählt wurde.

Die Anlage liegt auf halber Höhe über dem Neckar. Die Klosteranlage stammt weitgehend aus dem 17. Jh. Die öffentlich zugängliche Kirche wurde im 19. Jh. umgebaut, im 20. Jh. erweitert.

Lit.:   „*Stift Neuburg. Benediktinerabtei im Neckartal". (Prospekt, liegt aus)*
Germania Benedictina, Bd. V, S. 435–440

Der Deutschhof mitten in der Stadt, zwei Verwaltungszentren des Deutschen Ordens in den heute eingemeindeten Dörfern Kirchhausen und Sontheim, die nächste Stadt (Neckarsulm) vollständig im Besitz dieses Ordens, der Sitz des Deutschmeisters zeitweise auf der nur 15 km entfernten Burg Horneck (Gundelsheim), das Landstück dazwischen als „Deutsche Ebene" weitgehend unter Kontrolle des Deutschen Ordens. Keine sonstige freie (und noch dazu protestantische) Reichsstadt hatte so viele direkte Kontakte mit dem (katholischen) Deutschen Orden wie Heilbronn. Auf engstem Raum mußte und konnte man zusammenleben, praktizierte man das, was der moderne Begriff „Koexistenz" bezeichnet.

Kernstadt

Das bedeutendste profane Bauwerk dieser Stadt ist der Deutschhof, die Kommende des **DEUTSCHEN ORDENS**. Im Westen der Stadt, nahe dem Neckar gelegen, finden wir eine fast 2 ha große Anlage vor, die mit ihrer repräsentativen Westfront aus dem 18. Jh. mehr an ein Schloß erinnert als an ein Verwaltungzentrum. Dazu die Fassade des Deutschordensmünsters, das gerade erst frisch renoviert wurde. Obwohl diese Anlage am Rande des Stadtzentrums liegt, kann man sich gut vergegenwärtigen, wie nahe diese beiden Reichsinstitutionen aufeinandersaßen.

Die Kommende entstand um 1220 aus einer Schenkung, möglicherweise eines Stadtadligen. Bereits bei der Gründung erhielt die Niederlassung riesigen Besitz, vor allem im Umland der Stadt. Ein Teil davon stammte aus Königsgut, so z.B. das Dorf Sontheim (s.u.), was auf die Mitwirkung des zuständigen Würzburger Bischofs schließen läßt. Erst 1268 findet sich eine erste Nennung als Kommende. In dieser Zeit muß die Anlage samt Kirche jedoch bereits bestanden haben. Ihren Höchststand an Mitgliedern erreichte die Kommende um 1400 mit 10 Ordensbrüdern.

In der Folgezeit gab es immer wieder Streitereien und Prozesse mit der aufstrebenden Reichsstadt Heilbronn, die diesen Fremdkörper in ihren Mauern nicht gerne sah. So ging es vor allem um Verzollung von Waren und um das Asylrecht, weil sich die Kommende der städtischen Rechtsprechung entzog. Immer wieder mußte man Kompromisse suchen, häufig unter kaiserlicher Vermittlung. Hier brach ein Grundproblem städtischer Niederlassungen der Ritterorden auf: Die Ritterorden rekrutierten ihre Mitglieder vor allem aus den Reihen des Landadels, hatten also im Unterschied zu den Bettelorden keinen persönlichen Bezug zum Stadtpatriziat und schon gar nicht zu den mitregierenden Zünften. Daher integrierten sie sich auch kaum in das Stadtleben, obwohl sie von Größe und Wirtschaftskraft her ein wichtiges Element der Stadt bildeten. Da jedoch die Stadt Heilbronn aufgrund kaiserlicher Privilegien das Recht auf Umleitung und Nutzung des Neckars besaß, mußte sich die Kommende mit der Stadt arrangieren, um ebenfalls davon zu profitieren.

Foto: Steinbach

Heilbronn: Katholischer „Deutschhof" in evangelischer Reichsstadt

Völlig zum Fremdkörper wurden die Deutschherren mit der Einführung der Reformation, in deren Zuge der kath. Gottesdienst verboten und die Stadtklöster aufgehoben wurden. Der Deutschhof fiel zwar nicht unter diese Verordnung, aber den Stadtbürgern war die Teilnahme an ihrer „Heiligen Messe" verboten. Hierzu verschloß die Stadt sogar kurzzeitig den Westeingang mit Ketten, woraufhin der Orden die Intervention des Kaisers erwirkte. Die Stadt mußte nachgeben, über Jahrhunderte hinweg durfte die kath. Gemeinde innerhalb des umgrenzten Bezirks ihre Messe feiern, sogar bei geöffneten Kirchentüren. Die Komturen jedoch residierten ab jetzt im Sommer lieber in Sontheim (s.u.).

Im Bauernkrieg wurde die Anlage stark zerstört und das Archiv vollständig beseitigt. Anschließend baute man erneut auf. Eine Totalzerstörung erfolgte bei der Bombardierung von Heilbronn 1944. Inzwischen ist auch diese Zerstörung beseitigt.

Heute findet man eine Anlage vor, in der städtische Behörden, das Archiv und das kath. Pfarramt untergebracht sind. Die frischrenovierte Kirche besitzt das ordensfremde Peter- und Pauls-Patrozinium, war jedoch früher ordenstypisch Maria geweiht. Die Innenrenovierung erfolgte in einer stilisierten Gotik, wobei an verschiedenen Stellen barocke Elemente auftauchen. Der Innenhof der Anlage ist außerhalb der Bürozeiten geschlossen.

Daten: um 1220–1806 Deutschordenskommende

Lit.:   Pfarrgemeinde: Das Deutschordensmünster St. Peter und Paul, 1995 (Broschüre)

Zu einer mittelalterlichen Stadt gehören Bettelorden. In Heilbronn siedelten sich 1272 die **FRANZISKANER** an. In die Ordensgeschichte ging ihr Kloster im 15. Jh. ein, da es als erstes süddeutsches Kloster 1465 eine Reform zur strengeren Observanz annehmen mußte, die von der Stadt aufgezwungen wurde. Der Konvent hatte den typischen Niedergang des Spätmittelalters erlebt, womit sich jedoch die Bürger nicht abfinden wollten. Denn Bettelordensklöster waren ein Teil der Bürgerschaft. Also demonstrierte die Stadtregierung ihre Zuständigkeit und schuf damit einen Präzedenzfall für andere Reichsstädte. So waren auch die Weichen gestellt für die Klosteraufhebung bei der Einführung der Reformation.

Leider findet man von der Anlage heute fast nichts mehr vor, da sie 1688 von den Franzosen zerstört wurde. Inzwischen ist der Kirchturm („Hafenmarktturm") von dem Architekten Bonatz zu einer Gedenkstätte für die Gefallenen der beiden Weltkriege umgestaltet worden. Daneben findet man in einer Mauer noch Kreuzgangreste.

Lage: In der Fußgängerzone.

Daten: 1272–1554 Franziskaner

Nicht weit davon entfernt, vor dem Sülmertor und damit außerhalb der Stadtmauern, hatten sich 1448 die **Karmeliter** niedergelassen. Aufgrund eines Wallfahrtsbildes (Marienbild) wurden sie für fast 100 Jahre zum bedeutendsten Kloster dieser Stadt. Auch nach der Reformation durften sie ihren kath. Gottesdienst feiern, obwohl offiziell ihr Kloster aufgehoben war. Zeitweise stellten sie den Seelsorger für das Deutschordensmünster. Im 30j. Krieg jedoch wurde die gesamte Anlage zerstört.

Innerhalb der Stadtmauern bestanden einige Frauenklöster bzw. -klausen. So waren 1302 die **Klarissen** aus dem Dorf Flein in die Stadt gezogen. Im 19. Jh. wurden die Gebäude abgerissen, und den Rest zerstörte die Bombardierung im 2. Weltkrieg. Nur noch die Klara-Straße erinnert an sie.

Daneben gab es mehrere **Frauensammlungen**, die sich als 3. Orden den Franziskanern angeschlossen hatten. Die Sammlung der Willigen Armen in der Judengasse (Lohtorstraße) beim Lichtensterner Hof ging ebenso in der Reformation unter wie die Sammlung in der Hämmerlingsgasse.

Sontheim

Der Grundbesitz in diesem ehemals staufischen Ort gehörte zur Grundausstattung des Heilbronner Deutschhofes. Die Bewirtschaftung war aufgeteilt in 6 Höfe mit je 132 Morgen Ackerland, was die Hälfte der Gemarkung umfaßte. Nach der Einführung der Reformation in Heilbronn verlegte der Komptur seine Sommerresidenz hierher und machte den Ort zu einem Verwaltungssitz.

Der zentrale Platz im Dorfzentrum ist herrschaftlich angelegt. Spuren des **Deutschen Ordens** findet man heute noch an der Zehntscheuer in Form eines Wappens, bei dem das Ordenskreuz abgeschlagen wurde. In der 1904 erneuerten Kirche hingegen sucht man vergeblich nach Zeichen des Ordens. „Deutschordensstraße".

Kirchhausen

Auch dieser Ort war im Besitz des **Deutschen Ordens.** Jedoch gehörte er nicht zur Heilbronner Kommende, sondern bildete ein eigenes Amt, da ihn der Deutschmeister von einem Ortsadligen gekauft hatte. Somit diente er dem Deutschmeister in Mergentheim als persönliche Ausstattung. Der Amtmann residierte im ehemaligen Wasserschloß. Weil sich die Leibeigenen im Bauernkrieg friedlich verhielten, bekamen sie anschließend zur Belohnung einige Privilegien.

Nach der Aufhebung ging das Schloß an die Gemeinde, die darin ihr Schul- und Rathaus einrichtete. Heute dient es als Rathaus und Notariat. Ost- und Westflügel der Anlage stammen von 1570–76, der Nordflügel von 1749. Sehr schön wirkt der Toreingang.

Daten: 1402–1806 Deutschordensamt

Flein

1280 wurde vom Ortsadel ein **Klarissenkloster** gestiftet, das 1302 nach Heilbronn umsiedelte (s.o.).

N 9 *Heiligenberg*

Betenbrunn

Wie paßt sich ein Bettelordenskloster, also ein typischer Stadtorden, in einer solch menschenarmen Gegend an die veränderten Bedingungen an? Hier sind seine Möglichkeiten zum Betteln sehr eingeschränkt, da nicht viel an Überschuß produziert wird und die „fetten" Bettelbezirke bereits von den alteingesessenen Bettelordensklöstern abgegrast werden. Folglich muß der Konvent eine andere Art der Versorgung finden, muß er von seiner herkömmlichen Regel abweichen und seine Einkünfte durch die Übernahme von Kirchen und Zehnten sichern. Dies taten anscheinend die **FRANZISKANER,** die 1373 von Albert v. Werdenberg in diesem Weiler angesiedelt wurden. Daher verloren sie ihre Existenzgrundlage, als die Einnahmen der Betenbrunner Kirche durch den Bischof an eine andere Pfarrkirche gegeben wurden. So blieb ihnen nur eine Konsequenz: Ohne solide Finanzbasis mußten sie bereits nach 15 Jahren wieder aufgeben (vergl. das untypische Franziskanerkloster Freudenstadt-Kniebis).

An ihre Stelle trat eine Gemeinschaft, deren Einkünfte prinzipiell durch Pfründe gesichert waren, nämlich weltliche Kanoniker. Denn 10 Jahre nach dem Aufgeben der Franziskaner finden wir ein **KOLLEGIATstift** mit 1 Propst und 3 Kanonikern vor, das auch die Pfarrkirche in Deggenhausen betreut. Das Geschlecht der Werdenberger richtete hier sogar seine Grablege ein (1414–1586), machte es also zum Hausstift. Mit der Stiftung von 2 weiteren Pfründen im Laufe der nächsten Jahrhunderte konnte diese Minigemeinschaft überleben, unbehelligt von den Fürstenbergern als Erben der Werdenberger. Nach der Auflösung in Napoleonischer Zeit ging das Vermögen an das Gymnasium in Donaueschingen, der Propst wurde dort Rektor.

Die Kirche stammt von 1700, mit einem gotischen Turm. Als schlichtes Wallfahrtskirchlein (Madonna) dominiert sie den Weiler. Der kleine Chor verdeutlicht die geringe Anzahl der Stiftsherren. Das danebenstehende Gasthaus war ehemals Propsteigebäude.

Daten: 1373–1388 Franziskaner, 1398–1802 Kollegiatstift

Lit.:   Schnell & Steiner Kunstführer Nr. 1428: Die Kirchen und Kapellen der Gemeinde Heiligenberg

Alemania Franciscana Antiqua, Bd. 13, S. 186–189

Kernort

Beim Kernort existiert heute ein **Trappistinnenkloster**, das einzige BWs. Die strenge Richtung des Zisterzienserordens hat in der unzugänglichen, im Wald versteckten Klause Egg für Frauen einen kleinen Konvent eingerichtet.

Heitersheim M 1

„Malteserstadt", damit wirbt dieses Städtchen in der Rheinebene für sich und verweist auf sein Johanniter- und Maltesermuseum. Man ist stolz darauf, daß sich hier die Zentrale dieses Ritterordens für ganz Mitteleuropa befand. Man ist stolz auf die Residenz, von der aus der Großprior seine untergeordneten Kommandeure (= Kompture) in Deutschland regierte. Damit stand man fast gleich mit Mergentheim, denn hier in BW saßen die Zentralen der beiden Ritterorden für das alte Deutsche Reich (vergl. Denkendorf).

Der **Johanniterorden** bzw. **Malteserorden** entstand in der Zeit der Kreuzzüge als erster christlicher Krankenpflegeorden mit der Aufgabe, Pilger auf ihren Kreuzzügen zu begleiten bzw. kranke Pilger zu pflegen. Später übernahm er auch noch den bewaffneten Kampf gegen die Muslime und wurde damit zu einem Ritterorden, ähnlich dem Templerorden und dem Deutschen Orden. Dabei erwarben diese Orden nicht nur Besitz in Palästina (sog. Hl. Land), sondern auch in

Johanniter- bzw. Malteserwappen

Europa. Denn viele gepflegte Pilger machten aus Dankbarkeit Schenkungen bzw. traten in einen solchen Orden ein und übergaben ihm ihren ganzen Besitz (vergl. Mergentheim). So entstand in Europa ein Netz von Kommenden (= einzelne Verwaltungszentren), die zusammengefaßt wurden in Balleien (= Provinzen, vergl. Altshausen), die wiederum in einem Großpriorat (= Land) zentralisiert wurden, das schließlich der Ordensleitung auf Rhodos bzw. später auf Malta unterstand. Der Johanniterorden hatte Europa aufgeteilt in 8 verschiedene Zungen (= Sprachen). Das Großpriorat „Deutschland", mit einem Großprior an der Spitze, hatte seit 1505 seine Zentrale in Heitersheim. Warum gerade hier?

Dabei hatte es in Heitersheim nur klein angefangen: 1272 Schenkung eines Hofes an die Kommende Freiburg, dann 4 Jahre später Schenkung des gesamten Ortes durch den badischen Markgrafen von Hachberg, der selbst in den **JOHANNITERorden** eintrat (vergl. Mergentheim). Weitere Schenkungen in umliegenden Dörfern ermöglichten, in Heitersheim eine eigenständige Kommende (= Verwaltungszentrum) einzurichten (1335). Der Erwerb weiterer Dörfer, darunter auch der Lazaritenkommende in Schlatt (s. Krozingen), ließ eine kleine Herrschaft entstehen mit insgesamt 9 Dörfern, und schließlich wurden sogar die Kommenden Freiburg, Kenzingen und Neuenburg geschluckt. Man besaß die Kirchen- und Gerichtsrechte, blieb jedoch teilweise dem jeweiligen Landesherren des Breisgaus untergeordnet (zuerst Hachberg, dann Habsburg-Vorderösterreich).

Immerhin war das erworbene Territorium im Vergleich zu dem sonstigen Besitz der Johanniter in Deutschland so groß, daß man Heitersheim zum ständigen Sitz des Großpriors von Deutschland erhob (seit 1505). Dem folgte die Erhebung des Großpriors zu einem Reichsfürsten durch Kaiser Karl V. Damit saß dieser auf den Reichstagen bei den geistlichen Fürsten neben dem Abt von Ellwangen und war theoretisch dem Hochmeister des Deutschen Ordens gleichgestellt. Sein Versuch, sich aus der Abhängigkeit von Habsburg zu befreien, ging jedoch fehl. So ergab sich eine für uns heute schwer nachvollziehbare rechtliche Konstruktion: im Reichstag als Fürst, in Vorderösterreich dagegen Untertan auf der Stufe eines landsässigen Abtes.

Selbstverständlich erforderte die reichsfürstliche Stellung den Bau einer entsprechenden Residenzanlage. Kein Kloster mit Konvent, sondern ein Repräsentationsbau für einen Reichsfürsten und seinen Beraterstab. Das ehemalige Wasserschloß wurde daher im 16. Jh. zu einer Anlage mit Verwaltungs- und Wirtschaftsbauten. Die im 17. Jh. zur Sicherung erbauten mächtigen Wälle sind inzwischen wieder verschwunden.

Schließlich erreichte man doch noch die Reichsfreiheit auf Kosten anderer Klöster. Denn bei der napoleonischen Flurbereinigung erhielt der Johanniterorden als Entschädigung für seine linksrheinischen Verluste die

Klöster St. Blasien, St. Peter, St. Trudbert, Schuttern und Tennenbach. Für 3 Jahre! 1806 war der Traum bereits vorbei: Der Johanniterorden wurde in

Foto: Willig

Heitersheim: Residenz des Großpriors
des Johanniter-/Malteserordens

der Rheinbundakte aufgehoben, der Großprior mußte abdanken, Heitersheim fiel an Baden.

Zurück bleibt an der Straße nach Sulzburg eine Anlage, bei der Schloß und Kirche inzwischen abgerissen sind. Aber dennoch imponiert die Anlage aufgrund ihrer Größe, zu der auch die Freiflächen dazugerechnet werden müssen. Die **Vinzentinerinnen** von Freiburg unterhalten hier ihr Schwesternaltersheim. Im Kanzleibau von 1740 an der südlichen Hofseite (mit Wappen) ist das Johanniter- und Maltesermuseum untergebracht, geöffnet im Sommer mittwochs und sonntags. Eine Ausschilderung im Ort und ein Übersichtsplan zur Anlage wären hilfreich.

Daten: 1272 Schenkung, seit 1335 Kommende, 1505–1806 Prioratssitz des Johanniterordens

Lit.:   A. Wienand: Der Johanniterorden, Der Malteserorden, S. 297–301.

In geringer Entfernung dazu befindet sich das Konventgebäude des ehemaligen **FRANZISKANERklosters.** Gerufen hatte diese Mönche vor Ausbruch des 30j. Krieges der Großprior, damit durch sie seine Dörfer in der Umgebung von Heitersheim seelsorgerisch betreut würden. Richtig tätig wurden sie erst mit dem Ende des Krieges. Nach der Auflösung 1807 wurde ihre Kirche abgerissen. Man findet ihren Konventbau heute neben dem Friedhof (mit Gräbern von Johannitern) bei der Pfarrkirche: Ein schmuckloses Gebäude, das bisher als Pfarrhaus diente und momentan renoviert wird.

Daten. 1616–1807 Franziskaner

Herbrechtingen H 12

Strategische und machtpolitische Überlegungen konnten durchaus ein Grund für eine Klostergründung sein. Denn mit der Gründung wurde eine materielle und kulturelle Expansion betrieben: Die Klosteranlage als Wirtschaftszentrum (Arbeitgeber, Käufer und Verkäufer), die Mönche als Botschafter eines bestimmten Systems. Dies ist vergleichbar der Kaufhausgründung eines westlichen Konzerns in Moskau. Herbrechtingen kann als frühes Beispiel für eine strategische Klostergründung gelten.

Kernort

Hier gründete 774 Fulrad, Abt der Königsabtei St. Denis bei Paris und zugleich Ratgeber der fränkischen Könige, eine Filiale. Zu dieser Zeit bereitete sich Karl d. Große auf eine Unterwerfung der Baiern vor. Daher ist zu vermuten, daß König und Kirche Hand in Hand arbeiteten. Hierzu paßt die Gründung von Ellwangen, das ja auch nahe zur Grenze des bairischen Herzogtums lag. Herbrechtingen war dem Hl. Dionysos geweiht und wird wohl als **Benediktinerkloster** mit Mönchen aus St. Denis besiedelt worden sein. Von Paris auf die Ostalb – mit dieser Drohung konnte man leicht einen Konvent zur Disziplin bringen.

Um 1144 geschah eine Umwandlung in ein weltliches **Chorherrenstift**, das jedoch kurze Zeit später mit regulierten Chorherren besiedelt wurde. Damit gehörte Herbrechtingen zum Kreis der strengen **Augustiner**klöster, die im 12. Jh. ihre Blütezeit erlebten. Da die Vogteirechte im 14. Jh. an die Grafen von Wirtemberg gelangt waren, konnten diese 1536 die Reformation einführen. Die Kirche wurde zur Friedhofskirche, deren separat stehender Turm aus dem 11. Jh. stammt. Von den Stiftsgebäuden blieb ein Teil des Südflügels aus dem 16. Jh. erhalten, in dem die evang. Fachschule für Sozialpädagogik untergebracht ist. Eine Orientierungstafel wäre hilfreich.

Daten: 774–1144 Benediktinerkloster, 1144–1171 Kollegiatstift,
1171–1536 Augustinerchorherrenstift

Lit.:   Germania Benedictina, Band V, S. 273–276

Anhausen

Nur 2 km westlich liegt im Tal der Brenz das ehemalige **BENEDIKTINERklösterchen** Anhausen. Von Langenau, wo es ca. 12 Jahre lang bestanden hatte, war es 1125 durch die regionalen Pfalzgrafen hierher verlegt worden. Von vornherein gehörte es zum Kreis der Hirsaureformklöster: 2 Äbte kamen von dort. Wie überall kam die große Krise im 15. Jh.: Zerstörung durch die Ulmer Bürger, Wirtschaftskrise, Absetzung eines unfähigen Abtes. Frisches Blut aus dem benachbarten Benediktinerkloster Elchingen (Bayr. Schwaben) brachte Erholung.
Da 1504 das Herzogtum Wirtemberg die Vogteirechte erworben hatte, konnte die Reformation 1536 eingeführt werden. 30 Jahre lang dienten die Gebäude als Klosterschule, dann nur noch zur Güterverwaltung. 1831 wurde die Kirche abgerissen.
Man findet die landwirtschaftlich genutzte Anlage über ein Sträßchen von Herbertingen nach Altheim: Ein Weiler mit Bauernhöfen und Gaststätte. Aus spätgotischer Zeit stehen noch der Westflügel und Teile des Südflügels, an dem man hohe, längliche Fenster erkennen kann. Beides wird als Privatwohnungen genutzt. Die Reste des Kreuzgangs sind nicht

zugänglich und auch nach Norden zum freien Feld hin abgesperrt. Östlich steht eine Art Schlößle, wohl ehemals das Haus des Abtes (Prälatur). Eine Orientierungstafel wäre hilfreich.

Daten: 1125–1536 Benediktinerkloster

Lit.:   Germania Benedictina, Band V, S. 125–132

Herdwangen-Schönach   M 8

Die geographische Gestalt des Bodenseeraums wurde von der letzten Eiszeit geprägt. Sowohl das Becken des Sees wie auch die umgebenden Hügel und Höhen wurden erst in den letzten 100 000 Jahren geschaffen. So wird der imposante Höhenzug, auf dem Herdwangen-Schönach liegt, von den Geröllmassen einer Gletscher-Endmoräne gebildet.

Hermannsberg

Direkt am Rande der Endmoräne erbaute sich eine **Frauensammlung** 1360 ihre Klause, die im Laufe der Zeit auf 10 Personen anwuchs. Das Grundstück gehörte der Kommende des Deutschen Ordens auf der Mainau (Konstanz), die bis zur napoleonischen Aufhebung ihren Anspruch in Form von niederer Gerichtsbarkeit und Kastvogtei wahrte. Erst 1406 bei einer drohenden Beginenverfolgung schloß sich die Gemeinschaft als 3.-Orden-**FRANZISKANERINNEN** einem regulären Orden an. Die danebenstehende Leutekirche mit Pfarrkirchenfunktion wurde ab 1526 permanent von einem Franziskanermönch betreut. Im Haus besaß man jedoch noch eine Kapelle. Da die finanziellen Mittel sehr beschränkt waren, konnte nur ein Teil der Schwestern klausuriert im Haus leben. Der andere Teil übernahm als Ausgehschwestern die Versorgung der Gemeinschaft.

Ihre Siedlung in dieser unzugänglichen Lage und ihre Entstehungsgeschichte sind typisch für Frauensammlungen im Bodenseeraum (vergl. Bermatingen): Es gab hier zum Ende des Mittelalters eine regelrechte Eremitinnenbewegung.

Nach den Zerstörungen des 30j. Krieges erfolgte 1710–15 ein Neubau. 1808 jedoch kam die Auflösung durch Baden, das diesen Teil des Bodenseeraums von Napoleon zugesprochen erhielt. So riß man Kirche und Umfassungsmauer ab, und 1872 auch den Ostflügel. Übrig blieben Westflügel, Wirtschaftsgebäude und die abgesetzt stehende „Leutekirche". Heute dienen die Gebäude einem anthroposophischen Kinderheim.

Daten: 1360–1401 Beginen, 1406–1808 Franziskanerinnen

Lit.:   Alemania Franciscana Antiqua, Bd. 13, S. 175–185

*   A. Wilts: Beginen im Bodenseeraum, S. 337–341*

Herdwangen

Die Besitzungen und Rechte, die das Benediktinerkloster Petershausen (s. Konstanz) hier erworben hatte, wurden ab 1678 durch einen **PROPST** verwaltet. Da zudem ab 1776 die hohe Gerichtsbarkeit hinzukam, besaß hier Petershausen bis zum Ende des alten Reichs ein unabhängiges Territorium.

G 5 *Bad Herrenalb*

Im politischen Umgang kann man immer wieder den Widerstreit zwischen moralischen Ansprüchen und realem Handeln erleben. Wie oft führt ein offensichtliches Unrecht letztlich doch zum Erfolg und bleibt ohne negative Konsequenzen, weil es von der mächtigeren Seite durchgesetzt wird! Wie oft werden dann Kompromisse geschlossen, die nichts anderes sind als die verschleierte Anerkennung der geschaffenen Tatsachen. Der Jugoslawienkonflikt hat uns in neuester Zeit diesbezüglich immer wieder desillusioniert. Letztlich steht das Recht auf der Seite der Sieger! So war es auch 1497 der Fall beim Zisterzienserkloster Herrenalb, das aufgrund eines „bösen" Kompromisses zwischen Baden und Wirtemberg seine Selbständigkeit verlor.

Die Gründung des Klosters geschah 1149 durch den Grafen von Eberstein, der von einem Kreuzzug zurückkommend in diesem unerschlossenen Waldgebiet sein Hauskloster errichten wollte. Hierzu holte er die Mönche des damals 50 Jahre jungen und damit unverbrauchten Ordens der **ZISTERZIENSER**. Die Gemeinschaft wurde richtiggehend verwöhnt: Neben der reichen Ausstattung bestand eine weitgehende Freiheit und Unabhängigkeit. So bekam das Kloster ca. 100 Jahre später bei einem Streit mit den Eberstein-Erben bestätigt daß es nur den König als obersten Vogt habe. Zugleich baute man sich ein geschlossenes Territorium um das Kloster herum auf, hatte damit ideale Voraussetzungen für eine Entwicklung zum unabhängigen Klosterstaat, wie wir ihn später in Oberschwaben häufig antreffen (vergl. Salem).
Aufgrund der freien Vogtwahl wählte man 1338 Wirtemberg als Schirmvogt, jedoch ohne weitergehende Verpflichtungen (z.B. Abgaben zahlen). Die Wirtemberger Grafen betrieben eine konsequente Klosterpolitik, indem sie immer weitergehende Rechte bei den Klöstern, auf die sie Einfluß nehmen konnten, an sich zogen (vergl. Baiersbronn-Klosterreichenbach). Als daher Herrenalb 1497 nach dem Tode von Herzog Eberhard im Barte die Notbremse zog und entsprechend seinem altüberlieferten Recht den badischen Markgrafen zum Vogte wählte, reagierte Herzog Eberhard II. mit einem Gewaltakt. Das Kloster wurde

besetzt und der Konvent zu
einer Neuwahl gezwungen (die
natürlich für Wirtemberg aus-
fiel). Damit wiederum war
Baden nicht einverstanden.
Eine anschließende Klage vor
Kaiser Maximilian gegen diesen Gewaltakt endete mit dem
oben angeführten Kompromiß:
Baden erhielt die Vogtei über
die Orte im Rheintal, die innerhalb seines Interessengebiets
lagen, Wirtemberg die Vogtei
über das Kloster selbst. Das
Kloster zahlte also die Zeche.
Nach einer teilweisen Zerstörung im Bauernkrieg kam
das Aus 1535 durch die
Reformation. Das Kloster
wurde von Herzog Ulrich aufgehoben und diente 1555–95
als Klosterschule. Im 30j.

Bad Herrenalb: Romanisches Paradies (links)
des Zisterzienserklosters

Foto: Metz

Krieg zerstörten es die Schweden. Von der zisterziensertypischen Anlage
mit den Konventbauten südlich der Kirche blieben nur wenige Reste: ein
romanisches Paradies, ein gotischer Chor, eine Zehntscheuer (heute
Gaststätte). Im 18. Jh. fügte man dem Chor ein Langhaus und einen Turm
zu, sodaß man ihn für den Gottesdienst nutzen konnte. Die ehemals vorhandene Befestigung ist vollständig verschwunden, man kann jedoch die
Form der ursprünglichen Ummauerung noch heute erkennen. Die Anlage
befindet sich im Herzen des Kurortes.

Die Annexion Herrenalbs durch das Herzogtum Wirtemberg hat
Nachwirkungen bis in unsere Zeit in Form einer Kuriosität: Die evang.
Gemeinde Bad Herrenalb gehört bis heute zur Württembergischen
Landeskirche, die politische Gemeinde jedoch seit der Gemeindereform
von 1972 zum badischen Regierungsbezirk Karlsruhe. Da in Bad
Herrenalb die badische Landeskirche eine evang. Akademie eingerichtet
hat und hierin ihre Synodaltagungen abhält, befindet sie sich damit sozu-
sagen im Ausland.

Daten: 1149–1535 Zisterzienserkloster

Lit.: *Schnell & Steiner Kunstführer Nr. 844: Bad Herrenalb, 1981*

Wuchtig überragt die Stiftskirche die Stadt, angelehnt an einen Ausläufer des Schönbuchs, rutschgefährdet aufgrund des Knollenmergeluntergrundes. Eigentlich ist sie ja nur eine Pfarrkirche, schon seit über 700 Jahren. Stiftskirche war sie nur in einer kurzen Periode von nicht mal 100 Jahren ihres Daseins. Wenn aus dieser kurzen Zeit trotz nachfolgender Reformation der Namen „Stiftskirche" überlebte, so zeigt dies, wie sehr die Bevölkerung eine solche Hervorhebung ihrer Kirche schätzte, obwohl sie – inzwischen protestantisch geworden – die Institution „Stift" ablehnte.

Die Entstehung eines **KOLLEGIATSTIFTS** 1439 ging nicht auf die Initiative der Wirtemberger Grafen als Stadtherren zurück, sondern kam aus dem Stadtklerus selbst. Wir haben es also nicht mit einem der typischen Adelsstifte zu tun (vergl. Hechingen), sondern eher mit einem Bedürfnis des Stadtbürgertums (vergl. Horb). Durch Zusammenlegen der vorhandenen Kapellenstiftungen und des bereits bestehenden Kollegiatstiftes in Hildrizhausen konnte man 8 Chorherren, mehrere Kapläne und als Vorsteher einen Propst versorgen. Der Vorteil gegenüber dem vorangehenden Zustand lag jetzt darin, daß man

Foto: Metz

Herrenberg: Stiftskirche aus der Zeit der „Kappenherren"

Ungleichgewichte zwischen den verschiedenen Pfründen beseitigen und Übersichtlichkeit herstellen konnte. Die vorhandene Pfarrkirche wurde zur Stiftskirche erhoben, behielt jedoch zudem weiterhin die alte Funktion.
Der wirtembergische Graf Eberhard im Barte nutzte 1481 die Gelegenheit eines Propstwechsels, um die **BRÜDER vom gemeinsamen Leben**, die er bereits in Urach angesiedelt hatte, auch hierher zu bringen. Diese noch junge religiöse Bewegung entsprach seinen Vorstellungen von einer Gemeinschaft, die durch ihr Beten und Wirken Heil und Wohlfahrt für sein Land garantieren könne. Aber wohin mit den Chorherren, die auf ihren Pfründen saßen? Nach einer 2 jährigen Übergangsphase wurden sie finanziell abgefunden, das jetzt nach strengen Regeln lebende Stift konnte sich entfalten. So studierte und lehrte ein Teil der Brüder in Tübingen, schrieb und druckte man (in Urach) Bücher und garantierte eine optimale seelsorgerische Betreuung. Diese Gemeinschaft trug wirklich zur geistigen Bereicherung des öffentlichen Lebens bei. In dieser Zeit wurde die Innenausstattung der Kirche geschaffen, bei der vor allem das Chorgestühl an diese „Kappenherren" (aufgrund ihrer Mütze) erinnert.

Die „Kappenherren" konnten sich in Wirtemberg nicht lange halten. Mit ihrer relativen Unabhängigkeit blieben sie ein Fremkörper innerhalb der Geistlichkeit. Daher griff Herzog Ulrich 1517 eine Forderung des Landtages auf und besorgte sich die notwendige päpstliche Erlaubnis zur Aufhebung dieser Gemeinschaft in seinem Territorium. Damit erlangte er den Vorteil, wieder die Verfügungsgewalt über diese Einrichtungen zu erhalten. Die beiden größten Stifte in Urach und Herrenberg wurden in **Kollegiatstifte** umgewandelt und dümpelten bis zu ihrer Aufhebung in der Reformation vor sich hin.

Die Stiftskirche stammt aus dem 13. Jh., wurde jedoch in der Stiftszeit grundlegend verändert, vor allem in der Innenausstattung. Der markante Glockenturm wurde erst 1749 anstelle von 2 Westtürmen erstellt. Im heutigen evang. Dekanat wohnte ehemals der Propst.

Daten: 1439–1481 Kollegiatstift, 1481–1517 Brüder v. gemeinsamen Leben,
*   1517–1534 Kollegiatstift*

Lit.:   Schnell & Steiner Kunstführer Nr. 912: Stiftskirche Herrenberg
*   Stadtverwaltung: Die Stiftskirche in Herrenberg 1293–1993. 1993*

Etwa zeitgleich mit dem Stift bestand eine **FRAUENSAMMLUNG.** Ohne Anschluß an einen regulären Orden, also als Beginen, lebten diese Frauen von Handarbeit und sozialpflegerischen Tätigkeiten (vergl. Unlingen). Als die Brüder vom gemeinsamen Leben aufgelöst wurden, befürchteten diese Frauen auch für sich negative Konsequenzen. Deshalb schlossen sie sich als 3.-Orden-**Franziskanerinnen** einem offiziell anerkannten Orden an. Sie durften nach der Reformation von 1534 zwar weiter in ihrem Haus leben, jedoch keinen Nachwuchs mehr annehmen. So wehrten sie sich sogar noch 1568 gegen die Übergabe ihres Hauses an die Stadt. Das „Nonnenhaus" steht in der Rathausgasse 13.

Daten: 1474–1517 Beginen, 1517 – Reformation Franziskanerinnen

Herrenberg beherbergt das Mutterhaus der **DIAKONIESCHWESTERN-** ●
SCHAFT. Eine Initiative der örtlichen Pfarrer regte 1907 die Gründung eines „Verbandes der besoldeten Krankenpflegerinnen christlicher Gesinnung" an. Damit unterschied sich diese Gemeinschaft von den bereits bestehenden Diakonissenanstalten (z.B. in Stuttgart), deren Mitglieder ohne festes Einkommen lebten. Die Herrenberger Diakonissen wurden in mehreren Krankenhäusern im württembergischen Bereich tätig, darunter auch noch heute im Robert-Bosch-Krankenhaus in Stuttgart. Die Ausbildung geschieht in 3 Krankenpflegeschulen. Man findet das 1922 erbaute Mutterhaus in der Hildrizhauser Straße, neben dem heutigen Krankenhaus.

Daten: seit 1913 Diakonie-Mutterhaus

Lit.:   Stadtverwaltung: s.o., S. 316–318

Es wirkt schon fast zwanghaft, wie Adelsherrschaften im Spätmittelalter mit der Einrichtung eines Kollegiatstiftes Aufstieg und Bedeutung demonstrieren wollten. Auch wenn sie nur Reichsritter waren und sich dabei finanziell übernahmen wie im vorliegenden Fall.

Die Ritter von Bubenhofen hatten im Spätmittelalter im Raum zwischen Neckar und Donau eine Reihe von kleineren Herrschaften aufgekauft, ohne jedoch ein geschlossenes Territorium zu besitzen. Sie galten als die reichsten Reichsritter Südwestdeutschlands. Der bedeutendste von ihnen, Hans Caspar, auch „goldener Ritter" genannt, war zeitweise als wirtembergischer Hofmeister zugleich Verwalter des Herzogtums. In seiner Herrschaft Gammertingen-Hettingen wollte er seinen Aufstieg mit der Einrichtung eines **KOLLEGIATSTIFTES** demonstrieren. Zugleich sollte das Stift als herrschaftliche Grablege dienen, typisch für diese Art von Adelsstiften.

Die wirtschaftliche Grundlage des Stiftes bildete die Zusammenfassung verschiedener Kaplaneistiftungen, deren Pfründe auf das Stift übertragen wurden. Zudem inkorporierte man die Pfarrkirchen der Umgebung (Neufra, Kettenacker), sehr zum Leidwesen der dortigen Bevölkerung, deren geistliche Versorgung darunter litt. So konnte man 7 Chorherren unterhalten.

Der „goldene Ritter" hatte sich jedoch finanziell total verspekuliert und machte Bankrott. Deshalb mußte er die Herrschaft Gammertingen-Hettingen 1524 an die Freiherren von Speth verkaufen. Mit dem Niedergang der Bubenhofen verschwand zugleich das Kollegiatstift. Zurück blieb eine zu dieser Zeit erbaute wunderbare Dorfkirche mit Resten des Lettners, die an die Trennung von Chor (für die Chorherren) und Schiff (für die Gemeinde) erinnern. Und ein burgähnliches Schloß, das über eine Wehrmauer mit dem Ort verbunden ist. Insgesamt ein Ensemble, das romantische Vorstellungen mittelalterlichen Ritterdaseins erweckt.

Daten: 1503 – vor 1524 Kollegiatstift

Lit.:   H. Burkarth: Geschichte der Herrschaft Gammertingen-Hettingen. Thorbecke, 1983

Hildrizhausen

Ein aufstrebendes Adelsgeschlecht brauchte seine besondere Grablege, um seinen Aufstieg zu demonstrieren (vergl. Hettingen). So wurde vermutlich das **KOLLEGIATSTIFT** von Hildrizhausen von einem hier ansässigen Grafengeschlecht im 11. Jh. gegründet, als es sich aufgrund von verwandtschaftlichen Beziehungen Markgrafen nennen durfte. Damit war es eines der ersten derartigen Stifte im Lande, selbst wenn eine Urkunde für 4 Chorherrenpfründe erst 1281 ausgestellt ist.

Hildrizhausen kam als Erbe an die Tübinger Pfalzgrafen, die wiederum ihren gesamten Besitz an die Grafen von Wirtemberg weiterverkaufen mußten. Als die Wirtemberger in Herrenberg ein Kollegiatstift einrichteten, suchten sie nach entsprechenden Finanzquellen. So floß schließlich das Hildrizhausener Stiftsgut 1439 in das Herrenberger Stift ein, wurde die Stiftskirche zur Pfarrkirche rückgestuft.

Heute finden wir im Zentrum des Dorfes eine massive, wehrkirchenartige Anlage vor. Das romanische Langhaus stammt aus der Stiftszeit, der spätgotische Chor jedoch von 1515.

Daten: 11. Jh. – 1439 Kollegiatstift

Lit.: *Evang. Kirchengemeinde: St. Nikomedes-Kirche in Hildrizhausen (Broschüre, liegt aus)*

Hilzingen N 6

Kernort

Seit 1659 befand sich dieser Ort teilweise im Besitz des **BENEDIKTINER**klosters Petershausen (s. Konstanz), das im Laufe der Zeit weiteren Besitz und Rechte aufkaufte und schließlich durch einen *Propst* verwalten ließ. Der Sitz des Propstes wurde zum heutigen Rathaus. An die Klostervergangenheit erinnern zudem die von dem Vorarlberger Peter Thumb erbaute barocke Kirche mit Chorgestühl, der Kehlhof und eine Zehntscheuer.

Daten: 1735–1802 Propstei von Petershausen

Lit.: *Kath. Pfarramt: Peter und Paul in Hilzingen, 1987 (liegt aus)*

Weiterdingen

Dieser ehemalige Ritterschaftsort wird überragt vom Schloß der Hornstein-Weiterdingen und der darüberstehenden Pfarrkirche aus dem 15. Jh. mit der Familiengruft der Hornsteiner. Das Schloß diente nach dem 2. Weltkrieg einer Gemeinschaft der **MISSIONSBENEDIKTINERINNEN** von Tutzing als Unterkunft, der einzigen derartigen Niederlassung in BW. Diese Kongregation entstand im 19. Jh. als ein Ableger der Benediktinerkongregation von Beuron. Aufgrund von Nachwuchsmangel gingen die Schwestern vor kurzem zurück in ihre bayrische Zentrale. Heute befindet sich das Schloß im Besitz der Erzdiözese Freiburg und wird als Jugendbildungsstätte genutzt.

Daten: 1955–1990 Missionsbenediktinerinnen

Hirrlingen

Rein äußerlich kann man in diesem ehemaligen Reichsritterschaftsort das Haus erkennen, das ursprünglich einmal eine **Frauenklause** beherbergte. Direkt nördlich neben der Kirche stehend fällt es aufgrund seines Türmchens in der Hausmitte auf. Der gedeckte Gang, der ursprünglich vom Haus zur Kirche führte, wurde nach der Auflösung beseitigt.

Ein Patrizier aus Rottenburg stiftete hier 1358 ein Haus und Felder für 4 Frauen, die sich als 3.-Orden-**DOMINIKANERINNEN** sofort einem

Foto: Metz

Hirrlingen: Frauenklause in typischer Lage neben Pfarrkirche

regulären Orden anschlossen. Im Unterschied zu den sonstigen derartigen Klausen lebte diese Gemeinschaft von Anfang an in Klausur, teilte sich also nicht in Klausur- und Ausgehschwestern auf. Hierzu mußte sie genügend Einkünfte durch Stiftungen und Schenkungen besitzen, da die Schwestern von ihrer Handarbeit alleine nicht hätten leben können. Am Ende reichte es sogar für die Versorgung von 14 Schwestern.

Typisch für diese Frauenklausen ist ihre Nähe zur Pfarrkirche, weil sie selbst keine Kapelle oder Kirche besaßen. Statt dessen räumte man ihnen ein eigenes Oratorium in der Kirche ein. Noch heute findet man dieses als „Chörle" in der 1770 neu erbauten Hirrlinger Kirche. Typisch für die Gegend ist auch der Anschluß an die Dominikaner, ebenso wie im Nachbarort Rangendingen, anstelle der sonst üblichen Franziskaner (vergl. Sulz-Kirchberg).

Im Zuge der josephinischen Säkularisation wurde die Klause aufgelöst. Das Gebäude wurde beim Verkauf geteilt: Die östliche Hälfte ging an die Gemeinde (heute kath. Bücherei), die westliche an Privatleute. Angeblich besitzt das Privathaus noch heute Stuckdecken. Das 1741 erstellte Gebäude bedürfte einer Außenrestaurierung.

Daten: 1358–1789 3.-Orden-Dominikanerinnen

Lit.: O. Kurz: Hirrlingen. Mohrverlag, 1951, S. 133–135

Hohenfels

Mächtig ragt die Burg Hohenfels, die einer Ansammlung von Dörfern bei der Gemeindereform ihren Namen gab, ins Bodenseevorland. Hier befand sich von 1506–1806 die Obervogtei (= Oberamt) des **DEUTSCHEN**

ORDENS für den umgebenden Besitz. Daran erinnern im Burghof verschiedene Wappen, die bei der Barockisierung durch den Ordensbaumeister Bagnato angebracht wurden. 1806 kam die Anlage an das Fürstentum Hohenzollern-Sigmaringen als Geschenk Napoleons zur Hochzeit des Erbprinzen mit der Nichte des Marschalls Murat. Heute befindet sich in der frisch renovierten Anlage eine Außenstelle der internationalen Internatsschule Salem. Sie ist daher der Öffentlichkeit nicht zugänglich. Eine Zufahrt ist nur über kleine Straßen möglich: Entweder von der Straße Herdwangen-Liggersdorf her oder aus dem Tal (Neumühle).

Daten: 1506–1806 Obervogtei des Deutschen Ordens

Horb 16

„Kirchenvolksbegehren", „Die Kirche sind wir!", „Laien mucken auf", solche Schlagworte kennzeichnen eine moderne Zeiterscheinung, die in anderer Art bereits früher auftrat: Laien als diejenigen, die den unbeweglichen Apparat der Kirchenhierarchie anstoßen. Ab der Stauferzeit, also ab dem späten Hochmittelalter, finden wir dieses Phänomen immer wieder in den jungen Städten auftreten. So ergaben sich dort Entwicklungen, die die Hierarchie zwar stören, jedoch (bis heute) nicht beseitigen konnten: Frauensammlungen ohne Ordensstatus (Beginen), Neuordnung von Pfarrbezirken gegen den Widerstand der geistlichen Aufsicht, Kontrolle des Pfarrklerus durch Laien, Predigen in der Landessprache. Dies soll exemplarisch anhand des Landstädtchens Horb belegt werden.

Kernstadt

Eines der markantesten Beispiele sowohl sichtbarer Art wie auch im übertragenen Sinne bildet die Stiftskirche Heiligenkreuz. Mit ihrem massiven Kubus beherrscht sie die Stadtsilhouette. Die Einrichtung eines **KOLLEGIATSTIFTES** entsprach gängigerweise dem Bedürfnis eines Herrschergeschlechts nach einer repräsentativen Grablege („Hausstift", s. Hechingen). Das Horber Stift jedoch wurde von den Hohenbergern zu einem Zeitpunkt errichtet, als sie ihre Herrschaft bereits an die Habsburger in Wien verkauft hatten (1371) und ein eigenes Hausstift in Rottenburg besaßen. Zugleich wurde mit der Stiftsgründung die Pfarrkirche weg von Ihlingen in die Stadt verlegt. Man kann daraus folgern, daß das Kollegiatstift mit seinen 12 Kanonikern in erster Linie für die gehobene Bürgerschaft der erstarkenden Stadt gegründet wurde, die damit eine geregelte Seelsorge erhielt und zugleich ihre ledigen Söhne versorgen konnte (vergl. Herrenberg).

Foto: Willig

Horb: Kollegiatstift in dominanter Lage,
links daneben Dominikanerinnenklause

Rund 100 Jahre später finden wir ein vergleichbares Faktum. In der Zeit des Frühhumanismus wurde 1 Kanonikerstelle des Stifts für einen studierten Prediger reserviert. Mit der Berufung von gelehrten Predigern wollte man in vorreformatorischer Zeit dem Bedürfnis der Stadtbevölkerung nach einer moralischen und religiösen Belehrung entgegenkommen, wollte man den Gottesdienst vom unverständlichen lateinischen „Hokuspokus" (wahrscheinlich Verballhornung von „Hoc est corpus meum") hinführen zur Vermittlung religiösen Grundwissens in einer verständlichen Sprache. Die Reformation führte diesen Prozeß erfolgreich zu Ende.

Die heutige Kirche wurde 1728–33 nach einem Brand neu errichtet. Ihr Turm stammt aus der Gotik (1411–1434). Daher finden wir eine barocke Anlage mit gotischen Strukturen vor. Vom Neckar aus ein wunderbarer Anblick.

Daten: 1387–1806 Kollegiatstift

Lit.:   D. Manz: Die Stiftskirche. Kath. Pfarramt, 1990 (Broschüre, liegt aus)

J. Köhler: 600 Jahre Stiftskirche Heiligkreuz in Horb. 1987, Geigerverlag

Ein gewaltiger Protest gegen die offizielle Kirche drückt sich in den Frauengemeinschaften aus, die ohne Anschluß an einen Orden im 13. Jh. entstanden (**Beginen**). So scheint bereits um 1218 eine solche Beginensammlung in Horb existiert zu haben, die sich 1235 an den Dominikanern orientierte, aber erst 1276 offiziell zu **DOMINIKANERINNEN** wurde. Als Obere oder Weiße Sammlung (aufgrund des weißen Gewandes der Dominikaner) bestand sie weitgehend aus adligen Frauen. Nur so ist zu erklären, daß man solange unreguliert (= ohne offiziell anerkannte Regel) zusammenbleiben konnte.

Man findet ihr Gebäude direkt oberhalb des Westeingangs der Stiftskirche, ein äußerlich schmuckloser Bau von 1735. Heute ist darin das Stadtarchiv untergebracht. (Hinweistafel wäre wünschenswert). Seine Größe kann man vom Neckar aus erkennen.

Daten: 1218–1235 freie Beginen (?), 1235–1276 Sammlung, 1276–1806 Dominikanerinnen

Lit.:   J. Köhler, s. o.

Eine weitere Frauensammlung wohnte nördlich neben der Stiftskirche (Mittlere Sammlung). Ursprünglich auch eine freie Beginengemeinschaft, wurden sie 1292 zu **FRANZISKANERINNEN** des 3. Ordens. Diesen Schritt vollzogen die meisten derartigen Sammlungen, weil sie damit weiterhin sozial-karitativ in der Stadt tätig sein konnten und zugleich offiziell als reguliert galten. In den Krisenzeiten des 30j. Krieges übernahmen sie auch noch andere Frauensammlungen aus Eutingen und Nordstetten sowie die Untere Sammlung von Horb (zuvor beim heutigen Gasthof Bären). Als 1779 im Zuge der Josephinischen Reformen die Klause aufgelöst wurde, mußten die Frauen nach Rottenburg in die dortige obere Klause ziehen.

Im Moment wird ihr Haus gerade renoviert. Es steht im Norden der Stiftskirche, ein schönes Fachwerkwohnhaus. Eine zukünftige öffentliche Nutzung ist vorgesehen.

Daten: 1262–1292 Beginen, 1292–1779 3.-Orden-Franziskanerinnen

Lit.: Alemania Franciscana Antiqua, Bd. 10, S. 104–122

Erst in der Neuzeit taucht in dieser Stadt ein Bettelorden auf: 1644 übernahmen die **FRANZISKANER** die Liebfrauenkapelle. An der Stelle der ehemaligen unteren Burg bauten sie ihr Kloster. „Wer zuerst kommt, frißt zuerst!" sagt das Sprichwort, und so ging es auch hier. Denn das bereits existierende Franziskanerkloster im hohenzollerischen Hechingen hatte das Sammelrecht für das habsburgische Hohenberg, und das wollte es für die Neuankömmlinge nicht abgeben.

Nach der Auflösung durch Joseph II. übernahm die Stadt die Anlage für ein Spital. Heute steht dort ein modernes Krankenhaus. Die Klosterkirche aus vorklösterlicher Zeit diente als Pfarrkirche und zeitweise der evang. Gemeinde zum Gottesdienst. Auffallend ist hier das Fehlen eines südlichen Seitenschiffs sowie der abgeknickte Chor, der aus der ursprünglichen Kapelle von 1280 entstand.

Daten: 1644–1787 Franziskaner

Lit.: D. Manz: Die Liebfrauenkapelle. Kath. Pfarramt, 1983 (Broschure, liegt aus)

Alemania Franciscana Antiqua, Bd. 9, S. 181–214

Teilorte

In dieser Region gab es die meisten **Dominikanerinnenniederlassungen** Deutschlands (vergl. Sulz-Kirchberg), so auch in 2 Teilorten von Horb. In **Altheim** war das Klösterchen seitlich des Westeingangs der heutigen Kirche. Grundmauern davon sind noch in einem dort stehenden Wohhaus vorhanden. In **Nordstetten** befand es sich außerhalb des Ortszentrums, wobei seine exakte Lage nicht bekannt ist.

Der Ort **Rexingen** war im Besitz des **Johanniterordens**, der hier eine Kommende eingerichtet hatte. Nach der Reformation wurde sie aufgrund ihrer Verluste mit der Kommende Hemmendorf (s. Rottenburg) zusammengelegt. 1862 riß man die Gebäude ab und erbaute an ihrer Stelle ein neues Pfarrhaus. „Johanniterstraße und -brunnen" erinnern daran.

In Dettingen-**Priorberg** findet man noch Grundmauern einer **Einsiedelei**, die man den Paulinern (s. Satteldorf) zuordnete. Für diese Zuordnung gibt es jedoch keine urkundlichen Belege.

N 3 *Ibach*

Die Urbarmachung des Südschwarzwaldes ist zum Großteil das Verdienst des Benediktinerklosters St. Blasien. Mit der Ansiedlung von Bauern wurden jedoch auch bestimmte Freiheiten vergeben, die diese Bauern gegenüber den sonstigen Unfreien und Leibeigenen abhob. So durften sie z.B. ihre eigenen Gerichtsbezirke bilden und die Waldnutzungsrechte untereinander aufteilen. Diese Vorstufe zur eidgenössischen Selbstorganisation ist durch die Nähe der Schweiz verstärkt worden. Der wirtschaftliche Niedergang der **Benediktiner**-*Propstei* Unteribach-Neuenzell erklärt sich z.T. aus dieser Situation.

Ursprünglich eine Schenkung an das Kloster Stein am Rhein (Schweiz), ging der Besitz über die Habsburger an St. Blasien, das von 1320–1558 hier einen kleinen Konvent (Neuenzell) unterhielt. Am Ende reichten jedoch die Einkünfte nur noch für den Unterhalt eines Propstes bzw. eines Verwaltungsbeamten (Meier). Aus dem Gut des Meierhofs wurde nach der Säkularisation durch Aufteilung der Weiler Unteribach, aus dem Propsteihaus das Pfarrhaus, und aus der barocken Kirche die Pfarrkirche.

Lit.:   Germania Benedictina, Bd. V, S. 441–444

M 6 *Immendingen*

Amtenhausen

„Eltern erleben trauriges Schicksal", könnte man als Schlagzeile schreiben, wenn man heute die Reste des Frauenklosters Amtenhausen sowie die des Männerklosters St. Georgen sucht. Beide sind weitgehend verschwunden, untergegangen. Dabei waren beide Klöster sozusagen die Eltern einer ganzen Reihe von Töchtern: Friedenweiler und Schelklingen-Ursprung in BW, weitere in Österreich, im Elsaß und in Lothringen. Ruhm ist vergänglich.

Eine Schenkung der Grafen von Wartenberg nutzte das Benediktinerkloster St. Georgen, um 1107 hierher seine Frauen auszusiedeln. Die Phase der Doppelklöster der Hirsau-Reform-Bewegung war vorüber, hier in der Einsamkeit waren die **BENEDIKTINERINNEN** vor den Versuchungen der Welt geschützt. Aber aktiv waren sie weiterhin: Wie oben angeführt,

Foto: Willig

wurde von hier aus eine ganze Reihe von Frauenklöstern besiedelt, sodaß Amtenhausen als eine Art Mutter gelten kann (und St. Georgen als Vater). Dabei stand die Mutter stark unter der Kontrolle des Vaters: Erst im 14. Jh. erreichte man eine Ablösung von St. Georgen und eine weitgehende Selbständigkeit, wobei die

Amtenhausen: Prioratsgebäude, Zeugnis eines bedeutenden Benediktinerinnenklosters

geistliche Betreuung weiterhin durch einen Prior als Vertreter des Vaterabtes gewährleistet war.

Für die Wartenberger diente Amtenhausen bis zu ihrem Aussterben (1318) als Grablege. Verständlich, daß damit dementsprechende Schenkungen erfolgten, auch von deren Ministerialen. So erwarb man einen umfangreichen Besitz. Die Fürstenberger als Erben der Wartenberger wollten die Kontrolle über diesen Besitz erlangen, daher drängten sie den Einfluß St. Georgens immer mehr zurück. Bis dann in der Säkularisation Fürstenberg das Kloster aufhob und 1845 sämtliche Gebäude mit Ausnahme des Gästehauses abreißen ließ.

Daher finden wir heute nur noch ein barockes Gebäude in Privatbesitz vor, das nicht zugänglich ist. Hierin war einmal der St. Georgener Prior unter gebracht, der die Nonnen betreute. Linkerhand davon (westlich) steht ein Bauernhof, östlich davon standen die Klosterbauten. Zu finden ist Amtenhausen ca. 2 km nordwestlich von Zimmern in einem Seitental der Donau.

Daten: 1107–1802 Benediktinerinnen

Lit.:   F. Vögele, F. Dreyer: Der steinreiche Pfarrer J. Keller. Thorbecke, 1980.

K.S. Bader: Kloster Amtenhausen in der Baar. Veröffentlichung des

F. Fürstenbergischen Archivs, 1940

Immenstaad

Das 19. Jh. war in der Ordensgeschichte die Epoche der **Kongregationen** (vergl. Untermarchtal und Stegen). In dieser Zeit (1835) gründete in Italien der Priester Vinzenz Pallotti eine Kongregation mit dem Namen „Fromme Gesellschaft der Missionen". Ihre Aufgabe sah sie in der Mission sowie in der Erziehung. Die Gesellschaft nennt sich heute nach ihrem Gründer „Pallottiner". In BW befinden sich 5 Niederlassungen: Bruchsal, Konstanz, Schwäb. Gmünd, Stuttgart und hier am Bodensee.

Oberhalb des Ortes thront das barocke Schloß Hersberg, ehemals Sommerresidenz der Äbte des Benediktinerklosters Ochsenhausen. Seit 1930 ist es im Besitz der **PALLOTTINER,** die darin ein Aufbaugymnasium unterhielten. Mit dem Rückgang der Schülerzahlen mußte dies geschlossen werden. Jetzt bieten sie ihr Gebäude für Fortbildungsveranstaltungen an.

Ingelfingen

Kocherstein

Schwer zu finden ist das ehemalige **Benediktinerpriorat** Kocherstein. Als Schenkung einer Ortsadligen, die 1090 selbst in das damalige Doppelkloster eintrat, gelangten die Güter an das Kloster Komburg (s. Schwäb. Hall). Dieses richtete hier von 1149–1483 ein Priorat ein. Die Anlage wurde an Hohenlohe verkauft, im 30j. Krieg zerstört, schließlich zu einem Bauernhof. Anscheinend blieb eine Kapellenwand erhalten, was jedoch rein äußerlich nicht zu sehen ist. Der Hof liegt südlich von Ingelfingen über dem Kocher.

Lit.:   Germania Benedictina, Bd. V, S. 605

Inzigkofen

Ein Augustinerchorherrenstift ist eine Gemeinschaft von Priestern, die entsprechend den Regeln des Kirchenvaters Augustinus zusammenleben und seelsorgerische Aufgaben ausüben. Diese Art von Stiften findet man relativ oft. Welche Aufgaben haben jedoch Augustinerchorfrauen, wenn es in der römisch-katholischen Kirche keine Priesterinnen geben darf und Frauen keine Seelsorge ausüben dürfen? In Inzigkofen befand sich ein Augustinerchorfrauenkloster, eines von den zweien mittelalterlichen im Bereich des heutigen BW (vergl. Riedern, Gemeinde Ühlingen-Birkendorf). Wie ist diese ausgefallene Ordenswahl zu erklären und inwiefern unterscheidet sich der Alltag dieser Frauen von dem der Frauen in anderen Orden?

Die Gründungsgeschichte klingt zuerst einmal nicht außergewöhnlich. 1354 gründeten zwei Bürgertöchter eine Klause neben einer Kapelle, der

sich andere Frauen zugesellten. Man schloß sich als 3. Orden den **Franziskanern** an, ebenso wie die meisten sonstigen Frauenklausen im Lande und der Gegend (vergl. Gorheim und Laiz, Stadt Sigmaringen). Aber bereits nach 50 Jahren Existenz kam der Entwicklungssprung: Aus der Klause wurde ein Zweit-Ordens-Kloster, jedoch nicht als

Inzigkofen: Blick auf Nonnenfriedhof

Klarissen oder Dominikanerinnen, sondern als **AUGUSTINERCHOR-FRAUEN**. Damit einher ging die Ablösung vom zuständigen Ortsgeistlichen im Nachbarort Laiz, der die Betreuung abgeben mußte. Dieses Ziel haben zu dieser Zeit viele Frauenklausen angestrebt, jedoch nur wenige erreicht. Wer betreute aber jetzt die Gemeinschaft, die ja selbst keine seelsorgerische Funktionen ausüben durfte? Man sollte annehmen, daß das nahe liegende Augustinerchorherrenstift Beuron hier eine Aufgabe und eine Chance für sich sah. Jedoch: Die Betreuung wurde dem Chorherrenstift Beerenberg (Gemeinde Wülflingen, Kanton Zürich) vom Bischof übertragen. Dieses Stift hatte ebenfalls längere Zeit nach der 3. Regel der Franziskaner gelebt, brachte also ideale Voraussetzungen für die Betreuung ehemaliger Franziskanerinnen mit. Erst 1419 kam der Beuroner Propst zum Zuge, und auch nur bis zur Jahrhundertwende. Denn die Chorfrauen besaßen das Privileg der freien Wahl ihrer Betreuer, und mit gelegentlichem Wechseln verhinderten sie das Hineinrutschen in eine Abhängigkeit von einem Männerkloster.

Das Leben der Chorfrauen dürfte sich kaum von dem anderer Frauen in regulierten Klöstern (z.B. Zisterzienserinnen) unterschieden haben: Strenge Klausur, tägliches mehrmaliges Gebet, Gottesdienst, Fasten, kleine Arbeiten. Die Einkünfte stammten weitgehend aus geschenkten Gütern, denn nach dem Lagerbuch von 1651 besaß Inzigkofen 53 Bauernhöfe in verschiedenen Orten. Dieser Besitz hatte sich z.T. durch den Eintritt von Töchtern des umgebenen Adels, vor allem der Hohenzoller, angehäuft. Der Konvent, der ursprünglich auf 13 Nonnen beschränkt war, stieg dadurch auf mehr als die doppelte Anzahl (+ Laienschwestern). Die andere Hälfte des Besitzes jedoch war die Frucht des guten Rufes: Denn gerade in der Zeit, in der andere Klöster in der geistigen Krise waren (Reformationszeit), erlebte Inzigkofen einen Höhepunkt geistiger und mystischer Tätigkeit. Daher bekam es auch Teile des Besitzes des aufgelösten Dominikanerinnenklosters Hedingen (s. Sigmaringen) und stieg zum Hauskloster der Sigmaringer Zollern auf.

1802 wurde das Kloster von den Sigmaringer Hohenzollern aufgelöst. Es zeugt jedoch von der Achtung, in der die Frauen bei dem Fürsten standen, daß sie als freie Gemeinschaft mit einer Vorsteherin(!) weiterbestehen durften. Daneben wohnte zudem die Retterin der Hohenzollerischen „Duodezfürstentümer", Fürstin Amalie Zephyrine (s. Sigmaringen), die hier statt in Paris ihren Lebensabend verbringen mußte. 1856 starb die letzte der Nonnen. Die Gebäude wurden zur fürstlichen Wohnung

Der Besucher findet heute eine weitgehend intakt erhaltene Anlage vor, die jedoch vom klassischen Klosterbauschema abweicht (ein Plan der Anlage hängt am Eingangstor aus): Eine Dreiflügelanlage mit offenem Innenhof statt einer gänzlich geschlossenen Anlage. Dies ist erklärbar aus der Position der Kirche zu den Konventbauten. Statt auf der Nordseite das Klostergeviert abzuschließen, steht die Kirche parallel zum Südflügel des Konvents. Sie besitzt einen vom Klostergebäude separaten Eingang und ist

untertags geöffnet. Hierin ist vor allem das Gitter der Nonnenempore beachtenswert, hergestellt aus einer Mischung von Papier und Gips (Pappmaché). Neun Schwestern arbeiteten ein Jahr lang daran.

Die gesamte Anlage ist von einer Mauer eingefaßt. Seit 1948 wird sie von einem Volkshochschulheim genutzt, das ein vielseitiges Bildungsprogramm für mehrtägige

Inzigkofen: Nonnenempore mit
außergewöhnlichem Pappmachégitter

Foto: Filmliga Vilsingen

Seminare bietet. Die Gebäude stammen zum Großteil aus der Barockzeit (u.a. Michael Beer als Baumeister).

Ein Besuch lohnt sich alleine schon wegen der Lage des Klosters: Außerhalb des Ortes gelegen, mit teilweise von Schlingpflanzen überwucherten Gebäuden, wirkt es auf den ersten Blick wie im Dornröschenschlaf. Hinzu kommt der besondere landschaftliche Reiz. Denn östlich der Klosteranlage fällt das Gelände mit Felsengrotten zum Donautal ab. Und nördlich dehnt sich eine Parkanlage aus, die von den Sigmaringer Fürsten im 19. Jh. geschaffen wurde. Es ist eine Art englischer Landschaftspark, bei dem man den Übergang von künstlicher zu natürlicher Landschaft nicht bemerkt.

Daten: 1354–1394 Franziskanerinnen; 1394–1802 Augustinerchorfrauen;

1802–1856 Freie Gemeinschaft

Lit.: Alemania Franciscana Antiqua, Bd. 14, S. 124–135

A. Wilts: Beginen im Bodenseeraum, 1994, S. 347

M. Beck: Ehemalige Klosterkirche Inzigkofen. Beuroner Kunstverlag, 1991

(Broschüre, liegt aus)

F. Eisele: Das Kloster Inzigkofen, 1989 (Broschüre)

Isny N 12

Für einen modernen Menschen ist es schwer nachvollziehbar, daß innerhalb der Mauern dieses Städtchens 2 selbständige Staaten entstehen und nebeneinander existieren konnten: das adlige Kloster und die freie Reichsstadt. Anderswo gab es ähnliche Konstellationen auf engstem Raum, z.B. in Buchau und Gengenbach, und in der Regel waren sie Anlaß für ständige Reibereien. Kein Wunder, daß aufgrund der gegenseitigen Feindseligkeiten in der Reformationszeit eine konfessionelle Trennung entstand: Die Stadt wurde protestantisch, das Kloster innerhalb ihrer Mauern blieb katholisch. Diese einseitige Umklammerung steigerte sich zum Extrem, wo das Umland der Stadt wiederum vom Kloster kontrolliert wurde: katholisches Kloster in protestantischer Stadt in katholischem Umland. Wer erwürgt wen? Dies war der Fall in den nahegelegenen Klöstern Kempten und St. Gallen, so ähnlich finden wir es in Isny.

Zuerst war das **BENEDIKTINERkloster.** 1096 durch die Grafen von Altshausen als Sammelpunkt ihrer hier liegenden Besitzungen gegründet, gehörte es von Anfang an zur Hirsau-Reform-Bewegung. Typisch für diese war die Form des Doppelkonventes (Männer und Frauen), bis 1189 die Frauen ins nahe Rohrdorf neben die Pfarrkirche umgesiedelt wurden. Dann entstand die Stadt: Aus einer Marktsiedlung vor den Klostertoren wurde 1235 eine Stadt und 1365 sogar eine freie Reichsstadt. Denn die durch Leinenproduktion und Tuchhandel reich gewordenen Bürger konnten sich aus der Vogtei loskaufen, welche von den Grafen von Altshausen zu den Waldburgern gelangt war. Dem Kloster fehlten hierfür jedoch die Geldmittel. Im Gegenteil: Es sank immer mehr zu einer reinen

Isny: Klosterkirche (links) und evangelische Stadtkirche.
Katholisches Reichskloster in evangeliseher Reichsstadt

Versorgungsanstalt des Adels ab, hatte große Schulden und zeitweise nur noch 3 Mönche.

Kein Wunder, daß die Stadt dieses anachronistische Gebilde in der Reformationszeit beseitigen wollte. Ödipus läßt grüßen! 13 Jahre lang versperrte man Außenstehenden den Zugang zur Klosterkirche. Nur das Beharren der Waldburg, die das städtische Umland in Besitz hatten, und die Niederlage der Protestanten im Schmalkaldischen Krieg verhinderten den „Vatermord" (vergl. Gengenbach). Das Verhältnis Stadt–Kloster entspannte sich erst, als das Kloster auf seine Rechte über die Stadt-Pfarrkirche St. Nikolaus verzichtete (1583).

Dafür häuften sich jetzt die Konflikte zwischen Konvent und Vogteiherrschaft. Das Kloster wollte Freiheit und Unabhängigkeit. Nach der Abtswahl von 1661 kam es zum Skandal. Bei der Wahl hatte man den Vertreter des Vogtes ausgeschlossen, woraufhin dieser das Kloster besetzen ließ, was wiederum den Bischof die Exkommunikation über das Haus Waldburg verhängen ließ wegen Verstoßes gegen kirchliches Recht. Die 30 (!) Jahre später erzielte Einigung brachte endlich mehr Rechte für das Kloster und mündete schließlich in die Reichsfreiheit (1781). Aber zu welchem Preis! Total überschuldet rettete es sich über die Runden bis zur Säkularisation von 1802.

Die Grafen von Quadt zu Wickrath erhielten Isny und machten das Kloster zu ihrem Schloß. Heute beherbergen die Gebäude eine geriatrische Abteilung des Stuttgarter Bürgerhospitals. Die Klosterkirche wurde zur kath. Pfarrkirche.

Der Besucher findet das Kloster am Rande der Stadt, über dem Stadtgraben stehend. Ins Auge springt dabei die direkte „Konkurrenz" der beiden Kirchen. Die evang. Stadtkirche St. Nikolaus liegt nur wenige Schritte von der kath. Klosterkirche entfernt. Hier konnte man bei Konflikten nicht aneinander vorbeisehen! Die Klosterkirche ist barock auf gotischem Grundriß, die Innenausstattung stammt aus der Zeit des Rokoko. Die Konventgebäude sind in einfachem Barock gebaut.

Daten: 1096–1802 Benediktinerkloster

Lit.: Germania Benedictina, Band V, S. 320–330

Für kurze Zeit existierte eine Frauensammlung „Im Nonnenstein", die sich als 3.-Orden-**Franziskanerinnen** einem regulären Orden angeschlossen hatte, jedoch dem städtischen Magistrat unterstand (vor 1405–1511). Zuerst wohnte sie hinter dem Rathaus, ab 1425 in einem städtischen Haus am Marktplatz. Bereits vor der Reformation ging sie unter, weil sie sich von ihrer ursprünglichen Aufgabe „Krankenpflege" hin zu einem klausurierten Kloster entwickelte, womit der Magistrat nicht einverstanden war.

Lit.: *A. Wilts: Beginen im Bodenseeraum, S. 351*

Rohrdorf

Hierher verpflanzte man die Frauen des **Benediktinerklosters** nach der Trennung. Der Kirchturm enthält noch einen romanischen Unterbau, der aus dieser Zeit stammen könnte. Exakte Informationen zur Lage ihres Hauses sowie zum Aufhören ihrer Existenz gibt es nicht.

Jagstzell F 12

Hier errichtete das **Benediktiner**kloster Ellwangen vor 1170 ein Frauenklösterchen, das jedoch anscheinend nur wenige Jahre bestand. Denn ab 1170 wird nur noch ein *Propst* als Verwalter der Ellwanger Güter erwähnt. 1399 übernahm das Mutterkloster die Verwaltung direkt. Von den Gebäuden ist nichts mehr erhalten.

Jestetten O 5

Kernort

Zu einer Zeit, als anderswo bereits von Klosterauflösung gesprochen wurde, siedelte sich hier eine **Frauengemeinschaft** an, die sich „Kloster Tabor vom Berge Sion" nannte und die ewige Anbetung (s. Wutöschingen-Ofteringen) praktizierte. Sie hatte 1774 das obere Schloß von den Fürsten von Schwarzenberg gekauft. In der Napoleonischen Säkularisation wurde sie aufgelöst. Heute befindet sich in dem Gebäude das Kreisaltenheim.

Für kurze Zeit (1803–1805) wohnte in diesem Gebäude auch eine Gemeinschaft von **Redemptoristen.** Es war der 1. Versuch des Priesters Clemens Maria Hofbauer, diese noch junge italienische Kongregation nördlich der Alpen anzusiedeln.

Altenburg

Hier bestand seit 1435 neben der Pfarrkirche eine Frauenklause, die sich als 3.-Orden-**Franziskanerinnen** einem regulären Orden angeschlossen hatte. Ihr geringes Einkommen führte zum Untergang in der Reformationszeit (1526).

Lit.:   A. Wilts: Beginen im Bodenseeraum, S. 305–306

N 1 *Kandern*

Sitzenkirch

Die Reste eines **BENEDIKTINERINNENklosters** kann man in der Ortsmitte entdecken: Eine romanische Kirche und daneben eine alte

Foto: Willig

Scheune. Hier lebte ein Frauenkonvent unter der Aufsicht von St. Blasien, vertreten durch den Propst des nahen Bürgeln. Immerhin muß das Kloster so bedeutend gewesen sein, daß darin die Sausenberger ihre Grablege einrichteten. Nach einer Zerstörung durch Rudolf von Habsburg wurde 1290 der Neubau errichtet, den man

Sitzenkirch: Romanische Klosterkirche mit Rest des benediktinischen Frauenklosters (heute Scheune)

heute noch vorfindet: Eine der seltenen romanischen Kirchen unseres Landes. Nach der Verwüstung im Bauernkrieg ging der Konvent auseinander, die Klosterkirche überlebte die Jahrhunderte als Pfarrkirche. Das daneben stehende Konventgebäude wurde um 1 Stockwerk erniedrigt und als Scheune genutzt.

Daten: 1120–1525 Benediktinerinnen

F 5 *Karlsruhe*

Diese Neugründung der Barockzeit war von vornherein als Residenzstadt der evang. Markgrafschaft Baden-Durlach konzipiert. Aufgrund der geschichtlichen Entwicklung hin zur Hauptstadt eines rund 10mal größeren Großherzogtums Baden wuchs diese Stadt dementsprechend und ist daher in neuester Zeit attraktiv für moderne Orden.

Kernstadt

Bereits seit Beginn bestand ein Bedarf für die seelsorgerische Betreuung von Katholiken, da diese künstliche Stadt von vornherein multikonfessionell war. Für diese „geduldeten" Mitbürger erlaubte man den **KAPUZINERN** eine kleine Niederlassung (Hospiz). Sie wohnten in einem „normalen" Wohnhaus in Schloßnähe, Ecke Lammstraße/Zirkel. Auch als sie 1765 einen Neubau mit Kirche erstellten, mußte dies nach Außen als Wohnhaus erscheinen. Später erstand hier ein Pressezentrum. Von 1935 bis 1993 befand sich dieser Bettelorden erneut in der Stadt und betreute die Pfarrei St. Franziskus im Stadtteil Dammerstock.

Daten: 1715–1804, 1935–1993 Kapuziner

Lit.: A. Ehrenfried: Die Kapuziner in Karlsruhe. Badendruck, 1962

Auch **JESUITEN** haben sich 1928 angesiedelt. Sie betreuten die Priester in 3 Dekanaten, eine typische Aufgabe der Regularkleriker des 16. Jh. (vergl. Rastatt). Zuerst wohnten sie in der Bismarckstraße 61, heute Nr. 59. ●

Eine Spätgründung der sozialen Bewegung sind die **FRANZISKUS-** ●
schwestern der Haus- und Krankenpflege. In der Tradition der 3. Orden wurde diese Gemeinschaft Anfang der 20er Jahre von einem Kapuzinermönch im Ruhrgebiet ins Leben gerufen. Das Karlsruher Mutterhaus „St. Clara" in der Amalienstraße besteht seit 1925. Mit ihrem Einsatz in Kranken- und Altenpflege sowie in Kindergärten deckten sie das klassische Aufgabengebiet der Kongregationen des 19. Jh. ab (vergl. Untermarchtal). Heute betreiben 8 Schwestern nur noch Familienpflege.

RÜPPUR

Auch auf evang. Seite trat man der Herausforderung der industriellen Revolution mit ihren sozialen Folgen entgegen. So finden wir mit der **DIAKONISSENANSTALT** in Rüppur eine der ältesten Badens. ●
Ursprünglich wurde sie in der Kernstadt gegründet. Ihr Haus in der Sophienstraße erstand 1857. Seit dem Umzug nach Rüppur ist sie verbunden mit einem modernen Krankenhaus.

Daten: seit 1849 Diakonissenmutterhaus

Durlach

Eine besondere Art von religiöser Gemeinschaft bilden die modernen **Säkularinstitute.** Hier finden sich Menschen zusammen, die ihren Alltag inmitten der Familie oder in der Welt verbringen. Dies gründet auf einer uralten Tradition: Der Bettelorden eines Franziskus hatte im Mittelalter Anhänger, die in der Welt lebten, sich jedoch dem Orden verpflichteten und hierzu ein 3.-Ordens-Statut erhielten. Später wurden daraus die Dritt-Ordens-Klöster.

● In Durlach finden wir mit den **SCHÖNSTATT-Frauen** ein modernes Säkularinstitut. Diese Bewegung war nach dem 1. Weltkrieg im Rheinland von einem Pater Kentenich ins Leben gerufen worden. Die hiesige Ansiedlung geschah in den 70er Jahren. Ihre Kontaktadresse ist „Im Eisenhafengrund 7" („Haus Bethanien").

Oststadt (Gottesaue)

Die heutige Musikhochschule steht an der Stelle des ehemaligen **Benediktinerklosters** Gottesaue. In der Zeit der Cluny-Hirsau-Reform (1094) war es entstanden. Nach der reformationsbedingten Auflösung wurde es zu einem Schloß umgebaut. Dieses wiederum 1689 und 1735 von Franzosen zerstört und neu erstellt.

Lit.: *Germania Benedictina, Bd. V, S. 253–259*

R. Rückert: Gottesaue. Karlsruhe: Braunverlag, 1995

12 *Kehl*

Kork

Die Korker Anstalten sind das Epilepsiezentrum BWs, entstanden aus einer Anstalt für epileptische Kinder, die 1892 vom örtlichen evang. Pfarrer im leerstehenden Schloß der Grafen von Hanau gegründet wurde. Da für diese Arbeit auch Frauen benötigt wurden, entwickelte sich daraus
● die **SCHWESTERNSCHAFT der Korker Anstalten**. Also eine Gemeinschaft, deren Einsatz auf einen einzigen Aufgabenbereich beschränkt ist. Damit unterscheidet sie sich von den sonstigen Diakonissenanstalten im Lande (vergl. Schwanau-Nonnenweier).
Bereits 1897, also 5 Jahre nach der Anstaltsgründung, wählte man eine Hausmutter. 1905 schließlich übernahm man offiziell eine Tracht. Aber erst 1976 schloß man sich dem Kaiserswerther Verband der Diakonissenanstalten an. Inzwischen wohnen die Schwestern im ehemaligen Schloß, sind drumherum eine Menge von Neubauten erstellt.

Lit.: *W. Müller: Die Klöster der Ortenau. In: Die Ortenau, Bd. 58, 1978, S. 623–633*

K 2 *Kenzingen*

Es gibt viele Möglichkeiten für themenbezogene Lehrpfade, vom geologischen über den botanischen bis hin zum historischen. Letzteres ist in Kenzingen zu finden. Hier wird die Geschichte der Stadt und der einzelnen Gebäude mit historischem Hintergrund anhand von 96 Lehrtafeln dargestellt. Der Besucher kann bei seinem Stadtrundgang in die Vergangenheit eintauchen. Eine nachahmenswerte Idee! Dazu gibt es die entsprechende Broschüre „Kenzingen, der kurze Weg durch die lange Geschichte", herausgegeben vom Heimat- und Verkehrsverein Kenzingen.

Dank des historischen Lehrpfades ist es einfach, die Reste vergangener Klöster in der Stadt zu finden. Die bedeutendste Niederlassung der Stadt war das **ZISTERZIENSERINNENkloster** Wonnental südlich der Stadt. Ursprünglich war es von den Üsenberg, dem führenden Adelsgeschlecht der Region, als ihr Hauskloster gegründet worden (um 1220). Die Insassen lebten nach der Augustinusregel, was für diese Zeit wohl bedeutet, daß sie keinem Orden offiziell angeschlossen waren (Beginenstatus). Diesen Anschluß brachte schließlich 1253 die Betreuung durch die Zisterzienser in Tennenbach. Damit war natürlich auch ein Aufschwung verbunden. In der Neuzeit erlebte das Kloster schlimme Zeiten: im Bauernkrieg geplündert, im 30j. Krieg ebenso wie die gesamte Stadt abgebrannt, 1676 von den Franzosen wieder geplündert. Anschließend mußte es völlig neu erbaut werden. Nach der Aufhebung (1806) wurde die Kirche abgerissen, die Wohngebäude an Privatpersonen verkauft.

Der Besucher erkennt leider heute nicht mehr auf den ersten Blick die Ausmaße der Anlage, weil sämtliche Gebäude Privatwohnungen sind, die zusammen einen geschlossenen Wohnblock bilden. Im Norden steht der Abteiflügel mit einer Gedenktafel an Kloster und Äbtissinen. Im Osten befindet sich der Konventflügel, im Süden der Noviziatflügel. Der Innenhof mit seinen Kreuzgangresten ist nur über Privatwohnungen zugänglich (z.B. über die „Klostergaststätte"). Von der Innenstadt aus führt der Wonnentalweg an der Elz entlang zum außerhalb liegenden Kloster (ca. 1 km). Mit dem PKW gelangt man über die Abzweigung „Industriegebiet" von der B 3 dorthin.

Daten: 1220–1253 Frauensammlung, 1253–1806 Zisterzienserinnen

Lit.: *Kenzingen, der kurze Weg durch die lange Geschichte, S. 38, 84*

Eine große Anlage mitten in der Stadt bildete die Niederlassung der **JOHANNITER,** denn sie umfaßte das Areal zwischen Eisenbahnstraße, Kronenstraße, Metzgerstraße und Tennenbachstraße. Dabei befand sich hier keine selbständige Kommende, sondern nur ein Verwaltungszentrum, das von 1416–1505 der Kommende in Freiburg und dann bis 1805 der Zentrale in Heitersheim untergeordnet war. Im Bauernkrieg zerstört, im 30j. Krieg ausgebrannt, 1689 erneut aufgebaut, erfolgte der endgültige Abbruch nach der Aufhebung. Heute steht dort das Gefängnis im neugotischen Stil. Nur das Kameralhaus (= Finanzbehörde) in der Metzgerstraße 6 blieb aus der Barockzeit erhalten.

Lit.: *Kenzingen, der kurze Weg durch die lange Geschichte, S. 43, 89, 92, 97*

Der Versuch der Kenzinger Bürger, sich 1522 der Reformation anzuschließen, wurde von Habsburg brutal unterbunden: Kenzingen mußte rein katholisch bleiben. Die Ansiedlung der **FRANZISKANER** nach dem 30j. Krieg sollte die „Glaubensfestigkeit" stärken. Bereits 1630 hatte man sie gerufen, mußte jedoch wegen der Kriegswirren bis zum Westfälischen Frieden warten. Sie unterhielten (überraschenderweise) eine Musikschule. Nach der Aufhebung diente die Kirche als Getreidespeicher und seit 1891 der evangelischen Gemeinde für den Gottesdienst. Die Wohngebäude wurden zuerst für die Einrichtung einer höheren Schule verwendet, dann als Städtisches Krankenhaus, und seit 1985 als Altenpflegeheim. Die Kirche mit ihrem typischen Bettelordens-Dachreiter ist untertags geschlossen. Der schlichte Kreuzgang kann über den Zugang „Altenheim" besichtigt werden (Eisenbahnstraße).

Daten: 1649–1803 Franziskaner

Lit.:   Kenzingen, der kurze Weg durch die lange Geschichte, S. 43, 106

Ca. 10 km östlich der Stadt befand sich im Mittelalter das **Paulinerkloster** Kirnhalden (1360–1525). In der Reformationszeit verfielen die Gebäude. Heute finden wir dort ein Heim des Diakonischen Werkes für geistig Behinderte, daneben eine kleine Kapelle aus dem 19. Jh. Abgelegen im Kirnbachtachtal, was typisch ist für diesen Einsiedlerorden (s. Satteldorf).

D 11 # *Kirchberg*

Das Hohenloher Land hat seinen besonderen Reiz. Das geologische Landschaftsprofil mit Muschelkalk-Hochebenen und eingekerbten Tälern formt eine abwechslungsreiche Landschaft. Dazu die historisch gewachsene Aufsplitterung in Städtchen und Kleinresidenzen. Denn die Familie der Hohenlohe, die diesem Land ihren Namen gab, spaltete sich in viele Linien auf. Daher treffen wir hier auf keine große Zentralstadt, jedoch auf eine Menge operettenhaft verträumter Residenzen: Bartenstein, Ingelfingen, Langenburg, Neuenstein, Öhringen, Waldenburg, Weikersheim. Ein Land zum Verlieben. Mittendrin Kirchberg als Verwaltungsstädtchen mit einer riesigen Kleinresidenz.

Mistlau

Die Frauen, die sich 1282 hier ansiedelten, mögen das Ende der Welt gesucht haben. Denn hier endet (heute) die Straße, bildet die Jagst eine Grenze. Eine Zuordnung des Frauenklosters zu einem Orden ist nicht möglich aufgrund fehlender urkundlicher Überlieferung. Benediktinerinnen, wie vermutet wurde, waren es gewiß nicht, weil hierzu die notwendige

Ausstattung fehlte und zu diesem Zeitpunkt fast keine derartigen Klöster mehr entstehen. Daher haben wir es wohl mit einer dieser zeittypischen **Frauenklausen** zu tun, deren Bewohnerinnen bäuerlicher Herkunft waren. Bereits 1479 ging das Kloster zugrunde.

Mistlau: Gotischer Chor mit Fresken

Foto: Willig

Aus der Klosterzeit steht noch der Turm über dem kleinen Chor mit wunderbaren Fresken. Das Kirchlein ist umgeben von einem Dutzend Häusern: Eingebettet in ein Tal zwischen Wald und Fluß, bietet sich dem Betrachter ein verträumter Anblick. Einer dieser hohenlohe-typischen Weiler! (Den Schlüssel zur Kirche erhält man in der Nachbarschaft). Die Anhauser Mauer (s. Satteldorf) liegt wenige Kilometer entfernt.

Daten: 1282–1479 Frauenklause

Lage: Abseits der Straße Wallhausen-Kirchberg

Kirchheim (Ries) G 13

„Kirchheim am Mondkrater", könnte man auch sagen. Es ist eine faszinierend seltsame Landschaft, die sich dem Betrachter am westlichen Rande des Nördlinger Ries darbietet. Der Metoriteneinschlag, der diesen riesigen Trichter verursachte, hat durch das Herausschleudern von Gesteinsmasse am Rande eine besondere Art von Hügeln geformt: kahle Rundkörper, ohne Bäume, mit Dolineneinbrüchen. Von einem dieser Hügel herab kann man Kirchheim mit seiner geschlossenen Klosteranlage überblicken und zugleich weit ins Ries hinein schauen.

Die Öttinger als Riesgrafen (s. Unterschneidheim) gründeten in Kirchheim vor 1268 ihr Hauskloster: Es diente ihnen als Grablege und wurde von ihnen reich beschenkt. Sofort schlossen sich die Frauen als **ZISTERZIENSERINNEN** einem regulären Orden an, Nachzüglerinnen der großen Welle des 13. Jh. (vergl. Wald). Zu diesem Zeitpunkt wehrten sich die Männer auch nicht mehr gegen die Übernahme von Frauenklöstern, wenn die finanzielle Ausstattung stimmte. So besaß das Kloster neben Streubesitz die Rechte über das Dorf Kirchheim (das übrigens aus 2 Dörfern besteht).

Kirchheim: Blick von Südwesten auf die Frauenzisterze

Mit der Reformation kam die Krise. Denn die Öttinger als Vogteiherren schlossen sich der neuen Lehre an und unternahmen mehrere Versuche, das Kloster zu reformieren und aufzuheben. Sie scheiterten am Widerstand der Frauen und am Vorgehen Kaiser Karls V., der die Öttinger deshalb sogar in Reichsacht brachte. Ein Kompromiß von 1552 rettete das Überleben: das Dorf ging an die Öttinger, das Kloster blieb beim alten Glauben. Als die kath. Linie der Öttinger schließlich 1731 die Vogteirechte übernahm, war die Existenz gesichert und ein Aufschwung möglich. Dieser zeigt sich noch heute in den Gebäuden.

Die napoleonische Säkularisation machte die Anlage zu einer Domäne der Grafen Öttingen-Wallerstein. Leider riß man dabei den Kreuzgang sowie 2 Konventflügel ab. Der Rest jedoch lohnt des Besuches: Das abgelegene Dorf, geprägt von der riesigen Klosteranlage, die wiederum umgrenzt von einer Mauer ihren abgeschlossenen Bezirk bildet. Eine Welt für sich. Nach dem Eintritt durch ein Barocktor gelangt man durch den Klosterhof zu Abteiflügel und Klausuranlage aus der Barockzeit. Daran schließt sich die gotische Kirche von 1358 an mit Nonnenchor, Grabdenkmälern und Stifterkapelle, z.T. in den zisterziensisch-strengen Formen. Die Konventbauten dienen heute als Altenheim. Der riesige Klosterhof ist von modernen Einzelhäusern zersiedelt, weil mit der Bodenreform von 1950–53 Bauern angesiedelt wurden.

Daten: um 1268–1805 Zisterzienserinnen

Lit.: *Schnell & Steiner Kunstführer Nr. 845: Kirchheim am Ries*

Grundbesitz als Existenzgrundlage eines Bettelordensklosters!? Dies ist ein Widerspruch in sich! Der Widerspruch erklärt sich aus den Unterschieden der Geschlechter: Während den männlichen Bettelorden die Annahme von Grundbesitz (im Prinzip) per Regel verboten war, wurde dies den weiblichen Klöstern vorgeschrieben. Warum? Weil Frauen in der strengen Klausur leben mußten und daher ihren Lebensunterhalb nicht durch Betteln oder Tätigkeiten außerhalb des Klausurgeländes erwerben konnten (vergl. Pfullingen und Markdorf). Daher akzeptierten z.B. die Dominikaner die geistliche Betreuung und Übernahme eines Frauenklosters nur dann, wenn dieses ausreichend finanziell abgesichert war. Die gängige Absicherung der mittelalterlichen Agrarwirtschaft war Grundbesitz mit Naturaleinnahmen oder Zinsen. Nur so ist verstehbar, daß das Dominikanerinnenkloster in Kirchheim bei seiner Aufhebung Besitz in rund 50 Dörfern hatte und der reichste Grundbesitzer weit und breit war.

Die Gründung geht zurück auf die Herzöge von Teck, die um 1235 einer Frauensammlung Schenkungen machten und deren Umwandlung in ein **DOMINIKANERINNENkloster** unterstützten. So wurde das Kloster auch zur Grablege dieser Hochadelsfamilie, traten vor allem die Töchter Teckscher Dienstleute hier ein. Und brachten selbstverständlich dementsprechende Güter mit. Der angesammelte Reichtum verführte im Spätmittelalter zur Lockerung der strengen Regeln. Schließlich wurde auch hier, wie in so vielen Bettelordensklöstern, 1475 eine grundlegende Reform hin zur strengeren Regelbeachtung („Oberservanz") durchgeführt. Dahinter stand der wirtembergische Graf Eberhard im Barte (s. Gomadingen-Offenhausen).

In die Schlagzeilen geriet das Kloster 1487/88 wegen eines Konflikts dieses Eberhards mit seinem hier regierenden Verwandten, Eberhard der Jüngere. Letzterer sperrte das Kloster mit Hilfe der Bürgerschaft völlig ab, wollte es aushungern. Erst das militärische Einschreiten Eberhards im Barte beseitigte diesen Zustand. Wenn sich später seine Frau hier beerdigen ließ, so zeigt dies eine besondere Beziehung zu diesem Kloster.

Nach der reformationsbedingten Aufhebung ließ man den Konvent aussterben. Die Gebäude wurden im 30j. Krieg völlig zerstört, jedoch teilweise für das Klosteramt wieder aufgebaut, das die Güter verwaltete. Heute ist darin das Finanzamt untergebracht. Man findet die beiden Fachwerkhäuser im Nordosten der Stadt, außerhalb der ehemaligen Stadtmauer, abgeschirmt von Bäumen, hochragend über dem Lindachbach.

Daten: um 1235–1247 Frauensammlung, 1247–1567 Dominikanerinnen

Lit.:   W. Frasch: Kirchheim u.T. Verlag der Teckbote, o.J.

Dietenbach

Der **Karmelitenorden** zählt zu den 4 klassischen Bettelorden. Gegründet wurde das namengebende Kloster auf dem Berg Karmel 1155, also während der Kreuzzüge. Daraus erwuchs ein Orden, der sich auf den alttestamentarischen Propheten Elias zurückführte. 1240 mußten die Mönche Palästina verlassen und nach Europa flüchten. Hier übernahmen sie die Bettelordensregel. In Deutschland waren bereits vor 1240 Niederlassungen in Würzburg und Trier. Esslingen (1271) war die erste in unserem Bereich.

Der Zweig der **unbeschuhten Karmelitinnen** geht zurück auf die Spanierin Theresa von Avila, die im 16. Jh. eine grundlegende Reform für Frauen- und Männerklöster im Sinne eines „zurück zu den ursprünglichen Regeln" durchsetzte, analog der Observanzbewegung bei den anderen Bettelorden (s. Gomadingen-Offenhausen). Dies brachte den Orden in eine Krise, die durch die Trennung in einen beschuhten und einen unbeschuhten Zweig gelöst wurde.

● In Dietenbach finden wir neben Tübingen die einzige Niederlassung der **unbeschuhten KARMELITEN** in BW. Hier leben ca. 15 Frauen in strenger Klausur, bilden eine rein kontemplative Gemeinschaft. Dies scheint so anziehend zu wirken, daß zur Zeit auch Novizinnen ins Klosterleben eingeführt werden können. Den Lebensbedarf verdienen sich die Nonnen mit Eigenanbau von Gemüse und mit dem Anfertigen von Paramenten für Gottesdienste.

Daten: seit 1929 Unbeschuhte Karmeliten

Das Allgäu bietet die typische **Kulturlandschaft** des Voralpenraums. Die geographischen Gegebenheiten stammen aus der letzten Eiszeit (bis vor ca. 20 000 Jahren): eine kleinräumige, „unruhige" Landschaft mit Seen, Mooren, Bächlein, Wiesen und Wäldchen (Jungmoränenlandschaft). Dazwischen Siedlungen von Einzelhöfen, Weilern, (Residenz-) Städtchen, überragt von einzelnen Bauten des katholischen Barock. Mit den Alpen im Hintergrund gibt es das Bild, das den Voralpenraum touristisch so anziehend macht. In dieses Bild passen die beiden Klöster von Kißlegg bestens hinein.

Kernort

Direkt im ehemaligen Residenzstädtchen befindet sich das ehemalige **FRANZISKANERINNENkloster** „Maria Bethlehem, unterhalb der

Pfarrkirche „St. Gallus und Ulrich", in Blickweite zum Schloß aus der Renaissancezeit. Daneben beginnt ein Naturschutzgebiet mit einem herrlichen See und einem Bach. Überragt wird es vom Turm der schönen Barockkirche. Das Klostergebäude selbst ist ein schmuckloser, beinahe unansehlicher Kasten, also typisch für diese Art von 3.-Orden-Nutz-Klöstern.

Die Gründungsgeschichte ist legendenhaft, geht in einer Version auf das 11. Jh. zurück, in einer anderen auf Augustinereremitinnen im 14. Jh. Wilts dagegen akzeptiert in seinem wissenschaftlichen Werk „Die Beginen im Bodenseeraum" nur die Urkundenbelege, die eine Gründung durch das Ortsadelsgeschlecht der Schellenberger im 15. Jh. vermuten lassen (um 1447). Über 2 Jahrzehnte hinweg lebte die Frauengemeinschaft „irregulär", denn erst

Kißlegg: Von der Eiszeit geprägte Landschaft mit Residenzstädtchen und Barockkirche

1470 erfolgte ein Anschluß an die Franziskaner als 3. Orden (Tertiarinnen). Mit diesem Schritt wurde aus der bisherigen Mutter eine Oberin. Da die Nonnen keine eigene Kapelle besaßen, waren sie an die nebenstehende Pfarrkirche samt Ortspfarrer gebunden. All dies ist typisch für solche Frauengemeinschaften. Die Schwestern stammten zum Großteil aus den Bauernfamilien der Umgebung und zum kleineren Teil aus dem Kleinstadtbürgertum. Den Unterhalt bestritten sie mit einer eigenen Landwirtschaft, Handarbeiten, Jahrzeitgebeten (zum Totengedenken) und Krankenpflege.

Aufgrund der Schäden des 30j. Krieges war ein Neubau notwendig (1662). 1802 wurde noch schnell eine Schule eingerichtet, um der drohenden Auflösung zu entgehen. Nach der Aufhebung (1807) gingen die Gebäude an die Gemeinde, die hier eine Volksschule und das Rathaus eines Teilortes einrichtete. Seit 1946 dienen sie der kath. Kirchengemeinde als Gemeinderaum und Kindergarten und werden als Privatwohnungen genutzt.

Daten: 1447–1470 Sammlung. 1470–1807 3.-Orden-Franziskanerinnen

Lit.:   *Alemania Franciscana Antiqua, Bd. 7, S. 5–78*

   A. Wilts: Beginen im Bodenseeraum, S. 356

Rötsee

Ein weiteres Klösterchen paßt wunderbar in diese Jungmoränenlandschaft, die ehemalige **BENEDIKTINERpropstei** Rötsee. Wir finden sie ca. 7 km nordöstlich der Stadt, an der Straße nach Reichenhofen, am Rande des Naturschutzgebietes Rötseer Moos. Sie entstand aus der Einsiedelei eines vornehmen Mönches namens Ratpero im 10. Jh. Über den Konstanzer Bischof gelangte die Einsiedelei an das Benediktinerkloster Petershausen (s. Konstanz). Sie wurde mit Mönchen besiedelt, die neben der Kapelle im (heutigen Gast-) Haus wohnten. Schließlich wurde der Ort zu einer Propstei ausgebaut, indem ein Vorsteher eingesetzt wurde (= Präpositus = Propst). Hierher schob man z.B. einen Abt ab, den man zum Abdanken gezwungen hatte.

Aus einer wirtschaftlichen Notlage heraus mußte die Propstei an die Schellenberger verkauft (1580) und somit aufgelöst werden. Die Kirche existiert jedoch bis heute als Wallfahrtskirche. Der Bau aus der Propsteizeit ist im Kern noch erhalten, wenn auch später barockisiert. Selbst die Grabtumba des Einsiedlers findet man noch in der Kirche (1953 wiederentdeckt).

Lit.:   *Germania Benedictina, Bd. V, S. 550–552*

Schnell & Steiner Kunstführer Nr. 336: Kißlegg im Allgäu, S. 28

G 12   *Königsbronn*

Die **Zisterzienser** sind berühmt als Kolonisatoren. So finden wir ihre Ansiedlungen vor allem in unwegsamen Gegenden (vergl. Freiamt-Tennenbach) und gelten sie z.B. als Erfinder der Entwässerungsmühlen zur Trockenlegung von Sümpfen. Diese Leistungen sind vor allem den Laienbrüdern (= Konversen) zu verdanken, deren technisches Wissen die Innere Kolonisation Mitteleuropas entscheidend vorangebracht hat: In den beiden Jahrhunderten nach der Gründung des Zisterzienserordens verdoppelte bis verdreifachte sich die Bevölkerung Europas. Hierzu paßt die Ansiedlung der Zisterzienser in Königsbronn, wo man vorhandene Eisenerzvorkommen nutzen wollte.

Als letztes **ZISTERZIENSERkloster** im Bereich des heutigen BW wurde Königsbronn 1303 gegründet. Bohnerzfunde und Wasserkraft des Brenztopfes, diese beiden Voraussetzungen mußte man miteinander verbinden. Mit der Ansiedlung wollte König Albrecht I. von Habsburg, auf den der Namen Königsbronn zurückgeht, das technische Know-how der Zisterzienser nutzen. So wurde bis 1908 in Königsbronn Eisenerz verarbeitet.

Das Haus Habsburg konnte jedoch nicht davon profitieren, denn die Vogteirechte über das Kloster wanderten über Helfenstein und Bayern an das Haus Wirtemberg (1503). Der Konvent forderte vergebens, entsprechend alten Zisterzienserrechten, die direkte Unterstellung unter den König, also Reichsfreiheit (vergl. Bad Herrenalb).

So drohte die Auflösung in der Reformation, gegen die sich Konvent und Kaiser heftig wehrten, sodaß mehrere Versuche der Wirtemberger Herzöge scheiterten. Erst 1553, nachdem Markgraf Alkibiades von Brandenburg-Kulmbach die Klosteranlage zerstört hatte, konnte ein evang. Abt gewählt und die Auflösung durchgesetzt werden. Von 1559–95 war eine der angesehenen wirtembergischen Klosterschulen hier eingerichtet (vergl. Blaubeuren). Ansonsten diente die Anlage nur der Verwaltung der Güter und der wirtschaftlichen Nutzung der Eisenvorkommen.

Der heutige Besucher findet kaum 100 m von der Brenzquelle entfernt ein Areal vor, das aufgrund der Ummauerung als Klosteranlage erkennbar ist. Die Gebäude sind jedoch mit wenigen Ausnahmen (Torhaus, jetzt Museum; Prälatur, jetzt Pfarrhaus und Forstamt) verschwunden. Die vorhandene Kirche stammt aus nachklösterlicher Zeit (1678). Leider fehlt eine entsprechende Informationstafel mit einem Überblick, ebenso wie eine passende Broschüre. An der Mauer erinnern Eisenplatten an die frühere Erzverwertung.

Daten: 1303–1553 Zisterzienser

Lit.:   Veröffentlichung des E.-Ludwig-Gymnasiums Stuttgart, 1906

Königseggwald   M 9

„Eigentum verpflichtet!" Diese moderne sozialstaatliche Formel könnte man auf das Verhalten der Herren von Königsegg am Vorabend der Reformation übertragen. Ihren Aufstieg nutzte dieses Geschlecht, um die soziale Infrastruktur seiner Herrschaft zu verbessern. Neben dem Bau eines Spitals und eines Aussätzigenhauses wurde hierfür auch 1521 eine Frauenklause gestiftet, deren Hauptaufgabe die Pflege war. „Die Klause als Sozialstation" (s. Unlingen). Für ihre Arbeit bekamen die Schwestern eine Art Grundvergütung von der Herrschaft, wofür sie Arme kostenlos pflegen mußten.

Die Frauen schlossen sich sofort als 3.-Orden-**FRANZISKANERINNEN** einem anerkannten Orden an. Ihr Haus lag direkt neben der Pfarrkirche, sodaß die Betreuung weitgehend vom Ortsgeistlichen geschah. Dies ist typisch für solche Dorfklausen (s. Pfullendorf). Nach den Wirren des 30j. Krieges galt die Klause als untergegangen. Erst 1711 wagte man eine Neugründung, wozu man 2 Schwestern von Unlingen holte. Die endgültige Auflösung kam 1806, als die Grafschaft Königsegg an Württemberg fiel. Heute befinden sich das Forstamt sowie Privatwohnungen in dem schmucklosen Gebäude neben der sehenswerten gotischen Kirche.

Daten: 1521 – ca. 1650, 1711–1806 Franziskanerinnen

Lit.:   A. Wilts: Beginen im Bodenseeraum, S. 358–359

Alemania Franciscana Antiqua, Bd. 8, S. 113/114

08 *Konstanz*

Markant überragt der Bischofsdom mit seinem massiven Westwerk die Konstanzer Altstadt. Hier befand sich die Zentrale des größten Bistums Deutschlands, das sich seit dem Frühmittelalter über den Großteil der Nordschweiz und das südliche BW erstreckte. Und das eine europäische Bedeutung im Hochmittelalter erlangte, als es den Zugang zu den wichtigen Alpenpässen mitkontrollierte. Denn Kaiser wie Kaufleute drängten nach Italien. Den glanzvollen Höhepunkt bildete das Konstanzer Konzil (1414–18), das einzige auf deutschem Boden. Wie hart mussten die Bischöfe den Niedergang im Spätmittelalter mit dem Entstehen der Eidgenossenschaft erlebt haben! Zugleich engten die Bürger der erstarkenden Reichsstadt Konstanz den Spielraum des Bischofs in seiner eigenen Residenz immer mehr ein, bis er schließlich nach Meersburg auswich. Die Reformation schloß letztlich diesen Prozeß ab, denn der Großteil des Bistums wechselte die Konfession, inklusive der Reichsstadt Konstanz. Auch das Eingreifen Habsburgs (1548)

Konstanz: Münster. Bischofskirche des ehemals größten Bistums Deutschlands

Foto: Metz

mit der Zwangs-Rekatholisierung der Stadt brachte dem Bischof seine alten Rechte nicht zurück: 300 Jahre lang war er nur Gast in dieser jetzt habsburgischen Landstadt.

Konstanz ist die einzige (alte) Bischofsstadt im Bereich des heutigen BW und wurde 1821 von den Landesbistümern Freiburg und Rottenburg abgelöst. Diese Vergangenheit brachte der Stadt eine Reihe von Ordensniederlassungen, sodaß wir hier nach Freiburg die meisten Klöster und Stifte BWs vorfinden.

Kernstadt
1. Männerklöster

Zu einem Bischof gehören Domherren. Also Kleriker, die in seinem Umfeld wohnen und an der Verwaltung des Bistums teilhaben. Die zudem als **DOMKAPITEL** ein Mitspracherecht bei der Bischofswahl besitzen. Wir können diese Domherren-Gemeinschaft mit den **weltlichen Chorherren** vergleichen: Sie waren nicht zu einem Zusammenleben gezwungen wie die Augustinerchorherren, mußten jedoch ehelos leben und hatten bestimmte Pflichten in der Kirche. Daher finden wir heute noch mehrere Domherrenhöfe im Umkreis des Konstanzer Münsters vor, in denen diese Herren „residierten". Denn in der Regel entstammten sie dem gehobenen Adel (= Herren) des Umkreises, geschah der Eintritt in ein Domkapitel aus Karrieregründen, war eine Domherrenpfründe für eine bestimmte Familie des regionalen Adels reserviert. Das heutige Landgericht in der Gerichtsgasse war z.B. ein solcher Domherrenhof, ebenso das Gebäude der Pallottiner am Münsterplatz 11 (s.u.). Der Stadionsche Domherrenhof in der St.-Johann-Gasse 9 war über Jahrhunderte Sitz des Domdekans. All diese Gebäude vermitteln bereits in ihrem Äußeren einen Eindruck von Tradition und Reichtum. Das allen gemeinsame Gebäude war der Bischofsdom, das Münster Unser Lieben Frau.

Lit.: Schnell & Steiner Kunstführer Nr. 581: Münster ULF Konstanz

Ein einmaliges Relikt der Kreuzfahrerzeit findet man vom Kreuzgang des Münsters aus mit der Mauritiusrotunde. Bischof Konrad, der später heilig gesprochen wurde, hinterließ im 10. Jh. als Erinnerung an seine 2. Jerusalemreise eine Hl.-Grab-Kirche, die er anscheinend von 12 Chorherren betreuen ließ. Dies entsprach einem **Augustiner-Chorherrenstift**. Damit verbunden war ein Hospital. Aus dem Spital erwuchs später das Stift Kreuzlingen südlich von Konstanz, heute in der Schweiz liegend. Die Mauritiusrotunde bildet das heilige Grab ab. Diese frühgotische Arbeit ist das bedeutendste Werk des Münsters und lohnt alleine bereits eine Münsterbesichtigung.

Lit.: A. Borst: Mönche am Bodensee, S. 156–157

Ein weiteres Stift treffen wir mit der *Stephanskirche* an. Hier gründete vermutlich im 10. Jh. Bischof Salomon III. ein **KOLLEGIATSTIFT**, womit die bestehende Pfarrkirche der Bürgerschaft aufgewertet wurde. Urkundlich läßt sich das Stift erst 1125 belegen. 9 Chorherren betreuten die Pfarrkirche, wobei lange Zeit der Propst aus dem Domkapitel stammte, also zugleich Domherr war. Im Spätmittelalter ging das Recht, den Propst vorzuschlagen, an die päpstliche Kurie.

In der Reformationszeit fand die neue Lehre Anhänger unter den Chorherren, die damit ihren Teil zum Konfessionswechsel der Stadt beitrugen. Für über 20 Jahre mußte das Kollegium nach Radolfzell ausweichen, konnte erst wieder 1551 in die jetzt habsburgische, rekatholisierte Landstadt zurückkehren. Ein Großteil der Besitzungen ging jedoch verloren, da sie im protestantischen Thurgau lagen.

Die Pfarrkirche St. Stephan steht südlichwestlich des Münsters. Sie begrenzt zusammen mit dem gegenüberstehenden Franziskanerkloster (s.u.) den zentralen Platz der Stadt („St.-Stephans-Platz"). Die Kirche wurde 1424–86 im spätgotischen Stil erweitert.

Daten: (10. Jh.?) 1125–1807 Kollegiatstift

Lit.:   Helvetia Sacra, Bd. II/2, 1977, S. 325–329

Die Gründung des **KOLLEGIATSTIFTS** *St. Johann* orientierte sich an den Statuten des älteren Stiftes St. Stephan (s.o.). Um 1260 wurde eine

vorhandene Pfarrkirche zum Stift erhoben. Auch hier ging das Amt des Propstes an einen Domherren, auch hier lag der Hauptbesitz im Thurgau, auch hier fand die neue Lehre Anhänger und mußte man in der Reformationszeit ausziehen (nach Überlingen). Obwohl 12 Pfründe vorgesehen waren, reichte die Ausstattung letztlich nur für die Versorgung von 5

Konstanz: Profanierte Kirche des
Kollegiatstiftes St. Johann

Chorherren. Die restlichen Stellen blieben auf dem untergeordneten Status von Vikaren.

Nach der Napoleonischen Aufhebung (1807) wurde die gotische Kirche zum Hotel umgebaut. Im Schiff findet man heute Wohnungen, der Kirchenchor dient einem Lokal. Aber von Außen kann man gut die ursprüngliche Funktion erkennen. Eine Reihe von Chorherrenhäusern hat die Zeit überlebt, so z.B. das heutige Hotel an der Konradigasse.

Lit.:   Helvetia Sacra, Bd. II/2, S. 308–311

Die Konstanzer Bischöfe siedelten drei **BETTELORDENSklöster** über die gesamte Stadt verteilt an, sodaß die Bevölkerung eine optimale Seelsorge erhalten konnte. In BW können nur wenige Orte soviele Bettelordenskonvente vorweisen (s. Esslingen). Auffallend ist ihre Lage am Rande der Stadt (vergl. Überlingen).

Als erste kamen 1236 die **DOMINIKANER**, denen man die Insel im Bodensee zuwies. Hier bauten später sie den gewaltigen Komplex, der noch heute als Inselhotel genutzt wird. Über eine Brücke stellten sie die Verbindung zur Stadt her, aus der sie vor allem vom Patriziat einen starken Zulauf hatten. So trat der Mystiker Heinrich Seuse (Suso) als Patriziersohn in dieses Kloster ein. Der Betreuungsbezirk war riesig: Der ganze Thurgau und das Land nördlich des Sees bis zur Iller. Die Bedeutung des Konvents zeigt sich auch an der Abhaltung mehrerer Provinzkapitel.

In der Zeit des Konstanzer Konzils war ihre Anlage Herberge für die Vertreter der italienischen und der französischen Nationen. Der Konvent jedoch blieb weitgehend passiv, denn er befand sich zu diesem Zeitpunkt bereits in der bettelordenstypischen Krise des Spätmittelalters. Aus der führte ihn der Prior Antonius Pirata um 1500 heraus, der bis zum Generalvikar der Oberdeutschen Dominikanerprovinz aufstieg. Er war zugleich einer der stärksten Gegner der Reformation, gegen die er sich wiederholt öffentlich in der Stadt äußerte, bis ihn der städtische Rat samt Konvent auswies. In den Gebäuden wurde ein Seuchenspital eingerichtet, bei der abgelegenen Lage durchaus sinnvoll.

Nach der Zwangsbesetzung durch Habsburg durfte der Konvent zwar wieder zurückkehren, verlor jedoch seine Predigerfunktion in der Folgezeit an die Jesuiten. Durch Kaiser Joseph II. wurden die Mönche 1784 aus dem Kloster ausgesiedelt und ihr Gebäude einem Genfer Unternehmer zur Errichtung einer Textilfabrik überlassen. Das endgültige Aus kam jedoch erst 1808 für den noch lebenden Prior samt 3 Laienbrüdern. Ab

Foto: Steigenberger Inselhotel

Konstanz: Inselkloster der Dominikaner, heute Hotel

1874 diente das Gebäude als Hotel. So kann man noch heute in diesen historischen Mauern übernachten!

Nach der Aufhebung riß man den Ostchor der Kirche ab und verschandel-
te den Rest durch eine Zwischenwand und moderne Decken. Immerhin
kann man darin noch eine Bemalung aus dem Spätmittelalter vorfinden, so
z.b. 68 Martyrerszenen im nördlichen Seitenschiff. Die Kirche ist zugänglich über den Hoteleingang und wird als Bewirtungssaal genutzt. Die
Konventbauten gruppieren sich nördlich der Kirche um einen Kreuzgang
mit frühgotischen Formen.

Daten: 1236–1785–1808 Dominikaner

Lit.:   *H. Maurer: Konstanz im Mittelalter. Konstanz: Stadlerverlag, 1989, Bd. 1, S. 131–134*

     B. Hilberling: Das Dominikanerkloster St. Nikolaus. Thorbecke, 1969

Nur 4 Jahre nach den Dominikanern kamen die **FRANZISKANER**, ebenfalls vom Bischof gerufen. Zuerst wohnten sie in einem Privathaus in der
Stadt, aber aufgrund des großen Zulaufs bauten sie ihr eigenes Kloster
zwischen Pfarrkirche St. Stephan (s.o.) und Stadtmauer. Mit dieser Lage
am Herzen der Bürgerstadt sprachen sie die Schichten an, von denen sie
lebten und aus deren Mitte ihre Brüder kamen. Zugleich diente der
Steinbau ihres Klosters als Teil der Verteidigungsanlagen (vergl. Überlingen).
Bereits unter Kaiser Josef II. wurde das Kloster aufgelöst, die überlebenden Mönche jedoch erst 1808 unter Baden endgültig abgefunden. Zuerst
diente ihr Konventgebäude als Kaserne, dann (bis heute) als Schule
(Stefansschule). Die Kirche wird inzwischen als Bürgersaal genutzt. Die
ursprüngliche Anlage war 1727–34 vollständig umgebaut worden.

Daten: 1240–1788–1808 Franziskaner

Lit.:   *H. Maurer, s.o., S. 135/136*

     H. Schmid: Die Säkularisation der Klöster in Baden. Überlingen:

     Schoberverlag, 1980, S. 95/96

Der Besucher findet in der Dreifaltigkeitskirche eine Ausmalung vor, die
an das größte Ereignis der Stadtgeschichte erinnert: das Konzil. Die
Fresken waren ein Geschenk von Kaiser Sigismund als Dank für die gast-
liche Aufnahme in den nebenstehenden Klostergebäuden der **AUGUSTI-
NER-EREMITEN**. Diese hatten sich 1268 als letzter der Bettelorden in
Konstanz angesiedelt, gerufen von Bischof und städtischer Oberschicht.
Ebenso wie die Franziskaner bauten sie an der Stadtmauer, weil ihnen hier
das Gelände von der Stadt zur Verfügung gestellt wurde. Jedoch nur leih-
weise, was später immer wieder Konflikte hervorrief. Im Unterschied zu
anderen derartigen Niederlassungen betreuten sie auch noch das Siechen-
haus.
Innerhalb des Ordens erwarb sich der Konvent eine besondere Reputation
als ein Zentrum wissenschaftlicher Arbeit. Daher wurde 1394 die
Ordenshochschule hierher verlegt. (Anmerkung: Alle Bettelorden unter-

hielten eine Ordenshochschule pro Provinz, an der ihr Nachwuchs die entsprechende Ausbildung für die Seelsorgetätigkeit erhielt). Daher kann es nicht verwundern, daß der Kaiser gerade dieses Kloster für seinen Aufenthalt aussuchte.

In der Reformation mußte das Klosterleben für ca. 20 Jahre unterbrochen werden. Nach dem 30j. Krieg war ein Neubau notwendig, von dem jedoch inzwischen nichts mehr zu finden ist. Denn nach der Aufhebung von 1802, die bereits 1785 durch Kaiser Joseph II. mit dem Verbot der Novizenaufnahme vorbereitet worden war, wurden die Konventgebäude abgebrochen. Übrig bleibt jedoch die barockisierte gotische Kirche, die als Pfarrkirche genutzt wird.

Daten: 1268–1802 Augustiner-Eremiten

Lit.: Schnell & Steiner Kunstführer Nr. 159: Dreifaltigkeitskirche Konstanz

Konstanz als wichtige Etappe auf dem Weg nach Süden zog eine Mönchsgemeinschaft an, deren Ziel die Wallfahrt nach Rom war: die **Schottenmönche**. Dies waren Kelten von der Insel Irland (im Mittelalter als Schottland bezeichnet), die im Hochmittelalter an ihrem Weg nach Rom mehrere Schottenklöster gründeten: Regensburg, Würzburg, Nürnberg, Erfurt, Memmingen, Wien, in der Regel nach St. Jakob benannt. Diese Kongregation innerhalb des Benediktinerordens konnte sich nur im Hochmittelalter halten, denn nach der Eroberung der Insel durch die Engländer ging der Nachwuchs aus. Daher bedeutete die Reformation das Ende der meisten Schottenklöster, die z.T. von deutschen Benediktinern übernommen wurden.

In Konstanz befand sich das einzige Schottenkloster im Bereich des heutigen BW, angesiedelt nordwestlich der Altstadt, außerhalb der Stadtmauer,. In der Reformation riß die Stadt das baufällige Gebäude ab und errichtete hier einen Friedhof. Als Erinnerung bleiben Straßennamen („Schottenplatz") und eine ehemalige Friedhofskapelle. Auf dem Klostergelände stehen Vinzenzkrankenhaus und Humboldtgymnasium.

Daten: vor 1220–1529 Schottenkloster

Lit.: Germania Benedictina, Bd. V, S. 359–363

Auch den Pflegeorden der **Antoniter** (s Teningen) konnte man seit ca. 1215 in dieser Stadt antreffen. Angesiedelt an der Stadtmauer, neben dem Rindportortor, unterhielt er ein kleines Hospital für Mutterkorn-Erkrankte. Die Niederlassung ging ebenso wie alle anderen dieses Ordens in Deutschland mit der Refor-

Foto: Willig

Konstanz: Spuren der Antoniter

mation unter. Heute befindet sich dort ein Möbelhaus. Man kann jedoch überraschenderweise im Hof 2 gotische Spitzbogenfensterchen entdecken, die (wohl später?) hier eingemauert wurden (Obere Laube 51).

Lit.:   H. Maurer: s.o., S.131

Es ist selbstverständlich, daß in dieser zwangsweise rekatholisierten Stadt **gegenreformatorische** Orden ein reiches Betätigungsfeld vorfanden. Ihre Ansiedlung durch Habsburg kann daher nicht überraschen.

Den **JESUITEN** war eine überragende Funktion zugedacht, als sie der Kaiser auf Anraten des Bischofs und gegen den energischen Widerstand der Stadtverwaltung 1592 ansiedelte. Der bischöfliche Plan sah vor, durch sie den gesamten Priesternachwuchs seiner Diözese ausbilden zu lassen. Hierzu fehlte jedoch (wie so oft) das nötige Geld. Am Ende kam nur eine Schule auf Gymnasialniveau heraus, die aber zeitweise an die 500 Schüler hatte. Schule und Konventgebäude (Kolleg) erbauten sie 1604–09 auf dem vom Bischof geschenkten Platz
Nach der allgemeinen Jesuitenaufhebung von 1773 wurde aus dem Schulgebäude das heutige Theater. Ins Kolleg zogen staatliche Ämter (heute Hochbauamt). Ihre Kirche dient den Altkatholiken für den Gottesdienst („Christuskirche"). Die gesamte Anlage kündet bereits durch ihre zentrale Lage neben dem Bischofssitz ihre Funktion und Bedeutung: von hier aus sollte ein Bistum wiederbelebt werden!

Daten: 1592–1773 Jesuiten

Lit.:   M. Burkhardt u.a.: Geschichte der Stadt Konstanz. Band 3, 1991, S. 184–187

Auch die **Kapuziner** siedelten sich in Konstanz an. Bereits 1603 kamen sie aus der Schweiz, sodaß wir es hier mit einer der ersten Niederlassungen BWs zu tun haben. Mit ihrer einfachen Art sprachen sie vor allem die einfachen Volksschichten an. Bereits unter Kaiser Joseph II. wurde ihr Konvent 1785 aufgelöst. Nach dem Abbruch der Gebäude (1864) wurde auf dem Gelände das imposante Hauptpostamt im Gründerzeitstil erbaut (gegenüber dem Bahnhof).

Lit.:   M. Burkhard u.a.: s.o., S. 187–189

In neuester Zeit gibt es zwei Ordensniederlassungen. Zum einen sind die
● **Pallottiner** (s. Immenstaad) mit einem Stützpunkt mitten in der Stadt vertreten: Im ehemaligen Domherrenhaus „Rollscher Hof" am Münsterplatz, wo auch noch das Bildungswerk der Erzdiözese untergebracht ist. Zum
● anderen unterhalten die **Don-Bosco-Priester (Salesianer,** s. Furtwangen) ein Heim für Jugendliche im Stadtteil Petershausen.

2. Frauenklöster

Konstanz war eine Stadt der **FRAUENSAMMLUNGEN**. A. Wilts stellt in seinem Buch „Beginen im Bodenseeraum" über 6 Seiten eine ganze Reihe von ihnen vor: Schwestern am Tulenbrunnen (später St. Peter, s.u.); Schwestern an der Mauer (später Zoffingen, s.u.); Schwestern im Turm gegenüber dem Franziskanerkloster; das von den Augustiner-Eremiten betreute Mäntellerinnenhaus in der Sigismundstraße; die Sammlung in der Wittengasse (heute Münzgasse, Kaufhaus Woolworth) des 3. Ordens der Franziskanerinnen; die Klause bei der Kirche St. Paul in der Hussenstraße (gegenüber Hertie); Schwestern im Bruderhaus in der Neugasse anstelle der zuvor dort wohnenden Alexianer-Brüder; u.a. Zudem gab es noch 2 Sammlungen, die später anderenorts bedeutende Klöster wurden: Zum einen die Klarissen von Paradies 1250–60, die sich anschließend südlich von Schaffhausen ansiedelten und von denen ein Konstanzer Stadtteil seinen Namen erhielt. Zum anderen die Zisterzienserinnen von Feldbach, die 1248–1253 in der Niederburg in der Nähe des heutigen Kloster Zoffingen wohnten und bei Steckborn im Thurgau ihr Kloster bauten.

Nachfolgend werden die beiden Sammlungen näher dargestellt, von denen heute noch eine existiert und von der anderen die Kirche erhalten blieb.

Dies sind zuerst einmal die **DOMINIKANERINNEN** von Zoffingen, die als eines von 8 Frauenklöstern in BW sogar die Napoleonische Säkularisation überlebten. Ihre Gemeinschaft bestand bereits, als sie 1257 die Augustinusregel vom Bischof bekamen. Wahrscheinlich waren sie vom St. Gallischen Wil hierher gezogen, auf der Suche nach einer optimalen seelsorgerischen Betreuung. 1266 schenkte ihnen der Domherr von Zofingen Haus und Gelände in der Niederburg, wo sie heute noch wohnen. Mit der Wahl dieses Ortes war auch eine Aussage hinsichtlich der Betreuung verbunden: Sie wollten in der Nähe der Dominikanerinsel sein (s.o.). Dabei blieben sie jedoch während der Anfangszeit ihrer Existenz in Abhängigkeit vom Bischof, waren also nur lose diesem Bettelorden zugeordnet, konnten so ihren ursprünglichen Beginenstatus wahren. Erst 1317, als im Bistum Konstanz eine Beginenverfolgung infolge des Konzils von Vienne einsetzte, flüchteten sie sich in den Status eines regulären Klosters mit Klausur, Grunderwerb und eigener Kapelle. Damit wurde das Kloster auch für Bürgertöchter attraktiv.

Der Wechsel der Reichsstadt zur neuen Lehre führte nicht automatisch zur Aufhebung wie bei den Männerklöstern. Vielmehr ließ man die Gemeinschaft weiterexistieren. Die Rekatholisierung durch Habsburg brachte eine Reaktivierung durch 2 Nonnen des Konvents, die heimlich bei der alten Lehre geblieben waren. Eine erneute Krise trat mit der Aufklärung ein: Die habsburgische Regierung verlangte von den Klöstern ihres Einflußbereichs, daß sie eine „nützliche" Funktion erfüllten. So regte sie für Zoffingen 1775 an, eine Mädchenschule für den Elementarunterricht einzurichten. Dies zahlte sich noch 30 Jahre später während der napoleonischen Säkularisation aus, als das Kloster als „Lehrinstitut" weiterbestehen durfte. Wegen des Kulturkampfes im letzten Jahrhundert fügte man 1868 eine höhere Schule und ein Lehrerinnenseminar hinzu. Heute leben rund 25 Nonnen hier, besitzen Grund-, Haupt- und Realschule einen guten Ruf. Der Besucher findet die schlichte Klosteranlage in der Brückengasse. Die Kirche „St. Katharina", erbaut 1664–1666, ist von der Straße her offen. Die großen Realschulgebäude bilden eine Front zum Rhein hin. Sie wurden 1903 und in den 70er Jahren auf dem Gelände des ehemaligen Klosters St. Peter (s.u.) erbaut. Die Ausdehnung der Gesamtanlage ist aufgrund der städtischen Umgebung nicht sofort zu erkennen.

Daten: vor 1257–1318 Frauensammlung, 1318–1527 Dominikanerinnen,
1527–1549 Frauengemeinschaft, seit 1549 Dominikanerinnen

Lit.:   A. Wilts: Beginen im Bodenseeraum, S. 171–185
B. Hilberling: Kloster Zoffingen 1257–1957. Konstanz: Kommissionsverlag, 1957

Eine weitere Sammlung hatte sich in der Niederburg angesiedelt, die später ebenfalls zu **DOMINIKANERINNEN** wurde: St. Peter an der Fahr (= Fähre). Aus der Tulengasse zog sie 1253 an die Rheinbrücke, als von dort die späteren Zisterzienserinnen von Feldbach (s.o.) auszogen. Ihren Namen wählten sie nach dem dominikanischen Heiligen Petrus von Verona. Ebenso wie Zoffingen mußten sie im 14. Jh. zu einem klausurierten Kloster werden, wobei der Bischof weiterhin die Aufsicht behielt.

In der Reformation kam die große Krise: Die Nonnen traten aus, das Kloster stand verwaist da. Gerne hätte der Bischof hierin Jesuiten angesiedelt, aber die habsburgische Regierung entschied sich letztlich für die Wiederherstellung als Frauenkloster. So schickte man den Neugründungskonvent ins Dominikanerinnenkloster Adelhausen (s. Freiburg) zum Lernen. Die endgültige Aufhebung kam in der Zeit der Aufklärung unter Kaiser Joseph II. Der Konvent von St. Peter mußte sich gegen seinen Willen mit dem von Zoffingen 1785 vereinigen. 5 Jahre lang wehrten sich die meist adligen Frauen, dann traten die meisten von ihnen mit einer Pension in die Welt.

Auf dem Gelände von St. Peter wurden in unserem Jahrhundert die Schulen des Klosters Zoffingen gebaut. Die Kirche jedoch steht noch, wenn auch äußerlich als solche kaum erkennbar (Klostergasse 4). Sie war zeitweise als Remise für Kutschen genutzt, wurde 1908 von Zoffingen gekauft und dient heute der Klosterschule.

Daten: vor 1250–1265 Frauensammlung, 1265–1525 und 1574–1789 Dominikanerinnen

Lit.:   A. Wilts: s.o., S. 360/361

Petershausen

Eine Ansammlung von Klöstern gibt noch lange keinen Orden! Daraus
wird erst dann ein Orden, wenn es eine Leitungszentrale gibt und eine ver-
bindliche gemeinsame Ordnung gilt. So gesehen darf man für das
Mittelalter nicht von einem Benedikterorden sprechen, da jedes Kloster für
sich unabhängig war und auf seine Art die Benediktinerregel auslegte,
seine Consuetudines (= Gewohnheiten) hatte. Dementsprechend unmön-
chisch sah daher das Leben in den meisten Klöstern aus (vergl. Sinsheim).
Erst mit dem Entschluß zu einem engeren Zusammenschluß und einer
gemeinsamen Regelauslegung wurde der Weg in Richtung Orden eingeleitet. Dabei gingen die Benediktiner diesen Weg bis heute nicht zu Ende,
sondern schlossen sich nur zu Kongregationen zusammen (vergl. Beuron).
Einer der entscheidenden Schritte hierzu war die 1. Kapitelversammlung
der Mainz-Bamberger Benediktinerprovinz, die am 28. Februar 1417 im
Kloster Petershausen im Rahmen des Konstanzer Konzils zusammentrat.
Hier wurde beschlossen, sich regelmäßig zu treffen und Visitationen beim
einzelnen, weiterhin unabhängigen Kloster durchzuführen (vergl. Ulm-
Wiblingen). Man kann dieses Petershauser Treffen als fundamental für die
weitere Entwicklung der Benediktiner in unserem Raum bezeichnen.

Bereits bei der Gründung des **Benediktinerklosters** Petershausen 983 war
ihm eine besondere Rolle vorgesehen: Der Hl. Bischof Gebhard II. von
Konstanz schuf sich hier ein Eigenkloster als Gegengewicht zu den etablierten Klöstern Reichenau und St. Gallen. Hierzu wurden die ersten Äbte
aus dem Reform-kloster Einsiedeln geholt. Es gab näm-lich bereits vor der
Hirsaureform eine Klosterreformbe-wegung in Deutsch-land, die einige bedeutende Bischöfe hervorbrachte (u.a. den Hl. Wolfgang).

Petershausen: Prachtvolles Konventgebäude,
heute Landesmuseum

Petershausen schloß sich schließlich 100 Jahre später ebenfalls Hirsau an.
Hiermit war dann auch eine Erweiterung verbunden: Man wurde zum
Doppelkloster, ein Beweis für die bedeutende Rolle der Frauen innerhalb
der Hirsaureform.

Wie so viele Reformklöster versank man dann in den üblichen Trott als Adelskloster, das in der Stauferzeit die Bischofsherrschaft abschütteln konnte und reichsfrei wurde. Erst das Konzil von Konstanz brachte einen geistigen Aufschwung (s.o.). Schlimm erging es Petershausen in der Reformationszeit. Die Stadt Konstanz war protestantisch geworden und übernahm kurzerhand Petershausen in Eigenregie. 1556 jedoch konnte der Konvent zurückkehren, weil Habsburg die Stadt Konstanz inzwischen besetzt und rekatholisiert hatte. Es folgte das übliche: Zerstörung im 30j. Krieg, Wiederaufstieg in der Barockzeit, Auflösung unter Napoleon. Das Gelände wurde als Kaserne benutzt. Die romanische Kirche wurde im 19. Jh. abgerissen. Ein Großteil der Gebäude steht jedoch noch. Zur Orientierung dient eine Tafel am Fußweg zur Rheinbrücke. Es handelt sich dabei um eine untypische Barockanlage, weil zum einen der Konventbau im Norden der Kirche stand (heute Archäologisches Museum und Stadtarchiv) und zudem noch aufgrund seiner Schaufassade den Eindruck einer fürstlichen Abtresidenz erweckt. Die jedoch befand sich in einem äußerlich bescheidenen Gebäude (heute Musikschule) im Süden zum Rhein hin.

Daten: 983–1802 Benediktinerabtei

Lit.:   *Germania Benedictina, Bd. V, S. 484–502*

   A. Borst: Mönche am Bodensee, S. 136–154.

Mainau

Wer kennt sie nicht, die Blumeninsel Mainau! Deshalb eine Klärung vorweg: Die Blumenpracht und die exotischen Bäume stammen nicht von den vorbesitzenden Deutschherren, die hier einen Ersatz für Palästinas verlorene Blütenträume suchten. Denn über 500 Jahre befand sich hier eine Kommende des **DEUTSCHEN ORDENS**, der von dieser Insel im Überlinger See aus auch den Nordrand des Bodanrücks verwaltete. Erst nach der Napoleonischen Säkularisation gelangte die Insel an Baden und dann über verschiedene Besitzer schließlich 1928 an die badische Prinzessin und schwedische Königin Viktoria, deren Enkel Bernadotte aus diesem Erbe die heutige Touristenattraktion gemacht hat.

Ursprünglich befand sich die Mainau ebenso wie die Halbinsel „Bodanrück" im Besitz des Klosters Reichenau. Dieses ließ sie von einem Ministerialen, also adligen Angestellten, verwalten. Als jedoch im 13. Jh. die Ritterorden in Deutschland aufblüten, entschloß sich einer der Angestellten, ein Herr von Langenstein, kurzerhand zum Arbeitgeberwechsel: Er trat 1271 zusammen mit seinen 4 Söhnen in den Deutschen Orden ein. Und brachte als Gastgeschenk die von ihm verwalteten Gebiete mit. Ein Verlust, den sich das altehrwürdige Benediktinerkloster nicht bieten lassen konnte/wollte. Denn hier wurde ihm ein Stück Fleisch herausgerissen. Wenn dieses Beispiel Schule gemacht hätte, wäre am Ende das Hochadelskloster Reichenau ohne seine Ministerialen wehrlos dagestanden. Also kam es zu Kämpfen und Prozessen, an deren Ende Reichenau als Verlierer von Mainau und nördlichem Bodanrück dastand. Jedoch in einem gewann: Im direkten Umfeld der Reichenau mußte der Deutsche Orden auf bereits erworbene und weitere Besitzungen verzichten. So klingen auch heute politische Kompromisse.

Die Kommende Mainau wurde zur reichsten der Ballei Elsaß-Burgund (s. Altshausen), konnte 1511 die Herrschaft Blumenfeld (s. Tengen) aufkaufen, überstand auch den 30j. Krieg außer den beiden letzten Jahren, als Schweden (zum erstenmal) die Insel in Besitz nahm. Kurz: Es war ein beschauliches Deutschherrendasein, ausgefüllt mit Aufgaben, wie sie weltliche Adlige auch erfüllten. Erst der eingangs geschilderte Besitzerwechsel nach der Säkularisation und die (zweite) „schwedische Besetzung" brachte auf diese Insel Leben und Geschäftigkeit, ließ daraus ein kommerzielles Unternehmen und Touristikobjekt entstehen. Der jährliche Besuch der Nobelpreisträger bringt eine geistige Elite hierher, wie man sie ähnlich wahrlich nicht bei Ritterordensleuten erwarten konnte.
Dominiert wird die Insel von barocken Schloßbauten, die 1739–46 der Deutschordens-Baumeister J.K. Bagnato erstellte. Eine Dreiflügelanlage mit dem typischen Barockwappen als Krönung (s. Weinheim). Daneben die barocke Kirche vom gleichen Baumeister. Der Zugang ist mit dem Boot oder vom Festland her möglich (Eintritt!).

Daten: 1271–1805 Deutscher Orden

Lit.:   A. Borst: Mönche am Bodensee, S. 227–245

Schnell & Steiner Kunstführer Nr. 1207: Schloßkirche Insel Mainau

Auf dem Festland, direkt hinter dem Mainauparkplatz, befand sich die Einsiedelei „*St. Katharina*". Im 13. Jh. als Bruderhaus für männliche Einsiedler entstanden, wurde sie ab 1419 von Frauen bewohnt. Wir finden diesen Rückzug in die Einöde bei Frauen dieser Zeit öfter im Bodenseeraum (s. Bermatingen). Diese Frauen verschafften sich 1436 als 3.-Orden-**Augustiner-Eremitinnen** eine reguläre Betreuung durch Mönche, bei denen erst kurz zuvor (1399) analog zu den anderen Bettelorden der 3. Orden erlaubt worden war. Die Parallelen zum Klösterchen St. Adelheiden (s. Allensbach) sind offensichtlich. Nach der Napoleonischen Aufhebung (1810) wurden die Gebäude abgerissen, so daß man keine direkten Spuren mehr findet.

Lit.:   A. Wilts: Beginen im Bodenseeraum, S. 412–416

Krautheim

Ein kleines Johanniter-Museum erinnert in diesem Ort an die Vergangenheit. Denn bereits um 1200 erwarb hier der **JOHANNITER-ORDEN** Besitz und errichtete im Laufe des 13. Jh. eine Kommende. Infolge einer finanziellen Krise des Ordens mußte sie zwar 1386 verkauft werden, ebenso wie die in Neckarelz (s. Mosbach) und Boxberg. Das 1268 erworbene Kirchenpatronat jedoch konnte bis 1554 behalten werden.

Der Renaissancebau, in dem sich das Museum befindet, heißt noch heute im Volksmund Johanniterhaus, obwohl er erst 1590 vom Mainzer Bischof als Verwaltungszentrum errichtet wurde. Wahrscheinlich befand sich hier zuvor das Kommendegebäude.

Bad Krozingen

Schlatt

Das Entstehen von neuen Orden läßt sich z.T. mit modernen marktwirtschaftlichen Gesetzen erklären: Eine bestehende Nachfrage führt zum Auftauchen eines Angebotes, kleine Orden suchen sich ihre Marktnische. Eine solche Marktlücke hatten die **Lazariten** besetzt. Entstanden waren sie im Verlaufe der Kreuzzüge im Aussätzigenspital von Jerusalem vor 1142. Ursprünglich nur aus Aussätzigen bestehend, schlossen sich ihnen bald auch Gesunde an. Zielsetzung war einzig und allein die Pflege von Aussätzigen, damals ein weltweites Problem. Denn mit den Kreuzzügen war die Lepra von Asien nach Europa eingeschleppt worden. Daher entstanden auch Niederlassungen in Europa, darunter als größtes deutsches Haus eine Schenkung des Landgrafen von Thüringen und seiner Frau, der Hl. Elisabeth. Mit dem Ende des Mittelalters gingen sie im Pflegeorden der Johanniter auf, weil der Aussatz nicht mehr als Seuche in Europa auftrat.

Foto: Willig

Schlatt: Lazaritenniederlassung (altes Schulhaus) mit Bachdurchlaß

In BW besaßen die **LAZARITEN** nur eine einzige Niederlassung, und zwar in Schlatt. Hier hatte ein Ritter Werner von Staufen ein Haus gestiftet. Insgesamt gab es drei Häuser in der Provinz Schwaben: Neben Schlatt noch Gfenn (bei Zürich) und Seedorf im Kanton Uri (heute Benediktinerinnenkloster). In Schlatt war es eine Doppelkommende von Männern und Frauen, wobei das Kloster der Frauen im 30j. Krieg zerstört wurde.

In Schlatt können wir aufgrund der Reste ein wenig von ihren Maßnahmen hinsichtlich Hygiene nachvollziehen. Direkt neben einer starken Quelle, die aus dem Lazaritenberg entspringt, hatten sie ihr Haus gebaut, das inzwischen als Privathaus frisch renoviert ein Schmuckstück des Ortes geworden ist („altes Schulhaus"). Durch ihr Haus floß (und fließt noch heute) der Quellbach. Eine ideale Lösung, um ständig frisches Wasser für die Pflege der Aussätzigen zu erhalten und die Übertragungskeime schnell aus dem Hause zu schaffen. Wenige Schritte daneben hatten sie ihre Kirche, geweiht dem Pestheiligen St. Sebastian. Deren Turm aus dem 13. Jh. hat sich bis heute erhalten.

Seit kurzem (1974) knüpft man wieder an ihre Tradition an mit einer Neugründung der Kommende, die sich der Leprabekämpfung in der 3. Welt widmet.

Daten: *1220–1362 Lazariten (Doppelkloster von Männern und Frauen),*
1362–1805 Johanniterorden

Lit.: *Ortschronik von Schlatt, 1988*
Freiburger Diözesanarchiv, 1954, S. 169–180

Kernort

Am Südrande des Städtchens liegt die ehemalige Propstei des **BENEDIKTINERklosters** St. Blasien, die als Verwaltungszentrum des Breisgauer Besitzes dieses Klosters eingerichtet worden war. Wahrscheinlich befand sich hier kein Konvent, sondern nur ein Propst als Verwalter der weltlichen Güter. In der Renaissancezeit wurde aus dem nüchternen Verwaltungssitz ein Schlößchen, das durch Umbauten im Rokokostil sein heutiges Gesicht erhielt. Für kurze Zeit befand sich hier das geistige Zentrum des Breisgaus: Der Propst Marquard Herrgott, der auch die Rokokoumgestaltung vornehmen ließ, hatte Verbindungen zur zeitgenössigen Gelehrtenwelt. Er ließ eine Baumschule, eine Maulbeerpflanzung und eine Bienenzucht anlegen, ein Zeichen der Öffnung des Ordens gegenüber der Kritik des Rationalismus.

Die ummauerte Anlage befindet sich heute in Privatbesitz (Wohnungen, Gärtnerei). In der Anlage finden auch die Schloßkonzerte statt.

Daten: *1383–1803 Propstei des Benediktinerklosters St. Blasien*

Lit.: *Germania Benediktina, Bd. V, S. 363–368*

Kondominate waren im alten Reich keine Seltenheit. Gemeinsam verwalteten und regierten verschiedene Herrschaftshäuser ein Gebiet, teilten sich die Einkünfte und verdoppelten die Probleme. Die Herrschaft Mahlberg mit ihrem Hauptort Lahr gehörte über komplizierte Erb- und Kaufentwicklungen sowohl dem Hause Nassau wie auch dem Hause Baden-Baden. Bei der Einführung der Reformation waren beide Häuser gemeinsam vorgegangen. Als jedoch die Markgrafen von Baden-Baden nach 1620 wieder katholisch wurden und ihre Untertanen rekatholisierten, war ihnen dies in der Herrschaft Mahlberg wegen der Mitregierung von Nassau nicht möglich. Daraufhin entschloß man sich zu einer Zerstückelungsoperation: Nassau erhielt den Hauptort Lahr, Baden-Baden begnügte sich mit Mahlberg, wo es sofort die Gegenreformation durchführte (s. Mahlberg). Aus finanzieller Sicht machte Baden-Baden ein schlechtes Geschäft, aber was tut man nicht alles aus religiöser Überzeugung. Zurück blieb Lahr als protestantische Enklave in katholischem Umland, was sich langfristig wirtschaftlich bezahlt machte. Denn Lahr wurde zu einer Handelsstadt, deren Beziehungen vor allem zum nassauischen Holland florierten.

Die Einführung der Reformation in Lahr brachte das Ende für das einzige Kloster der Stadt, von dem heute noch die Stiftskirche „Unser Lieben Frau" steht. Die Ortsherren von Geroldseck hatten es 1259 als **AUGUSTINER-CHORHERREN-Stift** neben ihrer Burg außerhalb der Stadt gegründet und ihnen das Spital übergeben: Chorherren als Krankenpfleger, eine seltene Konstellation. Aber man findet sie immer wieder in spezialisierten Orden (z.B. Antoniter, Heilig-Geist-Spitäler). Der Gründungskonvent kam aus dem Kloster Obersteigen, gelegen am Vogesenpaß hinter Wasselnheim. Da später noch 3 weitere derartige Stifte gegründet wurden, wurde daraus die Kongregation der „Steigerherren".
1349 wurde das Spital in die Dinglinger Vorstadt verlegt und vom Stift gelöst. 1482 erfolgte, ebenso wie bei den anderen Stiften der Steigerherren, die Umwandlung in ein **KOLLEGIATSTIFT**, also ein weltliches Stift. Diese spätmittelalterliche Entwicklung tritt auch bei benediktinischen Klöstern auf (z.B. Ellwangen), ein Ausdruck der Abkehr von den ursprünglich (strengen) Idealen. Der Zeitgeist ließ das Kloster/Stift zur reinen Versorgungsanstalt absinken. In Lahr reichte das Einkommen für 1 Dekan, 5 Chorherren und 4 Vikare, was im Vergleich mit anderen Kollegiatstiften eher als klein zu bezeichnen ist (z.B. Baden-Baden). Ein Jahrhundert später kam mit der Reformation das Aus.
Wir finden die frühgotische Stiftskirche außerhalb der Altstadt neben der B 415 Richtung Schwarzwald. Die Kirche wurde im 19. Jh. teilweise umgebaut. Aus dieser Zeit stammt die Wölbung des Kirchenschiffes. Die Konventgebäude südlich der Kirche sind verschwunden, an ihrer Stelle

befindet sich heute ein Friedhof. Nördlich der Kirche liegt der „Denkmalhof" mit Grabdenkmälern verdienter Personen aus der nachreformatorischen Zeit. Hier befand sich wohl ursprünglich der Klosterfriedhof. Denkmalhof wie Kirche sind untertags geschlossen.

Daten: 1259–1482 Augustiner-Chorherrenstift, 1482–1558 Kollegiatstift

Lit.: W. Müller: Die Klöster der Ortenau. In: Die Ortenau, Bd. 58, 1978, S. 417–430

Langenargen O 10

Die Klosterstraße erinnert an ein **KAPUZINERkloster**, das 1694 von den Grafen von Montfort hier angesiedelt worden war. 15 Patres und Brüder betreuten die gesamte Grafschaft. Als die Grafschaft zwangsweise an die Habsburger verkauft werden mußte, wurde im Rahmen der Josephinischen Säkularisation eine weitere Novizenaufnahme verboten. Aber erst 1810 hob Württemberg das Kloster auf. Kirche und Konventflügel wurden abgebrochen. Heute steht hier St. Elisabeth (Kindergarten und Sozialstation), erbaut 1916.

Lit.: J.B. Kichler: Die Geschichte von Langenargen. 1926, S. 175–181

Langenau I 12

Der Anhäuser Pfleghof ist das Relikt einer kurzen Periode als **Benediktinerkloster**. Denn hier wurde von einem schwäbischen Hochadelsgeschlecht 1113 ein Kloster gegründet, das bereits 12 Jahre später nach Anhausen (s. Herbrechtingen) verlegt wurde. Warum? Wir wissen es nicht genau. Die Martinskirche war mit Gewißheit als Klosterkirche gedacht. Ihr heutiger Bau geht jedoch auf spätgotische Zeit zurück. Und auch der als „Schlößle" bezeichnete Pfleghof neben der Kirche stammt aus späterer Zeit. Die ganze Anlage bildet einen geschlossenen Bezirk.

Lit.: Germania Benedictina, Bd. V, S. 368–370

Lauchheim G 13

Kapfenburg

Wie gekonnt und systematisch der Deutsche Orden seine Besitzungen wirtschaftlich führte, davon zeugt in zweierlei Hinsicht die Kapfenburg. Zum einen durch die Umstände ihres Erwerbes: Der Deutsche Orden bündelte hier seinen Streubesitz und schuf um die Stadt Lauchheim herum ein geschlossenes Territorium, sein viertgrößtes im Bereich des heutigen BW nach Taubertal, Neckartal und Altshausen. Zum anderen durch ihren heutigen Zustand: Man findet nur wenige mittelalterliche Burganlagen im Lande, die so gepflegt die Jahrhunderte überlebten und kontinuierlich zu einem Schloß ausgebaut wurden. Daher fasziniert den Besucher bereits bei der Anfahrt das Panorama: Ein Schloß in typischer Burg-Berg-Lage am Rande des Härtsfeldes (Schwäbische Alb), wuchtig im Kern, wehrhaft mit seinen Bastionen, autark durch seine Wirtschaftsbauten. Die Ritterorden des Spätmittelalters und der Neuzeit waren keine religiösen Orden mehr, sondern Wirtschaftsunternehmen mit politischen Ambitionen (vergl. Rheinfelden-Beuggen).

Mit dem Kauf der öttingischen Kapfenburg durch den **DEUTSCHEN ORDEN** sollte im Umland vorhandener Besitz zentralisiert werden. So richtete man hier bereits 1379, also 15 Jahre nach dem Kauf, eine eigen ständige Kommende mit einem Komptur ein, die der Ballei Franken angehörte. Die Kapfenburg war so gut befestigt, daß sie im Bauernkrieg eine Belagerung überstehen konnte. Somit zählte sie zu den wenigen Burgen der Deutschherren, die diese Krise heil überstanden (vergl. Neckarsulm). Daher konnte hier anschließend das Landkapitel der Ballei Franken tagen und Mergentheim zum Residenzort des Deutschmeisters wählen. Anscheinend konnte die Kapfenburg auch als Sprungbrett für eine Karriere innerhalb des Ordens dienen, denn ihr Komptur von Westernach wurde später zum Deutsch- und Hochmeister gewählt. An diese bedeutende Person erinnert noch heute das von ihm errichtete Hauptgebäude (Westernachbau).

Foto: Steinbach

Der heutige Besucher findet in wunderbarer Lage eine weitgehend unversehrte Anlage vor, die im Laufe der Jahrhunderte immer wieder erweitert und verändert wurde. Denn je nach befestigungstechnischen Bedürfnissen wurden Gebäude erstellt und die Anlage durch Bastionen gesichert, von der

Kapfenburg: Verwaltungszentrum des Deutschen Ordens in dominanter Lage

Renaissance bis zum Barock. Nach der Aufhebung kam ein Forstamt hinein, diente die Kapelle als evang. Kirche, bestand eine Brauerei in den

Wirtschaftsbauten. Eine grundlegende Nutzungskonzeption ist jedoch bis heute nicht gefunden. So dient inzwischen das Schloß als Museum, findet man eine Gaststätte vor.

Bereits die Lage mit einem fantastischen Blick in Jagsttal und Ellwanger Land verdient einen Besuch. Auf ein Medaillon im Rittersaal sei noch hingewiesen, weil es die eingangs angeführte „Verweltlichung" vor Augen führt: Nackte Frauen halten das Wappen des Hoch- und Deutschmeisters Maximilian von Habsburg. Selbst in der Barockzeit wäre dies in einem Kloster oder Stift undenkbar gewesen!

Daten: 1379–1805 Kommende des Deutschen Ordens

Lit.: Schnell & Steiner Kunstführer Nr. 982: Deutschordensschloß Kapfenburg, 1992

Lauda-Königshofen B 10

Gerlachsheim

„Aus Erfahrung wird man klug", könnte man zum Umgang der Prämonstratenser mit ihrem weiblichen Zweig sagen. Anscheinend machte man schlechte Erfahrungen mit Doppelklöstern für Männer und Frauen, wie man sie in der Gründungphase (1. Hälfte des 12. Jh.) eingerichtet hatte (vergl. Adelberg). So kam nach nicht einmal 50 Jahren der Beschluß des Generalkapitels zur strengen Geschlechtertrennung. Folglich entstanden anschließend bei den Prämonstratensern entweder Männer- oder Frauenklöster. Im Taubertal finden wir 4 Frauenklöster dieses Ordens, die von vornherein so gegründet wurden, darunter Gerlachsheim (vergl. Rot a. See und Weikersheim).

Nach einer späteren Erzählung soll hier bereits im 8. Jh. ein Benediktinerinnenkloster gegründet worden sein, das aber schnell wieder verschwand. Eindeutig belegt ist jedoch die Gründung eines **PRÄMONSTRATENSERINNENklosters** 1197 durch die Grafen von Lauda, das 1250 nach Gerlachsheim auf seinen heutigen Platz verlegt wurde. Es war eine der letzten derartigen Gründungen, die nachfolgenden Frauenklöster schlossen sich lieber den Zisterziensern oder den Bettelorden an. Die Aufsicht über die Taubertäler Frauenklöster hatte der Vaterabt von Oberzell bei Würzburg, in den Frauenklöstern selbst erhielt die Vorsteherin nur den Titel einer „Meisterin". Dies belegt, daß eine sehr enge Abhängigkeit vom Männerkloster bestand.

Im Bauernkrieg wurde die Anlage weitgehend zerstört und anschließend nicht mehr aufgebaut. Die Frauen hatten nicht die Mittel dazu, der Würzburger Bischof als geistliche Aufsicht nicht den Willen. Denn so konnte er das Kloster 1563 aufheben und in Besitz nehmen. Dies ist ein

215

Foto: Steinbach

Gerlachsheim: Westeingang der
Prämonstratenser-Barockkirche

Beispiel für die reformationsbedingte Säkularisation in kath.
Gebieten, ähnlich dem des Zisterzienserinnenklosters Osterburken-Seligental. Nach dem 30j.
Krieg jedoch erhob das weiterhin
bestehende Männerkloster Oberzell Ansprüche auf Gerlachsheim
und setzte sie schließlich 1717
durch päpstlichen Entscheid
durch. Anschließend errichtete es
ein **PRÄMONSTRATENSER-
priorat.** Aus dieser Zeit stammen
die heute sichtbaren Gebäude:
Eine Dreiflügelanlage im Norden
der Kirche sowie gegenüber ein
Pfarrhaus mit schönem Portal.

Seit der Säkularisation von 1803
dient die Anlage als Pfarrkirche
mit Pfarrhaus sowie Altenheim.
Der Klostergarten wurde zum
Park. Der Besucher findet ein Dorf vor, das sich in die Weinberglandschaft
einschmiegt. Inmitten des Ortes und ihn zugleich dominierend steht die
schmucke Klosteranlage. Eine barocke Freigruppe mit Maria als Trösterin
auf dem Platz vor dem Altenheim paßt in das Bild vom fränkischen
Madonnenländchen.

Daten: 1197–1563 Prämonstratenserinnen, 1717–1803 Prämonstratenser-Priorat

Lit.: Festschrift zur Altareinweihung, 1990 (liegt in Kirche aus)

Messelhausen

Mitten im Ort, im ehemaligen Schloß des Freiherrn von Zobel, lebt seit
1933 ein Konvent der **AUGUSTINER-EREMITEN.** Hier und in
Walldürn sind in neuerer Zeit 2 derartige Klöster vom Würzburger
Augustinerkloster aus eingerichtet worden. In Messelhausen ist es ein
Versuch: Jeweils 3 Patres, 3 Brüder und 3 Schwestern arbeiten zusammen.
Von hier aus werden 5 Pfarreien der Umgebung betreut, hier werden
Seminare zu religiösen Themen angeboten.
Das von einem wunderbaren Park umgebene Schloß wurde 1740 erbaut.
Ein Raum im Schloß wurde zur Kapelle umfunktioniert.

Lit.: Prospekt „Pius-Keller-Haus"

Die Krise des Mönchtums im Spätmittelalter zeigte sich in mehreren Symptomen. Zum einen waren es wirtschaftliche Probleme, weil die regelwidrige Verbindung von Amt und Pfründe dem einzelnen Konventmitglied Einkommen auf Kosten des Gesamtkonvents brachte. Zum anderen war es ein moralischer Niedergang in der Art, daß bestimmte Konventsmitglieder – die Leitung nicht ausgenommen – mit ihrem Lebenswandel in der Öffentlichkeit Anstoß erregten. Und schließlich gab es Nachwuchsprobleme, wenn ein Kloster in Verruf gekommen war. So finden wir viele Klöster des 15. Jh., die nur noch von 1–3 Personen besetzt sind, obwohl für diese regulären Klöster eigentlich eine Konventstärke von 12 + 1 (analog zu Jesus und seine Apostel) vorgeschrieben war. Solche Mißstände gaben der weltlichen Aufsicht (Vogteiherrschaft) den Vorwand zum Eingreifen. Hierin waren die Grafen von Wirtemberg Meister. Durch einen direkten Draht zur päpstlichen Kurie besorgten sie sich eine generelle Reformvollmacht für alle Klöster ihres Einflußbereiches. Ihre Politik wurde 1496 mit der Erhebung zum Herzogtum belohnt und brachte die große Ernte in der Reformation (vergl. Baiersbronn-Klosterreichenbach). Ein Musterbeispiel für Niedergang und radikales Eingreifen bietet Lauffen.

Hier war um 1000 herum ein **Benediktinerinnenkloster** entstanden, gegründet vom Würzburger Bischof. Diese Gemeinschaft wechselte 1285 als **DOMINIKANERINNEN** zur Betreuung durch einen Bettelorden. Ein zeitgemäßer Schritt, denn die klassischen Benediktinerklöster waren zu reinen Versorgungsinstituten abgesunken. Bei der Umwandlung geschah auch eine Auffrischung des Konvents durch die Dominikanerinnen von Itzingen (bei Neckarwestheim).
Aber auch die Bettelorden erlebten ihren Abstieg zu reinen Versorgungsinstituten, insbesondere die weiblichen Klöster, die nicht an das Armutsgebot gebunden waren (vergl. Kirchheim u.T.). Hierin versorgte der Landadel seine unverheirateten Töchter. Dementsprechend stark war der Widerstand in Lauffen gegen jeden Reformversuch. Zuerst war geplant, aus dem Vermögen des Klosters ein Kollegiatstift bei der Regiswindiskirche im Hauptort einzurichten. Die päpstliche Genehmigung besaß man schon. Dann jedoch änderte der wirtembergische Graf Ulrich V. seine Pläne. Mit entsprechenden päpstlichen Vollmachten konnte er 1476 durchsetzen, daß der gesamte Lauffener Konvent ausgewechselt wurde. Jedoch: was heißt hier Konvent? Er umfaßte zu diesem Zeitpunkt nur noch eine Nonne, die als Priorin fungierte.
Also holte der Graf **PRÄMONSTRATENSERINNEN** aus dem Doppelkloster Adelberg. Eigentlich wollten diese von dort gar nicht weg, aber die Form des Doppelklosters war zu diesem Zeitpunkt nicht mehr gelitten. So mußte selbst die Tochter des Grafen, die dort Priorin war, die Entscheidung

schlucken. Aber 12 Jahre später zog sie die Konsequenzen und trat aus dem Kloster aus. Auch ein Zeichen der Krise, das sich in der nachfolgenden Reformation zu Massenaustritten ausweitete.

Im Bauernkrieg wurde das Kloster schwer geschädigt. Dann kam die Auflösung in der Reformation, mit dem Wohnrecht bis zum Lebensende. Die letzte Nonne starb 1553. Die baufälligen Gebäude wurden schließlich 1807 abgebrochen.

Foto: Wirig

Lauffen: Versteckte Reste des Frauenklosters
(Klosterhofmauer)

Heute steht eine Altenwohnanlage auf dem Gelände. In der Kapelle, die dort nach dem 1. Weltkrieg erbaut wurde, ist inzwischen ein städtisches Museum („Im Klosterhof") untergebracht. Erhalten blieb die gotische Klosterhofmauer. Das Hölderlin-Gedenkhaus befindet sich in der Nähe, denn dessen Vater war hier Klosterhofmeister. Die Zufahrt ist schwierig zu finden: links des Neckars, nördlich unterhalb der Altstadt, hinter einer Eisenbahnunterführung. Viel Spaß bei der Spurensuche!

Daten: um 1000–1285 Benediktinerinnen, 1285–1476 Dominikanerinnen,
1476–1536–1553 Prämonstratenserinnen

Lit.:   K. Klunzinger: Die Stadt Lauffen. 1845, S. 50–56

K 11 *Laupheim*

Hier kann man in einem modernen Gebäude einen modernen Frauenorden entdecken: Die **Steyler-Missionsschwestern**. Sie bilden das weibliche Pendant zu einer Kongregation von Weltpriestern, die während des Kulturkampfes von dem Deutschen Arnold Janssen im belgischen Steyl gegründet wurde (vergl. Aulendorf-Blönried). Ursprünglich hatte man 1929 in Eriskirch am Bodensee die Provinzzentrale für das Bistum Rottenburg errichtet, war dann nach Oberdischingen umgezogen, und nach einem Brand 1966 hierher. Der Besucher findet das Haus in der A.-Magg-Straße 5.

Die Blütezeit Südwestdeutschlands war das Spätmittelalter, als die Reichsstädte auf dem Höhepunkt ihrer wirtschaftlichen Macht standen. Mit ihrer militärischen und politischen Zusammenarbeit (Schwäbischer und Rheinischer Städtebund) hatten sie zuvor den Fürsten das Fürchten gelehrt. Freiheit ist ein Nährboden der Kunst. So entfaltete sich die **Spätgotik** in einer Reihe von Kulturzentren im oberdeutschen Raum, alles Reichsstädte: Nürnberg, Augsburg, Ulm, Konstanz, und im Oberrheingebiet Basel, Kolmar und Straßburg. Ein außergewöhnliches Zeugnis dieser Zeit bietet Lautenbach mit seiner Wallfahrtskirche.

Eine bereits bestehende Wallfahrt wurde von den **PRÄMONSTRATEN-SERN** von Allerheiligen (s. Oppenau) seit 1303 betreut. Sie richteten eine Art Priorat ein, in dem ein Rektor mit mehreren Mönchen in einem danebenstehenden Gebäude wohnte. Zeitweise war sogar der gesamte Konvent von Allerheiligen hier untergebracht, weil das Kloster gerade abgebrannt war. Im Untergeschoß des Gebäudes bot man den Pilgern eine Unterkunft. Der Bau der Wallfahrtskirche „Maria Krönung" wurde von den Prämonstratensern geleitet und mit Hilfe örtlicher Adliger bezahlt. Von 1471–1488 erbaute man eine spätgotische Kirche par excellence. Mit ihrem spätgotischen Lettner und Netzgewölbe, ihren Glasfenstern aus der Werkstatt des Elsässers Peter Hemmel von Andlau und ihrem Flügelaltar von zwei unbekannten oberrheinischen Meistern der Schnitz- und der Malkunst treffen hier Spitzenkünstler verschiedener Kunstarten zusammen. Das Prioratsgebäude dient heute als Pfarrhaus.

Daten: 1303–1803 Prämonstratenser-Priorat

Lit.:   Schnell & Steiner Kunstführer Nr. 646: Lautenbach/Renchtal

Leimen C 6

St. Ilgen

Im alten Ort, abseits der Hauptstraße, findet man die romanische Kirche St. Ägiden. Ab 1131 war hier eine Propstei des **Benediktinerklosters** Sinsheim, das mit einem Mönch die geschenkten Besitzungen verwaltete. Sinsheim verkaufte in einer wirtschaftlichen Krise 1474 die Propstei an die Pfalzgrafen, die sie wiederum den Heidelberger Dominikanern schenkten. In der Reformation hörten diese auf zu existieren. Als jedoch die kath. Linie 1685 in der Pfalz an die Macht kam, wurden auch die Dominikaner zurückgeholt und erhielten erneut St. Ägiden. Seit der napoleonischen Aufhebung ist sie Pfarrkirche.

Lit.:   Germania Benedictina, Bd. V, S. 319

Grünwald

„Waldeinöde ersetzt Wüste", muß sich der Besucher dieses Weilers im Hochschwarzwald sagen. Immer wieder gab es in der Ordensgeschichte Perioden, in denen Menschen ein Leben in der feindlichen Natur als Ideal ansahen. Im Altertum war es die ägyptische Wüste, in die sich – angeblich – als erster ein Einsiedler namens Paulus zurückzog. Im Europa des Mittelalters waren es die unerschlossenen Wälder. Solche **Eremiten**bewegungen entstanden um 1100 in Italien mit den Camaldulenzern und in Frankreich mit den Kartäusern. Um 1300 kam eine neue Welle in Ungarn mit den Pauliner-Eremiten, die sich ein halbes Jahrhundert später auch bei uns verbreitete (vergl. Satteldorf und Tettnang).

Aufgrund einer Schenkung der Ortsadligen und des Benediktinerklosters St. Blasien entstand hier 1360 eine Niederlassung der **PAULINER-ERE-MITEN**. Die Betreuung der Pfarrei in Kappel sicherte ein Grundeinkommen, und Schenkungen der Vogteiherren von Fürstenberg sowie Holz-

verkäufe im 17. und 18. Jh. ermöglichten Klosterbauten. Die Ansiedlung von 4 Familien auf dem Rodungsland schuf die Grundlage des heutigen Weilers Grünwald. Nach der Aufhebung ging der Besitz an das Haus Fürstenberg über.

1880 brannten die Konventgebäude ab, erhalten blieb nur das Kirchlein. Den Ort findet man süd-

Foto: Willig

Grünwald: Pauliner-Eremiten in Schwarzwald-Einöde

lich der B 315 Lenzkirch-Bonndorf. In der Kirche fasziniert ein Sandsteinrelief mit der Passions- und der Weihnachtsgeschichte, eine Art mittelalterlicher Krippe.

Daten: 1360–1802 Pauliner-Eremiten

Lit.:   Schnell & Steiner Kunstführer Nr. 1552: Lenzkirch, S. 22–33

Es sind die versteckten Kleinode vor unserer Haustüre, die im besonderen Maße überraschen (und auf die dieses Buch aufmerksam machen will). Leonberg bietet hiervon zwei: Zum einen den 1974 wiederentdeckten und

neuangelegten Renaissance-Manierismus-Garten von Heinrich Schick-
hardt („Pomeranzengarten"), einer der wenigen dieser Art in Süddeutschland. Zum anderen die Kreuzgangreste eines ehemaligen Klosters, versteckt unter dem Pausenhof einer Grundschule, gegenüber dem Sand-
kasten eines Kindergartens.

Keine 100 Jahre hatte dieses Kloster Bestand. Zwar gab es bereits vor der
Gründung Besuche der **FRANZISKANER** in der Stadt, die hierfür im
heutigen „Barfüßerhaus" wohnten (unterhalb des Westeingangs der Stadtkirche gelegen). Eventuell benutzten sie dabei auch die Kirche eines ehemaligen Johanniter-
spitals. Erst 1459
siedelten sie sich
vor der Stadt in
Beisheim an und
zogen 1467 in die
Stadt um. Mit der
Reformation kam
1535 die Auflösung.
Aus dem Kloster
wurde das städti-
sche Spital (1552).
1809 wurde die
Kirche, 1974 das

Leonberg: Versteckter Kreuzgang des
Franziskanerklosters

durch einen Blitzschlag zerstörte Kloster abgebrochen. Übrig blieben
Reste der Südwestseite des Kreuzgangs in Form gotischer Maßwerk-
fenster. Anstelle der Kirche steht heute ein Teil der Grundschule. Eine
„Klosterstraße" führt zum Ort hin.

Daten: 1459–1535 Franziskaner

Lit.:   Alemania Franciscana Antiqua, Band 3, S. 5–16

Nicht weit von den Franziskanern befand sich eine **Frauenklause**:
gegenüber dem Turm der Stadtkirche, an der Nordseite des ehemaligen
Friedhofs. Als Beginensammlung nannte sie sich „Kloster der willigen
Armen". Erst mit der festen Ansiedlung der Franziskaner schloß sie sich
ihnen offiziell als 3.-Orden-**FRANZISKANERINNEN** an. Nach der Auf-
lösung in der Reformationszeit wurde in ihren Gebäuden die Lateinschule
eingerichtet. Heute befinden sich das Stadtmuseum für Vor- und
Frühgeschichte sowie Privatwohnungen in diesem Fachwerkhaus. Eine
Tafel erinnert an die Geschichte und spricht vom „Beginenhaus", das im
Volksmund „Klösterle" heißt.

Daten: 1350–1484 Beginen („Kloster der willigen Armen"), 1484–1539 Franziskanerinnen

Lit.:   Alemania Franciscana Antiqua, Bd. 3, S. 17–18

Es überrascht immer wieder zu sehen, wie die Einführung der Reformation auf völlig unterschiedliche Reaktionen bei den Insassen von Frauenklöstern gegenüber denen von Männerklöstern führte. Während die Mönche sehr schnell zu modernen, lutherischen Ansichten wechselten und einige davon sogar zu den aktiven Verbreitern der neuen Ideen gehörten (vor allem die Bettelmönche), gab es bei den Nonnen Widerstände. Die meisten Frauenklöster wehrten sich gegen die neue Lehre, und einige übernahmen sie selbst dort nicht, wo sie über Zwangsmaßnahmen „überzeugt" werden sollten. Dieser Unterschied hat mehrere Gründe. Zum einen (und wohl entscheidenden) die wirtschaftlichen Bedingungen dieser Menschen. So war es für Mönche relativ leicht, auch nach der Klosteraufhebung eine Versorgung und Aufgabe zu finden (z.B. als Gemeindepfarrer oder in der Lehre). Für Nonnen/Schwestern jedoch sah dies völlig anders aus. Sie konnten keinen Beruf ergreifen, mußten also einen Mann finden (heiraten), was die einen nicht konnten und die anderen nicht wollten. Als Lösung bot sich dann eine Klosteraufhebung mit einer geregelten lebenslangen Rente oder das „Aussterben"-lassen des Konvents (s. Pfullingen) an. Ein weiterer Grund für den Widerstand gegen einen Konfessionswechsel mag in der weiblichen Psyche liegen. So scheinen Nonnen gefühlsmäßig stärker an den alten Gewohnheiten gehangen zu haben als Mönche, wie das folgende Beispiel aus Leutkirch anschaulich zeigt.

Hier schlossen sich die Bewohnerinnen des Frauenklosters Maria Nazareth nur äußerlich der neuen Lehre an, praktizierten jedoch heimlich weiterhin ihre alten Gewohnheiten. Denn als sie der protestantisch gewordene Magistrat der Freien Reichsstadt verdonnerte, die Predigt des lutherischen Prädikanten in der Martinskirche anzuhören, taten sie nur nach außen so. Mit einem Trick täuschten sie der Gemeinde ihre Anwesenheit während der Predigt vor. Und zwar hängten sie in die Fensterkreuze ihres Oratoriums, das sich oberhalb des Chores befand, ihre Kirchenumhänge und husteten wiederholt, so daß jedermann sie hören konnte. Bei der Predigt jedoch verließen sie heimlich den Raum und hielten ihre eigene Andacht. Dies standen sie angeblich 2 Jahre lang durch, bis die kath. Partei der Stadt die Martinskirche für ihren Gottesdienst zurückerhielt.

Die Gründungsgeschichte des Klosters ist ähnlich legendenhaft wie die des Frauenklosters in Kißlegg. Belegt ist nur, daß sich im Laufe des 15. Jh. eine Frauenklause in der Stadt bildete, die sich 1486 als **FRANZISKANERINNEN** des 3. Ordens einem regulären Orden anschloß. Ihre Einordnung in das städtische Sozialgefüge bezeugt bereits die Lage des Hauses direkt oberhalb der Pfarrkirche, mit der sie durch einen direkten Gang verbunden war. Die geistliche Betreuung oblag dem Pfarrgeistlichen und die weltliche Aufsicht hatte die Stadt. Überraschenderweise haben wir es hier mit einem Konvent zu tun, der streng in Klausur lebte und daher keine Aufgaben in Krankenpflege oder Kirchendienst übernahm. Dies forderten die Franziskaner-Observanten, denen sie sich angeschlosssen hatten Nachdem die kritische Phase der Reformation überstanden war, lebte der Konvent bis zu seiner Aufhebung in einem guten Verhältnis zum protestantischen Magistrat. Man ließ die Katholiken beten.

Heute befindet sich ein Altenheim in dem schlichten, großen Gebäude. Der Gang zur Kirche ist abgerissen. Im Chor der Kirche jedoch kann man zwei scheinbar funktionslose Fensterchen erkennen, hinter denen sich das Oratorium der Nonnen befand.

Daten: um 1400–1486 Frauenklause, 1486–1804 3.-Orden-Franziskanerinnen

Lit.:   *A. Angst: Das ehemalige Frauenkoster in Leutkirch. Leutkirch: Rothverlag, 1989*

       A. Wilts: Beginen im Bodenseeraum, S. 366–369

Zeil

Hoch über dem Illertal thront Schloß Zeil, weithin sichtbar als Sitz der Fürsten von Waldburg-Zeil. Hierin befand sich von 1608–1805 ein **Kollegiatstift** für einen Propst und 6 Kanoniker. Diese Gründung zeigt, daß noch in der Neuzeit die Einrichtung eines Hausstiftes den Aufstieg eines Geschlechts dokumentieren konnte. Es war ein „Muß" (vergl. Hettingen). Die Stiftskirche bildet die Verlängerung des barocken Schloßbaus. Das Kirchenschiff von 1612 wurde im 18. Jh. barockisiert. In der (geschlossenen?) Kirche befindet sich eine später erworbene Gablerorgel. Die Stiftsgebäude wurden 1862 abgerissen.

Ab 1699 waren für kurze Zeit **Franziskaner** direkt im Schloß angesiedelt. Sie betreuten 2 Pfarreien in der Umgebung.

Lit.:   *Schnell & Steiner Kunstführer Nr. 731: Schloß Zeil*

Limbach C 8

Balsbach

Abgelegen im nordbadischen Bauland befindet sich das St. Clara-Kloster, das einzige aktuell bestehende **KAPUZINERINNENkloster** BWs. Die Nonnen wurden nach dem 2. Weltkrieg aus ihrem ursprünglichen Kloster in Dresden vertrieben und 1949 hierher verschlagen. Von 1951–1977 bauten sie ihre Anlage: Ein Vierflügelbau, der durch einen Gang mit der Kirche verbunden ist. So leben die Frauen in strenger Klausur, widmen sich dem uralten Ideal des kontemplativen Lebens in Verbindung mit franziskanischer Armut. Die moderne Kirche, die von Außen einem schlichten Nutzgebäude (Feuerwehrhaus) ähnelt, ist untertags offen.

Lit.:   *Hausbroschüre liegt aus*

Lobbach

Lobenfeld

Ein häufiger Wechsel der Ordenszugehörigkeit ist in der Regel ein Hinweis, daß eine Klostergründung nicht gelang. Im vorliegenden Fall haben wir ein Beispiel dafür.

Die Schenkung eines staufischen Parteigängers an das Kloster Frankenthal führte 1145 zur Einrichtung einer **Augustiner-Chorherren**-Propstei. Aber bereits 1223 kam der Wechsel zu **Augustiner-Chorfrauen** (s. Inzigkofen). Ein seltener Vorgang, der jedoch mit einer Aufwertung zu einem selbständigen Kloster verbunden gewesen sein muß. Denn später wechselte dieser Frauenkonvent von der augustinischen zur benediktinischen Regel und wurde zu **Zisterzienserinnen.** Aber damit nicht genug: 1425 wechselten die Nonnen zu den **Benediktinerinnen** und schlossen sich 1459 der Bursfelder Kongregation an. Hierbei hatten die Pfalzgrafen von Heidelberg als Vogteiherren ihre Hände im Spiel, die diese Reformbewegung unterstützten. Als in der Kurpfalz die Reformation eingeführt wurde, mußte das Klösterchen 1560 aufgeben. Die Konventbauten wurden zu Bauerngütern und verschwanden.

Heute findet man eine der seltenen romanischen Kirchen dieses Gebietes vor. Erbaut wurde der romanische Chor mit Querschiff von den Augustiner-Chorherren 1180–90. Später fügten Benediktinerinnen das Langhaus hinzu. Man erhält den Schlüssel für die Kirche im daneben entstandenen Ort.

Lit.:   Prospekt liegt aus

Lorch

Jedes aufstrebende Adelsgeschlecht des Hoch- und Spätmittelalters gründete sein Hauskloster oder -stift. In Lorch haben wir beides, gestiftet von den Staufern. Dies entspricht auf den ersten Blick der Bedeutung dieses schwäbischen Geschlechts. Ihre Geschichte zeigt jedoch, wie abhängig solche Hausstiftungen von den Entscheidungen der Stifterfamilie waren und daß selbst bei einer mächtigen Familie die Stiftung gefährdet sein konnte.

Um das Dorf Lorch herum befand sich das Kernland der Staufer (Hohenstaufen), aus dem heraus sie zu europäischer Bedeutung aufstiegen. Herzog Friedrich I. von Schwaben, Großvater Friedrich Barbarossas, verheiratet mit einer Tochter Kaiser Heinrichs IV., demonstrierte seinen Aufstieg mit der Gründung eines **BENEDIKTINERklosters** (1102). Es wurde von vornherein der Reformpartei um Hirsau angeschlossen, eine seltsame Entscheidung angesichts der Tatsache, daß die Staufer im Investiturstreit auf kaiserlicher Seite standen. Der Gründer erwählte es auch zur Grablege seines Geschlechts, machte es also zum Hauskloster. Dies Entscheidung wurde jedoch durch den rasanten Aufstieg der folgenden Generationen überrollt: Die großen Stauferkönige und -kaiser sind überall in Europa verstreut begraben, Lorch war als Grablege zu gering für sie. Nur weniger bedeutende Familienmitglieder fanden hier ihre Ruhestätte.

Der Untergang der Staufer riß das inzwischen reichsfrei gewordene Kloster in eine Beinahe-Katastrophe, weil sein Besitz ungeschützt den Nachbarn offen stand. Erst die Übernahme der Vogtei durch die aufsteigenden Wirtemberger Grafen (1322) sicherte seine Existenz. Wirtemberg führte im 15. Jh. eine grundlegende Klosterreform durch, was eine Blütezeit hervorbrachte. Wir finden in Lorch berühmte Historiker, Lehrer, Wissenschaftler und eine hervorragende Wirtschaftsführung. Nach Zerstörungen im Bauernkrieg brachte 1535 die Reformation das Aus, gegen den heftigen Widerstand des Konvents. Die Gebäude wurden zur Klosterschule, dann zum Kameral- und Forstamt, 1932 zur Bauernschule und seit 1947 zum Altenheim der evang. Kirche.

Die Anlage thront über Lorch auf einem Berg, wohl anstelle einer ehema-

Foto: Steinbach

Lorch: Gemeinschaftstumba mit
den Resten von Staufern

ligen Burg, umgeben von einer Mauer. Beim Eintritt vom Osten durch den Torbau kommt man am Abtshaus (ein Fachwerkbau aus dem 15. Jh.) vorbei in den eigentlichen Klosterbezirk. Die romanische Kirche besitzt ein Westwerk, der Chor ist gotisch. Die Bilder der Stauferherrscher an den Langhauspfeilern stammen aus dem 16. Jh., die Grabmäler im Chorbereich erinnern an ehemalige Äbte und Förderer. Für die Staufergräber wurde eine imposante Gemeinschaftstumba inmitten des Schiffs aufgestellt. Die Klosteranlage ist untypisch angeordnet: Die Konventbauten liegen im Osten der Kirche statt im Süden (vergl. Schwäbisch Hall-Comburg). Als Reste davon finden wir Teile des Kreuzgangs, Speise- und Kapitelsaal (mit Museum). Die Kirche ist untertags geöffnet.

Daten: 1102–1535 Benediktinerkloster

Lage: Östlich der Stadt. Zufahrt „Kloster" ist ausgeschildert.

Lit.: Germania Benedictina, Band V, S. 370–381

Evang. Heimstiftung: Kloster Lorch, 1987 (Broschüre)

Bereits vor dem Kloster bestand ein **Kollegiatstift**. Dies hatte die erste historisch greifbare Gestalt der Staufer, Friedrich von Büren, im Jahre 1060 gestiftet. Hierfür wertete er eine bereits bestehende Pfarrkirche auf, die als Zentrum für über 70 Dörfer und Weiler ein riesiges Gebiet betreute. Zugleich machte sie zu seiner Grablege. Aber bereits ca. 50 Jahre später kam die Konkurrenz in Form des oben beschriebenen Benediktinerklosters. Das Stift dümpelte vor sich hin und ging nach dem Untergang der Staufer ein (1327). Seine Pfründe kamen zur Hälfte an das Kloster, es selbst wurde dem Kloster einverleibt. Die im Ortszentrum stehende evang. Kirche stammt aus der Zeit nach der Stiftsauflösung (15. Jh.). Sie ist untertags geschlossen.

01 *Lörrach*

Hier, an der Grenze zur Schweiz, finden wir den Ableger einer schweizerischen Bewegung, die 1925 in die Gründung des Diakonissenmutterhauses St. Chrischona mündete. Damit faßte man die Frauen der Pilgermission zusammen. 1928 errichtete man eine Zweigstelle St. Chrischona in Lörrach, die als eigenes **Diakonissenhaus** zum Bund Deutscher Gemeinschaftsdiakonissenmutterhäuser gehört (vergl. Aidlingen). Insgesamt gibt es über 200 St. Chrischona-Diakonissen, über die Hälfte davon in Deutschland.

Lit.: *Festschrift zum 60jährigen Bestehen, 1985*

E9 *Löwenstein*

Lichtenstern
Es gibt eine einfache Handregel für die Zuordnung eines Klosters zu einem bestimmten Orden anhand seiner Lage: Benediktiner sind auf einem Berg oder einer Anhöhe, Zisterzienser im Tal am Bach, Bettelorden in der Stadt, Eremiten in der Einöde. Hinter dieser Regel verbirgt sich eine historische Realität und eine Aussage über die Entstehungsgründe der verschiedenen Orden bzw. Klöster. Benediktinerklöster als frühe Klöster entstanden häufig aus geschenkten **Adelssitzen** (vergl. Schwäbisch Hall-Comburg). Bettelordensniederlassungen dagegen lebten von und für Stadtbürger. Einsiedler wiederum konnten nur in der Einöde ihr Ideal des Rückzugs aus der Welt umsetzen, was die Zisterzienser für sich übernahmen und mit der benediktinischen Regel des „ora et labora" verbanden. Da es zum Idealplan eines Zisterzienserklosters gehörte, daß ein Fließ-

gewässer durch die Anlage geleitet werden konnte, ergab sich automatisch eine Tallage. Aber jede Regel hat ihre Ausnahmen, das Frauenkloster Lichtenstern ist eine solche.

Denn bereits von weitem kann man es hoch auf einem Berg sehen, ähnlich einer Burg oder einem Benediktinerkloster. Dabei war es jedoch bereits bei seiner Gründung 1242 durch die Herren von Weinsberg als **FRAUENZI-STERZE** vorgesehen, denn den Gründungskonvent holte man aus der Frauenzisterze Himmelthal im Spessart. Für die offizielle Übernahme mußte man jedoch bis 1268 warten. Wahrscheinlich wurde die Berglage nur deshalb von der Ordensleitung toleriert, weil für die Frauen die strengen Regeln der Zisterzienser nicht so eng ausgelegt wurden.

Foto: Willig

Lichtenstern: Kirche und Rest der Frauenzisterze in untypischer Berglage

Die Weinsberger Grafen richteten hier ihr Hauskloster mit Grablege ein und dotierten es dementsprechend. So wurde es eines der reichsten Frauenklöster im Gebiet des heutigen Württemberg mit mehreren Dorfherrschaften. Im 14. Jh. kam die moralische und wirtschaftliche Krise: Die Nonnen aus niederadligen Familien erwarben sich eigene Einkünfte und Pfründe, die automatisch mit der Übernahme eines Klosteramtes verbunden waren. Eine für diese Zeit weit verbreitete Unsitte. Verkäufe und Verpfändungen waren die Folge.

Im 15. Jh. jedoch wurde der Wiederaufstieg erreicht. Verständlich, daß damit die Vogtei über dieses Kloster begehrt war. Nachdem die Herzöge von Wirtemberg 1504 der Pfalz eine schwere politisch-militärische Niederlage zugefügt hatten, erhielten sie die Klostervogtei zusammen mit der über Maulbronn von der Pfalz. Nach den Plünderungen im Bauernkrieg kam das Aus in der Reformation durch Herzog Christoph von Wirtemberg. Als weltliches Klosteramt wurden die Gebäude genutzt. 1835 übernahm die evang. Kirche die Anlage und richtete eine Ausbildungsstätte für Lehrer ein. Inzwischen ist dort ein Heim für behinderte Kinder.

Der Besucher findet in der weiträumigen, modernen Anlage noch das alte Klosterzentrum vor: die Kirche von 1282 mit frühgotischem Chor, Teile des Kreuzgangs, Wirtschaftsgebäude. Für die Besichtigung der Kirche erhält man den Schlüssel an der Pforte.

Daten: 1242–1268 Frauengemeinschaft, 1268–1554 Zisterzienserinnenkloster

Lage: nordöstlich von Löwenstein

Mahlberg

Die Herrschaft Mahlberg wurde als Kondominat (= gemeinsame Herrschaft) von den Häusern Nassau und Baden-Baden regiert, die gemeinsam die Reformation einführten (vergl. Lahr). Als sich jedoch das Haus Baden-Baden rekatholisierte, kündigte es die gemeinsame Verwaltung auf und übernahm die Alleinregierung für Mahlberg und Umgebung. (Der Hauptort Lahr fiel damit an Nassau.) Ein Verzicht aus religiöser Überzeugung, denn jetzt konnte die Gegenreformation in Mahlberg erzwungen werden. Hierzu siedelte man 1672 die **Kapuziner** an.

Kirche und Konvent wurden nach der Aufhebung von 1803 abgerissen. An der Stelle der Kapuzinerkirche steht inzwischen die neuromanische St.-Leopold-Kirche (1871–74). Man findet sie außerhalb des Zentrums im Tal. Gegenüber steht das katholische Pfarrhaus mit Park entlang der Kapuzinerstraße.

Lit.: W. Müller: Die Klöster der Ortenau. In: Die Ortenau, Bd. 58, 1978, S. 512–521

Mannheim

Diese Stadt kann stellvertretend stehen für die konfessionelle Situation der gesamten Kurpfalz in der Zeit von Absolutismus und Aufklärung. In dieser Stadt darf man nicht so sehr die Klöster suchen, sondern muß man das Nebeneinander der Konfessionen untersuchen. Hierin war die Pfalzgrafschaft am Rhein einmalig im „Hl. Römischen Reich Deutscher Nation": Ein (erzwungenes) Nebeneinander von Lutheranern (Protestanten), Calvinisten (Reformierte) und Papisten (Katholiken). Es war die Kunst der Koexistenz der drei im Reich anerkannten Religionen, nicht nur auf der staatspolitischen Ebene, sondern im Alltagsleben der Bevölkerung. Denn an vielen Orten löste man das konfessionelle Durcheinander unbürokratisch(?) über eine simultane Nutzung der einzigen Kirche des Ortes: Die Katholiken erhielten den Chor für ihre „heilige Messe", die Reformierten (und später auch die Protestanten) das Langhaus für ihren „Gottesdienst".

Mannheim wurde erst gegründet, als das konfessionelle Durcheinander der Pfalz bereits bestand. 1720 wurde es dann zur Residenzstadt, weil sich die (inzwischen) katholischen Kurfürsten eine blutige Nase bei dem kalvinistischen Stadtrat ihrer Hauptstadt Heidelberg geholt hatten; es ging um die Nutzung der Heiliggeistkirche (s. dort). In einer systematischen Rechteck-Raster-Anlage wurde die Altstadt erbaut und durchnumeriert: Anstelle von Straßennamen finden wir heute noch die Kombination von Buchstaben (A–U) und Zahlen (1–15). Beispiel: F 5 heißt: Block Nr.5 in der Straßenreihe F. Ein Hauch von Absolutismus weht durch diese Stadt.

In Mannheim erbrachte das Nebeneinander der Konfessionen Lösungen, die als Beispiele von Toleranz noch heute beeindrucken. So verkündet der Name Konkordienkirche (Planquadrat R 2) bereits ein Programm: Kirche der Eintracht. Zu dieser architektonisch gelungenen Doppelkirche sollten in der ursprünglichen Konzeption alle Konfessionen Zutritt haben. In der endgültigen Ausführung diente jeweils eine Hälfte der deutsch-reformierten und der wallonisch (= französischsprachigen) reformierten Gemeinde. (In Mannheim waren viele Glaubensflüchtlinge aus dem heutigen Belgien angesiedelt worden). Lutheraner und Katholiken hatten ihre eigene Kirche. Dabei befand sich die der Katholiken ebenfalls in einem Doppelgebäude, und zwar unter einem Dach mit dem Rathaus (F 1, Marktplatz). Darüber drückt die gemeinsame Inschrift „iustitiae et pietati" (= der Gerechtigkeit und der Frömmigkeit) die Verbindung von weltlichen und geistlichen Idealen aus.

Dominiert wurde jedoch das religiöse Leben durch die Niederlassung der **JESUITEN** (A 4), was sich heute noch architektonisch zeigt. Bereits ihre Nähe zur Residenz demonstriert die Funktion als Hofkirche und somit die Verbindung zur weltlichen Macht. Seit 1726 als Speerspitze der Gegenreformation in der Stadt angesiedelt, bekamen sie sowohl einen priviligierten Bauplatz wie auch massive finanzielle Mittel. Dementsprechend fiel ihre Kirche aus! Mit ihrer mächtigen Kuppel sprengt sie das Baugefüge der Stadthäuser, paßt eher zur riesigen Schloßanlage als zur Stadt. Im Inneren wirkt sie nüchtern, ohne barocke Ausmalung, waltet „jesuitische Kühle und Klarheit". Sie hat zwar das typische Tonnengewölbe fast aller jesuitischen Kirchen, aber auch hier dominiert ihre Kuppel. Es findet sich in BW keine weitere Jesuitenkirche mit einer solch wuchtigen Ausstrahlung.

Mannheim: Jesuiten- und Hofkirche.
„Eine Speerspitze der Gegenreformation"

Foto: Steinbach

Die Bauten des Kollegs wurden im 2.Weltkrieg zerstört, ebenso weitgehend die Kirche. Inzwischen ist die Kirche wiederhergestellt.

Hinter der Kirche ragt der Turm einer Sternwarte auf, die noch kurz vor der Aufhebung des Ordens (1773) von einem Jesuitenpater erbaut worden war. Ein Dokument der wissenschaftlichen Interessen dieses Ordens.

Daten: 1726–1773 Jesuitenkolleg

Lit.:   Schnell & Steiner Kunstführer Nr. 1084: Jesuitenkirche Mannheim. 1977

Mit der Verlegung des Hofes von Heidelberg nach Mannheim wurde diese Stadt auch für andere kath. Orden interessant. Leider finden wir nur noch eine Erinnerung an die **Kapuziner** mit dem Straßennamen „Kapuzinerplanken" im Zentrum der Altstadt (zwischen O und P). Des weiteren gab es **Augustinerinnen** (seit 1720, Planquadrat L1), **Karmeliten** (seit 1736, L 3) und **Barmherzige Brüder** (seit 1752, F 5). Letztere übernahmen die Arbeit im Karl-Borromäus-Spital. Mit der Aufhebung von 1801 verschwanden auch die Hinweise auf diese Gemeinschaften.

● Auf einem Teil des Geländes des zerstörten Jesuitenklosters stehen heute die Schule und das Mutterhaus der **URSULINEN**, die seit 1947 nach ihrer Vertreibung aus Schweidnitz (Schlesien) in Mannheim tätig sind. Mit ihrer Unterrichtstätigkeit bei Mädchen machen sie das, was Jesuiten berühmt machte: Den Nachwuchs bilden. Die moderne Kapelle ist eine sehenswerte Komposition (Architekt Richard Jörg), die untertags besichtigt werden kann.

Lit.:   Schnell & Steiner Kunstführer Nr. 1051: Ursulinenkapelle Mannheim. 1975

● Auch *Jesuiten* finden wir inzwischen wieder in der Stadt, jedoch an anderer Stelle. Das Franz-Xavier-Haus (D 6) beherbergt seit dem 2. Weltkrieg eine kleine Gemeinschaft, die in diesem nüchternen Geschäftshaus eine Lebensberatungsstelle unterhält. Kein Mönchskloster, sondern eine weltoffene Kommunität.

● Zudem treffen wir auch noch andere Orden. **Franziskaner** betreuen seit
● 1913 die Bonifatiuskirche im Stadtteil Neckarstadt und wohnen neben der Kirche in einem nüchternen Backsteinbau. **Salesianer** sind im Arbeiterstadtteil Almenhof, ebenfalls seit 1913, angesiedelt.

F 8 *Marbach*

Der „Beginensaal" im „alten Schulhaus" in der Unteren Holdergasse erinnert an eine **Frauensammlung**, die im 15. Jh. entstand und in der Reformation unterging. Ihr Haus brannte 1693 ab. An dessen Stelle wurde eine Schule erbaut, die wohl ein Friedrich Schiller besuchte. Heute befindet sich hierin die Diakoniestation, sozusagen eine Wiederaufnahme der Tätigkeit dieser Frauen (vergl. Unlingen).

Markdorf N 9

Egal, welchem Orden Nonnen angehörten, letztlich war ihr Leben immer gleich. Denn: Beschäftigten sich die Kapuzinerinnen von Markdorf anders als z.B. die Chorfrauen in Inzigkofen? Wahrscheinlich nicht; beide lebten weltabgeschieden in strenger Klausur, beschäftigten sich mit Beten, Fasten und kleinen Arbeiten. Dagegen sind bei Männern aufgrund ihrer Zugehörigkeit zu einem bestimmten Orden automatisch Rückschlüsse hinsichtlich ihrer Tätigkeiten möglich: Z.B. die Kapuziner waren als Wanderseelsorger und Volksmissionare tätig, die Chorherren als Pfarrseelsorger. Hierin zeigt sich die grundlegende Festlegung des Geschlechter-Verhältnisses durch die Kirche: Die Frauen als willenlose Wesen, die man vor den Versuchungen der Welt abschirmen mußte und deren Ideal die kontemplative Maria des Neuen Testaments war; die Männer als aktive Verbreiter des Christentums in der Nachfolge der Apostel.

Warum schlossen sich dann überhaupt Frauen unterschiedlichen Orden an oder wechselten sogar ihre Ordenszugehörigkeit? Wahrscheinlich einzig und allein aus dem Grunde, weil sie damit die gewünschte Betreuung durch einen Orden ihrer Wahl erreichen konnten. Nur so ist der ausgefallene Ordenswechsel erklärbar, der in Markdorf eines der wenigen weiblichen Kapuzinerklöster BWs hervorbrachte.

Das heutige Krankenhaus befindet sich in den Gebäuden eines ehemaligen **KAPUZINERINNENklosters.** Hierher waren diese Frauen 1689 gezogen, nachdem sie zuvor fast 300 Jahre in Bergheim als **Franziskanerinnen** des 3. Ordens gewohnt hatten. Ihr Wechsel zu den Kapuzinern war beispiellos und bedeutete eine Hinwendung zur strengen Klausur. Dies war aus der Sicht der Markdorfer Kapuziner, die ihre Betreuung kurze Zeit zuvor übernommen hatten, die wahre Berufung der Klosterfrauen. Die 1689–1710 erbaute Anlage liegt nördlich der Altstadt und ist weitgehend erhalten. Ein Zugang zur Kapelle ist über die Krankenhauspforte möglich. Die Anlage in Bergheim, die neben der dortigen Kapelle stand, ist verschwunden.

Daten: um 1400–1689 in Bergheim Franziskanerinnen, 1689–1803 Kapuzinerinnen

Lit.: Alemania Franciscana Antiqua, Bd. 13, S. 163–174

Das betreuende **Kapuzinerkloster** bestand von 1655–1820. Es war an eine bestehende Schutzmantelmadonnen-Bruderschafts-Kapelle angebaut worden. 1835 wurde es abgerissen, nur ein Teil der Mauer überlebte. Heute steht dort der städtische Bauhof, Richtung Bermatingen, mit Gedenktafel.

Mitten in der Stadt finden wir die ehemalige Stiftskirche St. Nikolaus. Hier hatten die Ortsherren Ritter v. Homburg 1389 ein **KOLLEGIATstift**

Foto: Metz

errichtet. Obwohl es nur ein mittelgroßes Stift für 6 Chorherren und 7 Kapläne war, erstaunt es doch, wie kleine Adelsherrschaften das Vorbild des Hochadels nachahmten und ihr Hausstift gründeten (vergl. Hettingen). Die Lebensfähigkeit eines solchen Stiftes mußte ja mit einem enormen Vermögen abgesichert werden. Dies geschah hier in Form von 193 Rebgütern, also mit dem Reichtum der Gegend.

In Markdorf bestand seit 1450 eine wohlhabende Schutzmantelmadonnen-Bruderschaft, deren Mitglieder zum Teil aus dem Hochadel ganz Deutschlands kamen. Als deren Kapelle für das Kapuzinerkloster (s.o.) verwendet wurde, erhielt die Bruderschaft 1660 einen Anbau an die Stiftskirche. Daher finden wir heute eine spätgotische Kirche mit einer barocken Seitenkapelle vor.

Markdorf: Ein Kollegiatstift als Zentrum einer kleinen Adelsherrschaft

Daten: 1389–1806 Kollegiatstift

Lit.: *Schnell & Steiner Kunstführer Nr. 1080: St. Nikolaus in Markdorf, 1991*

F 8 *Markgröningen*

Eine Musterstadt alemannischen Fachwerks empfängt den Besucher, musterhaft auch mit Informationstafeln versehen. Mit ihren vielen außergewöhnlichen Gebäuden erinnert sie an ihre vergangene Bedeutung: Sie war im Hochmittelalter für kurze Zeit Reichsstadt und wurde dann zum Reichslehen. Mit diesem Reichslehen war auch auch die Reichssturmfahne verbunden. 1336 erwarb Graf Eberhard III. Markgröningen. In das württembergische Landeswappen wurde die Reichssturmfahne nach der Erhebung des Landes zum Herzogtum 1495 aufgenommen.

Ein Relikt vergangener Bedeutung finden wir mit dem Spital des **HEI-LIG-GEIST-Ordens**. Dieser Orden war Mitte des 12. Jh. in Montpellier entstanden und vom Papst in sein neuerbautes Heilig-Geist-Spital in Rom geholt worden. Vom römischen Mutterhaus verbreitete er sich über ganz Europa. Dies bedeutet jedoch nicht, daß damit überall die Betreuung der Heilig-Geist-Spitäler dem Heilig-Geist-Orden übergeben war. Vielmehr behielten die Städte diese in Eigenregie unter Kontrolle, sodaß sie deren Landbesitz ihrem eigenen hinzufügen konnten. Nur an wenigen Orten konnte sich der Orden selbst durchsetzen. In BW waren dies Wimpfen, Pforzheim und Markgröningen. Ihr Zeichen war das Doppelkreuz mit 6 gespaltenen Enden (s. Bad Wimpfen).

Markgröningen: Kirche des Hl.-Geist-Spitals mit Pfründhaus

Foto: Stadtverwaltung

Obwohl die ursprüngliche Anlage nicht mehr so gut erhalten ist wie in Wimpfen, vermitteln dennoch die Reste einen Eindruck der ehemaligen Größe. Am südlichen Rande der Altstadt gelegen, haben Pfründhaus und Fruchtkasten (in der Betzgasse) aus der Zeit nach 1500 überlebt. Beide Gebäude sind in städtischem Besitz. Die kath. Kirchengemeinde überbaute mit ihrem Gemeindehaus den 1968 abgebrochenen nördlichen Gebäudeteil des Pfründhauses. An mehreren Stellen kann man das Doppelkreuz des Ordens erkennen. Außergewöhnlich gut gelungen ist die Anbindung der modernen, 1980–81 errichteten kath. Kirche mit dem frühgotischen Chor der Spitalkirche. Die riesigen, modernen Radleuchter im Innenraum schaffen eine Verbindung. An der Stelle der ehemaligen Wirtschaftsbauten stehen heute Wohngebäude. An das Spital erinnert die Spitalgasse (hinter dem Pfarrgarten) und die nach dem letzten und bedeutendsten Spitalmeister genannte Betzgasse. Etwas außerhalb der Stadt liegt an der Glems die Spitalmühle. Ein Übersichtsplan zur ganzen Anlage wäre nützlich.

Daten: 1297–1535 Heilig-Geist-Orden

Lit.:   Pfarrgemeinde: Spitalkirche z. Hl. Geist in Markgr. von 1297–1981. Festschrift, 1981

Stadtverwaltung: 700 Jahre Spital Markgröningen, 1997

Die Klostergasse hinter dem Rathaus erinnert an eine Frauensammlung, die sich als 3.-Orden-**FRANZISKANERINNEN** von den Tübinger

Franziskanern betreuen ließ. Einen Zugang zu ihrem Haus hat man von der Finsteren Gasse. Am Ende dieser Sackgasse steht das sanierte und baulich stark veränderte Haus. Rein äußerlich kann man nichts klösterliches an diesem Haus entdecken: eine typisch einfache Frauenklause (vergl. Munderkingen). So einfach und unspektakulär wie ihre Existenz von 1400 bis zur Reformation.

Lit.:   Alemania Franciscana Antiqua, Bd. 16, S. 55–72

G 5 *Marxzell*

Frauenalb

„Gibt es im Himmel die Trennung in Adlige und Nichtadlige?" Diese Frage werden sich wohl die Menschen nicht gestellt haben, die selbst in ein **Adelskloster** eintraten. Also in ein Kloster, das für Frauen/Männer adliger Abstammung reserviert war. „Leben nach den benediktinischen Regeln von Armut, Keuschheit und Gehorsam, aber bitteschön nur mit Standesgenossen!" Nichtadlige Personen konnten hier nur in dienenden Funktionen als Laien (= Konversen) eintreten, z.B. als Schwester für Haus- und Handarbeiten oder als Bruder für Feldarbeit und Handwerk. Hildegard von Bingen verteidigte im 12. Jh. diese Trennung als gottgewollte Ordnung, und erst das Konzil von Konstanz im 15. Jh. forderte diesbezüglich eine

Frauenalb: Romantische Ruine im grünen Albtal

Änderung. Über 100 Jahre, bis zum Konzil von Trient, dauerte der Öffnungsprozeß der Adelsklöster. Im Adelsstift Frauenalb jedoch blieb man bis zum bitteren Ende, das durch den Aufstand des gemeinen Volkes (französische Revolution) herbeigeführt wurde, beim alten.

Bereits bei der Gründung als **BENEDIKTINERINNENkloster** um 1180 durch das Hochadelsgeschlecht der Ebersteiner war der Konvent für edelfreie Fräuleins reserviert, blieb also selbst für den niederen Dienstadel (Ministerialen) verschlossen. Eine Selbstverständlichkeit, daß eintretende Töchter der Stifterfamilie die Leitungsfunktion als Äbtissin übernahmen: Mehrere Äbtissinnen stammten aus dem Hause Eberstein. Dement-

234

sprechend war die Besitzanhäufung durch Schenkungen: Im Alb- und Pfinztal besaß man die Hoheit über 11 Dörfer, und dazu eine Reihe von Höfen. Die Blütezeit war im 13. und 14. Jh. mit 30 Bewohnerinnen und 6 Laienschwestern.

Mit dem Wechsel der Vogtei von den absteigenden Ebersteinern zu den aufsteigenden Markgrafen von Baden kamen die Krisen. Zuerst von den eigenen Schutzherren (Baden) in einer Fehde 1403 niedergebrannt, dann 1508 durch Nachlässigkeit erneut abgebrannt, dazu im Bauernkrieg geplündert. Und schließlich die Wirren der Reformationszeit in der geteilten Markgrafschaft Baden mit wiederholtem Konfessionswechsel. Frauenalb gehörte zur Linie Baden-Baden, die wegen Mißwirtschaft vom evang. Baden-Durlach annektiert wurde. Dies brachte 1598 die Aufhebung des Klosters.

Als die kath. Linie in Baden-Baden im 30j. Krieg wieder an die Macht kam, spekulierten die Markgrafen auf das Vermögen des Klosters Frauenalb, um damit neue Orden (z.B. Jesuiten) zu unterstützen. Nur das massive Drängen des Straßburger Bischofs führte zur Wiedereinrichtung von Frauenalb. Hierzu wollte der Bischof bürgerliche Nonnen aus Immendingen-Amtenhausen holen, was jedoch auf Widerstand des Adels stieß. Schließlich holte man adlige Frauen aus Schelklingen-Ursprung. Jeder Neuzugang mußte ab jetzt eine Ahnenprobe als Beweis der adligen Herkunft ablegen. Das Kloster nannte sich „freiadliges **DAMENSTIFT**", was die folgenden Äbtissinnen mit der Forderung nach Reichsfreiheit unterstrichen. Dafür führten sie vor dem Reichsgericht einen Prozeß gegen die Markgrafen. De facto jedoch kontrollierte Baden die Kloster-untertanen. In dieser Zeit ließ die Äbtissin eine völlige Neuanlage durch berühmte vorarlbergische Baumeister (Franz Beer, Peter Thumb) erstellen.

Bei der napoleonischen Aufhebung kam mit Frauenalb ein gewaltiges Vermögen an Baden. 1819 versteigerte man die Gebäude, die jetzt als Fabrik genutzt wurden. Doch diese Nutzung führte zu mehreren Bränden, sodaß wir heute Kirche und Konventbauten nur noch als eine imposante Ruine antreffen. Randgebäude, darunter ein noch heute bestehendes Gasthaus, blieben erhalten. Eine Stiftung kümmert sich um den Erhalt der Ruinen. So wurde ein Museum im ehemaligen Äbtissinnenhaus eingerichtet (bei privat klingeln!) und eine Informationstafel aufgestellt. Der Besucher findet nur 4 km nördlich des Zisterzienserklosters Herrenalb eine Anlage, die mit ihrer Einfügung in das Tal der Alb zu den romantischsten Orten BWs gerechnet werden kann.

Daten: 1180–1598 Benediktinerinnen, 1631–1803 Freiadliges Stift

Lit.:   *H. John: Chronik des Klosters Frauenalb. (Broschüre, im Museum erhältlich)*

F. Geiges: Das Benediktinerinnen-Kloster F. von den Anfängen bis zur Reformation.

P. Langverlag, 1980.

Heggbach

Welche Blüten die Frömmigkeitswelle des Barock hervorbringen konnte, dies kann man anhand des **Reliquienkultes** dieser Zeit erahnen. So umfaßte eine Liste des Klosters Heggbach über 100 Reliquien („Heiltümer"), darunter Mögliches und Unmögliches: Erde von biblischen Stätten, Andenken an Personen aus Christi Umgebung (Großmutter Anna, Elisabeth, Joseph und Maria), Partikel von der Krippe, von der Leiter auf

Foto: Aßfalg

Heggbach: Frauenzisterze als Kern einer
modernen Behinderteneinrichtung

Golgotha usw. In der Klosterkirche selbst hatte man den Leichnam eines Hl. Theodor aufgebahrt, der ein geschlechtliches Mischwesen gewesen sein mußte. Denn bei dessen aus Rom 1719 importierten Skelett fehlten 2 Oberarmknochen; statt dessen entdeckte der damit befaßte Untersucher beiliegende

Frauenknochen und sogar Skelettreste eines Ungeborenen. Die diesbezügliche kritische Anfrage bei der päpstlichen Behörde erbrachte als Antwort, daß man sich auf das Authenzitätspapier als Hauptsache verlassen solle. Basta! Egal ob echt oder unecht: Mit den entsprechenden Wallfahrten und Feiern zu den Reliquien konnte man die Bevölkerung begeistern und zu einer Identifizierung mit ihrem Staat bringen: „Unterm Krummstab ließ sich im Barock gut leben!"

Gründung und Anschluß an einen regulären Orden erfolgten in ähnlicher Weise wie bei den anderen oberschwäbischen Frauenzisterzen dieser Zeit (vergl. Baindt): Eine Frauensammlung in Maselheim wurde 1231 vom Zisterzienserkloster Salem zur Betreuung übernommen und auf päpstliche Anordnung als **ZISTERZIENSERINNEN** dem Orden inkorporiert. Bei so viel Unterstützung können es keine armen Frauen gewesen sein, sondern Töchter des umgebenden Landkleinadels und des Biberacher Patriziats. Der Aufstieg erfolgte kontinuierlich aufgrund dementsprechender Unterstützung der Herkunftsfamilien, bis hin zum Erreichen der Reichsfreiheit im 15. Jh. Dies war nur in Schwaben möglich: Frauenzisterzen als eigenständige Staaten.

Die Reformation konnte man überleben, obwohl die protestantisch gewordene Reichsstadt Biberach die Schutzvogtei innehatte. Im 30j. Krieg jedoch wurde die Anlage weitgehend zerstört. Man baute Stück für Stück wieder auf, entwarf also keine Neuanlage. In dieser Zeit entwickelte sich der eingangs geschilderte Reliquienkult, der begleitet wurde vom Entstehen von Bruderschaften (vergl. Ottersheim). Im Heggbacher Territorium findet man eine Maria-Hilf-, eine Rosenkranz- und eine Maria-vom-Trost-Bruderschaft. Auch dies ein Beleg für eine Identifikation der Untertanen mit ihrem Staat, wie wir sie uns in demokratischen Gesellschaften wünschen.

1803 kam das Ende. Die Grafen von Waldbott-Bassenheim erhielten die Anlage. Da diese ständig finanzielle Probleme hatten, handhaben sie es wie im ebenfalls ererbten Buxheim (bei Memmingen): Sie verschleuderten die wertvollen Mobilien und rißen Bauten ab. Ihr Konkurs rettete die Anlage vor dem Verschwinden. Denn das Haus Waldburg kaufte sie auf und schenkte sie den **Franziskanerinnen** von Reute (s. Waldsee) zur Einrichtung eines Behindertenheims, das bis heute besteht.

Leider wurden von den ursprünglichen Bauten nur noch der Kreuzgang sowie die Bruderkirche (heute Museum) nach einem Großbrand (1893) original wiedererbaut. Kirche und Konventgebäude dagegen wurden anschließend schmucklos erstellt. Dies bildet das Herz des Behindertenheims, umgeben von einer riesigen Neubauanlage aus den 80er Jahren.

Daten: 1231–1803 Zisterzienserinnen

Lit.:   O. Beck: Die Reichsabtei Heggbach. Thorbecke 1980

L. Haas: 750 Jahre Kloster Heggbach. Thorbecke 1981

Maulbronn F 6

„Le patrimoine mondial, Heritage of Mankind, Herencia de la humanidad, Weltkulturerbe". Mit der Verleihung dieses Titels durch die Unesco kann die Anlage von Maulbronn als stellvertretend für 750 **Zisterzienserklöster** angesehen werden, die es einmal in Europa gab: So zum einen hinsichtlich deren kolonisatorischen Leistungen in der Urbarmachung von Sümpfen und Einöden, wenn man die Gesamtheit der Maulbronner Anlage mit ihren Wirtschaftsbauten und Fischteichen betrachtet. Und zum anderen hinsichtlich des typischen Klosterbauschemas, wie es die Zisterzienser aus dem benediktinischen Kloster heraus entwickelt und in ganz Europa verbreitet haben. Maulbronn kann wohl als die besterhaltene derartige Anlage Europas angesehen werden.

Dabei ist es einem Glücks- und Zufall der Geschichte zu verdanken, daß uns diese imposante Anlage erhalten blieb. Denn mittelalterliche Klosteranlagen erlebten in der Regel 2 Arten von Zerstörung: Entweder durch Unglücksfälle (Krieg, Brand) oder durch den Geist des Fortschrittes

(Umbau, Neubau). Ersteres Schicksal erfuhren die meisten Klöster im nördlichen Europa, vor allem in der Zeit von Reformation und 30j. Krieg; letzteres wiederum die meisten in Süddeutschland und Südeuropa, vor allem in der Zeit des Barock. Maulbronn dagegen wurde weitgehend im Stande des 13. Jh. konserviert. Denn nach der reformationsbedingten Aufhebung durch den Herzog von Wirtemberg existierte es weiter (ebenso wie Bebenhausen, Denkendorf, Blaubeuren u.a.) als Klosterschule und als Verwaltungszentrum eines ausgedehnten Klosteramtes mit ca. 50 Dörfern. Damit besaßen die Gebäude weiterhin ihre Existenzberechtigung, ohne jedoch dem Zwang zur Neugestaltung aus Prestigegründen (wie bei den barocken Klosterstaaten) zu unterliegen. Es verfiel in einen Dornröschenschlaf, aus dem es erst der moderne Tourismus erweckte.

Dabei hätte sich die Gründung beinahe als Fehlschlag erwiesen. Die erste Ansiedlung des damals gerade erst 39 Jahre alten **ZISTERZIENSERordens** in Eckenweiler (bei Mühlacker) mißlang. Durch Bernhard von Clairvaux war der Orden „In", daher wollte der Speyrer Bischof die Mönche in seinem Bistum halten. Mit einer großzügigen Ausstattung konnte er sie zum Umzug nach Maulbronn bewegen. Hier kultivierten sie über wasserbau-technische Anlagen ein Ödland und schufen ein „Paradies". (Einen Teil dieser Anlagen kann man noch heute erkunden). Bereits schon nach kurzer Zeit besiedelten sie Tochterklöster in Bronnbach (1153) und Schönthal (1157), obwohl ihre eigene Anlage bei weitem noch nicht fertiggestellt war. Es gehörte eben zum Ehrgeiz dieses Ordens, möglichst schnell überall Filialen aufzubauen.
Das Kloster bekam reiche Schenkungen des umgebenden Adels. In den ersten 100 Jahren seiner Existenz ließ es diese Ländereien von den Konversen (= Brüder) bearbeiten. In dieser Zeit wurde auch die Grangie (= Wirtschaftshof) in Eilfingen aufgebaut, die bis heute ein Begriff wegen ihres Weines ist. Denn darin lag die Stärke der Zisterzienser: Verbesserung von Anbaumethoden, Veredelung von Nahrungsmitteln, technische Lösungen zur Trockenlegung oder zur Bewässerung. Diese Leistungen trugen mitentscheidend zur Inneren Kolonisation Mitteleuropas und zu einer Bevölkerungsverdopplung in der Stauferzeit bei.
Als jedoch im 13. Jh. die Anzahl der Konversen zurückging, verpachtete man einen Teil der Ländereien. Maulbronn wurde zum grundbesitzreichsten Kloster des heutigen BW, mit über 50 Dörfern. Ein reichsfreies Territorialgebiet ebenso wie das Zisterzienserkloster Salem aufzubauen, dies schaffte man nicht. Denn die Vogteirechte wanderten von den Speyerer Bischöfen über die benachbarten Grafen von Enzberg zu den Pfalzgrafen am Rhein, konnten also nicht erworben werden. Vielmehr wurde Maulbronn zum Spielball eines Machtkampfes zwischen Pfalz und Wirtemberg, wovon noch heute die Befestigungsanlage zeugt. Immer wie-

der versuchten die wirtembergischen Grafen, die Kontrolle des Klosters zu erhalten, bis hin zu einem Überfall 1460. Schließlich gelang es ihnen 1504, als die Pfalzgrafen eine politische und militärische Niederlage mit dem Verlust mehrerer Klostervogteien bezahlen mußten.

Damit war das Ende der mönchischen Existenz vorbestimmt. 1534 führte Wirtemberg die Reformation ein und hob die Klöster auf. Durch die vorbildliche Maßnahme des Herzog Christoph, der die Besitzungen der ehemaligen Klöster teilweise für den Aufbau eines allgemeinen Schulsystems verwendete, wurde Maulbronn zur Klosterschule (und ist es noch heute). Die Namen einiger berühmter Schüler sind mit dieser Schule verbunden: Kepler, Hölderlin, Schelling, Hesse. Heute ist es vor allem Museum.

Der Besucher findet eine Anlage vor, die bereits durch ihre Ausdehnung erstaunt. Hier bestand ein kleiner Gottesstaat auf Erden. Die Wirtschaftsbauten aus der nachklösterlichen Zeit formen eine Art Vorhof zum eigentlichen Kloster. Den Kern der Anlage bildet die Kirche mit dem nördlich davon liegenden Konventgeviert. Wahrscheinlich baute man wegen der Bodenverhältnisse die Kirche im Süden, was nicht dem sonstigen Bauschema entspricht. Hinter der Anlage steht das Schloß der Württemberger aus der Renaissancezeit.

Maulbronn: Blick auf das „Paradies"
im romanisch-gotischen Übergangsstil

Foto: Staatliche Schlösser und Gärten, Staatl. Vermögens- und Bauamt Karlsruhe, Kloster Maulbronn

Kunsthistorisch ist Maulbronn u.a. berühmt durch seinen Paradiesmeister, der um 1210 im Westen der Kirche das „Paradies" im Übergangsstil von Romanik zur Gotik erbaute und somit die noch junge Gotik nach Schwaben brachte. Darüberhinaus befinden sich in der Kirche wie in den Konventbauten außergewöhnliche kunsthistorische Zeugnisse romanischer und gotischer Baukunst. Informationsmaterialien sind ausreichend im Museum erhältlich.

Maulbronn ist einen Besuch wert, sowohl aus kultur- wie kunsthistorischer Sicht!

Daten: (1138–1147 in Eckenweiler), 1147–1534 Zisterzienser

Lit.:   P. Anstett: Kloster Maulbronn., Deutscher Kunstverlag,1989 (Amtl. Führer)

R. Henk: Abtei Maulbronn. Verlag Brausdruck, 1979

Nur wenige Besucher dieser Touristenstadt kommen wegen, aber sehr viele kommen ins ehemalige Dominikanerinnenkloster. Denn hierin befindet sich heute der Verkehrsverein sowie ein Museum.

Eine Frauensammlug schloß sich bereits kurze Zeit nach ihrem Entstehen als 3.-Orden-**DOMINIKANERINNEN** 1309 einem anerkannten Orden an. Die Betreuung erfolgte sowohl durch die Dominikaner von Konstanz wie auch durch den örtlichen Pfarrer. Denn ihre Kapelle befand sich wahrscheinlich in der danebenstehenden Pfarrkirche. Dies ist eine typische Lage und Situation für solche ländlichen Frauensammlungen (s. Pfullendorf).

Obwohl im Laufe der Zeit aus der ursprünglichen Klause eine richtige Klosteranlage von sage und schreibe 10 Wohnhäusern wurde (vergl.

Foto: Willig

Meersburg: Typische kleinstädtische Frauenklause (3.-Orden-Dominikanerinnen)

Engen), legten die Schwestern dennoch nur einfache Gelübde ab und blieben somit im Dritt-Ordens-Status. Den großen Besitz brachten die Konventmitglieder ein, die aus dem gehobenen Bürgertum bzw. dem bischöflichen Kleinadel stammten.

Der Besucher findet in der Oberstadt eine Anlage aus dem 18. Jh. Man kann gut erahnen, wie groß diese „Klause" einmal war. Eine Informationstafel am Haus erinnert an die ursprüngliche Funktion.

Daten: um 1300–1309 Frauensammlung, 1309–1803 Dominikanerinnen

Lit.: A. Wilts: Beginen im Bodenseeraum, S. 379–382

St. R. Fischer: Meersburg im Mittelalter. Verlag der Stadt, 1988

L 9 *Mengen*

„Ein Gaunerstück bleibt ein Gaunerstück, egal ob es von einem frommen Abt oder von einem Immobilienhai verübt wird!" Zu dieser Erkenntnis muß man gelangen, wenn man die Geschichte des Wilhelmitenklosters in Mengen im 18. Jh. betrachtet. Da beklagt sich das Kloster Petershausen (s. Konstanz) über die „Listigkeit, mit welcher das Stift St. Blasien ihm das zerfallene Klösterlein angehängt habe" und daß das Kaufinteresse von anderen Klöstern nur vorgetäuscht worden sei, um Petershausen zu einem raschen Abschluß zu treiben. Und den eigenen Wirtschaftsverwalter beschuldigt man, wegen seiner Verwandtschaft mit dem St. Blasianischen Kanzler ungünstige Bedingungen ausgehandelt zu haben. Vorwürfe dieser Art kann man heute jede Woche in der Zeitung finden. Daraus sei eine weitergehende Folgerung erlaubt: Das Verhältnis zwischen Klöstern und Orden wurde häufig stärker von wirtschaftlichen und politischen Überlegungen bestimmt als von brüderlich-christlichen.

1282 schenkte die Stadt ein Gelände an den **WILHELMITENorden** (s. Oberried), auf dem dieser ein Kloster errichtete. Der Gründungskonvent kam aus dem Freiburger Kloster. Die wirtschaftliche Basis war etwas schmal, denn nur die Kirchen in Mengen und Rulfingen wurden inkorporiert. Die Verschuldung war im 15. Jh. so stark, daß ein Pfleger eingesetzt werden mußte. Da das Klostergebäude 1544 verwaist war, wollten es die Benediktiner übernehmen und ein Gymnasium darin einrichten, was jedoch am Widerstand von Stadt und Ordenszentrale scheiterte. Nach dem 30j. Krieg stand es 50 Jahre lang als Ruine da, was wiederum zu Plänen für die Einrichtung eines benediktinischen Seminars führte. Aber erneut stellten sich die Wilhelmiten quer. Eine Klosterruine kann eben wertvoller sein als die Interessen eines anderen Ordens.

Erst das konzentrierte Vorgehen von päpstlichem Nuntius, Bischof und Kaiser zwangen die Wilhelmiten zur Übergabe. 1725 übernahm St. Blasien das Wilhelmitenkloster und richtete ein **Subpriorat** mit 3 Mönchen ein. Als jedoch keine schwarzen Zahlen geschrieben werden konnten, kam es zum oben angeführten Verkauf an Petershausen. Mit dem Ergebnis, daß St. Blasien nach einem Prozeß- und Vergleichsverfahren 1774 Petershausen für seine Aufwendungen entschädigte, Mengen erneut übernahm und bis zur Säkularisation mitschleppte.

Die Anlage liegt im Südosten der Altstadt. Die Kirche wurde 1810 abgebrochen; die Konventgebäude aus der Zeit um 1750 dienten als Salzlager und sind heute Teil des Gymnasiums.

Daten: 1282–1725 Wilhelmitenkloster, 1725–1806 Benediktiner-Subpriorat

Lit.: Germania Benedictina, Bd. V, S. 381–388

Aus zwei kurzzeitig im 13. Jh. in Mengen angesiedelten **Frauensammlungen** entstanden die Klöster Baindt (Zisterzienserinnen) und Habsthal (Dominikanerinnen, s. Ostrach).

Ennetach

Hier befand sich von 1310–1806 eine **Dominikanerinnenklause** im Bereich der ehemaligen Spitalmühle an der Ablach. Mühle und Kloster sind heute verschwunden.

Eine geschlossene dörfliche Anlage empfängt den Besucher in Merdingen: Kirche, Pfarrhaus und Rathaus bilden ein Ortszentrum, das im gleichen Stil von Johann Kaspar Bagnato, dem führenden Baumeister des Deutschen Ordens erstellt wurde. In reizvoller Lage am westlichen Rand des lößbedeckten Tuniberges erweckt dieser Ort das romantische Bild einer heilen Welt. (Da dieses Dorf in seinem Zentrum so stark vom Deutschen Orden geprägt wurde, wird es hier behandelt, obwohl es keine eigene Kommende bildete).

Bereits im Mittelalter hatte der **DEUTSCHE ORDEN** Patronats- und Zehntrechte im Ort. Als 1716 die Freiherrn von Wessenberg ihren $^2/_3$-Anteil an der Dorfherrschaft verkaufen wollten, griff die Deutschordens-kommende Freiburg zu. (Das restliche Drittel blieb bei den Freiherren von Kageneck.) Sie wurde damit zur Ortsherrschaft. In der Verantwortung als Dorf- und Kirchenherren ließ der Orden seinen bewährten Baumeister J.K. Bagnato die Ortsmitte neu gestalten: 1739–49 Kirchenneubau, 1754 Bau von Pfarrhaus, Zehntscheuer und Fruchtschütte. Bei der Ausgestaltung der Kirche arbeiteten einige berühmte Künstler mit (z.B. Ch. Wenzinger).

Daten: 1716–1806 Deutscher Orden (keine Kommende)

Lit.: Schnell & Steiner Kunstführer Nr. 1003: Merdingen. 1974

Wippertskirch

Etwa 2 km außerhalb des Ortes, an der Straße nach Freiburg, trifft man auf das alleinstehende Bauerngehöft Wippertskirch. An der Außenmauer kann man eine Überraschung in Form von 2 Wappensteinen mit äbtlichen Insignien entdecken. Erinnerung an das ursprünglich daneben stehende Propsteigebäude (vor 1683–1806) des **BENEDIKTINERklosters** Schuttern (s. Friesenheim), erbaut von dem Vorarlberger Peter Thumb. 1822 wurde es abgerißen, und nur noch ein einfaches Gedenkkreuz im Ackergelände erinnert daran. Die beiden Wappensteine wurden glücklicherweise gerettet, indem man sie für das Gehöft verwendete. Geschichtszeugen und vorbeijagender Autoverkehr: welch (unvereinbare?) Gegensätze!

Lit.: Germania Benedictina, Bd. V., S. 677–679

Deutschordensstadt Mergentheim. Hier befand sich seit 1525 die Zentrale eines Ritterordens für das Gebiet des Deutschen Reiches. Hier residierte der oberste Repräsentant der deutschen Gebiete, der Deutschmeister, der nach dem Übertritt des Hochmeisters zum Protestantismus auch noch dessen Titel annahm und sich schließlich Hoch- und Deutschmeister nannte.

Damals gelangte die Zentrale von (Ost-) Preußen nach Franken und blieb hier bis zur Auflösung des Deutschen Ordens unter Napoleon. Um Mergentheim herum baute sich der Orden einen Kleinstaat auf, dessen Zeugnisse noch heute vor Ort sichtbar sind: Verwaltungshäuser, Zehntscheunen, Wein-

Bad Mergentheim: Deutschordenszentrale.
Kein Kloster, sondern eine fürstliche Schloßanlage

Foto: Metz

pressen und Kirchen mit dem Ordenswappen findet man in der Stadt und den umgebenden Orten. Verständlich, daß der Anschluß an das protestantische Württemberg in der Bevölkerung nicht auf Gegenliebe stieß und sogar mit Waffengewalt erzwungen werden mußte.

Kernstadt

Wer hier die Spuren des Deutschen Ordens sucht, der erlebt zuerst einmal eine Überraschung, denn er stößt immer wieder auf Hinweise zum Johanniterorden: Gegenüber dem Schloß eine Gaststätte Johanniter und dahinter der Johanniterhof, oder auch die Pfarrkirche mit dem typischen Johanniterpatronat (Johannes der Täufer). Was stimmt da nicht? Wir finden hier Hinweise auf einen geschichtlichen Entwicklungsprozeß, der lobenswerterweise nicht im nachhinein geleugnet wurde. Denn zuerst waren in dieser Stadt die Johanniter, und dann erst kamen die Deutschherren. Das Nebeneinander der beiden Ritterorden führte zu jahrhundertewährenden Spannungen. Am Ende gewann der Stärkere.

Die frühen Schenkungen des Hohenloher Ortsherren gingen an den **JOHANNITERorden,** der hier seine erste Besitzung im Bereich des heutigen BW erhielt. Aufgrund dieser Schenkungen gründeten die Johanniter um 1190 östlich der Pfarrkirche ein Hospiz, das später zur Kommende wurde und heute noch durch die Wappen der beiden Ritterorden auffällt. Genutzt wird es inzwischen vom katholischen Dekanat. Dahinter öffnet sich der Johanniterhof, heute ein modernes Einkaufszentrum, ursprünglich ein karolingischer Königshof. Diese Anlage mußten die Johanniter bereits 1355 an die Deutschherren abtreten. Die Pfarrkirche jedoch, deren Patronatsrechte der Johanniterorden um 1207 erhielt, behauptete er bis 1555. Erst ab diesem Zeitpunkt kann man von einer reinen Deutschordensstadt sprechen.

Die Stadtkirche stammt teilweise noch aus der Johanniterzeit (gotische Anlage) mit späteren Umbauten und Ergänzungen durch den Deutschen Orden. Sie prägt das Stadtzentrum, alleine schon durch die Lage mitten in einer Straße.

Daten: um 1190–1355 Johanniterkommende, –1555 Pfarrechte

Lit.: Schnell & Steiner Kunstführer Nr. 1840: Münster St. Johannes, 1991

Die Voraussetzungen für den späteren Aufstieg zum Zentrum des **DEUTSCHEN ORDENS** wurden aufgrund einer großen Schenkung von 3 Brüdern der Familie Hohenlohe-Weikersheim 1219 geschaffen, die gleichzeitig in den damals 30 Jahre jungen Orden eintraten und hier Führungspositionen übernahmen (u.a. Hochmeisteramt). Die Schenkung umfaßte neben der Wasserburg auch die Dörfer der Umgebung, Der Orden richtete eine Kommende ein und erwarb systematisch ein Territorium, das am Ende fast die Fläche des Altkreises Mergentheim vor 1972 umfaßte. Daher kann man immer wieder in der Stadt Häuser der Ordensherren oder vom Orden erbaute öffentliche Gebäude finden, z.T. mit dem Ordenswappen (z.B. barocke Martinskapelle).

Die auffallendste Erinnerung an den Deutschen Orden bildet die Schloßanlage aus verschiedenen Epochen am Rande der Stadt. Aus einer ehemaligen Wasserburg entstanden, wurde sie nach der Aufwertung zur Ordenszentrale weitgehend im Renaissancestil neu gestaltet (1572–75). Wir finden kein Kloster vor, sondern ein Herrschaftszentrum. Denn mit dem Übertritt zum Protestantismus des höchsten Repräsentanten des Ordens, des Hochmeisters, rückte der in Mergentheim residierende und katholisch bleibende Deutschmeister an dessen Stelle. Damit war dieses Amt selbst für Hochadelsgeschlechter attraktiv (z.B. Wittelsbacher).

Foto: Steinbach

Bad Mergentheim: Deutschordensschloß. Spätgotische Berwarttreppe (siehe auch Buch-Rückseite)

Nach dem Übergang an Württemberg wurde die Anlage zuerst als Herzogsresidenz, dann als Kaserne und Verwaltungsgebäude verwendet. Heute befindet sich in ihm das Deutschordensmuseum mit Abteilungen zur Ordens- und zur Stadtgeschichte und einer Puppenstubensammlung. Alleine die Darstellung der Deutschordensgeschichte ist eines Besuches wert. Hinzu kommt noch eine wunderbare gotische Wendeltreppe im Zentrum des Museums (Berwarttreppe), wohl die schönste Frankens. Im Museum sind die Veröffentlichungen der „Historischen Deutschordens-Compagnie" zur Ordensgeschichte erhältlich. (Montags geschlossen).

Die barocke Schloßkirche dient seit der Ordensaufhebung der evangelischen Gemeinde für den Gottesdienst. Ein weiteres Beispiel für katholischen Barock im Dienst evangelischer Gemeinden (neben Ellwangen und Rottweil).

Daten: 1219–1525 Deutschordenskommende, 1525–1809 Deutschmeistersitz

Lit.:   Schnell & Steiner Kunstführer Nr. 1162: Deutschordensschloß Bad Mergentheim, 1988

Um die Mitte des 13. Jh. wurden vom Deutschen Orden die **DOMINI-KANER** in der Stadt angesiedelt. Da die Pfarrkirche unter Johanniterkontrolle stand, konnte somit ein Gegengewicht dagegen aufgebaut und zugleich ein Bedürfnis der Bevölkerung abgedeckt werden. Vermutlich auf einer älteren Marien-kapelle baute man Kirche und Kloster. Die Anlage wurde im Bauernkrieg und im Markgräflerkrieg, den 1552 der Markgraf von Ansbach-Bayreuth

Bad Mergentheim: Marienkirche mit Dominikanerkloster. Typische Bettelordensarchitektur

Foto: Willig

vom Zaune brach, beschädigt. Nach der Aufhebung von 1809 diente die Kirche als Lagerraum und seit 1852 erneut der katholischen Gemeinde. Damit wurde sie vor dem Verfall gerettet und renoviert (neues Schiff). Die Konventgebäude dienten der Stadt als Schulhaus, stehen jedoch inzwischen leer.

Die Marienkirche liegt im südlichen Teil der Altstadt. Die Größe der Anlage wird durch die zurückgesetzte Lage nicht sofort offensichtlich. In der Kirche befinden sich vor kurzem entdeckte Fresken aus der Erbauungszeit (1308, Andachtskapelle), die nur bei Führung zu besichtigen sind. Auffallend ist, daß sich der erste in Mergentheim residierende Hochmeister Walter von Cronberg 1542 hier ein Grabmal durch den Nürnberger Peter Vischer erstellen ließ: Die Pfarrkirche war damals noch in Johanniterbesitz, die Dominikanerkirche war die Alternative.

Daten: 1250–1809 Dominikaner

Bauzeiten: Konventgebäude 1273–1291, Kirche im 14. Jh. (Schiff 19. Jh.)

Ebenfalls vom Deutschen Orden angesiedelt wurden die **KAPUZINER** in der Zeit der Gegenreformation (vergl. Neckarsulm). Entsprechend ihrer Rolle als katholische Erneuerer übernahmen sie sofort Funktionen des

„verbrauchten" Dominikanerordens als Prediger in der Stadt- und in der Schloßkirche. Typisch für Kapuziner ist ihre Betreuung von Wallfahrtsorten (s. Waghäusel). Ähnliches geschah hier: Die Kopie eines Muttergottesbildes wurde zum Anlaß für Wallfahrten und den Bau einer eigenen Wallfahrtskapelle (Gnadenkapelle).

Nach der Aufhebung unter Napoleon diente die Anlage der Schützengesellschaft und seit 1895 als Studienheim der Diözese, bis sie erneut von den **Kapuzinern** bezogen wurde. Heute wird u.a. von ihnen die Kurseelsorge betrieben.

Die kleine Anlage „Maria Hilf" liegt außerhalb der Altstadt, gegenüber dem Schloß. Erbaut wurde sie 1637. Auffallend ist noch heute die Trennung von Klosterkirche und Gnadenkapelle.

Daten: 1628–1807, seit 1920 Kapuziner

Lit.: Kirche und Kloster der Kapuziner in Bad Mergentheim (Broschüre). Selbstverlag, o.J.

Markelsheim

Dieser touristisch attraktive Weinort befand sich wie so viele Orte der Gegend im Besitz des **Deutschen Ordens.** Daran erinnert noch heute ein mächtiges Vorratsgebäude mit Staffelgiebel auf dem Hügel mitten im Ort, dem Engelsberg, Daneben finden wir mit der Margaretenkapelle den Hinweis auf eine Frauensammlung **(Beginen),** deren Klösterchen angrenzte. Der Besucher findet die Anlage vom Ortszentrum aus über kleine Wege.

Daten: 1350–1408 Frauenklause

In den Teilorten Wachbach und Neunkirchen befanden sich ebenfalls **Frauenklausen.** In **Wachbach** war von 1282–1408 eine Frauensammlung hinter dem (noch heute stehenden) Schloß. In **Neunkirchen** befand sie sich (1256–1479) nordöstlich der Kirche, ihr im Dorf stehender Gutshof ist als solches äußerlich nicht erkenntlich. Der Straßenname „Nonnengasse" in der Kernstadt geht auf ein Haus zurück, das sich im Besitz der Neunkirchner Frauen befand.

Burg Neuhaus

Tauberaufwärts thront die Burg Neuhaus über dem Tal. Hier befand sich eine der wichtigsten Burgen des **DEUTSCHEN ORDENS.** 1411 hatte er sie gekauft. Infolge der Nähe zum Herrschaftsmittelpunkt Mergentheim wurde der Ordensschatz hier verwahrt. Deshalb war sie ein Ziel der Bauern im Bauernkrieg und wurde zerstört.

Nach dem Wiederaufbau diente sie zeitweise den Hochmeistern des 18. Jh. als Residenz. Traurige Berühmtheit kommt ihr als Gefängnis und Hinrichtungsort vieler „Hexen" aus dem Gebiet des Deutschen Ordens zu. 1799 wurde sie abgebrochen. Übrig blieben Ruinen, barocke Rondelle und die Brücke über den Graben. Der Zugang zu den Resten des Bergfrieds ist offen, die Wohnbauten jedoch sind als Domäne von Privat bewohnt. Zufahrt ist möglich.

Lit.: Bauernkriegs-Landschaft Tauber-Franken. Radtouren-Reiseführer, Bd. 1 und 2

Merzhausen M 2

Es ist typisch für mittelalterliche Orden (z.B. Benediktiner), daß sich ganze Orte in ihrem Besitz befanden, von deren Abgaben sie ihr Leben bestritten. Überraschen muß jedoch, daß die Jesuiten als neuzeitlicher Orden an diese Tradition anknüpften und auch Ortsherrschaften übernahmen. Das **Jesuitenschlößchen** oberhalb von Merzhausen erinnert an eine solche Ortsherrschaft. Denn dieses Breisgaudorf gehörte 1635–1773 den Freiburger Jesuiten. In dieser Zeit (1666) erbauten sie das Schlößchen anstelle einer zerstörten Burg. Heute findet der Besucher eine weitgehend erhaltene Anlage vor, die mit ihrer Gaststätte und ihrem Weinkeller als Ausflugsziel dient.

Meßkirch L 8

In diesem ehemaligen Residenzstädtchen der kath. Grafen von Fürstenberg bestanden 2 gegenreformatorische Ordensniederlassungen, von denen wir (leider) heute nichts mehr vorfinden.

Die Ansiedlung der **Ursulinen** war von so kurzer Dauer (1660–1666), daß sie keine Spuren hinterlassen konnte. Dabei handelte es sich um ein kulturhistorisch interessantes Experiment. Die Fürstenberger holten diesen auf Mädchenunterricht spezialisierten Orden aus der Diözese Lüttich, wo er sich gerade zuvor aus Bordeaux kommend angesiedelt hatte. Aber auch die bayrischen Kurfürsten waren an diesem Reformansatz interessiert und warben den Meßkircher Konvent ab. Immerhin erinnert das Grab einer Nonne in der St. Veitskapelle (jetzt Friedhofskapelle) an der Straße nach Rohrdorf an dieses kurzzeitige Intermezzo.

Auch die **Kapuziner** hatten die Fürstenberger 1661 in der westlichen Vorstadt („Adlerplatz") angesiedelt. Nach der Aufhebung von 1806 erbaute Baden 1835 das Forstamt mit den Steinen der Kirche. An der Straße nach Heudorf stehen noch 2 Wirtschaftsgebäude des Klosters.

Gnadental

Bei den Zisterziensern finden wir immer wieder das gleiche typische **Klosteranlagen-Schema** vor: Die geostete Kirche steht auf der Nordseite, südlich davon befinden sich Kreuzgang und Konventgebäude (Kapitelsaal, Arbeitsraum, Refektorium, Küche, Laienrefektorium; im Obergeschoß die Schlafräume = Dormitorium). Dieses Schema hatten die Zisterzienser in ihrer Gründungsphase von benediktinischen Vorbildern übernommen und anschließend im gesamten westlichen Europa verbreitet, von Portugal bis Polen und Skandinavien. Überraschenderweise findet man jedoch immer wieder mal eine Anlage, die von diesem Schema abweicht, indem die Kirche im Süden und die Konventbauten im Norden angeordnet sind. Kloster Maulbronn ist wohl das berühmteste dieser Abweichler!

Aber auch die ehemalige **FRAUENZISTERZE** Gnadental weicht vom Schema ab. Zwar steht heute von den Gebäuden nur noch die Kirche, aber man kann deutlich von außen an der nördlichen Kirchenwand (Friedhofseite) ersehen, daß sich hier ehemals die Konventbauten anschlossen. Und Reste des Kreuzgangs haben als Friedhofsmauer überlebt. Liegt die Erklärung für die veränderte Anordnung bei den Geländegegebenheiten, wonach – wie in Maulbronn – der Untergrund auf der Kirchensüdseite zu sumpfig war (was möglich ist, da hier der inzwischen verschwundene Klosterweiher angelegt wurde). Oder waren es evtl. Laienbrüder von Maulbronn, die als Baumeister das Schema ihres Mutterklosters einfach hierher übertrugen (was auch möglich ist, da diese Anlage im Übergangsstil von Romanisch zu Gotisch wie in Maulbronn entstand, wenn auch ca. 40 Jahre später). Wir müssen diese Frage offen lassen.

Gegründet wurde Gnadental (Vallis Gratiae) um 1238 durch die Ritter von Krautheim im Ort Hohebach. 1245 wurde eine Verlegung nach dem heutigen Gnadental vorgenommen. Die geistige Betreuung hatten die Zisterzienser von Schöntal inne. Nach dem üblichen Gründungsaufstieg kam im 15. Jh. der übliche Niedergang: wirtschaftliche Probleme, Lockerung der Disziplin, persönlicher Besitz der Nonnen. Hinzu kam die exponierte Lage als Kloster unter Hohenloher Vogtei direkt an der Grenze zum Haller Landgebiet. Die Besitzungen lagen in verschiedenen Territorien, ein eigenes Landgebiet konnte

Gnadental: Eingang zur Kirche der Frauenzisterze

Foto: Willig

nicht erworben werden. Gnadental hatte auch mehrere Haller Salzsiede-
pfannen im Besitz, die aber prompt verloren gingen, als die Reichsstadt
mit den Hohenlohern im Clinch lag: Die unschuldigen Nonnen mußten für
den Vogteiherren büßen.

Die Einführung der Reformation im Hohenloher Gebiet stieß auf keine
großen Widerstände im Kloster Gnadental, denn die damalige Äbtissin
war selbst eine geborene Hohenlohe. (Noch heute finden wir von ihr einen
schönen Grabstein in der Kirche). Nach dem Aussterben der Nonnen
wurde ein Gestüt und später ein Spital eingerichtet. Die Konventgebäude
wurden schließlich abgerissen.

Die frühgotische Kirche dient heute der evang. Gemeinde als Gottes-
dienstraum. Sie ist während der Sommerzeit täglich geöffnet. Im Westteil
der Kirche befindet sich heute das evang. Gemeindehaus, und im westlich
daran angebauten Äbtissinenhaus (1976 neu erbaut) ist die Wohnung des
Pfarrers. Abseits der Verkehrswege in einem Bachtal liegend vermittelt die
gesamte Anlage einen Hauch des zisterziensertypischen Rückzugs aus der
Welt. Ein Besuch lohnt sich auch aus kunsthistorischen Gründen.

Daten: 1245–1547 Zisterzienserinnen

Lit.:   Schnell & Steiner Kunstführer Nr. 1154: Gnadental, 1983

Möckmühl D9

Wie konnte dieses Städtchen, abseits der wichtigen Verkehrswege und
damit der Geschichte, zu der Ehre eines Kollegiatstiftes kommen? Bestand
hier einmal der Mittelpunkt einer bedeutenden Herrschaft, war hier eine
Residenz geplant wie bei den anderen Kollegiatstiften des 14. Jh. (vergl.
Stuttgart, Hechingen)? Oder sollte eine fürstliche Grablege das Erbe einer
Hochadelsfamilie legitimieren (vergl. Wertheim)? Oder wollte eine
Hohenloher Nebenlinie nur ihre Bedeutung demonstrieren (vergl.
Betenbrunn bei Heiligenberg)?

Nichts von all dem scheint bei der Gründung des **KOLLIGIATSTIFTES**
Möckmühl (1379) der Fall gewesen zu sein. Vielmehr ordnet sich diese
Stiftung in eine Reihe von Akten religiöser Überzeugung ein, wie wir sie
seit dem Investiturstreit des 11. Jh. immer wieder bei Adelsgeschlechtern
finden können: Man gab Teile oder sogar den ganzen Besitz als
Stiftungsgut für ein Kloster und trat – wenn möglich – selbst in den Orden
ein. Die beiden Gründer des Kollegiatstiftes konnten dabei auf eine
Familientradition verweisen, hatten doch bereits 1217 drei Brüder des
Hauses Hohenlohe ihren Besitz dem Deutschen Orden geschenkt und

Foto: Metz

Möckmühl: Altfränkisches Städtchen mit den Resten des
Kollegiatstiftes (rechts unterhalb des Burgturms)

waren ihm beige-
treten (vergl. Bad
Mergentheim). So
ähnlich auch hier:
Der eine Bruder
trat in das neuge-
gründete Stift ein
und ward sein
Propst, der andere
Bruder zog sich
als Kartäuser-
mönch aus der
Welt zurück. Viel-
leicht erfüllten sie damit das heimliche Erbe ihres Vaters, der nur deshalb
sein kirchliches Amt als Dompropst aufgegeben hatte, weil sonst die
Hohenlohe ausgestorben wären.

Es war kein konsequenter Rückzug aus der Welt, wenn man in ein weltliches Stift eintrat, noch dazu als dessen Chef. Aber es war immerhin ein
Zeichen des Verzichtes (wie wir heute bereits von Verzicht sprechen, wenn
wir statt mit dem Auto bequem mit dem Zug fahren!). Ausgestattet war das
Stift anfangs nur kümmerlich, was sich jedoch im Laufe der Zeit änderte.
Der Stiftsdekan und seine 8 Chorherren konnten im Vergleich zu den kleinen Pfarrern gut leben. Zudem nahmen sie eine hohe soziale Stellung ein:
8mal pro Jahr (an den höchsten Feiertagen) mußten Stadtpfarrer und
Kaplan oben im Stift die Messe mitfeiern, während die Chorherren nur
zweimal zur Stadtkirche herabkommen mußten. Die Stiftsherren wohnten
selbstverständlich in Einzelhäusern auf dem Berg.

Mit dem Wechsel der Herrschaft Möckmühl zur Kurpfalz und später zu
Wirtemberg stagnierte die weitere Entwicklung des Stiftes. 1558 wurde es
dann aufgelöst, 20 Jahre später als die altwürttembergischen Klöster. Es
verkam, die Kirche wurde 1645 im 30j. Krieg von den Franzosen zerstört,
der danebenliegende Friedhof aus der Stadt hinaus verlegt. Übrig davon ist
heute nur noch die Propstei (= Haus des Propstes, Schloßweg 12), wohl
das älteste Haus der Stadt. Anstelle der Stiftskirche steht jetzt eine Scheune
(Schloßweg Nr. 18). Überlebt hat auch noch der ehemalige „Kasten" des
Stifts, in dem die Abgaben von Wein und Getreide gesammelt wurden,
heute Kaserne genannt (Schloßweg 10/11).

Die beiden „geretteten" Stiftsgebäude passen wunderbar in die Kulisse des
Städtchens mit Stadtmauern, Stadttürmen, Fachwerkhäusern und einer
Burg. Hoch über der Jagst liegend, zusammen mit der Burg über der Stadt
thronend (Herrschaft und Stift gehören zusammen!), atmet das Ganze den
Hauch des kleinstädtisch-altfränkischen Lebens, in dem ein Götz von

Berlichingen als wirtembergischer Vogt sein Geld verdiente, bevor er mit einem saloppen Spruch berühmt wurde.

Daten: 1379–1558 Kollegiatstift

Lit.:   E. Strohhäcker: Möckmühl (bei der Stadtverwaltung erhältlich)

Mosbach c 8

Neckarelz

Der Aufschwung der **Ritterorden** ist u.a. darauf zurückzuführen, daß diese eine logistische Organisation für die Pilgerzüge aufbauten, die von der Planung über Begleitschutz und Unterbringung bis hin zur Finanzierung ging. Damit erwarb der Templerorden seinen Reichtum, der ihn letztlich zu Beginn des 14. Jh. in den Untergang führte. Zur Organisation gehörte auch das Angebot von Spitälern und Herbergen für Pilger, die in Kombination mit den Niederlassungen (= Kommenden) vor allem von den Johannitern unterhalten wurden. Dies ist u.a. ein Grund für das Netz von Kommenden der Ritterorden in Europa. In Neckarelz finden wir eines der wenigen derartigen Bauwerke, das uns aus dieser Zeit weitgehend unverändert erhalten blieb.

Das Templerhaus war nur seit ca. 1300 für ein halbes Jahrhundert eine **JOHANNITERkommende**. Da in dieser Zeit der Johanniterorden die

Besitzungen des aufgelösten und verbotenen Templerordens übernahm, ist der Name Templerhaus eine falsche nachträgliche Zuordnung, denn in ganz BW gab es mit großer Wahrscheinlichkeit keine einzige Templerniederlassung. Vor 1377 wurde die Kommende aus Geldmangel verkauft. Seit 1707 diente

Neckarelz: „Templerhaus".
Eine Pilgerherberge des Johanniterordens

das Gebäude den Katholiken als Kirche, ab 1731 wurden verschiedene kleine Umbauten vorgenommen (u.a. barocker Turmhelm).

Aufschlußreich ist die Struktur des kirchenburgähnlichen Gebäudes. Im Keller (heute Krypta) befanden sich die Vorratsräume, im Erdgeschoß die

Foto: Steinbach

Kirche (z.T. über 2 Stockwerke), im (nichtzugänglichen) Obergeschoß Versammlungs-, Eß- und Schlafraum. Es war wohl möglich, den Gottesdienst auch vom Obergeschoß mitzuverfolgen. Aufgrund der engen Treppen kann man eine Nutzung als Spital ausschließen und folglich eher eine Pilgerherberge an einer vielbegangenen Heerstraße annehmen.

Die Anlage liegt am Ortsrand, weithin sichtbar von der Talseite her. Sie war ursprünglich mit einem Wassergraben und einer Mauer umgeben, was auf eine vorangehende Nutzung als Burg hinweist. Den Schlüssel zur Besichtigung erhält man in der nebenan eingerichteten ländlichen Heimvolkshochschule.

Daten: 1300 – vor 1377 Kommende und Herberge des Johanniterordens

Lit.: A. Wienand: Der Johanniterorden/Der Malteserorden. Wienandverlag, 1988,
S. 415–417.

Kernstadt

Die Keimzelle der Stadt war ein **BENEDIKTINERkloster**, das wahrscheinlich bereits vor 800 hier bestand, obwohl erst 826 die erste Erwähnung in einem Reichenauer Verbrüderungsbuch zu finden ist. Die strategisch günstige Lage an einer Heerstraße läßt auf eine gezielte Gründung schließen. 976 erhielt das Bistum Worms hier seinen östlichen Vorposten, denn das Kloster wurde vom Kaiser dem Wormser Bischof als Eigenkloster geschenkt. Kurze Zeit darauf erfolgte die Umwandlung in ein **KOLLEGIATSTFT**. In seiner weiteren Entwicklung gelangte es schließlich in den Besitz des Würzburger Bischofs (1258), der damit zugleich das Amt des Archidiakons verband. Damit hatten der Propst und das Stift auch Aufgaben in der Verwaltung dieses Bistumsteils (und selbstverständlich auch Einnahmen). Da die Kurpfalz seit 1220 die Vogteirechte besaß, hob sie 1556 mit der Einführung der Reformation das Stift auf.

Erhalten blieb die Kirche aus gotischer Zeit mitten im Stadtzentrum. Heute ist sie aufgeteilt in eine kath. St. Julianakirche und eine evang. Stiftskirche, beide getrennt durch eine Scheidemauer. Diese Lösung entstand 1708 aufgrund der konfessionellen Situation der Pfalz (s. Mannheim). Damals übernahmen die Katholiken den Chor und einen Teil des Langhauses, die Calvinisten das westliche Langhaus. Selbst äußerlich kann man diese Unterteilung noch sehen: Die Dachbedeckung ist katholisch-rot und evangelisch-schwarz! Die evang. Kirche behielt ihre gotische Ausstattung, die katholische dagegen wurde in der Barockzeit neu gestaltet.

Daten: vor 800–1016 Benediktinerkloster, – 1556 Kollegiatstift

Lit.: Germania Benedictina, Bd. V, S. 393–396
Schnell & Steiner Kunstführer Nr. 409: Kirchen in Mosbach. 1982

Als die kath. Linie der Pfalzgrafen 1686 an die Macht kam, was den Pfälzer Erbfolgekrieg auslöste, wurde eine Rekatholisierung der gemischt lutherisch-kalvinistischen Pfalz eingeleitet. Hierzu siedelte man 1686 **FRANZISKANER** in Mosbach an. Die Aufhebung dieses Klosters in der napoleonischen Zeit belegt, daß die Durchführung der Säkularisation nicht nach einem Schema durchgezogen wurde (vergl. Staufen). Denn die Fürsten von Leiningen nahmen keine Klosteraufhebung vor, als sie Mosbach 1803 übernahmen. Dies wollte Baden 1807 nachholen, mit dem Ergebnis, daß sowohl die Leininger Fürsten als auch die Zünfte dagegen protestierten (vergl. Franziskaner in Sinsheim). Zudem brach ein Streit innerhalb der badischen Verwaltung darüber aus: Die Bezirksregierung wollte das Vermögen für den Klosterfond, also zur Unterhaltung der Kirchen und der Geistlichkeit. Das Staatsministerium dagegen wollte damit Staatsausgaben decken. Am Ende waren Protest und Verwendungsstreit zwecklos, das Kloster wurde aufgelöst, die Kirche 1809 auf Abbruch verkauft, die Gebäude für Behörden verwendet. So sind in ihnen noch heute Amts- und Landgericht untergebracht.

Man findet die Anlage ca. 200 m nördlich der Altstadt-Fußgängerzone an der Hauptstraße. Mit ihrer schönen barocken Schaufront zur Straßenseite erleichtert sie den Angeklagten den schweren Gang vors Gericht. Anstelle der Kirche ist ein Gefängnis erbaut.

Daten: 1686–1808 Franziskaner

In heutiger Zeit unterhalten die **Steyler Missionare** eine Niederlassung in der Stadt, Arnold-Janssen-Straße (vergl. Aulendorf-Blönried).

Müllheim N 1

An 2 verschiedenen Stellen im Bereich der heutigen Stadt Müllheim siedelte das **Zisterzienserinnenkloster** Rheintal. Gegründet wurde es um 1255 an dem Ort, der noch heute seinen Namen trägt, nämlich in Rheintal ca. 8 km südöstlich von Müllheim: Ein Bachtal am Westrand des Schwarzwaldes. Die Gemeinschaft schloß sich sofort den Zisterziensern an. Kurze Zeit später erfolgte eine Verlegung ins Tal, in die Nähe des damaligen Dorfes Müllheim. 1486 verlor es seine Selbständigkeit, wurde mit Mönchen besetzt und in ein **Priorat** des Zisterzienserklosters Lützel im Sundgau umgewandelt. Nach den Zerstörungen des Bauernkriegs wurde die Anlage 1544 verkauft.

Heute erinnern daran im Weiler Rheintal der „Klosterweg" sowie eine Gedenkplatte neben einem Brunnen. Und in Müllheim die „Klosterrunsstraße" beim Bahnhof bzw. der Gasthof „Kreuz". Ein Fall für SpurensucherInnen.

Munderkingen

Munderkingen bietet in anschaulicher Weise ein Beispiel dafür, daß Kloster nicht gleich Kloster ist. Denn sucht man in dieser Stadt ein Kloster, so glaubt man sich schnell fündig, wenn man westlich der Stadtkirche dementsprechende Gebäude entdeckt. Sowohl von der Größe wie auch von der architektonisch-künstlerischen Gestaltung könnte man auf Kloster schließen. Hinweistafeln klären einen jedoch schnell auf, daß man es hier „nur" mit den Stadthöfen der Klöster Zwiefalten und (Ober-) Marchtal zu tun hat. Rechter Hand daneben jedoch findet man eine Ansammlung von Häusern, die eine Hinweistafel als das eigentliche Kloster kennzeichnet: **FRANZISKANERINNEN** des 3. Ordens. Ein aufschlußreicher Gegensatz: Hier die Nutz-Prunk-Bauten von etablierten Männerklöstern, Aufenthaltsort von Adelsäbten und einflußreichen Funktionsträgern. Dort das bescheidene, einfache Nutzgebäude einer Frauengemeinschaft, die von körperlicher Arbeit und Spenden lebt.

Die Anfänge des Munderkinger Frauenklosters können als typisch für viele andere Klöster dieser Art stehen: Einige Frauen (Beginen) schließen sich zusammen (vor 1418), beziehen gemeinsam eine Klause, leben von Krankenpflege, Sterbebegleitung und Webarbeiten, übernehmen einige Aufgaben in der nebenstehenden Pfarrkirche (z.B. Gesang), und werden schließlich von Pfarrer oder Bischof zur Übernahme einer Ordensregel überredet/gedrängt. Hierfür bieten sich die Franziskaner an, die eine Betreuung unter dem Mantel des 3. Ordens übernehmen, wodurch die Gemeinschaft weiterhin ihr Leben nach dem gleichen Muster gestalten kann wie zuvor. Denn sie ist als 3. Orden nicht an eine strenge Klausur gebunden und wird auch nicht von der Pfarrkirche unabhängig.

Die Klause floriert, denn die Frauen decken mit ihren Tätigkeiten eine Marktlücke in der Stadt ab. Dadurch bekommen sie Schenkungen und Zulauf, müssen deshalb ihre Anlage erweitern, dürfen eine Hauskapelle errichten und leben schließlich in einer Klosteranlage von mehreren Häusern mitten in der Stadt. Das Munderkinger Kloster durfte am Ende sogar eine eigene Kirche besitzen. Dies ist eine typische Entwicklung für Dritt-Ordens-Klöster, die im 18. Jh. immer stärker in Richtung 2. Orden (mit Klausurschwestern) tendierten (vgl. Engen).

Die Klosteraufhebungen des Habsburgers Joseph II. betrafen auch die Munderkinger Klause, da diese Stadt als eine der 5 Donaustädte (s. Riedlingen) unter Habsburger Herrschaft stand. Die Klostergebäude wurden an Privatleute verkauft, die Kirche abgerissen. Straße „Klosterhof".

Daten: vor 1418–1459 Frauensammlung, 1459–1782 3.-Orden-Franziskanerinnen

Lit.: *Alemania Franciscana Antiqua, Bd. 7, S. 79–104*

St. Trudpert

Wenn **Urkundenfälschung** im Mittelalter strafbar gewesen wäre, hätten die Äbte sämtlicher Benediktinerklöster hinter Gitter gemußt. Denn im Hochmittelalter war dies eine solch verbreitete Vorgehensweise, daß ein Großteil der Überlieferungen aus den Klöstern dadurch verfälscht wurde. Den Beginn damit machte das altehrwürdige Kloster Reichenau bereits im 10. Jh., um damit seine durch die Ungarneinfälle erlittenen Verluste auszugleichen. Auch schlechte Beispiele machen Schule: Da die Klöster regional das Monopol der schriftlichen Aufzeichnung besaßen, war die Versuchung groß, bei vermeintlichen Ungerechtigkeiten einen Ausgleich herzustellen. So wurden verlorene Schriftstücke im nachhinein erneut ausgestellt (mit Rückdatierung selbstverständlich), wurden vergessene bzw. überholte Rechte damit eingefordert, und wurde eine zum Image passende Gründungsgeschichte erfunden. St. Trudpert hat im 13. Jh. diese Art der Geschichtsfälschung in wichtigen Bereichen praktiziert.

So liegt die Entstehungsgeschichte weitgehend im Dunkeln, da sie durch Urkundenfälschung im nachhinein „geschönt" wurde. Belegt ist jedoch, daß das **BENEDIKTINERkloster** im 9. Jh. an einer Stelle errichtet

Foto: Metz

St. Trudpert: Moderne Frauenkongregation in traditionsreichem Benediktinerkloster

wurde, an der ein Einsiedler Trudpert im 7. Jh. ermordet worden war. Ihn als Bruder des Hl. Rupert von Salzburg zu bezeichnen, dies paßte eben besser in die Entstehungsgeschichte. Ausschlaggebend waren die Fälschungen hinsichtlich der Vogteirechte: man konnte damit den Habsburgern 1277 Obervogteirechte zuschanzen, wodurch den eigentlichen Vogtherren von Staufen immer wieder die Hände gebunden wurden.

Die Abtei beteiligte sich aktiv am Abbau von Silber in ihren Besitzungen, was sie in Konkurrenz zur Stadt Freiburg brachte. Ein Überfall der Freiburger führte 1346 zur Zerstörung der Stadt Münster (von der der Name für das Tal stammt).

Im 16. und 17. Jh. kam es zum wirtschaftlichen Niedergang und Disziplinverfall, weshalb der Straßburger Bischof und die Habsburger wiederholt eingriffen und u.a. mehrere Äbte zum Rücktritt zwangen. Nach der totalen Zerstörung im 30j. Krieg erfolgte ein nur langsamer Wiederaufbau.

Immerhin reichten die Mittel für einen Kirchen- (1712–16) und Konventneubau (1738–42) durch den Vorarlberger Peter Thumb.

Nach der Aufhebung durch Baden wurden Ost- und Südflügel abgerissen.

● Als jedoch 1918 die Kongregation der **JOSEPHSCHWESTERN** aus Colmar vertrieben wurde und St. Trudpert zu ihrem Provinzmutterhaus wählten, errichteten sie auch wieder neue Gebäude. So stammt die Kuppelkirche aus den 20er Jahren. Die Josephschwestern haben als Aufgabenschwerpunkt die Kranken- und Altenpflege, wie die meisten Kongregationen (s. Bühl).

Die barocke Anlage liegt beherrschend auf einer Anhöhe in einem der typischen Täler des Westschwarzwaldes. Östlich hinter der Kirche findet man die Trudpertkapelle mit alter Quelle.

Daten: 860–1806 Benediktinerkloster, seit 1918 Kongregation der Josephschwestern

Lit.:   Germania Benedictina, Bd. V, S. 606–614

Schnell & Steiner Kunstführer Nr. 1081. St. Trudpert/Münstertal. 1976

F 10 # Murrhardt

Die romanische Kunst ist in BW in relativ wenigen Objekten vertreten (vergl. Göppingen-Faurndau). Typisch für romanische Bauwerke ist die Einfachheit und Schlichtheit der Gestaltung. Insbesondere im Vergleich mit dem Zier- und Maßwerk der Gotik wirkt die romanische Bauplastik bescheiden und zurückhaltend in ihren Schmuckformen (Lisenen, Bogenfriese, Blendarkaden, Nischenkränze). Diese dekorativ-flächigen Schmuckformen können jedoch in Kombination auf kleiner Fläche überquellend wirken. Einen solchen Eindruck gewinnt man bei der Waltarichskapelle in Murrhardt, die wohl als das schmuckreichste romanische Bauwerk unseres Landes bezeichnet werden kann.

Die Gründung als **BENEDIKTINERkloster** erfolgte vermutlich bereits in der ersten Hälfte des 9. Jh., möglicherweise sogar durch Kaiser Ludwig d. Frommen, für den ein Scheingrab in der Waltarichskapelle angelegt ist. Kaiser Otto III. schenkte das Kloster dem Bischof von Würzburg (993). Für die folgenden Jahrhunderte liegen keine außergewöhnlichen Nachrichten vor. Es muß jedoch ein moralischer Niedergang eingesetzt haben wie überall in den Benediktinerklöstern des Spätmittelalters, denn um 1500 versuchte der Konvent, das Kloster in ein Kollegiatstift (vergl. Sinsheim) umzuwandeln. Wirtemberg, das seit 1395 die Vogteirechte über das Kloster besaß, ließ diese Umwandlung nicht zu und erzwang eine innere Reform. Im Unterschied zu den meisten altwirtembergischen Klöstern wurde Murrhardt erst 1558 endgültig aufgehoben, wobei Abt und Konvent seit 1536 neben einem evang. Verwalter leben mußten. Man richtete für 50 Jahre eine Klosterschule ein und verwaltete die Besitzungen über ein Klosteramt.

Die große Anlage im Ortszentrum von Murrhardt stammt aus dem 15. Jh. Erhalten blieben die Kirche, die Südseite des Refektoriums (heute evang. Gemeindezentrum), der Abtsbau (heute Pfarrhaus) sowie Wirtschaftsgebäude (heute Geschäfte). Der Klosterhof wird als Parkfläche genutzt. Die romanische Waltarichskapelle war wohl ursprünglich zur Aufbewahrung von Reliquien gedacht. Ein Übersichtsplan wäre wünschenswert.

Daten: 9. Jh. – 1536–1558 Benediktinerkloster

Lit.: Germania Benedictina, Bd. V, S. 396–401

Foto: Metz

Murrhardt: Waltarichskapelle.
Ein Kleinod romanischer Kunst

Neckarsulm D 8

Es gibt kaum eine Burg des Deutschen Ordens im Neckar- oder Taubertal, die nicht im Bauernkrieg zerstört wurde (Ausnahme Heilbronn-Kirchhausen). Noch stärker als die Klöster zogen anscheinend die Deutschherren den Haß der Untertanen auf sich. Denn dieser Ritterorden hatte sich vollkommen von seinen anfänglichen Idealen entfernt und unter dem Deckmantel der Religion zu einem reinen Versorgungsinstitut des regionalen Adels entwickelt. So dienten die Kommenden nur noch als Verwaltungszentren, findet man dort so gut wie keine Ordenspriester oder soziale Einrichtungen (z.B. Spital) mehr (vergl. Rheinfelden-Beuggen und Lauchheim-Kapfenburg).

Auch die Scheuerburg, die bei Neckarsulm das Zentrum einer Deutschordens-Herrschaft bildete, wurde total von den Bauern zerstört, sodaß wir heute kaum mehr Spuren von ihr finden. An deren Stelle trat nach dem Bauernkrieg das Stadtschloß von Sulm, was den Aufstieg zur Stadt Neckarsulm auslöste.

Erst sehr spät wurde die Herrschaft Scheuerburg vom **DEUTSCHEN ORDEN** erworben. 1484 tauschte man mit dem Erzbischof von Mainz die Kommende Prozelten am Main (heute Stadtprozelten) gegen die Herrschaft Scheuerburg ein. Für beide Seiten brachte dies eine Abrundung des bereits bestehenden Territoriums. Der Ritterorden konnte damit zwi-

Foto: Willig

Neckarsulm: Deutschordensschloß am
Rande der Stadt. Heute Zweiradmuseum

schen der reichen Kommende
Heilbronn und dem Deutschmeistersitz Horneck (s. Gundelsheim)
ein weiteres Verwaltungszentrum
einrichten und vorhandene Rechte
bündeln, was z.T. auf Kosten der
Bauern ging. Die Burg wurde
bereits 40 Jahre später ebenso wie
Horneck im Bauernkrieg zerstört.
Man baute sie nicht mehr auf, sondern zog in das Stadtschloß.

Dieses Stadtschloß steht im Westen der Stadt: mittelalterlicher Bergfried,
Steinhaus mit Staffelgiebel, Zwinger, Wallmauer, Kelter, Nebengebäude.
Das Ganze war durch eine Mauer gegen die Stadt und den Neckar hin
geschützt. Im Hauptgebäude befindet sich heute das Zweiradmuseum.

Daten: 1484–1806 Deutschordenskommende

*Lit.:	Schriftenreihe der Historischen Deutschorden-Compagnie Bad Mergentheim, Bd. 6.*

Mitten in den Wirren des 30j. Krieges gründete der Deutsche Orden 1638
ein **KAPUZINER-Hospiz** in dieser Amtsstadt. Hiermit wurde das Vorbild
von Mergentheim nachgeahmt, woher man auch die Mönche holte. In
Neckarsulm unterstützte die Bevölkerung ebenfalls diesen gegenreformatorischen Bettelorden, dessen Einzugs- und Aufgabengebiet die gesamte
Deutsche Ebene (s. Gundelsheim) umfaßte. So konnte man 1661 das
Hospiz zu einem regulären **Konvent** aufwerten.

Da Mergentheim von der bayrischen Kapuzinerprovinz aus besiedelt worden war, hatte sich Neckarsulm ebenfalls dieser Provinz angeschlossen.
Aber selbst bei den anspruchslosen Kapuzinern gab es Ansprüche hinsichtlich Kompetenzen und Einflußgebieten: Die Rheinische Provinz, zu
der die umgebenden Kapuzinerniederlassungen gehörten, wollte unbedingt auch Neckarsulm unter ihre Fittiche bekommen. Der Deutsche
Orden jedoch hatte ein Interesse, seine beiden Kapuzinerklöster in einem
gemeinsamen Lager zu sehen. So blieb alles beim alten.

Nach der Auflösung durch Württemberg wurde das Konventgebäude zum
Gefängnis, die Kirche zu einem Magazin. Die Stadt ließ jedoch 1894 die
Kirche wiederherstellen und neu einweihen. Heute werden die Konvent-
bauten von der Polizei genutzt.

Der Besucher findet die große, aber schlichte Anlage im Süden der
Altstadt, an der Straße nach Heilbronn, neben dem Parkhaus am Kloster-
graben. Die Kirche ist im Sommer geöffnet. In die Konventbauten kommt
man nur unter Polizeischutz!

Daten: 1638–1661 Hospiz, 1661–1811 Konvent der Kapuziner

*Lit.:	Geschichtsverein Württembergisch-Franken, 1979, S. 47*

Die Zeit vor der französischen Revolution, die unter dem Begriff **Aufklärung** in die Geistesgeschichte einging, hinterließ auch bei den Orden ihre Spuren. Es war den Klöstern nicht möglich, sich völlig den Zeiteinflüssen zu versperren und im Vertrauen auf Gott die (berechtigte) Kritik, die z.T. aus dem eigenen Lager kam, zu übergehen. Mehr oder weniger mußte man den Ausgleich zwischen Zeitgeist und Ordenstradition suchen, mußten monastische Tätigkeiten mit modernen Ideen vereinbar gemacht werden. Davon legen vielerorts die Klosterbibliotheken dieser Zeit Zeugnis ab (vergl. Schussenried). Daraus erwuchsen beachtliche Leistungen, die sich durchaus gegenüber dem weltlichen Fortschritt sehen lassen konnten, z.B. auf den Gebieten der Astronomie, Mathematik, Geschichtsschreibung, Theologie, Landwirtschaft. Im pädagogischen Bereich war es das Kloster Neresheim, das mit seinen Neuerungen als revolutionär für seine Zeit bezeichnet werden kann. Hier galt das Interesse nicht nur den Sprachen, sondern vor allem den sogenannten Realien: Man vermittelte praktisch verwertbares Berufswissen für Handel und Gewerbe. Dieser Anstoß wurde im späteren Königreich Württemberg durch Steinbeis in Form der Berufsschulausbildung aufgegriffen und von dort für ganz Deutschland übernommen. Die deutsche Berufschulausbildung gilt heute noch weltweit als Modell!

Entstanden war Neresheim 1095 als **Augustinerchorherrenstift**. In dieser Zeit des kirchlichen Aufbruchs („Investiturstreit") gründeten es die Grafen von Dillingen, die auf päpstlicher Seite standen. Bereits 1120 wandelten sie es in ein **BENEDIKTINERkloster** um und besiedelten es mit Mönchen der Reformklöster Petershausen (s. Konstanz) und Zwiefalten. Typischerweise bestand es in der ersten Zeit als Doppelkloster, also mit Frauen (bis Mitte des 13. Jh.) . Im 14. Jh. kam wie überall die große wirtschaftliche und geistige Krise: Ein Laienabt regierte 20 Jahre lang, Brände vernichteten die Anlage, die Grafen von Öttingen als Vogteiherren regierten in den Konvent hinein. Die Reformation wurde jedoch infolge fähiger Äbte gut überstanden.

Nach den Zerstörungen des 30j. Krieges begann ein langsamer Wiederaufbau, der im 18. Jh. in eine Blütezeit sondersgleichen mündete. Man konnte sich die Reichsfreiheit von den Öttingern (teuer) erkaufen, die Wirtschaftsführung funktionierte, Konvent und Kirche konnten neu erbaut werden, und man wurde zu einem der führenden Aufklärungszentren. So richtete man im Klostergebiet ein allgemeines Schulwesen ein, das auch aus der Sicht neutraler (protestantischer) Beobachter vorbildlich war. Neresheim kann als Keimzelle der deutschen kath. Schulreform und als Vorbild für das evang. Württemberg angesehen werden.

1802 fiel das Kloster an die Fürsten von Thurn und Taxis, die es als Schloß und Verwaltungszentrum verwendeten. Später wurde eine Brauerei sowie ein Mädchenheim eingerichtet. 1920 jedoch erfolgte eine Neubesiedlung durch **Benediktiner** aus Prag, die noch heute dort wohnen und u.a. ein Bildungszentrum unterhalten. Sie gehören der Kongregation von Beuron an.

Die barocke Anlage liegt auf dem Berg über dem Ort, bereits von weitem sichtbar. Die Anlage entspricht nicht dem Idealplan eines Barockklosters wie in Weingarten, denn sie wurde nach und nach zusammengebaut. So war z.B. der Abt im Torhaus untergebracht, eine unkonventionelle Lösung, bei der der Chef bescheidener wohnte als seine Mitarbeiter. Ein Spätwerk barocker Baukunst bietet die Kirche, die 1745 von Balthasar Neumann begonnen wurde. Mit ihrer Raumfülle von schwe-

Neresheim: Die Kirche ist das Spätwerk Balthasar Neumanns. Heute wohnt wieder eine Benediktiner-gemeinschaft in diesem traditionsreichen Kloster

bender Leichtigkeit erreicht sie eine Eleganz, aufgrund der sie als ein krönender Abschluß des eigenständigen süddeutschen Barock gelten darf.

Daten: 1095–1120 Augustinerchorherren, 1120–1802 und seit 1920 Benediktiner

Lit.: Germania Benedictina, Bd. V, S. 92/93, 408–435

W. Braunfels: Die Kunst im Hl. Röm. Reich, C.H. Beckverlag, Bd. 3, S. 423–427

N 1 *Neuenburg*

Das Grenzgebiet zu Frankreich wurde durch die Truppen des Sonnenkönigs mitunter so zerstört, daß man aus der Zeit davor kaum mehr Überreste findet. Keine Stadt war jedoch so stark davon betroffen wie die (zeitweise sogar Reichs-) Stadt Neuenburg, die sich von diesem Schlag nicht mehr erholte.

Die Existenz dieser Stadt endete mit dem Jahre 1704, als sie im Spanischen Erbfolgekrieg von Frankreich ausradiert wurde und für 10 Jahre nicht mehr besiedelt werden durfte. Daher finden wir nur kleine Erinnerungen an die Niederlassungen von Orden. So erinnert der „Franziskanerplatz" und ein Gedenkstein vor der Kirche bzw. dem Pfarrhaus an die Anwesenheit der **Franziskaner** vom 13. Jh. bis 1704. Das Kellergewölbe unter dem Pfarrhaus stammt von ihrem Kloster. So erinnert die „Kapuzinerstraße" an die Niederlassung der **Kapuziner** (1612–1704), die hier gegenreformatorisch tätig waren.

Als früheste Gemeinschaft waren die **Johanniter** 1235 hier, deren ebenfalls verschwundene Kommende jedoch bereits im 15. Jh. zu einem Verwaltungszentrum abgestuft und der Kommende Heitersheim untergeordnet wurde („Johanniterstraße").

Gutnau

Südlich der Stadt erinnern die „Klosterau" und der „Klosterkopf" an das **Benediktinerinnen-Kloster** Gutnau, das hier 1181 gegründet wurde. Später zogen die Nonnen auf einen höheren Standort um, wo sie vor den Rheinüberflutungen geschützt waren. Bereits im 15. Jh. starb ihr Kloster aus und wurde als **Propstei** des Benediktinerklosters St. Blasien geführt. Diese wiederum endete 1556 wegen der Einführung der Reformation. Die Gebäude wurden 1675 von den Franzosen abgebrannt.

Lit.:   Germania Benedictina, Bd. V, S. 265

Niederstetten c 11

Wiederholt trifft man im Hohenloher Raum auf die Situation, daß in der Zeit der Gegenreformation ein Konfessionswechsel bei der Herrschaft eintritt, die Bevölkerung jedoch evang. bleibt (vergl. Schrozberg-Bartenstein). Und daß die Herrschaft ihre Untertanen mit der Ansiedlung von kath. Mönchen umpolen will (was in der Regel nicht glückt).

So war auch Niederstetten unter den Herren von Rosenberg evang. geworden. Als 1632 ein kath. Geschlecht an die Macht kam, unternahm es wiederholt Versuche, die Untertanen zu „bekehren". Hierzu gehörte 1750 die Ansiedlung einer „Missionsstation" der **Franziskaner**, die die Schloßkapelle zugewiesen bekamen. Die Bevölkerung jedoch blieb abseits, und nach 55 Jahren wurde die Niederlassung in der Säkularisation aufgehoben.

Oberboihingen H 9

Auf dem Gelände des Hofgutes *Tachenhausen* lebten von 1486–1517 **Brüder v. gemeinsamen Leben** (s. Urach), angesiedelt vom wirtembergischen Grafen Eberhard im Barte. Von den ursprünglichen Gebäuden ist nichts erhalten geblieben außer einer Stützmauer in der Wiese unterhalb des Hofguts.

In diesem Städtchen, das im Besitz des Straßburger Bischofs war und deshalb katholisch blieb, existierten 2 Klösterchen, die verschwunden sind. Begeben wir uns auf die Spurensuche!

Im Mittelalter bestand eine Frauenklause im Oberdorf, die von den Straßburger Dominikanern betreut wurde. Diese **Dominikanerinnen** des 3. Ordens unterstanden jedoch dem Prämonstratenserkloster Allerheiligen (s. Oppenau). So stellte der dortige Propst 1491 den erfolgreichen Antrag auf Auflösung der Klause, da der Lebenswandel der Schwestern nicht den Vorschriften entspreche. Nebenbei bemerkt: Das Vermögen der aufgelösten Klause wurde für den Prestigebau der Lautenbacher Wallfahrtskirche verwendet, bei der Allerheiligen ein Priorat unterhielt (s. dort). Auf dem Gelände befindet sich heute ein Friedhof. Die dortige Friedhofskapelle ist wahrscheinlich der Chor der ehemaligen Klosterkirche.

Daten: vor 1316–1491 Frauenklause

Lit.:   H.-M. Pillin: Oberkirch. Stadtverwaltung 1975

Eine Niederlassung der **Kapuziner** wurde 1697 von den Straßburger Bischöfen hier angesiedelt. Mit über 20 Mitgliedern war es ein großer Konvent, der ein dementsprechendes Einzugsgebiet abdeckte. Damit wurde das Kapuzinerhospiz in Oppenau entlastet. Nach der napoleonischen Aufhebung von 1803 blieben bis 1825 Mönche hier wohnen. Heute befindet sich auf dem Gelände die evang. Kirche sowie das Pfarramt im Klostergarten. Die Klostermauer an der Rechenerstraße blieb erhalten. Die „Kapuzinergasse" erinnert an die Vergangenheit.

Lit.:   W. Müller: Die Klöster der Ortenau. In: Die Ortenau, 1978, S. 522–529

Oberschwaben ist das Land der **Klosterstaaten**. Klöster als selbständige politische Gebilde prägten über Jahrhunderte diesen Landstrich. Nirgends in Deutschland gab es vergleichbares, denn in der Regel wurden sonst die Klöster von weltlichen Staaten „geschluckt". Im heutigen Oberschwaben und angrenzenden Allgäu jedoch hatte sich eine besondere Struktur entwickelt, aus der heraus die mittelalterlichen Privilegien zur Bildung von geschlossenen Territorien führten. Neben Obermarchtal waren dies die Männerklöster Rot, Schussenried, Weissenau (alle Prämonstratenser), Ochsenhausen, Weingarten, Zwiefalten (Benediktiner), Salem (Zisterzienser) und die Frauenklöster Buchau (Benediktinerinnen), Söflingen (Klarissen), Gutenzell und Heggbach (Zisterzienserinnen). Eine Erklärung dafür liegt in der Zersplitterung dieses Landstriches im

Überschneidungsbereich der Interessen von Habsburg, Württemberg und Bayern. Habsburg ließ im Rahmen der kaiserlichen Oberhoheit den einzelnen Zwergstaaten (Reichsstädte, -klöster, -ritter) ihre Freiheit, in der begründeten Hoffnung, sie als Parteigänger kontrollieren zu können. Mit ihren gewaltigen und zugleich anmutigen Barockanlagen demonstrieren die Reichsabteien ihre eigenständige Entwicklung und Unabhängigkeit. Obermarchtal nimmt dabei mit seiner Barockkirche eine stilbildende Funktion ein.

Bereits von weitem erkennt man die typischen Doppeltürme Obermarchtals. 40 Jahre nach dem 30j. Krieg hatte man die Kirche von den Vorarlberger Baumeistern Michael Thumb und Franz Beer erstellen lassen, da infolge des Krieges keine eigenen Handwerker mehr die Baukunst beherrschten. Heraus kam ein Prototyp, der unter dem Fachbegriff **„Wandpfeilerschema"** in die Kunstgeschichte einging: In der Kirche verläuft auf halber Höhe ein Emporenumgang, der die Wandpfeiler durchbricht. Dieses Schema machte Schule, man findet es in fast allen Kirchen Süddeutschlands, die später von Vorarlbergern erbaut wurden.

Gegründet wurde Obermarchtal 776 als **Benediktinerkloster**, das dem Kloster St. Gallen untergeordnet war. Bereits 30 Jahre später war es untergegangen, wahrscheinlich infolge einer Auseinandersetzung der schwäbischen Hochadelsgeschlechter in der Nachbarschaft. Eine erneute Gründung, diesmal als **Kollegiatstift** (= weltliche Kanoniker) erfolgte um 990 durch den Herzog von Schwaben. Auch dies war ein Mißerfolg. Erst die Ansiedlung von **PRÄMOSTRATENSERN** aus Rot 1171 durch Pfalzgraf Hugo von Tübingen konnte überleben. Typischerweise für Prämonstratenser war es ein Doppelkloster, also für Frauen und Männer (bis 1273, vergl. Adelberg).

Ihm war eine ähnliche Entwicklung beschieden wie so vielen anderen derartigen Gründungen: Zuerst eine Phase des Aufstiegs, mit strenger

Foto: Aßfalg

Obermarchtal: Die barocke Klosteranlage als Zentrum eines geistlichen Staates

Ordnung und mönchischer Askese, dann die Zeit der Verweltlichung und des moralischen Niedergangs, und schließlich die politische Stabilisierung. Es wurde im Jahre 1500 zur Reichsabtei, besaß ein Territorium von

10 Dörfern, wurde im 30j. Krieg weitgehend zerstört. Der Wiederaufbau zog sich infolge weiterer Kriege fast 1 Jahrhundert lang hin.

Die Napoleonische Flurbereinigung gab das Stift den Fürsten von Thurn und Taxis, die die Anlage 1973 an die Diözese Rottenburg weiterverkauften. Heute beherbergt sie eine kirchliche Akademie für Lehrerfortbildung. Zudem dient ein Flügel den aus Böhmen 1919 emigrierten **Salesianerinnen,** die bis in die 80er Jahre eine Mädchenrealschule unterhielten.

Der Besucher kommt durch ein schönes Tor in den Hof der Anlage. Die Anlage entspricht nicht dem Idealschema (s. Weingarten), da die verschiedenen Funktionen (Konvent, Repräsentation, Ökonomiegebäude, Kirche) alle durch den gleichen Hof miteinander verbunden sind: „Der adlige Besucher begegnete dem mistfahrenden Bauern". Die Kirche verliert zudem viel an Ausstrahlung, weil sie dem Besucher nicht ihre Fassade zeigt. Wunderbar ist der Blick hinunter zur jungen Donau.

Daten: 776–805 Benediktiner, um 990 Kollegiatstift, 1171–1802 Prämonstratenser

(–1273 Doppelkloster), seit 1919 Salesianerinnen

Lit.:   Schnell & Steiner Kunstführer Nr. 139: Obermarchtal (1990)

Germania Benedictina, Bd. V, S. 446–448

M. Müller u.a.: Marchtal. Süddeutsche Verlagsgesellschaft, 1992

Oberndorf a. Neckar

J 5

Wie stark ein Ort oder sogar eine Region von der weiteren Nutzung einer Klosteranlage nach der Aufhebung des Klosters geprägt werden kann, dies ist immer wieder bis in unsere Zeit hinein ersichtlich. Wurden aus den Klöstern „Irrenanstalten" (s. Schussenried), so gehören dort in der Regel noch heute die Psychiatrischen Landeskrankenhäuser zu den größten Arbeitgebern. Wurde jedoch die Anlage industriell genutzt, so konnte daraus eine bis heute dominierende wirtschaftliche Orientierung entstehen. Als eines der deutlichsten Beispiele hierfür kann Oberndorf gelten. Sein Ruf als Waffenschmiede („Mauserwerke") beruht auf der nachklösterlichen Nutzung des örtlichen Bettelordensklosters.

Der Ausgangspunkt ist eine **Frauensammlung**, die anscheinend um 1250 aus dem Wald bei Brittheim in die neugegründete Stadt Oberndorf umgesiedelt wurde. 1264 schloß man sich als **AUGUSTINER-EREMITINNEN** diesem neu entstandenen Bettelorden an, eines der wenigen Beispiele für weibliche Mitglieder dieses Ordens. Der Konvent konnte nie groß werden, da seine wirtschaftliche Basis anscheinend schwach war. So schrumpfte er im Laufe der Jahrhunderte von 14 Schwestern auf nur noch 3 im 16. Jh. Die Habsburger als Vogteiherren initiierten schließlich eine

Reformierung, die aber nicht gelang. So starb der Konvent 1557 aus, eines der Beispiele für das kath. Klostersterben in der Reformationszeit.

Der Orden hatte jedoch ein Interesse am Weiterbestehen des Klosters. Daher siedelte man männliche Ordensmitglieder an. Diese **AUGUSTINER-EREMITEN** erreichten von Anfang an eine wirtschaftliche

Gesundung, was sich unter anderem in einer Reihe von Neubauten zeigte. Die heutigen Bauten stammen aus der Zeit von 1772–79: Eine typische Klosteranlage mit der Rokokokirche auf der Nordseite.

1806 kam Oberndorf an Württemberg, das Kloster mit seinen nur noch 8 Insassen wurde sofort aufgehoben. Die „fahrbare Ware" wurde verkauft, für die Gebäude suchte man eine Nutzung. Schließlich

Foto: Kohler

Oberndorf: Aus dem Augustiner-Eremitenkloster (Vordergrund) entwickelte sich die Industrie dieses Städtchens im Neckartal

faßte man die bisher auseinanderliegende Waffenproduktion des Königreichs hier zusammen. Um hochwassersicher produzieren zu können, verlegte man den direkt daneben fließenden Neckar. 1874 verkaufte Württemberg die Fabrik an die Gebrüder Mauser, die jetzt ihre weltbekannten Waffen herstellten. Inzwischen hat die Stadt die Anlage übernommen (1972) und grundlegend renoviert. Die Konventbauten werden von Stadtverwaltung und Polizei genutzt, die Kirche als Kulturhaus.

Daten: vor 1260 Frauensammlung, 1264–1557 Augustinereremitinnen,
    1558–1806 Augustinereremiten

Lit.: Stadtverwaltung: Augustinerklosterkirche – Kulturhaus der Stadt Oberndorf, 1978

In der Stadt befand sich von 1332–1806 ein **Dominikanerinnenkloster**, an dessen Stelle heute die Realschule steht. Entstanden war es aus einer Frauensammlung bei der Michaelskirche (Stadtkirche).

Oberried M 3

Der **Wilhelmitenorden** geht auf einen Einsiedler Wilhelm zurück, der im 12. Jh. in Malavalle in der toskaninschen Einöde lebte. Der ursprünglich daraus entstandene Eremitenorden bekam 1238 von Papst Gregor IX. die Benediktregel und wurde als Instrument zur Neubesiedlung niederliegender Benediktinerklöster eingesetzt. Papst Innozenz IV. wiederum wollte ihn in der Seelsorge einsetzen und wandelte ihn daher um 1250 in einen Bettelorden um. In dieser Zeit schaffte er auch den Sprung über die Alpen: die ersten Niederlassungen entstanden am Niederrhein. 1256 jedoch kam der Bruch: Die Wilhelmiten mußten sich mit einer Reihe von Eremitengemeinschaften zum Augustiner-Eremitenorden zusammenschließen, so daß dieser als letzter der großen Bettelorden entstand und auf einen Schlag eine Reihe von Klöstern übernahm (darunter alleine in Deutschland 15 von den Wilhelmiten). Aber damit ist unsere Geschichte noch nicht zu Ende! Denn der Widerstand der Wilhelmiten brachte den Papst zur Revision seiner Entscheidung: Der Zwangszusammenschluß wurde für die Wilhelmiten rückgängig gemacht. Mit dem Ergebnis, daß einige ehemalige Wilhelmitenklöster weiterhin bei den Augustinereremiten blieben (z.B. in Tübingen), andere dagegen wieder ihre alte Verfassung annahmen (z.B. Oberried). Der Wilhelmitenorden konnte jedoch nie mehr den Knick von 1256 in seiner weiteren Entwicklung ausgleichen, er führte zukünftig nur noch ein Schattendasein. Die Augustiner Eremiten dagegen entwickelten sich glänzend und bestehen noch heute.

Die Entwicklung des hier angesiedelten Wilhelmitenklosters ist so verwirrend und gebrochen wie die Geschichte des Ordens insgesamt.

WILHELMITEN aus zwei Pfälzer Klöstern übernahmen 1252 in Oberried eine Niederlassung der Zisterzienserinnen von Günterstal (s. Freiburg). Kurze Zeit später zogen sie jedoch nach Freiburg in ein neues Kloster um, anscheinend wegen des erzwungenen Vereinigungsbechlusses von 1256. Nach päpstlich verfügter Rücknahme des Unionsbeschlusses kehrten sie wieder nach Oberried zurück. Von hier aus gründeten sie Filialen in St. Wilhelm (1266), Klingnau (Kanton Aargau, 1269) und Mengen (1282), so daß sie eine kleine Provinz Schwaben schufen. Überra

Foto: Cabral

Oberried: Wilhelmitenkloster.
Eine Anlage mit bewegter Vergangenheit

schenderweise wurde Oberried jedoch wegen Disziplinmängel durch einen Generalkapitelbeschluss 1507 nach Freiburg inkorporiert. Die Rückkehr nach Oberried kam 1682, weil die Freiburger Niederlassung von den Franzosen zerstört worden war. Jetzt wollte der Konstanzer Bischof für sich alle noch bestehenden Wilhelmitenklöster übernehmen (vergl.

Mengen). Um dem abzuwehren landete man schließlich 1724 bei den **Benediktinern** von St. Blasien als *Priorat*. Immerhin wurden in der Folgezeit drei Prioren von Oberried Äbte von St. Blasien.
Die Anlage stammt von 1684–1687. Heute wird sie als Pfarrkirche, Pfarrhaus und für die Gemeinde genutzt.

Daten: 1237–1252 Zisterzienserinnen v. Günterstal, –1507 Wilhelmitenkloster,
    –1682 Wilhelmitenpriorat, –1724 Wilhelmitenkloster, –1807 Priorat v. St. Blasien

Lit.:   *Germania Benedictina, Bd. V, S. 448–454*
        K. Elm: Vitasfratrum. Coelde-Verlag, 1994 (zur Geschichte der Wilhelmiten)

St. Wilhelm
Hier hatten die Oberrieder Wilhelmiten 1266 eine *Expositur* gegründet. Die Anlage ist verschwunden, der Ortsname sowie eine neu errichtete Kapelle erinnern an sie.

Oberstenfeld F 9

Evang. Damenstifte sind eher typisch für den nord- und ostdeutschen Raum. Hier wurden mit der Einführung der Reformation im 16. Jh. nicht alle Frauenklöster aufgehoben. Einige von ihnen durften als Damenstifte überleben, waren also reserviert für adelige Frauen (= Damen). Für die Bewohnerinnen änderte sich mit dem Übergang kaum etwas an ihrem Lebensstil. Denn bereits zuvor hatten sie im Spätmittelalter als Kanonissen oder als freiweltliche Stiftsdamen weitgehend ohne bindende Regel gelebt, besaßen ihren persönlichen Besitz und erhielten ihre direkten (hohen) Einkünfte aus ihrer Klosterpfründe. Dienerinnen erledigten ihnen die Arbeit. Die leitenden Funktionen im Kloster waren fast immer für Mitglieder des umgebenden Hochadels reserviert, der diese Positionen im Laufe der Zeit „erkauft" hatte. Mit der Einführung der Reformation und der nachfolgenden Klosterauflösung hätten viele dieser Damen anschließend nicht mehr standesgemäß mit Titel und Einkommen leben können, daher die Umwandlung in ein evang. Stift.

Oberstenfeld beweist, daß diese Lösung auch für Süddeutschland nötig und möglich war. Hier hatte sich ein für die Töchter der schwäbischen Ritterschaft, also für den Kleinadel reserviertes **Kanonissenstift** entwickelt, das nach der einfachen Augustinusregel lebte. Als es 1540 unter dem Druck des wirtembergischen Herzogs Ulrich aufgelöst werden sollte, wehrten sich sowohl Bewohnerinnen wie auch deren Angehörige dagegen. Der Widerstand der Betroffenen führte zur Umwandlung in ein evang. **DAMENSTIFT**. (Im badischen Landesteil kam man erst fast 200 Jahre später auf diese Lösung in Pforzheim!). In diesem Status überlebte Oberstenfeld sogar die Säkularisation der napoleonischen Ära, als einziges

aller Klöster im neugeschaffenen Königreich Württemberg. Welch ein Gegensatz zum Vorgehen Württembergs in den neuerworbenen kath. Gebieten: Während dort sämtliche Klöster aufgelöst wurden, ernannte hier der frischgebackene König Friedrich I. seine Tochter zur Äbtissin. Und während im badischen Großherzogtum die 8 überlebenden Frauenklöster als Existenzlegitimation ihre Unterrichtstätigkeit vorweisen mußten (s. Offenburg), konnten hier zwischen 6 und 12 Stiftsdamen frei in der Welt leben. „Eine Königstochter kann doch nicht zur Schuldirektorin abgewürdigt werden!"

Oberstenfeld: Romanischer Innenraum mit Blick auf den doppelt gestaffelten Chor

Foto: Umbreit Filmproduktionen

Die Abdankung der Monarchie entzog diesem Unikum den letzten Rest an Sinnhaftigkeit. Daher war die Auflösung des Stiftes durch die junge Republik im Jahre 1920 eine logische Maßnahme.

Für den Liebhaber des romanischen Baustils ist Oberstenfeld ein Genuß. Außen wie Innen vermittelt die Stiftskirche St. Johann Baptist den schweren, wuchtigen Eindruck des Romanischen, mit den typischen Würfelkapitellen und Zierfries. Die dreischiffige Basilika mit massivem Chorturm besitzt auch eine (zugängliche) Krypta. Die Kirche ist nur zu bestimmten Zeiten geöffnet. Am Eingang ist die Adresse der zuständigen Person angegeben, die nur ca. 100m entfernt wohnt. Die teilweise erhaltenen Konventbauten im einfachen Barockstil dienen heute als Altenheim.

Daten: nach 1000–1540 Kanonissenstift. 1540–1920 evangelisches Damenstift

Lit.: Walter Kirchenführer Nr. 107: Oberstenfeld und seine Kirchen

E 9 *Obersulm*

Affaltrach

Dieser Ort war im Besitz des **JOHANNITERORDENS**, und zwar der Kommende von Schwäbisch Hall. Als sich der Komptur in der evang. gewordenen Reichsstadt nicht mehr wohl fühlte, verlegte er 1600 seinen

Sitz hierher. An diese Vergangenheit erinnert das 1694 erbaute Schlößchen in der Ortsmitte, heute eine Weinkellerei. Aber auch an der Pfarrkirche kann man noch Spuren in Form von Wappen entdecken.

Daten: 1298–1809 Johanniterorden

Ochsenhausen L 11

Man kann es als fast zwanghaft bezeichnen, aus welchen Anlässen heraus in Oberschwaben riesige **Klosteranlagen** in der Barockzeit entstanden. Baufälligkeit der alten Anlage war zwar meist der Auslöser und das Hauptargument für einen Neubau, aber die Erneuerung hätte nicht zu solchen Klosterpalästen führen dürfen/müssen. Letztlich standen politische Gründe als wahre Motive im Hintergrund: Man wollte zeigen, wer man war und was man hatte. Dies wollte man vor allem gegenüber den protestantischen „Abtrünnigen" in der Nachbarschaft, deren nüchterne Kirchen daneben verblaßten. Dabei bauten vor allem die reichsfreien Klöster Südwestdeutschlands Anlagen, die eher einem Schloß als einem Ort der Einkehr und Buße ähnelten. Diesen Eindruck muß der Besucher in Ochsenhausen gewinnen, wenn er auf der Höhe über dem Ort die prächtige Fassade des Klosters sieht, die mit ihrem Mittelrisalit und den verspielt wirkenden 4 Türmen das Tal dominiert.

Gegründet wurde Ochsenhausen 1093, also in der Zeit des Investiturstreites, von einem welfischen Ministerialen als *Priorat* des **BENEDIKTINER**-Reform-Klosters St. Blasien im Schwarzwald. Der dortige Abt hatte fast 300 Jahre lang sehr weitgehende Rechte in Ochsenhausen, so z.B. die Bestimmung des Priors, der meist aus dem St. Blasener Konvent genommen wurde, und die Kontrolle des Vermögens. Erst in der Zeit des großen Papstschismas ergab sich die Chance der Ablösung, denn St. Blasien unterstützte den Papst in Avignon, Ochsenhausen den in Rom. Letzterer zeigte sich (wie nicht anders zu erwarten) sehr großzügig und erhob 1391 das Priorat zum regulären Kloster („Abtei"). Damit kam neuer Schwung in den Konvent. Der wuchs von 10 auf 18 Mitglieder und übernahm Visitationsaufgaben bei anderen Benediktinerklöstern, die gerade in dieser Zeit (15. Jh.) ihren Tiefpunkt erlebten. Frisch erworbene Freiheit verschafft eben Flügel.
Fast zeitgleich gelangte Ochsenhausen auch in den Stand der Reichsfreiheit (1495) durch den Aufkauf von Kastvogteirechten (vergl. Zwiefalten) und durch kaiserlichen Erlaß. Da jedoch die Schutzvogtei weiterhin bei der Reichsstadt Ulm lag, kam in der Reformationszeit eine kritische Phase. Das protestantische Ulm wollte das Kloster seinem

269

Territorium einverleiben, nur der Sieg der kath. Partei im Schmalkaldischen Krieg rettete es vor dem Untergang. 1803 kam schließlich die
Aufhebung unter Napo-
leon. Die Anlage ging an
die Fürsten Metternich
und wurde als Schloß be-
nutzt. Diese verkauften
sie 1825 an den württem-
bergischen Staat, der eine
Ackerbauschule und im
Konventbau ein Waisen-
haus einrichtete. 1947
wurde es zum Lehrerin-
nenseminar, 1956 zum
Aufbaugymnasium, seit

Ochsenhausen: Kloster- oder Schloßanlage?

1988 ist es Landesmusikschule. Ein Teil der Anlage wird landwirtschaftlich und der sogenannte Fürstenbau von der Stadtverwaltung genutzt.
Der Besucher kommt in eine Anlage, die nicht dem Schema eines Barockklosters entspricht, denn große Teile stammen aus dem 15. Jh. (Kirche,
Prälatenbau) oder aus dem 30j. Krieg (Konventbau). Damit haben wir es
hier mit einem Vorläufer der klassischen Barockkloster-Anlage zu tun
(vergl. Weingarten). So ist der Konventbau, dessen prächtige Ostfassade
man vom Ort aus sieht, um den Ostchor der Kirche herum gebaut. Der ältere Prälatenbau (= Abtbau) wirkt daran wie angeflickt. Es fehlt die systematische Zuordnung, wie man sie in späteren Anlagen findet. Dies kann
der Besucher bereits beim Eintritt in den Hof bemerken: Man läuft gera-
deaus auf einen Wirtschaftshof zu. Biegt man jedoch links ab, so kommt
man vorbei an der Mariensäule (von 1678) auf die Kirche zu. Idealerweise
sollte man bereits beim Eintreten in den Hof auf die Repräsentationsfront
des Abtbaus treffen.
Eine Besichtigung von Konvent- und Prälatenbau ist werktags um 14.00
Uhr möglich. Einmalig dürfte dabei der Ehrn aus der Renaissancezeit im
Prälatenbau sein. Ein Lageplan am Eingang der Anlage wäre hilfreich.
Über die Straße kommt man zu einem historischen Wasserbauweg, der von
den Mönchen angelegt wurde und anhand von Informationstafeln erklärt
wird.

Daten: 1093–1391 Priorat von St. Blasien, 1391–1803 Benediktinerabtei

Lit.:   Landesakademie für die musizierende Jugend: Kloster Ochsenhausen, 1991

(Broschüre zur Anlage)

Pfarrgemeinde: Ehemalige Reichsabtei Ochsenhausen, o.J. (Broschüre zur Kirche)

Germania Benedictina, Band V, S. 454–464

Stadtverwaltung: Reichsabtei Ochsenhausen, 1984

Gerade mal 8 Klöster überlebten die napoleonische Säkularisation im Bereich des heutigen BW, sämtliche von Frauen bewohnt und im badischen Großherzogtum liegend: Die Zisterzienserinnen von Lichtental und die Chorfrauen vom Hl. Grab in Baden-Baden, Dominikanerinnen in Freiburg und Konstanz, Ursulinen in Freiburg und Villingen, Augustinerchorfrauen in Rastatt und Ottersweier. Allen war eines gemeinsam: Sie unterhielten Schulen für Mädchenunterricht. Dies war das entscheidende Argument in den Augen der staatlichen Behörden, denn hiermit erbrachten sie eine wichtige gesellschaftlich-soziale Leistung, die der Staat nicht übernehmen wollte/konnte. Seltsamerweise sah man dies auf württembergischem Gebiet nicht ebenso, denn hier wurden auch Frauenklöster mit Schulbetrieb aufgehoben.

Die Nichtaufhebung im badischen Bereich bringt ein historisch außergewöhnliches Faktum: Hier treffen wir heute seit Jahrhunderten bestehende Klöster an. In der ehemaligen, katholisch gebliebenen Reichsstadt Offenburg sind dies die Augustinerchorfrauen, die zuvor in Ottersweier die Säkularisation überlebt hatten.

Die Gründung geht auf eine badische Markgräfin zurück, die 1783 in Ottersweier das leerstehende Gebäude der Jesuiten kaufte und darin die **AUGUSTINERCHORFRAUEN** „Unser Lieben Frau" („Notre Dame") aus Breisach ansiedelte. Deren Ursprung war 200 Jahre früher in Lothringen, wo Alexia Le Clerc in Zusammenarbeit mit dem Hl. Petrus Fourier das erste derartige Kloster gegründet hatte und selbst eingetreten war. Zusammen mit den nachfolgend gegründeten Niederlassungen bildete man eine eigene Kongregation mit der Spezialisierung im Bereich des Mädchenunterrichts. Aufgrund der französischen Wurzeln („Welschnonnen") pflegten die deutschen Niederlassungen dieser Kongregation die französische Sprache an ihren Schulen besonders: $1/3$ des Unterrichts erfolgte auf Französisch.

Auch in Offenburg hatte man Interesse an solch einer Schule. Also bot man den Ottersweier Nonnen ein Gebäude an, das seit der Säkularisation teilweise leer stand: das ehemalige Franziskanerkloster. 1823 schließlich zogen sie nach langen Verhandlungen hierher und übernahmen den Elementarunterricht in der städtischen Mädchenschule. Dafür mußte das altehrwürdige Franziskanergymnasium ins ehemalige Kapuzinerkloster umziehen.

In der Zeit des Kulturkampfes kam es zu einem heftigen Streit zwischen Stadt und Kloster, weil 1874 die rein kath. Schule von der Stadt in eine simultane umgewandelt wurde. Die Nonnen streikten, ein Gericht löste den Vertrag zwischen beiden Parteien, man fand einen Kompromiß: Die Stadt behielt die Volksschule, das Kloster übernahm die weiterführende Mädchenschule mit Internat und richtete zudem noch ein Lehrerinnen-

seminar ein (bis 1926). Daraus wurde das heutige Mädchengymnasium. 11 Nonnen leben und unterrichten zur Zeit hier.

Der Besucher findet eine Anlage in einer Mischung von ehemaligem Franziskanerkloster und modernen Bauten vor, im Nordosten am Rande der Altstadt gelegen. Die

Offenburg: Die Kirche der heutigen Chorfrauen stammt aus franziskanischer Zeit

Foto: Willig

Kirche mit barockem Wandpfeilerschema ist über die Pforte zugänglich.

Daten: seit 1823 Augustinerchorfrauen (1783–1823 in Ottersweier)

Lit.: W. Müller: Die Klöster der Ortenau In: Die Ortenau, Bd. 58, 1978, S. 572–578

Das ehemalige **FRANZISKANERkloster**, in das die Ottersweier Nonnen 1823 zogen, konnte ebenfalls auf seine Schultradition verweisen und wurde trotzdem in der napoleonischen Säkularisation aufgelöst. (Wo bleibt hier die Gleichberechtigung?) Denn 1660 hatte es ein Gymnasium eingerichtet, das mit seiner jährlichen Theateraufführung bei der Bürgerschaft sehr beliebt war. Mit der Übernahme neuer Aufgaben lösten sich die Franziskaner von ihrem ursprünglichen Tätigkeitsschema. Denn die Ansiedlung war 1280 auf Bitten der Bürgerschaft erfolgt, die hiermit ihre seelsorgerische Betreuung verbessert haben wollte. Hierin lag das typische Aufgabengebiet der Bettelorden.

In der Reformationszeit, in der die Reichsstadt Offenburg konstant auf kath. Seite verblieb, wurden im hiesigen Franziskanerkloster sogar mehrere Provinzkapitel abgehalten. Als gegenreformatorische Gemeinschaft übernahm man neben dem Gymnasialunterricht auch die Betreuung der Sebastiansbruderschaft (s. Ottersweier), die einen eigenen Altar erhielt und wöchentlich ihre Messe feierte. Zu dieser Bruderschaft hatten sich die Schützen vereinigt. 1689 brannte das Kloster zusammen mit der gesamten Stadt ab. Es war ein Krieg der verbrannten Erde, den die Truppen des Sonnenkönigs demonstrierten. Anschließend baute man die Anlage neu. So auch die Kirche von 1702–17 im Vorarlberger Wandpfeilerstil. Teile des erhaltenen gotischen Kreuzgangs behielt man bei.

Die Auflösung nach dem Übergang an Baden stieß auf heftige Proteste in der Bevölkerung. Dem wollte man mit der Einrichtung einer Mädchenschule (s.o.) begegnen. Hierzu wurde das Gymnasium ins ehemalige Kapuzinerkloster verlegt, wo es heute noch existiert (s.u.).

Daten: 1280–1816 Franziskaner

Lit.:   W. Müller: Die Klöster der Ortenau. In: s.o., S. 431–437

Auch die **KAPUZINER** hatten sich in dieser katholischen Stadt angesiedelt, auf Initiative des Ordens und gegen den Widerstand der Stadt. Denn der Orden wollte eine Zwischenstation zwischen Baden-Baden und Haslach, die Stadt jedoch befürchtete zusätzliche Kosten. 1637 konnte man schließlich mit dem Bau beginnen, weil die Gelder privat gestiftet wurden. 1645 zogen die Mönche ein, noch mitten in den Auseinandersetzungen des 30j. Krieges. Das Kloster bekam schnell einen guten Ruf bei der Bürgerschaft, vor allem als 1689 die gesamte Stadt abbrannte. Das Kapuzinerkloster jedoch wurde hier ebenso wie in Haslach verschont und nahm die Bevölkerung auf. Damit überlebte es als einziges Gebäude der Stadt.

Die Einverleibung der freien Reichsstadt in das Großherzogtum Baden brachte 1808 die offizielle Auflösung. De facto jedoch ließ man die Mönche weiter hier wohnen und Seelsorge betreiben. Erst 1820, als man bereits die Verlegung des Gymnasiums aus dem ehemaligen Franziskanerkloster hierher plante, mußten sie ausziehen. Die Kirche diente anschließend den Protestanten und später den Altkatholiken für den Gottesdienst. Das heutige Grimmelshausengymnasium benutzt weiterhin die Räume, erweitert um Neubauten.

Der Besucher findet im Süden der Altstadt eine typische Kapuzineranlage: nicht groß, ein geschlossenes Karree. Leider ist die Kirche untertags geschlossen. Der ehemalige Kreuzgang ist vom Gymnasium her zugänglich. Seit 1927 befinden sich wieder **KAPUZINER** in der Stadt. Ihr „Klösterle" im Norden der Stadt an der Straßburger Straße ist eine moderne Anlage. Von hier aus betreuen sie die daneben stehende Pfarrkirche St. Fidelis sowie einige Pfarreien der Umgebung.

Daten: 1637–1808 (–1820) Kapuziner, seit 1927 Kapuziner

Lit.:   W. Müller: Die Klöster der Ortenau, in: s.o., S. 501–506, 638–641

Öhningen

Die Ansammlung von Klöstern in einem umgrenzten Gebiet kann als Hinweis genommen werden für den Reichtum dieser Gegend. Diese Aussage gilt in zweierlei Hinsicht. Zum einen mußte eine Gegend einen Überschuß erwirtschaften, damit man etwas davon aus religiösen Überlegungen heraus verschenken und z.B. ein Kloster gründen konnte. Zum anderen wurde ein Landstrich durch die Ansiedlung von Mönchen „veredelt", weil diese sich „die Erde untertan machten". Beides galt wohl für die Landschaft des Bodenseeraumes, in der wir eine Häufung von Benediktinerklöstern finden: Reichenau, St. Gallen, Schaffhausen, Wagenhausen, Stein am Rhein. Und als Extrembeispiel Öhningen auf der Höri mit sogar zwei frühen Gründungen.

Öhningen: Augustiner-Chorherrenstift im Dienste des Konstanzer Bischofs

Mit dem Erwerb der Eigenkloster- bzw. Vogteirechte (s. Sulzburg) und der daraus entstehenden Kontrolle über die beiden Öhninger Klöster konnte sich der Konstanzer Bischof ein Kleinterritorium auf der Höri schaffen.

Schienen

Bereits um 800 entstand hier eine *Zelle,* als ein Graf von Florenz, der aus dieser Gegend stammte, Reliquien des Hl. Genesius mitbrachte. Um 830 wurde daraus ein **BENEDIKTINERkloster**, verbunden mit einer Wallfahrt. Anscheinend ist auf das Eigenklosterrecht der bald einsetzende Niedergang zurückzuführen. Denn bereits 909 übernahm es das Kloster Reichenau und führte es als *Priorat* weiter. Um 1250 herum tauchen in den Urkunden anstelle von Mönchen Chorherren auf, es war also anscheinend zu einem **KOLLEGIATSTIFT** umgewandelt worden. Da die Abhängigkeit vom Kloster Reichenau weiterbestand, als dieses vom Konstanzer Bischof übernommen wurde, erlebte Schienen das gleiche Schicksal: Es wurde 1757 aufgelöst.

Der Besucher findet in diesem abgelegenen Ort auf dem Schiener Berg eine romanische Pfeilerbasilika mit drei flachgedeckten Schiffen aus dem Hochmittelalter vor, die seit der Klosterauflösung als Pfarrkirche benutzt wird. Ca. 80 m südlich der Kirche steht das ehemalige Propsteihaus, heute Pfarr- und Gemeindehaus.

Daten: 800 Zelle, 830–909 Benediktinerkloster, 909–1757 Priorat von Reichenau
    (Kloster und Stift)

Lit.:   Germania Benedictina, Bd. V, S. 556–560
       Kath. Pfarramt: Romanische Wallfahrtskirche Schienen (Prospekt, liegt aus)

Kernort

Vermutlich um 965 wurde auch in Öhningen ein **Benediktinerkloster** gegründet. Von vornherein bestand es als bischöfliches Eigenkloster, so daß es vom Bischof für seine Zwecke eingesetzt werden konnte. Dies tat er 1166 mit der Umwandlung in ein **AUGUSTINER-Chorherrenstift**, wohl mit der Zielsetzung, hiermit die seelsorgerische Betreuung in diesem Gebiet zu verbessern. Nach einer Krise im 15. und 16. Jh. übernahm es der Bischof vollständig: Er fungierte als Probst und ernannte den jeweiligen Dekan oder Prior für die geistliche Betreuung.

Die Anlage liegt in herrlicher Aussichtslage am Rande des Ortes. Die Kirche ist renaissance mit barocker Stuckzier und barocken Einrichtungsstücken. Bei den barocken Konventgebäuden kann man mehrere Wappen entdecken. Heute dient die Anlage als Pfarrkirche, Pfarramt und für Wohnungen.

Daten: um 965 – um 1166 Benediktinerkloster, –1803 Augustiner-Chorherrenstift

Lit.:   *Germania Benedictina, Bd. V, S. 471–475*

   Kath. Pfarramt: Kath. Pfarrkirche St. Hyppolyt und Verena Öhningen (Prospekt, liegt aus)

Öhringen D 9

Wenn man auf dem Marktplatz in Öhringen steht, hat man automatisch die beiden aufeinanderbezogenen Zentren vor Augen: links das Stift mit der Kirche, rechts das Hohenloher Residenzschloß. Damit könnte man analog zu den vielen anderen Stiftskirchen in Residenzorten (Stuttgart, Heidelberg, Wertheim u.a.) folgern, daß hier ein Adelsgeschlecht ein Stift gegründet hat als Familiengrablege und geistiges Herrschaftszentrum. Diese Folgerung wäre jedoch voreilig. Denn in Öhringen war das Stift bereits vor dem Auftauchen der Hohenlohe das geistige und wirtschaftliche Zentrum. Das Stift war die Keimzelle der Stadt und das Herrschaftszentrum der Region. Nur durch geschichtliche „Brechungen" entstand hier kein eigener geistlicher Staat wie in Ellwangen.

1037 hatte der Hochadlige Gebhard als Regensburger Bischof die zentrale Pfarrkirche der Gegend zum **weltlichen CHORHERRENstift** (= Kollegiatstift) erhoben. Zusammen mit seiner Mutter Adelheid (Mutter von Kaiser Konrad II.) brachte er hierfür um Öhringen liegende Güter ein. Es war die Zeit vor der großen Kloster- und Kirchenreform (Investiturstreit). Daher wurde dieses Stift nicht mit der strengen Augustinusregel versehen wie wenige Jahrzehnte später so viele andere (s. Beuron). Als Kollegiatstift befand es sich weitgehend im Besitz der jeweiligen Regensburger Bischöfe. Als jedoch einer dieser Bischöfe an einem mißglückten Aufstand gegen den Staufer Konrad IV. beteiligt war, ließen sich die weiter nördlich beheimateten Hohenlohe (Stammburg bei Weikersheim) als Reichs-

Foto: Metz

Öhringen: Türme der Stiftskirche über der
gemeinsamen Residenz der Hohenloher Familien

verwalter die Gelegenheit nicht entgehen und schnappten sich die Vogtei des Öhringer Stiftes. Die gaben sie bis Napoleon nicht mehr her, wobei die gesamte Zeit Regensburg formaler Lehensgeber blieb! Öhringen wurde zum Mittelpunkt ihrer Herrschaft und in der Zeit familiärer Aufspaltungen zum gemeinsamen Regierungssitz: Im Turm der Stiftskirche befand sich das Familienarchiv, der Chor diente den verschiedenen Linien als Grablege (Neuenstein Nordseite, Waldenburg Südseite). Auch die Verwaltung der Stadt erfolgte als Kondominat (s. Lahr und Mahlberg) gemeinsam.

Nach der Einführung der Reformation (1556) ging das Stiftsvermögen in einen Kirchen- und Schulfond über, analog zur Lösung im Herzogtum Wirtemberg. Damit konnte ein Landgymnasium in den Stiftsgebäuden errichtet werden. So wurde das Vermögen sinnvoller genutzt als zum Unterhalt adliger Chorherren, die nicht einmal mehr eine Messe lesen wollten/konnten. Erst mit dem Übergang an Württemberg (1806) ging das Vermögen verloren!

Heute sind die beiden gegenüberstehenden (West-Ost-) Türme der Stiftskirche das Wahrzeichen Öhringens. Die gesamte Anlage entstand als spätgotischer Bau 1450–1500. Im Kreuzgang befinden sich einige Gräber der Chorherren. In der gotischen Chorkrypta steht der Sarg der Stiftsgründerin Adelheid; zugleich befinden sich hier die nichtzugänglichen Grabkapellen noch existierender Hohenlohe Linien. Der Konventbau wird von der evang. Kirche genutzt (u.a. Diakoniestation).

Daten: 1037–1556 Kollegiatstift

Lit.: Wegweiser durch die Stiftskirche St. Peter und Paul Öhringen. (Faltblatt, liegt aus)

ı 4 *Oppenau*

Allerheiligen

Diesen Ort kann man auf der Landkarte nur schwer finden: versteckt im (noch) dichten Nordschwarzwald, auf halber Höhe unterhalb des 1055 m hohen Schliffkopfes liegend, unzugänglich auch wegen der benachbarten Wasserfälle. Selbst mit modernen Verkehrsmittel ist es mühsam, dorthin zu

gelangen. Warum siedelten sich hier die Kleriker des Prämonstratenserordens an, wo doch der Aufgabenbereich von Priestern in den Dörfern und
Städten liegt?

Prämonstratenser- und Zisterzienserorden entstanden und entwickelten
sich parallel. Der erstere mit der Augustinusregel für Priester, der letztere
mit der Benediktregel für Laien. Norbert von Xanten als Prämonstratenser-
Gründer orientierte sich in seiner Konzeption an dem Zisterzienser
Bernhard v. Clairvaux. Norbert ging als hochadliger Chorherr selbst in die
Einöde, um dort sein erstes Kloster Premontré (bei Laon in Nordost-
frankreich) zu gründen. Daher der Name Prämonstratenser. Seine Alternative zum herkömmlichen geordneten, behäbigen Dasein der Chorherren
war Askese, Rückzug, Handarbeit, all dies übernommen vom Vorbild der
Zisterzienser, entsprechend dem Ideal der Nachfolge Christi. Wenn Zisterzienser wie Prämonstratenser im 12. Jh. solch einen gewaltigen Zulauf
erhielten (s. Rot), so zeigt sich darin, daß ein Bedürfnis der Zeit angesprochen wurde. „Zurück zur Natur" als der Wurzel des Lebens, „Konsum-
verzicht" als Voraussetzung für echtes Leben, so könnte man dies mit heutigen Begriffen kennzeichnen.

Bereits mit dem Gründungsort wollte man den Bezug zum abgelegenen
Kloster Premontré herstellen: umgeben von 3 Bergen! Die Herzogin Uta
von Schauenburg, die aus der Gegend stammte und als Gattin von Herzog
Welf VI. die oberschwäbischen **PRÄMONSTRATENSER** kennengelernt
hatte, holte um 1192 für die Gründung Mönche aus (Ober-) Marchtal und
Oberzell bei Würzburg. Das Kloster erhielt alle Freiheiten, die diesem
Reformorden zustanden, darunter auch die freie Vogtwahl.
Es war eine der letzten Gründungen dieses Ordens im Bereich des heuti-
gen BW, daher galt hier bereits das Verbot der Doppelklöster, durften also
keine Frauen übernommen werden (vergl. Adelberg). Die ersten Pröpste
kamen aus Marchtal. Nach einem mühsamen Anfang muß Allerheiligens
Ruf gut gewesen sein, denn 1248 übergab ihm der Mainzer Erzbischof das
traditionsreiche Benediktinerkloster Lorsch zur Reformierung und
Besetzung mit Prämonstratensern. Von dort aus wurden St. Stephan und
St. Michael auf dem Heiligenberg bei Heidelberg ebenfalls besiedelt.
Aus den Schenkungen des Ortenauadels konnte Allerheiligen ein geschlossenes Territorium am Westrand des Schwarzwaldes bilden. Seine Einnahmen kamen jedoch vor allem aus der Übernahme von Pfarreien, die es
durch eigene Mönche betreuen ließ. So wurden die Pfarrkirchen in Nuß-
bach, Oberkirch, Oppenau, Achern und Appenweier und die Wallfahrtskirche in Lautenbach betreut. Diese Pfarrtätigkeit widersprach zwar dem
eigentlichen Klostergedanken des Rückzugs, lag aber andererseits durchaus im Zuständigkeitsbereich priesterlicher Tätigkeit. Durch häufigen

Wechsel schuf man einen Ausgleich von Mönchsein und priesterlichem Wirken.

Mitten hinein in einen bereits bestehenden wirtschaftlichen Niedergang kam 1470 eine Brandkatastrophe. Der Konvent mußte für einige Zeit in

das Rektorat (= Priorat) Lautenbach im Renchtal umziehen. Am liebsten wäre man für immer dort geblieben, aber das Generalkapitel verlangte den Wiederaufbau an alter Stelle. 125 Jahre später war nochmals die Existenz in Frage gestellt. Denn kurzzeitig war das Renchtal unter Kontrolle eines evang. Bischofs von Straßburg, und der wollte das Kloster aussterben lassen. Durch die Intervention der oberschwäbischen Brüderkonvente beim Kaiser wurde man gerettet.

Allerheiligen: Prämonstratenserkloster.
„Der Rückzug aus der Welt als Ideal von Klerikern"

Nach dem 30j. Krieg kam eine zweite Blütezeit. Man unterhielt ein Gymnasium mit Internat, kurbelte die Wallfahrt mächtig an, war wirtschaftlich gesund und wurde 1657 zur Abtei erhoben. Auftretende Konflikte mit den Rohan-Bischöfen in Straßburg wurden mit einem Kompromiß gelöst: Allerheiligen erkannte deren Oberhoheit an, die ließen dafür die Mönche in Ruhe. Bis zur französischen Revolution, in der das gesamte Priesterseminar von Straßburg hierher flüchtete. Und in der die eigenen Bauern auf die Barrikaden gingen, weil sie – vom Elsaß her angesteckt – ihre alten Rechte in der Waldnutzung zurück erhalten wollten.

Die anschließende Aufhebung durch Baden traf 29 Konventmitglieder. Bevor man eine neue Nutzung der Gebäude überhaupt beschließen konnte, zerstörte ein durch Blitzschlag ausgelöster Brand 1804 Kirche und mehrere Gebäude. Anschließend wurde das ganze auf Abbruch verkauft. Erst 1840 schritt der Denkmalschutz ein und trat damit in Baden zum ersten Mal ins Licht der Öffentlichkeit. Übrig blieben romantische Kirchenruinen und einige Gebäude aus der Zeit des Wiederaufbaus nach 1490: Westflügel (Prälatur), Bibliothek, Gymnasium. Diese Gebäude werden heute verschieden genutzt, u.a. von einem christlichen Landschulheim.

Der Besucher findet Allerheiligen über ausgebaute Straßen: von Achern über Ottenhöfen, von Oppenau durch das Lierbachtal, von der Schwarzwaldhochstraße über die Abzweigung am Ruhestein. Eine Gaststätte (ehem. Prälatur) und ein kleines Informationszentrum (Ökonomiegebäude) dienen dem Tourismus. Von hier aus kann man eine Wanderung entlang des Lierbachs unternehmen, der in 7 Stufen abfällt. Lage, Ruinen, Wald und Bach machen Allerheiligen zu einem der beliebtesten und reizvollsten Ausflugsziele des nördlichen Schwarzwaldes.

Daten: 1192–1803 Prämonstratenser

Lit.: W. Müller: Die Klöster der Ortenau. in: Die Ortenau, Bd. 58, 1978, S. 348–387

D. Kauß, K. Maier: 800 Jahre Allerheiligen. Offenburg: Reiffverlag, 1996

Kernort

Hier befand sich von 1668–1803 ein **Kapuzinerhospiz**, also kein vollausgebautes Kloster. (Denn in geringer Entfernung, in Oberkirch, war ein gut besetztes Kapuzinerkloster.) Zwei Patres und ein Bruder betreuten das Tal bis zum Kniebis. Nach der Aufhebung wurde 1826 anstelle der zu kleinen Kirche die heutige Pfarrkirche und anstelle des Konventbaus das Rathaus gebaut.

Lit.: W. Müller, s.o., S. 507–511

Osterburken c 9

Seligental

Es scheint kein ideales Land für Klostergründungen gewesen zu sein, das Land zwischen Odenwald und Jagst, genannt **Bauland.** Denn als einziges Kloster zwischen Amorbach im Norden und Schöntal, Mosbach und Billigheim im Süden wurde hier eine **FRAUENZISTERZE** gegründet. Gestiftet 1236 von den Herren von Dürn, die gerade als Ministeriale in staufischen Diensten einen fulminanten Aufstieg erlebt hatten, übernahm es 3 Jahre später die Zisterzienserregel unter Anleitung der Nonnen von Heiligenthal (bei Werneck in Unterfranken). Bereits ein halbes Jahrhundert nach Gründung befand es sich in der Krise infolge der Übergriffe des umliegenden Adels. Es folgte der Wechsel der Schirmvogtei von den Herren von Dürn zum Bischof von Würzburg und später zum Erzbischof von Mainz. Der wirtschaftliche Aufstieg im 14. Jh. führte zum Besitz der umliegenden Dörfer Schlierstadt, Seckach, Zimmern und Hemsbach samt ihren Mühlen. Die Befreiung von der Pflicht zur Aufnahme von Novizinnen durch den Vaterabt in Bronnbach (1454) ist ein Hinweis auf einen Niedergang im 15. Jh.

Obwohl in den Konvent vor allem die Töchter des umwohnenden Landadels eintraten, war sein Schicksal früh besiegelt. Nach einer Plünderung im Bauernkrieg, einer Besetzung durch Protestanten und einer erneuten Plünderung im Markgrafenkrieg kam es wirtschaftlich und geistig nicht mehr auf die Beine. Viele Nonnen traten aus, weil sie sich wie ihre adligen Verwandten der neuen Lehre anschlossen. Beim Tod der letzten Äbtissin

1561 verblieben nur noch 2 Konventschwestern. Daher hob der Mainzer Erzbischof das Kloster kurzerhand auf und vermachte es vorerst dem Jesuitenkolleg in Mainz, um es aber anschließend selbst zu übernehmen. Somit erlebte Seligental das gleiche Schicksal wie die nahegelegene Frauenzisterze Billigheim. Beide sind Beispiele für eine kath. Säkularisation in der Reformationszeit.

Als Bischofsdomäne wurde Seligental von einem Hofmeister verwaltet, kam unter Napoleon an die Fürsten von Leiningen (die heute noch das Kloster Amorbach besitzen) und wurde schließlich in der Zeit des Nationalsozialismus in Bauerngüter aufgeteilt. Verständlich, daß dabei die

Foto: Willig

Seligental: Die Reste einer Frauenzisterze warten auf ihre Restaurierung.
Das Bild zeigt die ehemalige Sakristei

Bausubstanz litt: Aus der Kirche wurde 1788 ein Schafstall, der Konventsüdflügel und der Kreuzgang wurden vollständig beseitigt, der Konventostflügel wurde durch landwirtschaftliche Nutzung total verhunzt. Grabplatten aus dem Kloster brachte man in die Pfarrkirche des Ortes Schlierstadt.

Heute hat man als Besucher Probleme, sich zu orientieren. Dies als Hilfe: An der Straße von Seckach-Zimmern nach Osterburken-Schlierstadt liegt auf halber Strecke rechterhand der Weiler Seligental. Im Hof orientiert man sich am besten an einem runden Wehrturm, der den südwestlichen Punkt der inneren Klosteranlage bildet. Davor steht das heute noch bewohnte „Äbtissinenhaus", ehemals Westflügel des Konvents, mit einer außergewöhnlich verzierten Haustüre. Quer zum Äbtissinenhaus steht ein Maschinenschuppen mit den (unkenntlichen) Grundmauern der Kirche, und parallel der als Lagerraum genutzte Ostflügel aus dem 13. Jh. Hierin kann man noch Reste einer ehemaligen Kapelle entdecken (wohl ehemals Sakristei) sowie des Kapitelsaals. Der abschließende Südflügel fehlt vollständig. Im erweiterten Klosterbereich sind noch Teile der Wehrmauern (wozu?) und Ökonomiegebäude vorhanden. Dazu der zisterziensernotwendige Bach (Krummebach). Von der Lage her könnte das Ganze eine Idylle bilden, wie alle Zisterzienserinnenklöster!

Inzwischen wurde der Ostflügel von der Stadt Osterburken aufgekauft und wird grundlegend renoviert. Dabei entdeckte man eine kunsthistorische Attraktion: Ein aus einem einzigen Stein gehauenes Fenster (Transennenfenster) mit den Ornamenten Kreis, Quadrat und Raute.

Daten: Gründung 1236, 1239–1568 Frauenzisterze

Lit.: W. Koupil: Seligental. Chronik eines vergessenen Klosters. Eigenverlag, 1990

Nellingen

Koexistenz ist nicht erst eine Erfindung unseres Jahrhunderts. Sonst wäre es nicht möglich gewesen, daß im 16. und 17. Jh. ein katholischer Propst die Patenschaft für die Kinder von protestantischen Geistlichen übernahm, wie es in Nellingen der Fall war. Und zwar gehörte Nellingen nach der Schenkung eines Ortsadligen (1120) samt umliegenden Dörfern zur **BENEDIKTINER**abtei St. Blasien, die für diese Güter Ende des 13. Jh. eine *Propstei* einrichtete. Ein Mitglied des Klosters verwaltete als Propst den Besitz, lebte also ohne Mitbrüder außerhalb seines Klosters. Von daher kann diese Form nicht als Kloster bezeichnet werden.

Das Herzogtum Wirtemberg besaß die Vogteirechte über den Propsteibesitz und führte 1535 die Reformation ein. Den Propst zu verjagen, hierzu war Wirtemberg nicht stark genug; die Reformation rückgängig zu machen, hierfür war St. Blasien trotz kaiserlicher Unterstützung zu schwach. Also mußten beide Seiten einen Status quo des Zusammenlebens finden, was in unserem Jahrhundert mit dem Begriff „Koexistenz" gekennzeichnet wird. Demnach besoldete der kath. Propst mehrere evang. Pastoren in den Gemeinden der Umgebung und unterhielt deren Kirchen, finanziert aus den Abgaben seiner protestantischen Schäfchen (vergl. Buggingen-Betberg). Über das rein rechtliche Verhältnis hinaus scheinen jedoch auch persönliche interkonfessionelle Beziehungen bestanden zu haben, wie die (freiwillige) Übernahme von Patenschaften belegt. Erst mit dem Ende des 30j. Krieges wurde diese Situation durch einen Vertrag beendet, bei dem die Propstei aufgelöst wurde und Wirtemberg hierfür Ersatz zahlte. Eigentlich schade!

Heute findet man in Nellingen noch die geschlossene Anlage des „Klosterhofes" vor. Ein romanischer Kirchturm (um 1210 errichtet) und eine ehemalige Zehntscheuer mit Staffelgiebel fallen besonders ins Auge. Das ehemalige Propsteigebäude ist heute Rathaus, im Fachwerk-Pfarrhaus befinden sich städtische Ämter, der Wirtschaftshof ist zum Pfarrhaus geworden.

Daten: Ende 13. Jh. – 1649 Propstei des Benediktinerklosters St. Blasien
Lit.: Germania Benedictina, Band 5, S. 402–407

Habsthal

Die oberschwäbischen Frauensammlungen (= Beginen) des 13. Jh. schlossen sich in der Regel einem anerkannten Orden an und wurden zu regulierten Klöstern mit strenger Klausur. Je nach Zeitpunkt ihres Anschlußes können wir die Zuordnung zu einem bestimmten Orden feststellen: Zuerst zu den Zisterziensern (bis ca. 1250), dann zu den Dominikanern (bis ca. 1270), und schließlich zu den Franziskanern. In Habsthal finden wir eine Beispiel für die Welle, die sich den Dominikanern anschloß, ebenso wie in Saulgau-Sießen (1259), Friedrichshafen-Löwental (1250) und Pfullendorf (1255).

Eine Frauensammlung in Mengen erhielt 1257 vom Bischof die Augustinusregel, zog 1259 nach Habsthal um, das ihr die Pfalzgrafen von Tübingen schenkten, und schloß sich als **DOMINIKANERINNEN** einem regulären Orden an. Das Kloster erwarb in über 20 Orten Güter und besaß in der direkten Umgebung die niedere Gerichtsbarkeit. Die hohe Gerichtsbarkeit (Vogtei) jedoch wanderte von den Tübinger Pfalzgrafen schließlich 1535 zu den Sigmaringer Hohenzollern.

Nach dem Aufschwung der Gründerzeit kamen die Krisen des 15. und 16. Jh., die der Konstanzer Bischof 1521 durch eine neue Hausordnung beendete. Damit überstand das Kloster die Reformation und die Jahrhunderte

Foto: Aßfalg

Habsthal: Benediktinerinnengemeinschaft in ehemaligem Dominikanerinnenkloster

bis zur Napoleonischen Säkularisation. 17 Nonnen und 3 Schwestern erhielten von den „erbenden" Sigmaringer Hohenzollern das Bleiberecht. Erst 1841 mußten die letzten das Haus verlassen.

Jetzt suchte man eine Nutzung für die Gebäude. Zuerst richtete man eine Lehrerbildungsstätte ein, dann von 1856–74 eine Strafanstalt, und schließlich verkaufte man die Anlage an eine Privatperson. Diese gab sie weiter an **BENEDIKTINERINNEN**, deren Kloster Hermetschwil bei Muri (CH) zu diesem Zeitpunkt gerade wegen des Kulturkampfes aufgelöst wurde. 1892 zogen diese ein und leben seitdem hier. Das Mutterkloster in der Schweiz jedoch besteht noch heute. Sie verdienen ihren Lebensunterhalt mit ihrer Gartenarbeit, Paramentenanfertigung und Hostienbäckerei. Als strenges Klausurkloster knüpfen sie an die alte Tradition der Dominikanerinnen an.

Der Besucher findet die Anlage an der Straße von Ostrach nach Sigmaringen. Die Kirche ist untertags geöffnet. Weit ab von einem größeren Ort erinnert die bescheidene Anlage an die vielen ehemaligen Dominikanerinnenklöster auf dem Lande.

Daten: um 1250 Sammlung in Mengen, 1259–1806 Dominikanerinnen,
       1806–1841 Aussterbekloster, seit 1892 Benediktinerinnen

Lit.:   Schnell & Steiner Kunstführer Nr. 1666: Kloster Habsthal. 1989
          A. Wilts: Beginen im Bodenseeraum. S. 382–383

Östringen D 6

Odenheim

Mit Erschrecken muß man immer wieder feststellen, welcher Haß sich im **Bauernkrieg** gegen die Klöster entlud. Zwischen Kloster und Ritterburg gab es hier anscheinend keinen Unterschied, in beiden wohnten die Unterdrücker der arbeitenden Bevölkerung. Wie ist das vereinbar mit dem Anspruch, mit dem das Ordenswesen und das Christentum insgesamt angetreten war: Armut, Askese, Nächstenliebe? Im Spätmittelalter war anscheinend von diesen Idealen in den meisten Klöstern nur noch wenig bis nichts zu spüren, da sie zu einer Versorgungsanstalt für nachgeborene Söhne und Töchter des Adels herabgesunken waren (s. Sinsheim). Aus Armut war Reichtum geworden, aus Schenkungen Besitz, aus Besitz Macht, aus anvertrauten Untertanen seelen- und rechtlose Leibeigene. Gerade die Klöster hatten im 15. Jh. mit massivem Druck die altüberlieferten Rechte ihrer Untertanen eingeschränkt zugunsten eines einheitlichen Herrschaftsrechtes, hatten Schriftwissen und religiöses Monopol mißbraucht zur Durchsetzung eigener Interessen. Heraus kam eine effektivere Herrschaft und Verwaltung auf Kosten des Verhältnisses zwischen Obrigkeit und Untertanen. (Erst in der Barockzeit änderte sich das Verhältnis der Orden zu ihren Untertanen zum positiven: „Unterm Krummstab ist gut leben"). Luthers Schrift von der „Freiheit eines Christenmenschen" mußte daher gerade hier als Signal zum Gegenschlag wirken. Der Aufruhr der Odenheimer Bauern kann stellvertretend stehen für viele andere.

Gegründet wurde Odenheim vor 1122 als **BENEDIKTINERkloster** von den Grafen von Bretten. Die Wahl des Abtes aus Hirsau zeigt, daß wir es auch hier mit einem der zahlreichen Reformklöster zu tun haben. Dem Niedergang im 14. Jh. und Abstieg zum reinen Adelskloster versuchte man entgegen zu steuern, indem man sich der Bursfelder Kongregation anschließen wollte (s. Ulm-Wiblingen). Aber der eingesetzte Reformabt resignierte, der Nachfolger vollzog die Umwandlung in ein **KOLLEGIATstift** (1494) (s. Sinsheim). Obwohl man das Stift mit einer Mauer umgeben hatte, fühlte man sich nicht sicher und zog daher 1507 in

Foto: Willig

Odenheim: Ein Hofgut mit Wehrtürmen erinnert
an dieses Benediktinerkloster im Kraichgau

die Stadt Bruchsal um. Dort wurde die Pfarrkirche „Unser Lieben Frau" zur Stiftskirche erhoben.

Die Zerstörung kam im Bauernkrieg: Der Kraichgauer Haufen hatte sich den ehemaligen Schultheißen von Odenheim zum Anführer gewählt. Der ließ seine Bauern die Anlage plündern, wobei man es vor allem auf das Archiv abgesehen hatte, denn hier wurden die Abgabenbücher vermutet. Die waren jedoch bereits nach Bruchsal gebracht worden. Anscheinend brannte dabei auch die Kirche aus.

Die restliche Anlage wurde 1840–50 abgetragen. Übrig blieben nur der Stiftsspeicher und der Nordwestturm mit Wappen. Heute findet man die Anlage als Landwirtschaftsdomäne „Stifterhof", umgeben von einer Mauer, östlich des Ortes Odenheim, Richtung Eichelberg.

Daten: vor 1122–1494 Benediktinerkloster, –1507 Kollegiatstift, Umzug nach Bruchsal

Lit.:   Germania Benedictina, Bd. V, S. 464–471

H 3   *Ottersweier*

Religiöses Verhalten als Richtschnur für das Alltagsverhalten gewöhnlicher Menschen, diesen Anspruch hatten sich in der Barockzeit verschiedene Orden als Ziel gesetzt. In diesem Sinne waren vor allem die gegenreformatorischen Gesellschaften der Kapuziner und Jesuiten aktiv. Ein Mittel hierzu war die Gründung bzw. Förderung und Betreuung von **Bruderschaften.** Überall in kath. Landen können wir daher Bruderschaften (wieder-) entstehen sehen, die z.T. bereits im Spätmittelalter bestanden hatten und in der Reformationszeit verschwunden waren: Joseph-, Maria-, Auferstehungs-, Herz-Jesu-, Rosenkranz-, Spitalbruderschaft usw. Egal ob Privatperson oder Berufsgruppe oder Vereinigung, jeder war in irgendeiner Bruderschaft vertreten. Gemeinsam war ihnen ein bestimmtes Ritual: Man stiftete Gedenktage für die Verstorbenen und feierte gemeinsam dort den Gottesdienst. Der Höhepunkt war das jährliche Patroziniumsfest. Die Bruderschaften trugen in Kombination mit den Wallfahrten sehr viel zu dem bei, was wir heute barocke Frömmigkeit nennen. In Ottersweier finden wir eine Wallfahrtskirche und die Bruderschaft „von der Todesangst Christi".

Dieser Ort bot sich in der Barockzeit richtiggehend an, um von hier aus gegenreformatorisch zu wirken. Denn im Unterschied zu den meisten Orten der Markgrafschaft Baden-Baden war er katholisch geblieben, da er auf Habsburger Gebiet in der Ortenau lag. Im Zuge der Rekatholisierung der Markgrafschaft hatte man **JESUITEN** nach Baden-Baden geholt und ihnen die Einnahmen aus den Besitzungen des ehemaligen Zisterzienserklosters Herrenalb in Ottersweier übereignet. Diese ordneten dorthin 1642 einen Pater ab und machten daraus 1687 eine Residenz (= kleine Niederlassung). Mit der Betreuung der Pfarrkirche und der außerhalb des Ortes liegenden Wallfahrtskirche „Maria Linden" sowie der Stadt Bühl und sonstiger Pfarrgemeinden im Umkreis konnten die Jesuiten die Gläubigen direkt ansprechen. So reaktivierten sie in Bühl die Bruderschaften „von der Todesangst Christi" und vom „hl. Rosenkranz", führten auch in Ottersweier die Bruderschaft

Ottersweier: Das Rathaus im Gebäude der ehemaligen Jesuiten- bzw. Augustinerchorfrauen-Niederlassung

Foto: Film-und Fotoclub

„von der Todesangst Christi" ein, organisierten Wallfahrten von Baden-Baden und Bühl hierher und bauten dafür die Wallfahrtskirche dementsprechend um, damit sie die Menschenmassen zu fassen vermochte.

Diese Aktivitäten brachten den Jesuiten nicht nur Zustimmung. Das Herrscherhaus unterstützte sie zwar standig, abei der Weltklerus und vor allem der Straßburger Bischof versuchten immer wieder, ihre Unabhängigkeit zu beschneiden. Solche Querelen erleben alle Gemeinschaften, die den hergebrachten Trott über den Haufen werfen. Nach der Auflösung des Ordens 1774 übernahmen die Patres Aufgaben als Weltpriester.

Daten: 1642–1687 Außenstelle, 1687–1774 Residenz der Jesuiten

Lit.: W. Müller: Die Klöster der Ortenau. In: Die Ortenau, Bd. 58, 1978, S. 538–542

Die Jesuiten wohnten im Ortszentrum gegenüber der Kirche, wo sie sich ein repräsentatives Gebäude erstellt hatten. Dieses Gebäude wurde nach der Ordensauflösung von der verwitweten Mkgr. Maria Viktoria aufgekauft, um darin die **AUGUSTINERCHORFRAUEN** „Unser Lieben Frau" aus Breisach anzusiedeln. Denn diese Kongregation, deren Ursprung in Lothringen im 16. Jh. lag, hatte sich auf Mädchenunterricht spezialisiert. Also wurde eine Mädchenschule eingerichtet, unterrichteten 5 Ordensfrauen. Aufgrund dieser Tätigkeit konnte die Gemeinschaft die Säkularisation überleben, zusammen mit 7 anderen derartigen Frauenklöstern (s. Offenburg). Anscheinend war das Einzugsgebiet jedoch zu klein, weshalb man schließlich 1823 nach Offenburg ins ehemalige Franziskanerkloster umzog. Die Offenburger Bürgerschaft hatte diesen Umzug immer wieder gefordert. Dort besteht noch heute die Gemeinschaft samt Mädchengymnasium.

Daten: 1783–1823 (bis heute in Offenburg) Augustinerchorfrauen

Lit.:   *W. Müller: Die Klöster der Ortenau. In: s.o., S. 572–575*

Der Besucher, der von Norden nach Ottersweier kommt, stößt am Ortseingang auf die neben der B 3 liegende Wallfahrtskirche „Maria Linden". Heute wird sie von den **BRÜDERN vom gemeinsamen Leben** betreut (s. Weilheim), zuvor war sie von 1936–1992 von den **KAPUZINERN** betreut worden. Deren Haus steht seitlich der Kirche, 1968 neu erbaut. Die Wallfahrt hierher geht bis in Mittelalter zurück. Die Jesuiten hatten sie in der Barockzeit reaktiviert und zu einem Höhepunkt geführt.

Die Kirche stammt weitgehend aus der Jesuitenzeit, in der 1760 das Kirchenschiff neu erbaut wurde. Der Chor jedoch ist gotisch (1484). Dem eintretenden Besucher bietet sich ein einprägsames Bild, weil der barocke Altar mit dem Gnadenbild durch seitlichen Lichteinfall voll zur Entfaltung kommt.

Lit.:   *W. Müller: Die Klöster der Ortenau. In: s.o., S. 636–638*

H/I 9   *Owen*

Gleich zwei Frauenklausen gab es in diesem Städtchen, beide von den Herzögen von der Teck gegründet. Die Belege hierzu sind jedoch sehr spärlich.

Demnach hätten die Herzöge von der Teck vor 1235 ein Frauenkloster gegründet, das sie auch als Grablege benutzten. Folglich kann es keine beginische Sammlung gewesen sein, sondern muß als offizielles Kloster gegolten haben. Bei welchem Orden? Wahrscheinlich **Dominikanerinnen**, da es 1495 mit den Nonnen von St. Ursula aus Tübingen, die nach der Augustinusregel lebten, vereinigt wurde. Das Ende kam mit der Reformation. Als im 30j. Krieg das Schloß der Stadtherren Schilling von Cannstadt zerstört wurde, erbauten diese ein „Schlößle" auf dem Platz des ehemaligen Klosters. Dieses wurde 1789 von der evang. Kirche gekauft und als Pfarrhaus verwendet. Das massive Gebäude beim neuen Friedhof in der Wehrbachstraße dient heute für Privatwohnungen.

In der Kirchheimer Straße an der B 465 steht ein Fachwerkhaus, das laut Informationstafel ehemals eine **Beginensammlung** beherbergte. Diese sei 1282 entstanden und in der Reformation untergegangen. Das Haus wurde 1465 erbaut. Es bietet mit seiner Lage über dem Bach und der frischen Renovierung einen schönen Anblick.

Owen: Typische Kleinstadt-Frauenklause mit Lage am Bach

Lit.: R. Locher: Das alte Owen. Gemeindeverwaltung, o.J.

Pforzheim F 6

Wie sehr der Westen BWs im Pfälzischen Erbfolgekrieg durch die Truppen des Sonnenkönigs in seiner historischen Bausubstanz geschädigt wurde, dies kann man immer wieder vor Ort erkennen. Betroffen davon war nicht nur die Pfalz, sondern sämtliche angrenzenden Gebiete und Städte. Die bekanntesten Opfer dieses „Krieges der verbrannten Erde" sind das Kloster Hirsau und das Heidelberger Schloß. Gerade im Bereich der Klöster gibt es eine Unmenge von Objekten, die in dieser Zeit verschwanden. Dies gilt vor allem für protestantische und kalvinistische Orte, in denen die Bauten der bereits aufgehobenen Klöster nach der Zerstörung durch französische Truppen völlig beseitigt wurden. Heute findet man nur noch die Erinnerung in Form von Straßennamen, Gedenktafeln oder verborgenen Grundmauern vor. So auch im badischen Pforzheim, das 1689 und 1692 niedergebrannt wurde.

Dem fielen die Anlagen der 1555 aufgelösten Bettelordensklöster zum Opfer. So hatten die **Dominikaner** im Bereich des heutigen Rathausparkplatzes um 1270 ihre Niederlassung erbaut. Neueste Grabungen haben hiervon geringe Grundmauerreste zutage gefördert. Von den **Dominikanerinnen** wiederum, die sich im Bereich des heutigen Waisenhausplatzes 1257 angesiedelt hatten, besteht wenigstens ein indirektes, bis heute wirkendes Erbe für die Region, trotz totalem Verschwinden ihres Klosters. Denn auf den Trümmern wurde 1718 ein Waisenhaus für die gesamte Markgraftschaft errichtet, in dem man 1767 eine Uhren- und Schmuckfabrik als Beschäftigung für die Insassen einrichtete. Davon profitiert noch heute die Pforzheimer Wirtschaft.

Der Rest eines Bettelordensklosters konnte jedoch überdauern: Der Chor der **FRANZISKANER**kirche. Gegründet 1270 durch das Markgrafenhaus, wurde das Kloster nach der reformationsbedingten Auflösung zur Schule. Die Kirche diente als Kornspeicher. Als die Konventgebäude und das Kirchenschiff 1689 zerstört wurden, übernahmen die kalvinistischen Glaubensflüchtlinge den Chor für ihren Gottesdienst. Seit 1825 dient er der kath. Kirchengemeinde, die ihn auch nach der Zerstörung von 1945 wieder aufbaute. Anstelle der Konventbauten stehen heute abschreckend-nüchterne Behördenkästen (Gesundheitsamt). Der Chor dominiert den freien Bereich bis hin zur Stiftskirche.

Daten: 1270–1555 Franziskaner (seit 1443 Observantenbewegung)

Lit.: *Alemania Franciscana Antiqua, Bd. 19, S. 71–118*

Das bedeutendste historische Bauwerk Pforzheims ist die Kirche St. Michael. Ursprünglich direkt unterhalb des Schlosses, von dem nur noch der Archivturm steht, als Schloßkirche erbaut, wurde sie 1460 zum **KOLLEGIATSTIFT** erhoben. Der Markgraf hatte 1 Jahr zuvor beim Papst den Antrag auf Errichtung einer Universität eingereicht, und somit sollte dieses Stift analog zum Modell im pfälzischen Heidelberg („Heiliggeiststift") als Grundausstattung für die Besoldung der Professoren dienen. Hierzu wurde ein Chor für insgesamt 26 Stiftsherren (Kanoniker und Vikare) angefügt. Die Pläne scheiterten wegen einer kriegerischen Niederlage.

Pforzheim: Die Stiftskirche. Erinnerung an eine gescheiterte Universitätsgründung

Sozusagen als Ersatz diente es nach der Teilung Badens bis 1860 als Grablege der Linie Baden-Durlach, ein weiteres typisches Beispiel für die Verbindung von Stift und Herrschaft (vergl. Wertheim). Für die Markgrafschaft insgesamt erlangte es eine religionsgeschichtliche Bedeutung, weil von hier die Initiative zur Übernahme der protestantischen Lehre ausging. Denn hier wurde bereits seit 1524 lutherisch gepredigt, fast 30 Jahre vor der offiziellen Einführung der neuen Lehre.

Der Bau ist eine Aneinanderreihung verschiedener Baukörper, vom teilweise noch romanischen Westteil bis hin zum hochgotischen Stiftschor. Eine Besonderheit sind die Diagonalchöre: schräg nach Außen gewinkelte Abschlüsse der Seitenschiffe. Sehenswert sind die Grabdenkmäler, soweit man überhaupt ins Kircheninnere gelangt, denn die Kirche ist nur eine sehr beschränkte Zeit geöffnet. Unter dem Chor liegt die verschlossene Gruft der badischen Familie aus der Zeit des 18. und 19. Jh. Die Kirche steht dominant oberhalb der Innenstadt, gegenüber dem Bahnhof. Der Wiederaufbau nach dem 2.Weltkrieg im historischen Gewande ist eine beachtliche Leistung der evang. Gemeinde.

Daten: 1460–1556 Kollegiatstift

Lit.: Prospekt „Schloß- und Stiftskirche St. Michael", (beim Verkehrsverein erhältlich)

Gegenüber der Stiftskirche findet man den Stiftshof. Dieser Name erinnert nicht an Stiftsherren, sondern an Stiftsdamen. Denn hier wurde 1718 ein **evang. Damenstift** für insgesamt 7 adlige Stiftsdamen errichtet, analog zu dem in Württemberg bestehenden Damenstift in Oberstenfeld. Diese Stiftung zog 1859 nach Karlsruhe um und besteht noch heute als „Kraichgauer Adliges Damenstift" zur Unterstützung hilfsbedürftiger evangelischer Frauen.

Lit.: H. G. Zier: Geschichte der Stadt Pforzheim. Theissverlag 1982

Eine weitere Besonderheit war die Existenz eines speziellen Frauenordens im 13. Jh.: Das **Reuerinnenkloster** *(Maria Magdalenen Orden)* diente zur Aufnahme „gefallener Mädchen". Ein solches Kloster gab es im Bereich des heutigen BW nur noch in Freiburg. Später kam das Pforzheimer Kloster an die Dominikanerinnenniederlassung.

Verschwunden ist auch das ehemalige *Heiliggeist-Spital*, das im Bereich von Metzgerstraße/Deimlingstraße/Waisenhausplatz stand. Betreut wurde es bis 1560 von Augustiner-Chorherren des **Hl.-Geist-Ordens** aus Markgröningen. Ihnen war im Mittelalter auch eine **Frauenklause** in der Brühlstraße unterstellt.

Pfullendorf M 8

Die beiden Frauenklöster von Pfullendorf verraten bereits durch ihre Lage ihre Herkunft. Direkt neben der Pfarrkirche angesiedelt müssen sie aus **Frauensammlungen** entstanden sein, die sich erst später zu richtigen Klöstern entwickelten. Denn dies war eine Gemeinsamkeit aller Sammlungen in den mittelalterlichen Städten: Sie besaßen keine eigene Kirche und kein Recht auf die Wahl ihrer Seelsorger, mußten sich also möglichst nahe an eine vorhandene Kirche plazieren und mit dem Pfarrseelsorger zusammenarbeiten. Erst im Laufe ihrer Entwicklung erkämpften sie sich das Recht auf eine eigene Kapelle, dann auf seelsorgerische Betreuung in ihrer eigenen Kirche. Aber selbst jetzt noch blieben viele dieser Frauenklöster teilweise abhängig vom Gemeindepfarrrer (z.B.

durch die Verpflichtung zur Beerdigung im Gemeindefriedhof anstelle eines Klosterfriedhofes).

Das Pfullendorfer **DOMINIKANERINNENkloster** war in seiner ursprünglichen Konzeption überhaupt nicht als Kloster gedacht. Denn eigentlich befand sich hier nur die Herberge der Konstanzer Dominikaner, die auf ihren Predigt- und Bettelreisen in Pfullendorf halt machten. Ein Adliger hatte ihnen sein befestigtes Haus an dieser exponierten Lage auf dem Molassefelsen geschenkt (ursprünglich stand hier die Burg der Grafen von Pfullendorf, die Keimzelle der späteren Reichsstadt). Da die Dominikaner nicht ständig ihr Haus betreuen konnten, beauftragten sie eine kleine Frauengemeinschaft damit. 200 Jahre lebten fromme Frauen in Miete, ohne Ordensregel und Vorsteherin.

Erst 1450 erreichten sie eine Aufwertung durch die offizielle Aufnahme in den Dominikanerorden als 3. Orden, also mit einem relativ freien Status (z.B. ohne Klausurverpflichtung). Trotz geringen Besitzes – die Zeit der großen Schenkungen war im 15. Jh. vorüber – kauften sie das Haus und später weitere Nachbarhäuser, von denen eines noch ihr Wappen trägt (heute Café). Die Anlage erstaunt aufgrund ihrer Größe: ein Gebäudekomplex über 6 Stockwerke. Selbst eine eigene Kirche ertrotzten sie sich im 18. Jh. Diese Entwicklung kann stellvertretend für viele Frauensammlungen stehen, die winzig angefangen haben und durch sparsames Wirtschaften im Laufe von Jahrhunderten zum größten Gebäude der Stadt wurden (vergl. Engen).

Die Dominikanerinnen demonstrierten ihr Selbstbewußtsein auch durch einen Prozeß gegen ihre oberhalb wohnenden Nachbarinnen, die Franziskanerinnen, deren Kirche ein Stück in ihr Grundstück ragte. Da beide Seiten gleich engagiert und gleich oft für einen positiven Prozeßausgang beteten, mußte am Ende der Prozeß unentschieden bleiben.

Der heutige Besucher findet ihr Gebäude von der Pfarrkirche St. Jacob her über die „Klosterpassage", die durch das ehemalige Kloster von der Oberstadt zur Unterstadt führt. Teilweise sind die Gebäude neu erbaut und enthalten Privatwohnungen.

Daten: ca. 1250 – ca. 1450 Sammlung, 1450–1802 3.-Orden-Dominikanerinnen

Lit.: A. Wilts: Beginen im Bodenseeraum, S. 393. Thorbecke,1994

Wenige Meter vom oberen Eingang der Klosterpassage entfernt hatten die **FRANZISKANERINNEN** ihr Kloster. Entstanden als Frauensammlung (1339) schlossen sie sich 1350 den Franziskanern als 3. Orden an. Damit hatten sie einen offiziellen Status, konnten jedoch weiterhin in der Gemeinde aktiv sein. Ihre Bezeichnung „Schwestern vom Seelhaus" belegt, daß sie sich mit Krankenpflege und Sterbebegleitung einen Namen machten. In der Pfarrkirche besaßen sie ihren eigenen Nonnenchor auf der

Nordseite. Im Laufe der Zeit erwarben sie schließlich das Recht auf eine eigene Kirche und konnten ihre Anlage ausbauen. So errichteten sie von 1710–37 alles neu, mit dem oben angeführten Nebenergebnis eines Prozesses. Ihre Verankerung im sozialen Gefüge der Stadt veranlaßte sie 1725, die Elementarschule für Mädchen zu übernehmen.

Ihr Anschluß an die **Kapuziner** (1704) änderte nichts an ihrem Status als 3. Orden, er entstammte nur ihrem Wunsch nach besserer geistlicher Betreuung. Es ist erstaunlich, daß die Kapuziner darauf eingingen und nicht strenge Klausur forderten (vergl. Markdorf).

Nach der Aufhebung wurden in ihren Gebäuden das Bezirksamt, dann das Amtsgericht, ein Gefängnis und Wohnungen eingerichtet. Heute dient es als Gefängnis für Schüler (Gymnasium) und als Apotheke. In der Nähe steht ein sehenswertes Bohlenständerhaus, eines der ältesten Süddeutschlands.

Daten: 1339 – ca. 1350 Beginensammlung, 1350–1704 3.-Orden-Franziskanerinnen,
1704–1807 3.-Orden-Kapuzinerinnen

Lit.: Alemania Franciscan Antiqua, Bd. 5, S. 142–215
A. Wilts: Beginen im Bodenseeraum, s.o., S. 396

Pfullingen 18

In Pfullingen kann man ein außergewöhnliches Denkmal der Ordensgeschichte entdecken: ein steinernes gotisches Sprechgitter. Freistehend in einem Garten, losgelöst von sonstigen Bauten, führt es uns vor Augen, daß

Foto: Steinbach

Pfullingen: Das gotische Sprechgitter
des ehemaligen Klarissenklosters

eine Grundregel allen weiblichen Klosterdaseins die strenge Klausur, der Abbruch von Kontakten zur Außenwelt war. Hierin unterschieden sich Frauen- und Männerorden grundsätzlich, egal welcher Couleur. Dies geht zurück auf den Abt Caesarius von Arles, der im 6. Jh. seiner Schwester die Regeln für ihr Frauenkloster ausarbeitete. Darin verordnete er den Frauen den absoluten Rückzug aus der Welt, also die strenge **Klausur**. Diese Regeln wurden zur Richtschnur aller mittelalterlichen Frauenklöster, galten bis in die Neuzeit hinein, und erst die Ursulinen durchbrachen sie teilweise mit ihren Mädchenschulen (s. Freiburg).

Betrachten wir den Unterschied Nonne – Mönch am Beispiel der Franziskaner: Während die Männer außerhalb des Klosters predigen, Almosen sammeln und Mitmenschen in der Welt betreuen durften, war all dies den Nonnen verboten. Ihnen blieben als einzige Aufgaben Beten, Arbeiten und Fasten innerhalb ihrer ummauerten Welt. Dies entsprach der gesellschaftlichen Rolle und dem kirchlichen Bild von der Frau: Eva als schwaches Wesen, das den Versuchungen (der Welt) nicht widerstehen kann.

In Pfullingen wurde 1251 eines der ersten drei **KLARISSENklöster** Deutschlands und wahrscheinlich des gesamten Raumes nördlich der Alpen gegründet. Zuvor gab es bereits in (Ulm-) Söflingen ein solches, und zeitgleich entstand in Konstanz das Klarissenkloster Paradies, das später nach Schaffhausen umsiedelte. Es sind die Zufälle der Geschichte, daß sich die Sammlung Pfullinger Frauen (Beginen) bei ihrer Suche nach Regulierung, also nach Anschluß an einen regulären Orden, an die ortsansässigen Franziskaner wandte (s. Reutlingen) und sich diese entgegen der damaligen Ordensgepflogenheit nicht gegen eine Betreuung wehrten. Überall sonst in Süddeutschland mußten sich zu dieser Zeit die Frauen den Dominikanern anschließen (vergl Sulz-Kirchberg), weil die Franziskaner ihren Widerstand erst später aufgaben. (Der Name „Klarissen" wird von der Ordensgründerin Clara von Assisi abgeleitet).

Die Klostergründung gelang, weil von Söflingen regelerfahrene Gründungsschwestern kamen und Frauen des Ortsadelsgeschlechts die entsprechenden Mittel zur Verfügung stellten. Die Gemeinschaft übernahm nicht die strenge Armutsregel der Hl. Clara von Assisi, wonach individueller wie gemeinsamer Besitz verboten war, sondern die gemäßigte von Papst Innocenz IV. Auch hierin drückte sich das gesellschaftliche Bild von der Frau aus. Die Papstregel forderte gegen den Widerstand von Clara das Vorhandensein von Besitz und Einkommen für Frauenklöster, weil nur damit die Einhaltung der Klausur gewährt schien. So sammelte das Kloster einen ansehnlichen Besitz: Die Orte Genkingen und Reicheneck gehörten ihm vollständig, Pfullingen zur Hälfte. Reichtum korrumpiert, ein moralischer Niedergang mit der Einführung von individuellem Besitz war die Folge. Durch den Druck des württembergischen Grafen Eberhard im Barte, der inzwischen die Vogtei über das Kloster besaß, wurde 1461 eine Reform durchgeführt. Hierzu schloß sich die Gemeinschaft den Franziskanern der strengeren Observanz (= Observanten) an, zugleich wurde sie durch vertriebene Reformschwestern aus Brixen „aufgefrischt".

1540 kam das Ende mit der Einführung der Reformation in Wirtemberg. Aber die Nonnen wehrten sich energisch dagegen. Zuerst mußten sie zwar ins Leonberger Franziskanerkloster umziehen, aber nach dem Schmalkaldischen Krieg konnten sie auf kaiserlichen Befehl wieder zurückkommen. Und hier blieben sie, verhaftet dem alten Glauben trotz aller Bemühungen neugläubiger Prediger und Beamter. Schließlich ließ man sie aussterben, beinahe 50 Jahre lang: Die letzte Nonne starb 1595.

Der Abbruch der Gebäude ließ nicht lange auf sich warten. Zuerst die Kirche, dann sukzessive über das 18. und 19. Jh. verteilt die Konventbauten. Gebäudereste und Grundstück gingen an Privatpersonen und wurden schließlich von der Stadt aufgekauft, um darauf eine Schule (Gymnasium) zu bauen. Zugleich wurde jedoch eine Renovierung (1981) der erhaltenen Gebäudereste vorgenommen.

Erhalten blieb der hohe Chor der Klosterkirche, der heute für kulturelle Veranstaltungen genutzt wird (und untertags leider verschlossen bleibt). In ihm befinden sich frühgotische ornamentale Freskomalereien. Übrig blieben auch Teile der Klostermauer und seitwärts der Kirche (auf Privatgrundstück) das oben angeführte steinerne Sprechgitter in gotischem Stil.

Daten: 1251–1540 (–1595) Klarissenkloster (Franziskaner des 2. Ordens)

Lage: Zugang von der Klosterstraße. Gymnasium daneben.

Lit.: Alemania Franciscana Antiqua, Bd. 17, S. 169–242

Radolfzell N 7

Kernstadt

Im Bereich des heutigen BW gab es über 40 **Kollegiatstifte**, also Zusammenschlüsse von Weltpriestern in einem Kollegium. Die meisten davon entstanden im Spätmittelalter als Grablege oder Hausstift eines aufsteigenden Adelsgeschlechts (s. Wertheim). Ein Teil davon entwickelte sich aus ehemaligen Benediktinerklöstern, deren Mönche eine Regelerleichterung suchten (s. Sinsheim). Ein kleiner Teil verdankte seine Existenz der Initiative des Stadtbürgertums, das vorhandene Stiftungen zusammenfassen und zugleich seine Pfarrkirche aufwerten wollte (s. Herrenberg). Schließlich gab es noch Kollegiatstifte an Orten, die besondere Reliquien verwahrten, so z.B. in Radolfzell.

Denn hier lag das Haupt des Hl. Zeno. Ein Reichenauer Abt hatte 1052 diese Reliquie aus Verona beschafft und der Zelle des Einsiedlers und ehemaligen Bischofs von Verona, Radold, geschenkt. Radolds Zelle = Radolfzell. Dies war der Auslöser für die Gründung eines **KOLLEGIATSTIFTS** durch das Benediktinerkloster Reichenau als Ortsherren von

Radolfzell. Der Reichenauer Abt war Kraft seines Amtes Propst des Stifts mit 7 Chorherren, die in Einzelhäusern nebenan (heute Kirchgasse) wohnten. Ihre Hauptaufgabe bestand in regelmäßigem Chorgebet an der

Reliquie. Seelsorge für die aufblühende Stadt jedoch war nicht vorgesehen, obwohl die Stiftskirche zugleich als Pfarrkirche diente.

Radolfzell: Ein Kollegiatstift mit der Aufgabe des Reliquienkults

Infolge der Reformation gingen Besitzungen verloren, sodaß man das Kollegium auf 4 verringerte. Als der Konstanzer Bischof dem Kloster Reichenau seine Selbständigkeit nahm, erbte er automatisch die Propstwürde. Zugleich erhielt das Kollegiatstift Aufgaben im Bistum: Als Teil des Archidiakonats „vor dem Schwarzwald" übernahm es Verwaltungsaufgaben.

Der Turm der Stiftskirche bildet heute das Wahrzeichen der Stadt. Der Besucher findet einen spätgotischen Bau mit Rokoko-Ausschmückung vor. Unter dem Altar befindet sich der Reliquienschrein.

Daten: um 1080–1806 Kollegiatstift

Lit.:   P. Albert: Geschichte der Stadt Radolfzell, S. 64–80 Moriellverlag. 1896

Im Spätmittelalter lebte lange Zeit eine Inklusin bei der Kapelle St. Ursula auf dem Felde im Osten der Stadt, also eine dort eingeschlossene Einsiedlerin. 1461 entstand daraus eine kleine **Frauenklause**, die sich den Franziskanern als 3. Orden anschloß. Aus der St. Ursulakapelle war inzwischen die Jakobskapelle geworden. Heute erinnert nur noch die Jakobstraße an sie.

Lit.:   A. Wilts: Beginen im Bodenseeraum, S. 397

Als Habsburger Landstadt blieb Radolfzell katholisch. Daher finden wir den gegenreformatorischen Orden der **KAPUZINER** vor. Die Stadt hatte ihn zu Beginn des 30j. Krieges geholt. Da kein Platz in der Stadt frei war, mußten sich die Mönche vor dem Obertor außerhalb der Mauer ansiedeln. Mit der Folge, daß ihr Gebäude bereits nach 5 Jahren durch die Wirtemberger zerstört wurde. Erst 1659–66 waren sie zu einem Neubau an der gleichen Stelle in der Lage.

Beeindruckend ist ihr Verhalten bei einer Pestepidemie 1635. Unerschrocken halfen sie der Bevölkerung, flüchteten nicht wie andere Geistliche. Dies findet man immer wieder bei Kapuzinern vor, darauf gründet sich der Respekt und die Bewunderung der Bevölkerung für diesen Bettelorden (vergl. Haslach).

Die Aufhebung durch Württemberg im Zuge der napoleonischen Säkularisation traf einen Konvent von 12 Mönchen. Als Radolfzell anschließend an Baden fiel, ließ man den Konvent aussterben. 1826 schließlich zog der letzte Pater aus. Das Konventgebäude wurde abgerissen, die Kirche baute man zu Privatwohnungen um. Heute befinden sich darin Volkshochschule und Kulturamt, und man kann äußerlich nicht mehr die ehemalige Funktion erkennen. Die Lage neben dem Stadtgarten an der Stadtmauer wirkt heute idyllisch.

Daten: 1625–1806 Kapuzinerkonvent, 1806–1826 Aussterbekloster

Lit.:   P. Albert: Geschichte der Stadt Radolfzell, s.o., S. 407–415

Möggingen

Südlich der Pfarrkirche „St. Gallus" befand sich 1378–1803 eine kleine Frauenklause, **Franziskanerinnen** des 3. Ordens. Im 17. Jh. erhielt sie sogar ihre eigene Kirche. Die Anlage brannte nach der Aufhebung ab.

Lit.:   A. Wilts: Beginen im Bodenseeraum, S. 384

Moos-Grünenberg

In der Nähe von Radolfzell erinnert das Grünenbergtal an die Vergänglichkeit der Welt. In Moos, im Teilort Weiler, gibt es einen Wiesengrund am Fuße des Schiener Berges, in dem von 1350–1803 eine Frauenklause stand. Zuletzt war es eine große Anlage, wie man anhand eines Bildes und einer Informationstafel vor Ort erkennen kann. Und jetzt sieht man nicht einmal mehr Ruinen! Man findet das Tal, wenn man in Weiler, Richtung Gaienhofen, nach dem letzten Haus rechts abbiegt und einem Bachtal folgt. Im Ort selbst steht noch die „Klostermühle".

Lit.:   Alemania Franciscana Antiqua, Bd. 16, S. 79–82

A. Wilts: Beginen im Bodenseeraum, S. 335–336

Rangendingen

Das Rathaus von Rangendingen ist ein frisch gerichtetes Schmuckkästchen. Wenn man von Norden (z.B. Hirrlingen) auf den Ort zufährt, erkennt man es bereits vom weitem an seinem Dachreiter, neben der Pfarrkirche über den Ort thronend. Was heute unsere Bewunderung ob seiner Schönheit erregt, dies war vor 250 Jahren der Anlaß für den (finanziellen) Niedergang eines Klosters. Denn hierin wohnten **DOMINIKANERINNEN,** ein Frauenkonvent unter vielen der Gegend (vergl. Hirrlingen).

Das Kloster entstand aus einer Frauensammlung (Beginen). Um 1302 ist eine Stiftung durch den Ortsadligen für sie belegt. Wahrscheinlich schlossen sie sich zu dieser Zeit bereits den Dominikanern als 3. Orden an, während die meisten Frauenklausen im Gebiet des heutigen BW in vergleichbarer Situation eher zum Anschluß an die Franziskaner neigten. In der Reformationszeit erlebte das Kloster die totale Krise und löste sich wahrscheinlich sogar auf. Deshalb mußte um 1580 eine Neugründung durch die zwischenzeitlich zu Ortsherren gewordenen Zollern (Hechinger Linie) vorgenommen werden. Vermutlich handelte es dabei um eine Gründung als 2. Orden, so daß die Frauen im Dorf in Klausur zurückgezogen lebten. Nach einer weiteren Krise im 30j. Krieg erreichte das Kloster seine

Rangendingen: Das Rathaus im Gebäude der ehemaligen Dominikanerinnen-Dorfklause

Foto: Weber

wirtschaftliche Blüte: Es konnte mehrere Höfe in der Umgebung kaufen und der Gemeinde Geld verleihen. Zudem wurden die Konventgebäude neu errichtet (1650).

Als man jedoch auch eine neue Klosterkirche baute (1752–54) und dafür den berühmten Architekten Johann Michael Fischer engagierte, übernahm man sich völlig. Daher konnte die Innenausstattung nicht vollendet werden, was man noch heute an den unbemalten Deckenfeldern und an den Altären erkennen kann. Die Finanzkrise zog sich über den Rest des Jahrhunderts hin, konnte auch durch Zuwendungen anderer Konvente nicht gelöst werden und führte zu einer geistigen Krise im Konvent. Aber immerhin konnte man bis zur allgemeinen Säkularisierung durchhalten.

Konvent und Kirche bilden eine Einheit, wobei die Klosterkirche die Anlage nach Westen abschließt. Eine architektonische Besonderheit sollte der Betrachter nicht übersehen: Über dem Kirchenschiff sind im Dach Zellen der Ordensfrauen eingebaut, die nach Ost und West anhand der Fenster sichtbar werden und Innen durch einen Gang mit dem restlichen Kloster verbunden sind. Die Kirche wird heute für den Gottesdienst der evang. Gemeinde genutzt. Ansonsten erhält man im Rathaus, das in den Konventbauten untergebracht ist, den Schlüssel für die Kirche.

Daten: Um 1302 – Reformation: 3.-Orden-, 1580–1802 2.-Orden-Dominikanerinnen

Lit.: Gemeinde: Die Klosterkirche Rangendingen, o.J. (Broschüre)

In der Ordensgeschichte folgt dem Ab ein Auf. Ausgelöst durch die Reformation entstand in Italien zur Mitte des 16. Jh. eine Reformbewegung, die vor allem den Klerus erfaßte. Im allgemeinen Verständnis wird damit die Gesellschaft Jesu (= Jesuiten) verbunden. Dabei sind die Jesuiten nur einer von mehreren neugegründeten Orden dieser (Neu-) Zeit, wenn auch der erfolgreichste. Gemeinsam ist allen, daß sie als Kleriker (= Priester) zugleich Ordensleute sein wollten, also mit einer Regel (= reguliert) leben wollten. Daher die Bezeichnung **Regularkleriker**. Von den Chorherren alter Prägung, die ja auch priesterliche Tätigkeiten ausübten, unterschieden sie sich durch eine völlig andere Lebensweise: kein Chorgebet, keinen starren Tagesablauf, Tätigkeit nach einer fundierten theologischen Ausbildung. Ihr Wirken in einer Welt, in der die kath. Kirche in Konkurrenz zu anderen christlich-reformierten Kirchen stand, konnte sich nicht in ein paar erbaulichen Predigten und ein wenig Seelsorge erschöpfen. Sondern man mußte die Menschen in ihren Alltagsproblemen ansprechen über Unterricht, Krankenpflege, Volksmission. Je nach Zielsetzung spezialisierte man sich auf ein bestimmtes derartiges Aufgabengebiet.

Auf den Schulunterricht hatten sich dabei die **Piaristen** spezialisiert. Ihre Gründung ging auf den Spanier Joseph von Calasanz zurück, der sie 1597 als religiöse Genossenschaft zur Erteilung von kostenlosem Schulunterricht ins Leben rief. (Zum Vergleich: Zu diesem Zeitpunkt gab es im protestantischen Württemberg ein allgemeines Volksschulsystem und eine modellhafte Ausbildungsorganisation für die Pfarrerausbildung, s. Blaubeuren und Tübingen). Ihre ersten Gründungen geschahen in Italien, wo zur damaligen Zeit sämtliche dieser Regularklerikerorden entstanden bzw. den Schwerpunkt ihrer Arbeit hatten. Auf dem Gebiet des heutigen BW finden wir ihre einzige Niederlassung in Rastatt.

Rastatt: Das heutige Ludwig-Wilhelm-Gymnasium geht auf den gegenreformatorischen Orden der Piaristen zurück, der sich auf Unterricht spezialisiert hatte

Ihre Ansiedlung in Rastatt verdanken die **PIARISTEN** der Markgräfin Augusta Sibylla, die sie von ihrer böhmischen Heimat her kannte und 1715 von dort holte. Hier war ihre erste Niederlassung in Deutschland. Ihre Aufgabe war von vornherein eingeengt: Aufbau einer gehobenen Schule als Vorbereitung auf das Jesuitenkolleg in Baden-Baden. Die mangelhafte Grundausstattung konnte erst behoben werden, als nach dem Tode der Markgräfin deren ererbten böhmischen Einkünfte in diese Schule flossen. Für den Gottesdienst benutzten sie die gegenüberliegende Hofkirche, an der ihr Rektor Pfarrer wurde. Eine Aufwertung erlebte ihre Niederlassung mit der Erhebung zum Sitz einer deutschen Provinz.

Als die protestantische Linie Baden-Durlach die Herrschaft übernahm, durfte die Schule zwar weiterbestehen, wurde jedoch immer stärker vom Staat kontrolliert. Diese Entwicklung fand 1808 ihren Abschluß, als man das Lyzeum von Baden-Baden hierher verlegte. Somit wurde eine Schulbildung angeboten, die von den Grundlagen ausgehend zum Studium hinführte. Die Piaristenniederlassung wurde aufgelöst, die Regularkleriker suchten sich Stellen an anderen Schulen.

Das heutige Ludwig-Wilhelm-Gymnasium besteht in direkter Nachfolge der Piaristenschule. Ein Teil der Gymnasialgebäude stammt noch aus dem 18. Jh., darunter auch das ehemalige Pfarrhaus der Hofkirche, das jetzt die 5 Mittelachsen des Gymnasialgebäudes bildet. Gegenüber liegt die barocke Hofkirche.

Daten: 1715–1808 Piaristen

Lit.: *Humanitas – 150 Jahre Ludwig-Wilhelm-Gymnasium Rastatt, 1958*

Sozusagen als Ergänzung zur Piaristenschule holte die letzte Baden-Badener Markgräfin 1767 **Augustinerchorfrauen** der Kongregation „Notre Dame", die eine Mädchenschule (Maria-Viktoria-Stiftung) aufbauten (vergl. Offenburg). Dieses Kloster gehört zu den 8 Frauenklöstern, die aufgrund ihrer Tätigkeit die napoleonische Säkularisation in Baden überleben durften. 1877 zogen die Nonnen nach Salzburg ab, wo sie noch heute wohnen. Die Schule brannte nach Ende des 2. Weltkrieges ab, an ihrer Stelle steht heute die Stadthalle (Kapellenstraße).

In Rastatt befand sich auch ein **FRANZISKANERkloster**, das erst im Zuge der Rekatholisierung vom „Türkenlouis" hier angesiedelt wurde (1699). Die Mönche kamen vom Kloster Fremersberg (s. Baden-Baden), gehörten also dem Reformzweig der Observanten an. Ihre Rolle war eine Mischung von Volks- und Hofkloster: Hierher kam das Volk wegen ihrer Predigen, in ihrer Gruft ließen sich hohe Hofbeamte beerdigen.

Nach der Aufhebung wurde ihre Kirche (Kreuzung Lyzeumstraße/Herrenstraße) der evang. Gemeinde für den Gottesdienst übergeben. Wir finden hier eine der wenigen protestantischen Kirchen mit kath.-barocker Ausstattung. Die Konventbauten dienten als Oberamt bzw. Landratsamt und heute der Kreissonderschule.

Daten: 1699–1805 Franziskaner

Lit.: *Alemania Franciscana Antiqua, Bd. 1, S. 69–96*

● Inzwischen haben sich erneut **Franziskaner** angesiedelt. Sie betreuen eine moderne Kirche in der Stadionstraße.

Kernstadt

„Das Kloster als Stammkneipe der gehobenen Bürgerschicht", so könnte man die Integration vieler Bettelordenskonvente in das städtische Leben im Mittelalter kennzeichnen. In der Frühzeit der Stadtentwicklung besaßen die Städte noch keine Rathäuser, weshalb man hierher die Ratssitzungen verlegte. Denn hier traf man Mönche, die als Bürgersöhne mit der Stadtluft vertraut waren. Häufig übten diese dann Schiedsrichterfunktionen bei innerstädtischen Konflikten aus, u.a. auch bei sozialen Spannungen zwischen Patriziat und Zünften. Die Herausbildung eines Modus vivendi in den noch jungen Gemeinwesen wurde also mit Gewißheit von den Vorstellungen der ebenfalls noch jungen Bettelorden geprägt. Vielleicht läßt sich anhand des franziskanischen Ideals von Gewaltfreiheit erklären, weshalb in den Städten die mittelalterlichen Vorstellungen von Fehde und Blutrache aus dem politischen Leben verbannt wurden und an deren Stelle die Schiedsgerichtsbarkeit trat.

Stadt und Bettelordenskonvent lebten in einer Symbiose, bei der sich beide Seiten gegenseitig unterstützten und zugleich voneinander profitierten. Schöner als in Ravensburg läßt sich dies kaum dokumentieren. Denn die Glanzzeit des Ravensburger **KARMELITENklosters** überschnitt sich mit dem Aufstieg der Ravensburger Handelsgesellschaft. Im frühen 15. Jh. wurde der Ravensburger Prior Eberhard Horgasser zum Provinzial der oberdeutschen Karmelitenprovinz, Ravensburg somit zur Zentrale für 19 Klöster in Deutschland und dem angrenzenden Osteuropa. Und 1434 tagte hier sogar das Generalkapitel, das höch-
ste Organ des gesamten Ordens. Die Ravensburger Handelsgesellschaft wiederum war zu dieser Zeit zur bedeutendsten Handelsgesellschaft zwischen Alpen und Main aufgestiegen, mit Kontoren in ganz Europa. Was lag da näher, als sich zum Informationsaustausch zu treffen und sich gegenseitig zu helfen?! Als Ort wählte man eine Kapelle, die man an die Klosterkirche anbaute. Noch heute bietet die „Gesellschaftskapelle" dem Besucher einen Abglanz dieser Größe, wenn er in diesem wunderbar harmonisch gotischen

Foto: Willig

Ravensburg: Karmelitenkloster. Gotische „Gesellschaftskapelle" mit dem Grabmahl des Kaufmanns Henggi Humpiß

Raum die Grabdenkmäler und Wappen der bürgerlichen Oberschicht sieht. Dabei auch den ältesten Grabstein eines deutschen Kaufmanns mit der lebensgroßen Darstellung des Mitbegründers der Handelsgesellschaft, Henggi Humpiß.

Dabei lag dieses Kloster bei seiner Gründung 1344 abseits in der Karmeliterprovinz: die nächsten Klöster findet man in Rottenburg und

Esslingen. Aber bei den Fernhandelskaufleuten fand der Orden Unterstützung, weil man meinte, daß „Unsere Liebe Frau vom Berg Karmel" in Seenot hilfreich sei. Daher auch die engen Kontakte zur Ravensburger Handelsgesellschaft und somit zur städtischen Oberschicht. Ende des 15. Jh. baute die Stadt ihre Kontrolle über das Kloster so weit aus, daß sie es mit der Einführung der Reformation (1544) aufheben konnte. Aufgrund der militärischen Niederlage des Schmalkaldischen Bundes mußte es bereits 5 Jahre danach wieder zugelassen werden, jedoch mit einer Einschränkung: Die protestantische Gemeinde erhielt das Kirchenschiff für den Gottesdienst, die Mönche mußten sich mit dem Chor begnügen.

Nach der Säkularisation von 1806 dienten die Konventgebäude als Kaserne, dann als Schule, und seit 1868 als Landgericht. Der gesamte Kirchenraum wurde von der evang. Gemeinde genutzt und ist heute Stadtkirche.

Der Besucher findet im Südwesten der Altstadt eine nüchterne Bettelordenskirche vor, erbaut im 14./15. Jh. Der Eingang liegt seitwärts gegenüber dem Dekanatsgebäude. Lobenswerterweise ist diese evang. Kirche nicht geschlossen. In die oben geschilderte Gesellschaftskapelle kommt man über ein Treppchen im Chor und vom Kreuzgang her.

Daten: 1344–1544, 1549–1806 Karmeliten

Lit.:   A. Borst: Mönche am Bodensee, S. 320–338

Schnell & Steiner Kunstführer Nr. 1467: Ev. Stadtkirche Ravensburg, 1984

Sozusagen als Ergänzung zu den Karmeliten steht die Gründung einer **FRAUENSAMMLUNG** am gegenüberliegenden Ende der Stadt, in der Oberstadt. Einzelne Frauen lebten als Beginen über das ganze 14. Jh. hinweg in der Stadt. 1395 wurden sie von der städt. Obrigkeit zu einer *Klause* zusammengefaßt. Interessanterweise verordnete man von vornherein eine strenge Klausur, was nur möglich war, indem man dementsprechende Mittel zur Verfügung stellte. So bezog die Sammlung eine regelmäßige Zuwendung durch die Handelsgesellschaft in der Art einer stillen Teilhabe. Letztlich diente diese Gemeinschaft den Töchtern der gehobenen Bürgerschicht als Hauskloster.

1406 mußten sie sich als **FRANZISKANERINNEN** des 3. Ordens einem anerkannten Orden anschließen, weil der Konstanzer Bischof sämtliche unregulierten Gemeinschaften verbot. Aber weiterhin unterstanden sie dem Ravensburger Stadtpfarrer und dem Stadtrat. So ist es bezeichnend, daß in der Reformationszeit keine Aufhebung vorgenommen wurde.

Nach der napoleonischen Aufhebung diente das Gebäude als Schule, heute als Fachhochschule. Ihre Kapelle „St. Michael" wurde 1824 abgerissen, da ein Blitz in den darüberthronenden „Mehlsack" eingeschlagen und einen Stein aufs Kapellendach geschleudert hatte. Der Besucher findet das große

Gebäude am oberen Ende der Marktstraße, gegenüber der ehemaligen Zentrale der Handelsgesellschaft.

Daten: 1395–1406 Beginensammlung, 1406–1803 3.-Orden-Franziskanerinnen

Lit.:   Alemania Franciscana Antiqua, Bd. 10, S. 5–93

A. Wilts: Beginen im Bodenseeraum, S. 399

Als gegenreformatorische Maßnahme wurde vom Kaiser die Ansiedlung eines **Kapuzinerkonventes** angeordnet. Von 1627–1648 und 1652–1806 stand ihr Kloster im Norden vor der Stadtmauer im Bereich der Kapuzinerstraße/Kuppelnaustraße.

In neuerer Zeit lebt eine kleine **Jesuitengemeinschaft** in der Eisenbahnstraße. Sie bekam ihr Haus samt kleiner Kapelle geschenkt. Als Aufgaben hat sie die kroatische Mission, Gefängnisseelsorge und Aushilfsbetreuung von Pfarreien übernommen.

Weißenau

Im Süden Ravensburg begrüßt einen bereits von weitem die Doppelturmfassade des ehemaligen **PRÄMONSTRATENSERstiftes** Weißenau, heute Psychiatrisches Krankenhaus. Ein reicher Ministeriale der Welfen holte 1145 aus Rot die Mönche dieses noch jungen Ordens. Mit der Urbarmachung des Sumpflandes leisteten die Mönche eine wichtige Kulturarbeit. Denn 100 Jahre

Foto: Alsfalg

Weißenau: Psychiatrische Klinik in barocker Klosteranlage

später war es zum reichsten Prämonstratenserkloster der Provinz geworden. Ursprünglich entstand es als Doppelkloster von Männer und Frauen, was typisch für diesen Orden ist. Aber bereits nach 10 Jahren verlegte man die Frauen ins nahe Mariatal (s.u.). Eine besondere Aufgabe, die die Wertschätzung dieses Klosters in der öffentlichen Meinung ausdrückt, übernahm man mit der Bewachung der Reichsinsignien auf der nahen Waldburg (1220–24).

Der Untergang der Staufer brachte eine Krise, die erst durch den Habsburger König Rudolf beendet wurde. Der schenkte dem Kloster eine Heilig-Blut-Reliquie, die jedoch nicht die Bedeutung derjenigen von Weingarten erreichte. Mit den königlichen Privilegien und Freiheitsbriefen erreichte man Reichsfreiheit. Und über die Betreuung von Pfarrkirchen baute man ein Territorium auf. Somit saß gerade mal 2 km südlich der protestantischen Reichsstadt Ravensburg ein kath. Reichskloster, eine für Südwestdeutschland nicht ungewöhnliche Situation (vergl. Schwäb. Hall und Ulm).

Nach den Zerstörungen des 30j. Krieges kam der Aufbau zu Beginn des 18. Jh. Der Vorarlberger Baumeister Franz Beer erstellte Konventanlage und Kirche völlig neu. Unter Napoleon ging die Anlage an die Grafen von Sternberg-Manderscheid, die sie 1835 an Württemberg verkauften. Dieses richtete schließlich 1892 ein Psychiatrisches Krankenhaus darin ein, analog zu Schussenried. Daher kann nur die festliche Kirche besichtigt werden. Man kann jedoch vor der Kirche stehend einen Eindruck von der Gesamtanlage gewinnen.

Daten: 1145–1802 Prämonstratenser (–1156 Doppelkloster)

Lit.:   A. Borst: Mönche am Bodensee, S. 209–227

Schnell & Steiner Kunstführer Nr. 151: St. Peter und Paul Weissenau, 1990

P. Eitel: Weissenau in Geschichte und Gegenwart. Thorbecke, 1983

Ca. 1 km südlich findet man *Mariatal*. Hier hatte das Männerkloster Weißenau die **Prämonstratenserinnen** bei der Auflösung des Doppelklosters angesiedelt. Heute ist dort ein Friedhof mit kleiner Barockkirche. Auf der Südseite, neben der Orgelempore, kann man ein kleines romanisches Rundbogenfenster entdecken. Und auf der Nordseite stammt das Mauerwerk aus der Klosterzeit.

N 7 *Reichenau*

Wir leben im Jahre 1997. Ab welcher Zeitrechnung? Selbstverständlich ab Christi Geburt! Eine Selbstverständlichkeit der westlichen Welt, die zurückgeht auf den Reichenauer Mönch Hermann der Lahme (1013–1054), der seine Weltchronik mit Christi Geburt begann. Ein Beispiel für viele Selbstverständlichkeiten unseres Lebens, die auf Entdeckungen oder Überlieferungen von Mönchen beruhen. Bleiben wir bei der Reichenau: Der Abt Walafried Strabo beschrieb im 9. Jh. die Anlage eines Kräutergartens und übergab damit der Nachwelt das Wissen für die Pflege von (Heil-) Kräutern, auf die wir heute wieder zurückgreifen. In dieser Art haben Klöster im Mittelalter eine wichtige Funktion als Kulturvermittler übernommen und in starkem Maße Alltäglichkeiten geschaffen, deren Bezug zum Klosterleben uns heute nicht mehr bewußt ist: Bei der Nahrung (Weinanbau, Pflanzenzüchtung, Getränkeherstellung, Speisen), in den Wissenschaften (Unterhalt von Bibliotheken, mathematische Berechnungen, Geschichtsschreibung), in der Technik (hier vor allem die Zisterzienser, s. Königsbronn) bis hin zu unseren Tischsitten (Verwendung von Servietten und Tischtüchern). (Eine Kurzdarstellung hierzu bieten R. Gregoire u.a. in „Kultur der Klöster", Belserverlag, 1995, S. 273–284.)

Warum konnten gerade Mönche diese Leistungen bringen? Weil sie die einzige Bevölkerungsgruppe des frühen Mittelalters waren, die lesen und schreiben konnte, die also das schriftlich vorliegende antike Erbe entschlüsseln und verbreiten konnte. Zudem bestand innerhalb eines Ordens zwischen den Klöstern ein reger Austausch, so daß neue Techniken und Ideen schnell verbreitet werden konnten. Damit wurde dem Satz aus der Bibel Genugtuung geleistet: „Macht Euch die Erde untertan!"

Mittelzell

Insbesondere das Kloster auf der Reichenau nahm als Kulturzentrum eine führende Rolle ein. Als eines der frühen Klöster 724 von dem Iroschotten Pirmin mit fränkischer Rückendeckung im alemannischen Land gegründet, lebte man zuerst nach der *Mischregel* (s. Friesenheim-Schuttern). Der Aufstieg kam unter Karl dem Großen als **BENEDIKTINERkloster**.

Foto: Metz

Mächtige Äbte, zum Teil aus dem Herrscherhause, zum Teil in Personalunion mit dem Bischofsamte in Konstanz oder Basel, machten es zu einem der reichsten und bedeutendsten Klöster des Frankenreiches. So war hier der Sachsenherzog Widukind gefangen und wurde der abgesetzte Kaiser Karl III. hier beerdigt. Den Äbten wurde sogar die Erziehung der Kaisersöhne anvertraut.

Diese politische Bedeutung hatte ihre Parallele in wissenschaftlichen und künstlerischen Bereichen. Auf diesem Gebiet übernahmen die Klöster allgemein und die Reichenau im speziellen eine Mittlerfunktion zwischen dem Wissen

Mittelzell: Westquerhaus des bedeutendsten Benediktinerklosters im Herzogtum Alemannien

der Antike und den Bedürfnissen des Großreiches der Franken bzw. des jungen Deutschen Reiches. Die Reichenauer Bibliothek galt im Mittelalter als eine der berühmtesten und besten von Deutschland. Denn schon früh hatte man im Skriptorium antike Werke abgeschrieben. Hier entstand auch der Plan einer idealen Klosteranlage, der als St. Gallener Klosterplan erhalten blieb (ein Glücksfall der Geschichtsüberlieferung!). Künstlerisch sind die Buchmalereien und Goldschmiedearbeiten noch heute berühmt. Die Krönung war der eingangs erwähnte Hermann der Lahme, der als Musiker eine Notenschrift erfand, als Mathematiker Sonnen- und Mondbewegungen errechnete und als Historiker eine Weltgeschichte verfaßte.

Mit einher ging natürlich auch ein adäquater wirtschaftlicher Aufstieg. Riesige Schenkungen, zuerst der fränkischen Herrscher, später des schwäbischen Adels, machten die Reichenau neben St. Gallen zum größten Grundbesitzer Alemanniens. So besaß es z.B. den gesamten Grundbesitz der späteren Reichsstadt Ulm. Im wirtschaftlichen Aufstieg lag die Ursache für den kommenden Zerfall. Das Kloster vergab seine Besitzungen an Kleinadlige (Ministeriale), die dafür Kriegsdienstleistungen (als Panzerreiter) und sonstige Abgaben erbrachten. Da die Position der Ministerialen vererbt werden konnte, machten sich die „Angestelltenfamilien" nach einiger Zeit selbständig und beanspruchten den Besitz für sich (s. Mainau). Folglich sanken die Einnahmen deutlich, die Ausgaben der hochadligen Mönche jedoch nicht. Über massive Urkundenfälschungen wollte man den verlorenen Besitz wiedererlangen – vergebens. Die Schere von Einkommen–Ausgaben öffnete sich immer weiter, so daß schließlich Hilfe von Außen nötig wurden: ein Vermögensverwalter mußte die Finanzen im 14. Jh. ins Lot bringen, eine typische Maßnahme in vielen Klöstern.

Parallel dazu kam der Abfall auf geistigem Gebiete. Hier begann der Niedergang, als die „neuen" Orden auf den Markt drängten: Cluny-Reform-Bewegung, Zisterzienser, Ritterorden, Bettelorden waren sowohl für Schenkungen attraktiver als auch für Nachwuchsmönche. Der Konvent schloß sich noch halbherzig der Clunyreform an, sank jedoch anschließend zur reinen Güterverwaltung ab. Schließlich umfaßte er 1415 nur noch 2 Mönche ohne Priesterweihe, von denen der eine den anderen als seinen Onkel zum Abt wählte. Auch die anschließende Öffnung für den Kleinadel und das Bildungsbürgertum brachte keine grundlegende Besserung mehr. Der Konstanzer Bischof setzte alle Hebel in Bewegung und erreichte 1540 die Abdankung des letzten Abtes und somit die Auflösung. Ein durch die Reformation zerstückeltes Bistum übernahm die Reste eines abgewirtschafteten Klosters.

Der Bischof richtete jetzt ein *Priorat* von 12 Mönchen ein, die wirtschaftlich völlig von der Bistumsverwaltung abhängig waren. Als diese gegen diesen Zustand immer wieder rebellierten und schließlich sogar den alten Status proklamierten, erfolgte 1757 die Ausweisung. Reichenau wurde zu einer *„Missionsstation"* des Bistums: Ein Sammelsurium von Weltpriestern oder vertriebenen Mönchen anderer Orden durfte sich hier erholen. So gilt für dieses Kloster das Sprichwort: „Wer hoch steigt, der fällt auch tief".

Der Besucher findet die Anlage in der Inselmitte als Teil des heutigen Dorfes. Das Marienmünster wuchs im Laufe der Jahrhunderte, weshalb entsprechend verschiedene Stilrichtungen anzutreffen sind. Imposant wirkt von außen das Westquerhaus, vergleichbar den Westwerken in Westfalen und Mitteldeutschland, und ebenso wie diese entstanden in ottonischer Zeit. Beim Eintritt in die Kirche entdeckt man auf der Westseite den Markuschor (nach einer angeblichen Reliquie des Evangelisten Markus benannt). Das Kirchenlanghaus ist eine Pfeilerbasilika im romanischen Stil, ein Beispiel für frühen Historismus, denn es wurde 1688 neoromanisch vereinheitlicht. Durch die Chorgitter aus der Rokokozeit (1746) blickt man auf eine spätgotische Choranlage. Sehenswert sind die Reliquienschreine der Schatzkammer in der spätgotischen Sakristei
Die Konventbauten wurden 1604 von der Nordseite der Kirche auf die Südseite verlegt (entsprechend dem klassischen Klosterbauschema), sind somit renaissance. Heute werden sie von der Gemeindeverwaltung und dem Pfarramt genutzt.

Daten: 724–? Mischregel-Kloster, ?–1540 Benediktinerabtei, 1540–1757 Benediktinerpriorat,
1757–1799 Missionsstation

Lit.: Germania Benedictina, Band V, S. 503–548
A. Borst: Mönche am Bodensee. Thorbeckeverlag, S. 48–66, 102–118, 172–188

Das Benediktinerkloster erbaute im Kreis um sich herum eine Reihe von Kirchen und Kapellen, die heute weitgehend verschwunden sind. Einige davon wurden in den Status von **Chorherrenstiften** mit 6 Kanonikern erhoben und dienten u.a. der Seelsorge der Bevölkerung auf der Insel. Gegenüber den sonstigen Chorherrenstiften unseres Bereiches fallen sie völlig aus der Reihe, da sie in Abhängigkeit vom Benediktinerkloster blieben: Mönche geben Klerikern Anweisungen, das ist in der Kirche eigentlich nicht möglich.

Oberzell: Die Insel Reichenau war ein Zentrum der romanischen Kunst

Foto: Metz

(Ähnliches finden wir in Faurndau, s. Göppingen). Zwei davon sind inzwischen verschwunden, nämlich *St. Bartholomäus* und *St. Pelagius*. Die beiden jedoch, die überlebten, vermitteln dem Besucher einen Eindruck von

305

der Blüte der Romanischen Kunst auf dieser Insel. Wir finden sie in Oberzell und in Niederzell (s.u.).

Zudem gab es im Spätmittelalter 2 **Frauensammlungen**, die beide verschwunden sind. Zum einen die „Sammlung zu Garten" an der Spitzgasse, zum anderen die „Schwestern bei St. Gotthard" (heutige Stedigasse).

Lit.:   *A. Wilts: Beginen im Bodenseeraum, Thorbecke 1994, S. 405–407*

Oberzell

Wenn man über den Fahrdamm auf die Insel kommt, entdeckt man nach kurzer Strecke rechter Hand die ehemalige Stiftskirche *St. Georg*. Hier befand sich bereits im 9.Jahrhundert eine Klosterzelle über einer (angeblichen) Reliquie des Hl. Georg. Im 11. Jh. wurde sie zu einem **weltlichen Chorherrenstift** erhoben. Hier findet der Besucher die Romanik, die er als typisch für die Reichenau kennt. In großen Teilen der Kirche sind noch die Reste aus dem 9. Jh. enthalten. Die Wandmalereien aus dem frühen Mittelalter im Mittelschiff sind einmalig für Deutschland.

Daten: 11.–16. Jh.: Kollegiatstift

Lit.:   *W. Erdmann: Die Reichenau (Reihe „Die blauen Bücher"),*
       Langewiescheverlag, 1993, S. 27–33 (beim Verkehrsverein erhältlich)

Niederzell

Auf der westlichen Inselspitze liegt abseits die ehemalige Stiftskirche *St. Peter und Paul*, ebenfalls ein **weltliches Chorherrenstift**. Sie geht auf den Bischof Egino zurück, der hier 802 bestattet wurde. Der Bau stammt aus der Zeit um 1100, ist also auch romanisch. Im Inneren jedoch wurde er im Sinne des Rokoko 1750–60 umgestaltet. Rokoko paßt zur Romanik wie die Faust aufs Auge. An manchen Stellen sind noch romanische Fresken erhalten.

Daten: 1008–16. Jh.: Kollegiatstift

Lit.:   *W. Erdmann: s.o., S. 19–26*

18 *Reutlingen*

Reutlingen ist stolz darauf, als eine der ersten Reichsstädte Deutschlands offen seine Unterstützung für Luther gezeigt zu haben. Diese Stadt hat sich in der neueren Geschichte immer als typisch protestantisch erlebt, bis hin zur Industrialisierung durch altprotestantische Familien mit ihren Sozialstiftungen (Gmindersdorf-Arbeitersiedlung, Gustav-Werner-Stiftung, Bosch-Stiftung). Daneben hat jedoch ein Kloster als ein Zeugnis aus vorreformatorischer Zeit überlebt, das rein äußerlich als solches nicht mehr zu erkennen ist.

Am Südrand der Altstadt finden wir das ehemalige **FRANZISKANER-kloster,** heute Friedrich-List-Gymnasium. Direkt daneben verläuft die Bundesstraße Richtung Pfullingen auf dem ehemaligen Graben. Diese Randlage ist typisch für Bettelorden (vergl. Überlingen und Villingen). Hier hatten sich die Franziskaner 1259 angesiedelt, nachdem sie zuvor für ca. 20 Jahre in Pfullingen gewohnt und dort bei der Gründung eines Klarissenklosters beteiligt waren. Im Laufe des 14. Jh. übernahmen sie Besitz und feste Einkünfte, weshalb sie bei der gemäßigten Richtung der Konventualen verblieben, während sich die meisten süddeutschen Franziskaner den strengeren Observanten anschlossen. Damit verloren sie die Betreuung der Pfullinger Klarissen.

In der Reformationszeit konnten sie den neuen Ideen nichts entgegensetzen. Im Gegenteil, wahrscheinlich halfen sie sogar bei der Verbreitung mit. Dies kann man immer wieder bei Bettelorden, die sehr eng mit dem städtischen Bürgertum verbunden waren, vorfinden (z.B. Karmeliten in Rottenburg). Schließlich lösten sie ihr Kloster freiwillig auf (1535).

Foto: Metz

Reutlingen: Das renommierte Friedrich-List-Gymnasium entstand in den Gebäuden des ehemaligen Franziskanerklosters

Die Kirche wurde abgetragen und an anderer Stelle in der Stadt als Spital gebaut. Die Konventbauten dienten als Wohnung, wurden 1803 nach der Übernahme durch Württemberg Sitz des Oberamtes (daher „Kanzleiplatz") und schließlich 1872 Gymnasium. Das Gebäude bildet mit seinem schönen Fachwerk und den Resten des Klostergartens einen beschaulichen Ort im Stadtkern (solange keine Schüler rumtoben!). „Klosterstraße". (Übersichtsplan wäre hilfreich).

In der Nähe befindet sich der Stadthof des Klosters (Ober-) Marchtal mit Kapelle (heute Versammlungslokal der Freimaurer). Von einer **Antoniterniederlassung** findet man keine Spuren mehr.

Daten: 1259–1535 Franziskaner

Lit.:   Alemania Franciscana Antiqua, Band 17, S. 123–168

In der Stadt bestanden 4 **Frauenklausen,** die in der Reformationszeit untergingen:
• Die Reiche Sammlung bzw. Schwesternhaus der Barfüßer, gegr. 1346. Vermutlich auf der Südseite der Lindenstraße, beim Franziskanerkloster (= Barfüßer).

- Die Arme Sammlung bzw. Hollesammlung, gegr. 1397. Bei der Frauen-kirche.
- Die Klause bei St. Leonhard, gegr. 1393.
- Die Klause bei der Katharinenkapelle (Friedhof), gegr. 1313.

H 3 *Rheinau*

Honau

Leider ist von dem ordensgeschichtlich faszinierenden Kloster Honau nichts erhalten geblieben. Denn hier finden wir ein Beispiel für eine nicht-benediktinische Regelorientierung. Als Erinnerung daran blieben in der Gegend einige nach der irischen Heiligen St. Brigida benannte Kirchen. Gegründet wurde das Kloster auf einer Rheininsel bereits 720 von einem Irischen Mönch wie so viele dieser Zeit. Es orientierte sich in seinen Regeln am Vorbild **irischer** Klöster. So war der Abt zugleich Bischof. Anscheinend lebte der Konvent nie benediktinisch, nahm also eine Sonderstellung in Süddeutschland ein. Die Klosterzucht war jedoch im 11. Jh. so zerfallen, daß 1047 eine Umwandlung in ein **weltliches Stift** vorge-nommen werden konnte/mußte (vergl. Sinsheim). Einige der Stiftsherren waren zugleich Domherren des Straßburger Bischofs.
Die Bauten wurden durch Hochwasser zerstört, weswegen der Konvent 1290 aufs Festland zog. Schließlich ging er 1398 im Kollegiatstift Alt-St.-Peter in Straßburg auf. Von den Gebäuden ist im Dorf Honau nichts mehr zu entdecken. Vermutlich steht die neuromanische Kirche St. Michael an der Stelle der ehemaligen Klosterkirche.

Lit.:   Germania Benedictina, Bd. V, S. 313–317

0 2 *Rheinfelden*

Rheinfelden (CH) und Rheinfelden (D): Napoleon machte aus dieser ehe-maligen teils Habsburger-, teils Reichsstadt, deren Zentrum links des Rheins lag, mit der Grenzziehung zwischen dem Großherzogtum Baden und der Schweiz zwei Städte. Die *Kapuzinerstraße* im Zentrum des deut-schen Rheinfelden erinnert an ein **Kapuziner**kloster, das von 1596–1802 im Schweizer Rheinfelden bestand.

Schloß Beuggen

Ein Kloster oder Orden zur Zeit seiner Gründung und zu einem späteren Zeitpunkt: Dazwischen lagen in der Regel Welten; aus dem idealistischen

Aufbruch wurde im Laufe der Zeit ein behäbiges, saturiertes Dahinleben. Am Anfang wollen und dürfen viele Menschen eintreten, strebt das einzelne Mitglied ein Armutsideal an, bekommt das Kloster bzw. der Orden viele Schenkungen, werden die erworbenen Kirchen durch Ordensmitglieder betreut. Später wird der Eintritt von der Herkunft des Bewerbers und

Schloß Beuggen: Kein Kloster, sondern ein Verwaltungszentrum des Deutschen Ordens mit günstiger Lage am Rhein

Foto: Meyer

seiner finanziellen Mitgift abhängig gemacht, erwirbt das einzelne Mitglied privates Einkommen durch Pfründen und Ämter, geht es nur noch um die Verwaltung der geschenkten/erworbenen Güter, werden die inkorporierten Kirchen durch schlecht bezahlte Weltgeistliche versorgt. Dieser krasse Gegensatz zwischen ursprünglichem Idealismus und späterem Materialismus (den man im übrigen auch oft in der Entwicklung einzelner Menschen antrifft) soll nachfolgend anhand der **DEUTSCHORDENS-kommende** Beuggen beispielhaft belegt werden.

1246 wurde die Schenkung von Burg und Kirche durch einen Ortsadligen an den gerade mal 50 Jahre jungen Deutschen Orden vorgenommen. Wegen der günstigen Lage direkt am Rhein baute der Ritterorden die Anlage sofort zum Zentrum seiner Provinz Elsaß–Schweiz–Schwaben aus. Eine Unmenge von Schenkungen des umliegenden Adels half dabei. 10–12 Ordensritter lebten hier, Priesterbrüder waren für die rund 12 zu betreuenden Pfarrkirchen zuständig, zeitweise wohnten sogar Frauen in einem eigenen Konvent dort. All dies sind Beispiele von Engagement und Begeisterung für christliches Rittertum.

Im Laufe der Zeit erwarb man sich ein Kleinterritorium im Umland, anscheinend jedoch nicht zur Zufriedenheit der Untertanen. Denn im Bauernkrieg beschädigten diese die Anlage schwer und vernichteten sämtliche Dokumente ihrer Abhängigkeit. Ein ähnliches Schicksal erlebte auch der Deutschmeistersitz Horneck (s. Gundelsheim). In der nachfolgenden Reformation trat der Komptur zum protestantischen Glauben über, andere Ritter schlossen sich ihm an, die Existenz der Kommende stand für kurze Zeit auf der Kippe.

Da man aufgrund des Machtzuwachses der Habsburger im Umland 1450 die Zentrale („Landkommende") von Beuggen nach Altshausen verlegt hatte, fristete die Kommende bis zu ihrer Auflösung ein beschauliches Dasein als Versorgungsanstalt für 1–2 Kompture. Diese mußten anhand einer Ahnenprobe ihre adlige Herkunft und somit ihre Berechtigung belegen, wie noch heute in der Eingangshalle vom Schloß für Hartmann von Hallwyl zu sehen ist. Die Verwaltungsarbeit erledigten Beamte, die inkorporierten Kirchen wurden von ordensfremden Kaplänen versorgt.

Den Zustand als Verwaltungssitz dokumentiert die Anlage baulich bis heute. Wir finden hier kein Kloster vor, sondern eine Schloßanlage mit einer Reihe von Einzelbauten. Sehr schön ist die Lage am Rheinufer sowie die Anordnung der Bauten im Halbkreis. Die meisten Gebäude stammen aus der Zeit vor 1600, wurden jedoch durch den Ordensbaumeister J.C. Bagnato in der Mitte des 18. Jh. umgestaltet. Inzwischen dient die Anlage als evangelische Tagungsstätte, war zuvor Kinderheim.

Daten: 1246–1806 Kommende des Deutschen Ordens

Lage: Östlich der Kernstadt, direkt an der B 34

Lit.: Schnell & Steiner Großer Kunstführer Nr. 168: Schloß Beuggen, 1990

G 3 *Rheinmünster*

Schwarzach

„Jede Zeit schafft ihren Orden, jeder Orden ist nach einiger Zeit geschafft!" Und schon stehen neue Orden in den Startlöchern, um die alten aus ihren Lehnstühlen aufzuscheuchen. „Frischer Wind" und „Mut zu Neuerungen", solche Forderungen sind zeitlos, und so ähnlich muß es den Benediktinern im 16. Jh. in den Ohren geklungen haben, die geschwächt von der Reformation plötzlich der Konkurrenz im eigenen konfessionellen Lager gegenüber standen. Der frische Wind, das waren die Jesuiten, die Neuerungen, das war ein modernes Ordenskonzept: Nicht mehr Rückzug und Kontemplation sollten/konnten gegen den Siegeszug der Reformation helfen, sondern eine aktive Überzeugungsarbeit mitten drin im Weltgeschehen. Wie der Fisch im Wasser wollte der Jesuit sein, mitten drin unter den katholischen, protestantischen und kalvinistischen Fischen.

Gerade mal 45 Jahre war der **Jesuitenorden** 1585 alt, als er die Chance erhielt, in der Markgrafschaft Baden-Baden die Gegenreformation einzuleiten. Hierzu bot ihm der Markgraf die Übernahme des Benediktinerklosters Schwarzach an. Der Plan scheiterte am Widerstand der Benediktiner und am frühen Tod des Markgrafen. Die Jesuiten jedoch entwickelten die Idee weiter bis zum Vorschlag (1625), den Benediktinerorden aufzuheben und ihnen seine Klöster zu übergeben. So bemühten sie sich auch ganz konkret, die ehemaligen Klöster des Herzogtums Wirtemberg im 30j.

Krieg als ihre Niederlassungen neu erstehen zu lassen Am Ende ging es wie so oft (auch heute noch): Man blieb beim alten!

Die Anfänge des **BENEDIKTINERklosters** Schwarzach liegen im Dunkeln. Vermutlich wurde um 760 ein bestehendes linksrheinisches Kloster Arnulfsau vom fränkischen Gaugrafen Ruthart hierher verlegt. Dieser Gaugraf war an der Gründung sämtlicher Ortenauklöster dieser Zeit beteiligt, es war also eine strategische Gründung. Ein Niedergang trat ein, als die Abtei durch den König an den Speyrer Bischof geschenkt wurde (1032). Der Anschluß an die Hirsaureformbewegung brachte jedoch einen Wiederaufschwung, wovon noch heute die romanische Kirche.

Foto: Steinbach

Die Geschichte der Abtei wurde in Spätmittelalter und Neuzeit durch die Konflikte mit den Vogteiherren dominiert. Zuerst die Befreiung von Lichtenberg und eine Hinwendung zu Baden (1422), dann die Einsetzung eines evangelischen Abtes durch Baden-Baden, (die mit Hilfe der Bischöfe rückgängig gemacht werden konnte), schließlich die versuchte Umwandlung in ein Jesuiten-

Schwarzach: Die romanische Kirche im Hirsaustil erinnert an das Benediktinerkloster

seminar. Nach dem 30j. Krieg versuchte man, über kostspielige Prozesse Reichsfreiheit zu erzwingen. Der Neubau der Konventanlagen sollte diese geforderte Unabhängigkeit demonstrieren. Nach der säkularisationsbedingten Aufhebung wurden die Konventgebäude verkauft und abgerissen. Erhalten blieb eine romanische Kirche im Hirsaustil, ähnlich der in Alpirsbach, wiederhergestellt in den 60er Jahren. Die im Süden der Kirche liegenden barocken Konventbauten von Peter Thumb sind verschwunden, erhalten blieben jedoch die Wirtschaftsbauten aus dieser Zeit. Zusammen mit dem schönen Haupttor bilden sie einen wunderbaren Zugang zur Kirche und einen Hof im Südwesten der Kirche. Sie werden als öffentliche Gebäude (u.a. Rathaus) genutzt.

Daten: um 760–1802 *Benediktinerabtei*

Lit.: *Germania Benedictina, Bd. V, S. 574–588*

Deutscher Kunstverlag München: Große Baudenkmäler Nr. 237:

Abteikirche Schwarzach, 1991 (Broschüre, liegt aus)

Kaum eine Landschaft des alten Deutschen Reiches war so zersplittert wie Oberschwaben, dieses „Puzzle von Kleinstterritorien": Klosterstaaten und Deutscher Orden neben Reichsstädten; Waldburg-, Zollern- und Fürstenberg-Ämter vermischt mit Grafschaften; eingeklemmt dazwischen reichsritterschaftliche Dörfer. Und immer wieder Stückchen des von Innsbruck aus regierten Vorderösterreichs. Sie erinnern an den ehemals großen Plan von König Rudolf von Habsburg, das alte Herzogtum Schwaben unter Habsburger Regie wiedererstehen zu lassen. Übrig blieben der Torso der Landvogtei Schwaben sowie die Herrschaften Hohenberg, Nellenburg und Burgau. Eine Zwischenform Habsburger Besitzes bildeten die 5 Donaustädte Mengen, Munderkingen, Riedlingen, Saulgau und Waldsee. Diese Städtchen konnten weitgehend autonom in einem Beinahe-Reichsstadtstatus die Habsburger Herrschaft genießen, wenn sie nicht gerade an die ungeliebten Waldburger verpfändet waren. Aus dieser Zeit haben diese Städtchen ihr altdeutsches Kleinstadtbild erhalten, das sie heute noch besuchenswert macht. Und ihre Zugehörigkeit zur katholischen Religion, weshalb wir dort bis zur Josephinischen Säkularisation Klöster antreffen können und heute erneut Ordensgemeinschaften vorfinden, z.B. in Riedlingen.

Die einzige klösterliche Niederlassung des Mittelalters finden wir in Form einer Frauenklause, die sich als 3.-Orden-**FRANZISKANERINNEN** im Stadtzentrum bilden konnte. Ihnen hatte eine Witwe ihr Anwesen direkt neben der Stadtpfarrkirche 1420 zur Gründung geschenkt. Die Gründungsschwestern holte sie aus den Frauenklausen der Umgebung, die bereits als 3. Orden den Franziskanern angeschlossen waren (s. Unlingen). Das Unternehmen entwickelte sich so gut, daß aus anfangs 4 Schwestern am Ende 12–15 wurden, wobei die Stadtverwaltung die Höchstgrenze vorgab. Denn man erkannte bereits frühzeitig die Gefahr, daß diese Gemeinschaft eine enorme Kaufkraft entwickeln und dementsprechend Gebäude aufkaufen könnte (vergl. Engen). So reservierte sich die Stadt auch das Recht der Aufsicht durch städtische Pfleger und gewährte die Steuerbefreiung nur auf begrenzten Besitz.

Von vornherein sah diese Gemeinschaft ihre Aufgabe in der Krankenpflege und Sterbebegleitung, weshalb man sie als „Seelschwestern" bezeichnete. Wir haben es folglich mit einer Art Sozialstation zu tun, in der der gesamte Konvent aus dem Haus gehen durfte, also keine strenge Klausur eingehalten werden mußte. Damit unterscheidet sich diese Klause von der Mehrzahl sonstiger Klausen, in denen einzelne Schwestern das Privileg besaßen, zur Haushaltsführung und zum Beten ständig im Haus bleiben zu dürfen.

Mit der Reformationszeit kam eine Krise, weil der betreuende Prediger zum Protestantismus übertrat und anscheinend einige Schwestern diesen

Riedlingen: Frauenklause in typischer Lage
neben Pfarrkirche

Foto: Aßfalg

Schritt nachahmten und aus der Gemeinschaft austraten. Nach dem 30j. Krieg war die Klause finanziell in der Lage, ein Nachbarhaus aufzukaufen und Darlehen an andere Klöster und Adlige zu geben. Daher traf die josephinische Aufhebung einen intakten Konvent. Das Anwesen wurde anschließend versteigert. Trotz Interesse der Stadt, die hierin ihr Rathaus einrichten wollte, kam der Zuschlag an ein mehrbietendes, italienisches Brüderpaar. Diese richteten ein Kaufhaus darin ein und rißen die Wirtschaftsgebäude ab. Erst 1966 konnte die Stadt das Areal samt erhalten gebliebenem Schwesternhaus erwerben und renovieren.

So kann man heute die enge Verknüpfung von Stadt und Frauenklause bereits äußerlich sehen, weil das ehemalige Kloster (Zwiefalter Straße 2) über einen Verbindungsgang einen Teil der Rathausgebäude bildet. Mit seinem schönen Fachwerkgiebel schmückt es den Platz neben der Stadtkirche, auch hier ein Hinweis auf die enge Verbindung zur Stadtbevölkerung. Denn die Schwestern durften nicht ihren eigenen Sakralraum benutzen, sondern mußten in der allgemeinen Kirche dem Gottesdienst folgen. Hier besaßen sie unter der Orgelempore ihren eigenen Chor, hierher konnten sie über eine eigene Türe durch den Friedhof gelangen. Dies ist typisch für viele derartige Drittordensgemeinschaften (vergl. Pfullendorf).

Daten: 1420–1782 3.-Orden-Franziskanerinnen

Lit.:   *Alemania Franciscana Antiqua, Bd. 8, S. 180–192*

   A. Wilts: Beginen im Bodenseeraum, S. 407–409

Mit den **KAPUZINERN** siedelte sich ein typisch gegenreformatorischer Orden zum Ende des 30j. Krieges in Riedlingen an. Aus dieser Zeit stammen die meisten Niederlassungen dieses Ordens in BW. Sie waren die preiswerte Alternative zu den Jesuiten, weil sie nur kleine Häuser für wenige Insassen erbauten und damit den zusätzlichen Seelsorgebedarf eines kath. Kleinterritoriums abdecken konnten (vergl. Stühlingen). So auch in Riedlingen, wo sie 1655 in ihren Neubau in der Weiler Vorstadt einzogen. Ihren Lebensunterhalt erwarben sie über Betteln und mit Hostienbacken für die umliegenden Kirchen. Immerhin tagte hier sogar 1696 ein Provinzkapitel.

Als unter Kaiser Joseph II. die oben angeführten „Seelschwestern" aufgehoben wurden, wehrte sich die Stadt vehement gegen die ebenfalls geplante Auflösung des Kapuzinerkonventes. So wurde er wegen seiner
Seelsorgetätigkeit als unentbehrlich angesehen und durfte bis zur
Säkularisation 1806 durch Württemberg weiter tätig sein. Anschließend
diente das Haus noch als Übergangskloster, bis 1832 der letzte Insasse
starb. Die Stadt richtete darin ein Altenheim (= Spital) ein, die Kirche
wurde zur „Spitalkirche". Inzwischen stehen die Gebäude leer, eine neue
Nutzung wird gesucht (Lage: Gammertinger Straße/Hospitalstraße).

Foto: Aßfalg

Der Besucher kann hier
die wohl am besten
erhaltene Kapuzineran-
lage Südwürttembergs
entdecken: Ein kleines,
geschloßenes Geviert
am Rande eines Fried-
hofes, durch eine Ge-
denktafel gekennzeich-
net. Die (leider ge-
schlossene) Kirche ent-
hält eine einfache Aus-
stattung mit mehreren

Riedlingen: Seltenes Beispiel der barocken Innenausstattung
einer Kapuzinerkirche

barocken Altären: Eine Mischung von franziskanischer Schlichtheit und
oberschwäbischem Barock.

Daten: 1644–1806 Kapuzinerkloster, –1832 Aussterbekonvent

Lit.: W. Aßfalg: 500 Jahre Pfarrkirche St. Georg Riedlingen (1486–1986).
Kath. Pfarramt Riedlingen, 1986

Erst in unserem Jahrhundert kamen wieder kath. Ordensgemeinschaften in
diese Stadt. Zuerst mit einer Mädchenschule St. Agnes, die 1902 von den
Bonlander *Franziskanerinnen* eingerichtet wurde (s. Berkheim) und bis
1977 bestand. Heute befindet sich dort die Kolping-Akademie. Dann nach
dem 2. Weltkrieg die **Franziskaner**, die in der Ziegelhüttenstraße ein
Studienheim (Internat) für Gymnasialschüler eröffneten. Ihre Nachfolger
waren 1956 die **Redemptoristen**, die jedoch seit 1983 anstelle von
Schülern die Betreuung von Erwachsenen übernahmen und hierfür das
Studienhaus St. Gerhard erstellten. Ein moderner Bau außerhalb der
Innenstadt (St. Gerhardstraße 1).

Daten: 1949–1956 Franziskaner, seit 1956 Redemptoristen

Riegel K 2

Ein ähnliches Schicksal wie die Dominikanerinnen von Rangendingen erlebte das **DOMINIKANERINNENkloster** von Riegel: Es übernahm sich beim Neubau und ging infolge der Schulden ein.

Das 1450 gegründete Kloster stand ursprünglich direkt neben der Pfarrkirche (Martinskirche), anstelle des heutigen Pfarrhauses. Dies verweist auf eine starke Abhängigkeit vom Pfarrherrn, also auf eine für 3. Orden typische Konstellation (vergl. Pfullendorf). So gesehen muß es eine Art Befreiung gewesen sein, als von 1767–69 ein Neubau außerhalb des Ortes erstellt werden konnte. Der Preis für diese Freiheit war zu hoch, das Kloster ging gerade mal 10 Jahre später wegen der Schulden ein. Die Klostergebäude dienen seit 1861 der Erzdiözese Freiburg als Kinderheim „St. Anton". Die „Armen **Franziskanerinnen** von Mallersdorf" betreuen es.

Die Gebäude stehen an der Straße nach Bahlingen: eine große, schmucklose Anlage. Die Kirche ist nur von den Kinderheimgebäuden her zugänglich. Eine Informationstafel am Eingang des Kinderheims stellt kurz die Geschichte dar.

In der Nähe im Gewann „ Beim Kloster" wurde 1932 ein halbunterirdisches Gebäude aus der Römerzeit entdeckt, das als Tempel des Lichtgottes Mithras identifiziert werden konnte.

Daten: 1450–1779 Dominikanerinnen

Bad **Rippoldsau-Schapbach** J 4

Im Ortsteil Bad Rippoldsau-Klösterle befand sich von 1273–1802 ein *Priorat* des **BENEDIKTINER**klosters St. Georgen. Bereits vor 1179 kam es als Zelle in dessen Besitz. Es wurde zum Priorat aufgewertet, als sich hierher ein abgedankter Abt von St. Georgen zurückzog. Von 1540–49 war es wegen der Einführung der Reformation in diesem Teil der Fürstenberger Besitzungen und wegen der Aufhebung von St. Georgen durch das Herzogtum Wirtemberg verwaist. Es konnte jedoch erneut entstehen, als der St. Georgener Konvent den Wechsel nach Villingen geschafft hatte.

Nach der Aufhebung von 1802 richtete man eine eigene Pfarrei in Klösterle ein. Hierzu war die Klosterkirche zu klein, man baute eine neue im spätklassizistischen Stil. Zudem war eine Wallfahrt zu einer Statue der Schmerzhaften Muttergottes im 18. Jh. entstanden, die noch heute stattfindet. Der Konventbau von 1768 wurde zum Pfarrhaus. Ein kleiner Kirchenprospekt liegt aus.

Daten: vor 1179–1273 Zelle, 1273–1802 Priorat von St. Georgen

Lit.:   Germania Benedictina, Bd. V, S. 548–549

W. Müller: Die Klöster der Ortenau. In: Die Ortenau, Bd. 58, 1978, S. 388–397

In Bad Rippoldsau findet man heute eine weitere Gemeinschaft: Die
● **Schwestern der Liebe vom kostbaren Blut.** Sie betreuen dort St.
Luitgard.

16 *Rohrdorf*

Eine protestantische Kommende im katholischen Johanniterorden? Was
auf den ersten Blick unmöglich scheint, dies war im konfessionell gespal-
tenen alten Deutschen Reich durchaus möglich. Bestand doch der
Deutsche Orden nach der Reformation aus einer Mischung von drei
Konfessionen: katholische Balleien und Ordensleitung, protestantische
Ballei Marburg, kalvinistische Ballei Utrecht. Das Miteinander-
Auskommen-Müssen schuf eine erzwungene Realpolitik. In unserem
Bereich finden wird mit der **JOHANNITERkommende** Rohrdorf ein
kleines Beispiel dafür.

Aus einer Schenkung des Hochadelsgeschlechtes der Hohenberg entwickelte sich um 1300 eine kleine Kommende auf der Anhöhe oberhalb
der Nagold. Die hohe Gerichtsbarkeit gelangte an Wirtemberg, das nach
der Einführung der Reformation in seinem Gebiet Druck machte hinsicht-

Foto: Willig

Rohrdorf: Auf Spurensuche:
Johanniterwappen an ehemaliger Mühle

lich eines Konfessions-
wechsels. Der wurde
dann auch 1550 durch
den Ortskomptur vollzo-
gen, sehr zum Ärger der
Ordensleitung in Hei-
tersheim. Denn damit
wechselten auch die 10
betreuten Pfarreien zum
Protestantismus über.
Deshalb verlegte man
den Komptursitz nach
Grafenau-Dätzingen,
wovon noch heute das dortige Schloß zeugt. In Rohrdorf diente die Kirche
simultan den beiden Konfessionen: Die Katholiken bekamen den Chor,
das Schiff wurde für die Protestanten verlängert.

Der Besucher findet eine reizvolle Anlage vor, die heute von der
Gemeinde genutzt wird. Das nach der Reformation erbaute Kaplaneihaus
(1595) mit Ordenswappen bildet die westliche Schaufassade. Frisch renoviert wird der alte Bau von 1430 für Verwaltung und als Gemeinderaum
genutzt. Dahinter steht die gotische Kirche. Verschiedene zum Berg hoch

gebaute Wirtschaftsgebäude sind abgerissen. An mehreren Häusern im Ort findet man noch Hinweise auf den Orden (z.B. Wappen).

Daten: vor 1300–1805 Johanniterkommende

Lit.:   Heft „Denkmalpflege in Baden-Württemberg" Nr. 3/91, S. 113–119

Rosenberg   F 12

Hohenberg

Das **Benediktinerkloster** Ellwangen verwaltete seinen entfernt liegenden Besitz über die Propsteien Wiesenbach, Jagstzell und Hohenberg. Auf dem Hohenberg residierte daher seit 1229 ein Ellwanger Mönch in einem Gebäude neben der Kirche (wahrscheinlich heutiges Pfarrhaus).

Die St. Jakob-Kirche fällt durch ihre Lage und ihren Namen auf. Ihr Name verrät, daß sich hier eine Station des Jakobs-Pilger-Wegs befand. Und ihre Lage hoch über dem Ort läßt einen phänomenalen Rundblick über den Virngrund zu. Vom Dorf aus gelangt man über einen Kreuzweg zu dieser Kirche im schmucklos romanischen Stil, erbaut im 12. Jh.

Daten: 1229 – nach 1460 Benediktiner-Propstei

Rosenfeld   K/J 6

Dieses Städtchen war ehemals eine der stärksten Festungen des Herzogtums Wirtemberg und zugleich ein zentraler Sammlungsort für die Getreideexporte in die Schweiz. Der fehlende Bahnanschluß brachte im 19. Jh. einen Bruch der Entwicklung.

Bickelsberg

Im Wald befand sich für kurze Zeit im 15. Jh. ein Klösterchen, das aufgrund seiner häufigen und seltsamen Wechsel auffällt. Am Platze einer Einsiedlerzelle lebten einige Mönche, die sich wahrscheinlich an den Paulinern (s. Satteldorf-Anhausen) orientierten, wie das Altarpatronat zu „Paulus dem Eremiten" vermuten läßt. 1409 schlossen sie sich den **Benediktinern** von St. Georgen als Priorat an. 1453 zogen 5 Franziskanerinnen aus der Klause Eutingen hinzu, wodurch es zu einem benediktinischen Doppelkonvent wurde. Ein Experiment, zu dieser Zeit einmalig und zugleich gegen jede Regel! 1476 wurden sie zum letzten Mal urkundlich erwähnt.

Lit.:   Germania Benedictina, Bd. 5, S. 144–145

Brittheim

Hier existierte von ca. 1200–1264 ein von den Herzögen von Teck gegründetes Frauenkloster, das als **Augustiner-Eremitinnen** nach Oberndorf umsiedelte.

Heiligenzimmern

Von einer Frauenklause, die ab 1436 als 3.-Orden-**Dominikanerinnen** wie so viele derartige Klausen dieser Gegend bestand, ist heute nichts mehr zu finden. Sie befand sich wohl neben der Pfarrkirche. Die Schwestern wurden 1554 in die Klause von Haigerloch-Gruol umgesiedelt.

Leidringen

In der Nähe der Kirche, Paradiesstraße Nr. 6, findet man ein schönes Fachwerkhaus, das wahrscheinlich von einer Frauensammlung bewohnt war (Angabe: Kreisbeschreibung Kreis Balingen, 1961, Bd. 2, S. 496). Die Darstellung der Hl. Katharina von Siena in der Kirche an der Rückwand des Chores, links vom Fenster, läßt vermuten, daß hier Frauen als 3.-Orden-**Dominikanerinnen** lebten.

L 12 *Rot* a.d. *Rot (Mönchsrot)*

Mittelalterliche Ordensgründungen drücken neue Ideen aus, entstehen in der Regel aus dem „modernen" Teil des jeweiligen Zeitgeistes. Dementsprechend kommen sie in ihrer Zeit und bei ihren Zeitgenossen an: Neue Orden sind „in", was sich in einem gewaltigen Zulauf und in Form von Schenkungen zeigt.

Zwei solche Neugründungen geschahen in der ersten Hälfte des 12. Jh., die in ihrer Zeit wie „eine Bombe einschlugen", Europa prägten und ihre Spuren bis heute in BW hinterließen: Die Zisterzienser und die **Prämonstratenser**. Beide entstanden fast zeitgleich mit fast gleichartigen Zielsetzungen und Idealen. Zisterzienser als Laienmönche, Prämonstratenser als Klerikermönche (vergl. Oppenau-Allerheiligen). Am Beispiel der Prämonstratenserabtei Rot kann man ersehen, wie sich dieser Orden in seiner Gründungsphase explosionsartig ausbreitete.

Für die Gründung gab ein Graubündner Geschlecht 1126 seine ererbten Besitzungen in Oberschwaben. Man siedelte Mönche aus Prémontré, der Neugründung eines Norbert von Xanten an (woraus später der Orden der **PRÄMONSTRATENSER** wurde), und nannte das Kloster Mönchsrot. Die Nachfrage von Eintrittswilligen muß gewaltig gewesen sein, denn zeitweise bewohnten es 200 Mönche. Und 10 Jahre später war es stark genug, Tochtergründungen vorzunehmen: 1137 Wilten bei Innsbruck, 1145 Ravensburg-Weissenau, 1147 Steingaden (in Bayern), 1152 Kaiserslautern, 1171 Obermarchtal. Rot als eine der ersten Siedlungen dieses Ordens hatte damit eine starke Stellung. Zum einen beaufsichtigte es seine Tochtergründungen. Und zum anderen war sein Abt Generalvikar der oberschwäbischen Provinz mit dementsprechenden Aufsichtsrechten.

Prämonstratensertypisch war die Hereinnahme von Frauen ins Kloster, also die Anlage von Doppelklöstern. Hiermit führte Norbert v. Xanten eine Tradition fort, die die Hirsaubewegung 50 Jahre zuvor begonnen hatte (vergl. Sölden). So war auch Mönchsrot von 1126–1140 ein Doppelkloster, bevor die Frauen nach St. Johann ausgesiedelt wurden (s. unten).

Bereits bei der Gründung wurde eine weitgehende Freiheit gewährleistet. Das Kloster unterstand dem Papst, die Vogtei lag beim König. Diese Unabhängigkeit konnte man zur Reichsfreiheit ausbauen, so daß Rot auf den Reichstagen vertreten war und seit 1616 sogar die Hochgerichtsbarkeit besaß. Damit bestand die Grundlage für einen Klosterstaat mit schließlich 13 Dörfern und Weilern, wie wir ihn in Oberschwaben wiederholt finden (vergl. Obermarchtal).

Dazwischen lag jedoch im 14. Jh. ein wirtschaftlicher Niedergang, der beinahe das Ende gebracht hätte. So durften 1395 nur noch 2 Mönche neben dem Abt im total überschuldeten Kloster leben. Man konnte jedoch die

Krise mit Hilfe der Tochterklöster überwinden, weil diese freiwillig für die aufgenommenen Kredite hafteten. Ein Teil der wirtschaftlichen Sanierung ging dabei auf Kosten der Untertanen, denen man die im Laufe der Zeit erworbenen Gewohnheitsrechte beschnitt. Mit

Rot: Die bedeutendste Prämonstratenserabtei Oberschwabens

Foto: Metz

dem Ergebnis, daß Unruhen auftraten (1450) und das Kloster im Bauernkrieg von seinen Untertanen geplündert wurde. Erst in der Barockzeit normalisierte sich das Verhältnis von Oben und Unten im Klosterstaat, weil jetzt die Untertanen verstärkt als Teil der kath. Kirche zählten („Unterm Krummstab ist gut leben").

Bei der napoleonischen Säkularisation fiel das Kloster an die Grafen von Wartenberg, dann an die von Erbach. Die Anlage ist seit 1961 im Besitz der Diözese Rottenburg-Stuttgart, die dort eine Jugendbildungsstätte unterhält. Die Wirtschaftsgebäude werden von der Gemeinde genutzt.

● Inzwischen befinden sich wieder Frauen in Rot, und zwar betreuen **Norbertinerinnen** (Prämonstratenserinnen?) die Jugendbildungsstätte. Bereits von weitem kann man die Doppelturmfassade der Klosterkirche erkennen, daneben die Türmchen des Konventbaus. Dieser wurde 1681–1699 nach einem Totalbrand in einem behäbigen Barockstil errichtet. 30 Jahre später erbaute man die abseits liegenden Wirtschaftsgebäude, und schließlich 1777–85 eine Kirche nach Obermarchtaler Schema mit klassizistischer Innenausstattung. Die Anlage wirkt in sich harmonisch.

Daten: 1126–1803 Prämonstratenserkloster (1126–1140 Doppelkloster)

Lit.:   Kath. Pfarramt: Rot a.d. R., (Broschüre, liegt aus)

H. Tüchle, A. Schahl: 850 Jahre Rot a.d. R. Thorbecke 1976

Südlich außerhalb des Ortes befindet sich der Friedhof mit der Kirche St. Johann. Hierher hatte man von 1140 bis ca. 1360 die **Prämonstratenserinnen** des ursprünglichen Doppelklosters ausgesiedelt. Die wirtschaftlichen Schwierigkeiten des Männerklosters (s. oben) waren wohl der Grund für die Aufgabe des Frauenkonvents. Die Kirche wurde 1737–41 für eine Rosenkranzbruderschaft errichtet. Frisch renoviert ist sie der Öffentlichkeit erneut zugänglich.

Lit.:   Schnell & Steiner Kunstführer Nr. 2157: Bruderschaftskirche St. Johann. 1994

D 12   *Rot a. See*

Hausen
Hier, an der Straße nach Rothenburg, befand sich ein **Prämonstratenserinnenkloster**. Eine 1202 gegründete Zelle wurde 1290 zum Kloster erhoben. Im Bauernkrieg niedergebrannt, erfolgte die Aufhebung 1532 infolge der Reformation. Der Besitz ging an das Spital von Rothenburg. Heute findet man südwestlich des Ortes ein Gut „Klosterhof" vor, dessen Bauten äußerlich in keiner Weise mehr an das ehemalige Kloster erinnern.

17   *Rottenburg*

Bischofsstadt zu werden war Rottenburg nicht in die Wiege gelegt. Erst eine Zufälligkeit der Geschichte machte aus dieser habsburgischen Verwaltungsstadt ein württembergisches Bistumszentrum: Da das württembergische Königreich von Napoleons Gnaden seine Souveränität auch auf kirchlichem Gebiet beweisen wollte, mußte für die neuerworbenen katholischen Gebiete ein neues, rein württembergisches Bistum geschaffen werden. Aber wo? Zuerst fiel die Wahl auf Ellwangen als Stadt mit der bedeutendsten Fürstpropstei Südwestdeutschlands, für die man nach der Aufhebung eine neue Nutzung suchte. Damit wäre jedoch der Bischof zu weit weg von der Entscheidungszentrale Stuttgart gewesen und somit evtl. auch zu unabhängig. Was lag also – räumlich wie staatspolitisch – näher, als den Bischof in Rottenburg anzusiedeln, das als Zentrum der habsburgischen Herrschaft Hohenberg katholisch geblieben war. Somit konnte das Bistum Konstanz aufgelöst werden, an seine Stelle traten Freiburg für den badischen sowie hohenzollerischen und Rottenburg für den württembergischen Bereich. Entsprechend dieser Aufteilung sind die Kirchengemeinden BWs noch heute ihrem Bistum zugeordnet, trotz veränderter Einteilung der politischen Gemeinden und Kreise seit 1972.

Kernstadt

In Rottenburg konnte man für die Bistumsverwaltung auf das Gebäude eines ehemaligen Klosters zurückgreifen. So erhielt der Bischof als Wohnsitz und Verwaltungsgebäude das **JESUITENkolleg**. Bereits 1623, also zu Beginn des 30j. Krieges, hatten die Habsburger eine Ansiedlung der Jesuiten vorgeschlagen, was aber die Stadt aus finanziellen Gründen ablehnte. Mit dem Ende dieses Krieges jedoch baten die Jesuiten selbst um Aufnahme, da sie aus Tübingen weichen mußten, wo sie für kurze Zeit an einem Rekatholisierungsversuch beteiligt waren. Jetzt stimmte die Stadt zu, trotz totaler Verarmung. Im nachhinein zahlte sich diese Entscheidung aus, denn die Jesuiten erhielten massive finanzielle Unterstützung vom habsburgischen Herrscherhaus und konnten bereits nach kurzer Zeit (1658) ein eigenes Gebäude am Nordrand der Stadt erstellen. Hierin errichteten sie ihr Gymnasium. Drei Jahre später wurde ihnen das daneben liegende Bubenhofer-Palais vom österreichischen Administrator geschenkt. 1711 schlossen sie das Ganze mit einer neuen Kirche ab, die leider nach ihrer Aufhebung (1773) wieder abgerissen wurde.

Der heutige Besucher findet die Bistumsverwaltung in einem massiven Zweiflügelbau, der durch seine barock-herrschaftliche Architektur auffällt (neben dem Eugen-Bolz-Platz). Als Dom wurde dem Bischof die Pfarrkirche St. Martin zugewiesen. Das zu einem Bischofssitz gehörende **Domkapitel** wohnt über die Stadt verteilt (s. Konstanz).

Daten: 1650–1773 Jesuitenkolleg

Lit.:   Stadtverwaltung: Rottenburg a. Neckar, 1974, S. 64

Zu einem Bistum gehört auch die Ausbildung des Priesternachwuchses. Hierfür konnte man in der neugebackenen Bischofsstadt ebenfalls auf ein ehemaliges Kloster zurückgreifen, nämlich auf das der **KARMELITEN.** Es war das älteste der Stadt, 1281 von den Hohenberger Grafen für einen Konvent von 20 Mitgliedern gegründet. Damit zog der kleinste der vier gängigen Bettelorden in die Stadt ein. Anscheinend war jetzt der Bedarf gedeckt, denn im Mittelalter siedelten sonst keine Bettelorden mehr in der Stadt.

Das Karmelitenkloster erlebte einen totalen Niedergang in der Reformationszeit: die meisten Insassen wechselten die Front. Dies ist durchaus typisch für Bettelordens-

Foto: Willig

klöster, die sehr gute Beziehungen zum Stadtbürgertum unterhielten und dementsprechend offen waren gegenüber der berechtigten Kritik an den kirchlichen Mißständen. 1537 gehörten nur noch der Prior und 2 Mönche dem Kloster an. Durch massiven Einsatz der Habsburger konnte

Rottenburg: Das Karmelitenkloster dient als Priesterseminar für das neugeschaffene Bistum

das Kloster erhalten werden. Im 30j. Krieg brannte es nieder, ebenso beim Stadtbrand von 1735. Der Neubau erfolgte 1736–1747. Anscheinend waren die Mönche seelsorgerisch tätig, weil das Kloster nicht bereits unter Kaiser Joseph II. aufgehoben wurde, sondern erst 1806 von Württemberg. Für den Besucher von Rottenburg bieten die Gebäude einen schönen Anblick aufgrund ihrer Lage am Neckar und ihrer Geschlossenheit als massive Vierflügelanlage. Von der Stadtseite her ist es ein typisches Bettelordenskloster, eingeengt zwischen Bürgerhäuser. In der Kirche ist seit Herbst 1996 das Diözesanmuseum eingerichtet.

Daten: 1281–1806 Karmeliten

Lit.:   *Stadtverwaltung: Rottenburg a. Neckar, 1974, S. 62*

Ein weiterer Bettelorden kam erst in der Neuzeit (1617) als gegenreformatorisch tätiger Orden in die Stadt: die **Kapuziner.** Sie bauten ihr Klösterchen an die Außenmauer des Stadtteils Ehingen (rechts des Neckars). Aufgrund ihrer regen Seelsorgetätigkeit überlebten sie die Säkularisation unter Kaiser Joseph II. Württemberg jedoch kannte keinen Pardon, und nach der Auflösung von 1806 wurden die Gebäude vollständig (!) abgerissen. Heute erinnern nur noch Namen an sie: Kapuzinergasse, -graben, -garten, -klause (Lokal).

Lit.:   *D. Manz: Rottenburger Miniaturen. Rottenburg, 1991, S. 42–48)*

Ebenfalls im Stadtteil Ehingen lag das **KOLLEGIATSTIFT** St. Moriz. Eine bereits bestehende Kirche wurde von dem Hochadelsgeschlecht der Hohenberger zu einem Stift für 12 Chorherren (+ Vikare) umgewandelt

(1320). Zugleich machten sie die Kirche zu ihrer Grablege. Mit der Verbindung von Stift und Grablege schufen viele Adelsgeschlechter im Spätmittelalter in ihrem Herrschaftszentrum zugleich ein sakrales Zentrum. Hier wurde mit der Erinnerung an verstorbene Mitglieder des Geschlechts (Ahnenkult) ein Herrschaftsanspruch begründet (vergl. Hechingen). Propst, Chorherren und Kapläne wohnten in verschiedenen Gebäuden und hatten eigene Haushaltung. Nur zu Gottesdienst und Stundengebet trafen sie sich in der Stiftskirche.

Der Name Moriz verweist auf Reliquien von St. Maurice im Rhonetal. Die Überreste der (legendenhaften) Thebäischen Legion mit ihrem Befehlshaber Mauritius (= Moritz) waren im Mittelalter sehr hoch angesehen und begehrt. Dementsprechend entwickelte sich das Stift zu einem regelrechten Wallfahrtsort, bis zur Reformationszeit. Denn jetzt setzte im Stift eine Gegenbewegung ein. Die Mehrzahl der Chorherren übernahm die neue Lehre, die jeglichen Reliquienkult als heidnisch ablehnte. Wahrscheinlich schloß sich ein Großteil der Stadtbevölkerung dieser Bewegung an (wie fast überall in habsburgischen Landen). Erst die Eingriffe der Herrschaft und des Konstanzer Bischofs sorgten für die Wiederherstellung des „rechten Glaubens".

Der Besucher findet eine Kirche im gotischen Stil (1300–1323) vor, direkt am rechten Neckarufer liegend. Kunsthistorisch wertvoll sind die spätgotischen Ausmalungen im Kircheninneren. Gut gelungen sind mehrere Grabdenkmäler des Gründergeschlechtes der Hohenberger. Im Rahmen einer Kirchenführung ist auch das Stiftsmuseum zu besichtigen, das sich im ehemaligen Bibliotheks- und Archivsaal über der Sakristei befindet.

Daten: 1330–1806 Kollegiatstift

Lit.: Rottenburger Jahrbuch für Kirchengeschichte, Bd. 3, 1984, S. 90–93

D. Manz: St. Moriz in Rottenburg. Rottenburg 1989 (Broschüre)

Mehrere **Frauenklausen** bestanden in Rottenburg.
Die bedeutendste und langlebigste war die *Obere Klause* im Stadtteil Ehingen. Sie entstand im Zusammenhang mit der Errichtung des Morizstiftes, übernahm irgendwann vor 1381 als **FRANZISKANERINNEN** des 3. Ordens eine anerkannte Regel, wäre beinahe in der Reformationszeit wegen Heirat ihrer Mitglieder verwaist, bekam jedoch im 16. und 17. Jh. Blutauffrischung durch die Übernahme von drei weiteren Frauenklausen (aus Rottenburg, Horb und Dettingen). Da ihre Mitglieder durchweg aus der gehobenen Bürgerschicht der Stadt stammten, wurde ein gewisser Reichtum angesammelt. Daher konnte sie z.B. 1688 das sogenannte Nonnenhaus neben der St. Morizkirche erwerben, heute das älteste Haus der Stadt. (In diesem Hause wurden über 10 Jahre die Chorfrauen vom hl. Grabe aus Baden-Baden einquartiert, die im Pfälzischen Erbfolgekrieg aus ihrer Heimatstadt flüchten mußten; vergl.

Baden-Baden). Die Aufhebung der Oberen Klause (1783) wurde anscheinend als gerechtfertigt empfunden wegen ihres moralischen Verfalls. Im 19. Jh. wurde aus dem Klostergarten das Bahnhofsgelände, die Konventgebäude wurden zu Bahnwohnungen, unversehrt überlebte nur die Kirche (Klausenkirche beim Klausenfriedhof).

Daten: 1339 Beginensammlung, vor 1381–1783 3.-Orden-Franziskanerinnen

Lit.:   Alemania Franciscana Antiqua, Bd. 13, S. 14–29

Außerhalb der Stadt, beim Sülchenfriedhof Richtung Wurmlingen, befand sich die *Untere Klause* oder „Klause im Sülchen". 1359 entstand sie als Beginensammlung, wurde 1384 zu **FRANZISKANERINNEN** des 3. Ordens, erlebte die gleiche Krise in der Reformationszeit wie die Obere Klause, wurde im 30j. Krieg zerstört und deshalb 1643 der Oberen Klause angeschlossen. Heute findet man noch einen Resttrakt beim Friedhofseingang: Vor dem Westeingang zur Sülchenkirche steht das gotisch wirkende Gebäude.

Daten: 1359–1381 Beginen, 1384–1643 3.-Orden-Franziskanerinnen

Lit.:   Alemania Franciscana Antiqua, Bd. 13, S. 9–13

Eine weitere **Frauenklause** bei der Barfüßerherberge, in der die durchziehenden, bettelnden Franziskaner ihre Unterkunft bekamen, bestand von 1345–1493

Die Wallfahrtskirche *Weggental* wird seit 1919 von einer kleinen Gemeinschaft der **FRANZISKANER** betreut. An dieser Barockkirche hatten bereits die Jesuiten bis zu ihrer Aufhebung gewirkt. Der Besucher findet die 1682–95 von Michael Thumb erbaute Anlage im Westen der Stadt, erreichbar über eine kleine Straße. Die wunderbare kleine Anlage liegt in einem für die Gegend typischen Karstgebiet.

Lit.:   Kirchenführer liegt aus

Dettingen

Hier gab es im Mittelalter 2 Klausen. So wohnten im Rammertwald **Begarden**, sogenannte Waldbrüder (vergl. Kloster Bernstein, Stadt Sulz), die aber bereits in der Vorreformationszeit wieder verschwanden. Heute erinnert die Flurbezeichnung „Mönchstäle" an sie. Die **Frauenklause** dagegen befand sich im Ort. Sie wurde im 16. Jh. der Oberen Klause in Rottenburg angeschlossen.

Lit.:   Alemania Franciscana Antiqua, Bd. 13, S. 30–42

Hemmendorf

Wenn man von Bodelshausen durch den Keuperrücken des Rammert auf Hemmendorf zufährt, so ist man überrascht vom Anblick dieses Dörfchens: Die Straße führt direkt auf eine kleine Herrschaftsanlage zu, dahinter eine massive Kirche. Dies sind die Reste der ehemaligen Kompturei des **JOHANNITERordens** (Malteser*)*, also die Erinnerung an die Repräsentanten eines Ritterordens. Aus einer

Foto: Willig

Hemmendorf: „Klein, aber fein". Ein Verwaltungszentrum des Johanniterordens mit reichsfreiem Status

Schenkung des Ortsadels (1258) entstand ein Verwaltungszentrum für den Streubesitz in den umgebenden Dörfern, reichsunmittelbar und mit eigener Hochgerichtsbarkeit ausgestattet. Wegen ihrer geringen Größe wurde die Kommende Hemmendorf zusammen mit der Kommende Rexingen (s. Horb) verwaltet. Hier fanden die nachgeborenen Söhne des regionalen gehobenen Adels ihren Lebensinhalt: nicht im Kampf gegen Andersgläubige, sondern im Kampf mit Verwaltungsvorschriften und Abrechnungen. In der Kirche findet man mehrere Grabmäler solcher „kampferprobten Recken".

Der einst ummauerte Schloßbezirk, der sich südlich und westlich von Schloß und Kirche erstreckte, wurde (leider) 1889 durch den Bau der Landstraße nach Bodelshausen zerstört. Zudem verschwanden die Bauten des Landwirtschaftsbetriebs. Das Schlößchen wurde zu einer Zeit errichtet, in der man in Frankreich bereits Schlösser abriß (1790/91). Heute dient es als Rats- und Schulhaus sowie für Privatwohnungen.

Daten: 1258–1806 Johanniterorden (Malteser)

Lit.:   D. Manz: Rottenburger Miniaturen. Rottenburg 1991, S. 76–79

Kiebingen

In einem Tal im Rammert, in der „Rohrhalde", weisen heute ein Gedenkkreuz am Waldrand sowie die Paulusquelle auf ein ehemaliges, wichtiges Klösterchen hin (keine Ausschilderung). Hier befand sich von 1342–1786 die Zentrale des ungarischen Eremitenordens der **Pauliner** für Süddeutschland (vergl. Satteldorf-Anhausen und Tettnang). Gemeinsam war all diesen Klösterchen ihre Lage abseits der Siedlungen. Das Kloster wurde unter Kaiser Joseph II. aufgelöst, der Besitz versteigert und die Gebäude abgerissen. Die Vorstellung, daß vor nicht einmal 200 Jahren hier eine große Anlage stand, von der man heute nichts mehr sehen kann ...! Ein Fall für Spurensucher.

In Rottenburg steht jedoch noch heute der Rohrhalder Hof (mit einer Gedenktafel), den die Pauliner als Stadtherberge benutzten. Man findet ihn in der Oberen Gasse, neben dem bischöflichen Ordinariat.

Lit.:   D. Manz: Rottenburger Miniaturen, 1991, S. 64–72

Eckenweiler

● In diesem Stadtteil haben 1951 **Schönstattschwestern** auf der „Liebfrauenhöhe" ihr Provinzhaus errichtet. Klostergebäude, Schulen für Sozialpädagogik und für Altenpflege (mit Internat) sowie eine lichtdurchflutete moderne Kirche stehen völlig abseits der dörflichen Siedlung, ein Reich für sich.

Foto: Metz

Eckenweiler: Lichtdurchflutete Kirche auf der Liebfrauenhöhe

Bad Niedernau

● Hier hat sich 1957 ein Konvent der **Armen Schulschwestern** angesiedelt, die aus Jugoslawien (Filipowa) nach dem 2. Weltkrieg vertrieben worden waren. An Christi Himmelfahrt wallfahren die Donauschwaben hierher zu ihrer Madonna. Von 1958–85 betreuten die Schulschwestern eine Förderschule für Spätaussiedlerkinder, entsprechend der ursprünglichen Aufgabe in Verbindung mit dem persönlichen Schicksal. Nebenbei übernahmen sie in diesem kleinen Badeort die Betreuung des Sanatoriums, woraus inzwischen die Hauptaufgabe geworden ist. Heute leben noch 11 Schwestern im Konvent.

K 6 *Rottweil*

Rottweil als 24. Kanton der Schweiz?! Von wegen absurd! Wenn man an der zentralen Straßenkreuzung der Altstadt steht, hat man neben sich einen schönen Brunnen mit einem Schweizer Landsknecht, ein Geschenk der eidgenössischen Orte (= Kantone) an den zugewandten Ort Rottweil. Denn seit 1463 gehörte diese Reichsstadt samt erworbenem Territorium von 28 Dörfern zur Eidgenossenschaft, wenn auch nur in loser Bindung. Erst Napoleon machte damit ein Ende. Als Erbe dieser Zeit kann man die vielen Erker an den Patrizierhäusern betrachten, die man ähnlich in Schaffhausen und St. Gallen findet.

Trotz seiner eidgenössischen Orientierung befand sich in der Stadt das kaiserliche Hofgericht, eine der höchsten Gerichtsinstanzen des alten Reiches. Dies nicht zu verlieren war das Motiv des städtischen Rates, als er in der Reformationszeit an die 400 Personen, also rund 10% der Bevölkerung ausweis, die sich zur neuen Lehre bekannten. Damit blieb Rottweil als eine der wenigen Reichsstädte rein katholisch. Folglich finden wir hier neben mittelalterlichen Orden auch gegenreformatorische Gemeinschaften und sogar eine Niederlassung in unserer Zeit vor.

Als erste religiöse Gemeinschaft ließen sich die **JOHANNITER** um 1250 nieder. Vermutlich an der Stelle einer Stadtburg, wie die Lage ihrer Gebäude vermuten läßt. Die Schenkungen der ersten 100 Jahre waren beträchtlich, führten jedoch nicht zur Ausbildung eines eigenen Territoriums. Dies gelang an ihrer Stelle den Zisterzienserinnen von Rottenmünster (s.u.), die anscheinend vom gleichen Förderkreis, nämlich Landadel und Stadtpatriziat noch großzügiger bedacht wurden. Trotzdem zählte die Rottweiler Kommende zu den wirtschaftsstärksten Schwabens. Und war als Teil des Johanniterordens eine reichsfreie Einrichtung innerhalb der reichsfreien Stadt, also teilweise ein Fremdkörper. So besaß sie auch das Privileg der Asylgewährung: Wenn sich ein Übeltäter in den Bereich der Kommende flüchtete, durfte ihn die Stadt nicht ergreifen. Verständlich, daß daran der Stadtrat mitunter schwer zu beißen hatte. Während zu Beginn ein Dutzend Ritter in der Kommende lebte, war im 18. Jh. nur noch ein Güterverwalter anzutreffen. Die Kommende wurde nämlich immer mehr zu einer reinen Versorgungseinrichtung für Kompture, die anderswo residierten. So war sie nach der Reformation über 100 Jahre lang dem jeweiligen Großprior von Deutschland (s. Heitersheim) übereignet, der sich mit wichtigeren Dingen beschäftigen mußte und so gut wie nie in Rottweil anwesend war. Zudem rekrutierten sich die Ritter vor allem dem Landadel, besaßen also eine völlig andere Weltsicht als die handeltreibenden Stadtbürger. Damit rutschte die Kommende in eine Isolierung innerhalb der Reichsstadt, obwohl ja keine konfessionellen Unterschiede wie in Schwäbisch Hall bestanden. Nur die Büchsenbruderschaft, also der Schützenverein, feierte hier seine Jahresfestgottesdienste und verpflichtete sich zu regelmäßigen Spenden. Nur so ist zu erklären, daß die Jesuiten (s.u.) den Kommendezugang verbauen konnten, ohne daß die Stadt dagegen einschritt.

So dümpelte die Kommende durch die Jahrhunderte bis zur napoleonischen Aufhebung. Die Kirche wurde wegen fehlender Nutzung 1825 zum Abbruch verkauft. Teile der Kirchenausstattung gingen nach Villingendorf, dessen Kirche ursprünglich vom Orden betreut worden war. Die Kommendegebäude dienten als Kameralamt, dann Liegenschaftsamt, und heute fürs Hochbauamt. Der Besucher findet die im 18. Jh. erstellte Anlage im Südosten der Stadt: Einige Gebäude, von der Stadt durch eine Mauer abgesondert. Die exponierte Lage über dem Neckartal läßt ihre ursprüngliche Burgfunktion erahnen. Das Hotel „Johanniterbad" und die Johannsergasse erinnern an die Vergangenheit.

Daten: um 1250–1809 Johanniterkommende

Lit.: W. Hecht: Die Johanniterkommende Rottweil. Veröffentl. des Stadtarchivs, 1971

Es ist erstaunlich, daß eine solch bedeutende Stadt wie Rottweil mit den **DOMINIKANERN** nur einen Bettelorden in seinen Mauern hatte (vergl. Esslingen). Eines der führenden städtischen Geschlechter stellte ihnen das nötige Gelände am Rande der Altstadt zur Verfügung. Der Orden hatte ein Interesse an einer Ansiedlung im Überschneidungsbereich der bereits bestehenden Niederlassungen von Freiburg, Konstanz und Esslingen und nahm daher 1266 auf seinem Provinzkapitel das Angebot an. Da die Dominikaner in der Bürgerschaft einen starken Rückhalt fanden, war ihr Friedhof als Begräbnisstätte begehrt. Zum Ärger des Stadtklerus, dem dadurch Einnahmen entgingen. Schließlich fand man 1307 einen Kompromiß: Die Toten durften bei den Dominikanern beerdigt werden, mußten jedoch zuvor in ihrer Pfarrkirche zum Gottesdienst aufgebahrt sein.

Man könnte den Eindruck gewinnen, daß die Hauptaufgabe dieses Klosters die Betreuung von Frauensammlungen war, die sich den Dominikanern angeschlossen hatten. In Villingen, Oberndorf, Horb, Haigerloch, Hechingen-Stetten, in mehreren Dörfern und nicht zuletzt in der eigenen Stadt selbst bestanden solche Gemeinschaften, die sich in diesem

Foto: Willig

Landstrich anhäuften wie sonst nirgends mehr in Deutschland (s. Sulz-Kirchberg). Einige dieser Frauenklöster mußten im 15. Jh. aufgegeben werden, weil der Rottweiler Konvent den typischen Verfall klösterlicher Zucht erlebte und sich nicht der Observanzbewegung anschloß (vergl. Gomadingen-Offenhausen). Deshalb verbot ihnen der wir-

Rottweil: Bettelorden sind Stadtorden: Erkergeschmückte Bürgerhäuser vor der Dominikanerkirche

tembergische Herzog das Betteln in seinem Bereich. Erst 1517 konnte sich eine Reform durchsetzen, als so gut wie die gesamte Provinz bereits „observant" war. Kurze Zeit später nahm man den Ulmer Konvent auf, der infolge der Reformation aus seiner Stadt vertrieben worden war.

In der Barockzeit erlebte der Konvent eine erneute Blüte, die auf ein für die Stadt tragisches Ereignis zurückging. Als nämlich im 30j. Krieg ein französisches Heer die Stadt belagerte und eroberte, erlebte man in der Dominikanerkirche ein Wunder. Demnach habe ein Marienbild, vor dem man den Rosenkranz betete, Farbe und Blickrichtung verändert. Das Wunder führte zur Entstehung von Rosenkranzbruderschaften der „Muttergottes von der Augenwende", die von den Dominikanern überall in ihrem Einzugsgebiet gegründet und betreut wurden. Damit konnten sie den „unverbrauchten" Jesuiten Paroli bieten und die Mittel für einen Neubau der Klosteranlage sammeln.

Nach der napoleonischen Aufhebung wurde die Klosterkirche der evang. Gemeinde zur Nutzung überlassen. Somit finden wir hier neben Friedrichshafen, Ellwangen und Rastatt eine der wenigen evangelisch gewordenen Barockkirchen. Die Konventgebäude wurden als Schule genutzt und 1972 abgerissen. An deren Stelle steht das neu erbaute Dominikanermuseum, eine Zweigstelle des Württembergischen Landesmuseums Stuttgart. Dem Besucher fällt die Kirche bereits durch ihre Lage auf: Wie ein Querriegel schließt sie den nördlichen Teil der Altstadt ab, zwingt die Straße zum Ausweichen. Dies dürfte ein Beleg sein für die Machtposition des Stifters und für die Bedeutung des Klosters.

Daten: 1266–1803 Dominikanerkloster

Lit.:   W. Hecht: Das Dominikanerkloster Rottweil. Veröffentl. des Stadtarchivs, 1991

Schnell & Steiner Kunstführer Nr. 677: Kirchen in Rottweil. S. 28–39

In der Stadt gab es eine Reihe von **Frauensammlungen**, die von den Dominikanern betreut wurden: Im Stadtteil „Altstadt" (jenseits des Neckars) bei der Kirche St. Pelagius und im Bereich des heutigen Hofgutes Hochmauren; in der Mittelstadt (zwischen Königstraße und Bahnhof) bei St. Nikolaus und St. Moriz (= Mauritius); in der Kernstadt die „weiße Sammlung" (aufgrund der weißen Kleidung der Dominikanerinnen so genannt). All diese Sammlungen vereinigten sich 1525 mit den in der Kernstadt lebenden **DOMINIKANERINNEN** der weißen Sammlung zu „St. Ursula". An sie erinnert noch das Portal ihres Hauses, heute Musikschule (Hochmaiengasse 16), mit einem Relief von Heiligen sowie die Form des Gebäudes.

Zu einer kath. Reichsstadt, die sich wie ein Vorposten Roms gegenüber dem protestantischen Wirtemberg fühlen mußte, gehören gegenreformatorische Orden. Zuerst kamen die **KAPUZINER,** die bereits im 30j. Krieg einen Bauplatz südlich der Stadt geschenkt bekamen („Ruhe-Christi-Weg") und 1627 dort einzogen. Ihr Gebäude wurde kurz darauf von den Wirtenbergern zerstört. So zogen sie 1655 in den Schutz der Stadtmauern, oberhalb des Schwarzen Tores (Waldtorstraße). Ihr Wirken war eher unauffällig, ebenso wie ihre Klosteranlage. Württemberg zerstörte sie erneut, indem es die napoleonische Säkularisation konsequent praktizierte, obwohl bei ihnen nichts zu holen war. Das Eisenkreuz auf dem Dach eines Gebäudes erinnert heute an die ehemalige Nutzung als Kloster.

Daten: 1627–1805 Kapuziner

Eine bedeutende Funktion im Stadtleben nahmen die **JESUITEN** mit ihrem Gymnasium ein. Als renommierter Schulorden wurden sie 1652 gerufen, weil sie die Lateinschule von den Dominikanern übernehmen sollten. Der 30j. Krieg hatte jedoch die Stadt so stark wirtschaftlich geschädigt, daß die versprochenen Einkünfte zum Großteil nur auf dem Papier standen. Daher gaben sie 1672 ihre Niederlassung auf. An ihrer Stelle betreuten die süddeutschen Benediktinerklöster das Gymnasium, jedoch ebenfalls nur kurze Zeit. Erneut kamen die Jesuiten zum Zuge. Jetzt reichten die Mittel. So erstellten sie ein Wohngebäude und eine neue Schule, wofür einige Bürgerhäuser abgerissen wurden. Im Laufe der Zeit wuchs der Konvent über 12 Mitglieder an, und folglich kam die Erhebung von der Residenz zum Kolleg. Aus dem Superior wurde ein Rektor.

Die päpstlich verordnete Ordensaufhebung von 1773 erreichte die Niederlassung in Rottweil erst 3 Jahre später, weil der Konstanzer Bischof das Auflösungsschreiben so lange nicht verkünden ließ. Einige Konventsmitglieder blieben weiterhin (bis 1785) an der Lateinschule tätig, die unter städtischer Regie weitergeführt wurde. Erst dann löste sich die Gemeinschaft endgültig auf.

Der Besucher findet die 1701–1729 erstellten Gebäude neben der Kapellenkirche „Unser Lieben Frau", die den Jesuiten zur Betreuung übergeben worden war. Diese (vor allem wegen ihres Westportals) kunsthistorisch bedeutendste Kirche Rottweils erhielt unter den Jesuiten ihre barocke Innenausstattung. Gegenüber das ehemalige Gymnasium, heute von den Stadtwerken und einer Stiftung als Schulungszentrum genutzt. Und über einen Bogengang mit der Kirche verbunden das ehemalige Kolleg, seit 1825 bischöfliches Konvikt. Hier wird – ebenso wie in Ehingen – nach der 10. Klasse ein zum Priesterberuf hinführender Gymnasialzug angeboten. Es wirkt symbolhaft, wie das ehemalige Kolleg die Johanniterkommende ins Abseits drängt.

Daten: 1652–1672, 1692–1731 Residenz, 1731–1776 Kolleg der Jesuiten

Lit.:   R. Schmid: Die Hauschronik der Jesuiten von Rottweil. 2 Bände.

Veröffentl. des Stadtarchivs, 1989

In neuerer Zeit siedelten sich die **Franziskaner** in Rottweil an. Zuerst in einem Gebäude, das heute als Hauswirtschaftliche Berufsschule dient und an dem man eine Franziskusfigur an der Fassade erkennen kann; dann in danebern erbauten Pavillonhäusern. (Johanniterstraße, oberhalb des Bahnhofs). Sie betreuten die Ruhe-Christi-Kirche beim Friedhof in der Vorstadt. Fehlender Nachwuchs zwang zur Aufgabe in jüngster Vergangenheit.

Daten: 1922–1995 Franziskaner

Rottenmünster
Es mag uns heute unverständlich sein, wie eng aufeinander im alten Deutschen Reich selbständige „Staaten" bestehen konnten: Freie (eidgenössische) Reichsstadt mit reichsfreier Johanniterkommende, und in direkter Nachbarschaft das ehemalige Reichsstift Rottenmünster.
Von der Frauensammlung auf Hochmauren (s.o.) spaltete sich 1217 eine kleine Gruppe ab, die 1224 die Aufnahme in einen regulären Orden als **ZISTERZIENSERINNEN** erreichte. Kurz zuvor hatte das General-kapitel dieses Ordens in Citeaux beschlossen, keine Frauen mehr aufzu-nehmen. Also hatten die Frauen einen kleinen Umweg gewählt. Über Beziehungen hatten sie erreicht, daß sie von der höchsten kirchlichen Autorität, dem Papst, dem Orden zur Betreuung zugewie-sen wurden. Die notwendige männliche Betreuung über-nahmen die Zisterzienser von Salem. Dieses Beispiel wurde später von den anderen ober-

Rottenmünster: Reichsfreie Frauenzisterze
vor den Toren der Reichsstadt Rottweil

Foto: Psychiatrisches Krankenhaus

schwäbischen Frauensammlungen nachgeahmt (z.B. Heiligkreuztal, s. Altheim). Mit der finanziellen Unterstützung ihrer adligen Verwandten konnten sie das Hofgut Rottenmünster kaufen und daraus ihr Kloster machen.
Kaiser Friedrich II. erhob Rottenmünster 1237 zum Reichskloster und übergab es dem Schutz der Stadt Rottweil. Darin lag eine Quelle für jahr-hundertelange Konflikte. Denn einerseits konnte das Kloster ein im Vergleich zu sonstigen reichsfreien Frauenzisterzen (Heggbach, Gutenzell, Baindt) beachtliches Territorium von 6 Dörfern erwerben. Andererseits wollte natürlich die aufstrebende Reichsstadt ihr eigenes Territorium abrunden. Nach einer Reihe von kaiserlichen Schiedssprüchen wurden schließlich 1600 der Reichsstadt die Vogteirechte entzogen. Damit ver-siegte auch der Zustrom Rottweiler Bürgertöchter, die sich jetzt andere Klöster suchten. Zuvor war Rottenmünster deren „Hauskloster" gewesen, hatten die meisten Äbtissinen aus städtischem Patriziat gestammt.
Nach den Zerstörungen im 30j. Krieg erfolgte ein Wiederaufbau im neuen Stil: Die Vorarlberger Baumeister Michael Beer und Michael Thumb erstellten hier 1661–64 ihren ersten Barockbau im Bereich des heutigen

BW und legten damit den Grundstein für die Monopolstellung Vorarlberger Baumeister in Süddeutschland. Nach der napoleonischen Auflösung standen die Gebäude weitgehend leer, da man keine adäquate Nutzung fand. Daher verkaufte sie der Staat 1895 an die **Franziskanerinnen** von Untermarchtal, die eine Heilanstalt (heute Psychiatrisches Krankenhaus) darin einrichteten und noch heute dort tätig sind.

Der Besucher findet Rottenmünster im Süden der Stadt, Abzweigung von der B 27. (In der Nähe liegt das Hofgut Hochmauren, von dem ursprünglich die Frauen kamen.) Die Anlage wirkt riesig, da in jüngerer Zeit Bauten hinzu kamen. Die Kirche ist geöffnet. Unterhalb fließt der junge Neckar durch einen Park.

Daten: 1217–1224 Frauensammlung, 1224–1802 Zisterzienserinnen

Lit.:   *F. Betz: Reichsstift Rottenmünster und Rottweiler Barock.1966 (Broschüre, bei der Pforte erhältlich)*

         Schnell & Steiner Kunstführer Nr. 431: Rottenmünster

Hausen

Hier befand sich von 1387–1525 eine **Dominikanerinnen**sammlung, die in der „weißen Sammlung" (s.o.) in der Hochmaiengasse aufging. Ihre Kapelle verschwand 1858 beim Kirchenneubau.

Bühlingen

Hier bestand 1311–1796 eine **franziskanische** Frauensammlung (3. Orden) neben der Kirche („Sylvesterklause").

F 7/8   *Sachsenheim*

Im unteren Neckarraum gab es mehrere Zisterzienserinnenklöster, darunter zwei im Bereich der heutigen Gemeinde Sachsenheim.

Rechentshofen

Auf dem Platz des heutigen Hofgutes befand sich von 1241–1564 das **ZISTERZIENSERINNEN**kloster Mariäkron. Gegründet von einem lokalen Adelsgeschlecht, reichte die Ausstattung nur für maximal 20 Nonnen. Die Vogtei kam über die Grafen von Vaihingen an Wirtemberg. Dieses hob das Kloster in der Reformation auf und machte es zur Landwirtschaftsdomäne.

Die heute dort stehenden Gebäude lassen trotz landwirtschaftlicher Nutzung die einfache, turmlose Kirche und das südlich quer davorstehende Klausurgebäude erkennen. Das frühgotische Südportal der Kirche blieb als einziges kunsthistorisches Schmuckstück erhalten. Ein Zutritt wird

Rechentshofen: Frauenzisterze, abgelegen
in einem Bachtal. Heute Domäne

Foto: Willig

nicht gewünscht. Zu finden ist es an der Straße von Klein-sachsenheim nach Hohenhaslach. Die Lage an einem Bach ist zisterziensertypisch.

Häfnerhaslach
Der *Kirbachhof* an der Straße von Häfnerhaslach nach Ochsenbach steht an der Stelle eines ehemaligen **Zisterzienserinnenklosters**, das 1442 von Frauenzimmern (s. Güglingen) hierher übersiedelte. Es kaufte den Propsteihof des Klosters Odenheim (s. Östringen). In der Reformation wurde es 1543 von den Wirtemberger als Vogteiherren aufgelöst. 1556 erfolgte der Abriß der Kirche, im 18. Jh. wurde ein Jagdschlößchen erbaut. Als dies 1750 abbrannte, erstellte man den heutigen Bauernhof.

Im Ort bestand im jetzigen evang. Pfarrhaus eine **Frauenklause**, die 1556 von Wirtemberg aufgelöst wurde. Die Lage des Hauses neben der Kirche ist typisch für solche Klausen. Am Haus selbst kann man keine Erinnerung mehr an diese Vergangenheit entdecken.

Bad Säckingen 02

Benediktregel oder Augustinusregel? Diese Gegenüberstellung gilt nicht für die Hochadels-Frauenklöster bzw. -stifte des Früh- und Hochmittelalters. Diese nehmen in der Ordensgeschichte als **Freie Damenstifte** eine Ausnahmestellung ein. Wenn sie überhaupt nach einer Regel lebten, so war diese mitunter ihre selbstgeschaffene. Die Sonderstellung dieser Damenstifte erklärt sich aus ihrer geschichtlichen Entwicklung als Apanage einer Dame aus königlichem Hause, die offiziell als Äbtissin fungierte, jedoch nicht im Stift wohnte. Wir finden solche Königsklöster im alemannischen Raum in Buchau, Waldkirch, Lindau, Schänis, Zürich, Andlau und hier in Säckingen.

Legendenhaft ist die Gründungsgeschichte des **DAMENSTIFTS**, da ein Brand 1272 sämtliche Urkunden vernichtete. Demnach kam ein (vermutlich) irischer Mönch Fridolin aus der fränkischen Königsresidenz Poitiers hierher und gündete ein Kloster zu Ehren des Hl. Hilarius, des Stadtheiligen von Poitiers. Wahrscheinlich war die Gründung am Anfang ein

Doppelkloster, in dem Chorherren unter der Leitung der Äbtissin wichtige Funktionen ausübten. Denn auch nach Absonderung der Chorherren nahmen diese an den Kapitelsitzungen mit Stimmberechtigung teil. Zudem behielten sie Funktionen in der Verwaltung und vertraten die Äbtissin bei Bischof und Landesherren. Wie kann man dies aus einer Ordensregel erklären? Für die ersten Jahrhunderte muß offen bleiben, nach welcher Regel diese Frauen lebten, ob sie als augustinisches Stift oder benediktinisches Kloster zählten.

Die erste Urkunde findet sich im 9. Jh. von Kaiser Karl III., der die Damenstifte Zürich („Frauenmünster") und Säckingen seiner Frau übereignete. Tradition verpflichtet: So durften nur Hochadelstöchter eintreten, gelangte die Äbtissin 1307 in den Reichsfürstenstand. Erst ab 1458 öffnete sich der Konvent für niederadlige Frauen.

Im 11. Jh. stand das Frauenstift auf dem Höhepunkt seiner Macht. Das Umland und Teile der heutigen Schweiz unterstanden ihm. Als jedoch Kaiser Friedrich I. 1173 die Vogtei über das Stift an die Habsburger gab, verwendete dieses aufsteigende Geschlecht diese Position zur Arrondierung der eigenen Besitzungen. Mit einem skurilen Ergebnis für den Schweizer Kanton Glarus: Dieser Landstrich befand sich ursprünglich im Besitz des Stiftes, und der Namen Glarus ist wohl eine Verballhornung von Hilarius. Als sich Glarus gegen die Vogteiherren Habsburg wehrte und den Eidgenossen anschloß, besann es sich auf den alten Zustand der Abhängigkeit vom Stift und trickste Habsburg aus: Bis 1798 zahlte Glarus jährlich eine feste Summe als Ablösebetrag von der Oberherrschaft des Stifts.

Die große Krise erlebte das Stift in der Reformationszeit, als sich die Äbtissin Magdalena von Hausen in einen Diakon verliebte, ihn heiratete und zum Protestantismus übertrat. Ihre Geschichte ging in die Literatur ein. Daraufhin erfolgte eine seltsame Wahl: Die Chorherren (!) des Stifts wählten 1550 eine Dominikanerin (!) von Katharinental (bei Diessenhofen) zur Äbtissin. Diese Episode charakterisiert den Zustand vieler Frauenklöster dieser Zeit. Anschließend legte der Konstanzer Bischof anhand von Statuten die Ordenszugehörigkeit fest. Im **AUGUSTINER-CHORFRAUEN-Stift** herrschte jetzt strenge Klausur und mußten die Insassen ohne persönlichen Besitz leben.

Überraschend kam 1785 eine Umwandlung. Infolge der Josephinischen Reformen drohte dem Stift die Auflösung, da es keine „nützliche" Funktion in der Gesellschaft ausübte. Also verwandelte man sich in ein **weltliches Damenstift** unter staatlicher Kontrolle. Erst mit dem Anschluß an Baden kam das Ende. Die Kirche wurde zur Pfarrkirche, die Stiftsbauten dienten der staatlichen Verwaltung (z.B. ehemaliges Landratsamt).

Der Besucher sollte sich über die 400 Jahre alte Holzbrücke über den Rhein der Anlage nähern: Eine Stiftskirche auf gotischem Grundriß mit gelungener Rokokoausstattung und markanter Doppelturmfassade, repräsentatives spätgotisches Stiftsgebäude, Residenz der Äbtissin aus dem 16. Jh. („alter Hof"), Reste von Stiftsbauten auf dem gesamten Gelände des Kirchplatzes. Eine herrschaftliche Anlage, mehr Schloß als Kloster.

Bad Säckingen: Das Fridolinsmünster, Kirche eines hochadligen Frauenstiftes mit gelungener Rokokoausstattung

Foto: Metz

Daten: 522 (?) – 9. Jh. Doppelkloster, 522–1556 Freies Stift,
1556–1785 Augustiner-Chorfrauen, 1785–1806 Weltliches Damenstift

Lit.:   H. Ott u.a.: Säckingen.Theissverlag, 1978, S. 15–139
Schnell & Steiner-Kunstführer Nr. 173: St.-Fridolins-Münster Bad Säckingen

Der Bruderhof am Tanzenplatz war bereits im 12. Jh. eine Einrichtung des Frauenstiftes. Hier lebten „Barmherzige Brüder" nach den **Augustinusregeln** in einer Art Genossenschaft, deren Aufgabe die Krankenbetreuung war. Sie durften ihren „Bruderhofmeister" wählen, der jedoch einer Stiftsdame unterstand. Als die Stadt ihr eigenes Spital errichtete, endete die Existenz dieser Bruderschaft und wurde ihr Vermögen vom Stift 1458 eingezogen. Die Gebäude sind verschwunden.

Ein weiteres Frauenkloster bestand in Säckingen, jedoch sozusagen auf der anderen Seite der sozialen Hierarchie. Eine Frauenklause schloß sich als 3.-Orden-**FRANZISKANERINNEN** um 1340 einem anerkannten Orden an. Ihr Haus stand zuerst am Tanzenplatz vor dem „Trompeterschlößchen", wo sich heute Parkplätze befinden. Nach den Zerstörungen des 30j. Krieges zogen sie in die nördliche Vorstadt um. 1653–56 bauten sie hier ihr Klösterchen.
Diese Klause hatte in der Neuzeit eine bewegte Geschichte. Nach dem Überstehen der Reformation kam ein Niedergang, der 1608 mit Hilfe des Klosters Pfanneregg bei Wattwil (Schweiz) beendet wurde. Von dort wurde eine Oberin geholt. Ein weiterer Niedergang sollte mit der

Betreuung durch den strengen Orden der Kapuziner ab 1673 gestoppt werden. Als diese eine Reform erzwingen wollten, flüchteten sich die Schwestern in die Obhut der Tiroler Franziskanerprovinz. Die Aufhebung unter Kaiser Joseph II. war u.a. dadurch bedingt, daß sich die Klause finanziell mit dem Umbau ihrer Klosteranlagen 1752 übernommen hatte und die nächsten 30 Jahre nicht mehr aus den Schulden herauskam.

Der Besucher kann das Klosterareal als Sanierungsgebiet „Kloster" nördlich des Bahnhofs finden. Jedoch ist die ursprüngliche Funktion an den Privathäusern nicht mehr erkennbar. Die Gebäude dienten ehemals einer Baumwollspinnerei, die Kirche lange Zeit als Scheune.

Daten: 1340–1782 3.-Orden-Franziskanerinnen

Lit.:   Alemania Franciscana Antiqua, Bd. 1, S. 181–207

● Die Grenzlage zur Schweiz führte im 19. Jh. zur Ansiedlung einer noch jungen Kongregation. Die **Lehrschwestern v. Hl. Kreuz** waren gerade erst 1844 in Menzingen im Kanton Zug gegründet worden, als sie 1857 durch eine Initiative des Stadtpfarrers F.A. Zeller geholt wurden. Mit der Stiftung eines Waisenhausfonds und der Anmietung des leerstehenden Spitalgebäudes gelang es, trotz aller Probleme und fehlender staatlicher Unterstützung eine soziale Einrichtung zu schaffen, die noch heute besteht.

Lit.:   H. Ott: Säckingen, s.o., S. 138–139

N 9 *Salem*

Kernort

Gleiche Voraussetzungen führen häufig zu völlig unterschiedlichen Entwicklungen und Ergebnissen, nicht nur im Leben verschiedener Menschen, sondern auch in dem verschiedener Klöster. Allen Männerklöstern der **Zisterzienser** im Gebiet des alten Deutschen Reiches war bei der Gründung gemeinsam, daß sie den König als Vogt erhielten, also befreit waren von einer einengen-

Salem: Der Kaisersaal als Symbol der Reichsfreiheit

Foto: Schloßverwaltung

den Aufsicht durch eine Gründerfamilie oder ein benachbartes Adelsgeschlecht. Damit besaßen sie die ideale Voraussetzung zum späteren Erwerb der Reichsfreiheit, worum sie die Benediktinerklöster im 12./13. Jh. beneideten. Und doch sind in Südwestdeutschland schließlich vor allem die Benediktiner zu reichsfreien Abteien geworden, während die meisten Zisterzienserklöster in Adelsterritorien eingegliedert und sogar in der Reformationszeit aufgehoben wurden. Nur Salem war zusammen mit Schöntal und (in Bayern) Kaisheim eine Ausnahme, woran der Kaisersaal noch heute als „gedachter" Empfangssaal für den weltlichen „Chef" erinnert. Und noch dazu eines der bedeutendsten Klöster Südwestdeutschlands.

Dabei war die Gründungsgeschichte nicht außergewöhnlich: Die Schenkung von einem (unbedeutenden) Ministerialen führte 1134 zur Errichtung eines **ZISTERZIENSERklosters.** Der Ort war bereits bewohnt, was eigentlich gegen die Vorschriften dieses Ordens verstößt. Mit dem Gründungskonvent aus der Zisterze Lützel (im Sundgau) gehörte man zur Morimond-Familie (vergl. Schönau). Von hier aus wurden mehrere Tochterklöster gegründet: Raithenhaslach in Bayern (1143), Tennenbach (s. Freital, 1158), Wettingen im Aargau (1227) und schließlich Königsbronn (1303). Als Vaterkloster übte Salem eine Kontrolle über diese Tochtergründungen aus, und zugleich brachte ihre Anzahl ordensintern ein großes Renommee.

Seine Glanzzeit erlebte Salem unter Abt Eberhard von Rohrdorf (1191–1240), der Reichspolitik betrieb. Zum einen diente er wiederholt als Vermittler zwischen Papst und Kaiser in der konfliktträchtigen Stauferzeit. Zum anderen gestaltete er den schwäbischen Raum durch die Übernahme mehrerer Frauengemeinschaften (Beginen) in den Zisterzienserorden (vergl. Wald). Damit existierten über Jahrhunderte hinweg diese Institutionen als Zeugnisse weiblicher Emanzipation, die teilweise sogar in den Status von Reichsklöstern gelangten. Salem profitierte davon ebenfalls, denn theoretisch war sein Abt den Äbtissinnen dieser Frauenzisterzen übergeordnet und weisungsbefugt. Kein Wunder, daß der Salemer Abt als ranghöchster Prälat auf der schwäbischen Prälatenbank im Reichstag saß.

Denn Salem war bereits seit 1354 als reichsfrei anerkannt und damit zur Teilnahme am Reichstag berechtigt. Wiederholt auftretende Konflikte mit den benachbarten Grafen von Heiligenberg wegen verschiedener Gerichtsrechte löste man 1637 im gegenseitigen Einvernehmen: Die Grafen erhielten 8 Weiler, der Abt die hohe Gerichtsbarkeit. Damit hatte man ein geschlossenes Territorium um das Kloster herum aufgebaut. Hinzu kam noch das Gebiet um Ostrach, in dem man um 1700 die fehlenden Herrschaftsrechte von den Sigmaringer Hohenzollern kaufte. Dies paßt zu dieser erneuten Blütezeit im Barock, die gekrönt wurde von der Ernennung des Salemer Abtes zum kaiserlichen Rat.

Aber auch im Verhältnis zu den Untertanen hatte Salem eine innere Konsolidierung erreicht. So wurde es z.B. im Bauernkrieg nicht von den eigenen Untertanen geplündert, weil diese bereits zuvor geforderte Rechte erhalten hatten. Ursprünglich hatte man die Bauern unterdrückt und ihnen – im Vergleich zum Umland – kaum Rechte gewährt. So besaßen z.B. die Salemer Bauern ihr Land nicht als Erblehen, mußten die Kinder jedesmal nach dem Tode des Haushaltsvorstandes erneut um Verleihung des Lehens bitten und um eine positive Antwort zittern. Dagegen hatten die Untertanen erfolgreich rebelliert, denn in einem Vertrag erhielten die Bauern 1473 in den strittigen Punkten ihr Recht. Wir finden hier ein Beispiel, daß ein kurzfristig als Niederlage des Klosters angesehener Kompromiß langfristig sehr fruchtbar wirkte.

Die Säkularisation traf ein intaktes Staatswesen und eine gerade mal 100 Jahre alte, barocke Anlage. Nur die gotische Kirche hatte den Brand von 1697 überlebt, wurde jedoch im Inneren frühklassizistisch umgestaltet. Die Konventanlage dagegen erstellte der Vorarlberger Franz Beer bis 1706 völlig neu. Die Kirche wirkt wie ein Fossil zwischen den barocken Bauten. Land und Gebäude gingen zum Großteil in den Besitz der badischen Groß-

Foto: Schloßverwaltung

herzöge über, die aus dem Kloster ihr Schloß machten. 1920 gründete Max von Baden darin eine Modellschule, die noch heute internationalen Ruf besitzt. Daneben werden die Gebäude als Museum bzw. weiterhin als Schloß benutzt. So findet man auf der Zufahrt

Salem: Die bedeutendste und reichste
Zisterze Deutschlands

nur die Ausschilderung „Schloß" anstelle „Kloster". Trotz des hohen Eintrittspreises lohnt sich der Besuch dieses kulturhistorisch außergewöhnlichen Klosters.

Daten: 1134–1804 Zisterzienser

Lit.:   R. Schneider: Salem. Konstanz: Stadlerverlag, 1984

Schnell & Steiner großer Kunstführer: Salem, 1983

Bächen

Wer diesen Ort findet, der wird sich fragen, warum Frauen in eine solch „gottverlassene" Gegend gezogen sind, um hier klösterlich zu wirken: abseits von Dorf und Durchgangsstraßen, an einem Bach liegend, umgeben von Berghöhen und Wald. Hierher verschlug es 1406 eine kleine Gemeinschaft von Frauen, die sich als 3.-Orden-**FRANZISKANERIN-NEN** einem regulären Orden anschloß. Betreut wurde sie von den Überlinger Franziskanern und vom Pfarrer von Weildorf. Ihr Leben fristeten sie mit Landwirtschaft und Betteln. Damit kann man sie einordnen in die Bewegung der Waldbrüder/-schwestern, die in der Schweiz mit Nikolaus von der Flüe ihre Krönung erlebte. (Vergl. Sulz-Bernstein und Bermatingen).

Überraschenderweise besaß die Gemeinschaft im 16. Jh. genügend Mittel, um sich in Klausur- und Ausgehschwestern aufzuteilen. Hierzu benötigte sie eine eigene Kapelle. Damit floßen auch mehr Stiftungen und Schenkungen an sie, was schließlich ihre Existenz bis zur Säkularisation sicherte.

Heute ist das Anwesen in Privatbesitz. Das Kaplaneihaus und die Mauer sind noch erhalten, jedoch nicht zugänglich. Bereits vom Äußeren her kann sich der Besucher einen Eindruck von der Besonderheit dieser Klause machen.

Daten: 1406–1802 3.-Orden-Franziskanerinnen

Lage: Rechts der Kreisstraße von Salem-Beuren nach Deggenhausertal

Lit.: Alemania Franciscana Antiqua, Bd. 13, S. 143–150

A. Wilts: Beginen im Bodenseeraum, S. 246–252

St. Blasien N 3

In der Geographie ist es eine beinahe banale Erkenntnis, daß sich inmitten der Mittelgebirge keine Zentren bilden konnten: Städte, Verwaltungszentren, Residenzen, Bischofssitze lagen in Ebenen, eventuell am Rande eines Mittelgebirges. So ziehen z.B. Freiburg und Villingen ihren Profit aus der Lage an Verkehrswegen, die aus dem Schwarzwald kommen. Daher muß unser Erstaunen groß sein, wenn wir nach St. Blasien kommen, 750 m hoch in einem unzugänglichen Schwarzwaldtälchen gelegen. Vor uns liegt eine riesige Verwaltungs- und Residenzanlage, die größte dieser Art in Baden-Württemberg. Das Ergebnis der außergewöhnlichen Entwicklung eines **BENEDIKTINERklosters**.

Seine Entstehungsgeschichte liegt weitgehend im Dunkeln. Im 9. Jh. als eine Zelle des Klosters Rheinau (bei Schaffhausen) entstanden, war nach den Ungarneinfällen eine Neugründung notwendig. Der Erwerb einer vermutlich vom armenischen Bischof Blasius (Blasiussegen!) stammenden Reliquie war die Grundlage für Wallfahrten und für Schenkungen. Denn im mittelalterlichen Glauben lohnte es sich, über Gaben die Zuwendung eines so wichtigen Heiligen zu erkaufen. Daher erhielt St. Blasien unerschlossene Ländereien im gesamten Südschwarzwald. Es war die Zeit der „inneren Kolonisierung" Deutschlands (12./13. Jh.), also der Urbarmachung von unbesiedelten Gegenden im Landesinneren, um einen Bevölkerungsüberschuß zu versorgen. St. Blasien trug einen wichtigen Teil hierzu bei, getreu dem Bibelspruch „Macht Euch die Erde untertan". Seinen Streubesitz verwaltete es, indem es vor Ort Propsteien und kleine Konvente einrichtete, darunter auch für Frauen: Weitenau (s. Steinen), Berau (Frauen, s. Ühlingen-Birkendorf), Sitzenkirch (Frauen, s. Kandern), Bürgeln (s. Schliengen), Todtmoos, Nellingen (s. Ostfildern) und weitere außerhalb von Baden-Württemberg. Insgesamt waren es 13 Propsteien mit rund 100 Pfarreien!

Ein weiterer Grund für die wachsende Bedeutung und für Schenkungen war der Anschluß St. Blasiens an die große Klosterreformbewegung des 11. Jh. als eines der führenden Reformzentren. Und zwar wurde es der Verbreiter der Reform von Frutturia (Italien) und stand zeitweise gleichwertig neben dem clunizianischen Hirsau (s. Calw). Dies führte auch zu eigenen Klostergründungen (z.B. Ochsenhausen) und zur Entsendung von Mönchen in bestehende Klöster (z.B. Wiblingen bei Ulm, Alpirsbach, Ettenheimmünster). Die Begeisterung von Frauen für diese Bewegung wurde kanalisiert durch den Anschluß eines eigenen Frauenkonvents, also durch Umwandlung in ein kurzzeitig bestehendes Doppelkloster, wie es bei vielen Reformklöstern dieser Zeit typisch war. Diese Frauen siedelte man jedoch schnell wieder aus, und zwar nach Berau (s. Ühlingen-Birkendorf), auch typisch für die Probleme der Benediktiner mit ihren Anhängerinnen. Die Reformbegeisterung einfacher Menschen führte ebenso wie in Hirsau zur Gründung eines Konversenzweiges (= Laienbrüder), eine Erfindung dieser Reformbewegung, die später von den Zisterziensern übernommen wurde.

Damit hatte St. Blasien seine geschichtliche Rolle erfüllt, der Alltag kehrte ein. Es ging jetzt letztlich nur noch um das Verwalten gegebener Besitzungen. Eine politische Verwertung der herausragenden Stellung wurde verpaßt, weil man die Vogtei von den Zähringern zu den Habsburgern wechseln ließ. So blieb man bis zum Reichsende politisch abhängig, ein landsässiges Kloster.

Erst wieder in der Zeit der Gegenreformation erwachte St. Blasien aus seinem Trott. 1613 erwarb es die Grafschaft Bonndorf und war damit im Reichstag auf der Grafenbank vertreten. 1746 wurde der Abt sogar in den Reichsfürstenstand erhoben. Das erzeugte eine paradoxe rechtliche

Situation: im Reich als Fürst und im vorderösterreichischen Breisgau als Untertan! Der Höhepunkt wurde unter dem Abt Martin Gerbert erreicht, der als Politiker mit den Mächtigen und als Wissenschaftler mit den Gelehrten der Welt Kontakt hatte. Unter ihm entstand auch die heutige Anlage. Denn nach Außen mußte man ja schließlich den Aufstieg demonstrieren und dokumentieren. Hierfür diente die riesige Anlage als Konvent, Residenz und Verwaltungszentrum in einem. Bereits 1728–1742 hatte man durch vorarlbergische Baumeister (Beer von Bleichten) die Anlage systematisch neu bauen lassen. Ein Brand zerstörte 1768 einen Teil davon sowie die Kirche.

Abt Gerbert ging sofort an den Neubau. Dabei erfolgte der Kirchenbau aus einer revolutionär anmutenden Abwendung von Traditionen: Kein Barock, keine Verherrlichung von Gottes (katholischem) Wirken und der Geschichte des Benediktinerordens durch jede Menge Bilder, sondern das Modernste vom Modernen: nüchterner Klassizismus. Der Franzose d'Ixnard erstellte einen Kuppelbau analog zum Pantheon in Rom und zum Invaliden-

St. Blasien: Die klassizistische Kirche, ein „Tempel der Vernunft"

Foto: Metz

dom in Paris. Wolfgang Braunfels kennzeichnet ihn so: „Die Ratio hatte über das Mysterium gesiegt. Ehe Notre-Dame in Paris oder das Straßburger Münster zum Tempel der Vernunft erklärt wurden, ist hier, entlegen im Hochschwarzwald, durch ein jeder Vernünftigkeit des kommenden Zeitalters widersprechendes Kloster ein solcher Tempel entstanden". (Die Kunst im Hl. Röm. Reich, Bd. 3, S. 434).

Es war einer der letzten Klosterbauten im gesamten alten Reich, beendet 23 Jahre vor seiner Auflösung durch Napoleon. Nach der Klosterauflösung wanderte der Konvent nach St. Paul im Lavanttal (Kärnten) aus, wo er heute noch existiert. Die Industrie übernahm die Anlage (Gewehrfabrik, Baumwollspinnerei). 1874 brannte ein Teil der Gebäude ab und die Kuppel stürzte ein. Nach langem Hin und Her erfolgte eine unansehliche Renovierung. Inzwischen ist jedoch nach einem erneuten Brand (1977) der Kollegbauten eine grundlegende Renovierung vorgenommen worden: Die gesamte Anlage erscheint in frischem Glanz.

● Seit 1946 besteht eine Schule mit Internat in den Konventgebäuden, die von **Jesuiten** betrieben wird. Es wäre wünschenswert, daß ein Plan der gesamten Anlage am Eingang aufgestellt wird zur Orientierung der Besucher.

Daten: 1065–1806 Benediktiner. Seit 1946 Jesuitenkolleg

Lit.:   Germania Benedictina, Bd. V, S. 146–160

Schnell & Steiner Kunstführer Nr. 555: St. Blasien. 1993

Kleiner Domführer (liegt aus)

∟4 *St. Georgen*

„Bedenke, daß du aus Staub bist und zu Staub wirst!" Diesen Standardsatz bei Beerdigungen könnte man auf das ehemalige **BENEDIKTINER-kloster** St. Georgen übertragen. Vollständig ist es verschwunden, keine Ruinen blieben mehr von ihm. Aufgrund seiner enormen kulturgeschichtlichen Bedeutung und weil es immerhin im Namen einer Kleinstadt weiterlebt, soll es hier etwas ausführlicher behandelt werden.

Gegründet wurde es 1085, also mitten im Investiturstreit, von führenden Adligen der Papstpartei. Von vornherein sollte es als Reformkloster im Fahrwasser von Hirsau (s. Calw) tätig sein. Dies tat es gründlich: Eine Reihe von Männer- und Frauenklöstern wurde von ihm gegründet oder grundlegend reformiert, die Ausstrahlung ging vom elsässisch-lothringischen Raum bis hin nach Österreich. Im Bereich des heutigen BW entstanden drei Frauenklöster aufgrund seiner Initiative und unterstanden seinem Abt: Amtenhausen (s. Immendingen), Friedenweiler, Ursprung (s. Schelklingen). Zudem ist ihm die Kultivierung des Ostrandes des Mittleren Schwarzwaldes zu verdanken (vergl. Friedenweiler).

Nach einem Niedergang im 14. Jh. und einer Reform im 15. Jh. kam das gewaltsame Ende. Die Herzöge von Wirtemberg als Vögte führten 1536 die Reformation ein, der Konvent flüchtete ins habsburgische Villingen und gründete dort sein Nachfolgekloster St. Georgen. Der Besitz im Habsburger Machtbereich fiel dem Nachfolgekloster zu, im wirtembergischen Bereich dagegen wurde er als evang. Klosteramt verwaltet.

So hätten die Gebäude die Zeiten überleben können wie bei anderen aufgehobenen Klöstern auch (z.B. Maulbronn). Im 30j. Krieg jedoch entlud sich der angestaute Haß zwischen den Konfessionen in einer sinnlosen Aktion der Villinger Bürger, die Kloster und Dorf total zerstörten. Die Ruinenreste verschwanden schließlich nach dem Stadtbrand von 1865, weil sie jetzt als Steinbruch für den Wiederaufbau der St. Lorenzkirche und für den Rathausneubau dienten. Heute findet man nur noch eine Gedenktafel an einem Rest der ehemaligen Klostermauer und einige Erinnerungsstücke in einem Schulhof. Die Anlage befand sich direkt unterhalb des heutigen Rathauses.

Daten: 1085–1536 Benediktinerkloster

Lit.:   Germania Benedictina, Bd. V, S. 241–253

E. Stockburger: St. Georgen. Chronik des Klosters und der Stadt.

Stadtverwaltung, 1972

St. Märgen L3

Das Leben im Kloster als friedliches, sorgenfreies Dasein zum Lobe Gottes? Die Klostergemeinschaft als Ansammlung friedlicher, heiligmäßig lebender Menschen? Von wegen! Es menschelt überall, auch innerhalb eines Konventes. Und Konflikte mit der Außenwelt hat auch eine Gemeinschaft, die den Rückzug aus der Welt auf ihre Fahnen geschrieben hat. Gerade das mittelalterliche Kloster erlebte in der Regel Konflikte mit weltlichen Vogteiherren, bis hin zu Überfällen mit Plünderung, Erpressung und Mord. Dazu noch die häufig auftretenden Brände, für die es damals keine Versicherung gab. Das Stift St. Märgen kann zu alledem seine besondere Geschichte erzählen.

Es scheint von Anfang an kein günstiger Stern über dieser Niederlassung der **AUGUSTINER-CHORHERREN** gestanden zu haben. So mag es

St. Märgen: Die Schwarzwaldlandschaft ist geprägt von der Rodungstätigkeit der Klöster

schon beinahe wie ein Wunder anmuten, daß dieses Kloster die Jahrhunderte überdauerte und noch heute als Gebäude steht. Die Gründung geschah 1115 in der Zeit der großen kirchlichen Reformbewegung (Investiturstreit), und mit der Übernahme der strengen Augustinusregel ordnete man sich in diese Bewegung ein. Aber schon kurz nach der Gründung trat im Konvent Streit auf zwischen den einheimischen Mönchen und dem französischsprachigen Gründungskonvent aus Toul. Mit der Rücksendung der Lothringer in ihre Heimat wurde der Konflikt friedlich gelöst. Das Kloster jedoch entwickelte sich nur mit Mühe, so daß man bereits eine Einverleibung in das benachbarte Benediktinerkloster St. Peter vorsah. Nur die Unterstützung des Konstanzer Bischofs bewahrte es vor diesem schnellen Ende.

Im 14. Jh. kam es dann dick: 3 Äbte starben eines gewaltsamen Todes. Zum einen in den Konflikten mit den Vogteiherren auf der nahen Burg Wiesneck, wobei 1355 der eine ermordet wurde und 1401 der andere im Streit fiel. Und zum anderen bei Auseinandersetzungen innerhalb des Konventes um die Frage, ob das einzelne Mitglied persönliches Einkommen haben darf (was gegen die strenge Augustinusregel verstößt). In dieser Existenzkrise rettete sich das Stift mit dem Anschluß an das Augustiner-Chorherrenstift Allerheiligen in Freiburg.

Neben diesen Konflikten kamen mehrere Zerstörungen durch Brände: 1430 war die Vernichtung so total, daß man nach Freiburg umzog. Dann brannte 1560 die neuerbaute Kirche ab. 1704 taten die Soldaten des Sonnenkönigs ihr vernichtendes Werk. Und der letzte Brand erfolgte 1907, 100 Jahre nach der Auflösung des Stiftes. Inzwischen ist die Anlage wieder so aufgebaut, wie sie im 18. Jh. erstellt worden war: Eine Barockanlage mit 2 Innenhöfen.

Der Besucher findet die typische Landschaft des Mittelschwarzwaldes vor, wie sie die Rodungsarbeit der hier angesiedelten Klöster und Stifte geschaffen hat (vergl. Friedenweiler): Einzelhofbewirtschaftung mit Wald, Bächen und Wiesen. In eine Gebirgslandschaft paßt ein Barockkloster immer gut hinein: Wenn man vom Turnergasthof zum Stift hinunter fährt, sieht man bereits von weitem die herrliche Doppelturmfassade der Kirche. In der Kirche befindet sich eine beliebte Wallfahrtsmadonna.

Daten: 1115–1806 Augustiner-Chorherren-Stift

Lit.:   Schnell & Steiner Kunstführer Nr. 539: St. Märgen im Schwarzwald. 1990

● Vor kurzem (1995) hat sich erneut eine kleine Ordensgemeinschaft im Kloster angesiedelt. Die polnischen **Pauliner** (s. Todtmoos) haben im Pfarrhaus ein Priorat errichtet. Dies ist ihre 2. Niederlassung in BW.

L3 *St. Peter*

Die Funktion dieses Klosters wird dem Besucher mit dem Eintritt in die Kirche vor Augen geführt: Die vor den Wandpfeilern stehenden Stifterfiguren begrüßen ihn. Sie erinnern daran, daß dieses Kloster als Hauskloster einer bedeutenden Hochadelsfamilie gestiftet wurde. **Hausklöster**, in denen auch die Grablege der Familie untergebracht war, finden wir immer wieder im Hochmittelalter (z.B. Weingarten und Lorch). Im Spätmittelalter wurden sie von den Kollegiatstiften (s. Stuttgart, Wertheim) abgelöst.

Ein weiterer ordensgeschichtlich wichtiger Hinweis läßt sich aus dieser Ahnengalerie erschließen: Im 18. Jh. mußten die Klöster um ihr Überleben fürchten, da im Zuge der Aufklärung immer stärkere Kritik an ihnen aufkam. Mit der Darstellung als Gründung eines bedeutenden Geschlechts versuchte man, seine eigene Bedeutung und historische Rolle zu beweisen. Anderswo finden wir solche Darstellungen in Form eines Kaisersaals (z.B. Salem) oder durch Fresken zur Gründungslegende im Kirchenschiff (z.B. Buchau). Auf diese Weise wurde Tradition vorgezeigt, um Selbstbewußtsein zu demonstrieren.

Die Gründung des **BENEDIKTINERklosters** St. Peter ging vom Hochadelsgeschlecht der Zähringer aus, das als eines der Hauptakteure der päpstlichen Partei im Investiturstreit wirkte. So war es von vornherein als Reformkloster konzipiert, und zwar als Priorat in Abhängigkeit von Hirsau (s. Calw). Gegründet wurde es auf Eigenbesitz der Zähringer in Weilheim unter der Teck (Schwäbische Alb). Da jedoch ihr Herrschaftsschwerpunkt im Südschwarzwald lag, verpflanzte man 1093 das Kloster an einen strategisch wichtigen Ort am Breisgauer Schwarzwaldaufstieg. Zugleich

Foto: Metz

erfolgte auch die Aufwertung zu Hauskloster und Grablege der Zähringer, von der noch heute die Grabepitaphien im Chor zeugen. Mit dem Aussterben der Zähringerhauptlinie brach der Aufstieg dieses Klosters ab. Eine bedeutende Leistung aus dieser Zeit wird jedoch noch heute von

St. Peter: Hauskloster der Zähringer
mit Rodungsauftrag

den Schwarzwaldtouristen geschätzt: Seine Rodungstätigkeit schuf die typische Kulturlandschaft des Mittleren Schwarzwaldes, ähnlich wie in nächster Nähe St. Märgen und Friedenweiler dies taten.
Da die Vogteirechte 1526 an Habsburg gelangt waren, konnte St. Peter nicht zur Reichsfreiheit aufsteigen, so sehr man sich auch darum bemühte. Mit den Darstellungen der berühmten Stifterfamilie wollte man eine Absage gegenüber Habsburger Interessen ausdrücken. Habsburg saß jedoch am längeren Hebel.
Erst lange nach der napoleonischen Auflösung fand man eine adäquate Nutzung als Priesterseminar des neugegründeten Erzbistums Freiburg. Diese Funktion erfüllt die Anlage noch heute.

345

Den Besucher begrüßt bereits von weitem die Doppelturmanlage, die von Peter Thumb 1724–27 zusammen mit der Kirche erbaut wurde. In der Kirche arbeiteten so berühmte Künstler wie Feuchtmayer, Spiegler und Wenzinger. 1752–57 erbaute Thumb auch die Konventgebäude neu, in denen sich mit dem Bibliotheksraum wohl der schönste Rokokoraum des Breisgaus befindet.

Daten: (1073–1093 in Weilheim), 1093–1806 Benediktinerkloster

Lit.:   Germania Benedictina, Bd. V, S. 475–483

Schnell & Steiner Kunstführer Nr. 561: St. Peter im Schwarzwald, 1952

H 3 *Sasbach*

Obersasbach (Erlenbad)

„Umwege sind mitunter die schnellsten Wege zum Ziel". Diesen Eindruck kann man häufig im Zusammenhang mit Ordensgründungen oder Klosterverlegungen gewinnen. Wenn die Widerstände staatlicher oder kirchlicher Art zu groß sind, kommt schließlich über Umwege die Idee doch noch zum Durchbruch. Das Entstehen der Kongregationen im 19. Jh. als Antwort auf die sozialen Probleme mag hierzu ein Beispiel sein (vergl. Bühl). Die Geschichte der Franziskanerinnen von Erlenbad paßt hier hinein.

Begonnen hatte es 1859 in Rheinmünster-Schwarzach, wo der dortige Pfarrer F.X. Lender aus eigener Initiative ein Waisenhaus gründete. Es war die Zeit sozialer Herausforderungen, die von kirchlichen Amtsträgern und Privatpersonen aufgegriffen wurden (vergl. Bühl). Einige Frauen unterstützten den Pfarrer, es entstand eine **3.-Ordens-Gemeinschaft**. Aufgrund der Schulgesetze mußte 1871 die Gemeinschaft aufgelöst werden und konnte nur noch als weltliche Gemeinschaft weiterarbeiten.

Dies wollten jedoch 3 Frauen nicht, daher wanderten sie in die USA aus, gründeten dort 1874 ihre neue Gemeinschaft als Schulschwestern, errichteten in Milwaukee eine Zentrale, bekamen gewaltigen Zuwachs vor allem von Einwanderern aus Deutschland, und wollten schließlich deshalb in Europa ein eigenes Mutterhaus einrichten. Da in Baden noch immer politische Widerstände dagegen bestanden, versuchte man es zuerst in Luxemburg, kam dann nach Straßburg, und landete schließlich nach dem 1. Weltkrieg als **FRANZISKANERINNEN** in Erlenbad. Jetzt wurden auch die in Schwarzach verbliebenen Schwestern angegliedert. Von hier aus wurden die Stationen für ambulante Krankenpflege in Baden, der Schweiz, Belgien und Niederlande mit Nachwuchs versorgt. Als eine Spezialisierung war die Betreuung von Studentinnenwohnheimen anzusehen.

Der Höhepunkt der Mitgliederzahl wurde in den 30er Jahren mit rund 1300 erreicht. Inzwischen hat die USA-Provinz mehr Mitglieder als die deutsche, weil bei uns der Nachwuchs ausbleibt – ein Schicksal, das fast alle diese Kongregationen erleiden.

Der Besucher findet eine große Anlage mit Park, die aus einem ehemaligen Hotel (Sanatorium) entstand. Kirche und Konventbauten stammen von 1926.

Daten: 1859–1873 in Schwarzach als 3.-Orden-Franziskanerinnen,
*   seit 1874 in Milwaukee als Schulschwestern, seit 1919 in Erlenbad.*

Lage: An der Straße von Obersasbach nach Lauf.

Lit.:   100 Jahre Schwestern des Hl. Franziskus. Eigenverlag, 1974
*   W. Müller: Die Klöster der Ortenau. In: Die Ortenau, Bd. 58, 1978, S. 588–593*

Satteldorf E 12

Wenn man von Wallhausen über kleine Seitenstraßen nach Gröningen fährt/geht, kann man abseits im freien Felde eine über 10 m hohe Mauer entdecken. Umgeben von Äckern und Wäldern steht die *Anhauser Mauer* als Zeugnis einer untergegangenen Kultur: die Kultur der Einsiedlermönche. Denn hier hatten einst **Paulinereremiten** gewohnt.

Entstanden war der Orden zu Ende des 13. Jh. in Ungarn aus dem Zusammenschluß verschiedener Eremitengruppen. Der Name wurde in Anlehnung an die legendenhafte Gestalt des ersten Eremiten in der ägyptischen Wüste, Paulus von Theben, gewählt. Nach Deutschland kam der Orden Mitte des 14. Jh., als mehrere in Süddeutschland bestehende Einsiedlerklösterchen Kontakt zur ungarischen Zentrale aufnahmen. Daraus entwickelte sich eine Gründungswelle, in der 11 Niederlassungen im Bereich des heutigen

Foto: Willig

Satteldorf: Anhauser Mauer, imposantes Relikt eines Einsiedlerklosters

BW entstanden: Tettnang-Argenhardt und -Langnau, Lenzkirch-Grünwald, Kenzingen-Kirnhalden, Villingen-Tannheim, Bonndorf, Rottenburg-Rohrhalden, Waldenburg-Goldbach, Weinstadt-Gundelsbach, St. Peter im Kaiserstuhl. Im Unterschied zum Einsiedlerorden der Kartäuser übernahmen sie als Aufgabe die Seelsorge der umliegenden Gemeinden.

In der Regel verschwanden die Anlagen dieses Ordens nach der Auflösung durch Reformation und Säkularisation, weil ihnen aufgrund ihrer geringen Größe keine Bedeutung zugemessen wurde. In Polen jedoch retteten 2 Niederlassungen den Orden in die Neuzeit hinüber. Dort entwickelten die Pauliner eine über ihre quantitative Größe hinausgehende Bedeutung, da sie das Nationalheiligtum Tschenstochau betreuen. Von dort aus wurden in neuerer Zeit auch zwei Neugründungen in BW vorgenommen (Todtmoos und St. Märgen). Der Orden heutiger Prägung hat mit dem des Mittelalters wohl nur noch den Namen gemeinsam.

In Anhausen bestand seit ca. 1357 eine Einsiedlerklause, die sich 1403 als Propstei den **PAULINEREREMITEN** anschloß. Ihre Ausstattung erhielt sie in den umliegenden Orten in Form von Pfarrkirchen, die man ihr zur Seelsorge übergab. Damit wurde sie vermögend – ein undenkbarer Zustand für die Gründergeneration. Kein Wunder, daß sie im Bauernkrieg Plünderung und Zerstörung erleben mußte. Die Markgrafen von Ansbach, die inzwischen die Vogtei erworben hatten, führten 1528 die Reformation ein und hoben schließlich 1557 das Klösterchen völlig auf. Um 1700 brach man die Bauten ab, mit Ausnahme der heute noch sichtbaren Mauer, die ursprünglich die nördliche Außenwand des gotischen Chores bildete. In die Mauer eingelassen sind 5 Grabsteine des Gründergeschlechtes der Bebenburg.

Anhausen läßt mit seiner Lage abseits der Siedlungen heute noch erahnen, was diesem Orden in seiner Gründungsphase existenziell war: Rückzug aus der Welt, wenn nicht in die Wüste, dann wenigstens in die Einöde. Mit der Übernahme von Seelsorgeaufgaben wurde zwar eine Existenzsicherheit gewährleistet, jedoch zugleich das ursprüngliche Ideal der Weltentsagung aufgegeben. Dies ist ein typisches Beispiel für die Anpassung an die Welt auf Kosten des Gründungsideals, wie wir es in der Geschichte der meisten Orden ähnlich finden.

Daten: 1357–1403 Einsiedlerklause, 1403–1557 Pauliner-Eremiten

Lit.:   H. Schmid, in Zeitschrift für Württembergische Landesgeschichte, Nr. 45, 1986,
*   S. 103–115*

L 9 *Saulgau*

Sießen

Das Kloster als Ort künstlerisch-schöpferischer Tätigkeit?! Auf den ersten Blick paßt dies gar nicht zur Askese und zum Rückzug aus der Welt. Es ist eine Paradoxie, daß seit der Karolingerzeit die Orte der Weltflucht zugleich zu den Orten der Kunst geworden sind (vergl. Reichenau). Zwar gab es in der Ordensgeschichte immer wieder Gegenbewegungen in Form neuer, strenger, asketischer Orden, die aber letztlich auch künstlerische Früchte hervorbrachten. So wurden z.B. die Zisterzienser mit ihrer konsequenten Ablehnung von Bildern und Fabelgestalten schließlich zu den Wegbereitern der Gotik, der perfekten Behandlung des nackten Steins.

Noch heute finden wir Beispiele für **künstlerische** Tätigkeiten im modernen Kloster. Dies scheint besonders bei den Franziskanerinnen von Sießen der Fall zu sein, wo Sr. Maria Innocentia Hummel 1931–46 lebte, deren naive Zeichnungen von Kindern als Figuren weltberühmt wurden. Der dortige Hummelsaal zeigt ihre Entwürfe. Inzwischen sind hier weitere Künstlerinnen tätig (gewesen) und tanzt zur Zeit eine ehemalige Balletttänzerin ihr „Gotteslob". Kein Wunder, daß dieses Kloster für junge Frauen attraktiv ist und immer wieder Nachwuchs findet.

Ca. 2 km westlich von Saulgau kann man bereits von weitem auf der Höhe die Klosteranlage erkennen. Entstanden 1260 aus einer Schenkung an eine in Saulgau wohnende **Frauensammlung,** die sich von den Dominikanern betreuen ließ und schließlich 1339 als **DOMINIKANERINNEN** offiziell vom Orden übernommen wurde. Ab diesem Zeitpunkt galt hier strenge Klausur, wenn es auch immer wieder zu Lockerungen kam. So wurde z.B. 1572 eine Reform durch Nonnen aus dem Kloster Kirchberg (s. Sulz) durchgeführt.

Nach den Plünderungen und Bränden des 30j. Krieges und des spanischen Erbfolgekrieges folgte eine Blütezeit, in der die barocke Anlage erstellt wurde. Kirche wie Konventbauten stammen von dem berühmten Dominikus Zimmermann. Hier konnte er für seine späteren Meisterwerke in Steinhausen und der Wies üben. Nach der Säkularisation fiel die Anlage an die Thurn und Taxis und wurde das Kloster von Württemberg aufgehoben.

Foto: Aßfalg

Sießen: Moderne Kongregation der Franziskanerinnen in ehemaligem Dominikanerinnenkloster

Ein Neubeginn erfolgte 1860. Die Kongregation der **FRANZIS-KANERINNEN** von Dillingen (Bayern) errichtete ihr Mutterhaus für Württemberg, indem sie eine Ansiedlung von Oggelsbeuren (s. Attenweiler) hierher verlegte. Als Aufgabenschwerpunkt hatte man Mädchenunterricht, ebenso wie die später errichtete Schwesterngründung in Berkheim-Bonlanden. So eröffnete man mehrere Schulen im Lande, darunter auch ein Mädchen-Gymnasium in Stuttgart. Inzwischen hat man als weitere Aufgaben Krankenpflege und Mission übernommen, mußte jedoch die Schule im Mutterhaus wegen fehlender Nachfrage aufgeben.

Der Besucher gelangt durch ein Torhaus in eine barocke Anlage, die durch neuere Anbauten erweitert wurde. Beim Zugang zur Kirche kommt man an der mittelalterlichen Kirche vorbei, heute Schwesternwohnheim. Außer Barockkirche und Hummelsaal sind die sonstigen Gebäude nicht der Öffentlichkeit zugänglich. Das Kloster bietet „Schnupperaufenthalte" für Jugendliche.

Daten: (1251) 1260–1339 Frauensammlung, 1339–1806 Dominikanerinnen,
seit 1860 Mutterhaus der Franziskanerinnen von Sießen

Lit.:   Schnell & Steiner Kunstführer Nr. 276,
A. Wilts: Beginen im Bodenseeraum, S. 434–435

Moosheim

Auch hier erkennt man bereits von weitem das ehemalige Frauenkloster, das mit seinem wuchtigen Kasten neben der Kirche die restlichen Dorfgebäude überragt. Gegründet wurde es 1378 als Frauenklause von dem Ravensburger Patrizier Humpiß, der das Patronat der Dorfkirche als Geldanlage gekauft hatte. Als 3.-Orden-**FRANZISKANERINNEN** wurde man offiziell erst 1435 anerkannt, lebte aber bereits zuvor nach franziskanischen Regeln.

Die maximal 9 Schwestern hatten einen direkten Zugang von ihrem Gebäude zum Chor der Kirche. Damit konnte ein Teil der Schwestern in Klausur leben: Ohne gesehen zu werden wohnten sie der Messe bei und gingen über eine eigene Treppe zur Kommunion. Die Ausgehschwestern hingegen übernahmen Sozialstation-Aufgaben im Dorf. Im Haus selbst bauten sie sich 1465 eine Kapelle, die jedoch nur vom Ortsgeistlichen betreut wurde. Somit blieben sie unter dessen Kontrolle und damit ein wichtiger Bestandteil des religiösen Lebens dieses Dorfes. Erst im 18. Jh. legten sie feierliche Gelübde ab und lebten nur noch klösterlich-klausuriert. Im Laufe der Jahrhunderte erwarben sie großen Grundbesitz, weshalb sie schließlich dieses große Haus Anfang des 18. Jh. erstellen konnten. Nach der Säkularisation kam es an die Gemeinde, die hierin ihr Rathaus einrichtete. Zusammen mit der neugotisch ausgestatteten Kirche aus dem 14./15. Jh. gibt dieses Ensemble dem Dorf einen besonderen Anstrich.

Daten: 1378–1435 Frauensammlung, 1435–1782 Franziskanerinnen

Lit.:   A. Wilts: Beginen im Bodenseeraum, S. 386–387

Kernstadt

Auch in der Stadt Saulgau finden wir ein Dritt-Ordens-Kloster, heute der Sitz der Stadtverwaltung. Die Gründungsgeschichte ist unklar. Wahrscheinlich entstand es schon 1375 als **Frauensammlung.** Offiziell wurde es ebenso wie Moosheim 1435 als **FRANZISKANERINNEN** durch den Generalminister des Ordens übernommen. Die Schwestern lebten keine Klausur, weil sie im städtischen Leben eine wichtige Funktion als eine Art Sozialstation einnehmen mußten: Krankenpflege, Sterbebegleitung, Hilfsdienste für den Pfarrer (vergl. Unlingen). Als typisch städtisch-bür-

Foto: Aßfalg

Saulgau: Frauenklause an der Stadtmauer, heute Rathaus (linker Bildrand – Mitte)

gerliches Frauenkloster war es die ideale Alternative für ledige Bürgerstöchter.

1748 übernahmen die Schwestern den Unterricht für Mädchen, eine völlig neue Aufgabe. Daher war die Auflösung unter Kaiser Joseph ein schwerer Schlag für die Stadt. Die Schwestern wurden nach Unlingen

umgesiedelt, die Gebäude von der Stadt aufgekauft. Zeitweise war das Oberamt darin untergebracht und in der Kirche eine Bäckerei. Heute wird der gesamte Komplex als Rathaus genutzt.

Dem Besucher fällt das Gebäude auf, wenn er auf der B 32 von Norden kommend um die Innenstadt herum geleitet wird: Direkt an der ehemaligen Stadtmauer liegend bildet es eine kompakte Ansammlung mehrerer Bauten. Konventbauten und Kirche stammen aus dem 18. Jh. und passen frisch renoviert in das Bild dieser ehemaligen habsburgischen Donaustadt (s. Riedlingen) mit ihren vielen Fachwerkbauten.

Daten: 1375–1435 Frauenklause, 1435–1782 Franziskanerinnen

Lit.:   A. Wilts: Beginen im Bodenseeraum, S. 435–436

*   J. Benz: Geschichte der Stadtpfarrei Saulgau, 1939*

Neben all diesen Frauenklöstern spielte das einzige Männerkloster nur eine untergeordnete Rolle. Erst gegen Ende des 30j. Krieges holte die Buchauer Äbtissin als Pfarrherrin die **Franziskaner** in die Stadt und siedelte sie außerhalb in der südlichen Vorstadt an. Sie bildeten mit ihrer Seelsorge eine Ergänzung zum Stadtpfarrer. Immerhin waren sie damit so wichtig, daß sie unter Kaiser Joseph II. nicht aufgehoben wurden. Dies erledigte jedoch das Königreich Württemberg im Rahmen der napoleonischen Säkularisation. Nach der Aufhebung diente der Konventbau als städtisches Spital (= Altenheim), was noch heute besteht.

Die schlichte Barockkirche wurde zu Getreidespeicher und Theater, und erst seit 1922 ist sie im Zusammenhang mit der erneuten Ansiedlung von

Franziskanern Pfarrkirche („Antoniuskirche"). Diese wohnten gegenüber, über der Bahnlinie, auf dem „Lammkeller". Heute stehen ihre
Gebäude verlassen da: Nicht aufgehoben, sondern aufgegeben!

Daten: 1646–1811, 1922–1985 Franziskaner

Lit.:   F.J. Klaus: Heimatbuch der Stadt Saulgau, 1970

J 10 *Schelklingen*

Ursprung

Das Spätmittelalter brachte den Niedergang der Klöster und zugleich als
Gegenbewegung Reformen. Unter den Begriffen **„Oberservanten"** bei
den Bettelorden und „Reformkongregationen" bei den Benediktinern (s.
Ulm-Wiblingen) verbreitete sich eine Bewegung, die verstärkt die Regeln
der Gründerzeit beachten (= observare) wollte. Widerstand dagegen konnte nicht ausbleiben, denn damit wurden erworbene Privilegien in Frage
gestellt. Wer von uns gibt diese schon gerne auf?! Daher gelang nicht in
jedem Kloster die Reform, daher wurde mancher Reformer von seinen
Mitbrüdern/-schwestern verjagt. Spektakulär verlief die Reform im
Frauenkloster Uspring, wo eine Erzherzogin persönlich unter Einsatz von
Gewalt die neue Ordnung durchsetzte.

Denn Erzherzogin Mechthild, die von Rottenburg aus die habsburgischen
Vorlande verwaltete und somit auch für Ursprung zuständig war, schaltete
sich 1475 persönlich in die inneren Querelen dieses Klosters ein. In diesem Adelsinstitut hatte sich eine starke Opposition gegen die Aufnahme
von bürgerlichen Nonnen gebildet, unterstützt von den adligen Verwandten der Umgebung. Die Priorin konnte daher ihre Reformvorstellun-
gen nicht durchsetzen. Als die Erzherzogin extra zur Unterstützung anrei-
ste, verschanzten sich die Reformgegnerinnen im Krankenhaus. Schelklin-
ger Bürger stürmten das Haus, der Widerstand brach zusammen. Reform-
erfahrene Nonnen aus St. Walburga in Eichstätt halfen beim Neuanfang

Dabei entstammte das **BENEDIKTINERINNENkloster** Ursprung der
Reformbewegung des 11. Jh. (Cluny-Hirsau-Reform). Eine bereits hier
bestehende Kirche wurde vom Gebietsadel an das Reformkloster St.
Georgen geschenkt, das es 1127 mit Nonnen aus seinem Frauenkloster
Amtenhausen (s. Immendingen) besetzte. Somit wurde Ursprung eines von
vielen Frauenklöstern unter Aufsicht eines St. Georgener Priors. Der
Aufschwung war stark, da die Einrichtung von adligen Frauenkonventen
einem Zeitbedürfnis entsprach. Im 14. Jh. kam der obligatorische Niedergang wirtschaftlicher und moralischer Art. So durfte jetzt Privatbesitz von
den Nonnen erworben werden und wurden Funktionsstellen mit persön-

Ursprich: Benediktinerinnenkloster neben Karstquelle in abgelegenem Tal
(heute Ursprinchule)

lichen Einkünften verbunden („Pfründenwirtschaft"). Daher die Forderung nach einer Rückkehr zu den alten Regeln, die auf einen nicht-heiligmäßigen Widerstand stieß.

Die erfolgreich durchgeführte Reform trug ihre Früchte in der Reformationszeit, in der hier keine Austritte von Nonnen auftraten. Ein öffentlichkeitsträchtiges Ereignis löste jedoch eine schwere Krise aus, als man sich gerade von den Zerstörungen des 30j. Krieges erholte: 1658 flüchteten Priorin und Prior gemeinsam aus dem Kloster. Solche Ereignisse sind die Grundlage für die weitverbreiteten Geschichten von unterirdischen Gängen zwischen Männer- und Frauenklöstern oder Neugeborenenfriedhöfen in Frauenklöstern.

Eine Aufhebung unter Kaiser Joseph II. konnte vermieden werden, weil man ein Internat für adlige Mädchen unterhielt. 20 Jahre später kam die napoleonische Aufhebung. Aber die Nonnen durften in einem Gebäude wohnen und die Kirche benutzen (bis 1844). Die Anlage wurde an einen Fabrikanten verkauft, der hier die erste Baumwollspinnerei Württembergs errichtete. Dafür riß er einige Konventflügel ab. Nach der Verlegung der Fabrik nach Schelklingen (1906) erfolgte eine Renovierung der Restanlage.

Der Besucher findet heute eine renommierte Privatschule in den Resten der Klosteranlage. Oberhalb eines typischen Quelltopfes der Schwäbischen Alb stehen noch die Kirche und der Konvent-Ostflügel, beides von der Schule benutzt. Dahinter (nach Osten) sind das reich verzierte Priorinhaus und das Haus des Priors zu sehen. Mit seiner idyllischen Lage in einem Talkessel abseits des Verkehrs bietet sich Ursprung als idealer Ort für eine Wanderung an.

Daten: 1127–1806–1844 Benediktinerinnen

Lit.:   J. Eberl: Geschichte des Ben. Klosters Ursprung. 1978, Müller+Gräff-Verlag

Wittichen

Wer sich in diese gottverlassene Gegend, in dieses abgelegene Schwarzwaldtal verirrt, der fragt sich unwillkürlich, weshalb Frauen gerade diesen Ort für ihr Kloster aussuchten. Zu erklären ist es nur aus dem Zeitgeist der Gründungsphase und der Person der Gründerin Luitgard von Wittichen. Denn die Gründung geht auf eine Vision zurück. Visionen und mystische Erlebnisse begegnen uns zu dieser Zeit (Ende 13./Anfang 14. Jh.) immer wieder bei Frauen, so in Süddeutschland in den noch jungen Dominikanerinnenklöstern (s. Sulz-Kirchberg). **Frauenmystik** ist ein Phänomen dieser Epoche, berühmte Mystikerinnen dieser Zeit sind uns noch heute ein Begriff: Mechthild von Magdeburg, Gertrud von Helfta, Birgitta von Schweden, Catharina von Siena. Luitgard von Wittichen läßt sich hier einordnen, denn ohne ihr visionäres Feuer hätte sie als Person niederen Standes nicht solch bedeutende Personen überzeugen können und ein so großes Werk wagen können. (Zur Frauenmystik, s. R. Beyer: Die andere Offenbarung. Fourierverlag, 1996)

Die Gründerin lebte als Begine in einer Klause in Oberwolfach (s. Wolfach), als sie an einem Himmelfahrtstag die Vision ihres Auftrages erhielt und später den Ort dazu sah. Lange Zeit behielt sie dieses Erlebnis für sich. Schließlich brach sie mit Gefährtinnen dorthin auf und gründete 1325 ein **Franziskanerinnenkloster** mit 34 Nonnen (analog zu den 33 Lebensjahren und 9 Monaten Jesu). Aufgrund fehlender Mittel war das Unternehmen ständig gefährdet. Sie gewann jedoch die päpstliche Bestätigung sowie die Unterstützung der Königin Agnes von Ungarn, die in Königsfelden im Aargau im dortigen Klarissenkloster lebte.

Rund 50 Jahre nach der Gründung erfolgte die Umwandlung in ein **KLARISSENkloster**, was strenge Klausur bedeutete. Trotz der Erinnerung an die Gründerin war dieses Kloster letztlich doch kein Vorbild, denn es wurde z.B. häufig die Klausur gebrochen. In der Reformationszeit stand man kurz vor dem Ende, da die Fürstenberger Herrschaft vorübergehend protestantisch war und ein starker moralischer Verfall unter den Nonnen auftrat. Nur durch die zweimalige Auffrischung (1569 und 1654) mit Klarissen aus Valduna (Vorarlberg) konnte man überleben.

Nach der Säkularisation durch Fürstenberg verfiel die Anlage und wurde

Wittichen: Klarissenkloster am „Ende der Welt"

Foto: Kurverwaltung

1858 zum Großteil abgerissen. Übrig blieb die Kirche und ein Rest des Konventgebäudes (heute Pfarrhaus). Daneben ein privates Museum mit Restutensilien des Klosters. Seit 1979 gehören die barocken Gebäude der Kirchengemeinde und wurden renoviert. Bereits durch seine einsame Lage an/über einem typischen Schwarzwaldbach ist dieser Ort einen Besuch wert. Die Anfahrt geht von Schenkenzell über eine schmale und kurvenreiche Straße.

Daten: 1325–1376 3.-Orden-Franziskanerinnen, 1376–1802 Klarissen

Lit.:   *Alemania Franciscana Antiqua, Bd. 18, S. 126–242*

        Schnell & Steiner Kunstführer Nr. 1977: Wittichen.1991

        W. Müller: Die Klöster der Ortenau. In: Die Ortenau, Bd. 58, 1978, S. 455–469

Schliengen N 1

Bürgeln

Die großen Besitzungen der mittelalterlichen Klöster stammten in der Regel aus Schenkungen des Adels. Die Motive solcher Schenkungen mögen sehr vielfältig gewesen sein, aber immer wieder begegnet uns eine typische Konstellation: Jemand tritt in ein Kloster ein und bringt seine Güter mit. Im Falle von Bürgeln haben wir es mit einer kirchlich akzeptierten Art von mittelalterlicher Scheidung zu tun: Beide Ehepartner traten in verschiedene Klöster ein, ihr Vermögen ging an die Kirche.

Mit dem Eintritt des Herrn von Kaltenbach ins Kloster St. Blasien und seiner Frau in das von St. Blasien abhängige Frauenkloster Berau (s. Ühlingen-Birkendorf) erhielt St. Blasien deren Besitz im Umland von Bürgeln. Daraufhin richtete dieses **BENEDIKTINERkloster** dort eine *Propstei* mit 2–4 Mönchen ein, die das benachbarte Frauenkloster Sitzenkirch (s. Kandern) und mehrere Pfarreien betreuten. Eine für St. Blasien typische Organisationsform (vergl. Steinen-Weitingen), mit der es den Südschwarzwald erschloß.

Nach der Plünderung im Bauernkrieg kam der Verlust der Pfarreien, als die Vogteiherren von Baden-Durlach in ihrem Gebiet die Reformation einführten. Auf Bürgeln wohnte weiterhin ein kath. Propst, die Pfarreien jedoch waren von evang. Geistlichen besetzt. Damit blieben ihm nur noch Verwaltungsaufgaben, für die eine Person reichte. Und Streitereien entstanden automatisch durch die konfessionellen Unterschiede: Welcher protestantische Bauer leistet schon gerne Abgaben an einen „Papisten"!?

Nach der säkularisationsbedingten Aufhebung wohnte weiterhin ein Pfarrer auf Bürgeln, der von hier aus die Katholiken der Umgebung versorgte. 1878 jedoch wurde die Anlage an Privat verkauft, um schließlich 1920 vom „Bürglenbund", einer Art früher Bürgerinitiative, aufgekauft und der Öffentlichkeit zugänglich gemacht zu werden. So ist im Sommer Bürgeln als Gaststätte und als Schloßmuseum geöffnet.

Der Besucher findet Schloß Bürgeln abgelegen am Waldrand, in der Nähe des Ortes Obereggenen, ein Stück abseits der Straße Kandern-Badenweiler: hoch über der Ebene mit Ausblick auf die Vogesen, 300 m Fußweg vom Parkplatz aus. Die Anlage wurde 1762 durch Vater und Sohn Bagnato erstellt, wobei die große Kirche durch eine kleine Kapelle ersetzt wurde.

Daten: vor 1130–1805 Propstei von St. Blasien

Lit.: Germania Benedictina, Bd. V, S. 175–182

Schnell & Steiner Kunstführer Nr. 1173: Schloß Bürgeln

c 6 *Schönau*

Wenn es eine Quadratur des Kreises gibt, so haben sie die **Zisterzienser** für den Aufbau ihrer Organisation angewandt. Hier wurde ein System ge- und erfunden, das Selbständigkeit und Unabhängigkeit bei gleichzeitiger Kontrolle und Absicherung garantierte. Der Grundgedanke beruht auf einem Vater-Tochter-Verhältnis innerhalb einer Familie von Filialen: Jedes Kloster hatte Verantwortung für das von ihm gegründete Tochterkloster und mußte dort Kontrolle ausüben. Dies geschah in Form einer jährlichen Visitation durch den Vaterabt. Das einzelne Kloster war jedoch – analog zu den Benediktinerklöstern – wirtschaftlich unabhängig und mußte sich selbständig entwickeln. So entstand eine direkte Linie vom Mutterkloster Citeaux über die ersten Tochtergründungen bis hin zum letzten Tochterkloster irgendwo in Europa. Selbst Citeaux unterstand der Kontrolle, nämlich durch die Äbte der vier ersten Tochtergründungen La Ferté (1113), Pontigny (1114), Clairvaux (1115), Morimond (1115). Und um das Ganze noch zu perfektionieren, trafen sich alle Äbte einmal im Jahr auf dem Generalkapitel. Die Zisterzienser bildeten so den ersten durchorganisierten Orden der Kirchengeschichte.

Das **ZISTERZIENSERkloster** Schönau gehörte zur Familie der Clairvaux-Klöster. D.h., es ging über das Vaterkloster Eberbach im Rheingau auf Clairvaux zurück, das berühmt ist aufgrund seines 1. Abtes, Bernhard von Clairvaux. Eine Tochtergründung von Schönau wiederum wurde Bebenhausen (s. Tübingen). Damit unterschied man sich von der Masse der sonstigen süddeutschen Zisterzienserklöster, die über das elsässische Kloster Lützel zur Morimond-Familie gehörten.

Die Gründung war das Werk des Wormser Bischof 1145, der die Neugründung mit Schenkungen im Bereich der Bergstraße absicherte. Für

diesen Besitz errichtete Schönau Grangien (= selbstbewirtschaftete Gutshöfe), die von Laienbrüdern bewirtschaftet wurden (vergl. Freital-
Tennenbach). Ein weiterer Besitzschwerpunkt lag im unteren Neckartal,
geschenkt von den Pfalzgrafen in Heidelberg. Diese hatten bereits im 13.

Foto: Steinbach

Schönau: Kreuzgangrest des Zisterzienserklosters
mit Grabepitaphien

Jh. die Vogtei vom König
erworben, womit sie eine
direkte Kontrolle über die
weltlichen Angelegenheiten
dieses vor ihrer Haustüre liegenden Klosters ausüben
konnten. So halfen sie aus
einer wirtschaftlichen Krise
Ende des 14. Jh., entzogen
aber anschließend ständig
Kapital in Form von nicht-
rückzahlbaren Darlehen. Zu-
dem mußte Schönau u.a. zum Unterhalt der Heidelberger Universität beitragen, wo der Orden sein eigenes Studienhaus eingerichtet hatte.
Gründung und Vogtei wirkten sich in der Zusammensetzung des
Konventes aus: Wir finden hier vor allem Bürgersöhne aus Heidelberg und
Worms.

Einige Besonderheiten sind mit diesem Kloster verbunden. Demnach ist
der Fall eines Mädchens verbürgt, das verkleidet als Novize hier eintrat
und kurze Zeit später starb. Es wurde als heilig vom Konvent verehrt!
Erhalten blieben 10 Handzeichnungen zur Arbeit der Zisterzienser, die im
16. Jh. hier entstanden. Sie sind einmalig in ihrer Art, weil darin die
Tätigkeiten (z.B. Kirchenbau) direkt dokumentiert werden mit Darstellung
der Werkzeuge und Techniken. Heute befinden sie sich im Germanischen
Nationalmuseum in Nürnberg.

Ende des 15. Jh. verstärkte sich der Druck der Pfalzgrafen auf das Kloster
immer mehr, weshalb viele Äbte nach kurzer Zeit zurücktraten. Mit der
Reformation kam – wie nicht anders zu erwarten – die Aufhebung durch
die Pfalz. In die verlassene Anlage siedelte man Religionsflüchtlinge aus
Wallonien (= Belgien) an, die zwar die Technik des Tuchgewerbes mit-
brachten, jedoch für den Bau ihrer Häuser die Klosteranlage weitgehend
abrissen. Übrig blieben nur das gotische Refektorium (heute evang.
Kirche), davor ein Kreuzgangrest, der Abtbau sowie einige Mühlen und
ein Tor am obligatorischen Bach. Eine (veraltete) Überblickstafel hängt
versteckt hinter dem Rathaus, das an der Stelle des ehemaligen
Mönchsdormitoriums steht. Die evang. Kirche ist im Winter geschlossen.

Daten: 1145–1558 Zisterzienser

Lit.:   M. Schaab: Die Z.-Abtei Schönau im Odenwald. Universitätsverlag Heidelberg, 1990

Schnell & Steiner Kunstführer Nr. 1735: Ev. Stadtkirche Schönau, 1988

In Schöntal wird man bereits von weitem von der wunderbaren Doppelturmfassade begrüßt, die einen Vorgeschmack auf die gesamte, barock überströmende Anlage gibt. Aber was hätte ein Bernhard v. Clairvaux dazu gesagt.

Die Entwicklung eines Ordens über Jahrhunderte hinweg ist in bestimmten Aspekten vergleichbar der Entwicklung eines erwachsenen Menschen: Mit zunehmendem Alter entfernt man sich immer mehr von den Idealen der Jugendzeit. So macht man als 50jähriger mitunter gerade das, was man als 20jähriger abgelehnt und sogar verurteilt hatte. Die Anpassung an die Welt mit ihren materiellen Verlockungen und ihren sogenannten „Sachzwängen" lassen die jugendlichen Ideale im nachhinein als unrealistisch und übersteigert erscheinen.

Daß dies bei einem Teil des Zisterzienserordens nicht anders ablief, dafür kann die Anlage des Klosters Schöntal den Beleg liefern. Ein Bernhard v. Clairvaux hätte mit Gewißheit diesen Konvent sofort exkommuniziert wegen Verstoßes gegen die Grundsätze des Ordens. Denn in den **Bauvorschriften** der Gründungszeit des 12. Jh. waren alle Ausmalungen und überflüssigen Verzierungen verboten, bis hin zum Verbot von bunten Glasfenstern und von Kirchtürmen. Damit grenzte sich der junge Orden von den phantastischen Figurendarstellungen der Benediktiner ab und gab ein Vorbild für die nachfolgenden Reformorden (z.B. Franziskaner), die ähnlich rigorose Vorschriften erließen.

ZISTERZIENSER aus dem noch jungen Maulbronn waren 1157 von einem Provinzadligen zur Gründung geholt worden. Sie fanden bereits besiedeltes Land vor, in das sie – entgegen der Regel – ihr Kloster bauten. Die Frauenzisterzen Billigheim und Gnadental (s. Michelfeld) übernahmen sie in Betreuung. Die große Krise kam bereits 100 Jahre nach der Gründung: Schöntal war bankrott, das Vaterkloster Maulbronn konnte wegen eigener wirtschaftlicher Probleme nicht helfen. Nur ein außergewöhnlicher Schritt brachte die Lösung: Die Zisterze Kaisheim übernahm die Vaterrolle und beglich väterlich-großzügig die Schulden, gegen einen Schuldschein, der nie eingelöst wurde. Der Zisterzienserorden ließ kein männliches Familienmitglied verhungern.

Für kurze Zeit war Schöntal sogar reichsfrei, da es beim Konstanzer Konzil die entsprechenden königlichen Privilegien erhielt. 1491 jedoch mußte es sich dem Erzbischof von Mainz unterordnen. So überlebte es die Jahrhunderte in einem Lavieren zwischen Freiheitsrechten und bischöflichen Ansprüchen. Zerstörungen im Bauernkrieg und im 30j. Krieg wurden ausgebessert. Bis der besonders fähige Abt Knittel seine Vorstellungen von einem modernen Kloster in der Barockzeit umsetzte.

Nach der Aufhebung ließ der württembergische König Friedrich kurzerhand ein evang. theologisches Seminar in den Räumen einrichten, das bis

1974 bestand. Seitdem dienen die Konventbauten als Bildungshaus der Diözese Rottenburg-Stuttgart.

Der Besucher findet in einer Jagstschleife eine Anlage vor, die fürstlich zu nennen ist, eher ein Schloß als ein Kloster. (Übersichtsplan am Eingang). Geplant von einem der berühmten Dientzenhofer-Brüder, erbaut in über 50

Foto: Metz

Jahren. Die Kirche steht entsprechend dem klassischen Schema nördlich der Konventbauten, der Abtbau ist mit einer repräsentativen Schaufront ausgestattet. Darin das berühmte Treppenhaus im B.-Neumann-Stil. Im Kreuzgang befindet sich eine jahrhundertelange Galerie von Grabmälern der benachbarten Berlichingen, darunter auch das vom „Er-kann-mich-mal-Götz". Die alte Abtei und das äußere Torhaus sind renaissance. Über die Straße kommt man in den barocken Abtsgarten.

Schöntal: Rokoko-Treppenhaus im Balthasar-Neumann-Stil

Daten: 1157–1802 Zisterzienser

Lit.:   Bildungshaus Schöntal: 825 Jahre Kloster Schöntal, 1980

Schnell & Steiner-Kunstführer Nr. 610: Schöntal a. d. Jagst

Schramberg K 4/5

Heiligenbronn

„Aus Klösterchen wird Wirtschaftsunternehmen", diesen Eindruck muß ein Besucher gewinnen, wenn er die Stätte eines ehemaligen Franziskanerhospizes sucht und die modernen Anlagen der Behinderteneinrichtung der Franziskanerinnen von Heiligenbronn vorfindet. Behindertenbetreuung ist eine Aufgabe, die der Staat in starkem Maße religiösen Institutionen überläßt, egal ob katholisch oder evangelisch (vergl. Kehl-Kork). Dies liegt z.T. in der christlichen Botschaft und einer Ordenstradition (z.B. 3.-Orden-Franziskanerinnen) begründet. Zum Teil läßt es sich jedoch auch marktwirtschaftlich erklären: Die Übernahme einer solchen Aufgabe garantiert die eigene Existenz.

Beim „Heiligen Brunnen" bestand eine Einsiedelei, die die **Franziskaner** von Villingen 1463 zu einem Hospiz (= kleine, unselbständige Niederlassung) zur Betreuung von Wallfahrern ausbauten. Nach der Zerstörung im Bauernkrieg verkauften sie die Anlage und wollten im 18. Jh. trotz wiederholter Anfragen keine Neubesiedlung mehr versuchen. 1806 verbot das Königreich Württemberg, das dank Napoleon diesen Landstrich übernommen hatte, die Wallfahrt.

Der Ortspfarrer David Fuchs jedoch belebte die Wallfahrt erneut und gründete 1857 eine Kongregation der **FRANZISKANERINNEN** zur Betreuung von verwaisten Kindern. Kurze Zeit später spezialisierte man sich auf Blinde und Gehörlose. Heute befindet sich hier ein Zentrum für derartige Behinderungen, was sich rein äußerlich anhand der Ausmaße der Anlage ersehen läßt. Der Besucher findet aus der mittelalterlichen Zeit keine baulichen Zeugnisse mehr vor. Die Kirche stammt aus dem 19. Jh.

Daten: 1463–1532 Franziskanerhospiz, seit 1857 Mutterhaus der Kongregation der
Franziskanerinnen von Heiligenbronn

Lit.: Alemania Franciscana Antiqua, Bd. 15, S. 13–34
Hausbroschüre der Franziskanerinnen (an der Pforte erhältlich)

C 11 *Schrozberg*

Bartenstein

Hohenlohe ist das Land der Kleinstresidenzen par excellence (vergl. Kirchberg). Und kleinstresidenzer als Bartenstein kann es schier nicht mehr sein: Eine lange Straße mit Beamten- und Verwaltungsbauten, die in eine dreiflügelige Schloßanlage mündet. Ein Operettenresidenzdorf, in dem sich noch dazu seit dem Übertritt der Herrschaft zum Katholizismus (1667) zwei verschiedene Konfessionen gegenüberstanden. Da die Hohenloher Hausgesetze die Errichtung einer kath. Pfarrei verboten, überließen die Grafen ihre Schloßkapelle **Franzikanermönchen**, die hier eine „Missionsstation" errichteten (Vergl. Niederstetten). Verständlich, daß aufgrund von Kleinigkeiten Reibereien entstanden, die 1744 im Eingreifen Ansbacher Truppen zum Schutz der evang. Bevölkerung gipfelten. Wahrlich operettenhaft!

Das noch heute fürstliche, bewohnte Schloß dient teilweise als Museum. Die barocke Schloßkirche mit Fürstenloge ist geöffnet.

Daten: 1712–1810 Franziskaner-Hospiz

Die Säkularisation von Klostervermögen brachte den neuen Herren zwar einen gewaltigen Vermögens- und Gebietszuwachs, schuf jedoch auch ein unerwartetes Problem: Die sinnvolle Verwendung der Klosterbauten. Vielerorts versuchte man, die Anlagen zu verkaufen, was jedoch aufgrund ihrer Größe nur wenige Privatpersonen (Unternehmer) interessierte und zudem zu einem Preisverfall auf dem Immobilienmarkt führte. Also mußten die neuen Besitzer eine neue Verwendung suchen. Ein Teil der säkularisierten Klöster fand eine ihren Barockanlagen entsprechende Funktion als Schloß (z.B. Salem, Aulendorf). Ein Großteil jedoch blieb jahrzehntelang ungenutzt oder nur teilweise genutzt. Eine weitverbreitete Lösung war die Umwandlung in „Irrenanstalten", die Vorläufer der heutigen Psychiatrischen Krankenhäuser. In BW finden wir daher heute neben Schussenried die Klosteranlagen von Weißenau (1892), Rottenmünster (1896), Winnenden (1834), und Zwiefalten (1812) in dieser Art genutzt. Schussenried bietet sogar ein Beispiel für alle 3 Lösungen.

Denn nach der Säkularisation ging die Anlage an die Grafen von Sternberg-Manderscheid, die darin residieren wollten. Da sie aber noch ein weiteres Kloster erhalten hatten, ließen sie Schussenried leerstehen. Auf Drängen der Stadt kaufte schließlich das Königreich Württemberg die Anlage und richtete darin 1875 das Psychiatrische Krankenhaus ein.

Der Höhepunkt der Gründungswelle von **PRÄMONSTRATENSER-klöstern** war bereits vorbei, als 1183 aufgrund der Schenkung des Ortsadels hier ein solches entstand. Der persönliche Eintritt des Stifters belegt die immer wieder anzutreffende Religiosität breiter Bevölkerungsschichten in der Staufer-

Foto: Metz

Bad Schussenried: Prämonstratenserkloster.
Der Bibliotheksaal als Ausdruck wissenschaftlicher
Arbeit im Zeitalter der Aufklärung

zeit. Die Erben jedoch wollten diese Schenkung nicht anerkennen: 45 Jahre lang verzögerte sich der Bau der Klosteranlagen, 15 Jahre lang besaß die Gemeinschaft keinen Vorsteher.

Nach der Einigung von 1229 jedoch ging es rapide aufwärts. Pfarrechte bekam man geschenkt oder wurden systematisch

gekauft, die Pfarreien wurden mit (billigen) Klosterangehörigen besetzt, man blieb unabhängig unter königlichem Vogteischutz. 1512 erwarb man sogar die Hochgerichtsbarkeit. Damit besaß man die Voraussetzungen für die Reichsfreiheit. Probleme hatte man jedoch mit den Untertanen. Immer wieder begehrten die Bauern gegen die rigorosen Maßnahmen des Klosters auf, einen Aufstand wie im benachbarten Rot konnte man 1448 durch einen Vertrag gerade noch vermeiden, eine Plünderung mußte man jedoch im Bauernkrieg hinnehmen. Erst in der Barockzeit war dies kein Problem mehr. Jetzt bemühte man sich sogar um die Bildung der Bauernkinder, indem man die generelle Volksschule einführte.

Typisch ist der moralische Niedergang im 15./16. Jh. So starteten die Mönche 1438 den schier unglaublichen Versuch, ihr Kloster in ein weltliches Stift umzuwandeln, indem sie die Aufteilung des Klostervermögens auf die einzelnen Insassen beantragten. Dies wagte kein sonstiges Prämonstratenserkloster, damit war man an einem Tiefpunkt mönchischer Askese angelangt. Selbstverständlich konnte dies von der Ordensleitung nicht genehmigt werden. Auch hier kam eine Besserung erst in der Barockzeit mit der Durchführung einer inneren Reform. Jetzt erhielten die Mönche ihre Ausbildung an der Jesuitenuniversität in Dillingen. Der Aufschwung dokumentierte sich u.a. in einem Neubau. Daher traf die Säkularisation einen intakten Kleinstaat mit fast 100 km² Territorium und 3200 Untertanen.

Der Besucher findet eine Anlage am Rande der Stadt, die nur teilweise dem Barockidealplan entspricht (vergl. Weingarten). Ursprünglich war sie ebenso groß wie dort geplant. Aber beim Bauen ging das Geld aus, verwirklicht wurde nur der Nordflügel mit dem berühmten Bibliothekssaal. Die barockisierte gotische Kirche steht außerhalb. Auffallend an ihr ist der Vorbau von 1482: Hierin residierte einmal der Abt. Der Zugang zu Kirche und Bibliothek ist trotz Krankenhausbetrieb offen.

Daten: 1183–1803 Prämonstratenserkloster

Lit.:   *Stadtverwaltung: Bad Schussenried. Festschrift zur 800-Jahr-Feier.*

       Thorbeckeverlag, 1983

       Schnell & Steiner Kunstführer Nr. 163: Bad Schussenried. 1990

G 11   *Schwäbisch Gmünd*

Was war der Stolz eines mittelalterlichen Stadtbürgers? Die Größe der Stadtpfarrkirche, die einen Besucher noch heute überrascht. Mitten im Zentrum stehend faßte sie z.B. in Ulm mehr Menschen als die Stadt Einwohner hatte. Für die Reichstädte war ihre Kirche das Symbol des Aufstiegs, das Zeichen der gelungenen Verbindung von Diesseits und Jenseits und somit ein Garant für ihr Wohlergehen. Diesen Eindruck muß man auch in Schwäbisch Gmünd gewinnen, wenn man vor der riesigen Masse des gotischen Heilig-Kreuz-Münsters steht oder im Inneren den eleganten und gleichzeitig riesigen Raum erlebt. Die gotische Hallenkirche mit ihren drei gleichhohen Schiffen ist eine Erfindung der süddeutschen Reichsstädte. Hier in Schwäbisch Gmünd treffen wir eine der ersten derartigen Kirchen an, die – zu unserem Thema passend – in hohem Alter eine Stiftskirche wurde.

Dieser Bau geht zurück auf den Baumeister Heinrich Parler, der 1350 das Schiff vollendete. Möglicherweise war auch sein Sohn Peter, der als Baumeister des Veitsdoms in Prag berühmt wurde, daran beteiligt. Von anderen Baumeistern stammt der Chor, der erst nach dem Einsturz der romanischen Chortürme spätgotisch von Aberlin Jörg aus Stuttgart eingewölbt wurde. Diese Kirche verkörperte das Lebensgefühl einer wohlhabend gewordenen Reichsstadt, die in der Reformation im Unterschied zu den meisten Reichsstädten katholisch blieb. Daher konnte sie noch kurz vor ihrem Ende als selbständige politische Institution 1761 ein **KOLLEGIATSTIFT** an ihrer Stadtkirche einrichten. Die vorhandenen Altar-

Foto: Metz

stiftungen dienten als Ausstattung für ein Kollegium von 1 Propst und 9 Chorherren. Bürgerliche weltliche Stifte sind ansonsten typisch für die Eidgenossenschaft (s. Überlingen). Mit dem Ende der Stadtfreiheit (1802) endete auch die Existenz des Stiftes.

Schwäbisch Gmünd: Das Münster als Symbol der Bedeutung einer Reichsstadt

Man findet das Heilig-Kreuz-Münster im Südwesten der Altstadt, ein turmloser massiver Bau (Turm eingestürzt!). Auf der Südseite steht das barocke ehemalige Kapitelhaus des Stifts, noch heute äußerlich erkennbar anhand des Wappens des Augsburger Bischofs (Münsterplatz 7).

Lit.: Münsterbauverein: Heilig-Kreuz-Münster zu Schwäbisch Gmünd. Broschüre, liegt aus.

H. Baumhauer, J. Schüle: Das Heilig-Kreuz-Münster. Theissverlag, 1981

Worin zeigt sich der Reichtum einer mittelalterlichen Stadt? In der Anzahl ihrer **BETTELORDENSklöster**. Je mehr, desto reicher (vergl. Esslingen). Schwäbisch Gmünd hatte davon 3, ebensoviel wie die Bischofsstadt Konstanz und Freiburg. Glücklicherweise haben sich ihre Bauten bis heute erhalten, wenn auch nicht in Originalform. Außerdem befanden sich auch 2 weibliche Bettelordensklöster hier.

Als erste kamen die **FRANZISKANER**. Möglicherweise gründeten sie hier 1221 ihre erste Bettelordensniederlassung in Deutschland, zusammen mit Würzburg und Regensburg. Die Entwicklung des Konvents im Spätmittelalter entsprach jedoch nicht dem Geist des frühen Franziskanertums: Der Gmünder Konvent bekam 1522 sogar mehrere Rügen vom Stadtrat wegen seines liederlichen Lebenswandels. Denn er wehrte sich vehement gegen einen Anschluß an die Reformbewegung innerhalb des Ordens („Franziskaner-Minoriten"), als einer der wenigen der gesamten Provinz. So war er in der Reformation fast ausgestorben. Erst im 17. Jh. kam ein Aufschwung mit der Einrichtung eines Gymnasiums.

Foto: Steinbach

Schwäbisch Gmünd: Franziskanerkirche mit typischer Bettelordensarchitektur

Nach der säkularisationsbedingten Aufhebung wurden die Gebäude zum kath. Seminar für Lehrer, später Lehrerinnen, dann zum staatlichen Aufbaugymnasium (1951–65), und dienen heute als kath. Gemeindezentrum. Die Kirche ist seit 1908 Pfarrkirche.

Der Besucher findet das Kloster im östlich des Markplatzes. Die Kirche aus dem 13. Jh. wurde barockisiert. Vom Äußeren jedoch vermittelt sie das Bild der Bettelordensarchitektur (vergl. Freiburg): durchgehende Dachfläche ohne Kirchturm, steil hochragende Wände, einfachen Abschluß nach Westen. Im Norden steht der Konventbau. Die Franziskaner waren 1718 die Vorreiter des Barock in Schwäbisch Gmünd.

Daten: vor 1230–1803 Franziskaner, 1803–1809 Aussterbekloster

Lit.:   Kath. Pfarramt: St. Franziskus Schwäbisch Gmünd. 1985 (Broschüre, liegt aus)

Es dauerte ein halbes Jahrhundert, bis mit den **AUGUSTINER-EREMITEN** der nächste Bettelorden kam. Der städtische Klerus wehrte sich gegen seine Ansiedlung, weil er um den Verlust von Einnahmen fürchtete. Erst aufgrund eines päpstlichen Entscheids (1496) durfte er entsprechend seinen Aufgaben in der Stadt seelsorgerisch tätig sein. So wurde er schließlich im 15. Jh. der Partner der Bruderschaften: Armbrustschützen- und Handwerkerbruderschaften ließen sich von ihm betreuen und stifteten ihre Gedenkmessen. Zu diesem Zeitpunkt stand er im öffentlichen

Ansehen über den anderen beiden Bettelordensklöstern. So war er auch in der Lage, die letzte Niederlassung dieses Ordens in unserem Bereich, das Kloster Engelberg (s. Winterbach) zu besiedeln.

Nach der Aufhebung wurde die Kirche der evang. Gemeinde übergeben. Der Besucher findet sie östlich des Münsterplatzes, mit einem 1755 barockisierten Innenraum. Ein weiteres Beispiel für protestantisch genutzte barocke Klosterkirchen neben Ellwangen, Rottweil, Rastatt und Friedrichshafen. In den Konventgebäuden von 1732 befindet sich heute das Finanzamt.

Daten: 1284–1803 Augustiner-Eremiten

Lit.: Evang. Kirchengemeinde: Augustinuskirche und ehem. Kloster. 1991

Überraschend spät kamen die **DOMINIKANER** (= Prediger). Aus Esslingen stammte ihr Gründungskonvent. Gefördert wurden sie vor allem vom kleinen Landadel und von den mächtigen Herren von Rechberg. Damit fiel ihnen eine Rolle zu, die sonst Landklöster und die Ritterorden übernehmen. Aber diese fehlten in der direkten Umgebung.

Auch bei ihnen erfolgte der Niedergang im 15. Jh. Hier konnte sich jedoch der städtische Rat durchsetzen, der 1476 einen Anschluß an die Observantenbewegung erzwang. Ihre Glanzzeit erlebten sie kurz vor der Auflösung. Sie erstellten die schönste Barockanlage der Stadt, u.a. mit Hilfe der Baumeisters Dominikus Zimmermann und J.M. Keller.

Foto: Willig

Daher ist es als ein besonders schmerzlicher Verlust zu werten, daß die Räume nach der Aufhebung infolge der „brutalen" Nutzung zerstört wurden. So dienten sie als Kaserne, die Kirche als Stall. Schließlich standen fast nur noch die Außenmauern, als die Stadt die Gebäude erwarb und daraus das Kulturzentrum „Prediger" machte, eröffnet 1973. Trotz der Zerstörung der Bausubstanz kann man doch überraschende Entdeckungen machen. So ist das ehemalige Refektorium mit Rokoko-Stuck versehen, wie

Schwäbisch Gmünd:
Das Refektorium des Predigerklosters mit außergewöhnlichen Darstellungen im Geschmack des Rokoko

er in keiner Weise zu einem Bettelorden paßt und wir daher sonst in BW nirgends mehr finden. Es entsprach eben dem Zeitgeschmack, daß auch Bettelmönche unter neckischen Figuren speisten.

Daten: 1294–1803 Dominikaner

Lit.: Stadtarchiv: Barock in Schwäbisch Gmünd. 1981, S. 21–37

In Erinnerung an ein Frauenkloster gibt es die Klösterlestraße und die dort stehende Klösterleschule. Entstanden aus einer **Frauensammlung**, die von einer Witwe 1445 gestiftet wurde und sich 1476 als **FRANZISKA-NERINNEN** des 3. Ordens einem regulären Orden anschloß. Aufgrund ihrer Bezeichnung „Seelhausschwestern" kann man auf ihre wichtige Funktion im sozialen Gefüge der Stadt schließen: Sie übernahmen Aufgaben der Krankenbetreuung und der Sterbebegleitung. Damit übten sie eine typische Drittordenstätigkeit aus (vergl. Unlingen). Hierzu paßt auch die Lage ihres Klosters wenige Schritte neben der Pfarrkirche, von der sie abhängig waren (vergl. Pfullendorf).

In der Barockzeit errichteten sie ihr Kloster vollständig neu, auf dessen Grundriß die heutige „Klösterleschule" erbaut ist. Sie durften in dieser Zeit auch ihre eigene Kirche besitzen.

Daten: 1445–1476 Frauensammlung, 1476–1803 Franziskanerinnen

Zudem gab es im Bereich der Altstadt mehrere kleine **Frauen-sammlungen**, die sich nicht offiziell einem Orden anschlossen und im Beginenstatus eine beschränkte Zeit überleben konnten. Infolge fehlender Mittel oder kirchlichen Drucks gingen sie unter.

Außerhalb der Altstadt, Richtung Herlikofen, kommt man an einer riesigen Anlage vorbei, die mit einer Mauer umgeben ist und schon immer war. Aus der Sicht mancher Betroffenen mag sich die heutige Funktion kaum von der früheren unterscheiden: Heute Frauengefängnis, früher das Frauenkloster *Gotteszell*. Hier hatte sich 1240 eine **Frauensammlung** angesiedelt, die sich 1246 als **DOMINIKANERINNEN** einem regulären Orden anschloß. In der Anfangszeit lebten die Nonnen in strenger Klausur. Dies konnten sie nur, weil die Herren von Rechberg ihnen das Gelände und große Besitzungen geschenkt hatten, von deren Abgaben sie lebten. Diese machten es zu ihrem Hauskloster mit der Grablege ihres Geschlechts. So wird verständlich, daß in der Anfangsphase vorwiegend Töchter des Landadels eintraten und keine städtischen Mädchen.

Gotteszell reiht sich ein in die Anzahl der Dominikanerinnenklöster, in denen im 13. Jh. eine Mystikbewegung auftrat (vergl. Sulz-Kirchberg). Nonnenviten berichten uns von der mystischen Welle, die ganze Konvente erfaßte. Für Gotteszell ist dies im „Ulmer Schwesternbuch" festgehalten. Nachdem die Stadt in den Besitz der Schutzvogtei über das Kloster gelangt war, wurde es immer mehr zu einem Stadtkloster. Zugleich mehrten sich die Klagen über ständige Klausurverletzungen und ein fast weltliches Leben der Nonnen. Daraufhin griff der Stadtrat ein und erzwang 1476 eine Reform, ebenso wie bei den städtischen Dominikanern. Mit der Übersiedlung von 7 Nonnen aus dem Katharinenkloster von Nürberg erfolgte der Anschluß an die Observantenbewegung. Strenge Klausur und persönliche

Besitzlosigkeit wurden wieder zur Norm. Da diese Reform von vielen
Nonnen nicht akzeptiert wurde, zogen sie aus (vergl. Schelklingen-
Ursprung und Gomadingen-Offenhausen).
Nach der Auflösung wurde aus der Anlage ein Frauengefängnis. Die
Konventgebäude stammen weitgehend aus der Barockzeit. Die Kirche von
1450 wurde 1750–60 barockisiert. Ein Zugang ist nur möglich mit vorhe-
riger Erlaubnis der Gefängnisleitung. Es sei denn, man bleibt längere Zeit.

Daten: 1240–1246 Frauensammlung, 1246–1803 Dominikanerinnen

Lit.: Stadtarchiv: Geschichte der Stadt Schwäbisch Gmünd. Theissverlag, 1984,
S. 157–161

Zu einer richtigen kath. Stadt gehört eine Niederlassung der gegenreformatorischen **KAPUZINER!** Und zu Kapuzinern gehört die Betreuung
einer Wallfahrtskapelle. Hierzu diente die zu Beginn des 30j. Krieges neu
erbaute Salvatorkapelle. Die Stadt richtete 1644 eine Anfrage an diesen
Bettelorden hinsichtlich einer Ansiedlung. Der schickte einige Mönche,
die in einem Bürgerhaus in der Stadt wohnten. Erst 1652 hatte man die
Mittel für den Bau eines Konventes mit Kapelle, der nördlich der heutigen
Klösterlestraße entstand. Zur Begeisterung der einfachen Bevölkerung, bei
der die Kapuziner mit ihrem Schwarzweiß-Weltbild und ihrem konsequent
armen Leben ankamen. Von hier aus richtete man kleine Filialen (Hospize)
in Dürnau und in Hohenstadt ein. Die Aufhebung erfolgte erst 1810 durch
Württemberg, denn hier war nicht viel zu holen (vergl. Staufen). Man
brach die Gebäude ab und verwendete das Material zum Bau der Strafanstalt Gotteszell.
Besuchenswert ist die von den Kapuzinern betreute Salvatorkapelle nordöstlich des Bahnhofs. Ein von Kreuzwegstationen gesäumtes Sträßchen
führt zu dem in den Fels gebauten Gotteshaus, erbaut 1617. Daneben ein
Kaplaneihaus von 1771. Von dort hat man einen herrlichen Blick auf die
Altstadt.

Daten: 1644–1810 Kapuziner

Lit.: Stadtarchiv: Barock in Schwäbisch Gmünd, 1981, S. 159–192

Der Untergang der kath. Orden in der Säkularisation bedeutete für die
Stadtbevölkerung einen herben Verlust. Daher stieß der Vorschlag eines
Geistlichen, Schwestern zur Krankenbetreuung im Spital anzusiedeln, auf
Resonanz. 1852 holte man **Vinzentinerinnen** aus Straßburg, die erste der-
artige Ansiedlung im evang. Württemberg. 1891 zogen sie nach Unter-
marchtal um. Denn der Erfolg trieb sie aus der Enge der Stadt, wo sie ihr
Mutterhaus nicht erweitern konnten.

Dafür bekam diese Stadt schließlich doch noch eine Schwestern-
Kongregation. Aus der Zusammenarbeit des Kaplans K.Kirchner, der die

Salvatorkapelle (s.o.) betreute, mit der Witwe A.P. Walter, die das Gelände dafür zur Verfügung stellte. So wurde 1902 das Canisiushaus erbaut, an das sich eine (weibliche) Bruderschaft zur Herstellung von Paramenten (für den Gottesdienst) ansiedelte. Daraus entwickelte sich schließlich 1931 die Kongregation der **FRANZISKANERINNEN zur ewigen Anbetung**. Eine außergewöhnliche Mischung: Eine Art 3. Orden, der sich sozial engagiert mit Pflegeeinrichtungen und Kinderheimen, und der zugleich mit der ewigen Anbetung die Beschäftigung eines zurückgezogenen 2. Ordens ausübt (vergl. die Benediktinerinnen in Wutöschingen-Ofteringen).

Aus dem Canisiushaus ist inzwischen eine gewaltige Anlage mit modernen Bauten geworden. Man findet sie in der Hengenstraße.

Daten: 1902 Bruderschaft, 1921 Dritt-Ordens-Gemeinschaft, seit 1931 Kongregation der Franziskanerinnen zur ewigen Anbetung

Lit.: Jubiläumsschrift 75 Jahre Canisiushaus

Auch eine Männerkongregation hat sich hier angesiedelt. In der Taubentalstraße wohnt eine kleine Gemeinschaft der **Pallottiner** (vergl. Immenstaad).

E 10 *Schwäbisch Hall*

Wie sehr Protestanten und Katholiken aufeinandersaßen, dies kann man in dieser Stadt bereits äußerlich erkennen: Hier eine protestantische Reichsstadt, die ein riesiges Territorium mit ca. 440 km² und rund 16000 Einwohnern, das zweitgrößte nach Ulm, dem neuen („echten") Glauben zugeführt hatte; mitten in der Stadt kath. Ritter und Bedienstete in der Johanniterkompturei; und keine 5 km entfernt in der Comburg eine gewal-

Foto: Steinbach

Schwäbisch Hall: Das katholische Adelsstift (Großcomburg), im Hintergrund die protestantische freie Reichsstadt. Ein in Baden-Württemberg häufig anzutreffendes Spannungsverhältnis

tige Klosteranlage mit Stiftsherren, deren Gebet auch die Bekehrung der „protestantischen Ketzer" beinhaltete.

Die Comburgen (Steinbach)
Südlich von Schwäbisch Hall steigt aus dem engen Kochertal ein Berg mit einer Anlage auf, die man auf den ersten Blick für eine Burg hält: das ehemalige Kloster *(Groß-) Comburg* (ältere Schreibweise: Komburg). Dieses Kloster kann stellvertretend stehen für mehrere typische Entwicklungen der Ordensgeschichte. Zum einen wegen seiner Lage und Entstehungsgeschichte, zum anderen wegen seiner Umwandlung in ein weltliches Stift.

Die Lage auf dem Berg verrät uns sofort, daß wir es hier mit einem **BENEDIKTINERkloster** zu tun haben, denn Zisterzienser und Prämonstratenser suchten die Täler und die Bettelorden die Städte. Eine solch exponierte Lage macht Benediktinerklöster zu einem Blickfang, so daß sie in heutigen Reiseführern unter diesem Gesichtspunkt beachtet werden. Um nur einige sonstige berühmte Beispiele zu nennen: Ettal in Bayern, Mont St. Michel in der Normandie, Engelberg in der Schweiz, Melk in Österreich. Diese Klöster wirken wie Burganlagen, und als solches dienten sie auch in kriegerischen Zeiten. Zugleich weist bei manchen die Lage auf ihre Herkunft hin, und bei der Comburg verrät dies sogar noch der Name: Es ist eine geschenkte Burg, die zum Kloster umgebaut wurde.

Die Umwandlung geschah 1078 durch einen Grafen von Rothenburg, ein mit dem Kaiserhaus verwandtes Hochadelsgeschlecht. Der Stifter Burkhard trat selbst ins Kloster ein. Es ist die Zeit erbitterter Auseinandersetzungen zwischen Kaiser und Papst, denn der Investiturstreit hatte die Gesellschaft in 2 Parteien gespalten. So kann Kloster Comburg stellvertretend stehen für viele Schenkungen und Klostergründungen dieser Zeit, die einen neuen Zeitgeist ausdrücken: Plötzlich wird Religion zu einem inneren Bedürfnis, wird Mönchsein zur Berufung anstelle von Beruf, hat auch den Adel eine religiöse Aufbruchstimmung ergriffen. Die beiden Klöster Hirsau (s. Calw) und St. Blasien stehen als führende Reformzentren Deutschlands an der Spitze dieser Bewegung. So mag es nicht erstaunen, daß sich Comburg der Hirsaureform anschließt (und damit der päpstlichen Seite).

Mit der Gründung wurde für kurze Zeit ein Frauenkonvent angeschlossen, eine ebenfalls für diese Reformklöster typische Maßnahme. Schnell wollte man ihn wieder loshaben, indem man den Frauen ein eigenes Kloster gab (evtl. Klein-Comburg). Schnell kam der Niedergang, wirtschaftlicher wie geistig-moralischer Art. Im 14. Jh. waren die Schulden so gewaltig, daß Haller Bürger die Sanierung übernehmen mußten. Gerade mal 7–10 Mönche zählte damals der Konvent, die mit ihrem Lebenswandel überall

Anstoß erregten. Einer grundlegenden Reform widersetzten sich jedoch diese adligen Herren.

So wurde schließlich die Realität mit einer offiziellen Maßnahme anerkannt: Das Kloster wurde in ein **weltliches STIFT (Ritterstift)** umgewandelt (1488). Auch damit kann Comburg stellvertretend stehen für eine typische Entwicklung des Spätmittelalters, in der viele Benediktinerklöster ihrer Gründungsidee so entfernt standen, daß ein Weiterbestehen in dieser Form als eine Beleidigung der Klostergründer anzusehen war. Ein Austausch des ganzen Konvents war die eine Konsequenz, eine Umwandlung in ein weltliches Stift die andere (vergl. Sinsheim). Als weltliche Stiftsherren konnten die Bewohner ihren adligen Gepflogenheiten nachgehen, ohne eine Regel zu verletzen. So mußten sie im Jahr insgesamt nur 14 Tage auf der Comburg anwesend sein, um ihre Pfründe zu verdienen. Daneben waren sie noch Domherren oder Chorherren in Würzburg oder anderswo. Der nächste Schritt wäre die Klosterauflösung in der Reformationszeit gewesen, und die Reichsstadt Hall hätte dies liebend gerne gemacht. Sie hatte jedoch bei der Umwandlung in ein Kollegiatstift ihre Vogteirechte an den Würzburger Bischof abgetreten, der jetzt unbedingt diesen Vorposten halten wollte (vergl. Kloster Bronnbach, Stadt Wertheim). So mußte Hall vor seinen Toren einen Fremdkörper dulden.

Nach der Besetzung durch württembergische Truppen (1802) diente die Anlage dem württembergischen Ehreninvalidenkorps. 1928 wurde hier die erste Volkshochschule Süddeutschlands eingerichtet, aus der nach dem 2. Weltkrieg eine Akademie für Lehrerfortbildung wurde.

Das Weiterbestehen als Stift erklärt, weshalb man heute ein Bauensemble antrifft, in dem die verschiedenen Stilepochen vertreten sind, von Romanik bis Barock. So sind z.B. Kreuzgang, Kapitelsaal, Dormitorium und der Torbau romanisch, das Propsteigebäude gotisch-renaissance, die Kirche barock mit drei romanischen Türmen. Eine faszinierende Mischung. Zwei Ausstattungsstücke aus der Zeit der Romanik haben sich

hier überraschenderweise erhalten: ein Radleuchter mit einem Durchmesser von 5 m vor dem Choreingang, der einzige in Deutschland neben Aachen und Hildesheim; ein Antependium (= Altarvorderwand) aus vergoldetem Kupferblech mit

Foto: Metz

Großcomburg: Der Radleuchter, ein Kleinod romanischer Kunst

Christus und den 12 Aposteln. Alleine wegen dieser beiden Stücke lohnt sich eine Besichtigung (im Sommer geöffnet).

Der Besucher bekommt bereits beim Anmarsch einen Eindruck von der Mächtigkeit der Anlage, wenn er zu Fuß die repräsentative Lindenallee hochgeht und unter den Torbefestigungen hindurch in den Hof gelangt. Umgeben von einem Mauerwall liegen die verschiedensten Gebäude vor ihm (ein Lageplan hängt aus). Die eigentliche Klosteranlage weicht vom typischen Klosterbauschema ab, weil Kreuzgang und Klausur, also die Konventbauten, westlich der Kirche statt südlich angeordnet sind.

Daten: 1079–1488 Benediktinerkloster, 1488–1802 Kollegiatstift

Lit.:   Germania Benedictina, Bd. V, S. 351–358

Schnell & Steiner Kunstführer Nr. 356: Großkomburg, 1988

E. Krüger: Schwäbisch Hall, S. 123–153. Eppinger Verlag, 1990

Langewiesche-Bücherei: Die Comburg. Königstein, o.J.

Im Schatten der berühmten Großkomburg steht die *Kleincomburg* mit dem Patrozinium *St. Gilden (= St. Ägidius)* auf dem gegenüberliegenden Berg, dazwischen die Straße von Steinbach nach Hessental. Die Kirche zeigt uns, wie ehemals die Kirche der Großkomburg ausgesehen haben mag, denn sie hat ihre ursprüngliche Form aus der 1. Hälfte des 12. Jh. erhalten. Sie ist eine dreischiffige Basilika, flachgedeckt, mit kräftigen Säulen und Würfelkapitellen.

Gegründet wurde sie vermutlich als **Propstei**, also als Verwaltungszentrum für den Besitz der Großcomburg. Aufgrund der geringen Entfernung ist dies seltsam, denn bei anderen Klöstern wurden Propsteien nur bei weit entfernt liegenden Gütern eingerichtet (vergl. St. Blasien). Anscheinend bestand diese Propstei nicht lange, denn bereits 1286 wird hier ein **Frauenkonvent** erwähnt. In der Zeit der Gegenreformation waren **Kapuziner** hier, für die die heute noch erhaltenen Wohnbauten erstellt wurden. Nach der Aufhebung suchte man nach einer Nutzung. 1849–1892 siedelten sich erneut Frauen hier an, und zwar die **Kongregation** vom 3. Orden des Hl. Franziskus (heute in Reute bei Bad Waldsee). Schließlich verlegte man eine Filiale der Justizvollzugsanstalt Schwäbisch Hall hierher, verbunden mit einem Bauernhof. Die Kirche ist untertags geöffnet.

Die Anfahrt ist nicht ausgeschildert. Im Ort Steinbach (Richtung Hessental) geht es rechts in die Kleincomburgerstraße ab, auf der man unter einem Stadttor hindurch auf einer engen Straße zum Ziel gelangt.

Daten: 1108–? Propstei; um 1286 Frauenkonvent, 1684–1802 Kapuzinerkloster,

1849–1872 Mutterhaus einer franziskanischen Kongregation.

Lit.:   E. Krüger: Schwäbisch Hall, s.o., S. 153–159

Kernstadt

Wie ein Stachel im Fleisch der protestantischen Reichsstadt saß die kath. **JOHANNITERkommende** jenseits des Kochers in der Weilervorstadt. Radikal hatte das Stadtregiment den kath. Gottesdienst 1534 unterbunden und aus der Kirche eine evang. Pfarrkirche gemacht. Die daneben liegenden Kommendegebäude jedoch waren aus juristischen Gründen tabu. 60 Jahre lang dauerte das Ringen zwischen Stadt und Ritterorden, bis endlich der Komptur aus der Stadt hinaus nach Affaltrach (s. Obersulm) zog. Die Gebäude jedoch gab der Orden nicht auf.

Dabei hatte das Verhältnis Stadt – Johanniterorden so gut angefangen. Ein bereits bestehendes Spital war 1228 dem Orden geschenkt worden, weil seine pflegerische Kompetenz damals allgemein anerkannt war. Dem folgten weitere Schenkungen der Bürgerschaft und des Landadels, so daß u.a. das Dorf Affaltrach erworben und der Kommende eingeordnet werden konnte. Aber 100 Jahre später nahm die

Foto: Willig

Schwäbisch Hall: Die Johanniterkommende (Gebäude links der Kirche) als katholischer Fremdkörper in evangelischer Reichsstadt

Stadt das Hospital und seine Besitzungen in eigene Regie. Die Johanniter konnten die Erwartungen nicht mehr erfüllen, da aus dem Pflegeorden inzwischen immer mehr ein Ritterorden geworden war. An anderer Stelle wurde das neue Heiliggeistspital erbaut, eine reiche, reichsstädtische Institution. Damit hatte der Orden seine Rolle in der Stadtpolitik ausgespielt, seine Präsenz diente nur noch dem Einsammeln von Abgaben.

Die ehemalige Kirche St. Johann kann man von weitem erkennen, wenn man vom Rathaus bzw. Marktplatz die Neue Straße zum Kocher hinuntergeht. Erbaut 1385–1404 im gotischen Stil auf einer romanischen Vorgängerkirche, diente sie von 1541–1816 als Gemeindekirche. Dann wurde sie Turnhalle, später Saalbau, und heute dient sie für Ausstellungen (Öffnungszeiten erfragen). Unterhalb davon (von der Kocherbrücke aus gesehen links) befinden sich die ehemaligen Kommendegebäude, kaum identifizierbar aufgrund ihrer heutigen Nutzung als Geschäfts- und

Wohnhäuser. Ein Ritter als „Gallionsfigur" erinnert daran, daß sie nach der Auflösung zum Gasthaus „Ritter" geworden waren.

Daten: vor 1228–1600 Johanniterkommende, bis 1805 Teil von Affaltrach.

Lit.:   E. Krüger: Schwäbisch Hall, s.o., S. 98–101

Informationsblatt zur Kommende (liegt aus)

Zu einer bedeutenden Reichsstadt gehört ein Bettelordenskloster. Dies finden wir hier mit den **FRANZISKANERN**. Jedoch in einer für Bettelorden total untypischen Lage: Statt am Rande der Stadt lag es direkt im Zentrum, unterhalb der Michaelskirche. Denn hier hatte ihnen das Kloster Comburg die älteste Kirche der Stadt (Jakobskirche) samt danebenliegendem Herrenhof übergeben. Damit entstand eine der frühen Niederlassungen der Franziskaner nördlich der Alpen (1236) in einer der Keimzellen der Stadt. Anscheinend hatte der junge Konvent innere Auseinandersetzungen, denn 1244 erlaubte eine päpstliche Bulle das Vorgehen gegen abgefallene Brüder. Es dürfte sich dabei um die typischen Auseinandersetzungen innerhalb des jungen Ordens wegen des Armutsideals gehandelt haben.

Die gehobene Bürgerschaft identifizierte sich mit dem Kloster: Hier hinein traten ihre Söhne und wurden Guardiane (Vorsteher), hier ließen sich die Patrizier im Kreuzgang begraben. Anscheinend übernahm das Kloster (entgegen dem Armutsgebot) auch eine Salzsiedepfanne mit dementsprechenden Einkünften.

Nach anfänglichem Widerstand gegen die Reformation löste sich bereits 1524 das Kloster freiwillig auf und traten die meisten Insassen zum neuen Glauben über. Die Gebäude wurden für die Lateinschule genutzt. Beim großen Stadtbrand von 1728 brannte die Kirche ab, die Konventbauten jedoch überdauerten. Anstelle der Kirche wurde das reichsstädtische Rathaus errichtet, eines der schönsten des Landes. Die in der Renaissance stilistisch veränderten Konventbauten bilden heute als Widmanhaus und Stellwaghaus den westlichen (unteren) Abschluß des Marktplatzes. Der Besucher kann ein wenig die Größe des Klosters nachempfinden, wenn er von der unteren Seite auf die Häuser zugeht: Gewaltige Stützmauern gleichen den Höhenunterschied am Hang aus. Gaststätten erinnern mit ihrem Namen an die Klostervergangenheit.

Daten: 1236–1524 Franziskanerkloster

Heutige Nutzung: Archiv, Gaststätten. Rathaus an dem Platz der Kirche.

Gerade mal 100 m oberhalb des Franziskanerklosters finden wir eine **Frauenklause** im *Nonnenhof*. Hier, auf der Südseite der Michaelskirche, lebten Beginen von typischen Frauentätigkeiten: Weben, Krankenpflege, Sterbebegleitung (vergl. Unlingen). Ein Patrizier hatte ihnen dieses Haus 1512 geschenkt. Zuvor wohnten sie neben dem Spital. Die Hl. Brigitta von Schweden machte bei ihnen auf dem Weg nach Rom Rast. Heute befinden sich in dieser gotischen Hofanlage, wie man sie ähnlich in Schwäbisch Hall immer wieder finden kann, ein Archiv und Privatwohnungen.

Daten: 1349 bis zur Reformation: Frauenklause

● In neuerer Zeit wurde die beginische Tätigkeit von Frauen wieder aufgenommen. Die **Diakonissenanstalt** Schwäbisch Hall betreut das Krankenhaus der Stadt. 1886 wurde sie gegründet, als eine von vielen derartigen Einrichtungen in BW (s. Schwanau-Nonnenweier). Nach dem Aufschwung der Anfangszeit kam in unserer Zeit die große Krise: heute beherbergt sie nur noch Feierabendschwestern und keine Nachwuchsdiakonissen mehr. Man findet die riesige Krankenhaus-Anlage nördlich der Stadt, über dem Kocher stehend.

J2 *Schwanau*

Nonnenweier

Was unterscheidet eine evang. Diakonisse von einer kath. Schwester? Die evang. **Diakonissenanstalten** sind das Ergebnis einer Entwicklung, die auf kath. Seite zum Entstehen von Kongregationen (s. Bühl und Untermarchtal) führte. Aus dem Bedarf der Zeit heraus entstanden dezentral privat-religiöse Einrichtungen, die zur Beseitigung von neu auftretenden gesellschaftlichen Problemen beitragen wollten und konnten. Denn die beginnende Industrialisierung des 19. Jh. mit ihrem rasanten Bevölkerungswachstum wirkte sich z.T. verheerend auf die gesellschaftlichen Strukturen aus: Entwurzelten Kleinfamilien und mittellosen Industriearbeitern stand eine fehlende Infrastruktur hinsichtlich Krankenhäusern, Behindertenheimen und Kinderbetreuung gegenüber. So entstanden in dieser Zeit evang. Diakonissenhäuser und kath. Schwesternhäuser, die mit ihrer Arbeit in Krankenhäusern, Heimen, Sozialstationen und „Kleinkinderschulen" Abhilfe schaffen wollten. Als erste derartige Anstalt im Bereich des heutigen BW finden wir die Diakonissenanstalt Nonnenweier, entstanden aus einer Initiative zur „Kleinkindbetreuung".

Die Gründerin war Regina Jolberg, eine aus gutbürgerlichem Elternhaus stammende, gebildete, zum evang. Glauben konvertierte Jüdin, die sich als zweimalige Witwe der evang. Erweckungsbewegung in Stuttgart anschloß. 1840 folgte sie einer Anfrage des Pfarrers von Leutesheim (bei Kehl) und übernahm dort die Betreuung von Vorschulkindern. Daraus wurde 1844 eine „Kleinkinderschule" mit einer angeschlossenen Ausbildungsanstalt für Kinderpflegerinnen, ein ansonsten noch nicht existierender Beruf. Ohne besondere Ausbildung, nur mit der Orientierung an den Erziehungsidealen eines Pestalozzi und den Erfahrungen aus der Erziehung von 2 eigenen

Kindern konnte die Gründerin damals dieses Werk angehen. Heute undenkbar!

Wegen der 48er Revolution mußte man umziehen, konnte jedoch 1851 in Nonnenweier das ehemalige Schloß der Freiherren von Rathsamhausen beziehen. Das Unternehmen gewann immer mehr AnhängerInnen, so daß Nonnenweier schließlich zum **Mutterhaus** einer freien evang. Gemeinschaft wurde. Über Baden hinaus errichtete man Kleinkinderstationen in Hessen, der Pfalz und der Schweiz. Zudem übernahm man neue Aufgaben, z.B. Krankenpflege. Beim Tode der Gründerin (1870) bestanden sage und schreibe 350 Stationen. Daneben hatte in Württemberg eine Schülerin, Wilhelmine Canz, in Großheppach eine entsprechende eigene Institution ins Leben gerufen (s. Weinstadt). Einen solchen Aufschwung und diese Art der Entwicklung kann man in ähnlicher Weise bei den kath. Kongregationen finden!

Erst 1917 schloß sich die Gemeinschaft dem Kaiserwerther Diakonieverband an und wurde somit offiziell zu einer **DIAKONISSENanstalt**. Und erst 1925 akzeptierte man einen eigenen Pfarrer als Vorsteher, während man sich zuvor nur vom Ortsgeistlichen beraten ließ. Der Höhepunkt an Mitgliederzahlen war 1936 mit 966 Diakonissen gegeben. Nachdem die Schikanen der Nazizeit glücklich überstanden waren, trat die unvorhersehbare Krise aller heutigen Diakonissenanstalten ein: Der Mitgliedernachwuchs blieb aus, man mußte immer mehr Aufgaben an den Staat abgeben und Stationen schließen. So waren es 1978 gerade noch 400 Diakonissen, ist das Haus heute vor allem Unterkunft für Diakonissen im Ruhestand („Feierabendheim"). Die beiden Schulen für die Ausbildung als Erzieherin und als Altenpflegerin dienen der Rekrutierung von beruflichem Nachwuchs ohne Verpflichtung zum Leben in der Gemeinschaft.

Der Besucher findet die Anlage am Rande des Dorfes. Um das Schloß herum sind in den letzten 70 Jahren eine Reihe von Gebäuden erstellt worden, so daß man einen Eindruck von der Schubkraft dieser Bewegung bekommen kann.

Daten: seit (1844) 1851 Mutterhaus, seit 1917 Diakonissenanstalt

Lit.: W. Haury: Das evang. Diakonissenhaus Nonnenweier. Eigenverlag

Seelbach J 3

Das Dorf Seelbach erlebte ein ähnliches Schicksal wie das benachbarte Mahlberg: In der Reformationszeit protestantisch geworden durch das Geschlecht der Geroldseck, wurde es nach deren Aussterben von Habsburg übernommen und in dessen Auftrag rekatholisiert. Daher auch 1732 die Ansiedlung von **FRANZISKANERN**, die sich der Volksseelsorge widmeten. Diese Aufgabe hatten zuvor die Franziskaner von Kenzingen aus ausgeübt.

Heute findet man das ehemalige Kloster als massiven Bau im Ortszentrum. Zum Teil wird er von der Gemeindeverwaltung benutzt, z.T. von Privatpersonen (z.B. Metzgerei). Eine Gedenktafel erinnert an seine frühere Nutzung. Auf dem Dach sieht man zwei Kreuze, eines davon mit Doppelbalken („Damianskreuz"). Straßenname und Gaststätten erinnern ebenfalls an das Kloster.

Daten: 1732–1814 Franziskaner

Lit.:   Geroldsecker Land, Band Nr. 20, S. 114ff

W. Müller: Die Klöster der Ortenau. In: Die Ortenau, Bd. 58, 1978, S. 564–571

L 8 *Sigmaringen*

Wir sind im Jahre 1806. Sämtliche Kleinfürstentümer und -staaten Süddeutschlands sind infolge der napoleonischen Flurbereinigung aufgelöst worden. Sämtliche? Nein, zwei Duodez-Kleinfürstentümer konnten widerstehen und existieren weiter, dank der persönlichen Beziehungen einer Amalie Zephyrine von Sigmaringen zu Josephine de Beauharnais, der Frau des Caesars Napoleon: die hohenzollerischen Fürstentümer Hechingen und Sigmaringen.

Diese Einleitung belegt, daß Vitamin B(eziehung) so hilfreich sein kann wie ein Zaubertrank à la Asterix. An Vitamin B verloren jedoch in der Zeit der Aufklärung die Klöster immer mehr; daher wurden sie aufgelöst, auch im katholischen Sigmaringen. Die Phase der Auflösung begann bereits 20 Jahre vor Napoleon, nämlich unter Kaiser Joseph II. Ebenso wie in den habsburgischen Landen mußten im Bereich des Fürstentums Sigmaringen all die Klöster aufgelöst werden, die keine gesellschaftlich wichtigen Aufgaben (Seelsorge, Schuldienst, Krankenpflege) ausübten. Denn Sigmaringen stand unter Habsburger Oberhoheit, war kein souveräner Staat. Betroffen davon waren 2 Frauenklöster im Gebiet der heutigen Stadt, nämlich Gorheim und Laiz.

Kernstadt

Das Kloster Gorheim liegt ca. 1 km außerhalb der Stadtmitte im Donautal Richtung Beuron und ist weithin sichtbar durch seine Hanglage. Aus einer Sammlung von Frauen (Beginen) entwickelte sich im 14. Jh. ein **FRANZISKANERINNENkloster**. Der Anschluß an die Franziskaner als 3. Orden ermöglichte den Frauen, ohne strenge Klausur zu leben. Geistlich betreut wurden sie vom Pfarrer im Nachbarort Laiz, erst 1671 erhielten sie einen eigenen Seelsorger. Jetzt wurden auch die baufälligen Gebäude abgebrochen und völlig neu erstellt. Die Aufhebung im Jahre 1782 geschah auf Druck von Habsburg (Kaiser Joseph II.), das nicht nur in seinem direkten Herrschaftsbereich, sondern auch in seinem Einflußbereich diese Art von Ordensgemeinschaften beseitigte.

Die Anlage diente anschließend als Waffendepot und Kaserne, bis 1852 eine adäquatere Nutzung gefunden wurde: Die **Jesuiten** richteten hier ein Novizenkloster ein. Da die hohenzollerischen Fürstentümer Sigmaringen und Hechingen inzwischen an Preussen gefallen waren (1848), mußte das neu errichtete Kloster bereits nach 20 Jahren in der Zeit des Kulturkampfes schließen. Schließlich zogen 1890 **FRANZISKANER** ein, die die Gebäude erweiterten und die Kirche neu erbauten. Neben den noch heute dort lebenden Franziskanern dient ein Teil der Gebäude inzwischen dem katholischen Bildungswerk, das für Sigmaringen eine Art Volkshochschulfunktion erfüllt.

Der Besucher sollte eine geologische Besonderheit nicht übersehen: Direkt unterhalb der am Berg gelegenen Gebäude entspringt ein Bach in einem Karstquell-Weiher. Man kann das Wasser anhand von Luftblasen aufsteigen sehen. Frisches Wasser ohne jegliches tierisches Leben. Bereits nach ca. 500 m mündet dieser starke Bach in die Donau.

Daten: 1303–1312 Frauensammlung, 1312–1782 3.-Orden-Franziskanerinnen,

1852–1872 Jesuiten, seit 1890 Franziskaner

Lit.: Alemania Franciscana Antiqua, Bd. 14, S. 74–110

A. Wilts: Beginen im Bodenseeraum, S. 329

Franziskanerkloster: 100 Jahre Franz. in Gorheim. 1990 (Broschüre, liegt aus)

Foto: Willig

Hedingen: Heutige Grablege der katholischen Hohenzollern.
Ein Ort mit bewegter Vergangenheit

Das ehemalige Kloster Hedingen unterscheidet sich in vielerlei Hinsicht von den beiden anderen Frauenklöstern. Aus der Stiftung eines Ortsadligen heraus schloß es sich sofort als **DOMINIKANERINNEN** einem regulären Orden an. Die Nonnen, die aus dem niederen Landadel und dem Bürgertum der Stadt Sigmaringen stammten, lebten ohne Klausur, was auf einen 3. Orden schließen läßt. Anscheinend war ihr Lebenswandel alles andere als klösterlich, denn im 15. und 16. Jh. gab es immer wieder Klagen hierüber. Dies ist bei anderen Frauenklöstern ähn-

lich, weshalb meistens von Außen eine Reform aufgezwungen wurde
(vergl. Gomadingen-Offenhausen). Hier verlief es anders: Landesherr und
Konstanzer Bischof machten kurzen Prozeß, hoben das Kloster 1596 auf
und versetzten die Nonnen ins Augustinerchorfrauenstift Inzigkofen. In
den Hedinger Gebäuden wurde ein Spital eingerichtet.

1624 übergab der Landesherr die Gebäude den **FRANZISKANERN.**
Diese errichteten hier 1770 eine Lateinschule, aus der später das
Sigmaringer Gymnasium hervorging. Aufgrund ihrer Unterrichtstätigkeit
machten sich die Mönche so unentbehrlich, daß ihr Kloster erst 1816 aufgehoben wurde, also Joseph II. und Napoleon überstand.

Heute fällt die 1682 erbaute Erlöserkirche bereits von weitem auf, vor
allem wenn man mit der Bahn von Mengen nach Sigmaringen kommt, da
sie von einer gewaltigen Kuppel gekrönt wird. Diese Kuppel existierte jedoch nicht zu Klosterzeiten, sondern ist ein Produkt der weiteren Verwendung nach der Aufhebung. Die Fürsten von Sigmaringen machten die
Klosterkirche zu ihrer Grablege und ließen im 19. Jh. anstelle des Chores
einen Kuppelbau im Neo-Renaissancestil errichten. Eine Kirchen-
besichtigung ist nur möglich zwischen Weihnachten und 10. Januar, wenn
die Krippe aufgebaut ist, oder nach Voranmeldung bei der fürstlichen
Verwaltung im Schloß. Die Konventbauten dienen heute als Forstamt und
Wohnungen.

Daten: 1338–1596 Dominikanerinnen, 1624–1816 Franziskaner

Lit.:   Alemania Franciscana Antiqua, Bd. 9, S. 29–66

Laiz

Weitgehend parallel zu Gorheim verlief die Entwicklung des
FRANZISKANERINNENklosters in Laiz: im 14. Jh. aus einer Beginen-
gemeinschaft entstanden, Anschluß an die Franziskaner als 3. Orden, ohne
feste Klausur, kirchlich abhängig vom Ortspfarrer, 1782 aufgehoben.
Während in Gorheim immerhin im Laufe der Entwicklung ein eigenes
Kirchlein errichtet werden durfte, besaßen die Laizer Klosterfrauen nur ein
Oratorium in der direkt neben dem Kloster liegenden Pfarrkirche. Hier
mußten sie zudem die Dienste des Küsters übernehmen: Kerzenanfertigung,
Meßwein vorbereiten, Meßgewänder verwahren und für den Gottesdienst herrichten. Auch für den Kirchengesang waren sie zuständig. Der
Ortspfarrer vereitelte jeden Versuch, sich von dieser Abhängigkeit zu
befreien. So war es ihnen sogar zeitweise untersagt, bei den Franziskanern
aus Überlingen, denen sie zugeordnet waren, die Beichte abzulegen oder
von ihnen die Sakramente zu empfangen.
Seit der Aufhebung dienen die Konventgebäude als Privatwohnungen.
Heute sind sie renovierungsbedürftig. Der Besucher findet die schlichten,
1665 erstellten Gebäude direkt neben der Pfarrkirche, Straßenbezeichnung

„Klosterhof". Eine Inschrift an einem Haus verweist auf die ehemalige Nutzung als Kloster.

Daten: 1308–1782 3.-Orden-Franziskanerinnen

Lit.:   Alemania Franciscana Antiqua, Bd. 14, S. 111–123

A. Wilts: Beginen im Bodenseeraum, S. 329

Sindelfingen H 7

Es scheint das Schicksal Sindelfingens gewesen zu sein, daß es für den Aufstieg anderer Orte die Grundlage liefern mußte und seine eigene Chance erst in unserem Jahrhundert bekam. Entstand doch im 11. Jh. aus dem Sindelfinger Kloster das einflußreiche Kloster Hirsau (s. Calw) und im 15. Jh. aus dem Besitz des Sindelfinger Stiftes die renommierte Universität Tübingen. Jedesmal geschah ein Eingriff von Außen, mit dem der jeweilige Eigenklosterherr bzw. Landesherr über das Sindelfinger Vermögen verfügte und damit „Landespolitik" betrieb. Sindelfingen selbst gehörte bis zum Zeitalter der Industrialisierung zu den ärmeren Städten Württembergs, was man sich heute kaum mehr vorstellen kann. Erst 1916 kam die Wende mit der Ansiedlung eines Automobilwerkes: Hier fand man billige Arbeitskräfte und ausreichend Gelände, mit dem Ergebnis, daß diese Stadt in den 70er Jahren als reichste Stadt Deutschlands gelten konnte.

Ursprünglich hatten die Grafen von Calw um 1050 hier ein **Benediktiner**-Doppelkloster gegründet, das sie 1059 nach Hirsau verlegten und gleichzeitig von ihren Eigenklosterrechten befreiten. Damit bekam es die Chance zur eigenständigen Entwicklung. Sozusagen als Ersatz richteten sie in

Sindelfingen: Stiftshof. Eine Insel der Stille inmitten einer Industriestadt

Sindelfingen ein **KOLLEGIATSTIFT** ein und erbauten ihm eine Kirche. Erst 1263 entstand die Stadt als eine Gründung der Tübinger Pfalzgrafen, wobei die Stiftskirche zugleich auch als Stadtkirche diente.

Das Kollegiatstift hatte so reichen Besitz, daß es 10 Kanoniker und 10 Kapläne unterhalten konnte. Hier griff der wirtembergische Graf Eberhard im Barte als Rechtsnachfolger der Tübinger Pfalzgrafen ein: Er transfe-

Foto: Willig

rierte 1477 einen Großteil des Vermögens an die Neugründung eines Stiftes in Tübingen, das extra für die Versorgung der Universitätslehrer eingerichtet wurde. Das bedeutet, daß ein Teil der Tübinger Professoren mit den Einkünften aus Sindelfingen besoldet wurde. So übernahmen Sindelfinger Kanoniker wichtige Funktionen an der neuen Universität und trugen entscheidend zum Gelingen dieses Projektes bei. Sindelfingen brachte es jedoch einen Entwicklungsrückschritt, da seine Finanzkraft anderswo hinfloß. Das verbliebene Stift wurde zu einem kleinen **Augustinerchorherrenstift** umgewandelt, die Kanoniker mußten also nach strengeren Regeln leben. Mit der Reformation wurde es aufgelöst.

Im Norden der Altstadt mit ihren vielen alten Fachwerkhäusern steht die Martinskirche, ehemalige Stiftskirche. Sie bildet mit den Stiftsgebäuden einen eigenen Bezirk, teilweise noch mit einer Mauer abgegrenzt. Im ehemaligen Propsteigebäude befindet sich das Staatliche Schulamt. Zudem ist ein Chorherrenhaus mit herrlichem Fachwerk in der Stiftsstraße erhalten. Die Kirche wurde in der Gründungszeit des Kollegiatstiftes erbaut, ist daher zum Großteil romanisch oder frühgotisch. Das Ganze bildet eine Insel der Ruhe in dieser betriebsamen Industriestadt. Anerkennung verdient die Idee, auf einem Stein den Stiftsbezirk um 1800 darzustellen.

Daten: um 1050–1059 Benediktinerkloster, 1066–1477 Kollegiatstift,
1477–1536 Augustinerchorherrenstift

Lit.: Evang. Gemeinde: Martinskirche Sindelfingen, o.J. (Broschüre, liegt aus)

● Inzwischen hat sich ein moderner kath. Orden in dieser ehemals rein evang. Stadt niedergelassen. Die **Salettiner**, benannt nach dem Wallfahrtsort La Salette in Frankreich, betreuen von der Goldersbergstraße aus mehrere Pfarreien. Die Spezialisierung dieser Kongregation (s. Stegen) liegt auf der Betreuung von Wallfahrern.

D 7 *Sinsheim*

Die Geschichte der **Benediktinerklöster** ist ein Auf und Ab. Eine Periode des Ab bildete das Spätmittelalter. Man mußte den Eindruck gewinnen, daß die Kirche insgesamt als geistliche Institution vor ihrer Auflösung stehe. Die nachfolgende Reformation war die logische Konsequenz dieser Entwicklung. Im Ordensbereich gab es zwar mehrere Erneuerungsversuche, z.B. in Form von Observantenbewegungen bei den Bettelorden und von Kongregationenbildung bei den Benediktinerklöstern (s. Ulm-Wiblingen). Ganz offensichtlich wurde jedoch der Niedergang bei denjenigen Benediktinerklöstern, die im 15. Jh. aus ihrer Ordensfamilie ausschieden, indem sie sich zu weltlichen Stiften umwandelten. Dies war die Anerkennung einer Realität, wonach die Bewohner solcher Klöster keinen Bezug mehr zur Gründungsidee hatten und nur noch zum Pfründenerwerb Ordensleute wurden: Mönchtum als Beruf statt Berufung. Mit der Umwandlung wurde aus einem Adelskloster ein Ritterstift (Kollegiatstift). Neben Sinsheim vollzogen diesen Schritt im Bereich des heutigen BW die Klöster Comburg (s. Schwäbisch Hall), Ellwangen und Odenheim (s. Östringen), versuchten es vergeblich Gengenbach und Murrhardt.

Um 1100 wandelte der Bischof von Speyer ein bestehendes **Chorherrenstift** in ein **BENEDIKTINERkloster** um und besiedelte es mit Mönchen aus dem Reformkloster Siegburg in Westfalen. Es blieb jedoch als Eigenkloster in Abhängigkeit vom jeweiligen Speyrer Bischof. Dies war eine seltsame Logik, denn die von der Reformbewegung geforderte mönchische Freiheit (s. Calw-Hirsau und St. Blasien) endete damit bei den Ansprüchen eines Kirchenfürsten.

Im Spätmittelalter sank das Kloster zu einer Versorgungsanstalt des Kraichgauer Landadels ab. Diese Entwicklung finden wir in vielen alteingesessenen Benediktinerklöstern (z.B. Reichenau, Weingarten). Ein Ausweg daraus bot eine grundsätzliche Reform mit der Öffnung für bürgerliche Bewerber, mit regelmäßigen Visitationen durch andere Äbte und mit Anschluß an eine Reformkongregation (s. Ulm-Wiblingen). Der andere Weg war die Zementierung dieses unmönchischen Zustandes durch die Umwandlung in ein weltliches Stift, in dem die Insassen nicht mehr wohnen mußten, keine Verpflichtung zum Chorgebet mehr hatten und bei Heirat ohne weiteres ausscheiden konnten. Wo also nur noch Versorgungsansprüche und Vermögensverteilung im Mittelpunkt standen. Für solch einen

Sinsheim: Vom Benediktinerkloster zum weltlichen Stift

weitgehenden Schritt benötigte es der Zustimmung von Bischof und Papst, die gekauft werden konnten.

Da die Umwandlung in ein **KOLLEGIATSTIFT** den Interessen des Landadels entsprach, wurde sie 1496 vollzogen. Verständlich, daß eben dieser Adel protestierte, als das Ritterstift mit der Einführung der Reformation von der kurpfälzischen Vogteiherrschaft aufgehoben wurde (1565). Jetzt fehlte ein Versorgungsinstitut für die nachgeborenen Söhne, hier bereicherte sich der große Räuber auf Kosten der kleinen Blutsauger.

Das Stift liegt im Norden der Stadt auf dem Michaelsberg, Zufahrt über Stiftstraße. (Ausschilderung fehlt). Heute dient es als Jugenderziehungsheim. Die Geschlossenheit der Anlage vermittelt noch einen Eindruck aus klösterlich-stiftischer Zeit. Erhalten ist das Torhaus von 1536, die Konventgebäude aus dem 16./17. Jh. sowie Reste der romanischen Kirche aus dem 12. Jh. (Mittelschiff bis Vierung), ummauert von späteren Gebäuden, die als Ausstellungsräume dienen. Der auffallende Turm stammt von der Gemeindekirche aus dem 16. Jh.

Daten: um 1000 Chorherrenstift, um 1100–1496 Benediktinerkloster, 1496–1565 Kollegiatstift

Lit.:   Germania Benedictina, Bd. V, S. 590–598

Ebenfalls im Norden der Stadt an der Straße nach Rohrbach lag ein **FRANZISKANERkloster**. Gegründet wurde es erst im 18. Jh. als ein Zentrum für die Rekatholisierung dieses Teils der Pfalz (s. Mannheim). Interessant ist der Widerstand der Bevölkerung gegen die Aufhebung von 1802: Nicht nur die Katholiken, sondern auch die Protestanten und Calvinisten sprachen sich für ein Weiterbestehen aus. Denn man sah vor allem den wirtschaftlichen Nutzen dieses Klosters. Daher wurde endgültig erst 1813 Räumung und Verkauf angeordnet.

Die Konventgebäude wurden zum Gasthaus, die Kirche 1835 abgerissen. 1877 wurde an der Stelle des Klosters die Kreispflegeanstalt (Altenheim) errichtet. Ein unscheinbarer Torbogen in einer Mauer erinnert an das Kloster. Der Besucher findet ihn im Osten der Stadt, an der Bundesstraße, gegenüber dem Hotel „Klostermühle".

Daten: 1716–1802 (1813) Franziskanerkloster

N 8   *Sipplingen*

In diesem Ort findet man im Oberdorf neben dem Gasthof Adler ein Gebäude, das vom Äußeren her erstaunt: Die runden Fenster stammen aus anderer Nutzung. Hier befand sich ursprünglich die Kirche einer Frauenklause, deren Werdegang außergewöhnlich ist.

Die Ursprünge gehen zurück auf die Waldbrüder/Waldschwestern-Bewegung des Bodenseeraums (s. Allensbach-St. Adelheiden). Oberhalb des Ortes, nahe der Burg, entstand 1393 ein Bruderhaus. Hier lebten Waldbrüder in rigoroser Armut. Aber anscheinend mißlang das

„Experiment", denn um 1445 wurde das Haus von 4 Frauen übernommen, die sich sofort als 3.-Orden-**FRANZISKANERINNEN** unter die Fittiche eines anerkannten Ordens begaben. Aufgrund der vorhandenen Kapelle konnten sie teilweise in Klausur leben, mußten jedoch ihren Lebensunterhalt durch Handarbeit verdienen. Dabei blieben sie in völliger Abhängigkeit von der Landesherrschaft. Als sie sich dagegen wehrten und 1530 gewaltsam ihre Urkunden aus einem „Safe" holten, wurden sie in Stockach mit Gefängnis bestraft.

Die Klause starb nach einem Brand 1560 aus. Aber 1606 erreichte der Franziskanerorden eine Neugründung. Nach erneutem Brand zogen die Schwestern 1707 in den Ort und erstellten dort ihre noch heute bestehende Anlage. Sie wurden damit zu einer der typischen Dorfklausen (s. Balingen). Nach der Aufhebung unter Kaiser Joseph II. wurden die Gebäude profaniert. Aus der Kirche wurde ein Wohnhaus, die Konventgebäude zu einem Gasthaus, in dem man in der Gaststube unter einer Stuckdecke speisen kann.

Daten: 1393–? Bruderhaus, 1445–1560, 1606–1784 Franziskanerinnen

Lit.:   *A. Wilts: Beginen im Bodenseeraum, S. 438–440*

          Alemania Franciscana Antiqua, Bd. 13, S. 190–199

Sölden M 2

Die Cluny-Hirsau-Reformbewegung des 11. Jh. löste eine Welle von Religiosität in der europäischen Gesellschaft aus, an der auch die Frauen teilhatten. Jetzt war der Eintritt in ein Kloster nicht mehr eine Frage der Versorgung, sondern geschah aus Überzeugung. Daher waren die Frauenklöster alter Prägung (z.B. Buchau, Säckingen) für diese Frauen nicht mehr attraktiv, man wollte in ein „echtes Kloster" eintreten. Hierzu entstand eine Reihe von Doppelklöstern (= für Frauen und Männer) durch Hirsaureformanhänger z.B. Isny, Zwiefalten. Die Alternative war die Gründung eines separaten Frauenklosters mit der Betreuung durch das „Vaterkloster", eine Lösung, die von Cluny bevorzugt wurde. In Sölden finden wir das einzige Clunizianische Frauenkloster BWs.

Gegründet wurde es um 1080 als **BENEDIKTINERINNEN-Priorat** in Bollschweil durch den Hl. Ulrich, der als Mönch in Cluny eine außergewöhnliche Bedeutung innehatte (s. Bollschweil-St. Ulrich). 1115 verlegte man es nach Sölden. Betreut wurden die Frauen von einem Propst, der entweder von Cluny selbst oder von St. Ulrich, das ebenfalls ein Cluny-Priorat war, ernannt wurde. Der Niedergang kam bereits im 13. Jh. parallel zum Niedergang Clunys. Um 1500, also bereits vor der Reformation, war der Frauenkonvent aufgelöst. Dies ist einer der vielen

Belege für die tiefgehende Krise, in der sich das Mönchtum im Spätmittelalter befand. Es zeigt zugleich, daß die Frauen dieser Zeit zur Gründungsidee keinen Bezug mehr hatten.

Man ließ jedoch die **Männer-Propstei** weiterbestehen, die schließlich nach 1560 dem Benediktinerkloster St. Peter übergeben wurde (ebenso wie St. Ulrich). Damit hatte man einen schönen Altersruhesitz für abgedankte Äbte. Aus der Propsteizeit stammen die Baulichkeiten, da nach den Zerstörungen des 30j. Krieges und einem 1676 durch die Franzosen verursachten Brand ein völliger Neubau notwendig war. Nur der Chor der Kirche und die Sakristei stammen aus dem 15. Jh.

Die Anlage liegt am Rande des Dorfes, umgeben von einer riesigen Mauer. Pfarrkirche, Pfarrhaus und eine Schule für Dorfhelferinnen nutzen sie heute.

Daten: (1080–1115 in Bollschweil), bis um 1500 Benediktinerinnen-Priorat,
1546–1560 Propstei v. St. Georgen, 1560–1806 Propstei v. St. Peter
Lit.: Germania Benedictina, Bd. V, S. 599–604

L 6 *Spaichingen*

Markant überragt der Dreifaltigkeitsberg das Voralbland mit der Wasserscheide zwischen Rhein (Neckar) und Donau. Winzig aus der Talsicht sieht die daraufstehende Kirche aus. 983 m hoch, 600 m lang und

Foto: Metz

Spaichingen: Wallfahrtskirche auf dem Dreifaltigkeitsberg am Albtrauf, betreut von Claretinern

200 m breit bot diese Hochfläche bereits in vorgeschichtlicher Zeit den Menschen Schutz. So finden wir aus der Hallstattszeit Reste eines Befestigungswalles. Solche Stätten eignen sich im besonderen Maße für kultische Zwecke, und das Christentum hat diese Tradition fortgeführt (vergl. Cleebronn-Michaelsberg).

Seit dem Mittelalter befand sich hier eine Wallfahrtskirche, zu der sich eine „Dreifaltigkeitsbruderschaft" gebildet hatte. So muß es erstaunen, daß sich erst in jüngster Zeit eine religiöse Gemeinschaft zur Betreuung der Wallfahrt ansiedelte: die **CLARETINER**. Diese Kongregation der „Söhne des Unbefleckten Herzens Mariä" entstand im 19. Jh. in Spanien, und ihr Namen geht zurück auf ihren Gründer Anton Maria Claret. Als Aufgabe übernahm sie Volksmission und Mission, womit sie sich in die Reihe der vielen derartigen Kongregationen einordnet (vergl. Stegen und Immenstaad).

Die Wallfahrtskirche stammt von 1666, wurde jedoch 1761–67 grundlegend erweitert und verändert. Eine typische Barockkirche. In geringer Entfernung dazu stehen die Konventgebäude. Der Blick vom Dreifaltigkeitsberg ins Vorland lohnt den Aufstieg.

Daten: seit 1924 Claretiner

Staufen M 2

Die napoleonische **Säkularisation** brachte die Auflösung so gut wie aller Klöster in Deutschland. Die Grundlage dafür bildete der Reichsdeputationshauptschluß von 1803, in dem die weltlichen Staaten als Entschädigung für ihre Verluste auf der linken Rheinseite Klostergüter bekamen. Ein lukrativer Deal! Dabei wurde die Verweltlichung (= Säkularisation) nicht auf einen Schlag durchgeführt: Aufgehoben wurden zuerst die grundbesitzreichen männlichen und weiblichen Landklöster der Benediktiner, Zisterzienser, Prämonstratenser, Augustiner u.a. Deren sakralen Schätze dienten u.a. auch zur Herstellung der Kronen des neugebackenen Königs von Württemberg bzw. des Großherzogs von Baden. Dann kamen die weniger reichen Bettelordensklöster in den Städten an die Reihe, gegen deren Auflösung sich häufig die Bevölkerung wehrte (vergl. Mosbach und Sinsheim). Häufig durften die Konvente der Kapuziner vorerst weiterbestehen, weil hier nicht viel zu holen war. Daher kann es nicht überraschen, daß deren Klösterchen als Sammelkloster für die Mönche verschiedenster Ordenszugehörigkeit dienten, wie z.B. das in Staufen.

Erst 1683 siedelten sich **KAPUZINER** in diesem Breisgaustädtchen unter Habsburger Herrschaft an. Sie kamen aus Neuenburg, wo sie wegen der

Verwüstungen durch französische Truppen flüchten mußten. Ein kleiner Konvent von 13 Priestern und 5 Brüdern sicherte seine Existenz mit Betteln und mit einem kleinen Wollbetrieb. Der war einmalig: Ca. 15 Zentner Schafwolle wurden pro Jahr zu Mänteln und Tüchern verarbeitet, wobei man einen Gewinn von rund 33% erwirtschaftete. Und zugleich als wichtiger Wirtschaftsfaktor in diesem Städtchen galt.

Daher zögerten die neuen badischen Herren 1806, dieses Kloster aufzuheben. Der auf Handarbeit basierende Betrieb hätte zudem unter staatlicher Regie mit Gewißheit Verluste erwirtschaftet. Also wurde das Kloster zum Auffangkloster für andere Konvente erklärt. Mit dem Ergebnis, daß es und das Kapuzinerkloster Haslach zu den beiden am längsten in Baden existierenden Männerklöstern wurden. Erst 1834 wurde es endgültig aufgehoben und die 3 überlebenden Brüder mit einer kleinen Versorgung in die Welt verpflanzt.

Die Stadt kaufte unverzüglich die Gebäude, um darin ihre Elementarschule einzurichten. So wurde 1840 mit den Klostergebäuden eine Schule erstellt, die bis vor kurzem als Grund-und Hauptschule bestand. Inzwischen hat das Goetheinstitut die Gebäude übernommen. Die Turnhalle jedoch an der Stelle der Kirche ist weiterhin städtisch. Der Besucher findet die Anlage „Kapuzinerhof" außerhalb der Altstadt, neben einem Schwarzwaldflüßchen, an der Straße nach Heitersheim.

Daten: 1683–1805–1834 Kapuziner

Lit.: H. Schmid: Die Säkularisation der Klöster in Baden. Überlingen:
Schoberverlag, 1980, S. 150/151

L 3 *Stegen*

Die moderne Ordenslandschaft ist schwer überschaubar. Seit Mitte des 19. Jh. ist eine solche Unmenge von Gemeinschaften und **Kongregationen** entstanden, daß selbst der Kenner der Materie Probleme mit der Zuordnung bekommen kann. Insbesondere bei den männlichen Gemeinschaften fällt ein Überblick schwer, weil sich keine eindeutige Aufgabentrennung mehr zwischen ihnen herausbildet. „Jeder Orden macht alles", könnte man fast sagen.

So scheint es auch mit der Mitte des 19. Jh. in Frankreich entstandenen Kongregation der **HERZ-JESU-Priester** zu sein. Ihr Gründer J. Dehon war als Arbeiterpriester tätig. Die Kongregation jedoch legt den Schwerpunkt ihrer Tätigkeit auf das Apostolat, was von der Seelsorge über die Jugenderziehung bis hin zur Mission ein riesiges Spektrum anbietet. Wirklich spezifisch ist nur die Herz-Jesu-Verehrung mit der wöchentlichen Sühnemesse.

In Stegen unterhält diese *Kongregation* heute ein Gymnasium. Hierzu hatte sie 1928 das Schloß der Grafen von Kageneck im Ortsteil Weiler gekauft. Dies ist ein weiteres Beispiel für die Übernahme ehemaliger Schlösser durch moderne Orden (vergl. Dietenheim-Brandenburg). Hier und im benachbarten Freiburg befinden sich die beiden einzigen Niederlassungen der Herz-Jesu-Priester in BW; die Provinzzentrale ist in Oberkassel bei Bonn.

Für die Schulzwecke wurden um das Schloß herum einige Neubauten erstellt. Darunter eine Kirche, denn die alte Schloßkapelle im Park erwies sich als zu klein. Der Besucher findet die Anlage von Freiburg her am Ortseingang.

Lit.:   *Kolleg St. Sebastian: Die Schloßkapelle in Stegen-Weiler, 1987 (Broschüre)*

Steinen 02

Weitenau

Eine ähnliche Situation wie in Betberg (s. Buggingen) finden wir hier: Das Behalten eines protestantisch gewordenen Besitzes durch ein Kloster. Denn mit der Reformation verlor das **Benediktinerkloster** St. Blasien hier seine *Propstei*, gab aber den Besitz nicht auf und mußte daher nun protestantische Kirchen und Pastoren unterhalten. So stammt z.B. das Pfarrhaus aus einer Zeit, in der die Propstei Weitenau bereits aufgehoben war (1569) und die Konventgebäude abgerissen.

Weitenau war um 1100 in den Besitz von St. Blasien durch eine Schenkung der Ortsadligen gekommen. Mit der Einrichtung einer Propstei (= wirtschaftliche Verwaltung) wurde auch ein Konvent mit Prior angesiedelt, so daß wir es mit einem richtigen Kloster zu tun haben. Zur Rodung des Südschwarzwaldes und damit zur „inneren Kolonisierung" Deutschland trug dieser Konvent wesentlich bei, ebenso wie sein Mutterkloster. Im 15. Jh. war jedoch wie überall ein Niedergang festzustellen, und bei der Plünderung im Bauernkrieg gab es nur noch 3 Mönche. Die Aufhebung durch Baden-Durlach 1560 traf einen sterbenden Konvent. Die Anlage liegt mehrere Kilometer abseits des Ortes Weitenau an der Straße von Steinen nach Kandern. Sie wird von einer Fachklinik für Suchtkranke genutzt. Vom ehemaligen Kloster ist nur noch ein romanischer Kirchturm vorhanden, funktionslos zum Rest der Anlage stehend. Denn der Chor der Kirche ist seit 1892 abgebrochen, das Kirchenschiff zu Wohnungen umgebaut.

Daten: ca. 1100–1560 Propstei von St. Blasien

Lit.:   Germania Benedictina, Bd. 5, S. 647–651

Dieser Ort, geologisch bedeutend wegen seiner Lage in einem Meteoritenkrater, besitzt in exponierter Lage auf der Höhe einen Klosterhof. Hier befand sich von 1190–1302 ein **AUGISTINER-CHOR-HERREN-Stift**, gegründet vom örtlichen Adel. Als die Vogtei über das Stift an König Albrecht von Habsburg überging, schichtete dieser kurzerhand die Mittel um und verwendete sie als Gründungsgut für das Zisterzienserkloster Königsbronn. Ein frühes Beispiel für die willkürliche Ausnutzung der Vogtsposition, wie es im Spätmittelalter und in der Reformation zum Schaden der Klöster gängig wurde. Die Stiftsgebäude wurden zum Meierhof.

Der Klosterhof ist im Ort über die Ausschilderung „Heimatstube" zu finden. Seine geschlossene Form fällt auf. An den einzelnen Häusern sind äußerlich keine Zeichen mehr für ehemalige Klosterbauten zu entdecken.

Der Schädel einer jungen Frau, der 1933 in einer Kies- und Sandgrube entdeckt wurde, war ca. 250 000 Jahre alt und hat Steinheim unter dem Fachbegriff „Homo Steinheimensis" in der Wissenschaft verewigt. Heute kann man ihn in einem eigenen Urmenschmuseum besichtigen.

Die Mauer einer Scheune, die man in den 70er Jahren genauer untersuchte, war ca. 800 Jahre alt und der Rest eines Klosters, das als Keimzelle des Ortes gelten darf. Heute kann man sie als Teil eines eigenen Klostermuseums besichtigen.

Bei der Gründung des Klosters *Marientale* durch eine Ortsadlige war der Remstal-Graf von Wirtemberg beteiligt, der auch sofort die Aufsicht in Form der Vogtei übernahm, denn Steinheim lag sozusagen vor seiner Haustüre. Durch die Geschichte des Klosters zieht sich wie ein roter Faden der Kampf, sich von der wirtembergischen Vogtei zu lösen. So gelangte die Vogtei zwischenzeitlich an den deutschen König (Vorstufe zur Reichsfreiheit), kam wieder an Wirtemberg, dann an Hohenlohe, und schließlich durch militärischen Druck 1555 endgültig an das Herzogtum. Damit wurde zugleich die Reformation eingeführt. Das Kloster wurde aufgelöst, sein reicher Besitz eingezogen und als Klosteramt verwaltet. Der Widerstand der Nonnen gegen den Konfessionswechsel endete erst 25 Jahre später mit dem Auszug der letzten. Im 30j. Krieg brannte die Anlage ab, die Kirchenruine wurde schließlich 1795 abgebrochen, mit Ausnahme des oben erwähnten Restes.

Von Anfang an wollte sich die **Frauensammlung** dem Bettelorden der Dominikaner anschließen, die sich jedoch gegen die Betreuung von

Frauenklöstern wehrten (vergl. Sulz-Kirchberg). Erst ein Machtwort des Papstes verschaffte 1261 den begehrten Status als **DOMINIKANERIN-NEN**. Da der Konvent weitgehend für adlige und stadtpatrizische Töchter reserviert war, wurde das Kloster reich, eines der reichsten des Landes. So kann der Niedergang der Ordensdisziplin im 15. Jh. nicht überraschen, wir finden ihn überall. Erst durch eine mehr oder weniger erzwungene Reform, zu der zwei Nonnen aus dem Dominikanerinnenkloster Unterlinden bei Colmar geholt und in Leitungspositionen gesetzt wurden (1478), waren die Voraussetzungen für einen Wiederaufstieg geschaffen (vergl. Gomadingen-Offenhausen). Daher traf die reformationsbedingte Auflösung einen intakten Konvent.

Steinheim zählt zu den wenigen Klöstern, bei denen Konventgebäude und Kirche seitenverkehrt einander zugeordnet sind: Die Kirche bildete die Südflanke der Anlage anstelle der Nordflanke. Dies ist damit erklärbar, daß man das bereits bestehende Gebäude eines Adelshofes verwendete und die Kirche im rechten Winkel dazu baute. Daher war sie auch nicht exakt geostet. Der Westteil der Kirche ist ins Museum eingebaut. Auf dem Gelände des Konvents befindet sich heute ein Parkplatz. Ca. 100 m entfernt steht auch noch die Klosterkelter, ein schöner Fachwerkbau.
Daten: 1254–1263 Frauensammlung, 1262–1555 Dominikanerinnen

Lit.:   *M. Untermann: Kloster Mariental in Steinheim an der Murr. Stuttgart:*
         Theissverlag, 1991 (im Museum erhältlich)

Stockach M 7

In diesem habsburgischen Städtchen war von 1718–1806 ein **Kapuzinerkloster** angesiedelt, das nach der Aufhebung abbrannte. An seiner Stelle steht heute das Hotel-Restaurant „Goldener Ochsen", in dem man in einem „Kapuzinersaal" speisen kann. Zudem erhielt der dortige Stadtteil, der im Norden an die Altstadt anschließt, seinen Namen „Kapuzinervorstadt" davon.

Stühlingen N 5

Das italienische Wallfahrtsheiligtum *Loreto* (bei Ancona) wird von **Kapuzinern** betreut, ebenso wie viele Loretonachahmungen im kath. Europa. Hier entwickelte sich in der Barockzeit so etwas wie eine Symbiose: Die Loretokirchen zogen Wallfahrer an, die betreut werden mußten; diese Betreuung übernahmen die Kapuziner, deren gute Arbeit wiederum die Wallfahrtsbewegung verstärkte. Stühlingen und Haslach sind die beiden von Kapuzinern betreuten Loretokirchen im Bereich des heutigen BW.

Der Loretokult geht zurück auf ein Legende, wonach Engeln das Geburtshaus von Maria vor den Mohammedanern gerettet haben, indem

sie es 1291 aus Palästina nach Italien transportierten. 5mal hätten sie es hier versetzt, bis sie den richtigen Ort fanden. Zu dieser „heiligen Hütte" im kleinen Städtchen Loreto entwickelte sich eine Wallfahrt, und um sie herum baute man eine Basilika. In der Barockzeit verbreitete sich der Kult auch in Deutschland.

Stühlingen: Blick auf die barocke Loretokapelle innerhalb der Kirche

Papst Benedikt XV. machte 1920 die Madonna von Loreto zur Patronin der Flieger. Bei so vielen Landungen sollte man jedoch auch an die Fluglotsen denken!

Die Landgrafen von Fürstenberg-Stühlingen griffen den Loretokult auf und erbauten als Landesherren in Haslach (1657) und in ihrer Residenzstadt Stühlingen (1680) ebenfalls Loretokapellen. Dies sollte ein Mittel sein, um die unter den vorangehenden Landesherren (von Pappenheim) teilweise protestantisch gewordene Bevölkerung wieder zum „rechten Glauben" zurückzuführen. Auch eine Sakramentsbruderschaft entstand (vergl. Ottersweier). Die Wallfahrer ließen nicht lange auf sich warten. Zur Betreuung boten sich die **KAPUZINER** an, weil sie an solchen Orten entsprechend ihren volksmissionarischen Vorstellungen wirken konnten (vergl. Waghäusel). Infolge des Todes des Landgrafen und anschließend seines Sohnes verzögerte sich jedoch die Ansiedlung bis in die Mitte des 18. Jh. Dann dauerte ihr Wirken gerade mal 60 Jahre, denn die französische Revolution als Kind der Aufklärung betrachtete Wallfahren als Mummenschanz. 1802 wurde das Kloster aufgehoben und nach dem Tode des letzten Insassen (1831) an die Stadt verschenkt. Diese verwendete es 50 Jahre lang als Krankenhaus, die Kirche diente den Altkatholiken.

● Als nach dem 1. Weltkrieg die Rheinisch-Westfälische **KAPUZINER**provinz ihren Ausbildungsort im Elsaß verlor, wählte man Stühlingen zum Ausbildungsort (1927–1972) und erwarb das Kloster erneut. Hier absolvierte jetzt der Nachwuchs der Ordensprovinz sein Probejahr. Damit einher ging natürlich ein Wiederaufleben der Wallfahrt. Infolge des Nachwuchsrückgangs in den 70er Jahren stand man kurz vor der Aufgabe dieses Klosters. Mit einem neuen Konzept konnte man sein Weiterbestehen sichern: Es dient jetzt als offenes Haus für interessierte Männer und Frauen, die sich zeitweise aus der Welt zurückziehen wollen. Anscheinend wird dies nicht nur von den braven Schäfchen der Kirche angenommen.

Bereits von weitem auf der Straße im Wutachtal sieht man die Anlage über dem Städtchen thronen, darüber das fürstliche Schloß. Beim Betreten der Kirche erlebt man eine Überraschung: sie wurde um die barocke Loretokapelle herum erbaut, sodaß diese Kapelle wie ein dunkles Loch im Kircheninneren wirkt. In Verlängerung der Kirche befindet sich die öffentlich zugängliche Kapuzinergruft. Südlich der Kirche stehen die Konventgebäude.

Daten: 1737–1802–1831, seit 1927 Kapuziner

Lit.:   Kapuzinerkloster Stühlingen: Maria Loreto Stühlingen. (Broschüre, liegt aus)

Stuttgart G 8

Wenn man die Anzahl der Ordensniederlassungen von heute mit der von früher vergleicht, so gilt eine Regel für jedes Land und jede Stadt: Vor der Reformation und (in katholischen Gebieten) vor der napoleonischen Säkularisation gab es generell mehr Klöster als heute. Jede Regel hat ihre Ausnahme. Stuttgart ist eine. Denn hier haben sich in neuerer Zeit eine Reihe von kath. Ordensgemeinschaften angesiedelt, während im Mittelalter gerade mal 1 Stift, 1 Bettelordenskloster und einige Frauenklausen bestanden, die alle mit der Reformation aufgehoben wurden. In gewisser Weise läßt sich hieraus ein Rückschluß auf den Bedeutungszuwachs dieser Stadt gewinnen. War Stuttgart im Mittelalter im Vergleich mit den meisten Reichsstädten (z.B. Esslingen) nur unbedeutend, so erlebte es seinen Aufstieg als Residenzstadt ab der Erhebung des Hauses Wirtemberg in den Herzogsstand. Dieser Aufstieg hat sich bis heute fortgesetzt. So ist das protestantische Stuttgart als Landeshauptstadt inzwischen sogar für eine kath. Bischofskirche (Bistum Rottenburg-Stuttgart) wie auch für kath. Gemeinschaften attraktiv. Die evang. Tradition zeigt sich in der großen Anzahl von Diakonissenanstalten.

Kernstadt

Welche staatstragende Funktionen ein **KOLLEGIATSTIFT** für ein Herrschergeschlecht und somit auch für das von ihm regierte Land hatte, dies soll anhand eines Ereignisses aus der Geschichte des Stuttgarter

Heilig-Kreuz-Stiftes aufgezeigt werden. Hier setzte Herzog Ulrich am 16. Mai 1534 mit der ersten evang. Predigt das Signal für den Wechsel des gesamten Herzogtums zum neuen Glauben, 1 Tag nach seiner Rückkehr aus dem Exil. Das Stuttgarter Kollegiatstift paßt in die Reihe einer Entwicklung, die wir in BW am Ende des Mittelalters feststellen können: Überall dort, wo Territorialherrschaften entstehen, suchen sich die aufgestiegenen Adelsgeschlechter eine Residenzstadt und gründen hierin ihr Kollegiatstift (s. Baden-Baden).

So auch die Wirtemberger Grafen, die sich Stuttgart als Residenz auswählten und ihr zuvor in Beutelsbach (s. Weinstadt) bestehendes Hausstift vor 1320 hierher verlegten. Damit einher ging auch die Verlegung der fürstlichen Grablege. Denn Kollegiatstift und die darin bepfründeten Stiftsherren erfüllten eine wichtige Funktion bei der Feier des Ahnenkultes (vergl. Wertheim). Daher finden wir heute

Foto: Metz

Stuttgart: Das Kollegiatstift als Grablege eines aufsteigenden Geschlechts (Grafenstandbilder im Chor der Kirche)

noch eine Reihe von Grabdenkmälern in der Kirche, auch welche aus dem aufgelösten Stift Beutelsbach. So wird z.B. der Chor dominiert von 11 Standbildern wirtembergischer Grafen, die in der Renaissancezeit über den Gebeinen dieser Grafen angebracht wurden. Zudem gibt es eine eigene Kapelle mit dem Sarkophag des Stifterpaares, also der Gründer dieses Stiftes. Daneben findet man auch noch die Gräber von wichtigen Würdenträgern.

Nicht zugänglich ist die Fürstengruft des Hauses Württemberg unter dem Chor, die 1608 für die Herzöge erbaut wurde und worin 66 Särge dichtgedrängt stehen. (Die Lücke zwischen den mittelalterlichen Grafen und den Herzögen ab 1608 füllt die Stiftskirche in Tübingen, wo die frühen Herzöge Württembergs ruhen).

Die Stiftskirche steht als Gegenstück zum alten Schloß in der Altstadt, sozusagen eine Verbildlichung der gegenseitigen Symbiose. Auffallend von Außen sind die beiden ungleichen Türme. Der ältere von beiden ist der Südostturm mit seinem schlanken Turmhelm auf romanischen Untergeschossen. Er war bereits Teil einer Vorgängerkirche des 13. Jh. Der mächtige Westturm mit seiner achteckigen Bekrönung wurde erst nach der

Erhebung zum Stift erbaut, ebenso wie der hohe Chor (ursprünglich für die Chorherren des Stiftes). Im 2. Weltkrieg war die Kirche mit Ausnahme der Türme zerstört und wurde über ein Jahrzehnt hinweg aufgebaut. Heute versteht sie sich als Zentrum der württembergischen Landeskirche.

Daten: vor 1320–1536 Kollegiatstift

Lit.:   G. Kopp: Die Stiftskirche in Stuttgart, 1992 (Broschüre, liegt aus)

Die Anwesenheit von Bettelordenklöstern in einer Stadt ist häufig ein Hinweis auf die Bedeutung dieser Stadt (vergl. Esslingen). Wenn also in Stuttgart erst gegen Ende des 15. Jh. mit den **DOMINIKANERN** ein Bettelorden auftaucht, so unterstützt dies die eingangs formulierte Aussage von der geringen Bedeutung Stuttgarts im Mittelalter. Erst als Residenzstadt im Spätmittelalter brachte sie die erforderliche Einwohnerzahl und Struktur für eine Bettelordensniederlassung. Dies geschah 1473 durch Graf Ulrich den Vielgeliebten, der den Nürnberger Dominikanern auf dem Turnieracker das notwendige Gelände übergab. (Die nebenan in Esslingen wohnenden Dominikaner waren zu diesem Zeitpunkt kein geeignetes Vorbild!). Hier war kurz zuvor ein neuer Stadtteil durch die Ausweitung der Stadtmauer nach Norden entstanden, so daß die Klosterkirche zugleich Pfarrkirche für diese Vorstadt wurde. Mit fürstlicher Unterstützung wurde eine große Kirche im Bettelordensstil samt Kloster erbaut.

Das Ende kam unvorhergesehen schnell. 1536 übergab Herzog Ulrich die Anlage der Stadt als Hospital und Altenheim. Dementsprechend wurde die Kirche zur Hospitalkirche, die Vorstadt zur Spitalvorstadt.

Von der Zerstörung der Spitalvorstadt im 2. Weltkrieg war auch das Kirchenschiff betroffen. Beim Wiederaufbau beschloß man, die Hospitalkirche nicht in ihrer ursprünglichen Größe herzustellen, da in ihrem Einzugsgebiet inzwischen Bürohäuser statt Wohnungen dominierten. Man versah den erhaltenen Chor mit einem kleinen Kirchenschiff, was natürlich die Proportionen stört. Da zudem im 18. Jh. ein Turm anstelle des Dachreiters errichtet worden war, wirkt diese Kirche nicht mehr wie eine Bettelordenskirche. Glücklicherweise ist wenigstens noch das schöne gotische Netzgewölbe des Chores aus der Erbauungszeit erhalten.

Der Besucher findet eine während der Woche verschlossene Kirche vor, die jenseits der verkehrsreichen Th.-Heuss-Straße und somit abseits der eigentlichen Altstadt liegt. Vor der Kirche steht ein Reformationsdenkmal von 1917. Auf dem ehemaligen Klostergelände befindet sich heute der Hospitalhof, der Tagungsort der evangelischen Landeskirche.

Daten: 1473–1536 Dominikanerkloster

Lit.:   Schnell & Steiner Kunstführer Nr. 1082: Hospitalkirche Stuttgart, 1976

Erst im späten Mittelalter treten zwei **Frauenklausen** auf, die sich als 3. Orden den Franziskanern anschlossen. Die Klause an der Mauer (1447), wo heute das Polizeipräsidium steht (Schmalestraße 119). Die Klause bei den hohen Krähen (1507), wo heute das Haus des Württ. Kreditvereins steht (Gymnasiumstraße 3). Beide gingen in der Reformation unter.

Lit.:   *Alemania Franciscana Antiqua, Bd. 18, S. 118–125*

● Die älteste evang. **DIAKONISSENanstalt** Württembergs entstand 1854 in der Hauptstadt des Königreichs Württemberg. Die Gründerin Charlotte Reihlen griff eine Idee auf, die bereits zuvor in Baden verwirklicht worden war (s. Schwanau-Nonnenweier) und die wir auf kath. Seite in Form der Kongregationen finden (s. Untermarchtal). Zuerst waren die Diakonissen in einem kleinen Krankenhaus in der Büchsenstraße tätig. Infolge des gewaltigen Zulaufes mußte 1895 ein Mutterhaus in der Rosenbergstraße zusammen mit einem eigenen Krankenhaus erbaut werden. 1934 gehörten der Gemeinschaft 1600 Diakonissen in ganz Württemberg an.
Infolge des Nachwuchsmangels dient heute das Mutterhaus vor allem als Feierabendheim. Nach den Zerstörungen des 2. Weltkrieges steht hier ein Neubau.

Lit.:   *Festschrift „100 Jahre Evang. Diakonissenanstalt in Stuttgart", 1954*

● Die evang. **Olgaschwestern** wurden nur für die Betreuung des Olga-krankenhauses ins Leben gerufen. In der Schwarenbergstraße 7 haben sie ihr Mutterhaus und Feierabendheim.

● Die evang. **Diakonissenanstalt** Bethesda betreut in der Hohenheimer-straße 21 ihr eigenes Krankenhaus. Sie geht zurück auf die Gründung des Bethesdaverein für allgemeine Krankenpflege in Wuppertal-Elberfeld (1886) durch Pastoren der Methodistenkirche. 1896 wurde in Stuttgart die erste süddeutsche Filiale errichtet.

Lit.:   *H. Mistele: Bethesda. Geschichte eines Diakoniewerkes. Eigenverlag,1974*

● In der Kernstadt haben sich in neuerer Zeit die **Jesuiten** in der Wern-
● haldenstraße 6 und die **Franziskaner** in der Stafflenbergstraße 52 (Konradskirche) angesiedelt.

Bad Cannstatt
Hier gab es zwei **FRANZISKANERINNENklausen**, über die nichts näheres bekannt ist, außer daß sie in der Reformation untergingen. Davon finden wir die eine in der Nähe des ehemaligen Brückentors, Marktstraße 71. Als „Klause beim Hof" besaß sie eine Kapelle mit Sakraments-häuschen. Heute ist sie wunderbar renoviert als Fachwerkhaus ein Schmuckstück der Fußgängerzone (Weinstube „Klösterle"). Die andere beim Pfleghof in der Schmidenergasse/Kreuzung Brunnenstraße brannte 1868 ab.

Lit.:   *Alemania Franciscana Antiqua, Bd. 18, S. 118–125*

Stadtteile

Folgende kath. **Gemeinschaften** finden wir heute in *verschiedenen Stadtteilen:*

• **Augustiner-Eremiten**, Kleinhohenheimerstraße 11 in Heumaden (Michaelskirche)

• **Salvatorianer** im Stadtteil Giebel

• **Spiritaner** (Missionsgesellschaft vom hl. Grab), Lortzingstraße 19, Stadtteil Botnang (Clemenskirche)

• **Pallottiner**, Stadtteil Hohenheim (Vinzenz-Pallotti-Kirche)

• **Scalabrianiani** (Säkularinstitut), Neckartalstraße 71, Stadtteil Bad Cannstatt

Sulz J 6

Es gibt keine weitere Gegend in BW (und wohl auch in ganz Deutschland), in der sich so viele ländliche **Dominikanerinnenkonvente** ansammelten wie in dem Landstrich zwischen Schwarzwald und Schwäbischer Alb. Wie an einer Perlenschnur gezogen finden wir die Reste der ehemaligen Klöster Engelthal (s. Dornstetten), Horb, Nordstetten und Altheim (s. Horb), Oberndorf, Haigerloch, Stetten, Weildorf und Gruol (s. Haigerloch), Heiligenzimmern, Leidringen (s. Rosenfeld), Binsdorf (s. Geislingen), Balingen, Stetten (s. Hechingen), Rangendingen, Hirrlingen. Und inmitten die Stadt Sulz mit drei ehemaligen Dominikanerinnenkonventen.

Nur in den damaligen „Großstädten" Köln und Straßburg gab es wohl mehr derartige Frauengemeinschaften.

Kirchberg

Die Betreuung von Frauen muß auf den Dominikanerorden in seiner Frühzeit wie eine geistige Befruchtung gewirkt haben. Denn daraus entstand eine der

Kirchberg: Bedeutendstes Dominikanerinnenkloster im Bereich des heutigen Baden-Württemberg. Blick auf Kirche und Westflügel. Dahinter mehrere Wirtschaftsgebäude und Teich

Foto: Berneuchener Haus

Hauptbewegungen deutscher **Mystik**. Während dies bei den Männern in Süddeutschland Einzelpersonen sind wie Meister Eckart, Johannes Tauler und Heinrich Seuse (Suso), handelt es sich bei den Frauen um ganze Konvente. Festgehalten wird dies in den Lebensbeschreibungen verschiedener Nonnen ("Nonnenviten"), die im Alltag mystische Erlebnisse hatten. Diese Lebensbeschreibungen existieren als "Schwesternbücher" für folgende Konvente: Adelhausen (s. Freiburg), Gotteszell in Schwäbisch Gmünd, Weiler (s. Esslingen), Oetenbach (in Zürich), Töss (in Winterthur), Katharinental (bei Diessenhofen), Unterlinden (Colmar), Engelthal (bei Nürnberg), Medlingen (bei Donauwörth). In anschaulicher Weise stellte Arno Borst in seinem Buch "Mönche am Bodensee" diese Bewegung anhand des Beispiels Katharinental dar. Das Kloster Kirchberg gehörte ebenfalls hierzu, und auch hierfür existiert noch eine derartige "Nonnenviten".

Das älteste, bedeutendste und schönste aller **DOMINIKANERINNEN-klöster** BWs findet man hier. Gegründet wurde es 1237 aus einer religiösen Aufbruchstimmung heraus, die bis in die höchsten gesellschaftlichen Kreise wirkte. Frauen aller Schichten wollten zu dieser Zeit das biblische Armutsideal in echter Weise leben (die bekanntesten von ihnen sind Clara von Assisi und Elisabeth von Thüringen). Daher kann man davon ausgehen, daß es hochgestellte Frauen waren, die sich als eine Gemeinschaft auf der Burg Kirchberg angesiedelt hatten und diese Burg von Graf Burkhardt von Hohenberg aus dem nahen Haigerloch günstig übereignet bekamen. Eine Beginensammlung, typisch für diese Zeit (vergl. Rottweil-Rottenmünster). Typisch auch ihr Bestreben, sich möglichst schnell einem Orden mit Regeln anzuschließen, also selbst zu einem regulierten Kloster zu werden. Das Ziel ihrer Bestrebungen war der Anschluß an einen der noch jungen Bettelorden.

Überraschenderweise erreichten sie auch ihr Ziel: Bereits bei der Gründung waren Dominikaner aus Esslingen anwesend, und (anscheinend) übernahm sie der Provinzgeneral Johannes von Wildeshausen (inoffiziell) in den Orden (Quelle: Grundmann: Religiöse Bewegungen des Mittelalters, S. 238). Wenn dies so war, dann wäre Kirchberg das erste weibliche Dominikanerkloster in Mitteleuropa. Denn erst 1245 übernahm dieser Orden auf Anweisung des Papstes weitere Frauengemeinschaften, nachdem er sich zuvor (ebenso wie die Franziskaner) mit Händen und Füßen gegen eine solche Aufgabe gewehrt hatte.

Mit der offiziellen Anerkennung durch den Papst, die 1245 kam, stieg die Anzahl der Bewohnerinnen in Kirchberg so hoch, daß man von einer echten Armut sprechen kann, denn der Konvent war total überbelegt. Zudem schossen in der Umgebung weitere Konvente aus dem Boden.

Der Abstieg und moralische Verfall kam wie bei so vielen Klöstern im 15. und 16. Jh.: Wohnen in Einzelzimmern, Bedienung durch Mägde, persönliche Finanzmittel, Einkünfte durch die Übernahme eines Klosteramtes.

Schließlich griff die weltliche Aufsicht (Habsburg) zu einem Radikalschnitt, indem aus dem evangelisch gewordenen Pforzheim die dortigen Dominikanerinnen kurzerhand zum Kirchberger Konvent hinzugegeben wurden. Die neuen Insassen hatten sich der strengen Observanzbewegung angeschlossen und drängten die dem lockeren Leben zugewandten Nonnen hinaus in die Welt. Damit kam ein erneuter Aufstieg. Auch die Krise des 30j. Krieges, in dem Kirchberg trotz seiner Abgelegenheit 32 mal geplündert wurde (soweit man nach dem 2. Mal noch von Plünderung sprechen kann!), konnte in der Barockzeit überwunden werden.

Nach der Aufhebung von 1806 durch Württemberg durften die Bewohnerinnen bis zum Tode bleiben; die Letzte zog 1856 aus. Die Gebäude wurden als Staatsdomäne genutzt und 1868 Rosenfelder Bürgern teilweise als Baumaterial nach einem Stadtbrand zur Verfügung gestellt. Damals wurden die gotischen Ost- und Südflügel abgebrochen, zum Glück ohne die Kreuzgangteile, die zu sperrig waren (was heute einen wunderbar romantischen Effekt erzeugt). Die Anlage samt Besitzungen diente seit 1851 als Ackerbauschule.

Heute werden im Kloster Kirchberg wieder Stundengebete und Gottesdienste gefeiert und religiöse Themen mit Tagungsgästen behandelt. Der „Verein Berneuchener Haus" hat die Anlage vom Staat gemietet und unterhält im ökumenischen Geiste eine evangelisch bestimmte Einkehr- und Begegnungsstätte, geführt von der *Evang. Michaelsbruderschaft* und dem *Berneuchener Dienst*.

Kirchberg findet man nur über kleine Zufahrtswege, entweder von Heiligenzimmern her oder über Renfrizhausen, da es abseits der Verkehrswege auf einem Bergsporn liegt. Diese auf die Herkunft als Burg verweisende Lage ist untypisch für Dominikanerinnenklöster, würde eher für Benediktiner passen. Bereits bei der Zufahrt fasziniert der Anblick der Anlage mit der repräsentativen Front des Westflügels. Durch ein barockes Tor kommt man in

Kirchberg: Blick vom Nonnenfriedhof auf gotischen Kreuzgang und barocken Westflügel

Foto: Willig

den Hof mit seinen verschiedenen Wirtschaftsgebäuden, dessen Abschluß der Westflügel des Konventbaus mit einer herrschaftlich gestalteten Barockfassade bildet.

Die (nachmittags geöffnete) Kirche liegt linkerhand davon, schwer zu erkennen, weil – entsprechend der Ordensregel – ohne Turm. Zum freistehenden gotischen Kreuzgang führt ein Weg um den Westflügel herum. Unterhalb des Kreuzganges findet man in Hanglage einen Nonnenfriedhof, der mit seinen alten schmiedeeisernen Kreuzen und überwucherten Gräbern einen verträumten Eindruck vermittelt. Von hier aus hat man einen herrlichen Blick über die Keuperlandschaft, die infolge ständig wechselnder geologischer Schichten ein abwechslungsreiches Bild bietet. Im Hintergrund steht der Steilaufstieg der Schwäbischen Alb mit dem Hohenzollern als Blickfang.

Daten: 1237 Beginengemeinschaft, vor 1245–1806 Dominikanerinnen

Lit.:   O. Planck: Ein Gang durch Kloster Kirchberg und seine Geschichte. (Broschüre, liegt aus)

E. Hagmann: Berneuchen. Ein Weg zur Kirche, 1983 (Broschüre)

Kernort

Auch hier entwickelte sich aus einer Frauensammlung heraus ein **DOMINIKANERINNEN**kloster, jedoch über 100 Jahre später und unter völlig anderen Bedingungen als in Kirchberg. Denn diese Gemeinschaft schloß sich wohl nur deshalb den Dominikanern an (1390), damit sie der Form halber als reguliert galt. Sie war demnach ein 3. Orden, ohne feste Klausur und ohne direkte Betreuung durch Dominikaner. Ihre Klause, die oberhalb der Pfarrkirche stand, war dem Pfarrherren untergeordnet. So besaß sie auch keine eigene Kirche oder Kapelle.

Mit der Reformation kam ihr Ende im wirtembergischen Sulz. Aus dem Kloster wurde eine Schule, die 1852 zum Abbruch verkauft wurde. Übrig blieb ihr Fruchtkasten, in dem das evangelische Dekanat untergebracht ist (Altbau).

Daten: ca. 1360–1390 Beginen, ca. 1390 – ca. 1535 3.-Orden-Dominikanerinnen

Bergfelden

Auch hier bestand von ca. 1386–1550 direkt neben der Kirche auf dem Gelände des heutigen Kirchhofs eine **Frauensammlung**, die sich den Dominikanern als 3. Orden angeschlossen hatte.

Bernstein

An der schmalen Straße von Heiligenzimmern nach Kirchberg entdeckt man, in einem Seitental der Stunzach am Waldrand gelegen, das ehemalige **FRANZISKANER**kloster Bernstein. Eine Besonderheit bereits aufgrund seiner Lage, denn sonstige Franziskanerklöster finden wir eigentlich nur in den Städten. Eine Besonderheit auch seiner kulturhistorischen Einmaligkeit wegen. Denn hier befanden sich **Begarden**, das männliche Gegenstück zu den Beginen. Aufgrund ihrer Siedlungsweise im Wald wurden sie auch noch **WALDBRÜDER** genannt. An verschiedenen Orten in BW gab es solche Einsiedler-Bruderhäuser (z.B. Sipplingen), aber deutliche Spuren hat außer Bernstein keines von ihnen hinterlassen. Daher soll Bernsteins Geschichte stellvertretend für die anderen, untergegangenen Gemeinschaften stehen.

Bernstein entstand 1367 als freie Gemeinschaft. Von der offiziellen Kirche wurden solche Begardengemeinschaften ebenso ungern gesehen wie Beginen, da sie als eine Art Zwitter zwischen weltlicher und geistlicher Institution sich nur schwer einordnen und kontrollieren ließen. Dementsprechend groß war das Bestreben der Kirche, sie zu verbieten oder in einen regulierten Orden zu integrieren. Wie konnte man diesem Druck ausweichen, ohne zuviel Freiheit zu opfern. Bei den Frauen geschah dies durch den Anschluß an die Franziskaner als 3.

Foto: Willig

Bernstein: Einziges erhaltenes Waldbrüderkloster
im Bereich des heutigen Baden-Württemberg

Orden, und ebenso machten es 1503 die Einsiedler von Bernstein. Damit waren sie offiziell reguliert, wurden aber nicht direkt kontrolliert.

In der Anlage lebten bis zu 12 Brüder von ihrer Hände Arbeit. Denn Pfründe und Zinseinkünfte besaßen sie nicht, was sie von den etablierten Orden unterschied. Neben der üblichen Landwirtschaft stellten sie Holzschnitzarbeiten aus dem Material ihres Waldes her. Bernstein wurde jedoch in der Gegend vor allem durch seine hervorragenden Ziegel berühmt.

Die große Krise all dieser Gemeinschaften kam mit der Reformation. In einer Art Abstimmung mit den Füßen traten die Brüder aus, und die Gemeinschaften gingen unter. So wäre es auch mit Bernstein geschehen, wenn nicht die weltliche Aufsicht (Habsburg) eingegriffen hätte (1525). Analog zum Vorgehen Habsburgs in Rottenburg wollte man hier dem Vordringen der Reformation entgegenwirken. Dies erklärt wohl, weshalb Bernstein als einziges derartiges Klösterchen überlebte.

Nach schweren Plünderungen im 30j. Krieg kam der Aufschwung in der Barockzeit. Davon zeugen heute noch Kirche und Konventbau (erbaut 1729–31) sowie verschiedene Ökonomiegebäude. Nach der endgültigen Aufhebung unter Württemberg (1806) wurde es zusammen mit Kirchberg

Staatsdomäne. Nach dem 2. Weltkrieg sammelte sich hier eine Künstlerschar, die unter dem Begriff „Bernsteiner Schule" in die Geschichte der süddeutschen Malerei einging. Heute finden gelegentlich in der frisch renovierten Kirche Ausstellungen statt.

Daten: 1361–1503 Begarden (Waldbrüder), 1503–1805 3.-Orden-Franziskaner

Lit.:   Alemania Franciscana Antiqua, Bd. 16, S. 93–138

M 2 *Sulzburg*

Warum schenkten im frühen Mittelalter so viele Adlige ihre Güter an Klöster bzw. gründeten mit ihren Besitzungen solche? Nur aus religiösen Gründen? Oder vielmehr aus machtpolitischen Erwägungen heraus, was ihnen eine germanische rechtliche Besonderheit ermöglichte. So war es möglich, eine Klostergründung als **Eigenkloster** abzusichern. D.h., der weltliche Herrscher besorgte die weltlichen Angelegenheiten seines Klosters, was später mit dem Begriff Vogtei bezeichnet wurde (vergl. Zwiefalten). In dieser Position konnte er auch Einfluß auf das innere Leben des Klosters nehmen, z.B. den Abt ernennen, was eigentlich im Widerspruch zur benediktinischen Regel der freien Abtwahl stand. Letztlich blieb somit der Besitz indirekt der Gründerfamilie erhalten, die häufig sogar ein Familienmitglied zum Abt bzw. zur Äbtissin erhob. Damit lagen weltliche und geistige Macht in einer Hand, war die geistliche Institution ein Werkzeug der weltlichen. Ein typisches derartiges Eigenkloster finden wir in der Bergbaustadt Sulzburg.

Foto: Stadtverwaltung

Die Kirche St. Cyriacus ist der Rest eines ehemaligen **BENEDIKTINERINNENklosters**, das der Gaugraf Birchtilo 993 im Rahmen einer großen Schenkung gründete. Als Eigenkloster übergab es sein Sohn 1010 an den Bischof von Basel, der es wiederum an einen Parteigänger weitergab. Diese Herren

Sulzburg: Romanische Kirche, Rest des Benediktinerklosters am Eingang des Schwarzwaldes

von Üsenberg gründeten auf Klostergrund eine Stadt und verschafften somit den Eigenleuten des Klosters die Befreiung aus der Leibeigenschaft. So war letztlich das Kloster ein Spielball der weltlichen Herrschaft, konnte sich nie davon befreien, mußte sich mit der finanziellen Absicherung zufrieden geben. Denn die Stadt prosperierte aufgrund des Abbaus verschiedener Bodenschätze. Die Bewohner mußten nur einen Grundzins an das Kloster zahlen, da ihm ihre Grundstücke gehörten.

Die Vogtei wanderte von den Üsenberg weiter zu den Grafen von Hachberg und deren Erben, die Badener Markgrafen. Als diese die Reformation in ihrem Gebiet einführten, endete das Klosterleben. Nach der vorläufigen Aufhebung von 1548 kam 1556 das endgültige Aus. Die Gebäude überstanden zwar den 30j. Krieg, brannten jedoch mit Ausnahme der Kirche 1769 ab.

Die Kirche stammt aus der Gründungsphase, mit späteren Ergänzungen. Sie ist eines der wenigen romanischen Überreste dieser Zeit in unserem Bundesland (vergl. Göppingen-Faurndau). Leider hatte man die Seitenschiffe im 16./17. Jh. abgebrochen, was jedoch bei der grundlegenden Renovierung von 1963 rückgängig gemacht wurde. Eingebettet in eine sanfte Schwarzwaldlandschaft bezaubern Kloster und Städtchen durch ihre Lage,

Daten: 993–1548–1556 Benediktinerinnen

Lit.:   Stadtverwaltung: Geschichte der Stadt Sulzburg Bd. 1, S. 289–333. Freiburg:
Kehrerverlag, 1993
Deutscher Kunstverlag, Heft 187: St. Cyriak Sulzburg. (Broschüre)

Talheim (Kreis Tuttlingen) L 6

In der Ortsmitte trifft man das Ensemble von Pfarrkirche, Zehntscheuer und Pfarrhaus an. Im Pfarrhaus bestand bis 1483 eine **Frauenklause**, wahrscheinlich Franziskanerinnen des 3. Ordens. Berühmt wurde das Pfarrhaus im 19. Jh. durch das Buch „Was eine Mutter kann", in dem die Arbeit der Pfarrfrau Beate Paulus von ihrem Sohn beschrieben wird.

Tauberbischofsheim B 10

Diese Stadt geht zurück auf das Frauenkloster, das Lioba, eine Verwandte des Angelsachsen und „Apostels von Deutschland" Bonifatius, hier leitete. Von diesem **benediktinischen** Liobakloster sind keine Überreste mehr vorhanden, es stand wohl neben der heutigen Stadtpfarrkirche.

Nach der Äbtissin Lioba nennt sich die Liobakirche, Klosterkirche des ehemaligen **FRANZISKANERklosters**. Im 30j. Krieg hatten sie sich hier angesiedelt, als man anderswo die Kapuziner holte. Ihr Kloster benannten sie so, weil sie die Teile des Spitalhofs und die Elisabethenkapelle irrtümlich für die Reste des ursprünglichen Liobaklosters hielten. So erweckten sie auch wieder einen Liobakult. Sie überlebten sogar die Säkularisation als Aussterbekloster. Ihre Lateinschule wurde zum heutigen M.-Grünewald-Gymnasium.

Man findet die Klosteranlage am Ende des Marktplatzes, dem Rathaus gegenüber. Die Konventbauten liegen untypischerweise im Osten hinter der barocken Kirche von 1656. Sie werden inzwischen von einer Gaststätte und der Stadtverwaltung genutzt. Dahinter der Klostergarten mit Mauer.

Daten: 1629–1829 Franziskaner

H 6 *Bad* Teinach-Zavelstein

Kentheim

Typisch für die Klöster der Hirsau-Reform-Bewegung des 11. Jh. war die Hereinnahme von Frauen ins Kloster (Doppelkloster). Denn an dieser gesellschaftlichen Umwälzung, die unter dem Begriff „Investiturstreit" in die Geschichte einging, wollten sich auch die Frauen beteiligen. Von einer Reihe an Klöstern aus dieser Zeit wissen wir, daß sie als Doppelkloster gegründet wurden (z.B. Zwiefalten, Isny). Auch von Hirsau (s. Calw) kann man annehmen, daß es zeitweise über einen Frauenkonvent verfügte, obwohl die direkten Angaben hierzu fehlen. Der Mönch Ulrich v. Cluny, der mit Sölden und St. Ulrich getrennte Frauen- und Männerkonvente gründete, erwähnt jedoch in einem Brief die Verlegung des Hirsauer Frauenkonvents an einen anderen Ort. Wohin?

Eine große Wahrscheinlichkeit spricht für die Verlegung nach Kentheim. Denn aus den Urkunden geht hervor, daß sich hier von ca. 1080 – ca. 1200 ein Frauenkloster befand. Vermutlich wohnten diese **BENEDIKTINERINNEN** direkt neben der Kirche St. Candidus, für die Hirsau das Patronatsrecht hatte.

Nach dem Verschwinden des Frauenkonvents diente St. Candidus als Pfarrkirche für einen großen Sprengel, obwohl hier kein Weiler bestand. Auch dies ist ein Zeichen für die Bedeutung des Ortes. Erst nach der Reformation wurde sie zur Friedhofskirche abgewertet.

Der Besucher findet ein frisch renoviertes schlichtes romanisches Chorturmkirchlein mit Fresken aus dem 14. Jh. vor, zwischen Fluß und Bundesstraße liegend.

Daten: 1080 – ca. 1200 Benediktinerinnen

Lit.:   K. und S. Greiner: St. Candiduskirche in Kentheim.1987 (Broschüre, liegt aus)

„Engen, Tengen, Blumenfeld,
sind die schönsten Städtchen auf der Welt"

Blumenfeld

Dieses Dorf-Städtchen vermittelt noch heute dem Besucher den Eindruck einer geschlossenen Herrschaft: Burg, Kirche, einige stattliche Gebäude, alles angeordnet in einem geschlossenen Kreis, abwehrend nach Außen. Die zum Großteil als Altenheim genutzte Anlage vermittelt zugleich einen Vorgeschmack auf eine Zukunft, in der rund $^1/_3$ der Bevölkerung über 60 Jahre alt sein wird.

Hier residierte ein Obervogt (Oberamtmann) des **DEUT-SCHEN ORDENS,** der von der Kommende Mainau gestellt wurde. Denn 1488 hatten 5 Brüder aus dem Geschlecht der Klingenberger ihre total überschuldete Herrschaft Blumenfeld an die Mainau verkauft. 1499 eroberten die Eidgenossen im Schweizer- bzw. Schwabenkrieg die Burg und zerstörten sie. Der Neuaufbau erfolgte im 16. Jh. Daher finden wir eine

Foto: Stadtverwaltung

Blumenfeld: Vom Deutschordensschloß dominiertes Städtchen

weitgehend im Renaissancestil mit gotischen Elementen erstellte Anlage vor. Überall, auch in der Kirche, erinnern Wappen an den Ritterorden.

Daten: 1488–1806 Deutschordens-Oberamt (Obervogtei)

Nimburg

Im Mittelalter oblag die professionelle Krankenpflege weitgehend religiösen Orden bzw. Gemeinschaften (z.B. Beginen). Die **Antoniter** als einer dieser Orden hatten sich auf eine bestimmte Krankheit spezialisiert und machten damit ein Vermögen. Sie behandelten die Mutterkornvergiftung („hl. Feuer", „Antoniusfeuer"). Die Ursache für diese durch den Mutterkornpilz im Roggengetreide hervorgerufene Krankheit war vor dem 18. Jh. nicht bekannt. So sahen die Menschen in den Symptomen eine Strafe Gottes: Bei akuter Vergiftung wurden einzelne Glieder brandig („inneres

Feuer") und fielen ab bzw. mußten amputiert werden; bei chronischer Vergiftung traten Nervenkrämpfe auf.

Nur durch Zufall kam diese Krankheit in Verbindung zu Antonius, dem „Vater des Mönchtums", der als Einsiedler in der ägyptischen Wüste bekannt wurde. Und zwar hatte man um 1070 seine (angeblichen) Reliquien aus Konstantinopel in ein Dorf in Südfrankreich gebracht (heute: St. Antoine, westlich Grenoble). Ein von dieser Krankheit befallener Adliger wurde nach einer Pilgerfahrt dorthin geheilt. Sein Vater stiftete daraufhin bei den Reliquien ein Krankenhaus und gründete eine Laienbruderschaft (um 1095), die sich der Pflege von am „hl. Feuer" Erkrankten widmete. Damit war eine Marktnische entdeckt. Die Bruderschaft wuchs und gründete Filialen in ganz Europa. (Die besterhaltene von Deutschland findet man in Memmingen mit dem „Antonitermuseum", die bekannteste dürfte Isenheim bei Colmar sein). Aus der Bruderschaft wurde 1247 ein Orden nach der gemäßigten Augustinusregel, und 1297 ein dem Papst direkt unterstellter Chorherrenorden.

Anscheinend erreichte der Orden durch seine Spezialisierung auf diese Krankheit auch Heilungserfolge. Man behandelte mit einem Sud von bestimmten Heilkräutern, den man über die Reliquien des Hl. Antonius laufen ließ und somit zum „hl. Alkohol" machte. Das Rezept ging leider verloren. Verständlich, daß der Orden aus dieser Position Kapital schlug. So bürgerte sich ein, daß in jedem Dorf ein Ferkel für den Orden reserviert wurde, das dann mit einer Glocke im Ohr herumlief und als gemästetes Schwein Geld brachte („Antoniusschwein"). Da zudem der Orden zentralistisch gegliedert war, gingen die Einkünfte der Filialen an die Zentrale in Südfrankreich, was noch heute die immense Anlage dokumentiert. In der Reformationszeit gingen die deutschen Filialen unter; in Europa verschwand der Orden 1777 mit der Einverleibung in den Malteserorden.

Im Bereich des heutigen BW gab es nur wenige Niederlassungen der **ANTONITER**, von denen

Nimburg: Eingang zur Antoniteranlage, im Vordergrund Luthereiche

man so gut wie nichts mehr vorfindet: Konstanz, Freiburg, Bruchsal. *Nimburg* ist die einzige Filiale, in der wenigstens die Kirche überdauert hat. Zwar hat diese Niederlassung keine 100 Jahre existiert, da die

Gründung durch die Markgrafen von Baden erst 1456 erfolgte, also kurz vor der Reformation. Die Gebäude dienten nach der Auflösung als Krankenhaus und anschließend als Domäne, bevor sie schließlich im 19. Jh. abgerissen wurden.

Aber die Kirche überlebte als Pfarrkirche der evang. Gemeinde. Im Süden, ca. 1 km außerhalb des Ortes halbhoch am Berg gelegen, bildet sie zusammen mit dem ehemaligen Friedhof und der alten Umfassungsmauer ein wunderbares Ensemble. Romantisch wirkt das überwucherte Friedhofs-Eingangstor neben der Luthereiche von 1883. Diese sogenannte Bergkirche dient im Sommer dem Gottesdienst und ist ansonsten geschlossen. Im Inneren findet man nachreformatorische Malereien. Im Ort zeigt die Ausschilderung „Bergkirche" den Weg.

Daten: 1456–1545 Antoniter

Lit.:   A. Mischlewski: Grundzüge der Geschichte des Antoniterordens. Böhlauverlag, 1976

Tettnang o 10

Die Grablege eines renommierten Grafengeschlechtes in dem Klösterchen eines weitgehend unbekannten Ordens!? Eine seltsame Symbiose, die jeder Einordnung widerspricht. Daraus läßt sich schließen, daß man die Tätigkeiten von Ordensniederlassungen nicht schematisch einteilen darf. Wenn sich die Chance bot, konnte eine Niederlassung eine neue Aufgabe übernehmen und damit ihrem Überleben und dem des Gesamtordens dienlich sein. So auch hier in Tettnang: Ein an der Argen, abseits der Verkehrswege bestehendes Paulinerkloster (vergl. Satteldorf) nahm eine Aufgabe wahr, die sonst eher den Klöstern etablierter Orden zufiel. Vielleicht erklärt sich dies aus der Gründungsgeschichte.

Hiltensweiler und (Ober-) Langnau

In Hiltensweiler stiftete ein adliger Kreuzfahrer namens Arnold um 1100 eine Zelle und übergab sie dem **Benediktinerkloster** Allerheiligen in Schaffhausen. In der anstelle seiner Burg erbauten Kirche findet man noch Erinnerungen an diesen als heilig verehrten Mann und einen romanischen Kirchturm.

Die Zelle wurde aus unbekannten Gründen ins Tal nach Oberlangnau verlegt und zu einem *Priorat* des Klosters Allerheiligen aufgewertet. Im 14. Jh. übernahm man sich anscheinend finanziell, denn Allerheiligen verkaufte es 1389 an die Grafen von Montfort in Tettnang. Diese suchten zu dieser Zeit gerade eine Grablege, weil infolge einer Erbteilung ihre Linie neu entstanden war. Aber überraschenderweise werteten sie das Priorat nicht zu einem eigenständigen Benediktinerkloster auf oder wandelten es zu einem Kollegiatstift um, sondern siedelten darin den Einsiedlerorden der **PAULINER** an, der bereits in Argenhardt (s.u.) saß. Warum? Vielleicht weil dieser Orden noch unverbraucht war, diese Maßnahme also vergleichbar ist dem Entstehen von Grablege-Kartäuserklöstern in dieser Zeit (z.b. Champmol bei Dijon), und hier mit den Paulinern eine finanzierbare Lösung gefunden wurde.

Damit übernahm dieser Orden einen völlig neuen Aufgabenbereich. Langnau wurde zum größten der ca. 15 Paulinerklöster der deutschen Provinz und übernahm Leitungsfunktionen. So wurde es später auch zum Studienort der Provinz.

Nachdem Habsburg die bankrotte Grafschaft 1780 gekauft hatte, wurde das Kloster im Rahmen der josephinischen Säkularisation aufgehoben und die Kirche 1793 abgebrochen. Welch eine Pictätlosigkcit gegenüber dem Geschlecht der Montfort! Deren Gebeine bettete man in eine Kapelle neben der Kirche von Hiltensweiler um. Aus dem Baumaterial erbaute man Kirche und Pfarrhaus von Hiltensweiler neu. So befinden sich z.B. im dortigen Pfarrhaus 2 Barocktüren aus dem Paulinerkloster.

Heute findet man von der nach dem 30j. Krieg erbauten Anlage nur noch Reste. Zur Orientierung: Neben der parallel zur Argen verlaufenden Straße entdeckt man Fundamentspuren im Boden. Hier stand die ehemalige Kirche. Links und rechts dahinter sind die Reste des Konventost- und Konventwestflügels erkennbar, die als Privatwohnungen genutzt werden.

Daten: Um 1100 – um 1200 Zelle, 1200–1386 Benediktinerpriorat,
1406–1787 Paulinerpriorat

Lit.: Germania Benedictina, Band V, S. 276–280
A. Borst: Mönche am Bodensee, S. 323–325

Argenhardt

Bereits vor der Ansiedlung in Langnau befand sich hier ein **PAULINER-klösterchen**, diesmal wirklich in der Einöde. Zuerst als Zelle (1359–1389), dann als Priorat. Mit der Ansiedlung in Langnau sank jedoch seine Bedeutung, so daß es schließlich ab 1598 von dort aus verwaltet und 1672 völlig eingegliedert wurde. Heute steht an seiner Stelle ein Bauerngehöft, sind aus den Konventmauern Bauernhäuser geworden.

Zu finden ist es an der alten Straße von Tettnang nach Kressbronn, die parallel zur B 467 verläuft: eine in den Wald geschobene Rodung.

Daten: 1359–1389 Zelle, 1389–1672 Paulinerpriorat.

Neustadt

Warum siedelten die Grafen von Fürstenberg in der Gegenreformation 5 Kapuzinerklöster in ihrem Gebiet an, jedoch kein einziges Jesuitenkloster? Warum werden Kapuzinerklöster in den Stadtführern meistens nicht aufgeführt oder nur am Rande erwähnt? Auf diese so unterschiedlichen Fragen dürfte die gleiche Antwort passen: Weil ihre Häuser so bescheiden waren. Die bettelnden Kapuziner kamen wesentlich billiger als die studierenden Jesuiten. Und kunsthistorisch waren sie so unbedeutend, daß sie in den Stadtführern häufig nicht aufgeführt werden. Man muß dann ihre Spuren über den Straßennamen finden, z.B. „Klosterstraße, Im/Am Kloster".

Nach Engen, Haslach, Meßkirch und Stühlingen siedelten die Fürstenberger auch hier in Neustadt die **KAPUZINER** 1669 an. Zuerst bestand es als Hospiz (= kleine Niederlassung), dann ab 1700 als reguläres Kloster. Sukzessive erweiterten sie von 1679 an ihr Klösterchen samt Kirche, bis sie 1711 ein geschlossenes Quadrat erreicht hatten. Neustadt war für den Orden als Zwischenstation vom Breisgau ins Schwabenland von Bedeutung.

Nach der napoleonischen Aufhebung wurden die Gebäude an Privatpersonen verkauft, jedoch nicht abgerissen. Heute steht im ehemaligen Klostergarten das evang. Pfarramt. Straßennamen („Am Klösterle") und Gaststätten erinnern an das Kloster. Orientierung: ca. 100 m östlich der Stadtkirche.

Daten: 1669–1700 Hospiz, 1700–1802 Kapuzinerkloster

Lit.:   W. Göbel: Chronik und Familiengeschichte von Neustadt. Stadtverwaltung, 1951

Foto: Metz

Todtmoos: Wallfahrtskirche. Links davon das ehemalige Benediktinerpriorat, heute Priorat des polnischen Paulinerordens

Warum siedeln sich polnische Mönche gerade bei uns in BW an? Die Erklärung liegt in der Geschichte: Mit der Neubesiedlung möchte der in Polen starke Orden der **Pauliner-Eremiten** an die Tradition der mittelalterlichen Paulinerklösterchen in unserem Raum anknüpfen (s. Satteldorf), von denen kein einziges die Säkularisation überlebte. Daher betreut seit 1987 ein kleiner Konvent die Wallfahrtskirche in Todtmoos, ist eine 2. Niederlassung vor kurzem in St. Märgen gegründet worden.

Die Wallfahrt in Todtmoos geht bis ins Mittelalter zurück. Daher befand sich hier bereits früher eine mönchische Niederlassung. Das **Benediktinerkloster** St. Blasien unterhielt seit 1504 ein *Priorat*, um die Wallfahrer zu betreuen. Verbreitet durch eine Maria-Himmelfahrts-Bruderschaft erstreckte sich das Einzugsgebiet der Wallfahrt über den ganzen Südschwarzwald. Als jedoch unter der aufklärerischen Politik Kaiser Josephs II. die Bruderschaft aufgelöst wurde, starb auch die Wallfahrt und damit das Priorat aus.

Der Besucher findet eine barock ausgestattete Kirche vor, erbaut 1625–32. Das Pfarrhaus/Konventgebäude wurde 1733 für 6 Mönche errichtet. Hierin wohnen heute die polnischen Mönche.

Daten: 1504–1784 Priorat von St. Blasien, seit 1987 Pauliner-Eremiten

L4 *Triberg*

Nußbach

In unserem Jahrhundert wohnten hier 1918–1980 **Franziskanermönche** in einem Klösterchen. Sie betreuten die örtliche Pfarrei. Wegen Nachwuchsmangel wurde die Niederlassung aufgegeben.

J8 *Trochtelfingen*

Die Grablege eines Hochadelsgeschlechtes in einer Pfarrkirche ist ein Zeichen, daß sich hier eine besondere Einrichtung befunden haben muß. Wenn bereits kleine Adelsgeschlechter ihren Aufstieg mit der Einrichtung eines Hausstiftes oder -klosters demonstrierten (vergl. Hettingen), so darf uns nicht überraschen, daß in diesem Zentrum einer Mini-Herrschaft ebenfalls ein **KOLLEGIATSTIFT** eingerichtet wurde. 1501 erhoben die Grafen von Werdenberg-Trochtelfingen, eine Seitenlinie der im Alpenrheingebiet mächtigen Werdenberger, ihre Pfarrkirche zu einem Stift. Obwohl diese Linie wenige Jahrzehnte später ausstarb und von den Fürstenberg beerbt wurde, blieb das Stift bis zur Säkularisation erhalten. Heute bildet die gotische Kirche zusammen mit den herrschaftlichen Gebäuden und dem Schloß ein schönes Ensemble, eine Erinnerung an vergangene Größe.

Lit.: Kath. Pfarramt: Kath. Pfarrkirche St. Martin Trochtelfingen. (Broschüre, liegt aus)

Tübingen: Altstadt. Im Zentrum die Stiftskirche, über dem Neckar
das Augustinereremitenkloster, weißer Gebäudekomplex rechts am
Bildrand Collegium illustre (Platz des Franziskanerklosters)

Tübingen = Universität. Es gibt wohl keine sonstige Stadt in Deutschland, die so stark von ihrer Universität geprägt wurde und noch geprägt wird wie Tübingen. Dabei hängt diese Verbindung nicht so sehr von der Studentenzahl ab (heute über 25 000 bei 80 000 Einwohnern), sondern vielmehr von der geistigen Leistung dieser Institution. Ihre Rolle als einzige Universität des Herzogtums und späteren Königreiches Württemberg hat diese Stadt zum geistig-geistlichen Zentrum des gesamten Landes gemacht.

Darüberhinaus gewann Tübingen einen Ruf als theologisches Zentrum des lutherisch-protestantischen Lagers in Mitteleuropa. Dank der theologischen Ausbildung seiner Universität konnte Württemberg die vielen kleinen protestantischen Territorien und sogar andere Länder mit Pastoren versorgen (z.B. Baden-Durlach, Österreich, Slowenien). Die Gründung und Existenz der Universität wiederum steht in engem Zusammenhang mit der Gründung eines Kollegiatstiftes (vergl. Heidelberg) und der Existenz von Klöstern. Eine geistige Institution solchen Ausmaßes wäre ohne den Einsatz bereits bestehender geistlicher Institutionen nicht möglich gewesen.

Kernstadt

Tübingens touristische Schokoladenseite ist die Neckaransicht. Von der Neckarbrücke oder -insel aus sieht man die Fachwerkhäuser im Spalier über dem Fluß stehen. Darüber Turm und Langhaus der Stiftskirche. Und westlich (linkerhand) als Abschluß der Häuserzeile das heutige evang.

Stift, ehemaliges Kloster der Augustiner-Eremiten. Beide stehen in engem Zusammenhang mit der Gründung (1477) und dem Wachsen der Universität.

Die Keimzelle der Universität war die Errichtung eines **KOLLEGIAT-stiftes** in dieser Stadt durch Graf Eberhard im Barte (1476). Die Universitätsgründung war ein wirtschaftlich gewagtes Vorgehen, denn Tübingen war nicht vergleichbar einer Reichs- oder Bischofsstadt, und die Grafschaft Wirtemberg war arm und noch dazu in 2 Linien aufgeteilt. Somit wurde hier eine kleine Universität in der ländlichsten Universitätsstadt Deutschlands gegründet. Zwar gab es damals nur ein rundes Dutzend Universitäten in Mitteleuropa, aber in der Nähe immerhin solch etablierten wie Heidelberg, Basel und Freiburg.

Der Gründer ging systematisch und gekonnt vor: In Sindelfingen hatte er ein Kollegiatstift, das aus seiner Sicht die vorhandenen Ressourcen unproduktiv gebrauchte, nämlich nur zum eigenen Verbrauch. Die Chorherren waren wie im Beamtenstatus: Was sie an Privilegien erworben hatten, das mußten sie ohne Ersatz nicht hergeben. Also besorgte sich Eberhard beim Papst als deren obersten Dienstherrn das Priveleg, 8 der 10 Chorherren-

pfründe vom Sindelfinger Kollegiatstift nach Tübingen in ein neu zu gründendes Stift zu verlegen. Einmal die Chorherren in Tübingen, kam der nächste Schritt: Einsatz in der geplanten Universität als Lehrende. Der Stiftspropst wurde geködert mit dem Amt des Universitätskanzlers, einige Chorherren nahmen gerne die Herausforderung an und übernahmen Lehraufträge in Theologie. Andere jedoch machten natürlich nicht mit, entsprechend ihrem „Beamtenrecht", wonach eine andere Tätigkeit zumutbar sein muß. Somit blockierten sie die Finanzierung der geplanten Professuren, da sie ja weiterhin ihre Pfründe erhielten. Also mußte zur Rettung des jungen Pflänzchens „Universität"

Tübingen: Umwidmung des Stiftskirchenchors zur Grablege der Württemberger nach der Reformation

eine finanzielle Trennung vom Stift erreicht werden. Hierzu übertrug man bereits 5 Jahre nach der Gründung einen Großteil des Stiftsvermögens auf

die Universität, wobei als Entschädigung das Kollegiatstift niederwertigere Kaplaneistiftungen aus der Stadt erhielt. Damit war die Transaktion am Ende gelungen.
Das Tübinger Kollegiatstift umfaßte auf seinem Höhepunkt ein Kollegium von 16 Stiftsherren. Mit der Einführung der Reformation kam jedoch das Aus: 1536 räumte man die Altäre aus der Kirche, die vorhandenen Chorherren erhielten eine Pension. Aber weiterhin bestand eine enge Verbindung Stiftskirche-Universität, bis 1794: Die Professuren für Theologie blieben gekoppelt mit den formal weiterbestehenden Ämtern eines Stiftsdekans u.a. Hier hatte der Landesherr seine Hand drauf, da durfte die universitäre Selbstverwaltung nicht hineinreden.
Der Besucher findet die Stiftskirche *St. Georg* im Zentrum der Stadt, heute noch benutzt als Pfarrkirche. Der Chor jedoch ist reserviert als Grablege der Württemberger: Von 1450–1608 ließen sich die Grafen bzw. Herzöge hier beerdigen. Der Bau selbst erstand 1470–1483 durch Peter von Koblenz: eine mächtige gotische Kirche. Die Chorherren waren in den Häusern um den Platz herum untergebracht.

Daten: 1476–1536 Kollegiatstift

Lit.:   H. Jantzen: Stiftskirche in Tübingen. Theissverlag, 1993

Das *evang. Stift* in Tübingen ist noch heute ein Qualitätsbegriff als Ausbildungstätte für den Pfarrernachwuchs. Bis 1547 reicht eine Tradition zurück, die anderswo nachgeahmt wurde. Auf kath. Seite entsprach dem 15 Jahre später die Forderung des Trienter Konzils nach Einrichtung von diözesanen Priesterseminaren. Die Grundlage für diese Einrichtung bildete das ehemalige Kloster der **AUGUSTINER-EREMITEN**, das aufgelöst und umgewidmet wurde.
Bereits 1262 siedelte sich hier dieser Bettelorden an, wobei er anscheinend aus einem bereits bestehenden Konvent der **Wilhelmiten** entstand. Gerade 6 Jahre zuvor war der Orden durch päpstlichen Entscheid gebildet worden (vergl. Weil der Stadt und Oberried). In Tübingen war es nur ein kleines und nicht weiter bedeutendes Kloster, das vor allem von der städtischen Oberschicht Zuwendungen erhielt. Der Konvent fiel auch bei der Universitätsgründung 1477 nicht auf; im Gegenteil, man erwartete nichts von ihm
Aber auf einen Schlag änderte sich die Situation grundlegend. Denn der Landesherr Eberhard im Barte setzte 1483 eine Reform durch, bei der sich der Tübinger Konvent zusammen mit dem von Weil und Esslingen der sächsischen Reform-Provinz anschloß. Jetzt kamen bedeutende Mönche von außerhalb, u.a. auch Johannes Staupitz, der später als Provinzgeneral das Ordensmitglied Martin Luther förderte. Und es gingen von hier Mönche, die anderswo bedeutende Aufgaben und Positionen übernahmen, u.a. bei der Gründung der Wittenberger Universität. Denn auch in

Tübingen war man jetzt am Universitätsleben beteiligt, sowohl als Studenten wie auch als Dozenten. Ja, die Universität hatte einen Hörsaal direkt im Kloster angemietet, so daß Mönche und Professoren hier zusammenlebten. Vieles davon diente bei der anschließenden Gründung der Universität Wittenberg als Vorbild.

Der erneute Niedergang kam 1520, als man sich wieder der rheinisch-schwäbischen Provinz anschließen mußte und gleichzeitig auch die ersten Auswirkungen der Reformation bemerkbar waren. Es gab kaum mehr Mönche, da sich immer wieder welche der Reformation anschloßen und Predigerstellen in anderen Städten übernahmen. Damit war die Aufhebung bei der endgültigen Einführung der Reformation in Wirtemberg nur ein konsequenter Akt. Und noch dazu ein fruchtbarer, wie die weitere Verwendung als evang. Stift zeigte. Die Anlage stammt aus der Spätzeit der klösterlichen Existenz, ca. 1460–1510. Später wurden für die Zwecke des evang. Stiftes Umbauten vorgenommen.

Daten: *1262–1536 Augustiner-Eremiten*

Lage: *Nähe Hölderlinturm und Alte Bursa. „Klosterberg"*

Lit.:   *Evang. Stift: Festschrift zum Jubiläum, 1962*

        W. Schöllkopf: Evang. Stift Tübingen (Broschüre, an der Pforte erhältlich)

Selbst das **Franziskanerkloster,** das in völlig veränderter Form und Funktion nach einem Brand von 1592 neu erstellt wurde, hat inzwischen einen Bezug zur Universität: Hier wohnen seit 1817 die Studenten der katholischen Fakultät (Kath. Konvikt), und waren zuvor adlige Studenten untergebracht (Fürstenschule, Ritterakademie). Bestand hatte das Kloster von 1272–1534, und auch hier hatte der Graf von Wirtemberg 1446 eine Reform durchgesetzt (vergl. Augustiner-Eremiten). Man findet die Anlage mit einem wunderbaren barocken Wappen unterhalb der Stiftskirche, Ecke Collegiumsgasse/ Langestraße

Foto: Metz

Tübingen: Nonnenhaus mit „geheimem Gemach"

Mitten in der Stadt befindet sich das Parkhaus „am Nonnenhaus", und einige Schritte davon mit dem „Nonnenhaus" der Rest einer ehemaligen **Frauensammlung**. Man kann nicht sicher sagen, ob sich die Frauen den Franziskanern oder den Dominikanern angeschlossen hatten, eine häufig bei Frauenklausen anzutreffende Situation (s. Gammertingen-Mariaberg). In der Reformation wurde der Konvent aufgelöst und die Gebäude bis auf den kleinen Rest (mit „stillem Örtchen") abgerissen. Die idyllische Anlage am Ammerkanal („Nonnengasse") diente später dem berühmten Botaniker Fuchs als Wohnung, der im Klostergarten seine „Fuchsien" züchtete.

Daten: 1310–1536 Frauensammlung

Im Himbachtal westlich der Stadt bestand im 12./13. Jh. die *Propstei* „Hindebach" des **Benediktinerklosters** Blaubeuren. Der Flurname „Brudergarten" erinnert daran.

Lit.: *Germania Benedictina, Bd. V, S. 280*

Seit kurzem (1978) befindet sich erneute eine kath. Ordensgemeinschaft in dieser ehemals rein protestantischen Stadt. In der Neckarhalde 64 hat sich in einer Gründerzeitvilla ein *Edith-Stein-Karmel* niedergelassen, also **unbeschuhte Karmelitinnen** (vergl. Kirchzarten). Sie leben als rein kontemplativer Orden. Im Haus besitzen sie ihre eigene Kapelle, und Außenstehende können an ihrer Andacht teilnehmen.

Einsiedel

Nördlich des eingemeindeten Dorfes Pfrondorf steht das Hofgut Einsiedel. Hier wurde unter Graf Eberhard im Barte 1492 ein Experiment versucht: Das Zusammenleben von Chorherren und Brüdern vom **gemeinsamen Leben**, einer Reformbewegung des 15. Jh. (vergl. Urach). Kleriker, Bürger und Adlige waren je 12mal vertreten. Propst wurde der hochangesehene Berater des Herzogs, Gabriel Biel. Mit dem Tod ihres Leiters verfiel die Gemeinschaft mehr oder weniger schnell, sodaß die reformationsbedingte Aufhebung 1534 auf keinen Widerstand stieß. 1580 brannte die Anlage ab. Anhand der vorhandenen Reste („Schlößchen") kann kein Bezug zum ehemaligen Kloster hergestellt werden.

Bebenhausen

Es ist eine Paradoxie und doch logisch, daß diejenigen Klöster am reichsten werden, deren Mitglieder am konsequentesten ein Armutsideal verfolgen. Denn je ärmer der einzelne lebt, desto mehr bleibt der Gemeinschaft. Dies erklärt u.a., weshalb die **Zisterzienserklöster** so gewaltige Besitzungen erwarben und Überschüsse produzierten, obwohl sie ja mit einem absoluten Armutsgebot für ihre Mitglieder angetreten waren: beten und und mit den Händen arbeiten, vegetarisch leben, Askese als Voraussetzung für Selbstheilung. Eines der reichsten derartigen Klöster Deutschlands war Bebenhausen. Es ist ein Glücksfall der Geschichte, daß diese Anlage mit der Aufhebung in einen „Dornröschenschlaf" verfiel.

Eine wahrscheinlich 1183 gegründete und bereits wieder aufgegebene Niederlassung der **Prämonstratenser** wurde 1190 von **ZISTERZIEN- SERN** aus Schönau besiedelt. Damit gehörte Bebenhausen in die Clairvaux-Familie (s. Schönau). Stifter waren die Pfalzgrafen von Tübingen, die zu diesem Zeitpunkt auf dem Höhepunkt ihrer Macht standen. Rund $1/4$ der zahlreichen Schenkungen wurde mit der Einrichtung von insgesamt bis zu 16 Grangien (= Gutshöfe) selbst bewirtschaftet. Die überschüssige Produktion verkaufte man über 6 Stadthöfe. Alleine im Umland von Bebenhausen besaß man eine Fläche von rund 125 km^2, annähernd die halbe Größe eines Landkreises vor der Kreisreform.

Schließlich war man so reich, daß man 1301 den Tübinger Pfalzgrafen ein Darlehen gewähren konnte, für das man die Stadt Tübingen als Sicherheit nahm. Jedoch nur für kurze Zeit, denn anschließend traten die Wirtemberger Grafen ins Blickfeld, die schließlich die gesamte Pfalzgrafschaft aufkauften. Und damit auch Rechte über das Kloster, das trotz Königsvogtei (s. Salem) immer mehr in deren Sog geriet. Diese Entwicklung mündete schließlich in eine vollständige Abhängigkeit: Ab 1498 saß der Abt im wirtembergischen Landtag, war das Kloster also landsässig geworden. Und mußte somit trotz eines zähen Widerstandes die Einführung der Reformation dulden und seine Auflösung hinnehmen. Zeitweise (bis 1560) wohnten kath. Abt und evang. Beamte nebeneinander.

In Bebenhausen wurde 1556 von Herzog Christoph eine höhere Klosterschule als direkte Vorbereitung auf das Theologiestudium in Tübingen eingerichtet, eine von vieren (später zweien) im Herzogtum Wirtemberg (s. Blaubeuren). Der Abt behielt weiterhin seinen Titel und war zugleich Superintendent, also Prälat der evang. Kirche. Daneben unterhielten die Herzöge ihr Jagdschloß im ehemaligen Abtsbau.

Für kurze Zeit trat Bebenhausen nochmals ins Licht der Geschichte, als hier nach dem 2. Weltkrieg der Landtag von Südwürttemberg-Hohenzollern tagte und eine Initiative zur Bildung des Landes BW

Foto: Metz

Bebenhausen: Sommerrefektorium.
Die Zisterzienser gelten als Meister der Steinbearbeitung

beschloß. Heute dient die Anlage vor allem als Museum. Im Sommer finden Konzerte statt. In den Wirtschaftsgebäuden ist die Forstdirektion Südwürttemberg untergebracht.

Der Besucher findet eine idyllische Anlage in einem Bachtal des Schönbuchs (Goldersbach) vor. Von einer Mauer umgeben steht eine klassische Zisterzienseranlage mit frühgotischer Kirche im Norden und Konventbauten aus dem 14. und 15. Jh. im Süden. Eine oftmals auf Bildern verewigte Mischung von Kirchturm und Dachreiter bekrönt die Kirche. Ausgefallen auch der spätgotische Kreuzgang, bei dem kein Maßwerkfenster dem anderen gleicht. Imposant ist das Sommerfektorium: eine Halle mit Fächergewölbe, getragen von filigranen Säulen. Schon wegen seine Lage ist dieser Ort eines Besuches wert! Die „Einmottung" im Zustand mittelalterlicher Baukunst läßt darüberhinaus das Herz eines jeden Romantikers höher schlagen. Das gesamte Dorf steht unter Ensembleschutz.

Daten: 1183–1190 Prämonstratenser, 1190–1535–1560 Zisterzienser

Lage: Ca. 5 km nördlich Tübingen, Richtung Dettenhausen

Lit.:   Stadt Tübingen: Das Zisterzienserkloster Bebenhausen. Theiss, 1995.

Cistercienserabtei Bebenhausen (Broschüre, beim Museum erhältlich)

Überlingen   N 8

Überlingen gehört zu den wenigen Reichsstädten, die sich nicht Luther anschlossen. Daher konnte noch im 17. Jh. ein Kollegiatstift gegründet werden, eine der letzten derartigen Einrichungen im Bereich des heutigen BW. Daher finden wir hier auch Ordensgemeinschaften, die vom Mittelalter bis zur Napoleonischen Säkularisation existierten. Auffallend ist bei ihnen ihre Lage: Sie befinden sich am Rande der alten Stadt, teilweise bilden sie sogar einen Teil der Befestigung. Ähnliches findet man immer wieder in Städten (vergl. Villingen), insbesondere für Bettelorden. Denn deren Klöster wurden zu einem Zeitpunkt erbaut, als das Stadtzentrum bereits belegt war.

So war es wohl auch in Überlingen, als die **FRANZISKANER** 1259 in die Stadt kamen. Also ließen sie sich direkt am Graben nieder und wurden mit ihren Gebäuden ein Teil der Stadtbefestigung. Dies kann man heute noch sehen: Ausgehend vom Franziskanertor, entlang des Grabens, eine einzige Gebäudeflucht von über 100 m. Diese heute als Altenheim genutzte Anlage wurde zwar erst im 18. Jh. erbaut, aber der Betrachter kann sich gut ausmalen, welch strategisch wichtige Funktion der Vorgängerbau im Mittelalter hatte. Das Kloster bildete sozusagen das Rückgrat des 2. Verteidigungsringes als ein Steingebäude mit geschlossener Front, nachdem die Stadt in der Zwischenzeit um den Vorort „Dörfle" erweitert worden war. Auch wenn die Mönche selbst nicht aktiv kämpften, so bewiesen sie damit jedoch ihre Verbindung zur Stadt. Sie wollten ihren Beitrag bringen zur Verteidigung der Vaterstadt.

Ihre Glanzzeit erlebten die Franziskaner in der Spätgotik, am Vorabend der Reformation. In dieser Zeit bauten sie ihre Kirche. Im 16. Jh. dagegen vernachlässigten sie ihre ureigene Aufgabe, die Seelsorge, weshalb schließlich die Kapuziner geholt wurden (s. unten). So gehörten sie zu den wenigen Konventen der Provinz, die sich nicht der strengen Richtung („Oberservanten") anschlossen. Dies ist verwunderlich, weil ansonsten gerade die Reichsstädte eine dementsprechende Reform erzwangen (vergl. Schwäbisch Gmünd). Heute findet der Besucher eine Rokokoausstattung in einer gotischen Kirche vor: weißer Stuck, sparsame Ausmalung. Im Vergleich zu vielen anderen barockisierten/rokokosierten Kirchen ist dies ein gelungenes Beispiel, weil die ursprüngliche gotische Struktur nicht erschlagen wird.

Daten: 1259–1808 Franziskaner

Lit.:   Alemania Franciscana Antiqua, Bd. 14, S. 195–254

Kirchenprospekt (liegt aus)

Die **JOHANNITERkommende**, zugleich auch die älteste Ordensniederlassung Überlingens, bildete ebenfalls einen Teil der Befestigung. Im Osten der Stadt auf einem Hügel liegend führte über sie der Zugang zu einer Befestigungsbastion („St. Johannesturm"). Dieser Turm trug als Hauptstützpunkt der städtischen Artillerie im 30j. Krieg entscheidend dazu bei, daß Überlingen nicht von den Schweden erobert wurde.

Die Kommende war entstanden aus der Schenkung eines Meierhofes (1257) in Überlingen und dem Erwerb von Pfarrkirchenpatronats-Rechten in mehreren umliegenden Orten (Goldbach, Andelshofen). Überraschenderweise wurde kein Spital mit der Kommende verbunden, obwohl doch viele Pilger in Überlingen zur Bodenseeüberfahrt einschifften. Folglich beschränkte sich die Kommende auf reine Verwaltungstätigkeit. Da der reichsfreie Komptur das Überlinger Bürgerrecht erworben hatte, konnte die Stadt eine begrenzte Kontrolle ausüben. So fand man auch einen Kompromiß für die Untertanen der Kommende. Sie wurden zugleich als Stadtbürger der städtischen Gerichtsbarkeit unterstellt. Damit konnten der städtische Rat ebenso wie die adligen Kompture ihre Interessen wahren. Heute findet man noch das Kommendehauptthaus mit einem großen Freigelände vor. Dieses Gebäude wird als Privatbüro benutzt. Die Kirche und sonstige Gebäude bestehen nicht mehr.

Daten: 1257–1806 Kommende des Johanniterordens (Malteser)

Lit.:   Handbuch der baden-württembergischen Geschichte, Bd. 2, Klett-Cotta, 1995, S 637

Dominiert wird das Überlinger Stadtbild vom Münster *St. Nikolaus*. Hier finden wir eine Besonderheit in der Ordensgeschichte BWs vor. Diese aus dem Mittelalter stammende gotische Kirche gelangte noch im hohen Alter von 600 Jahren zu der Ehre, daß bei ihr ein **KOLLEGIATstift** eingerichtet wurde (1609). Und noch dazu nicht als die übliche Stiftung eines Adelsgeschlechts, sondern als reichsstädtische Stiftung. Vergleichbares gibt es in unserem Lande nur noch in der Reichsstadt Schwäbisch Gmünd.

Die Vorbilder hierfür fand man auf der anderen Seite des Bodensees, in der Eidgenossenschaft. Dort hatten die mächtig gewordenen Reichsstädte ihre städtische Geistlichkeit in Stiften zusammengefaßt und sie somit städtischer

Foto: Metz

Überlingen: Reichsstadt mit eigenem Kollegiatstift (Münster)

Kontrolle unterworfen (z.B. St. Nicolas in Freiburg/Üchtland). Denn als Stiftung der Stadt unterstanden die Chorherren der städtischen Gerichtsbarkeit anstelle der bischöflichen.

In Überlingen war die Stiftsgründung nur die Zusammenfassung bereits vorhandener Altarstiftungen, die ihren Inhabern unterschiedlich hohe Einkommen brachten. Die Stadt übereignete diese Vermögenswerte dem städtischen Spital, das daraus die 8 Chorherren und 4 Kapläne vergütete. Ab jetzt hatte jeder gleichviel Einkommen mit Ausnahme des Propstes.

Ursprünglich hatte der Bischof die Stiftsgründung angeregt, sozusagen als reformatorische Maßnahme, weil der Lebenswandel der meisten Geistlichen alles andere als vorbildlich war. Als jedoch die Stadtobrigkeit ihre Interessen in einer Stiftsverfassung zementierte, verweigerte der Bischof seine Zustimmung. So existierte dieses Stift 200 Jahre bis zu seiner Aufhebung (1810) ohne eine approbierte Satzung.

Berühmt ist die Stiftskirche (Münster) wegen ihres Hochaltars, des Rosenkranzaltars und des Sakramentshauses von Jörg Zürn aus der Zeit der Stiftsgründung (Manierismus).

Daten: 1609–1810 Kollegiatstift

Lit.:   Schnell & Steiner Kunstführer Nr. 540: Das Münster zu Überlingen, 1970

W. Enderle, in Freiburger Diözesanarchiv, 1991, S. 101–123

Knapp außerhalb der Stadtmauern mußten die **KAPUZINER** 1621 ihr Klösterchen bauen, weil in der Stadt kein Platz für sie war. Gerufen wurden sie, da die Bürger mit der Seelsorge der Franziskaner unzufrieden waren (s.o.). Somit übernahmen die Kapuziner in der Neuzeit die Rolle, die im Mittelalter den Franziskanern zugefallen war: Seelsorge im direkten Kontakt mit dem Volke. Dies machte sie populär und für die Rekatholisierung so wichtig wie die Jesuiten.

Der Besucher entdeckt ihr Kloster, wenn er von Westen (Sipplingen) kommend in die Stadt hineinfährt/geht. Ihr Kirchlein ist inzwischen von Efeu überwuchert. Dahinter liegt an der Stelle der ehemaligen Konventbauten ein Parkplatz mit Zugang zum See.

Daten: 1619–1806 Kapuziner

Es gab 3 Frauenklausen der **Franziskanerinnen** des 3. Ordens:
Die Klause auf der Wiese (1250–1528) war im Bereich des heutigen Friedhofes.
Die Klause vom armen Hause (1348–1654) stand am Münsterplatz.
Die Gallusklause (vor 1400–1803) stand an der Stelle der heutigen evangelischen Stadtirche.

Lit.:   Alemania Franciscana Antiqua, Bd. 14, S. 255–277

N 8 *Uhldingen-Mühlhofen*

Birnau

Von vielen Positionen aus, ja sogar von der Schweizer Seite des Bodensees, kann man die Wallfahrtskirche Birnau sehen. Direkt über dem See auf einen Molassefelsen gebaut, richtet sich ihre Schauseite nach Süden, hin zu den protestantischen „Ketzern" des Thurgau. So jedenfalls mag man es in der Bauzeit des Rokoko gedacht haben.

Die Wallfahrt, die auf das Mittelalter zurück geht, wurde von den Mönchen des **Zisterzienserklosters** Salem betreut. Die Ka-

Birnau: Wallfahrtskirche, betreut von Zisterziensern. Im Hintergrund die Alpen (Säntis)

Foto: Metz

pelle mit dem Gnadenbild stand ursprünglich oberhalb von Überlingen („Altbirnau"), wurde jedoch 1745 nach einem Streit mit der Reichsstadt auf das Gebiet des Reichsklosters verlegt. Hier ließ man von dem Vorarlberger Baumeister Peter Thumb die eindrucksvolle Kirche mit einem danebenstehenden Priesterhaus auf einer künstlichen Terasse erstellen.

Nach der Säkularisation dienten die Bauten als Scheune und Ziegenstall, wurde die westliche Sakristei abgerissen. 1919 kauften die **ZISTERZI-ENSER** von Mehrerau bei Bregenz die Anlage, errichteten ein *Priorat* und reaktivierten die Wallfahrt. Auch das Gnadenbild von 1450 steht wieder in der Kirche. Einzig ist die Darstellung des „Honigschleckers" von dem Stuckateur J.A. Feuchtmayer.

Lit.:   Cistercienser-Priorat Birnau: Birnau. Metzverlag (liegt aus)

Ühlingen-Birkendorf N4

Wenn es ein Zeichen von Emanzipation ist, daß Frauen sich überall dort-hin wagen, wo Männer auch hingehen, so müssen die Augustinerchor-frauen von Riedern sehr emanzipiert gewesen sein. Denn diese Einöde des Südschwarzwaldes, noch dazu auf einer Höhe liegend, konnte weder für Frauen noch für Männer einladend wirken. Und trotzdem finden wir hier 2 Chorgemeinschaften nebeneinander, wahrlich ein Unikum für BW. Und nebenan in Berau eine Frauengemeinschaft, die man hierher verbannt hat.

Berau

Das älteste Kloster der Gegend war ein **BENEDIKTINERINNEN-konvent.** Die Benediktiner von St. Blasien benutzten die Schenkung eines Ortsadligen, um die bisher im Doppelkloster mit ihnen wohnenden Frauen hierher zu versetzen. Dies entsprach dem Trend der Zeit: Die Klöster der Hirsaureformbewegung entledigten sich der Frauen, die mit ihnen gegen den Kaiser gekämpft hatten, weil ein solches Zusammenleben mit einem „Geschmäckle" versehen war. Betreut wurde die jetzt alleine lebende Nonnengemeinschaft in geistlichen Angelegenheiten von einem Prior, in weltlichen von einem Propst. Damit hatte man sie unter Kontrolle.
Von der Anlage ist nur das *Propsteihaus* erhalten. Denn die an Privat ver-kauften Klostergebäude sind 1846 abgebrannt. Die Wirtschaftsgebäude der Propstei jedoch, die als eigenständiger Gutshof neben dem Kloster bestand, riß man ab. Nur das Propsteihaus benutzte man als Pfarrhaus. Heute sind darin Wohnungen. Ein bescheidenes Wappen über dem Eingang erinnert an die Vergangenheit. An der Stelle der Klostergebäude steht südlich des Propsteihauses ein Wegkreuz.

Daten: ca. 1110–1806 Benediktinerinnen

Lit.:   Gemeinde Berau: Berau im südl. Schwarzwald. Eigenverlag, 1969

Riedern

Hierher zog um 1200 ein **AUGUSTINER-CHORHERRENstift,** das zuvor ca. 50 Jahre im nahen Detzeln (Waldshut-Tiengen) gegründet worden war. Man muß sich fragen, warum eine Gemeinschaft von Priestern, die ja seelsorgerische Aufgaben haben, gerade diese menschenarme Gegend aussuchte. Vermutlich lag der Grund dafür in der Kombination von Seelsorgemöglichkeit, da hier eine Pfarrkirche bestand, und Rückzug in ein weltabgeschiedenes Kloster. Denn es war die Zeit, in der nicht nur Mönche, sondern auch Priester den Rückzug aus der Welt suchten (z.B. als Prämonstratenser). Das nahewohnende Geschlecht der Krenkinger machte das Stift zu seinem Hauskloster und übernahm die Schutzvogtei.

Zur Zeit der Reformation ging der Nachwuchs zurück, aufgrund des 30j. Krieges wurden die Gebäude zerstört, das Stift war am Ende seiner Kräfte. Jetzt übernahm das Augustinerchorherrenstift Kreuzlingen (in der Schweiz), das bereits zuvor Visitationsrecht besaß, das Kloster als sein *Priorat* (1638). Durch dementsprechende Investitionen gelang ein Wiederaufbau. Die Gebäude stammen aus der Zeit nach einem Großbrand (1740–43).

Die napoleonische Säkularisation wurde heil überstanden, da sich das Stift in Besitz eines ausländischen Klosters befand. 1812 jedoch verkaufte Kreuzlingen die gesamte Anlage an Privat. Von dort gelangte es an die Gemeinde, war kurze Zeit Rathaus und dient heute als Pfarrhaus und Pfarrkirche.

Daten: vor 1152 – ca. 1200 (in Detzeln) – 1638 Augustinerchorherrenstift,
1638–1812 Priorat von Kreuzlingen

Lit.:   Kirchengemeinde: Pfarrkirche St. Leodegar Riedern a. Wald. Selbstverlag, 1993

Wie bereits eingangs dargestellt, bestand seit 1247 auch ein **CHORFRAUENstift** in Riedern, das einzige derartige Stift zu dieser Zeit im Bereich des heutigen BW, und noch dazu in dieser unwirtlichen Gegend. Erklärbar ist dies nur aufgrund der Existenz des Chorherrenstifts, das eine Betreuung der Frauen garantierte. Denn eigentlich schlossen sich die Frauen dieser Zeit den Zisterziensern oder dem modernen Orden der Dominikaner an. So mutet es seltsam an, daß Frauen sich einem Priesterorden anschließen, selbst jedoch keine priesterlichen Funktionen ausüben dürfen (vergl. Inzigkofen).

Aufgrund dieser Betreuung hätte das Frauenkloster ebenfalls Kreuzlingen einverleibt werden sollen, was jedoch der Widerstand der Chorfrauen vereitelte. Statt dessen holte man nach dem 30j. Krieg aus Inzigkofen 2 Nonnen zur Auffrischung und schaffte aus eigener Kraft 1670 den Neubau der Anlage.

So blieb das Kloster bis zur Säkularisation selbständig. Das Haus Fürstenberg als neuer Besitzer ließ die Frauen trotz Aufhebung des Stiftes weiter dort wohnen. 1813 jedoch wurde die Anlage zum Lazarett für österreichische Soldaten, unter denen eine Typhusepidemie ausgebrochen war. Zurück blieben 700 Tote. 1846 brannnte die zuvor an Privat verkaufte Anlage ab. Verschont blieb nur das Gästehaus, heute für Privatwohnungen genutzt („Untere Propstei").

Daten: ca. 1247–1803 Augustinerchorfrauenstift

Lit.: s. oben

Ulm J 11/12

„In Ulm, um Ulm und um Ulm herum" gab es bis 1806 Klöster, obwohl die Stadt samt ihrem gesamten Gebiete protestantisch geworden war. Wie ist dies zu erklären? Wir finden hier ähnliche Konstruktionen wie z.B. in Schwäbisch Hall oder Heilbronn. Die rechtliche Position der Stadt reichte nicht aus, um sämtliche innerhalb des Einflußbereichs liegenden Klöster und Stifte zu übernehmen. Die Übernahme gelang nur bei den Bettelorden und den Frauenklausen, die bereits zuvor weitgehend unter städtische Aufsicht gekommen waren. Die direkt vor den Toren liegenden Reichsklöster Wiblingen und Söflingen jedoch konnten die Reformation überleben, womit sie gleichzeitig die Expansion Ulms nach Süden blockierten. Aber auch innerhalb der Stadtmauern widersetzten sich 2 geistliche Gemeinschaften erfolgreich der Aufhebung: Die Deutschordenskommende und ein Augustinerchorherrenstift. Diese „Bollwerke des Papismus" müssen von der Ulmer Bürgerschaft wie ein Stachel im Fleisch erlebt worden sein.

Kernstadt

Dabei hatten die Ulmer bereits 1531 das **AUGUSTINER-Chorherrenstift** „*Wengenkloster*" in die Knie gezwungen und in den

Foto: Willig

Besitz der Stadt gebracht. Aber der Probst des Stiftes strengte einen Rechtsstreit vor dem Kaiser dagegen an, so daß nach dem Sieg der Katholiken im Schmalkaldischen Krieg das Kloster als weiterhin existent angesehen werden konnte und die Chorherren zurückkehren durften. Der Stadtrat duldete in der Folgezeit diesen Zustand,

Ulm: Wappen des Augustiner-Chorherrenstifts in der Wengengasse

wobei er eine weitgehende Kontrolle über das Stift samt Untertanen ausübte. Dadurch blieb ein kleiner Teil der Ulmer Stadtbevölkerung katholisch.

Die Anfänge des Stifts lagen auf dem Michelsberg. 1183 erhielten Kleriker hier Besitz mit der Verpflichtung, ein Spital einzurichten. Die Versorgung von Kranken und Pilgern durch Chorherren taucht im Mittelalter mitunter als eine Art Reformbewegung innerhalb des Klerus auf (vergl. Lahr). Jedoch bereits um 1200 verlegte man das Stift (ohne Spital) auf eine Insel in der Blau, woher der Namen „Wengen = Wiese" stammt. 1377 schließlich mußte man auf Druck der Stadt in den Schutz der Stadtmauern umsiedeln.

Die Reichsstadt nutzte ihre Rechte über das Kloster zur Einführung der Reformation, was jedoch letztlich – wie oben gezeigt – mißlang. Den Zustand des Zusammenlebens könnte man mit dem modernen Begriff der Koexistenz kennzeichnen. 1802 kam das Ende durch Bayern. Die Konventgebäude, die nördlich der Kirche lagen, wurden zur Kaserne, die Kirche zur kath. Stadtkirche. Die gesamte Anlage fiel im 2. Weltkrieg den Bomben zum Opfer und wurde nur teilweise wiederaufgebaut.

Der Besucher findet die Reste in der Wengengasse, einer Seitenstraße des Weges vom Bahnhof zum Münster. Die neuerbaute Kirche hat den Chor im Süden, an der Stelle des ehemaligen Kirchenschiffs. Der ehemalige, barocke Chor dient heute als Seitenkapelle. Südlich der Kirche steht ein Verwaltungsgebäude, in dem das kath. Dekanat untergebracht ist. Über der Eingangstüre das Wappen des Klosters mit dem selten-seltsamen Wappentier „Elefant".

Daten: 1183–1802 Augustinerchorherrenstift

Lit.:   Kirchen und Klöster in Ulm. Süddeutsche Verlagsgesellschaft, 1979, S. 49–88

Die zweite überlebende geistliche Einrichtung lag an der Blau, in der Nähe des Wengenklosters. Hier befand sich von ca. 1120 bis 1806 die Kommende des **Deutschen Ordens**, die im 2. Weltkrieg total zerstört und nicht wieder aufgebaut wurde. Heute steht dort das Kaufhaus „Horten" und das Parkhaus „Deutschhaus" – anscheinend waren an dieser Stelle die Pferdeställe der Ordensritter.

Von den in der Reformationszeit aufgelösten Klöstern findet man nur noch vom **DOMINIKANERkloster** einen Rest. Seine ehemalige Kirche dient heute der evang. Gesamtkirchengemeinde als Haus der Begegnung (mit einem sehr interessanten Programm). Dabei wurden jedoch nur Teile des Chors nach den Zerstörungen des 2. Weltkriegs wiederverwendet, der Großteil des Gebäudes ist neu erbaut.

Die Dominikaner kamen später als die Franziskaner nach Ulm und standen deshalb lange Zeit in deren Schatten. Auch die kurze Anwesenheit des Mystikers Heinrich Seuse vor seinem Tode änderte daran nichts. Erst im 15. Jh. wurde ihr Kloster zum Studienort für mehrere Konvente und bekannt durch den Geschichtsschreiber Felix Fabri von Basel, der hier als

Lektor tätig war. Infolge des Anschlusses an die strenge Observanz-
bewegung hatte man sich erneuert und widerstand lange Zeit der
Reformation.
Der Besucher findet die ehemalige *Dreifaltigkeitskirche* im Osten der
Altstadt zwischen Donau und Neue Straße. Es bildet einen besonderen
Reiz, einen modern eingerichteten Raum zu betreten, in dem einzelne
Elemente an eine besondere Vergangenheit erinnern, u.a. Grabdenkmäler.
Auf dem Konventgelände steht das evang. Dekanat.

Daten: vor 1281–1531 Dominikaner

Lit.:   Kirchen und Klöster in Ulm (s.o.), S. 103–147

Als die **Franziskaner** 1531 ihr Kloster verlassen mußten, errichteten sie
in Söflingen bei den dortigen Klarissen ihre Residenz (= kleine
Niederlassung). Bereits 1229 waren sie nach Ulm gekommen. Ihr Kloster
ist heute völlig verschwunden. Es stand westlich des Münsters, ungefähr
an der Stelle des modernen, erst vor kurzem erstellten Kommunikations-
zentrums. 1874–79 riß man es ab, um einen besseren Blick auf den gerade im Bau befindlichen Münsterturm zu haben.
Inzwischen haben sich 1926 erneut **Franziskaner** angesiedelt, und zwar in
einem Vorort Richtung Erbach, in der Haßlerstraße. Ihre Aufgaben sind
Aushilfsseelsorge und Exerzitien.

Lit.:   Alemania Franciscana Antiqua, Bd. 2, S. 5–40

Auch verschiedene **FRAUENSAMMLUNGEN** gingen in der Reformation unter:
An die erste und bedeutendste von ihnen erinnern heute nur noch die
Straßennamen „Frauenstraße, Frauengraben, Sammlungsgasse". Bereits
vor 1284 muß sie bestanden haben. Später schloß sie sich den Franziskanern als 3. Orden an. Sie war wohl die reichste derartige Sammlung in
der gesamten Provinz, denn ihr gehörten sogar Dorfherrschaften (u.a.
Ersingen). Im 2. Weltkrieg wurde das Gebäude zerstört (Frauengasse
24–28).
Zudem gab es noch die Sammlung beim *Hirschbad*, an der Blau, die Ende
des 14. Jh. aus der Zusammenlegung verschiedener Sammlungen entstand
und sich ebenfalls den Franziskanern als 3. Orden anschloß. Auch diese
Gebäude wurden im 2. Weltkrieg zerstört und durch Geschäfte überbaut.
Ihre Lage war zwischen Glöcklerstraße und Hirschbadgasse.

Lit.:   Alemania Franciscana Antiqua, Bd. 2, S. 41–47, 157–195

Söflingen
Es zählt zu den Rätseln der Ordensgeschichte, weshalb gerade in Ulm das
erste **KLARISSENkloster** Deutschlands gegründet wurde. Entstanden
vor 1237 aus einer Frauensammlung „St. Elisabeth", die im Osten der

Stadt im Gries lebte, erfolgte der Anschluß an den jungen Franziskaner-orden bereits 1239. Zu diesem Zeitpunkt gab es nördlich der Alpen nur in Prag ein solches Kloster, und schlossen sich anderswo im Oberschwaben-Bodensee-Raum die Frauensammlungen den Zisterziensern an. Die Besonderheit wird zudem daran ersichtlich, daß 12 Jahre lang keine wei-tere Frauengemeinschaft in Deutschland den Schritt der Ulmer Klarissen nachahmte. Dann jedoch konnten sie ihre Erfahrungen weitergeben und wurden zum „Mutterkloster" für Gründungen in Pfullingen, Esslingen, Konstanz-Paradies, Würzburg und Mainz. 1258 zog der Konvent nach Söflingen um, wahrscheinlich weil der bisherige Platz nicht für den großen Zulauf an Nonnen ausreichte. Der Graf von Dillingen hatte ihnen den gesamten Ort geschenkt.

Von hier aus erwarben sie reichen Grundbesitz, darunter mehrere Dörfer. Besitzerwerb war zwar nach den Regeln des Franziskus verboten, aber diese Regeln waren auf das Wanderleben der Männer zugeschnitten. Frauen hingegen mußten prinzipiell Klausur leben, auch als Franzis-kanerinnen, durften also nicht betteln oder predigen. Daher hatten mehre-re Päpste wiederholt im 13. Jh. den Frauenklöstern, die sich den Franzis-kanern anschlossen, mehr oder weniger die Annahme von Besitz verordnet, weil damit der andersartigen Lage der Frauen entsprochen werden sollte. Nur wenige italienische Klöster in der Nachfolge der Hl. Clara erreichten das Privileg der Besitzlosigkeit (vergl. Pfullingen).

Es blieb nicht beim kollektiven Besitz. Im 14. Jh. durften die Nonnen aus dem Landadel und dem Stadtpatriziat sogar ihren persönlichen Besitz behalten. Zudem wurde die Betreuung durch die Ulmer Franziskaner etwas zu persönlich: Aus dem 15. Jh. stammt ein reger Briefwechsel zwi-schen Nonnen und Mönchen, der unter dem Titel „Liebesbriefe aus Söflingen" 1875 veröffentlicht wurde. Eine solch persönliche Anrede wie „herzliebes Weiblein" und die Zugabe von Geschenken mußten in der Öffentlichkeit den Ruf nach Reformen hervorrufen. Aber da sich Söflinger Klarissen wie Ulmer Franziskaner geschlossen dagegen wehrten, mißlangen 2 Reformversuche, die von außen herangetragen wurden. Schließlich startete 1484 die Stadt Ulm eine Aktion in Absprache mit dem wirtembergischen Grafen Eberhard im Barte: Morgens umstellte man mit Militär das Kloster (vergl. Schelklingen-Ursprung) und setzte eine Reformäbtissin aus Pfullingen ein. Die nicht-reformwilligen Nonnen zogen aus. Damit war die Reform letztlich auferzwungen worden, das Briefe-Austauschen vorüber.

Gerne hätte in der Reformationszeit das protestantisch gewordene Ulm das Kloster noch einmal reformiert. Da es nur die Schutzvogtei besaß, konnte es jedoch nicht gegen den Willen des vom Kaiser unterstützten Konventes handeln. Daher blieb Söflingen weiterhin katholisch, was natürlich immer wieder Querelen mit der Stadt brachte. Umgekehrt scheiterten die Versuche Söflingens, sich reichsfrei zu machen. Erst ein Vertrag von 1773 brachte die Reichsfreiheit mit der Hochgerichtsbarkeit, jedoch auf Kosten mehrerer an Ulm abgegebener Dörfer. Wir treffen hier somit das einzige reichsfreie Klarissenkloster Deutschlands mit ca. 4000 Untertanen an. 1803 kam die Aufhebung durch Bayern, wenn auch mit dem Recht zum Weiterwohnen. 1814 zogen die letzten Nonnen aus.

Die südlich der Kirche stehende Konventanlage wurde 1818 abgerissen. Übrig blieb nur die Kirche von 1684–90 sowie südlich das Äbtissinnenhaus (heute Pfarrhaus) und nördlich das Beichtigerhaus, in dem seit der Reformation die aus Ulm vertriebenen Franziskaner wohnten. Um das Kloster herum ist das Dorf so gebaut, daß man noch die ursprüngliche Klostermauer erkennen kann. Dazwischen ein Bach mit Klostermühle. Auch in verstümmeltem Zustand atmet diese Anlage noch eine außergewöhnliche Harmonie. Ein Übersichtsplan wäre hilfreich.

Daten: vor 1237–1239 Beginen, 1239–1803 Klarissen, 1803–1814 Frauengemeinschaft

Lit.:   Kirchen und Klöster in Ulm (s.o.), S. 163–197

Wiblingen

Die Ordensgeschichte besteht aus einem Auf und Ab. Im Spätmittelalter, in der Phase eines totalen Niedergangs, setzte in den Benediktinerklöstern eine Gegenbewegung ein. Sie wurde durch Papst Benedikt XIII. im 14. Jh. angeregt, der aus dem Zisterzienserorden kommend dessen Struktur auf die Benediktiner übertragen wollte. Ein vergeblicher Versuch. Erst durch die Konzile von Konstanz und Basel wurden im 15. Jh. Nägel mit Köpfen gemacht: Regelmäßige Visitationen des einzelnen Klosters mit weitgehen-

Foto: Aßfalg

Wiblingen: Entsprechend dem Idealplan des Barockklosters im 19. Jh. vollendete Anlage

den Rechten der Visitatoren; Zusammenarbeit der unabhängigen Klöster in Provinzkapiteln. Erst ab diesem Zeitpunkt kann man von einem Benediktinerorden sprechen, weil jetzt das einzelne Kloster nach der vorgegebenen Ordnung (= Ordo) leben mußte. Umgesetzt wurden diese Erneuerungsbemühungen durch die sogenannten **„Kongregationen"**, die entsprechend dem Ausgangskloster nach diesem benannt wurden: Bursfelde, Kastl, Melk. Hier wurde ein Zurückgehen auf die alte Regel versucht, ähnlich wie es bei den Bettelorden die Observanzbewegung propagierte. Ein Reformvorreiter im Bereich des heutigen BW war das **BENEDIKTINERkloster** Wiblingen, das sich der Melker Kongregation angeschlossen hatte.

Gegründet wurde es 1093 als Reformkloster, wozu man Mönche aus dem Reformzentrum St. Blasien holte. Wie so viele dieser Reformklöster war es als Doppelkloster (bis ca. 1300) angelegt. Für die Gründungsfamilie der Grafen von Kirchberg war es Hauskloster und Grablege. Dem Niedergang im 14. Jh. mit häufigem Abtwechsel folgte der Aufstieg zum führenden Reformkloster unseres Bereichs (s.o.). Mönche aus Wiblingen finden wir jetzt als Äbte anderer Benediktinerklöster in Schwaben, Bayern und der Schweiz. Äbte von Wiblingen fungieren wiederholt als Präsidenten der Provinzialkapitel. Beinahe hätte Wiblingen sich von Melk gelöst und seine eigene Reformkongregation gebildet. Diese Regeltreue stand anscheinend nicht im Widerspruch zur Humanismusbewegung, die zur gleichen Zeit im Kloster entstand.

Die Vogtei war von den Kirchbergern über die Habsburger schließlich zu den Fuggern gelangt, als diese von Kaiser Maximilian die Grafschaft Kirchberg kauften. Damit verlor die Reichsstadt Ulm ihre Vogteirechte, die sie für kurze Zeit im 15. Jh. besessen hatte. Wiblingen entging somit um Haaresbreite einer Auflösung in der Reformationszeit. So konnte es über einen Prozeß sogar die Ablösung von den Fuggern erlangen und 1701 die Hochgerichtsbarkeit erkaufen. Seltsamerweise ordnete man sich dann den Habsburgern (Vorderösterreich) unter: hiermit war man vor dem Ulmer Zugriff gesichert.

Der erworbene Status war Anlaß für ein repräsentatives Neubauprogramm. Es entstand eine Modellanlage barocker Baukunst (vergl. Weingarten), für die man ab 1750 den berühmten Münchener Architekten J.M. Fischer verpflichten konnte. Dieser baute den Osttrakt und machte den Entwurf für die Kirche, die von Januarius Zick ausgemalt wurde.

Nach der Aufhebung von 1806 diente die Anlage kurzzeitig als Wohnsitz der Württemberger Herzöge, dann als Kaserne, Oberamt, Krankenhaus. Dabei geschah etwas überraschendes: Statt des üblichen Abrisses erleben wir hier die Vollendung der geplanten Anlage. Denn 1917 wurde nach alten Plänen der Südflügel und Teile des Westtraktes zu Ende gebaut. Vor kurzem wurde dem noch der barocke Lustgarten hinzugefügt. Heute sind ein Altenheim und Teile der Ulmer Universität darin untergebracht.

Die monumental wirkende Anlage wurde entsprechend einem Idealplan erstellt: Die Kirche im Zentrum, rechts und links davon die Konventgevierte, davor die Wirtschaftsanlagen in symmetrischer Form angeordnet. Ein Abbild göttlicher Vollkommenheit und Harmonie. Führungen durch den berühmten Bibliothekssaal werden täglich angeboten.

Daten: 1093–1806 Benediktinerkloster

Lage: Wiblingen liegt südlich der Stadt, zwischen Donau und Iller

Lit.: Germania Benedictina, Bd. V, S. 427–432

W. Braunfels: Die Kunst im Hl. Röm. Reich, C.H. Beck-Verlag Bd. III, S. 427–432

Schnell & Steiner Kunstführer Nr. 1038: Ulm-Wiblingen, 1975

Unlingen K 9/10

„Die **Frauenklause** als mittelalterliche Sozialstation", so könnte man die Funktion der ländlichen Frauensammlungen umschreiben, die sich als Dritt-Ordens-Gemeinschaften an die Franziskaner oder Dominikaner anschlossen, jedoch ihre geistliche Betreuung vom Ortspfarrer erhielten. 2–10 Frauen lebten in einem Haus neben der Pfarrkirche oder einer Kapelle zusammen, hatten in der Pfarrkirche eine Schwesternempore oder einen separaten Betstuhl, unterstützten den Ortspfarrer mit Gesang und Mesnertätigkeiten und lebten vor allem von den Einkünften aus Krankenpflege, Sterbebegleitung und Totengedenken an den Sterbejahrtagen. Letzteres brachte ihnen kleine Stiftungen in Form von Grundstücken oder Zinsen. Diese Art von Klausen entwickelte sich aus der gewaltigen Beginenbewegung des 13. Jh. Infolge anwachsenden Vermögens konnte aus einer Klause in der Neuzeit die größte Gebäudeanlage eines Dorfes werden, wie es das Beispiel Unlingen zeigt (vergl. Engen).

Foto: Aßfalg

Unlingen: Frauenklause in typischer Lage neben der Pfarrkirche

Die Entwicklung des Unlinger Konventes kann als typisch bezeichnet werden: Einige Frauen lebten ab 1414 in einem Häuschen zusammen, schlossen sich als 3.-Orden-**FRANZISKANERINNEN** einige Jahre später einem regulären Orden an, bekamen 1461 von einem Adligen ein großes Haus neben der Kirche geschenkt, wurden durch die Ortsherren (Waldburger, Habsburger) gefördert, bekamen Zulauf weiterer Frauen und waren eines Tages (in der Barockzeit) zum größten Grundbesitzer der Gemeinde aufgestiegen, mit einer dementsprechend großen Klosteranlage. Kein Wunder, daß es in dieser Spätphase Streit und Prozesse mit der Gemeinde und den Ortsherren wegen der Steuerbefreiung gab.

Welch wichtige Rolle diese Schwestern im religiösen Alltag einer Gemeinde spielten, dies zeigt uns nachfolgende Episode. Als sich die Unlinger Schwestern 1687 ihre eigene Kapelle an die Kirche anbauten und hierzu sogar eine Orgel anschafften, intervenierte der Ortspfarrer. Denn er benötigte sie weiterhin als Vorsängerinnen. Also schloß man einen Kompromiß: Die Orgel kam in die Pfarrkirche, die Schwestern erhielten im Austausch dafür eine eigene Empore. Von hier aus sangen sie zur Orgel, eine echte Bereicherung für die Gemeinde!

In der Josephinischen Säkularisation wurde das Kloster 1782 aufgehoben und zu einem Sammelkloster für die Schwestern anderer Konvente gemacht. Erst 1830 stand es völlig leer. Die Gemeinde hatte bereits zuvor die Gebäude und Ländereien gekauft. Sie richtete darin u.a. eine Schule ein. Der Südflügel, der parallel zur Kirche stand, wurde 1885 bei der Kirchenrenovierung abgebrochen. Im Westflügel und im Gästehaus sind inzwischen Privatwohnungen eingerichtet. Anhand der umgrenzenden Mauerreste kann man die Größe der Anlage erkennen. Die 1728 renovierte Klosterkapelle ist ebenso wie die Pfarrkirche zugänglich.

Daten: 1414 – ca. 1420 Frauensammlung, ca. 1420–1782 Franziskanerinnen

Lit.:   Alemania Franciscana Antiqua, Bd. 8, S. 84–131

T. Selig: Der Markflecken Unlingen. Riedlingen, 1930, S. 141–165

K 10 *Untermarchtal*

Kongregationen anstelle von Orden, damit öffnet sich im 19. Jh. ein neues Kapitel der Ordensgeschichte. Die Gründung als Kongregation schuf einen Spielraum, den klassische Frauenorden (z.B. Zisterzienserinnen) nicht hatten, da diese mit ihren strengen Klausurbestimmungen nicht an die soziale Front gehen durften. Die Mitglieder der Kongregationen jedoch legten nur einfache Gelübde ab (gegenüber den „feierlichen" der klassischen Orden) und unterstanden dem jeweiligen Diözesanbischof, der ihnen ihren Aufgabenort zuwies.

Mit der Wahl des Namens „**Vinzentinerinnen**" war zugleich eine programmatische Aussage getroffen: Der Hl. Vinzenz von Paul (1581–1660) hatte in Zusammenarbeit mit der adligen Witwe Louise de Marillac als erster Bischof Frauen derartige Aufgaben zugewiesen („Töchter der Liebe") und im Rückgriff auf die Tätigkeiten von Beginen bzw. Dritt-Ordens-Frauen Ordensideale neu definiert: „Als Euer Kloster habt Ihr die Krankenhäuser, als Zelle die engen Mietzimmer, als Kapelle die Pfarrkirche, als Kreuzgang die Straßen der Stadt, als Klausur den Gehorsam, als Sprechgitter die Furcht Gottes und als Schleier die heilige Bescheidenheit. Als Beruf das Vertrauen in Gottes Vorsehung, die Hingabe all dessen, was Ihr besitzt." Nächstenliebe ersetzte Kontemplation (beten, fasten, schweigen) als Weg zum ewigen Heil. Untermarchtal kann stellvertretend stehen für die gesamte Bewegung im kath. Lager.

Die *Barmherzigen Schwestern von Untermarchtal* (**VINZENTINE-RINNEN**) haben ihren Ursprung im katholischen Schwäbisch Gmünd. Hier bestand (wie überall im Lande) Bedarf an Helferinnen für die beiden Spitäler. Hier wagte man als erste einen Schritt, der im protestantisch geprägten Königreich Württemberg auf Widerstand stoßen mußte: Man wollte den Bedarf über Ordensfrauen abdecken. Dieses Thema war seit der Säkularisation fast 50 Jahre lang tabuisiert, obwohl in den angrenzenden Staaten Baden und Bayern bereits erste Ansätze erfolgreich verlaufen waren. Von dort Schwestern zu übernehmen und Tochterklöster einzurichten war ein Politikum, da dies Ausland war.

1852 holte man Gründungsschwestern aus dem französischen Straßburg nach Gmünd. Das Unternehmen erlebte einen rasanten Aufschwung, eröffnete überall im Königreich Niederlassungen, durfte sogar in der Landeshauptstadt ein kath. Krankenhaus eröffnen (Marien-hospital) und war Vorreiter für weitere derartigen Gründungen (Bonlanden, Sießen). 1858 wurde Gmünd selbständiges Mutterhaus einer Kongregation, die 1878 bereits 244 und 10 Jahre später über 400 Schwestern umfaßte. Solche Zuwachszahlen bringen Raumprobleme, man mußte das Mutterhaus erweitern. Dies war der Grund für einen Umzug nach Untermarchtal. Denn das hier bestehende Schloß der (ausgestorbenen) Freiherren von Speth wurde

Untermarchtal: Der Aufschwung der Kongregationen mit sozialcaritativen Aufgaben zeigt sich in der Anlage der Vinzentinerinnen von Untermarchtal

Foto: Aßfalg

der Gemeinschaft von dem Vater einer Mitschwestern geschenkt. Durch schnelle Zukäufe und Planungen erwarb man den Grund und Boden für eine dementsprechende Anlage.

Aufschlußreich ist das Spektrum der Aufgaben, denen sich die Kongregation stellte: von der Krankenpflege über Kinderbetreuung und Mädchenfürsorge bis hin zur Betreuung von Behinderten und „Geisteskranken" (Psychiatrisches Krankenhaus Rottenmünster bei Rottweil). Hierin drückt sich der riesige Bedarf aus, der infolge der industriellen Revolution mit ihren sozialen Folgen einerseits und den fehlenden staatlichen Fürsorgeeinrichtungen andererseits entstanden war, bevor Bismarcks Sozialgesetzgebung einsetzte. Diese Lücke konnten/mußten die beiden Kirchen (ent-) decken. Daher auch das rasante Anwachsen der Mitgliedszahlen, hier wie bei den Diakonissen (vergl. Schwanau-Nonnenweier).

Der heutige Besucher findet ein Dorf vor, das von den Vinzentinerinnen geprägt wird und deshalb die Gemeinde mit dem höchsten Durchschnittsalter von BW geworden ist. Überall stehen Gebäude dieser Kongregation: Altenheim für „heimgekehrte" Schwestern, Bildungshaus, Kirche. Inmitten der Neubauten kann man noch das Schloß entdecken, die Keimzelle der Anlage. Man darf jedoch die ultramoderne Kirche nicht mit den Silos eines Bauernhofes verwechseln!

Daten: 1852–1891 in Schwäbisch Gmünd, seit 1891 in Untermarchtal. Vinzentinerinnen

Lit.: H. Tüchle: Die Barmherzigen Schwestern von Untermarchtal. Schwabenverlag, 1983

F 13 *Unterschneidheim*

Dieser Grenzort zu Bayern war vollständig zum Ries hin orientiert, an dessen Rande er liegt. Im Rieskessel befanden sich die Zentralen in Form der freien Reichsstadt Nördlingen und der Grafen von Öttingen. In der Stadt Öttingen war auch die Kommende des **DEUTSCHEN-ORDENS**, die große Teile Unterschneidheims besaß. Sie ließ die Besitzungen über 2 Unterämter verwalten. Zum einen im

Kernort

wo man das ehemalige Schloß (heute Rathaus) und daneben die renovierungsbedürftige Zehntscheuer sowie eine Pfarrkirche mit Zeichen des Ordens vorfindet. Zum anderen in

Zipplingen

wo die Barockkirche auf der zentralen Erhebung im Ort am Turm eine Reihe von Wappen dieses Ritterordens zeigt.

„Wo Schatten, da ist auch Licht!". Gerade in der größten Krise der Kirche mit ihren Renaissancepäpsten, am Vorabend der Reformation, verbreitete sich aus den Niederlanden kommend eine Reformbewegung. Die **„Devotio moderna"** (= neue Frömmigkeit) mit dem Mystiker Thomas von Kempen und seinem noch heute aufgelegten Buch „Die Nachfolge Christi" sprach weite Kreise der damaligen Bevölkerung Mitteleuropas an. Es war eine verinnerlichte, fast individuelle Religiosität.

In diesem Umfeld gab es eine neue Art von Ordensgemeinschaft, nämlich die **Brüder bzw. Schwestern vom gemeinsamen Leben,** auch noch Fraterherren genannt. 1380 war das 1. Kloster dieser Bewegung in Deventer von dem Chorherren Gert de Groot formell gegründet worden. Hier wohnten Laien (= Brüder) zusammen, die mit Schreibarbeit ihren Lebensunterhalt bestritten. Parallel dazu gab es diese Bewegung auch bei Chorherren, die sich als regulierte Chorherrenstifte unter Führung des Klosters *Windesheim* zu einer Kongregation zusammenschloßen.

Graf Eberhard im Barte, Herr der südlichen Hälfte des geteilten Wirtemberg und Reformer der Klöster in seinem Einflußgebiet, war von dieser Bewegung so angetan, daß er in Herrenberg, Dettingen, Tachenhausen und Tübingen-Einsiedel Niederlassungen gründete. Die erste und (wohl) bedeutendste jedoch in Urach. (Die Ordensgemeinschaften dieser Bewegung gingen weitgehend in der nachfolgenden Reformation unter. Aber heute finden wir sie wieder bei uns im Lande, als Doppelkloster in Weilheim.)

Bad Urach: Stiftskirche. Gebetsstuhl von Graf Eberhard im Barte

Zur Zeit der Gründung war die Grafschaft Wirtemberg in 2 Linien aufgeteilt, von der die südliche, von Eberhard regierte, Urach als Residenz hatte. Graf Eberhard konnte Gabriel Biel, den damals bedeutendsten Kleriker der **BRÜDER vom gemeinsamen Leben** und Propst in Butzbach (in Hessen) für einen Wechsel nach Urach gewinnen. Für die Ansiedlung in seiner Residenzstadt wurde die Pfarrkirche St. Amandus 1477 zum Stift erhoben und Kirche und Konventgebäude völlig neu erstellt. Von hier aus besiedelte man anschließend die anderen Orte (s.o.). Die Aufgabe der Brüder, die in der Regel priesterliche Weihen besaßen, waren Seelsorge und Schreibarbeit. So wurden vor allem religiöse Schriften verfaßt bzw. Übersetzungen angefertigt. Daher finden wir zu dieser Zeit auch die Ansiedlung eines Buchdruckers in Urach und die Gründung einer Papiermühle. So hielt mit den Fraterherren moderne Technik in Wirtemberg Einzug.

Kurze Zeit später verlor Urach den Status als Residenzstadt, da infolge der Wiedervereinigung Wirtembergs Stuttgart Residenzstadt der gesamten Grafschaft wurde. Nach dem Tode Eberhards und Gabriel Biels sank schlagartig der Einfluß der Brüder in Wirtemberg. So wurden ihre Niederlassungen bereits vor der Reformation aufgelöst. In Urach wurde ein **weltliches Stift** wie in Herrenberg eingerichtet, das kurze Zeit später in der Reformation endete. Übrig blieb die Anlage aus dieser Zeit, noch heute riesig für diese kleine Stadt.

Der Zugang zur spätgotischen Amanduskirche führt durch den Hof der Anlage („Mönchshof"), die nicht nach dem klassischen Klosterbauschema angelegt ist. Bis 1977 wurden die Gebäude vom evang. Theologischen Seminar (s. Blaubeuren) genutzt, heute dient sie der evang. Landeskirche als Einkehrhaus. In der Kirche befindet sich der Betstuhl des Grafen Eberhard, ein seltenes Beispiel für die Hervorhebung hochstehender Personen in einer Gemeinschaft, die das „gemeinsame Leben" betonte. Wahrscheinlich stammt dieser Stuhl ursprünglich aus dem Kartäuserkloster Güterstein (s.u.)

Daten: 1477–1517 Brüder vom gemeinsamen Leben, 1517–34 Kollegiatstift

Lit.:   F. Schmid: Die Amanduskirche in Bad Urach. Thorbecke, 1990.

W. Schöntag, in: Rottenburger Jahrbuch für Kirchengeschichte, Bd. 11, 1992, S. 197–207

Hinter der Amanduskirche, am Eingang zum ehemaligen Spitalbezirk, steht noch heute das Haus einer **BEGINEN-gemeinschaft** (Frauensammlung), die nach der reformationsbedingten Auflösung ins Dominikanerinnenkloster Offenhausen (s. Gomadingen) zum Aussterben umzog. Das schöne Fachwerkhaus dominiert den Graf-Eberhard-Platz. Bereits in der Außenansicht zeigt es seinen Bezug zu seinen ehemaligen religiö-

Bad Urach: Eines der wenigen in Baden-Württemberg erhaltenen Beginenhäuser

Foto: Willig

sen Bewohnerinnen: Man kann ein Sandsteinrelief mit dem Wappen Christi, nämlich seine Leidenswerkzeuge, erkennen. Heute sind im Haus das DRK und die Tagesgruppe einer sozialpädagogischen Einrichtung untergebracht.

Daten: 1480–1558 Beginensammlung

Lit.:   W. Röhm: Urach. Stadtführer durch Kunst und Geschichte. Urach, 1978

Ca. 4 km außerhalb der Stadt in einem Seitental (gegenüber dem Kurviertel) befindet sich das Gestüt *Güterstein.* Hier hatten 1245 *Zisterzienser* gesiedelt, dann war es von 1279–1439 *Propstei* des Klosters Zwiefalten, und wurde schließlich 1439 zur einzigen **Kartause** Württembergs. (Im badischen Teil gab es in Freiburg eine Kartäuserniederlassung). Die wirtembergischen Grafen der Uracher Linie errichteten hierin ihre Grablege, ein Zeichen, wie hoch in dieser Zeit die „unverbrauchten" Kartäuser angesehen wurden. In der Reformation wurden die Gebäude für ein Pferdegestüt verwendet. Nachdem die Anlage im 30j. Krieg abgebrannt war, erfolgte ein völlig veränderter Wiederaufbau, den man heute noch so vorfindet. Der Ort gab einem Wasserfall seinen Namen!

Uttenweiler K/L 10

Bettelorden sind Stadtorden. Die letzten beiden Gründungen der **Augustiner-Eremiten** in BW sind jedoch untypisch, weil sie auf dem Lande vorgenommen wurden. Warum? Wahrscheinlich aus rein taktischen Überlegungen: Da die Stadtlandschaft weitgehend von Bettelorden belegt war, versuchte man sein Glück auf dem Lande. Daher entstanden in Winterbach-Engelberg und hier im 15. Jh. Bettelordensniederlassungen.

Gerufen wurden die **AUGUSTINER-EREMITEN** 1452 von den Ortsherren von Stein, die die bestehende Pfarrei dem Kloster als Ausstattung übergaben. Innerhalb des Ordens konnte diese Niederlassung keine große Bedeutung erwerben. Zudem stand sie über 25 Jahre in der Reformationszeit verwaist und war anschließend lange Zeit von nur 3 Mönchen bewohnt. Letztlich war dem Versuch, als Bettelorden außerhalb der Stadt zu wirken, kein Erfolg beschieden.
1803 ging der Ort samt Kloster an die Fürsten von Thurn und Taxis. Die Klosteranlage wurde abgerissen bis auf den Südflügel, der heute als Pfarrhaus dient. Die Kirche im Vorarlberger Wandpfeilerstil stammt von 1710. Ihre beiden Osttürme beherrschen das Ortsbild.

Daten: 1452–1546, 1572–1803 Augustiner-Eremiten

Kernstadt

Hinter der evang. Stadtkirche steht eine Scheune mit einem kleinen Hinweisschild, daß dies ehemals der Fruchtkasten des **Deutschen Ordens** war. Dieser Orden unterhielt hier einen Verwaltungssitz und besaß mehrere Höfe. Auch nach der Reformation konnte er seinen Besitz behaupten.

Im Städtchen befand sich von 1239–1553 eine **Frauenklause.** Wahrscheinlich hatte sie sich als 3.-Orden-Franziskanerinnen einem anerkannten Orden angeschlossen. Mit der Reformation verschwand ihre Existenzgrundlage.

Horrheim

Nördlich dieses Weindorfes siedelte von 1303–1556 im Wald auf dem Baisclsberg (Böselsberg) eine **Frauensammlung,** die nach der Augustinusregel lebte. Dies ist ein Beispiel für die Einsiedlerbewegung bei Frauen, wie wir sie vor allem im Bodenseeraum antreffen (vergl. Bermatingen). Inzwischen sind nur noch Fundamente vorhanden. Man kann sie von den Weinbergen aus zu Fuß erreichen.

L 5 *Villingen-Schwenningen*

Villingen-Schwenningen – mit der Vereinigung der fast 10 km auseinanderliegenden Städte zu einer Doppelstadt hat die Gemeindereform von 1972 Hund und Katz in ein Haus gesperrt. Größer könnte ein Gegensatz zwischen den Heiratspartnern kaum sein. Hier die geplante Stadtgründung der Zähringer, die von ihrer Lage am Schwarzwaldübergang über Jahrhunderte profitierte; dort das ehemalige Bauerndorf, das erst mit der Industrialisierung des 19. Jh. groß und schließlich 1907 zur Stadt wurde. Hier die habsburgisch-katholische Beinahe-Reichsstadt, dort die württembergisch-protestantische Exklave. Bei diesen Voraussetzungen ist klar: Klöster sind nur im Bereich von Villingen zu erwarten.

Kernstadt Villingen

Bereits beim Eintritt in die Stadt durch das Obertor bekommt der Besucher einen Vorgeschmack auf die Reichhaltigkeit dieser Stadt: Hier waren **FRAUENSAMMLUNGEN** aktiv. Denn am Tor zeigt eine Gedenktafel an, daß im nebenstehenden gotischen Gebäude die *Kürneckersammlung* ihre Sammlung hatte. Benannt nach einem Rittergeschlecht, das den Frauen dieser Sammlung einst ein Haus zur Verfügung stellte, lebten diese Frauen ohne Anschluß an einen Orden. Erst 1452 mußten sie verarmt diesen Zustand aufgeben und sich mit der *Vetternsammlung* vereinigen.

Diese hatte ebenfalls als Beginengemeinschaft begonnen und sich im Laufe ihrer Entwicklung als 3.-Orden-**Dominikanerinnen** einem anerkannten Orden angeschlossen, um nach Außen eine ordentliche Betreuung vorweisen zu können. Dafür durfte sie sogar ihre eigene Kirche *St. Katharina* bauen, von der noch heute der Chor als Teil der Klosterringschule (in der Bärengasse) zu sehen ist. In der josephinischen Säkularisation wurde die Sammlung zum Anschluß an das benachbarte Bickenkloster und zum Ordenswechsel gezwungen.

Daten (Vetternsammlung): 1236–? Beginen, 14. Jh. – 1782 3.-Orden-Dominikanerinnen

Auch aus einer Frauensammlung heraus entstand das *Bickenkloster*, bis heute der Ort einer Frauengemeinschaft, seit 7 Jahrhunderten! Da können in BW nur noch die Dominikanerinnen von Zoffingen in Konstanz und die Zisterzienserinnen von Lichtental in Baden-Baden mithalten. Mit einem großen Unterschied: Das Überleben der josephinischen und napoleonischen Säkularisation war hier nur über einen Ordenswechsel möglich.

Bei der Gründung 1238 wird diese Sammlung als zisterziensisch erwähnt, aber bereits 30 Jahre später taucht sie als 3.-Orden-**Franziskanerinnen** auf. Das zeigt, daß in der Anfangsphase diese Frauengemeinschaft noch keine feste Zuordnung hatte und sich erst mit dem Auftauchen der Franziskaner in der Stadt auf einen betreuenden Orden festlegte (vergl. Gammertingen-Mariaberg). Den freien Status gab man 1305 nicht auf, als man sich mit den **KLARISSEN** von Neuhausen (bei Königsfeld) vereinigte. Denn eigentlich hätte man jetzt in strenger Klausur leben müssen, tat es aber nicht. Damit paßte man ganz und gar nicht in die von Männern geschaffene Ordnung: 1479 schrieb der Papst die strenge Klausur vor. Zugleich wurden Klarissen aus Valduna (in Vorarlberg) geholt, die gehorsamer waren als die Villinger Stadtmädchen. Es war die Zeit der Observanz-

bewegung, in den Klöstern wehte ein strengerer Wind (vergl. Gomadingen-Offenhausen) Ein Teil des alten Konventes zog nach vergeblichem Widerstand aus. Bei dieser Reform wurde die Mystikerin Ursula Haider aus Valduna zur Äbtissin, unter der das Kloster seine Blütezeit erlebte.

Villingen: Das Bickenkloster, heute Ursulinen, früher Klarissen

Foto: Willig

Nach den Zerstörungen des 30j. Krieges begann ab 1700 ein Wiederaufbau, von dem noch heute die Gebäude zeugen. Als 1782 die Auflösung im Zuge der Josephinischen Reformen drohte, bot sich eine überraschende Lösung an: Man vereinigte sich mit den benachbarten

● Dominikanerinnen von St. Katharina und schloß sich den **URSULINEN** von Freiburg an. Diese waren auf den Mädchenunterricht spezialisiert, mit deren Erfahrungen gründete man ein Lehrinstitut und überlebte damit als eines von 8 Frauenklöstern in Baden auch die nachfolgende napoleonische Säkularisation.

Der Besucher kann noch heute die Mädchenschule St. Ursula in der Bickenstraße vorfinden. Der Gebäudekomplex bildete einen Teil der Mauer. Die Kirche ist nur über die Klosterpforte zugänglich.

Daten: 1238–1268 Beginen (Zisterzienserinnen?), 1268–1305 Franziskanerinnen,
1305–1782 Klarissen, seit 1782 Ursulinen

Lit.:   Alemania Franciscana Antiqua, Bd. 3, S. 45–76

Betreut wurde das Bickenkloster von den **FRANZISKANERN**, die sich 1268 in der Stadt niederließen. Sie bekamen einen Platz, der bettelordenstypisch zu sein scheint: am Rande der Stadt, direkt an der Stadtmauer (vergl. Überlingen). Denn in der Altstadt waren die Plätze vergeben. Die Verbindungen zwischen Stadtbürgertum und Bettelmönchen waren sehr eng, wie überall in den jungen Städten (vergl. Ravensburg). Bis zum Bau eines eigenen Rathauses tagte hier der Rat und wurden die Wahlen abgehalten.

Foto: Willig

Villingen: Franziskanerkloster. Bettelordenstypische Lage am Rande der Stadt

Letztlich wurden somit alle wichtigen Entscheidungen unter Einfluß der Franziskaner gefällt. Hier hielten auch die städtischen Bruderschaften ihre Treffen ab und stifteten Altäre.

In der Reformationszeit ging vom Villinger Kloster eine Initiative zur Rückgewinnung verlorener Konvente aus. So konnten u.a. die Frauenkonvente in Konstanz und Regensburg rekatholisiert werden. Eine entscheidende Rolle spielte die Anlage 1704 bei der Belagerung durch die Franzosen, die an dieser Stelle vergebliche Durchbruchsversuche unternahmen. Beim Wiederaufbau kamen die barocken Elemente in die im Grunde gotische Anlage.

Die Säkularisation unter Kaiser Joseph II. überlebte man zwar, aber bereits in den Kriegen der franz. Revolution diente die Anlage als Kaserne. Der Magistrat stellte 1797 von sich aus den Antrag auf Auflösung. Das gesamte Areal ging an die städtische Heilig-Geist-Stiftung, die darin ein Waisenhaus und ein Spital einrichtete, woraus später das städtische Altenheim wurde. Heute dienen Konventbauten und Kreuzgang als historisches Museum und die Kirche als Konzerthaus. Die Anlage ist frisch renoviert ein Schmuckstück der Stadt.

Daten: 1268–1797 Franziskaner

Lit.:   Alemania Franciscana Antiqua, Bd. 3, S. 19–44

Stadtverwaltung: Das Franziskanerkloster in Villingen. 1988 (Broschüre)

Gegenüber dem Franziskanerkloster befand sich einmal eine Niederlassung der **Antoniter** (Rietgasse 28). Äußerlich ist diesem Haus die ehemalige Funktion nicht anzusehen.

In der gleichen Ecke wie das Franziskanerkloster finden wir ein **BENEDIKTINERkloster,** dessen Anlage auch einen Teil der Befestigung bildete. Ursprünglich diente es nur dem Benediktinerkloster von St. Georgen als Pfleghof. Als jedoch dort die Reformation durch die Wirtemberger Herzöge eingeführt wurde, flüchtete ein Teil des Konvents hierher, gründete 1536 ein Nachfolgekloster und nannte es *St. Georgen.* Einen Teil der Rechte und Besitzungen des alten Klosters konnte man übernehmen. Denn in einem Schiedsspruch erhielt Wirtemberg nur die Besitzungen, die in seinem Machtbereich lagen, St. Georgen in Villingen jedoch die in habsburgischen Gebieten. Kurzzeitig durfte man nach dem Schmalkaldischen Krieg nochmals ins alte Kloster zurückkehren. Im 18. Jh. baute man ein Gymnasium, weshalb der Konvent die Säkularisation von Joseph II. überlebte. Er leistete ja eine gesellschaftswichtige Aufgabe. Dafür kam ein brutales Aus unter Napoleon: Württemberg plünderte in den wenigen Monaten, in denen es Villingen besaß, die Anlage so total aus, daß das Großherzogtum Baden als letzlicher Besitzer sich wiederholt darüber beschwerte. Die Schule wurde weitergeführt. Heute ist eine Realschule in den Gebäuden. Die barocke Kirche soll 1999 wiedereröffnet werden.

Daten: 1536–1806 Benediktiner

Lit.:   Germania Benedictina, Bd. V, S. 245–253

Die älteste Niederlassung eines Männerordens in Villingen war die Kommende der **JOHANNITER.** Die Fürstenberger Stadtherren hatten sie als ihre Hauskommende gegründet: Sie gaben eine reiche Ausstattung, wofür Angehörige ihrer Familie immer wieder als Kompture die Leitung übernahmen. Insgesamt besaß man das Patronat über 8 Kirchen; darunter auch die Kirche in (Bad) Dürrheim, wovon noch heute das Wappen auf den Dürrheimer Sprudelflaschen zeugt. Die Bedeutung der Kommende kann man sich anhand ihrer ehemaligen Ausdehnung vorstellen: Sie umschloß den Bezirk zwischen Bicken- und Gerberstraße und Kaiserturm. Für kurze

Zeit jedoch drohte eine Zusammenlegung mit der Kommende in Rottweil, als im 16. Jh. eine Finanzkrise auftrat.

Nach der Auflösung diente die Kirche als Fruchtspeicher und das Kommendehaus als Gefängnis. Die jüdische Synagoge war bis 1938 auf dem Areal untergebracht. Seit 1859 benutzt die evang. Gemeinde die gotische Kirche für ihren Gottesdienst, wobei das Chorgestühl inzwischen in der Benediktinerkirche steht. Das Ritterhaus jedoch wurde 1811 abgebrochen, dort steht heute das Landratsamt. Ein Verwaltungsgebäude von 1610 steht in der Bickenstraße. Am ehemaligen Pfarrhaus in der Gerberstraße findet man das Johanniterwappen mit der Jahreszahl 1630. Leider ist die Kirche (wie die meisten evang. Kirchen) außerhalb des Gottesdienstes geschlossen

Daten: 1253–1805 Kommende des Johanniterordens

Lit.:   P. Revellio: Beiträge zur Geschichte der Stadt Villingen. Stadtverwaltung, 1964,
*   S. 110–124*

Foto: Willig

Villingen: Rest des
Kapuzinerklosters

Als gegenreformatorischer Orden siedelten sich die **KAPUZINER** in dieser kath. Stadt an. Sie kamen erst nach dem 30j. Krieg, weniger zur Bekehrung versteckter Protestanten als vielmehr zur besseren seelsorgerischen Betreuung der Bevölkerung.

Nach der Aufhebung diente die Kirche als Brauerei. Die Konventgebäude wurden abgerissen und als Garten genutzt („Kapuzinergasse"). Heute findet man in der umgebauten ehemaligen Kirche und danebenstehender Kapelle das Restaurant „Kapuzinerhof". Mit ihrem renovierten, mächtigen Volutengiebel bildet sie zusammen mit den Nachbarhäusern, die sich stilistisch daran anpassen, das Schmuckstück der „Niederen Straße".

Daten: 1655–1806 Kapuziner

Lit.:   P. Revellio, s.o., S. 147/148

In heutiger Zeit finden wir einen modernen Orden vor, und zwar die **Brüder vom gemeinsamen Leben** (s. Weilheim). Sie übernahmen in einem neuen Stadtviertel die Heiligkreuzkirche, die zuvor von **Prämonstratensern** betreut worden war. Diese hatten hier in den 60er Jahren ein Stift Tepl erbaut, in Anlehnung an das berühmte tschechische Prämonstratenserkloster.

Tannheim

An der Stelle des Grabes eines Einsiedlers mit dem sinnigen Namen "Kuno der Schweiger" siedelten sich im 14. Jh. die **Paulinereremiten** an, eine von rund einem Dutzend Niederlassungen dieses Einsiedlerordens (s. Satteldorf). Als Aufgabe übernahmen sie die Seelsorge des Dorfes. Nach der napoleonischen Aufhebung diente ihre Kirche eine Zeitlang als Pfarrkirche, wurde dann jedoch samt Konventbau abgebrochen und im Ort neu erbaut. Dies war leider das Schicksal der Niederlassungen dieses seltenen Ordens, weshalb wir kaum mehr Reste von ihm finden. Zum Glück blieb wenigstens die Klosterscheune stehen, die als Forsthaus einen neuen Zweck erfüllt. Daneben erinnert ein Kapellchen mit Gedenktafel an das Kloster sowie die Bezeichnungen „Apostelweg" und „Klosterhof".

Daten: 1353–1802 Paulinereremiten

Lage: Südlich des Ortes, an alter Straße nach Wolterdingen

Kirnachtal

Auf halber Strecke nach Unterkirnach befand sich „Maria Tann", eine Niederlassung der **Schulbrüder.** Hier hatten sie ein Internat eingerichtet, das jedoch wegen Rückgang der Nachfrage geschlossen werden mußte. Für kurze Zeit dienten die Gebäude als Polizeischule, heute sind hier Aussiedler aus Rußland untergebracht.

Daten: 1920–1969 Schulbrüder

Waghäusel D 5

Ein Missionierungsmittel der Gegenreformation, das beim Volke gut ankam, waren die Wallfahrten. In der Barockzeit entstanden überall in kath. Gebieten **Wallfahrtsbewegungen,** so daß fast jedes Dorf an seinem Wallfahrtstag zu einem Wallfahrtsort zog (Wallfahrtstourismus, vergl. Walldürn). Die Kapuziner, die entscheidend zur Rekatholisierung gemischt-konfessioneller Gebiete beigetragen haben (vergl. Haslach) sahen hier ihre Chance. Sie ließen sich an Wallfahrtsorten nieder und betrieben dort Volksseelsorge. So finden wir sie in dieser Zeit u.a. in Stühlingen, Walldürn, Zell, Michaelsberg (s. Bruchsal), so finden wir sie damals und heute in Waghäusel.

Bereits seit dem 15. Jh. gab es hier Wallfahrten zu einer Marienstatue („Unsere Liebe Frau von Lußhardt"). Eine Kapelle wurde von einem Eremiten betreut. In der Reformationszeit war diese Wallfahrt so gut wie zum Erliegen gekommen. Die Speyrer Bischöfe als Landesherren regten in diesem Überschneidungsgebiet zur kalvinistischen Kurpfalz die Wallfahrten an und siedelten 1616 zur Pilgerbetreuung **KAPUZINER** aus der Rheinischen Provinz (Köln) an. Diese konnten sich aber erst nach dem 30j. Krieg richtig ihrer Aufgabe annehmen. Als der Andrang zu stark wurde, regelte man es bürokratisch nach einem Plan: Zwischen

Waghäusel: Wallfahrtskirche mit vielen Beichtstühlen, betreut von Kapuzinern

Foto: Steinbach

Ostersonntag und Pfingsten durften jedes Wochenende andere Dörfer zum Wallfahren kommen. Der Kapuzinerkonvent wurde so bedeutend, daß für kurze Zeit sogar das Noviziat von Trier hierher verlegt wurde. Ein berühmter Volksschriftsteller lebte zeitweise im Konvent und starb hier: Pater Martin v. Cochem.

Die Zeiten ändern sich. Die Aufklärung entlarvte Wallfahrten als „Volksverdummung", die Französische Revolution führte zur Aufhebung des Klosters (1819) und Auflösung nach dem Tod des letzten Insassen (1826). Auf dem Gelände wurde eine Zuckerfabrik angesiedelt, die das neue Verfahren der Zuckerherstellung aus Rüben praktizierte: Süßer Zucker anstelle einer süßen Madonna. Die Kirche brannte 1920 ab. 1924 jedoch siedelten sich erneut **Kapuziner** an und belebten die Wallfahrt.

Der Besucher findet eine Anlage, in deren Hintergrund die stillgelegten Bauten der „Südzucker AG" in den Himmel ragen. Die Wallfahrtskapelle aus der gotischen Zeit bildet den Chor der Kirche, daran angebaut steht ein Kirchenschiff im Neubarock. Beim Eintritt in das Gotteshaus kann man sofort eine wichtige Funktion dieses Ortes (und seiner Betreuer) erkennen: Beichstuhl reiht sich an Beichstuhl. Die einfachen Konventbauten stehen im Osten der Kirche.

Daten: 1616–1819–1826, seit 1924 Kapuziner

Lit.:   Gemeinde: Kirrlach, Waghäusel und Wiesental in der Frühen Neuzeit, S. 99–122

G 9 *Waiblingen*

Frauenklausen gehören zum Alltag einer mittelalterlichen Stadt wie heute eine Sozialstation. Leider waren diese Klausen von der Größe her unscheinbar, weshalb sie häufig mit der Reformation oder Säkularisation spurlos verschwanden. Daher erinnert mitunter an sie nur noch eine

Straßenbezeichnung („Klösterle") oder in einer Kirche eine bauliche Besonderheit („Nonnenchor oder -empore, gedeckter Gang). Oder auch nur noch die Existenz einer Kapelle, wie hier in Waiblingen.

Das *Nonnenkirchlein* findet man neben der Michaelskirche, der Urkirche des unteren Remstals: Eine zweigeschossige Kapelle, deren Untergeschoß als Beinhaus diente. Daneben befand sich eine Frauenklause, die sich als **FRANZISKANERINNEN** des 3. Ordens einem regulären Orden angeschlossen hatte. Vom Westen her hatte sie den Zugang in ihre Kapelle. In der Reformation ging sie unter.

Die Kapelle wurde 1496 gebaut. 1978 entdeckte man eine Quelle in ihr, was die Vermutung bekräftigt, daß sie auf dem Grunde eines vermutlich keltischen Quellheiligtums errichtet wurde. 1937–60 diente sie als Heimatmuseum, dann der griechisch-orthodoxen Gemeinde, und jetzt werden ab und zu Gottesdienste der evang. Gemeinde in ihr abgehalten. Man findet sie außerhalb des Altstadtzentrums, direkt über der Rems stehend.

Lit.:   W. Glässner: Ein Führer durch die Altstadt. Heimatverein, 1982

Wald M 8

Im Oberschwaben-Bodenseeraum findet man die **Frauenzisterzen** wie an einer Kette aufgereiht vor, rund $\frac{1}{4}$ der baden-württembergischen Frauenklöster des Zisterzienserordens. Die zugleich auch die ältesten sind, alle entstanden in der 1. Hälfte des 13. Jh.: Heiligkreuztal und Heggbach 1231, Baindt 1236, Gutenzell 1237, und als älteste und damit Mutter von allen: Klosterwald (1216). In dieser Region hatte sich in der Stauferzeit eine emanzipatorische Frauenbewegung entwickelt, die die Integration von Frauensammlungen in den Zisterzienserorden erkämpfte (vergl. Baindt). Hierbei war die Rolle des Männerklosters Salem entscheidend, da jedes Frauenkloster ein Vaterkloster für seine Betreuung benötigte. Der gelungene Versuch der Frauen von Wald schuf in Zusammenarbeit mit Salem eine Orientierung für die späteren Frauensammlungen.

1212 kaufte der Ministeriale von Weckenstein (bei Storzingen) für seine beiden Schwestern ein Grundstück mit einer bestehenden Pfarrkirche, auf dem er ihnen mit Zustimmung des Salemer Abtes ein Kloster einrichtete. Diese Schwestern gehörten bereits dem Zisterzienserorden an. Aber: Es gab zu diesem Zeitpunkt weit und breit keine Frauenzisterze, sodaß wir es mit großer Wahrscheinlichkeit mit Beginen zu tun haben, die von Salem betreut wurden. Damit wären dies die beiden ersten Vertreterinnen einer Frauenbewegung, die später im ganzen deutschsprachigen Bereich auftrat. Folglich käme dem Bodenseeraum ein Vorreiterrolle in der Verbreitung

Foto: Metz

Wald: Frauenzisterze. Blick auf die Nonnenempore mit Äbtissinnenloge (links)

dieser Bewegung zu, die ansonsten zu diesem frühen Zeitpunkt nur für
Nordfrankreich, Belgien und die Niederlande sowie Norditalien bekannt
ist. (Vergl. A.Wilts: Beginen im Bodenseeraum, S. 268–274).

1216 wurde das Kloster ohne Widerstände vom Zisterzienserorden übernommen, also zur **FRAUENZISTERZE**. Klosterwald gehört somit zu
den frühesten Zisterzienserinnenkloster nördlich der Alpen. Königliche
und päpstliche Privilegien folgten, ebenso eine Befreiung von der
Bischofsaufsicht (Exemtion). Vom Erlangen all dieser Freiheiten konnten
spätere Frauenzisterzen profitieren. Den Status der Reichsfreiheit erreichte man jedoch nicht, im Unterschied zu Heggbach, Baindt, Gutenzell und
Rottenmünster. Denn die Vogteirechte lagen ab dem 14. Jh. bei den Herren
von Sigmaringen. Als die Zollern die Sigmaringer Herrschaft von Habsburg erwarben, flüchtete sich das Kloster unter den Habsburger
Oberschutz. Nur die niedere Gerichtsbarkeit durfte man selbst ausüben.

Am Anfang seiner Existenz war Klosterwald ein reines Adelskloster, reserviert für Landadel und städtisches Patriziat. Dies erklärt z.T. den moralischen Niedergang im 15./16. Jh., weil die adligen Nonnen das Leben von
Stiftsdamen führten. Nach dem Konzil von Trient wurde jedoch eine
Reform erfolgreich durchgeführt.

Die napoleonische Säkularisation brachte das Kloster an die Sigmaringer
Hohenzollern. Die Nonnen durften jedoch bis zum Lebensende dort wohnen und sogar eine Priorin wählen. Das Gewähren dieses „Privilegs" ist
typisch für die Hohenzollern, im Unterschied zu dem rigorosen Vorgehen
des Württembergischen Königs. 1853 zog die letzte aus. Die Gebäude

wurden als Oberamt, Forstamt und Apotheke benutzt. Seit 1946 unterhalten die Liobaschwestern (**Benediktinerinnen**) von Freiburg-Günterstal hier ein Gymnasium.

Der Besucher findet eine Anlage aus der Barockzeit vor, idyllisch neben einem Weiher liegend. Die Konventbauten stehen südlich der Kirche. Die barocke Pracht in der Kirche paßt nicht zum ursprünglichen Ordensideal der bilderlosen Schlichtheit; ebenso die separate Äbissinnenloge in der Südwand nicht zum Gemeinschaftsideal der Gründungszeit. So ändern sich Zeiten und Ansichten!

Daten: 1212–1216 Sammlung, 1216–1806 Zisterzienserinnen, 1806–1853 freie Gemeinschaft

Lit.:   M. Kuhn-Rehfus: Das Zist. Kloster Wald. Germania Sacra, 1992

Kirchenführer des Pfarramtes, 1989 (liegt aus)

Waldenburg D/E 10

Goldbach

Einsiedlermönche gehören in die Einöde. Dies kann man heute noch nachempfinden, wenn man den Weiler Goldbach sucht. Hier hatten sich 1382 **PAULINER-EREMITEN** (s. Satteldorf) niedergelassen, gerufen von einer Gräfin von Hohenlohe. Von hier aus betreuten sie 3 Pfarreien, womit sie ihre gesicherten Einkünfte hatten. In der Reformation wurde das Klösterchen aufgehoben, die Gebäude gingen an die Hohenlohe in Waldenburg.

Man findet Goldbach ca. 3 km südlich des Residenzstädtchens Waldenburg: Eine Rodungsinsel im Wald. Zum Kloster gehören Teiche, die man jetzt noch vorfindet. Wirtschaftsgebäude und Teile der St. Laurentiuskapelle sind in die landwirtschaftlichen Gebäude verbaut.

Daten: 1382–1560 Pauliner-Eremiten

Waldkirch L 3

„Leitende Angestellte übernehmen Betrieb in Eigenregie und führen ihn erfolgreich weiter". Eine solche Schlagzeile kann man heutzutage ab und zu im Wirtschaftsteil einer Zeitung finden, vor allem im Zusammenhang mit den Privatisierungen in Ostdeutschland. Für den monastischen Bereich jedoch kann man sich dies schwer vorstellen. Dabei haben wir mindestens zwei Fälle in BW, bei denen die Besitzungen eines abgewirtschafteten Klosters von den „angestellten" Klerikern in der Form eines Stiftes übernommen wurden: In Bad Waldsee und in Waldkirch.

Ursprünglich (918) gründete hier der Alemannenherzog Burkard I. für seine Tochter ein **BENEDIKTINERINNENkloster** und stattete es mit reichem Besitz aus altem Herzogsgut aus. Seine Tochter übernahm die Äbtissinnenwürde, die Rechte über das Kloster wurden an ihren Bruder vererbt („Eigenkloster" s. Öhningen). Der schenkte es seiner Verwandten

Foto: Metz

Adelheid weiter, die in zweiter Ehe mit Kaiser Otto dem Großen verheiratet war. Als ottonisches Reichskloster war es vergleichbar den hochadligen Frauenklöstern in Buchau, Säckingen oder Lindau und bildete die Keimzelle der Siedlung. Im Laufe des Mittelalters gelang es jedoch den Inhabern der Klostervogtei, den Herren von Schwarzenberg, immer mehr an Klosterbesitzungen

Waldkirch: Vom Frauenkloster
zum Männerkollegiatstift

zu übernehmen und somit das Kloster schleichend zu enteignen. Schließlich erlosch es 1430 mit dem Tode der Äbtissin Agathe von Üsenberg, also mit einem Mitglied des oberrheinischen Hochadels.

Jetzt griffen die „Angestellten" ein, die an den 3 anderen Kirchen des Ortes als Kleriker (Kapläne) angestellt waren und aus dem Kleinadel stammten. Sie schloßen sich zur Gemeinschaft eines **KOLLEGIAT-STIFTES** zusammen und übernahmen die Klosterkirche St. Margaretha als Stifts- und Pfarrkirche. Damit konnten sie die anderen Kirchen dem Stift inkorporieren und erlöschen lassen. Die Pfründen der inkorporierten Kirchen und die restlichen Besitzungen des Frauenklosters bildeten die wirtschaftliche Grundlage des Männerstiftes.

Als Kollegiatstift, also Kollegium von weltlichen Kanonikern, wohnten die Stiftsherren in separaten Unterkünften. So bildete sich um die Kirche herum eine Anlage von Stiftshäusern und Ökonomiegebäuden, und als wichtigstes Gebäude die Propstei. Die gesamte Anlage wurde in der Barockzeit neu erstellt, die Kirche dabei 1732–34 von dem Baumeister Peter Thumb. Nach der säkularisationsbedingten Aufhebung diente das Propsteigebäude zuerst als Baumwollweberei, dann als Hotel, seit 1891 als Schule. Heute befindet sich darin ein Museum (Geschichte und Orgelbau). Der Verkehrsverein ist in einem ehemaligen Kanonikerhaus untergebracht. Der Besucher findet den „Stiftshof" am Rande des Stadtzentrums, abseits der Hauptstraße.

Daten: 918–1430 Benediktinerinnen, 1431–1806 Kollegiatstift

Lit.:   Schnell & Steiner Kunstführer Nr. 1117: Waldkirch St. Margaretha

H. Altrogge: Beiträge zur Geschichte der Stadt Waldkirch. Bd. 4, 1964

(Stadtverwaltung)

Kernstadt

Bereits vom weitem erkennt der Besucher anhand der typischen Doppelturmfassade diese Stadt. Hier lebte eine Gemeinschaft von Priestern nach den Regeln des Kirchenlehrers Augustinus. Der hatte als Bischof von Hippo im 4.Jh. die Priester seiner Stadt in einem Haus zusammenleben lassen und ihnen hierzu Regeln gegeben. Dieses Beispiel wurde im Hochmittelalter, in der Zeit der Gregorianischen Kirchenreform, von Priestern nachgeahmt, die sich folglich **Augustiner-Chorherren** nannten. In Abgrenzung zu den Kollegiatstiften der Weltpriester besaß das einzelne Mitglied kein persönliches Eigentum und lebte nach strengen Regeln (reguliert). Solche *regulierten* Stifte waren voneinander unabhängig und dem jeweiligen Diözesanbischof untergeordnet. Chorherren hatten im Unterschied zu Mönchen keine Verpflichtung zur Klausur, da sie Aufgaben in Pfarrei oder Diözese wahrnahmen.

Bereits die Entstehungsgeschichte des **AUGUSTINER-Chorherren-stiftes** zeigt den Unterschied zur Gründung von weltabgeschiedenen Klöstern. Denn hier schlossen sich um 1180 die Kleriker zusammen, die im Haistergau verschiedene Pfarrkirchen betreuten. Der Anlaß hierfür war der Zusammenbruch der Herrschaft des Klosters Weißenburg (Elsaß) in dieser Region. In dieses geistliche (und politische) Vakuum hinein erfolgte die Stiftsgründung, und wenn schließlich im Barock 18 Kanoniker unter Leitung eines Propstes hier lebten, so kann man daraus die Bedeutung dieser Institution für die Stadt und ihr Umland ersehen. Typisch ist auch, daß die Stiftskirche von vornherein als Pfarrkirche diente. Man suchte nicht die Flucht aus der Welt wie die Mönche, sondern den Dienst in der Gemeinde.

Das Stift konnte keine Unabhängigkeit von weltlicher Macht erlangen, erlebte also ebenso wie die Stadt die Unterordnung unter Habsburg und die strenge Herrschaft der Waldburger Truchsessen. Daher auch die Auflösung unter Kaiser Joseph II., trotz der gesellschaftlich „nützlichen" Tätigkeit der Chorherren.

Foto Metz

Bad Waldsee: Die oberschwäbische Kulturlandschaft wird geprägt von Barockkirchen und Eiszeitseen

Der heutige Besucher findet eine Anlage vor, über deren Größe er nur staunen kann. Die barocken Gebäude sind nicht im typischen Klostergeviert angeordnet, sondern ziehen sich im weiten Karree um die Kirche herum. Von den Konventbauten stehen nur noch Nord- und Ostflügel, der Süd-

flügel mit Kaisersaal brannte 1906 ab. Genutzt werden sie als Privatwohnungen und von der Stadt (Archiv, Sozialstation). Die Kirche ist
gotisch, wurde jedoch um 1710 barock umgestaltet. In ihr befindet sich ein
außergewöhnlich feines Grabepitaph von Truchseß Georg von Waldburg
(15. Jh.). Der besondere Effekt der Türme entsteht durch ihre Übereck-
Stellung. Mit der Lage an einem Eiszeitsee bietet sich dem Betrachter das
typische Bild oberschwäbischer Landschaft: Barock im Jungmoränenland
(s. Kißlegg).

Daten: vor 1181–1788 Augustinerchorherrenstift

Lit.: Schnell & Steiner Kunstführer Nr. 517: Bad Waldsee, 1987

Im Westen der Kirche steht die ehemalige **FRANZISKANERINNEN-
klause** St. Klara. Hier wohnten ab Mitte des 15. Jh. Dritt-Ordens-
Schwestern. Ihre Entwicklung und Funktion ist typisch für solche
Gemeinschaften: So erwarben sie im Laufe der Jahrhunderte eine stattliche Anlage durch den Zukauf von Nachbarhäusern. So durften sie keine
eigene Kirche besitzen, sondern mußten zum Gottesdienst in die
Stiftskirche, mit der sie zeitweise sogar durch einen direkten Gang verbunden waren. So durften sie immerhin in der Spätphase ihres Wirkens
(1677) eine eigene Kapelle in ihr Haus einbauen lassen. So erfüllten sie
mit ihren Tätigkeiten in der Stadt eine wichtige soziale Funktion:
Krankenpflege, Kirchendienst, Sterbebegleitung. Wenn heute in diesem
Gebäude eine Art Sozialstation mit Schwestern von Reute eingerichtet ist,
so ist dies die konsequente Fortführung der ehemaligen Nutzung. Daneben
dienen die Gebäude als Pfarrhaus und als 3.-Welt-Laden.

Daten: 15. Jh. – 1782 3.-Orden-Franziskanerinnen

Lit.: A. Wilts: Beginen im Bodenseeraum, S. 456

Im Ortszentrum bestand für kurze Zeit ein **FRANZISKANERkloster.**
Nach dem 30j. Krieg siedelte man hier Franziskaner aus Saulgau auf dem
Gelände des ehemaligen Schussenrieder Klosterhofes an. Sie übernahmen
Aufgaben, die anderswo zu dieser gegenreformatorischen Zeit Kapuziner
ausübten: Aushilfsseelsorge, Volksmission. Ihr Bau ist eine Dreiflügel-
anlage mit Kirche, entspricht also nicht mehr dem klassischen Klosterbau-
schema. Heute befinden sich darin das Finanzamt sowie die Polizei. Eine
Kunstgalerie nutzt den Kreuzgang, der sich zur Hauptstraße hin öffnet. Die
Anlage fügt sich gut in das historisch interessante Waldseer Stadtbild ein.

Daten: 1650–1806 Franziskaner

Reute

Über diesem Ort thront eine Klosteranlage, die in ihrem Kern auf eine
berühmte Gründerin zurückgeht: Elsbeth Achler, im Volksmund die „gute
Beth". Dieses Mädchen zog um 1400 mit einigen Frauen zusammen in

eine Klause, die ihnen der Pfarrherr von Reute anbot, der zugleich Chorherr im Waldseer Stift war. Damit waren diese Frauen den „Versuchungen" der Stadt Waldsee entzogen. Schon nach kurzer Zeit schlossen sie sich als **FRANZISKANERINNEN** des 3. Ordens einem regulären Orden an, ein notwendiger Schritt, um als reguliert zu gelten. Denn zu dieser Zeit wurden – mal wieder – alle unregulierten Gemeinschaften vom Konstanzer Bischof verfolgt. Und ein Anschluß an die Augustiner-Chorherren war anscheinend nicht möglich, da es hier keine Dritt-Ordens-Regelung gab. So konnte ein Teil der Frauen in Klausur mit Beten und Fasten leben und der andere Teil im Ort Pflegetätigkeit ausüben. Eine typische Aufgabenteilung für solche kleinen Gemeinschaften.

Nach den Zerstörungen des 30j. Krieges schaffte man den Neuaufbau. Trotz Popularität infolge der Seligsprechung der „guten Beth" wurde das Kloster unter Kaiser Joseph II. aufgehoben.

Im 19. Jh. kam überraschenderweise ein Neubeginn, der zu der riesigen heutigen Anlage führte. Aus dem Zusammenschluß von 5 Mädchen in Ehingen (1848) wurde eine Kongregation, die 1870 in die leerstehende Klosteranlage in Reute zog und sich heute **FRANZISKANERINNEN** *von Reute* nennt. Von ihrem Mutterhaus aus betreut sie eine Reihe von Einrichtungen in der Diözese Rottenburg.

Reute: Der „Lebensbaum" von Schwester M. Ludgera

Foto: Willig

Bereits vom weitem erkennt der Besucher die Anlage auf einem Höhenrücken. Zugänglich ist die öffentliche Kirche beim Kloster, in der der Gnadenaltar mit den Gebeinen der „Guten Beth" steht. Zugänglich ist auch ein Bereich, der als Bildungshaus dient („Maximilian-Kolbe-Haus") und in dem Veranstaltungen für Außenstehende stattfinden. Hier und in der Klosterkapelle kann man sehenswerte Stickereien einer Ordensschwester M. Ludgera entdecken (u.a. ein Lebensbaum).

Daten: 1400–1406 Frauenklause, 1406–1786 3.-Ordens-Franziskanerinnen,
seit 1870 Mutterhaus einer Franziskanischen Kongregation

Lit.: Alemania Franciscana Antiqua, Bd. 7, S. 193–229

A. Wilts: Beginen im Bodenseeraum, S. 240–246

A. Borst: Mönche am Bodensee, S. 301–319

Gurtweil

Es kommen nur wenige Ordensgründer aus Deutschland. Bekannt sind Norbert von Xanten als Gründer der Prämonstratenser (s. Rot) und Bruno von Köln von den Karthäusern (s. Bad Wurzach), beide im 12. Jh. lebend. In neuerer Zeit kommt Johann Baptist Jordan hinzu, der 1881 die Salvatorianer ins Leben rief. Er stammte aus Gurtweil, heute ein Teilort von Waldshut-Tiengen. Seine Gründung blieb, wie so viele Kongregationen dieser Zeit, in den Anfängen stecken. So gibt es z.B. in BW nur zwei Niederlassungen dieses Ordens, in Bad Wurzach und Stuttgart.

Wenn man von Süden auf dieses Dörfchen zufährt, fällt einem das mächtige Schloß am Ortsrand auf. Dies hatte die Benediktinerabtei St. Blasien als Sommerresidenz der Äbte 1660–64 erbaut. Nach deren Auflösung stand es ungenützt, bis es 1887 von den **Franziskanerinnen** von Gengenbach erworben und bis heute als Behindertenheim genutzt wird.

Waldshut

In diesem Vorort der Habsburger Herrschaft über den Südschwarzwald wurden als gegenreformatorischer Orden die **KAPUZINER** angesiedelt. Nach dem Ende des 30j. Krieges holte man sie aus der Schweiz. Seit 1659 wohnten 8–12 Mönche in ihrem Gebäude westlich der Stadt, außerhalb der Stadtmauern. Kapuzinern geht der Ruf der

Waldshut: Ehemalige Kapuzinerkirche im modernen Krankenhaus

Foto: Willig

Furchtlosigkeit voraus, und auch hier stellten sie sie unter Beweis, als im pfälzischen Erbfolgekrieg ein französisches Heer die Stadt belagerte: Sie übernahmen die Verhandlungen wegen einer Schonung der Stadt.

In der josephinischen Säkularisation wehrte sich die Stadt erfolgreich gegen die Auflösung des Klosters, die jedoch 20 Jahre später unter badischer Herrschaft vorgenommen wurde. Immerhin erhielten die Insassen Bleiberecht. So wurde erst 1821 das Gebäude frei für eine andere Nutzung: Die Kirche als Stall, das Wohnhaus als Fabrik und dann als Gasthof. 1858 kaufte die Spitalstiftung die Anlage auf und erstellte 1927 auf dem Gelände einen Krankenhausneubau. Glücklicherweise blieb dabei die Kirche als Krankenhauskapelle erhalten. Sie ist über das Krankenhaus zugänglich. Man darf diese Kapelle nicht verwechseln mit der wenige 100 m entfernten Spitalkapelle in der Rheinstraße, die ein Kleinod gotischer Kunst ist.

Daten: 1654–1807–1821 Kapuziner

Lit.:   J. Ruch: Geschichte der Stadt Waldshut. Stadtverwaltung, 1966

„Ach, da ist ja Markt", rief meine Tochter spontan beim Anblick der Stände auf der Straße zur Kirche. Beim näheren Hinsehen entpuppte es sich als ein Markt von Devotionalien: Kerzen, Bildchen, Rosenkränze, Kreuze. Und von Naschwerk. Und analog zu Prousts „Suche nach der verlorenen Zeit" kam in mir die Erinnerung an die eigene Kindheit hoch: Das alljährliche Erlebnis einer Wallfahrt zusammen mit meiner Mutter und Nonnen, mit 2–3 Stunden Aufenthalt in der Kirche bei Rosenkranz- und Litaneienbeten, bei Singen und Stillandacht. Und anschließend die Belohnung in Form einer Kleinigkeit von solchen Ständen und in Form einer Einkehr in einer der zahlreichen Gaststätten am Wallfahrtsort. Im übrigen die einzige Reise des Jahres!

Bereits der Name Walldürn drückt die Bedeutung der Wallfahrt für diesen Ort aus. Ursprünglich nur Dürn, dann Wallfahrtsdürn, ist es heute noch der bedeutendste Wallfahrtsort BWs. Die Wallfahrt geht auf ein sogenanntes Blutwunder zurück, wonach 1330 ein Priester bei der Wandlung den Kelch umwarf und anschließend das Haupt des gekreuzigten Heilands auf dem Tuch erschien. Solche Blutwunder waren in dieser Zeit in Mode: Das Bedeutendste davon ereignete sich in Orvieto (Umbrien) und diente als Anlaß, das Fronleichnamsfest als kirchlichen Festtag verbindlich festzuschreiben. Was in Italien eine Massenwallfahrt auslöste, dies wirkte auch anderswo. Daher unterstützten die Herren des Ortes, nämlich zuerst das naheliegende Kloster Amorbach und später die Erzbischöfe von Mainz, dementsprechende Bewegungen und bauten eine große Kirche für die Wallfahrer (was sich langfristig bezahlt machte, denn Wallfahrer bringen Geld). Ab Sonntag nach Pfingsten geht die Wallfahrt 4 Wochen lang.

Die Walldürner Kirche stammt aus der Zeit zwischen 1698 und 1714, also Barockzeit. Von außen wirkt die Kirche aus Buntsandsteinmauern nur durch ihre Masse und erhöhte Lage, ist weitgehend schmucklos. Im Inneren jedoch überrascht der Barock mit Stuck und Farbe. Im nördlichen Querschiffarm befindet sich der Heilig-Blut-Altar mit der „Reliquie" im Silberschrein. Seit 1962 hat die Kirche den Rang der Basilica minor.

Die Betreuung der Wallfahrer hatten in der Zeit von 1632–1830 die **Kapuziner** übernommen.Sie wohnten im Pfarrhaus nebenan. Heute sind dort an ihrer Stelle **Augustiner-Eremiten,** deren Zentrale im katholischen Würzburg ist (vergl. Lauda-Königshofen). Sie nennen sich inzwischen nur noch Augustiner. Die Aufgabe der Wallfahrerbetreuung liegt durchaus in der Linie eines Augustinus, der ja als Bischof von Hippo selbst Seelsorge betrieb. Und auch in der Tradition des Ordens selbst, der als Bettelorden seelsorgerisch in den mittelalterlichen Städten tätig war.

Daten: 1632–1830 Kapuziner, seit 1938 Augustinereremiten

Lit.:   Augustinerkloster Walldürn: Wallfahrt Walldürn (Broschüre, liegt aus)

„Seine überkommenen Rechte auf Teufel komm raus verteidigen", dies scheint die Devise der etablierten Landklöster gegen das Aufkommen der Städte gewesen zu sein. Man kann diesen Kampf vergleichen mit dem Ablösungsprozeß eines heranwachsenden Menschen, der bei seiner Abnabelung von seinen Erzeugern (Eltern) immer wieder von denen behindert wird. So wehrten sich z.B. die Klöster dagegen, daß eine außerhalb der Stadt liegende Pfarrkirche in die Stadt verlegt wurde, und erst über hohe Ablösungszahlungen war eine gemeindeorientierte Lösung möglich (so z.B. bei den Reichenauer Rechten in Ulm). Oder aber man pochte auf seine Patronatsrechte über die innerstädtische Kirche und setzte den Bürgern unfähige, niedrig bezahlte Priester vor. Hauptsache, daß man die mit der Pfarrkirche verbundenen Abgaben kassieren konnte. In Wangen findet man eine noch weitergehende Abhängigkeit, weil das Kloster St. Gallen hier Grundbesitz und Herrschaftsrechte in einem besaß, die Stadt also klostereigen war. Dies war vergleichbar den Städten, die direkt vor den Toren eines Klosters entstanden (z.B. Isny und Gengenbach). Im Unterschied zu den meisten derartigen Städten führte in Wangen die Ablösung von dem Gründungskloster nicht zu einer Annahme des Protestantismus. Mit dem Kauf der Vogteirechte (1347) wurde man zwar reichsfrei, aber erst 1608 konnte man auch das Kirchenpatronat erwerben. Immerhin erhielt die Abtei St. Gallen mit dem Wangener Bäckersohn Ulrich Rösch ihren fähigsten Abt, der sie vor dem Untergang im 15. Jh. rettete.

Vielleicht läßt sich aus der Abhängigkeit von St. Gallen erklären, weshalb wir in Wangen im Mittelalter kein Bettelordenskloster vorfinden, was völlig untypisch ist für eine Stadt von dieser Bedeutung: Die Bürgerschaft durfte von sich aus keinen Bettelorden holen, weil damit Einnahmeverluste für die Pfarrkirche zu befürchten waren. Oder sollten die Wan-

Foto: Willig

Wangen: Das Kapuzinerkloster außerhalb der Stadtmauern, heute privat genutzt

gener so geizig gewesen sein?! Erst in der Neuzeit nach der Ablösung von St. Gallen siedelte sich mit den **KAPUZINERN** ein gegenreformatorischer Bettelorden an. Aufgrund eines Testaments des Stadtschreibers waren seit 1611 die finanziellen Mittel vorhanden, aber erst 1640 gab der städtische Magistrat grünes Licht für die Grundsteinlegung. 1655 wurden Kirche und Konvent eingeweiht. Das Kloster baute im 18. Jh. eine

Wallfahrt auf (typisch kapuzinisch!). Es erwarb seinen Lebensunterhalt durch Weben für die anderen Kapuzinerklöster der Provinz.

Nach der Auflösung von 1803 wurde es zum Auffangkloster und bestand daher bis zum Tode des letzten Paters 1829. Man verkaufte die Gebäude an Privat. U.a. war von 1852–1893 der Betsaal der evang. Gemeinde hier untergebracht. Heute sind Wohnungen und Arztpraxen darin eingerichtet.

Die Straßenbezeichnungen „Klosterbergstraße" und „Klosterhof" führen den Besucher zum Gebäude direkt vor dem Martinstor. Bereits äußerlich ist der ursprüngliche Zweck noch ersichtlich. Eine Informationstafel ist löblicherweise angebracht.

Daten: 1641–1803 Kapuzinerkloster, –1829 Gemeinschaft

Lit.:   A. Scheuerle: Wangen. Walchnerverlag, 1966, S. 124ff

Seit 1922 besteht erneut eine Bettelordensansiedlung: **Franziskaner** wohnen im „Klösterle". Außerhalb der Altstadt Richtung Isny/Immenstadt, an der Argen, haben sie ein Minikloster mit öffentlicher Kirche erstellt. Zuvor hatten sie für kurze Zeit im ehemaligen Benediktinerkloster Weingarten gelebt, räumten dies jedoch für aus England kommende Benediktiner.

Lit.:   P. Säger: Die Franziskaner in Wangen im Allgäu. Thuringia Franciscana,1984

Weikersheim C 11

Frauenklöster der Prämonstratenser findet man selten in BW. Nur in regional engumgrenzten Gebieten tauchen sie auf: in Oberschwaben in der Nähe zu Männerklöstern, mit denen sie zuvor Doppelklöster gebildet haben (s. Rot, Ravensburg-Weißenau); im Taubertal als von vornherein konzipierte Frauenklöster in Bruderhartmannszell (s. Rot am See), in Gerlachsheim (s. Lauda-Königshofen) und mit 2 Niederlassungen in Weikersheim.

Louisgarde (Lochgarten)

Hier entstand 1144 das erste **Prämonstratenserinnenkloster** der Region. Es erhielt den Namen Lochgarten. 1344 wurde es nach Schäftersheim inkorporiert, war also unbedeutend geworden. Nach der reformationsbedingten Auflösung baute 1750 ein Graf von Hohenlohe-Weikersheim an seiner Stelle ein Jagdhaus (Louisgarde). Heute ist dort eine Landwirtschaftsdomäne. Lage: nördlich von Nassau.

Schäftersheim

Das nächste derartige **Prämonstratenserinnenkloster** wurde 1167 durch den Staufer Friedrich, Herzog von Rothenburg, gegründet. Seine Blütezeit erlebte es im 14. Jh., als es andere Frauenklöster übernahm, darunter auch Lochgarten. Im Bauernkrieg jedoch wurde es weitgehend zerstört und kurz darauf reformationsbedingt durch die Hohenlohe aufgehoben. 1583 brach man die Mauern ab. Die Kirche wurde zu 2 Scheunen. Das Prämonstratenserkloster Oberzell bei Würzburg startete im 30j. Krieg einen vergeblichen Versuch der Neueinrichtung. Heute steht noch ein Teil der Wirtschaftsbauten (z.B. Mühle). Die neuerbaute Taubertalstraße von Weikersheim führt mitten durch den ehemaligen Klosterhof,

Daten: vor 1167–1553 Prämonstratenserinnen

G7 *Weil der Stadt*

Die **Augustiner-Eremiten** sind in der Familie der mittelalterlichen Bettelorden die jüngsten. Erst 20–35 Jahre nach den 3 anderen großen Bettelorden (Franziskaner, Dominikaner, Karmeliten) wurden sie 1256 durch einen päpstlichen Handstreich geschaffen. Ursprünglich waren sie, wie ihr Name „Eremiten" sagt, als Einsiedlergemeinschaften in der Toskana entstanden (Wilhelmiten, Sackbrüder u.a.). Solche kleinen Gemeinschaften lassen sich schwer kontrollieren und unterliegen immer der Gefahr des Untergangs. Daher unternahmen mehrere Päpste nacheinander den Versuch, daraus einen Orden nach ihren Vorstellungen zu schmieden. Da zu dieser Zeit gerade die jungen Bettelorden „in" waren, bekam der neue Orden eine Bettelordensstruktur in Verbindung mit den Augustinus-Regeln, analog zu den Dominikanern. Daher ist der Name „Augustiner-Eremiten" nur historisch zu verstehen. Dementsprechend verlagerte sich ihr Aufgabenbereich von der Askese zur Seelsorge und ihr Wohnbereich von der Einöde zur Stadt.

Da bereits zuvor die Wilhelmiten und Sackbrüder einzelne Niederlassungen in Mitteleuropa gegründet hatten, konnte der neugeschaffene Orden in Deutschland die Karmeliten überholen. Es gehört zu seiner Tragik, daß in seiner Mitte eine Reformbewegung entstand, die schließlich über das Ordensmitglied Martin Luther zum Beinahe-Untergang des Ordens führte. Das Kloster in der Reichsstadt Weil war an dieser Entwicklung beteiligt und überlebte sie als einziges Reformkloster BWs.

Die Ansiedlung eines Bettelordens in einer aufstrebenden Stadt war im 13. Jh. ein „Muß". In Weil stellte das Kloster Hirsau den Platz für ein Kloster der **AUGUSTINER-EREMITEN** zur Verfügung. Aus dem Schatten der Geschichte trat der Konvent erst hervor, als er sich im 15. Jh. der Reformbewegung innerhalb des Ordens, den Observanten, zusammen mit den Nachbarkonventen Tübingen und Esslingen anschloß. Dafür mußten sie aus der rheinisch-schwäbischen Provinz austreten und sich der sächsischen Reformprovinz anschließen. Diese Provinz, in der Luther eine leitende Rolle übernahm, galt als modellhaft für den ganzen Orden. Mit der Konsequenz, daß sie durch die Kirchenspaltung der Reformation besonders hart getroffen wurde und die Mehrheit ihrer Konvente unterging. So auch Tübingen, Esslingen und Weil. Denn obwohl die Reichsstadt Weil sich nicht der neuen Lehre anschloß, beschloß sie 1556 die Aufhebung des nur noch mit einem Mönch bevölkerten Klosters. 30 Jahre später mußte sie jedoch die Gebäude an den Orden zurückgeben. Die neuen Mönche kamen aus Schwäbisch Gmünd.

Nach der säkularisationsbedingten Aufhebung wurde die Kirche abgebrochen, um mit den Steinen eine neue Kirche in Dätzingen aufzubauen. Die dreiflügelige Konventanlage diente als Pfarr- und Schulhaus. Heute ist weiterhin das Pfarrhaus im ehemaligen Gebäude des Priors, der danebenliegende Pfarrgarten war ursprünglich Klostergarten. Die Volkshochschule benutzt den gegenüberliegenden Gästebau sowie den Flügel, in dem die Mönche ihre Zellen hatten. Die Anlage stammt von 1706. Ihre Lage an der Stadtmauer ist typisch für Bettelorden (vergl. Überlingen).

Daten: 1294–1556, 1596–1803 Augustiner-Eremiten

Lage: Untere Klostergasse in der nördlichen Altstadt

Lit.:   Heimatverein Weil d. Stadt: Jahresberichte, 1994, Nr. 1

In eine katholische Stadt gehörte in der nachreformatorischen Zeit ein **KAPUZINERkloster.** Hier konnte die einfache Bevölkerung die Seelsorge finden, von der sie sich besonders angesprochen fühlte. So bestand in Weil, das völlig von württembergisch-protestantischem Gebiet umschlossen war, seit 1655 ein *Hospiz* dieses noch unverbrauchten Bettelordens (vergl. Haslach). Seit der Aufhebung ist die Anlage in Privatbesitz, weshalb wir heute die Gebäude in veränderter Form und Nutzung vorfinden: Die Kirche

Weil der Stadt: Zum Bauernhof gewordenes Kapuzinerkloster

Foto: Willig

wurde zur Scheune, das Klösterchen und das gegenüberliegende Haus des Guardians (= Prior) (mit einer schönen Haustüre) zu Wohnhäusern. Immerhin kann man rein äußerlich den Gebäuden die ehemalige Funktion ansehen.

Daten: 1655–1810 Kapuzinerhospiz

Lage: Ca. 100 m östlich des Augustiner-Eremiten-Klosters; Kapuzinerberg, -gasse

Wer nach Weil kommt, der sollte die wunderbar neben der Würm liegende Spitalkapelle besichtigen. Diese Kapelle vermittelt mit einer Mischung von Gotik und Barock eine besondere Intimität. Gestiftet wurde das danebenstehende Spital 1364 interessanterweise von einer Begine, die selbst in die seit 1308 bestehende Weiler **Frauenklause** eintrat. Dies ist ein Beleg dafür, daß Beginen durchaus auch reiche Frauen sein konnten, die sich aus religiösen Gründen karitativen Aufgaben widmeten (vergl. Elisabeth von Thüringen). Im 19. und 20. Jh. waren neuentstandene Frauenkongregationen, die sich am Vorbild der Beginen orientierten, am Spital tätig: zuerst Vinzentinerinnen aus Schwäbisch Gmünd (1856–1859), dann die Franziskanerinnen von Waldsee-Reute (1885–1953).

Lit.:   Heimatverein Weil: Jahresbericht 1954: Die Frauenorden in Weil.

H 9 *Weilheim* u. Teck

Hier stand das Vorläuferkloster von St. Peter im Schwarzwald. Vor 1073 hatte es Herzog Bertold I. von Zähringen errichtet. Sein Sohn, der als Hirsauer Mönch Bischof von Konstanz und Vorkämpfer der päpstlichen Partei wurde, vermachte es Hirsau als Priorat. Durch Herzog Bertold II. wurde es in ein selbständiges Kloster umgewandelt und 1093 in den Schwarzwald verlegt. Der Weilheimer Besitz wurde später von der Verwaltungsstelle in Bissingen aus verwaltet.

Die heutige Pfarrkirche St. Peter steht an Stelle der ehemaligen Klosterkirche. Sie wurde 1489–1519 durch Peter von Koblenz als gotische Hallenkirche erbaut.

Lit.:   Germania Benedictina, Bd. V, S. 620–622

O 4 *Weilheim* (Kreis Waldshut)

Seit kurzem (1976) hat sich im Teilort *Maria Bronnen* eine Gemeinschaft von **BRÜDERN** und **SCHWESTERN vom gemeinsamen Leben** angesiedelt. Bereits vor der Reformation hatte es in Württemberg eine Reihe von Niederlassungen dieser Gemeinschaft gegeben (s. Urach). Der Orden insgesamt war jedoch in der Reformation untergegangen. Mit der Neugründung dieser Gemeinschaft (1975) will man an die mittelalterliche Tradition anknüpfen und wagt zudem in Weilheim den (ewigen) Versuch des Doppelklosters.

Lage: An der Straße von Waldshut-Bürglen nach Weilheim-Bannholz

Die süddeutschen Barockklöster bilden eine Spezies für sich innerhalb der Ordensgeschichte und -architektur. Gibt es eine Grundstruktur für all diese Klöster, anhand deren man den Bauplan des einzelnen Klosters „lesen" kann wie einen Text? Anscheinend, denn Wolfgang Braunfels spricht in seinem Standardwerk „Abendländische Klosterbaukunst" (S. 230–258) von den drei Höfen der Barockklöster (Wirtschaftshof, Konventhof, Prälatenhof), die so angeordnet sind, daß jedes Teil seine besondere Funktion erfüllt und zugleich harmonisch auf das Ganze bezogen ist. Der Wirtschaftshof gruppiert die Gebäude, die der materiellen Versorgung (Landwirtschaft, Bäckerei) und der Verwaltung dienen und soll möglichst am Rande des Ganzen liegen. Der Konventhof bildet sozusagen das Herz des Klosters, weil um ihn herum die Lebensräume der Mönche/Nonnen liegen (Schlafen, Essen, Studieren, Beten). Der Prälatenhof schließlich entspricht der politischen Bedeutung der reichsfreien Abtei, deren Abt auf der Stufe eines Grafen steht und dementsprechend repräsentieren muß/will. Also erhält die Prälatur (bzw. Abtei) eine repräsentative Schaufront. Dem kann man einen 4. Hof hinzufügen, und zwar die Freifläche vor der dominierenden Kirchenfassade. Hier bekommt der Betrachter einen bleibenden Eindruck von der „gottgewollten Ordnung" dieses Staatswesens. Die Anlage von Weingarten entspricht in ihrer Grundkonzeption diesem Schema der verschiedenen Höfe, kann sogar als Idealplan des Barockklosters gelten, obwohl sie nicht vollendet wurde. (Die Vollendung findet man in Ulm-Wiblingen, St. Blasien und Ottobeuren bei Memmingen).

Gegründet wurde Weingarten 943 als **Benediktinerinnenkloster** von den dort ansässigen Welfen, von denen noch heute die Fürstengruft im nördli

chen Querschiff zeugt. 1056 tauschte man mit dem Konvent in Altomünster (bei Dachau), indem die Frauen dorthin zogen und Weingarten zu einer **BENEDIKTINERabtei** wurde. Der Konvent schloß sich bald der Reformbewegung von Hirsau an und nahm für fast 150 Jahre Frauen auf (hirsautypisches Doppelklo

Foto: Abtafg

Weingarten: Weit hinaus ins Schussental schaut die Fassade der Benediktinerabtei

ster, s. Bad-Teinach-Zavelstein-Kentheim). Die Unterstützung durch die papstfreundlichen Welfen brachte die Privilegien, auf denen seine spätere Reichsfreiheit gründete. Zudem bekam es von Judith, der Gemahlin des Grafen Welf IV., eine Heiligblutrelique, die diese als Tochter des Grafen

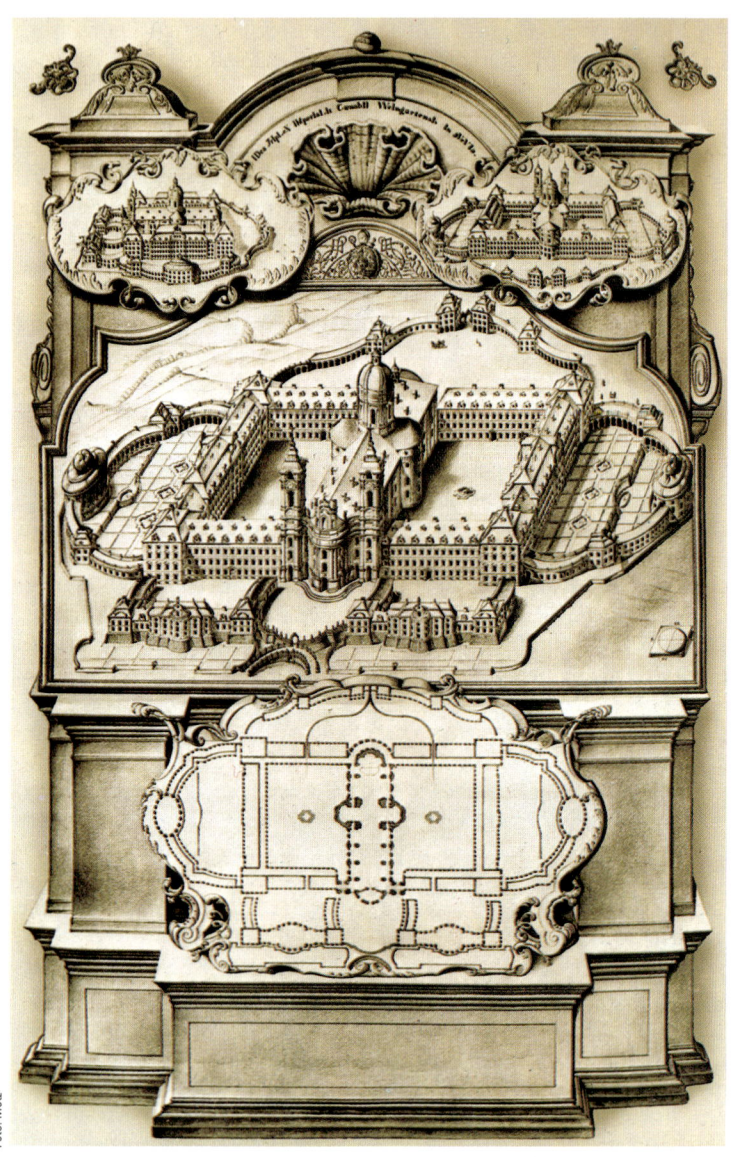

Foto: Metz

Idealplan von Weingarten.
Das Barockkloster als harmonische Anordnung von
Konventbauten (rechts der Kirche), Prälatenbau (= Abtsbau, links der Kirche)
und Wirtschafts- und Verwaltungsbauten

Balduin von Flandern besaß. Eine Herrenrelique erster Ordnung, auf die die Umritte am Freitag nach Christi Himmelfahrt zurückgehen. Die kulturelle Blüte Weingrtens beweisen die Buchmalereien aus dieser Zeit, die die Werke sonstiger Kunstzentren des Bodenseeraums qualitativ weit überragen. Weingarten war im 12. Jh. wohl das blühendste Kloster unseres Raumes.

Es kam der Niedergang des Spätmittelalters, wie überall. Weingarten wurde zu einer Versorgungsanstalt des Adels, verweigerte sich jeder Reform, überstand aber die verschiedenen Krisen und die Reformation durch glückliche Konstellationen. U.a. konnte es sich mit Hilfe der Stadt Zürich gegen die Zugriffe von Habsburg und Papst wehren. Erst als es um 1600 eine innere Reform zuließ, ging es aufwärts: Der Konvent wuchs, der Bildungsstand der Mönche wurde systematisch verbessert, die wirtschaftliche Lage war gesichert. Nur so ist zu verstehen, wie man das Projekt einer solch gewaltigen Anlage überhaupt angehen konnte. Denn als man die Blutgerichtsbarkeit von Habsburg gekauft hatte und als völlig reichsfrei gelten konnte, wollte man dies auch nach außen demonstrieren. Daher der Neubau des Barock, erstellt ohne finanzielle Verschuldung!

Heraus kam eine Anlage, die der Betrachter als ideal ansehen kann. Im Zentrum der riesige Kirchenbau, südlich davon der (unvollendete) Konventflügel (also der Bereich der Mönche), nördlich davon der Prälatenflügel (also der Residenzbereich des Abtes), im Osten der Wirtschaftshof mit seinen Gebäuden. Von hier aus wurde ein Territorium von über 300 km^2 mit 11000 Einwohnern verwaltet. Auch der repräsentative Vorplatz vor dem Westeingang der Kirche fehlt nicht, wodurch die Kirchenfassade voll zur Geltung kommt. Hier kann man das Wappen des Abtes sehen, worin das Schwert die hohe (Blut-) Gerichtsbarkeit verkündet.

Solche Anlagen demonstrieren Macht, hier hat sich ein „Gottesstaat auf Erden" verewigen wollen. Auch die Ausmaße der Kirche passen hierzu; mit 102 m Länge und 43 m Breite eine der größten Deutschlands. Gearbeitet hat an dieser Anlage alles, was Rang und Namen hat: Die Architekten Kaspar Mooshurger, Franz Beer, Christian Thumb, der Stukkateur Franz Schmutzer, die Maler C.D. Asam, F.J. Spiegler und C. Carlone, der Orgelbauer J. Gabler, sowie D.G. Frisoni und J.A. Feichtmayr.

1803 ging das Kloster in den Besitz des Hauses Oranien-Dillenburg als Entschädigung für dessen Verluste in den Niederlanden über. 1806 an Württemberg, von dem es 1809 aufgehoben und ausgeplündert wurde. Man nutzte die Konventgebäude als Wohnungen und Pfarrhaus. Der Prälatenbau diente als königliche Sommerresidenz. Dann wurde daraus ein Waisenhaus und seit 1868 eine Kaserne. 1922 zogen **BENEDIKTINER** aus England in den leerstehenden Konventflügel, die heute noch hier ●

leben. Der Prälatenbau wird inzwischen von der Pädagogischen Hochschule genutzt, ebenso wie der Fruchtkasten (mit einer wunderbaren Balkenkonstruktion!). Auch die Akademie der Diozöse Rottenburg hat Räume im Konventbau (Fortbildungsstätte). Die Bauten des Wirtschaftshofes wurden in den 70er Jahren wegen der Ansiedlung einer Fachhochschule abgerissen. Dies charakterisiert Wolfgang Braunfels sarkastisch: „Unserer Zeit blieb es vorbehalten, den mächtigen Bauhof mit den Ställen aus dieser Komposition herauszubrechen, um den Raum für einen Hochschulbau und seine Parkplätze zu gewinnen, eine Gegenkirche aus Stahl, Glas und Beton, die bewußt den Sinn der alten Ordnung verleugnet." (Die Kunst im Hl. Röm. Reich, Band III, S. 385).

Oberhalb des Klosters wurde inzwischen ein Lehrpfad angelegt zu den wasserbautechnischen Anlagen des Klosters, anhand deren man für Frischwasser sorgte.

Daten: 943–1056 Benediktinerinnen, 1056–1809 Benediktiner

(ca. 1088 – nach 1215 Doppelkloster), seit 1922 Benediktiner

Lit.:   Germania Benedictina, Bd. V, S. 622–644

Schnell & Steiner Kunstführer Nr. 528: Weingarten. 1989

O. Beck, I.M. Buck: Barockbasilika Weingarten. Kunstverlag Fink, 1996

In der Stadt (ehemaliger Flecken Altdorf mit dem Sitz des kaiserlichen Landvogts) stehen noch heute die Gebäude eines Frauenklosters. Entstanden war es aus mehreren Frauensammlungen, die nach Auflösung des Weingartener Doppelkonvents (s.o.) im Ort lebten. Anscheinend wurden sie vom damaligen Abt um 1275 zusammengefaßt und bekamen ein gemeinsames Haus an der Scherzach. 1284 schlossen sie sich als 3.-Orden-**FRANZISKANERINNEN** einem regulären Orden an. Dem Benediktinerkloster konnten sie sich nicht anschließen, weil dieser Orden keinen 3. Orden vorsieht. Als Franziskanerinnen jedoch waren sie nicht an eine Klausur gebunden, konnten sozial-karitativ tätig sein (vergl. Unlingen). In der Reformationszeit blieb das Kloster einige Zeit verwaist, kam aber mit Hilfe von Abtei und kaiserlicher Landvogtei wieder auf die Beine.

Nach den Zerstörungen des 30j. Krieges erstellte man den Bau, den wir noch heute sehen können. An der Kreuzung von Scherzach- und Ochsenstraße steht das Wirtschaftsgebäude, ein Fachwerkbau (ehemals Gasthaus z. Ochsen). Dahinter das mächtige Konventgebäude. (Beide Gebäude mit Hinweistafeln versehen). Und dahinter in der Ochsengasse die ehemalige Kapelle. Sämtliche Gebäude dienen als Wohnungen.

Daten: ca. 1215 – ca. 1275 freie Gemeinschaften, 1275–1284 Sammlung,

1284–1782 Franziskanerinnen

Lit.:   A. Wilts: Beginen im Bodenseeraum, S. 302–305

Alemania Franciscana Antiqua, Bd. 8, S. 132–179

Selbstdarstellung ist typisch für die Barockzeit, könnte man meinen, wenn man das Wappen von 1710 über dem Eingang zum Deutschordenshaus in

Weinheim sieht (und sonstige Wappen dieser Zeit). Prächtig und mächtig prangt das persönliche Wappen des Hoch- und Deutschmeisters Franz Ludwig von der Pfalz, getragen von einem stattlichen, angriffsbereiten Löwen. Man sollte vermuten, daß dahinter ein bedeutendes Schloß steht. Aber nein, wir finden nur ein Verwaltungsgebäude des Deutschen Ordens vor. „Schein statt Sein", Existenz auf tönernen Füßen, wie die Säkularisation 100 Jahre später zeigte. Trifft dies nicht auch auf uns und unsere Zeit zu?

Foto: Willig

Weinheim: Typisches Barockwappen an der Fassade des Deutschordenshauses

Nur etwas über 200 Jahre unterhielt der **DEUTSCHE ORDEN** in Weinheim eine Kommende (s. Altshausen). Die Gründung um 1273 geht wohl auf den Ritter Burkart Swende von Weinheim zurück, der bis zum Hochmeister dieses Ritterordens aufstieg. Die Besitzübernahme war beträchtlich: 12 Bauernhuben aus ehemaligem Besitz des Klosters Lorsch bildeten eine solide wirtschaftliche Grundlage. Die Kommende stand zuerst außerhalb der von den Pfalzgrafen neugegründeten Stadt, zog jedoch 1308 in den Schutz der Stadtmauern.

Die Abwertung zum reinen Verwaltungszentrum, das der großen Kommende Sachsenhausen unterstellt wurde, erfolgte 1472. Anscheinend hatte die Weinheimer Niederlassung zuvor in einem Krieg große Schäden erlitten. Ab jetzt residierte hier ein Schaffner mit seinen Angestellten. In der Reformation räumten die Pfälzer Stadtherren die Kirche aus, und erst seit 1652 war der kath. Gottesdienst wieder erlaubt. Immerhin waren die Einnahmen weiterhin so beträchtlich, daß ein solch prachtvoller Neubau nach den Zerstörungen von 30j. Krieg und Franzosenkriegen erstellt werden konnte.

Das Gebäude dient heute als Heimatmuseum. Der Besucher findet es in der Fußgängerzone, an der Kreuzung Amtsgasse/Hauptstraße. Bereits von der äußerlichen Pracht her unterscheidet es sich von anderen Gebäuden. An der Stelle der Parkplätze hinter dem Haus stand ursprünglich die Kirche.

Daten: vor 1273–1472 Kommende, 1472–1809 Verwaltungszentrum des Deutschen Ordens

Lit.:   J. Fresin: Die Geschichte der Stadt Weinheim. Stadtverwaltung, 1962, S. 89–96

Weinheim entstand aus 2 verschiedenen Zentren, was sich heute noch in der Form der Stadtanlage bemerkbar macht: Die sogenannte „Altstadt" der Mainzer Erzbischöfe, die das Benediktinerkloster Lorsch beerbten; und die „Neustadt", systematisch von den Pfalzgrafen angelegt, die damit als Vogteiherren dieses Klosters den Mainzern das Wasser abgruben. Der Bettelorden der **KARMELITEN** (s. Kirchzarten) wurde von den Pfalzgrafen in die neugegründete Stadt für die Seelsorge geholt. Zuvor hatte sich hier, oberhalb des Marktplatzes, eine Kapelle befunden.

In der Reformation wurde ihre Kirche ausgeräumt und das Kloster aufgehoben. Nach einem kurzen Intermezzo im 30j. Krieg kehrten die Mönche 1685 zurück, als die kath. Linie in der Rheinpfalz an die Macht kam. Jetzt sollten sie gegenreformatorisch wirken. Der Konvent durfte die alten Gebäude beziehen. In der franz. Revolution jedoch wurden diese als Lazarett genutzt und dabei so stark geschädigt, daß man noch 1797 einen Konventneubau vornahm, vermutlich der letzte Bau von Klostergebäuden im Bereich des heutigen BW. Denn 1802 kam – wie überall – die Aufhebung. Die Kirche wurde abgerissen, an deren Stelle 1911-13 die heutige Laurentiuskirche erstellt. Äußerlich ein typischer Gründerzeitbau, mit einem für diese Zeit typischen, wilhelminisch-protzigen Denkmal vor der schönen Freitreppe. Im Inneren jedoch überrascht die Ausgestaltung in Form einer frühchristlichen Basilika. Die Konventgebäude dienen heute als Pfarrhaus.

Daten: 1293–1558, 1685–1802 Karmeliten

Lit.:   J. Fresin: s.o.

G9 *Weinstadt*

Beutelsbach

„Von der Bahre zur Wiege": Wenn die Grablege der frühen Wirtemberger in Beutelsbach zu finden ist, so muß hier auch die Wiege dieses Geschlechts, dessen Herkunft aus den Quellen nicht eindeutig zu bestimmen ist, gestanden haben. Was jedenfalls mütterlicherseits stimmt. Denn anscheinend überlebte das Geschlecht der Beutelsbacher über eine Tochter und nannte sich fortan Wirtemberg. Ihr Hausstift mit Grablege überlebte mit ihr.

Gegründet wurde das **KOLLEGIATstift** um 1080 von dem im unteren Remstal ansäßigen Geschlecht derer von Beutelsbach. 1 Propst, 6 Chorherren und 6 Vikare taten ihren Dienst. Als Grablege eines aufsteigenden Geschlechts erlebte das Stift Höhen und Tiefen. Und wurde zugleich zur Zielscheibe der Gegner der Wirtemberger, weshalb es 1311 zerstört wurde, als Graf Eberhard I. in Reichsacht war. Dieser Graf besorgte sich daraufhin vom Papst die Erlaubnis, das Stift in seine befestigte Stadt Stuttgart zu verlegen. Das Stiftsvermögen diente damit zum Aufbau des Heiligkreuzstifts in der heutigen Landeshauptstadt.

Beutelsbach wurde nach einiger Zeit nur noch von einem Vikar versorgt. Auch die Gebeine aus der Grablege holte man nach Stuttgart. Die Kirche wurde später neu erbaut. So stammt die Wehrkirchenanlage, wie man sie heute vorfindet, aus dem 16. Jh. Von der Kirche durch eine Straße getrennt findet man noch den Hof der Stiftsverwaltung vor.

Daten: vor 1080 – um 1316 Kollegiatstift

Lit.: E. Walter: Beutelsbach. Dätzingen: Walterverlag, 1976, S. 61–80

Großheppach

Hier besteht in modernen Gebäuden eine der ältesten **DIAKONISSEN-ANSTALTEN** Württembergs. Gegründet 1856 von Wilhelmine Canz, die den religiös-pietistischen Ansatz und die praktischen Erfahrungen der badischen Diakonissenanstalt Nonnenweier (s. Schwanau) auf das damalige Königreich Württemberg übertrug. Die Arbeit begann in Stuttgart mit einem Kindergarten, der Umzug nach Großheppach erfolgte aufgrund eines günstigen Angebotes. Seit 1926 gehört die Anstalt dem Kaiserswerther Diakonissenverband an.

Heute trifft man leider nur moderne Gebäude an, in denen vor allem Feierabendschwestern wohnen. Denn auch diese Anstalt hat mit gewaltigen Nachwuchsproblemen zu kämpfen. Im benachbarten Beutelsbach werden Altenpflegeschule und Sozialpädagogische Schule unterhalten.

Lit.: 100 Jahre Mutterhaus Großheppach 1856–1956

Gundelsbach

Nichts mehr ist zu finden von der Niederlassung der **Pauliner-Eremiten**, die von 1359 bis zum Bauernkrieg hier lebten. Eines der vielen kleinen Einsiedlerklösterchen unseres Bereiches (s. Satteldorf), das Pfarreien in der Umgebung betreute.

Wertheim A9

Wertheim, dieses romantisch-idyllische Städtchen am Zusammenfluß von Main und Tauber, durch einen Entscheid Napoleons zur nördlichsten Stadt Badens (und damit des heutigen BW) geworden, liegt im Schatten Würzburgs. Ebenso lag die Grafschaft Wertheim im Schatten des Fürstbistums Würzburg und führte mit dem Bischof über Jahrhunderte einen Kampf um ihre Existenz. Nach der Reformation bildete die Graf-

schaft eine protestantische Insel zwischen Würzburger und Mainzer
Herrschaftsgebieten, völlig umgeben von katholischen Territorien. Das
Wertheimer Stift und das Bronnbacher Zisterzienserkloster können in ihrer
Geschichte und in ihrer heutigen Gestalt ein Stück dieses Gegensatzes ver-
bildlichen.

Kernstadt

Wenn man auf der nördlichen Seite der Stiftskirche steht und auf das
Langhaus schaut, sieht man zugleich auch die darüber stehende Burgruine.
Dieser Blick dokumentiert eine Beziehung: Ohne die Burg (und ihre
Herren) wäre diese Kirche keine Stiftskirche geworden, ohne Stiftskirche
hätte dem Grafengeschlecht ein Element seiner Legitimation gefehlt. Stift
und Herrschaft gehören zusammen, bilden eine Symbiose. Die **Stifts-
kanoniker** waren letztlich nicht mehr als hochbezahlte Angestellte der
Herrschaft, dienten als Kleriker dem Ahnenkult dieses Geschlechts (vergl.
Hechingen) und als Juristen der Herrschaftsorganisation.

Diese Symbiose wurde zwar vordergründig durch die Einführung der
Reformation und die Aufhebung des Stifts unterbrochen, bestand jetzt
jedoch in anderer Gestalt weiter und wird im Inneren der Kirche bis heute
demonstriert: Anstelle der Kanoniker nahm das Herrschaftsgeschlecht den
gesamten Chor der Kirche für sich in Beschlag in Form aufwendiger
Grabdenkmäler. (Das findet sich anderswo in protestantischen Stiftskirchen ähnlich, vergl. Tübingen und Stuttgart). So dominiert z.B. ein Frei-
grab von 1618, genannt die „Bettlade", die Mitte des Chores. Es ist schwer
nachvollziehbar, wie unter diesen Bedingungen der Chor für fast zwei
Jahrhunderte erneut von den Katholiken genutzt werden konnte. Denn eine
gräfliche Seitenlinie, die zum Katholizismus gewechselt war, erreichte
1648 die Teilung der Kirche (Simultannutzung): der Chor für die heilige
Messe, das Kirchenschiff für den evang. Gottesdienst.

Die Entstehung des **KOLLEGIATSTIFTS** war ein langer Entwicklungsprozeß. Ursprünglich stand hier nur eine Filialkirche der Urpfarrei
Reicholzheim. Erst durch Eingriffe der Grafen wurde daraus eine Stadt-
Pfarrkirche für 1 Pfarrer und 10 Vikare (1419). Eine wichtige Weichen-
stellung für eine Kanonikergemeinschaft geschah mit der Trennung von
Chor und Kirchenschiff durch einen Lettner (1442). Aber erst 1481 kam
der päpstliche Segen mit der Erhebung zur Stiftskirche, ausgestattet mit
den Pfründen für einen Dekan und 14 Chorherren. Das Ende kam unvorhergesehen schnell: Mit der Einführung der Reformation ließ man das
Stiftskapitel aussterben. Sein Vermögen erfüllte als Kirchen- und Schulfond (eine typisch protestantische Einrichtung) eine wichtige Aufgabe in
der Grafschaft, sogar noch über die Aufhebung von 1806 hinaus. Dies
belegt, daß das Stift reichlich dotiert gewesen sein muß. Erst im 1. Welt-

krieg ging der Fond unter.

Der Besucher findet eine gotische Kirche vor, die das Altstadtbild sozusagen als Verlängerung der Burg dominiert. Etwas erhöht vor dem Marktplatz auf einem Ausläufer des Burgberges stehend (hochwassersicher!), grenzt sie als massi

Foto: Steinbach

Wertheim: Blick in den Chor der Stiftskirche mit den Grabdenkmälern

ver Bau die Altstadt nach Süden ab. Der Innenraum wirkt sehr schlicht und ist vor allem durch die Ansammlung von Grabdenkmälern interessant. Darüberhinaus befinden sich noch weitere Gräber in zwei (nichtzugänglichen) Grüften unter dem Chor, die jeweils für eine der beiden Herrschaftslinien reserviert sind.

Daten: 1481–1547 Kollegiatstift

Lit.:   H. Ehmer: Stiftskirche Wertheim, o.J. (Broschüre, liegt aus)

Bronnbach

Acht Kilometer südlich der Stadt begann bereits das kath. Würzburg. Hier hielt der Würzburger Fürstbischof seine (schützende) Hand über das **ZISTERZIENSERkloster** Bronnbach samt umgebende Orte. Wie es dazu kam, dies ist ein Teil der Auseinandersetzungen zwischen Grafen und Fürstbischöfen.

1151 wurde das Kloster von mehreren freiherrlichen Geschlechtern der Gegend gestiftet, die es in der Anfangsphase förderten und als Grablege erwählten. Aus ihren Reihen stammte der jeweilige Abt. Wie alle Zisterzienserklöster unterstand es direkt dem König und hätte damit die Voraussetzungen für eine Reichsfreiheit besessen. Aber die Wertheimer Grafen verschafften sich bereits 1354 die Schirmvogtei (anstelle des Königs), womit sie ein Eingriffsinstrument in der Hand hielten. Dies nutzten sie prompt in der Reformationszeit: 1548 setzten sie die Wahl eines protestantischen Abtes durch und veranlaßten die Einrichtung eines evang. Seminars, analog zu den Zisterzen im württembergischen Herrschaftsraum (s. Maulbronn). Damit war das Kloster praktisch aufgehoben.

Das Schicksal jedoch machte einen Strich durch die Rechnung: Der letzte Wertheimer Graf starb 1556 kinderlos, seine Frau konnte nur über gewagte Erbkonstruktionen die Grafschaft in ihrer Existenz sichern und es schließlich dem Hause Löwenstein (bei Heilbronn) zuführen. Dafür mußte dem Würzburger Fürstbischof etwas „geopfert" werden. So kam Bronnbach samt umgebenden Dörfern an Würzburg und wurde zum „wahren Glauben zurückgeführt".

Selbstverständlich führte dies später – wie in allen süddeutschen kath. Gebieten – zu Barockbauten und barocken Ergänzungen. Mit der Säkularisation von 1803 fiel es erneut an Wertheim, diesmal jedoch an die inzwischen existierende kath. Linie Löwenstein-Wertheim-Rosenberg. Diese machte verschiedene Umbauten, da sie ab jetzt hier residierte. 1986 erwarb es dann der Main-Tauber-Kreis und begann eine umfassende (und kostspielige) Renovierung.

Bereits die Lage im engen Taubertal macht einen Besuch lohnenswert. Die Tauber-Hauptverkehrsstraße teilt die Anlage in die unterhalb (der Tauber zu) liegenden Wirtschaftsgebäude und die oberhalb liegende Klosteranlage. Glücklicherweise ist jedoch die gesamte Anlage samt einer Klostermauer erhalten geblieben und wird gerade renoviert. Damit einher geht eine neue Nutzung durch das Kreisarchiv und mit der Ansiedlung von
● **Dominikanern** in einem Teil des Hauses.

Die Konventanlage entspricht dem klassischen Zisterzienserbauschema. Die Kirche stammt aus der Romanik, mit barocker Ausstattung (z.B. Altäre). Um den großteils romanischen Kreuzgang gruppieren sich Bauten der verschiedensten Stilepochen: von romanisch (Kapitelsaal) über gotisch (Brunnenturm) bis hin zu Barock (Josephssaal = ehemaliges Sommerrefektorium). Man findet auch noch eine barocke Gartenanlage: kein Klostergarten, sondern ein repräsentativer Fürstengarten.

Zu der Anlage gehören in gewisser Weise auch die ehemaligen Grangien (= Wirtschaftshöfe), die auf den Muschelkalkhöhen über dem Kloster heute als große Bauernhöfe weiterleben (Schafhof, Mittelhof). Dort findet man auch den Weiler Klosterhöhe.

Daten: 1151–1548, 1557–1803 Zisterzienserkloster

Lit.:   B. Reuter: Baugeschichte der Abtei Bronnbach. Würzburg: Mainfränkische Hefte,
Nr. 30, 1958

Schnell & Steiner Kunstführer Nr. 577: Bronnbach

C 6 *Wiesenbach*

Weit entfernte Besitzungen ließen die Klöster im Hochmittelalter durch dafür abgeordnete Mönche verwalten, die als Propst (= Präpositus = Vorsteher) in einer Propstei lebten. In wirtschaftlichen Krisenzeiten wurden dann diese Besitzungen häufig verkauft, weil man damit die Finanzen des Mutterklosters aufbessern konnte. Ein solches Schicksal erlebte Wiesenbach.

Hier befand sich seit 1200 eine *Propstei* des **Benediktiner**klosters Ell-wangen, entstanden aus einer Schenkung der Grafen von Lauffen. Dazu verlegte man die zuvor bestehende Propstei in Schriesheim an der Berg-straße hierher. Als Ellwangen im 15. Jh. wirtschaftlich stark angeschlagen war, verpfändete es die Propsteibesitzungen an das Zisterzienserkloster Schönau, das sie samt Anlage 1482 erwarb. In der Reformationszeit fiel der Schönauer Besitz an die Pfalz, die Wiesenbach mit dem ehemaligen Kloster Lobenfeld (s. Lobbach) zusammenlegte.

Heute findet man nur noch einen kleinen Rest der ehemaligen Anlage, und zwar in der kath. Kirche, rechterhand außerhalb des Zentrums Richtung Lobbach. Hier steht in einer Seitenkapelle ein Kirchenmodell und die Chorschranke der Propsteikirche.

Daten: (12. Jh. – 1200 in Schriesheim), 1200–1480 Propstei von Ellwangen

Lit.:   Germania Benedictina, Bd. V, S. 667–670

Wiesensteig ı 10

Die Geschichtsforschung ist für die Zeit des frühen Mittelalter oft auf Spekulationen und Zufallsergebnisse angewiesen. So auch beim Ort Wiesensteig. Daß hier einmal in der Neuzeit die Miniresidenz der Restgrafschaft Helfenstein stand, dies kann man noch heute anhand der Schloßreste ersehen. Daß hier jedoch in der Karolingerzeit ein wesentlich bedeutenderes Zentrum gewesen sein muß, dies ist nur durch einen Zufallsbeleg beweisbar.

Denn die Gründungsurkunde für ein Kloster Wiesensteig vom Jahr 861 wurde lange Zeit als Fälschung angesehen aufgrund ihrer Formulierung. Demnach wäre hier ein Königskloster auf Bitten Ludwigs des Deutschen entstanden, gestiftet von einem mächtigen Gaugrafen. Die vermutete

Stelle auf dem Hügel „Malakoff" über der Stadt ließ sich bisher nicht bei Grabungen entdecken. Da inzwischen jedoch in einem Reichenauer Gedenk-buch die Namen der Gründungsmönche auf-tauchten, kann die Stiftung eines **Bene-diktinerklosters** in diesem frühen Zeit-

Wiesensteig: Kollegiatstift einer kleinen Adelsherrschaft

raum als erwiesen gelten. Aus dem Königskloster wurde im 10. Jh. ein Eigenkloster der Augsburger Bischöfe.

Zu Beginn des 12. Jh. wandelte man es in ein **KOLLEGIATSTIFT** um, womit der Bischof die Kleriker zur Verwaltung dieses Bistumsteils einsetzen konnte. Jetzt galt die einfache Augustinusregel anstelle der strengen Benediktregel! Das Stift blieb weiterhin unter Kontrolle des Augsburger Bischofs, der Propst kam immer aus dem Augsburger Domstift. Als die Helfensteiner Grafen den Großteil ihrer Grafschaft an die Reichsstadt Ulm verkauften, wurde Wiesensteig zur Residenz und das Stift zu ihrer Grablege. In diesem Zustand überlebte es bis zur Säkularisation.

Heute findet man noch die Kirche St. Cyriak aus dem 15. Jh. mit ihrer klassizistischen Umgestaltung von 1775–85. Auch das Propsteigebäude (heute Gasthaus) aus der Zeit nach dem 30j. Krieg ist noch vorhanden, wenn auch durch eine Straße von der Kirche getrennt. Wegen des Straßenbaus wurden die im Kreis gruppierten Chorherrenhäuser abgerissen, die Anlage ist somit zerrissen. Direkt hinter dem Stiftshof befand sich ein Stadttor. Das Kollegiatstift unterhielt auch ein Spital, heute ein schöner Fachwerkbau an der Hauptstraße.

Daten: 861–1130 Benediktiner, 1130–1803 Kollegiatstift

Lit.:   Germania Benedictina, Bd. V, S. 670–672

Stadtverwaltung: Chronik der Stadt Wiesensteig (Broschüre), 1953

Kath. Pfarramt: St. Cyriakus, 1990 (liegt aus)

Gegenüber dem Südeingang von St. Cyriak, also im Hof der Stiftsanlage, steht ein großes Gebäude, das ehemals als **FRANZISKANERINNEN-kloster** diente. Hier waren Drittordensfrauen 1590 eingezogen, weil man sie aus dem protestantisch gewordenen Geislingen vertrieben hatte. Zu ihrer Versorgung wurden von den Landesherren 6 Chorherrenpfründe des Kollegiatstiftes umgewandelt. Dies war ein Radikalschnitt, vergleichbar den momentanen Spargesetzen, denn hier wurden rigoros jahrhundertelang gewachsene Privilegien beseitigt.

Die Nonnen besaßen im Haus eine kleine Kapelle, mußten jedoch den Gottesdienst in der nebenstehenden Kirche in ihrem eigenen Oratorium besuchen. Dies ist typisch für Dritt-Ordens-Klausen: Die Frauen waren dem Ortsgeistlichen (hier Stiftsherren) untergeordnet und mußten als Teil der Gemeinde kleine Dienste in der Kirche erledigen (z.B. Chorgesang). Nach der Auflösung von 1811 durften die Frauen bleiben, die Räume wurden als Schule und die Kapelle für den evang. Gottesdienst benutzt. Heute sind Privatwohnungen darin. Das Haus ist architektonisch so schmucklos wie viele andere Dritt-Ordens-Häuser auch: ein reines Nutzgebäude.

Daten: 1590–1811 3.-Orden-Franziskanerinnen des 3. Orden

Lit.:   Alemania Franciscana Antiqua, Bd. 6, S. 171–218

Im Zuge der gegenreformatorischen Maßnahmen, die die katholische Linie der Pfalzgrafen nach dem Pfälzischen Erbfolgekrieg seit ca. 1700 einleitete, wurden in den bedeutenden Orten der Kurpfalz Ordensgemeinschaften angesiedelt. Hierzu eigneten sich neben den Jesuiten (s. Heidelberg) vor allem die Bettelorden (s. Mosbach). So siedelte man 1738 in Wiesloch **AUGUSTINEREREMITEN** aus Münnerstadt (Bayern) in einem kleinen Kloster (= Hospiz) an. Entsprechend dem Bedarf der Zeit übernahmen die Mönche eine ansonsten für sie untypische Aufgabe: Sie unterhielten eine höhere Schule für 20–30 Schüler. Nach ihrer Aufhebung durch die badischen Markgrafen kaufte die kleine

Foto: Metz

**Wiesloch: Barocke Bettelordenskirche:
Außen schlicht und innen festlich**

kath. Gemeinde von Wiesloch die Kirche, um sie (bis heute) als ihre Pfarrkirche zu benutzen. Den Glockenturm der alten Pfarrkirche in ca. 80 m Entfernung behielt man jedoch, denn Bettelordenskirchen besitzen nur Dachreiter. 1890 erweiterte man die Kirche um eine (abgeknickte) Empore. Der Besucher trifft eine Mischung von Barock und dem Bettelordensideal der Kargheit an: Außen schlicht und Innen festlich.

Daten: 1738–1803 Augustinereremiten

Lit.:   Schnell & Steiner Kunstführer Nr. 1043: Kath. Kirchen in Wiesloch (St. Laurentius).

„Das Frauenkloster als Versorgungsanstalt für adlige Mauerblümchen"? Manchmal schon! Denn manches Frauenkloster wurde von einem Adelsgeschlecht von vornherein als Hauskloster zur Versorgung weiblicher Familienmitglieder gegründet. Selbstverständlich gab es auch männliche Hausklöster und -stifte (Kollegiatstifte). Die übernahmen jedoch eher die Funktion, als Grablege eines Geschlechts vor allem dem Ahnenkult zu dienen. Dies konnten Frauen nur begrenzt leisten, da ihnen ja priesterliche Aufgaben verwehrt waren. Folglich mußten weibliche Hausklöster einen anderen Bedarf abdecken. Wenn das unverheiratete Mitglied der Stifterfamilie in dieses Kloster eintrat, erwarb es automatisch eine Führungsposition und wurde in der Regel später zur Leiterin (Priorin oder Äbtissin) der Einrichtung. Somit bekam es einen sozial hochstehenden Rang und sicherte zugleich einen Teil des Familienerbes ab. Hier gingen geistliche und weltliche Institution Hand in Hand: Die Vogteirechte über das Kloster lagen bei der Adelsfamilie, die Leitung des Klosters lag in der Hand eines Familienmitgliedes.

Nur Ruinen zeugen noch von der ehemaligen Größe des **DOMINIKANE-RINNENklosters** *Reuthin.* In einer Nagoldschleife gelegen, bietet es von der im Hauptort stehenden Burgruine aus einen wunderbar romantischen Eindruck. Dabei war es einmal das Hauskloster einer Seitenlinie der Hohenberger, die über Heirat mit den Habsburgern verwandt waren. In dieses Kloster traten mindestens 8 hohenbergische Gräfinnen ein und wurden Äbtissinen; doch auch Töchter anderer Adelsgeschlechter findet man hier. Zudem stammten die meisten Nonnen aus Rottenburger Patrizierfamilien. Es war also ein typisches Adelskloster.

Entstanden war es aus einer **Beginensammlung**, die 1252 durch eine Stiftung des Hohenberger Grafen Burkard zu einem Kloster aufgewertet wurde. Es müssen sich also hochadlige Frauen in dieser Sammlung befunden haben (vergl. Sulz-Kirchberg). Das Kloster erhielt große Schenkungen und wurde zur Grablege des Nagolder Zweigs der Hohenberger gewählt. Erst 1280 erfolgte der Anschluß an den Bettelorden der Dominikaner, solange lebte man wohl als freies Kloster nach der Augustinusregel

Foto: Willig

Wildberg: Dominikanerinnenkloster Reuthin, ein typisches Adelskloster

(wie es viele Frauenklöster in ihrer Gründungphase taten). Der Anschluß an den Bettelorden brachte keine Verpflichtung zum Eigentumsverzicht, sondern sicherte nur die geistliche Betreuung durch diesen Orden.

Die Vogtei gelangte nach dem Aussterben der Hohenberger über die Pfalz schließlich an die Grafen von Wirtemberg. Die förderten weiterhin das Kloster, was u.a. der Eintritt wirtembergischer Gräfinnen belegt. Deshalb konnte Graf Eberhard im Barte eine Reform des Klosters erzwingen, als der übliche Regelverfall gegen Ende des Mittelalters auftrat (vergl. Gomadingen-Offenhausen). Hierzu wurde der Konvent mit Nonnen aus dem Reformkloster Himmelskron bei Worms aufgefrischt.

Später wollte Wirtemberg auch die Einführung der Reformation im Kloster durchsetzen. Dagegen wehrten sich die Nonnen so vehement und erfolgreich, daß man schließlich das Kloster aussterben ließ, über 40 Jahre lang (vergl. Pfullingen). Die Gebäude dienten anschließend als Klosteramt für die Verwaltung der Güter, die Anlage wurde zu einer Art Gutshof. 1824 brannten Kirche und Konventgebäude ab. Übrig blieb nur ein Rest der Wirtschaftsgebäude, u.a. der Fruchtkasten. Ruinen einer Kapelle stehen daneben. Grabsteine aus dem Kloster findet man im ehemaligen hohenbergischen Hausstift St. Moriz in Rottenburg.

Die Anlage liegt südlich außerhalb des Kernortes direkt an der Nagold, mit Zufahrt von der B 463 aus. Im Fruchtkasten ist seit kurzem ein Museum zur Kloster- und Ortsgeschichte eingerichtet (sonntags geöffnet).

Daten: vor 1252 Frauengemeinschaft, 1252–1280–1580 Dominikanerinnen

Lit.: F. Gand: Maria Reuthin. Dissertation, 1973

Im Ort bestand seit 1313 eine **Frauenklause**, die sich als 3. Orden den Dominikanern angeschlossen hatte. Auch sie wehrte sich gegen die Einführung der Reformation, sodaß bis 1571 die letzte Bewohnerin hier bleiben durfte. Anschließend diente ihr Haus als städtisches Spital. Dieses Steinhaus beim Gasthof Hirsch wurde 1945 zerstört. Es stand an der Stelle der heutigen Zufahrt von der B 463 in das Städtchen.

Bad *Wimpfen* D 8

Ist es in unserer rational-bürokratisch durchorganisierten Welt denkbar, daß eine Stadt nur verwaltungstechnisch zu dem Bundesland gehört, von dessen Gebiet sie umgeben ist, staatsrechtlich jedoch infolge geschichtlicher Zufälle zu einem anderen Bundesland? Solche Konstruktionen riechen nach Mittelalter! Aber nein: Bad Wimpfen kam unter Napoleon zum Großherzogtum Hessen und damit nach dem 2. Weltkrieg staatsrechtlich zum Bundesland Hessen, wurde jedoch aufgrund der Entscheidung der US-amerikanischen Besatzungsbehörde verwaltungstechnisch dem Landkreis Sinsheim und somit dem späteren Land BW zugeordnet. Somit werden seine 3 Klosteranlagen zu einem Thema dieses Buches.

Kernstadt
Inmitten der Fachwerk-Altstadt finden wir eine der in Deutschland seltenen Niederlassungen des **HOSPITALORDENS vom Hl. Geist**, und noch dazu in einem gut erhaltenen Zustand. Dieser Orden war auf die Krankenpflege spezialisiert (s. Markgröningen). 1250 übernahm er das Wimpfener Spital vom *Johanniterorden*. Aus diesen Zeiten stammen die gewaltigen Reste der Stauferpfalz, die von der Bedeutung Wimpfens und somit auch seines Spitals Zeugnis ablegen können. Solche Spitäler erwerben im Laufe der Zeit große Besitzungen durch Schenkungen ihrer

Insassen, darunter auch ganze Dörfer im städtischen Umland. Daher war es nur eine Frage der Zeit, wann die Stadtregierung dem Beispiel anderer Städte folgen und das Spital in Eigenregie übernehmen würde. Dies geschah schließlich 1471, indem sie die organisatorische und räumliche Trennung in ein städtisch geführtes Spital und ein geistlich verwaltetes Ordenshaus durchsetzte. Die Stadt übernahm den Grundbesitz, die geistlichen Herren erhielten garantierte Einkünfte. Diese Trennung ist noch heute bei den Gebäuden sichtbar.

Als in der Reformationszeit die Stadt protestantisch wurde, mußte über Verträge immer wieder das Verhältnis zwischen Spitalverwaltung und kath. Orden geklärt werden. Nach der Aufhebung des Reichsstadtstatus unter Napoleon behielt das Spital seine Funktion bei, die Konventgebäude jedoch wurden verkauft. Heute befindet sich im ehemaligen Kloster eine

Foto: Steinbach

Bad Wimpfen: Hl.-Geist-Stift mit dem Doppelkreuz des Patriarchen

Polizeistation und im Chor der Kirche ein Gasthof „Klosterkeller", in den städtischen Gebäuden der Verkehrsverein und ein Museum.

Der Besucher findet die Anlage im unteren Teil der Stadt, zwischen Hauptstraße und Langgasse gelegen. Geistliches und städtisches Spital werden durch die Spitalgasse getrennt. Konventbauten und Kirche wurden 1774 erbaut, die städtischen Gebäude stammen aus der Gotik bzw. sind sogar teilweise vor 1230 erbaut. An zwei Außenwänden ist das Wappen des Heilig-Geist-Ordens eingemeißelt: das Doppelkreuz des Patriarchen.

Daten: vor 1233–1250 Johanniterorden, 1250–1803 Heilig-Geist-Orden

Lit.:   W. Endriss: Die religiös-kirchlichen Verhältnisse in der Reichsstadt Wimpfen.

Kommission für geschichtliche Landeskunde, Bd. 39, 1967

Dominiert wird die südwestliche Silhouette der Altstadt von dem riesigen Komplex des ehemaligen **DOMINIKANERklosters**. 1264 wurde es in einer Schenkung der Herren von Weinsberg gegründet. Im 15. Jh. war es das reichste Kloster weit und breit. So konnte es Gelder an Städte und andere Klöster verleihen, so wurden hier 4 Provinzkapitel abgehalten und diente es den Kaisern als Unterkunft bei den Reichstagen in der Stadt. Für solche Veranstaltungen benötigt man Platz, was noch heute zu sehen ist! Zeittypisch war jedoch auch der moralisch-geistige Niedergang, der schließlich durch den Anschluß an die strenge Observantenbewegung überwunden werden konnte. Hierzu frischte man den Konvent mit Mönchen aus Nürnberg auf (vergl. Dominikaner in Stuttgart).

Die Insassen des Klosters kamen vor allem aus dem städtischen Bürgertum, das damit automatisch Einfluß auf das dortige Leben nahm. U.a. geht der Anschluß an die Observanten auf den Druck der Stadt zurück. Dies sind Beispiele für die enge Verbindung von Bettelordenkonventen und Stadtbürgertum. Daher schützte die katholische Mehrheit des Stadtrates in der Reformationszeit das Kloster vor der Aufhebung, obwohl schließlich die Stadtbevölkerung weitgehend protestantisch wurde.

Mit dem Ende der Reichsstadtherrlichkeit hatte das Kloster ausgedient: 1818 wurde es von Hessen aufgehoben. Die Kirche dient seitdem der kath. Gemeinde, das Gästehaus wurde zum Pfarrhaus, die Konventanlage zum Gymnasium. Über den Zugang vom Gymnasium kann man den gotischen Kreuzgang besichtigen. Die gotische, in der Barockzeit veränderte Kirche ist leider meistens geschlossen.

Daten: 1264–1818 Dominikanerkloster

Lage: An der Klostergasse, Kreuzung Schulstraße

Lit.: s.o.

Zeitweilig unterhielten die **Kapuziner** im 18. Jh. ein Hospiz bei der Nicolai- oder Kapuzinerkapelle, was aber anscheinend vom städtischen Rat nicht gerne gesehen wurde. Nach vielerlei Streitereien zogen sie wieder ab.

Wimpfen im Tal

An der Stelle eines ehemaligen Römerkastells befindet sich die älteste und politisch bedeutendste geistliche Institution der Stadt. Hier stand bereits in der Karolingerzeit eine Kirche, die nach den Zerstörungen der Ungarneinfälle von den Wormser Bischöfen zu einem **KOLLEGIATstift** erhoben wurde. Dessen Propst wurde 1068 zu einem der 4 Archidiakone des Wormser Bistums mit der Aufsicht über 89 Pfarreien. Damit waren dem Stift die Einkünfte gesichert! Zudem erlangte es eine reichsfreie Stellung und konnte bis zum Ende des alten Reiches seine Unabhängigkeit gegenüber der Freien Reichsstadt bewahren.

Entsprechend der Bedeutung stammten die Insassen durchwegs aus dem umgebenden Adel, weshalb man es als *Ritterstift* bezeichnete. Damit stand es im Gegensatz zum „bürgerlichen" Dominikanerkloster. Letztlich diente es wie viele ähnliche Weltstifte der Versorgung der Bewohner, deren Lebenswandel häufig alles andere als fromm war.

Nach der Aufhebung durch Hessen standen die Gebäude leer. Erst 1947 fand sich eine erneute Nutzung mit der Ansiedlung von **BENEDIKTI-NERN** aus dem schlesischen Grüssau.

Die Anlage ist kunsthistorisch interessant: Reste eines frühromanischen Zentralbaus finden sich in den bestehenden Westtürmen (Westwerk); der Chor samt Südportal dagegen stammt aus der Zeit von 1269–1274; und das Schiff als Zwischenstück wurde erst in der Spätgotik erstellt. In den nördlich zur Kirche anschließenden Konventbauten befindet sich ein schöner gotischer Kreuzgang.

Daten: vor 965–1803 Kollegiatstift, seit 1947 Benediktinerkloster

Lage: Südlich der Stadt, gegenüber der Einmündung der Jagst in den Neckar

Lit.: Schnell & Steiner Kunstführer Nr. 675: St. Peter zu Wimpfen im Tal. 1965

Germania Benedictina, Bd. 5, S. 673–677

G 9 *Winnenden*

Man kann in BW immer wieder Kirchen entdecken, in denen die Jakobsmuschel abgebildet oder das Kirchenpatrozinium dem Hl. Jakob geweiht ist. Dies sind Hinweise darauf, daß hier der Jakobspilgerweg nach Santiago de Compostela in Nordspanien vorbeiführte. Dieser Kult, der im Hochmittelalter aufkam und sehr stark von dem Benedikter-Reform-Kloster Cluny verbreitet wurde, führte auch in unserem Gebiet zur Herausbildung von Pilgerwegen. Einer davon ging über Winnenden.

Daran erinnert in der ehemaligen **DEUTSCHORDENS**-Kirche sowohl das Patrozinium wie auch der prachtvolle Hochaltar mit seiner Darstellung von Jakobslegenden und Pilgerheiligen. Angesiedelt hatten sich die Deutschherren aufgrund der Schenkung der Stadtgründer, der Herren von Neuffen. Anfänglich unterhielt der Ritterorden seine Kommende im Ort direkt neben der heutigen Stadtkirche. 1482 verlegte er sie jedoch neben die Pfarrkirche außerhalb der Stadt und machte diese Pilgerkirche zugleich zu seiner Ordenskirche. Da südlich der Kirche auch ein **Beginenhaus** stand, kann man hier ein Pilgerhospiz vermuten.

Der Komptur residierte in einem Schloß, das durch einen (1843 abgerissenen) Gang mit der Kirche direkt verbunden war. 1665 verkaufte der Orden seine Anlage an den Stadtherren, das Haus Württemberg. Das Schloß diente anschließend einer Seitenlinie Württemberg-Winnenden als Wohnung. Seit 1834 ist darin ein Psychiatrisches Krankenhaus untergebracht.

Der Besucher findet Kirche und Schloß am Rande der Stadt. Die Schlüssel zur Kirche erhält man an der der Pforte des Psychiatrischen Krankenhauses. Die spätgotische Kirche wird dominiert von dem riesigen Altar, wahrscheinlich Straßburger Schule. Mit seinen vielen Verzierungen ist er eines der bedeutendsten derartigen Werke BWs. Das Schloß stammt ebenfalls aus der Zeit um 1500.

Daten: 1288–1665 Deutschordens-Kommende

Lit.: Schnell & Steiner Kunstführer Nr. 1054: Schloßkirche Winnenden. 1988

Engelberg

Jede Regel hat ihre Ausnahmen, auch im Bereich der Ordensgeschichte. Wenn es eine Regel ist, daß die Bettelorden typische Stadtorden sind, so finden wir doch immer wieder Niederlassungen von ihnen auf dem Lande. Während bei den Franziskanern die meisten derartigen Versuche scheiterten (s. Freudenstadt-Kniebis), glückten sie bei den **Augustiner-Eremiten** im Bereich des heutigen BW in Uttenweiler und hier auf dem Engelberg. Gegründet 1466 von Graf Ulrich v. Wirtenberg, wurde das Klostergebäude bereits 1538 nach den Zerstörungen des Bauernkriegs wieder abgebrochen. 1602 bauten die wirtembergischen Herzöge darauf ihr Jagdschloß. Heute befindet sich eine Waldorfschule im Gebäude.

Daten: 1466–1538 Augustiner-Eremiten

Wie sehr sich das Aufgabengebiet der Orden und Kongregationen entsprechend der veränderten Nachfrage ändern kann, dies belegt die Tätigkeit der **KREUZSCHWESTERN** in Wolfach. Die Gründerin Adelheid von Glaubnitz hatte die Erziehung verwahrloster Mädchen zum Ziel, als sie in Straßburg-Neudorf die Arbeit in einer „Besserungsanstalt" zusammen mit einigen Mitkämpferinnen begann. Daraus entstand 1848 eine Kongregation. Später dehnte sich ihre Tätigkeit auf Kranken-, Blinden-, Taubstummen- und Behindertenpflege aus. Und heute arbeiten die Wolfacher Kreuzschwestern in den beiden Altenheimen des Ortes. Damit unterscheidet sich die Arbeit dieser Kongregation nicht mehr von der anderer (vergl. Bühl). Das deutsche Provinzialmutterhaus steht in Bingen im Rheinland.

Oberwolfach

Beim Käppele im Rankachtal hatte sich im 14. Jh. eine **Beginengemeinschaft** angesiedelt, in die die Mystikerin Luitgard eintrat. Von dort aus gründete sie ihr Klarissenkloster in Wittichen (s. Schenkenzell)

Ein Schloß, darunter eine Stiftskirche, das ganze auf einer Anhöhe liegend und ummauert, schöner könnte man schier nicht den Zusammenhang von weltlicher und geistlicher Herrschaft demonstrieren. Dabei wäre es um ein Haar zu einer untypischen Kombination gekommen.

Graf Johannes von Sonnenberg, aus einer Linie der Waldburger, gelobte ein Klösterchen in seiner Residenz Wolfegg, wenn er einen Zweikampf gewinne. So erbaute er ab 1502 eine typisch franziskanische Anlage mit Dachreiter. Sein Erbe, der „Bauernjörg", übergab es auch prompt

Wolfegg: „Adelsherrschaft und Kollegiatstift gehören zusammen"

den **Franziskanern**. Aber anscheinend paßte die Konstruktion weder dem Orden noch dem Truchseßen: Bettelmönche gehoren in eine richtige Stadt, zu einer Herrschaft gehört ein richtiges **KOLLEGIATSTIFT**. Daher wurde es bereits 1519 zu einem weltlichen Stift mit einem Propst und 9 Kanonikern (Chorherren und Vikare) umgewandelt. Die Parallelen zur Entwicklung in Heiligenberg-Betenbrunn sind offensichtlich.

Die Grablege dieser Waldburger Linie befand sich hier, was die Bedeutung des Stifts als geistlicher Mittelpunkt der kleinen Herrschaft bezeugt. Dementsprechend war sein Schicksal auch mit dem der Herrschaft verbunden: Als sich im 30j. Krieg die Schweden am Truchsessen rächten und seine Grafschaft so total heimsuchten, daß von 2000 Untertanen keine 50 überlebten, ging auch das Stift unter.

In der Barockzeit begann ein langsamer Neubeginn, der in den Neubau der Stiftskirche (heute Pfarrkirche) mit danebenstehendem Stiftshaus (heute Pfarrhaus) 1733–1742 durch J.G. Fischer mündete. Es entstand eine harmonisch gestaltete Anlage. In der Kirche, die eine Fürstenempore besitzt, sind leider die Ausmalungen zu überladen.

Daten: 1510–1519 Franziskaner, 1519–1806 Kollegiatstift

Lit.:   Schnell & Steiner Kunstführer Nr. 937: Pfarrkirche Wolfegg

L6 *Wurmlingen*

Dieses Dorf befand sich im Besitz des Konstanzer Domkapitels, das von hier aus die Herrschaft Konzenberg durch einen Vogt, der im konzenbergischen Schloß residierte, verwalten ließ. Daher blieb es im Unterschied zum benachbarten Tuttlingen katholisch, was die Existenz zweier Ordensniederlassungen nach der Reformation erklärt.

Außerhalb des Ortes befindet sich die Friedhofskapelle mit dem Patrozinium der Pestheiligen St. Sebastian und Rochus. Die Kapelle wurde 1613 gebaut. Später siedelten sich **KAPUZINER** daneben an und bauten 1764 die Kapelle um. Es war nur eine kleine Gemeinschaft in einem *Hospiz*. Nach der säkularisationsbedingten Auflösung (1809) wurde das Hospiz 1815 abgebrochen. Übrig blieb die Kapelle mit ihrem bettelordenstypischen Dachreiter.

Im Ort gab es eine Frauenklause, **Franziskanerinnen** des 3. Ordens. Im 30j. Krieg ging sie unter. Später wurde an deren Stelle das heutige Pfarrhaus erbaut.

Bad Wurzach M 11

Im Auf und Ab der Ordensgeschichte kommen mit dem Verschwinden alter Orden neue Gemeinschaften auf. „Jede Zeit schafft ihre Bewegung, jede Bewegung ist nach einiger Zeit geschafft". Ganz krass verlief dies im 19. Jh., als die Säkularisation den mittelalterlichen („klassischen") Orden einen Todesstoß versetzte, von dem sie sich bis heute nicht mehr erholt haben. An deren Stelle traten Kongregationen: Gemeinschaften, die nicht den Rückzug aus der Welt suchen, sondern ein **Apostolat** (= Nachfolge der Apostel) praktizieren, mit dementsprechenden Aufgaben in der Verbreitung der kath. Religion. Seitdem entstand eine Unmenge derartiger Gemeinschaften, die sich in ihrem Wirken voneinander kaum unterscheiden. Der moderne Individualismus scheint sich im Ordensleben in der Art niederzuschlagen, daß man trotz gleicher Tätigkeit sein besonderes Mäntelchen zeigen will. In Wurzach finden wir mit den *Salvatorianern* die einzige, von einem Deutschen gegründete derartige Kongregation. Und als Gegensatz dazu mit den heute dort lebenden *Kartäusern* einen fast 900 Jahre alten, ebenfalls von einem Deutschen gegründeten Orden, der laut seinem Selbstverständnis die Ideale der Gründungszeit bis heute durchgehalten hat.

Seibranz (Marienau)
Abgelegen im Wald, weit ab vom Dorf Seibranz, kann man eine Klosteranlage entdecken, zu der nur Männer Zutritt haben. Das Kloster Marienau ist in Deutschland das einzige, heute bestehende **KARTÄUSERkloster.** Gegründet wurde dieser Eremitenorden im 12. Jh. vom Hl. Bruno von Köln mit dem Kloster Chartreuse (in den savoyischen Alpen bei Grenoble), daher der Name Kartäuser. Von den zu dieser Zeit ebenfalls entstehenden Reformorden der Zisterzienser und Prämonstratenser unter-

schied man sich durch das Ein-
siedlerleben: Jeder Mönch ver-
bringt alleine den Tag in seiner
Zelle, und nur zum gemeinsamen
täglichen Gebet und zum gemeinsamen wöchentlichen Essen und
Spaziergang kommt man für kurze
Zeit zusammen. Dies ist die Verbindung von morgenländischem
Eremitenleben mit abendländi-
schem klösterlichem Gemeinschaftsleben (Cönobiten). Dementsprechend sind die Klosteranlagen gestaltet (s. W. Braunfels:
Abendländische Klosterbaukunst,
S. 153–168). Da diese Mönche
keine Tätigkeit außerhalb des
Klosters ausübten, mußte ein
Kartäuserkloster bereits bei der
Gründung großzügig mit Gütern

Foto: AKStalg

Kartause Marienau: Einziges
aktuelles Kartäuserkloster Deutschlands.
Häuschen anstelle von Zellen

ausgestattet werden, um überleben zu können. Daher finden wir selbst im
Mittelalter nur wenige Niederlassungen von ihnen, darunter in Freiburg
und Urach die beiden einzigen unseres Gebietes.

Die einsiedlerische Lebensweise zeigt sich auch im Kloster *Marienau*, wo
jeder Mönch sein Häuschen für sich innerhalb des gemeinsamen Areals
bewohnt. Seit 1964 besteht dieses Kloster, zuvor war der Konvent in
Nordrhein-Westfalen angesiedelt. Dort störte ihn jedoch der Lärm eines
nahen Flughafens. Daher nahm man das Angebot des Fürsten Waldburg-
Zeil an, der ihnen das Grundstück im Wald zur Verfügung stellte. Der
Besucher findet den Weg dorthin anhand der Ausschilderung. Für Männer
ist der Zutritt möglich.

Kernort

● Die **SALVATORIANER** unterhalten im ehemaligen Schloß der Fürsten
von Waldburg seit 1925 eine Schule. Diese Kongregation entstand 1881
durch J.B. Jordan aus Waldshut-Gurtweil. Der ursprüngliche Name laute-
te „apostolische Lehrgesellschaft" was in „kath. Lehrgesellschaft" umgewandelt werden mußte.

Neben dem Schulunterricht übernahmen sie auch die Betreuung der
Wallfahrtskirche *Gottesberg* oberhalb des Ortes. In einem Gebäude neben
der Kirche wohnt eine kleine Gemeinschaft, die eine alte Tradition weiter-
führt. Denn diese von den Fürsten von Waldburg um 1700 gestiftete
Wallfahrtskirche war von 1763–1806 von **Paulanerbrüdern,** einem

streng nach dem franziskanischen Armutsideal lebenden Orden, betreut worden. Die dazu gegründete Todes-Christi-Bruderschaft besteht noch heute.

Lit.:   *O. Frisch: Bad Wurzach. Hinterzarten: Chronikenverlag, 1975*

  A. Kiebele u.a.: Die Salvatorianer in Geschichte und Gegenwart.

  Rom: Verlag des Ordens, 1981

Die älteste religiöse Vereinigung in diesem Städtchen war das Kloster *Maria Rosengarten*, direkt neben der Stadtpfarrkirche. Es war eine Gründung der Mutter des Bauernjörg, der Truchsessin Helena von Waldburg, die selbst ihr letztes Lebensjahr hier verbrachte. Von vornherein war es als 3.-Orden-**FRANZISKANERINNEN** gestiftet, wobei hier

jedoch deutliche Unterschiede zu anderen Drittordensklausen auftreten, die aus Frauensammlungen entstanden (s. Unlingen und Pfullendorf). Denn hier wurden die Gründungsschwestern aus bereits bestehenden Klöstern geholt und lebte der Konvent in strenger Klausur, übernahm also keine sozialpflegerischen Tätig-

Foto: Willig

Bad Wurzach: Kloster Maria Rosengarten.
„Die eigene Kapelle als Ziel der Frauenklause"

keiten in der Gemeinde. Eigentlich war es ein verkapptes Zweitordenskloster, das von den Zinsen seiner Güter lebte.

Die Nonnen hatten einen direkten, gedeckten Zugang zur nebenstehenden Pfarrkirche. Sie durften sich erst nach 1700 in ihrem Haus eine eigene Kapelle einrichten, die heute das Schmuckstück des Gebäudes ist.

Nach der Aufhebung durch Württemberg ging der Besitz an das Haus Waldburg, das die Nonnen bis zum Tode wohnen ließ. Die letzte starb 1849. Jetzt holte man Schulschwestern aus einem neugegründeten Schweizer Lehrinstitut, die eine Mädchenschule einrichteten. Gegen diese „Ausländerinnen" wehrte sich jedoch das Königreich Württemberg, sodaß schließlich die **ARMEN SCHULSCHWESTERN** aus München-Anger die Schule übernahmen, die bereits in Württemberg zwei Niederlassungen betrieben. Als eigene württembergische Kongregation waren sie leichter staatlich kontrollierbar. Sie unterhalten seit 1936 anstelle der Schule eine Moor-Heilstätte, womit sie den Kurbetrieb der Stadt anregten.

Die Kapelle von 1701–1711 ist der Öffentlichkeit zugänglich, Zugang über die Pforte des Klosters. Sehenswert ist auch die nebenstehende

Pfarrkirche mit ihrer klassizistischen Ausstattung, in der man am nördlichen Seiteneingang das Grabmal der Klosterstifterin findet, eine wunderbare Renaissancearbeit.

Daten: 1513–1806 Franziskanerinnen, 1806–1849 Aussterbekloster,

1855–1863 Schulschwestern (CH), seit 1863 Arme Schulschwestern

Lit.:   R. Schneider: Maria Rosengarten. Eigenverlag, o.J. (Broschüre)

Alemania Franciscana Antiqua, Bd. 15, S. 163–247

A. Wilts: Beginen im Bodenseeraum, S. 469–470

04 *Wutöschingen*

Ofteringen

Die Eucharistieverehrung, die im 13. Jh. aufkam und zur Feier des Fronleichnamsfestes führte (s. Walldürn), hat in der Ordensgeschichte ihren Niederschlag in Form der *Frauengemeinschaften zur ewigen Anbetung* gefunden. Gibt es auch Männergemeinschaften zur ewigen Anbetung? Nein! Anscheinend paßt diese Form der Beschäftigung für klausurierte, kontemplativ-passive Frauen besser als für weltaktive Männer (vergl. Markdorf).

Im 17. Jh. hatte sich in Frankreich ein eigener Frauenorden hierzu gebildet, die *Sakramentarierinnen*. Bedeutender und bis in die heutige Zeit wirkend war jedoch die Übernahme der ewigen Anbetung durch Benediktinerinnen, die dies als Verbindung des „ora" mit dem „labora" benutzen konnten. Ausgehend von Frankreich, wo im 17. Jh. die Mutter von Ludwig XIV. solche Klöster förderte, bildete sich eine Tradition, die z.B. in der Schweiz noch heute besteht. Von dort sprang das Beispiel über die Grenze nach Ofteringen in das einzige derartige Kloster in BW. Verschiedene Klöster anderer Orden praktizieren die ewige Anbetung inzwischen auch (s. Schwäbisch Gmünd).

Foto: Kloster

Ofteringen: Benediktinerinnen bei
der ewigen Anbetung

Wer bei seiner Fahrt durch das Wutachtal das wunderbar über dem Ort liegende Schloß sieht, würde hier nie ein Frauenkloster vermuten. Die Gründerin Sabina Schneider war zuerst in Neusatzeck bei den Dominikanerinnen, wechselte dann zu den

Benediktinerinnen in Au bei Einsiedeln (CH), und erwarb schließlich 1862 das Ofteringer Schloß vom Kloster Rheinau. Dieses hatte es 200 Jahre lang aufgrund einer Schenkung besessen und verkaufte es gerade noch vor seiner Auflösung. Die Gründerin richtete einen **BENEDIKTINERINNEN-konvent** ein, der sich dem Schweizer Verband der Klöster der ewigen Anbetung anschloß.

Seit über 100 Jahren, beten Tag und Nacht jeweils 1–2 Nonnen vor dem Altare das Eucharistiesakrament an. Dies ergibt eine Investition von über 1 Million Stunden. Der Besucher kann daher die Kirche nie leer vorfinden. Daneben leben die Nonnen von ihrer Hände Arbeit: Landwirtschaft, Werkstätten, Herstellung von Pharmaprodukten. Der Besuch lohnt sich fast schon aufgrund des süffigen Kräuterlikörs, den man selbst herstellt.

Der Schloßbau (heute Gästehaus) stammt von 1428, die Kapelle aus der Barockzeit, die Konventbauten jedoch von 1883 und 1929. Die Ergänzungsbauten fügen sich gut in das Gesamtensemble.

Daten: seit 1862 Benediktinerinnen von der ewigen Anbetung

Lit.:   Peda-Kunstführer Nr. 101: Kloster Marienburg zu Ofteringen, 1993

Zell J 3

Direkt neben der Wallfahrtskirche „Maria in den Ketten" bzw. dem Kapuzinerkloster beginnt der 12 km lange Reichstalpfad. Hier befand sich die Grenze zwischen dem Reichsstädtchen Zell und dem freien Reichstal Harmersbach. Ein Unikum der mittelalterlichen Geschichte: Ein Tal, besiedelt von freien Bauern, erhielt im 14. Jh. unter Kaiser Ludwig (d. Bayer) den Status der Reichsfreiheit, sodaß es gleichberechtigt neben der freien Reichsstadt Zell stand. Schade, daß dieses Beispiel nicht Schule machte.

Die Wallfahrt zu „Maria in den Ketten" beruht auf der Legende eines in den Kreuzzügen aus der Gefangenschaft der Türken befreiten Schmiedegesellen. Solche Legenden taten der Volksseele gut, der Zustrom der Wallfahrer begann bereits im 14. Jh. Wallfahrer brauchen eine dementsprechend große Kirche und seelsorgerische Betreuung. Die passende Kirche stammt aus der Barockzeit, die seelsorgerische Betreuung übten über Jahrhunderte **KAPUZINER** aus. Zuerst im 17./18. Jh. die von Haslach, nach deren Aufhebung (1803) die von Straßburg, und seit 1918 ein eigener Kapuzinerkonvent vor Ort. Direkt hinter der Kirche erbauten sie Kloster mit Internat: Architektonisch wenig ansprechende Gebäude, die zur schmucken Kirche wie die Faust aufs Auge passen. Das Internat ist seit 1976 geschlossen und zu einem Haus der Begegnung geworden

Bereits die idyllische Lage der Wallfahrtskirche am Harmersbach unter
alten Bäumen sowie das Tal selbst machen einen Besuch (mit Wanderung)
lohnenswert.

Lit.:   *Schnell & Steiner Kunstführer Nr. 656: Wallfahrtskirche Zell-Harmersbach, 1987*

K 9 *Zwiefalten*

Die Wahl des (richtigen) Vogtes konnte für ein Kloster zu einer Entscheidung auf Leben und Tod werden. Denn die Vögte erlangten im Laufe
der Geschichte eine Stellung, die es ihnen in der Reformationszeit ermöglichte, ein Kloster aufzuheben und seinen Besitz zu übernehmen.

Der Ausgangspunkt für die Ausbildung von **Vogteirechten** über ein
Kloster liegt in dem Satz „Die Kirche verlangt kein Blut". Deshalb mußten
Bistümer und Klöster in weltlichen Gerichtsangelegenheiten eine einfluß-

Zwiefalten: „Katholisches Kloster unter
protestantischer Vogtei"

reiche nichtgeistli-
che Person, also ei-
nen adligen Laien,
zu ihrem Anwalt ma-
chen (= advocatus,
daher Vogt). Dieser
Laie übernahm auch
die Verteidigung des
Klosters gegenüber
anderen weltlichen
Mächten, was als
Schutz- und Schirm-
vogtei bezeichnet
wurde. Und schließ-
lich erlangte der Vogt auch die Blutgerichtsbarkeit über die Untertanen des
Klosters, urteilte also die Kriminalfälle ab, während der Abt die niedere
Gerichtsbarkeit innehatte. Für all das kassierte der Vogt Teile der klösterlichen Einnahmen, wurde zum Kastvogt (von Kasten = Scheune).

Während ursprünglich (theoretisch) eine freie Vogtwahl bestand, wurde
dieses Amt im Laufe der Zeit zu einem Teil des Familienerbes. Damit
gelangte der Vogt in eine immer unangreifbarere Position, so daß das
betroffene Kloster schrittweise in das Territorium des Landesherren integriert wurde, also *landsässig* wurde. Die Klosteruntertanen wurden zu
Landesuntertanen. Das Kloster hatte zwei Möglichkeiten, diesem
Abhängigkeitsverhältnis zu entkommen: Entweder auf das Recht der frei-
en Vogtwahl pochen und einen stärkeren Herren wählen (womit man vom
Regen in die Traufe kommen konnte, vergl. Bad Herrenalb), oder die

Vogteirechte aufzukaufen und sich selbst zu verteidigen, was seit dem
Spätmittelalter möglich war. Der letzte Weg führte zur Reichsunab-
hängigkeit. (Eine ausführliche Darstellung findet man in D. Stievermann:
Landesherrschaft und Klosterwesen im spätmittelalterlichen Württemberg.
Thorbecke, 1989). Das Kloster Zwiefalten ist ein besonders anschauliches
Beispiel für den Kampf eines Klosters gegen seine Vögte, weil es als ein-
ziges wirtembergisches Kloster diesen Kampf gewann und die
Reformation überlebte.

Zwei Grafen von der Achalm gründeten in Zwiefalten ein **BENEDIK-
TINERkloster** in der Zeit des Investiturstreites und besiedelten es mit
Mönchen des Reformklosters Hirsau (1089). Da die Grafen kinderlos blieben, erhielt das Kloster eine reiche Ausstattung. Typisch für Hirsauklöster
ist der Anschluß von Frauen, also das Bilden von **Doppelklöstern,** wel-
ches hier von ca. 1100–1349 bestand. Dann wurden diese Frauen ins
Benediktinerinnenkloster Mariaberg (s. Gammertingen) übersiedelt, das
dem Zwiefaltener Abt unterstand. Seine Glanzzeit erlebte Zwiefalten in
der Zeit nach der Gründung, der Niedergang kam (wie überall) im
Spätmittelalter.
Die Existenz Zwiefaltens war über Jahrhunderte hinweg ein Kampf gegen
das Haus Wirtemberg als seine Vögte. Die Vogteirechte waren von den
Gründern über die Welfen zu den Habsburgern und schließlich 1365 an die
Württemberger gelangt. Diese wollten im 15. Jh. das Kloster stärker an
sich binden, was jedoch zu einem Interessenkonflikt mit Habsburg führte,
das noch Teilrechte an der Vogtei besaß. Als das Kloster die österreichi-
sche Fahne hißte, überfiel es Graf Eberhard im Barte. Es kam zu einem
Prozeß mit kaiserlichem Schiedsspruch, wonach das Kloster in geistlichen
Dingen eine Selbstbestimmung erhielt, in weltlichen Dingen jedoch
Wirtemberg unterstand.
Solche Kompromisse hielten anderswo die Vögte nicht davon ab, in der
Reformationszeit ein Kloster aufzuheben. Aber in Zwiefalten stand eine
starke Macht im Hintergrund: Habsburg wollte ein Ausgreifen des prote-
stantischen Konkurrenten in seine „Spielwiese" Oberschwaben unterbin-
den. Daher wurde in zwei Verträgen (1535 und 1570) Wirtemberg an der
Aufhebung des Klosters gehindert. Wir haben es also für die beiden fol-
genden Jahrhunderte mit einer Zwitterstellung zu tun: Ein kath. bleibender
Konvent mit dem Damoklesschwert eines evang. Vogtes, der nur auf eine
Schwächeperiode Habsburgs zum Zuschlagen wartete.

Zwiefalten konzentrierte seine Kraft auf die Bildung eines geschlossenen
Territoriums: 20 Dörfer mit über 8000 Untertanen. Schließlich kam 1750
der große Tag. Es kaufte sich von Wirtemberg frei gegen Gebiets-
abtretungen und gegen eine enorme Geldsumme, wurde also reichsfrei und

Zwiefalten: „Vom Barock zum Überbarock"

konnte zu den bedeutendsten Klosterstaaten Schwabens gerechnet werden.
Zugleich erlebte es eine neue Blütezeit, was sich im Bereich der Bildung
(Gründung des Studienkonviktes in Ehingen, Beteiligung an der
Benediktineruniversität in Salzburg) und im Neubau der Kirche zeigte. Da
das Kloster in seinem Gebiet die Anerbenteilung (statt der Realteilung)
praktizierte, hatte es relativ wohlhabende Untertanen und stabile
Einnahmen.

Seinen Reichtum und seine gewonnene Reichsfreiheit demonstrierte es mit
dem Neubau der Kirche. Hierfür hatte man den berühmten Architekten
J.M. Fischer gewonnen, und für die Innenausstattung einige bekannte
Künstler (Stukkateur J.M. Feuchtmayer, Maler F.J. Spiegler, Orgelbauer
Gabler). Heraus kam ein Spätwerk des Barock, das mit der Kirchenfassade
beginnt und im Kircheninneren in der Komposition der verschiedenen
Künste fortgeführt wird. Man kann schon beinahe vom Überbarock sprechen. Die Konventbauten hatte man bereits im 17. Jh. neu errichtet (u.a.
von Franz Beer und M. Thumb). Sie bildeten jetzt zusammen mit der
Kirche ein Rechteck von 80 x 110 m. Die Anlage entsprach dem klassischen Klosterhofschema des Barock (vergl. Weingarten): Konventhof und
Prälatenhof südlich der Kirche, Wirtschaftshof nördlich, ein Kirchen-
vorhof vor der Westfassade.

Durch die Nutzung als Psychiatrisches Krankenhaus wurde die Anlage
deutlich verändert. Denn nach der Säkularisation und Ausplünderung
durch Württemberg (1802) wurde in den Gebäuden 1812 eine „Landes-

irrenanstalt" eingerichtet, die erste derartige Neunutzung kath. Klöster im Königreich Württemberg und damit Modell für weitere Anlagen (s. Schussenried).

In der Anlage fließen die beiden Quellbäche der Aach zusammen, was dem Ort seinen Namen gibt („zwiefache Aach") und im Sommer eine angenehme Erfrischung bringt. Der gesamte Ort ist sehr stark von verschiedenen Nutzbauten des Klosters geprägt (u.a. Klosterbrauerei).

Daten: 1089–1802 Benediktiner (um 1100–1349 Doppelkloster)

Lit.:   Germania Benedictina, Bd. V, S. 680–709

Kath. Pfarrgemeinde: „Münster Zwiefalten" o.J. (Broschüre, liegt aus)

W. Setzler: Kloster Zwiefalten. Thorbecke 1979

H.J. Persch: 900 Jahre Benediktinerabtei Zwiefalten. Süddt. Verlagsgesellschaft, 1989

Ordensniederlassungen in Baden-Württemberg

Ein Überblick in alphabetischer Ordnung

1. FRAUENORDEN

Augustiner-Chorfrauen

Baden-Baden: Chorfrauen v. Hl. Grab

Breisach: Chorfrauen Unser Lieben Frau

Heidelberg: Chorfrauen Unser Lieben Frau

Inzigkofen

Lobbach-Lobenfeld: 1223–1326

Offenburg: Chorfrauen Unser Lieben Frau

Ottersweier: Chorfrauen Unser Lieben Frau

Rastatt: Chorfrauen Unser Lieben Frau

Säckingen: 1556–1785

Ühlingen-Birkendorf: Riedern

Augustiner-Eremitinnen

Allensbach-Hegne: St. Adelheiden

Freiburg: St. Anna

Giengen

Konstanz-Mainau: St. Katharina

Oberndorf

Owen (bei Kirchheim)

Vaihingen-Böselsberg

Benediktinerinnen

Auggen-Gutnau: 1181–?, (1492–1553
  Männerpriorat von St. Blasien)

Buchau: um 770–13. Jh., (13. Jh. – 1806
  Damenstift)

Berg-Kellenried: seit 1924

Breisach-Marienau: 1255–1526

Effringen-Kirchen: Istein: um 1200–15. Jh.

Freiburg-Günterstal: Liobaschwestern:
  seit 1920

Friedenweiler: um 1123–1536, (1570–1802
  Zisterzienserinnen)

Friedrichshafen-Hofen: 1085–1419,
  (1441–1594 Propstei, 1702–1802
  Männerpriorat von Weingarten)

Gammertingen-Mariaberg: (um 1200–1293
  Dominikanerinnen), 1293–1806

Grafenhausen: 12.–15. Jh., (zuvor Zelle von
  Allerheiligen, danach Propstei von
  St. Blasien)

Heidelberg-Neuburg: 1195–1303,
  (1303–1460 Zisterzienserinnen),
  1460–1562, (1562–? calvin. Damenstift)

Immendingen-Amtenhausen: 1107–1802

Isny (-Rohrdorf): 1096–1189 Doppelkloster,
  1189–? in Rohrdorf

Kandern-Sitzenkirch: nach 1120–1525

Lauffen: ca. 1000 – vor 1285, (1285–1535
  Dominikanerinnen)

Lobbach-Lobenfeld: (1152–1200
  Augustiner-Chorherren),
  nach 1200–1270 (?), (1270–15. Jh.
  Zisterzienserinnen), 15. Jh. – 1616

Marxzell-Frauenalb: um 1180–1598

Ostrach-Habstal: (um 1260–1841
  Dominikanerinnen), seit 1892

Schelklingen-Ursprung: 1127–1806

Schwäbisch-Hall-Kleincomburg: um 1200
  (1108–? Männerpriorat v. Großcomburg)

Sölden: um 1080–1500 (1560–1806
  Männerpriorat von St. Peter)

Sulzburg: (um 1000 Chorherren),
  1005–1523

Teinach-Zavelstein-Kentheim: um 1080 –
  um 1200

Ühlingen-Berau: um 1110–1806

Waldkirch: um 918–1430, (1431–1806
  Kollegiatstift)

Wutöschingen-Ofteringen: seit 1862

484

Diakonissen (evangelisch)

Aidlingen	Schwäbisch Hall
Herrenberg	Schwanau-Nonnenweier
Karlsruhe-Rüppur	Stuttgart
Lörrach: Chrischonaschwestern	Weinstadt-Großheppach
Mannheim	

Dominikanerinnen (2. und 3. Orden)

Balingen	Meersburg
Deggenhausertal-Rubacker	Mengen-Ennetach
Donaueschingen-Neudingen	Nagold
Dornstetten-Engelthal	Oberndorf
Engen	Ostrach-Habstal
Esslingen: Sirnau, Weiler	Pforzheim
Freiburg	Pfullendorf
Friedrichshafen-Löwental	Rangendingen
Gammertingen-Mariaberg	Riegel
Geislingen-Binsdorf	Rosenfeld: Heiligenzimmern, Leidringen
Gomadingen-Offenhausen	Rottweil
Haigerloch: Stadt, Gruol, Stetten, Weildorf	Saulgau-Siessen
Hechingen-Stetten	Schwäbisch-Gmünd-Gotteszell
Heidelberg	Sigmaringen-Hedingen
Hirrlingen	Steinheim
Horb: Stadt, Altheim, Nordstetten	Steißlingen
Kirchheim u. Teck	Sulz: Stadt, Kirchberg, Bergfelden
Konstanz: Zoffingen, St. Peter a.d.F.	Villingen
Lauffen	Wildberg-Reutin

Franziskanerinnen (3. Orden) (Reste vorhanden)

Albstadt-Margrethausen	Ravensburg
Balingen-Erzingen	Rottenburg
Bermatingen-Weppach	Säckingen
Biberach	Salem-Bächem
Geislingen a.d. Steige	Saulgau
Herdwangen-Schönach-Hermannsberg	Schwäbisch Gmünd
Horb	Schwäbisch-Hall
Kißlegg	Sigmaringen: Gorheim + Laiz
Königseggwald	Sipplingen
Leonberg	Unlingen
Leutkirch	Waldsee: Stadt + Reute
Markdorf	Weingarten
Munderkingen	Wiesensteig
Pfullendorf	Wurzach

485

Kapuzinerinnen

Balsbach: heute
Markdorf: seit 1687

Pfullendorf: seit 1700

Karmelitinnen

Kirchzarten

Tübingen

Klarissen (Franziskanerinnen des 2. Ordens)

Esslingen
Freiburg
Heilbronn
Pfullingen

Schenkenzell-Wittichen
Ulm-Söflingen
VS-Villingen

Kongregationen

Allensbach-Hegne: Barmherzige Schwestern
   v. Hl. Kreuz, 1852 Ingenbol, 1895
   Mutterhaus in Hegne
Baden-Baden: Schwestern v. guten Hirten
Berkheim-Bonlanden: 1856 Franziskanerinnen
Bühl: Schwestern v. göttlichen Erlöser,
   1849 in Niederbronn, seit 1919 in Bühl,
   Vinzentinerinnen
Bühl-Neusatzeck, 1855, Dominikanerinnen
Dietenheim-Brandenburg: 1929, Franzis-
   kanerinnen
Ellwangen: 1921, Annaschwestern
   (Franziskanerinnen)
Freiburg: 1848, Vinzentinerinnen
Freiburg: 1920, Liobaschwestern
   (Benediktinerinnen)
Freiburg: 1929, Elisabethschwestern
Freiburg: Schwestern der Liebe v. kostbaren
   Blut
Freiburg: Schwestern v. Jesus-Maria
Gengenbach: 1866 in Seelbach, seit 1876 in
   Gengenbach
Karlsruhe: 1925 Franziskusschwestern d.
   Haus- und Krankenpflege

Münstertal-St. Trudpert: 1868 in Colmar,
   seit 1919 in St. Trudpert. Josefs-
   schwestern
Obermarchtal: 1919, Salesianerinnen
Rottenburg-Niedernau: Arme Schul-
   schwestern, 1957
Rippoldsau-Schapbach: Schwestern d. Liebe
Säckingen: 1852 Lehrschwestern vom Hl.
   Kreuz (Menzingen)
Sasbach-Erlenbad: 1859 in Schwarzach,
   seit 1919 in Erlenbad, Franziskanerinnen
Saulgau-Sießen: 1854 in Oggelsbeuren,
   seit 1860 in Sießen, Franziskanerinnen
Schramberg-Heiligenbbronn: 1857,
   Franziskanerinnen
Schwäbisch Gmünd: 1921, Franzis-
   kanerinnen v. der ewigen Anbetung
Untermarchtal: 1852 in Schwäbisch Gmünd,
   seit 1891 in Untermarchtal,
   Vinzentinerinnen
Waldsee-Reute: 1870, Franziskanerinnen
Wolfach: Kreuzschwestern, 1848 in
   Straßburg
Wurzach: 1863, Arme Schulschwestern

Prämonstratenserinnen

Adelberg
Lauda-Gerlachsheim
Lauffen: 1476–1536

Rot-Bruderhartmannszell
Weikersheim-Schäftersheim
Weikersheim-Louisgarde (Lochgarten)

Zisterzienserinnen

Altheim-Heiligkreuztal: 1231–1804

Baden-Baden-Lichtental: 1245 – heute

Baindt: 1236–1806

Billigheim: 1238–1803

Breisach-Marienau: 1266–1526

Creglingen-Frauenthal: 1232–1547

Donaueschingen-Neudingen: (zuvor
    Dominikanerinnen) 1562–1802

Freiburg-Günterstal: 1224–1806

Friedenweiler: (zuvor Benediktinerinnen)
    1570–1802

Güglingen-Frauenzimmern-Kirchbach:
    1238–1245–?

Gutenzell: 1237–1803

Heidelberg-Neuburg: 1303–1460

Kenzingen-Wonnental: 1261–1806

Kirchheim (Ries): 1267–1806

Löwenstein-Lichtenstern: 1268–1554

Lobbach-Lobenfeld: 1326–1459

Maselheim-Heggbach: 1231–1803

Michelfeld-Gnadental: 1245–1551

Müllheim-Rheintal: 1255–1489

Osterburken-Seligental: 1239–1568

Rottweil-Rottenmünster: 1222–1806

Sachsenheim-Rechentshofen: 1250–1564

Wald: 1216–1806

2. MÄNNERORDEN

Antoniter

Bruchsal

Freiburg

Konstanz

Reutlingen (?)

Teningen-Nimburg

Ulm

Villingen

Augustiner-Chorherren

Backnang

Beuron

Denkendorf

Freiburg

Herbrechtingen

Konstanz: St. Mauritius

Lahr: 1259–1482

Lobbach-Lobenfeld: 1145–1223

Neresheim: 1095–1120

Öhningen

St. Märgen

Sindelfingen

Steinheim a. Albuch

Ühlingen-Birkendorf: Riedern

Ulm

Waldsee

Augustiner-Eremiten

Breisach

Esslingen

Freiburg

Heidelberg

Konstanz

Lauda-Königshofen: Messelhausen (heute)

Oberndorf

Schwäbisch Gmünd

Stuttgart (heute)

Tübingen

Uttenweiler

Walldürn (Walldürn)

Weil der Stadt

Winterbach-Engelberg

Benediktinerabteien

Alpirsbach: 1095–1535

Beuron: (vor 1097–1802 Augustiner-
Chorherrenstift), 1863–68 Benediktiner-
Priorat, seit 1868 Abtei, (seit 1884
Beuroner Kongregation)

Blaubeuren: 1085–1536, 1548–1562

Calw-Hirsau: 830–, 1059–1535

Ellwangen: 764–1460, (bis 1806 Kollegiatstift)

Ettenheimmünster: 734–1803

Friesenheim-Schuttern: 603 (?), 730–1805

Gengenbach: um 750–1803

Heidelberg-Neuburg: 1130 Priorat von
Lorsch, (Frauenkloster der Benediktiner,
Zisterzienser, evang. Stift), seit 1925
Benediktiner

Herbrechtingen: 774–1144, (bis 1171
Kollegiatstift, bis 1536 Augustiner-
Chorherren)

Herbrechtingen-Anhausen: 1125–1536

Isny: 1096–1802

Karlsruhe-Gottesaue: 1094–1545

Konstanz-Petershausen: 983–1802

Lorch: 1102–1535

Mosbach: vor 800 – ca. 1016, (bis 1556
Kollegiatstift)

Münstertal-St. Trudpert: 9. Jh. – 1806

Murrhardt: 9. Jh. – 1558

Neresheim: (1095–1120 Augustiner-
Chorherren), 1120–1803, seit 1920

Ochsenhausen: (1093–1391 Priorat von
St. Blasien), 1391–1803

Öhningen: um 965–1166,
(bis 1803 Augustiner-Chorherren)

Öhningen-Schienen: 830–909, (bis 1757
Priorat von Reichenau)

Östringen-Odenheim: vor 1122–1494,
(bis 1507 Kollegiatstift, dann in
Bruchsal)

Reichenau: 724–1540, (bis 1757 Priorat des
Bischofs)

Rheinau-Honau: um 740–11. Jh.

Rheinmünster-Schwarzach: um 760–1803

St. Blasien: (Zelle von Rheinau vor 1000),
1065–1806

St. Georgen: 1085–1536

St. Peter: 1093–1806

Schwäbisch Hall-Comburg: 1079–1488,
(bis 1802 Kollegiatstift)

Sinsheim: um 1100–1496, (bis 1565
Kollegiatstift)

Ulm-Wiblingen: 1093–1806

Villingen: St. Georgen 1536 (1566)–1806

Weilheim: 1073–1093 (verlegt nach
St. Peter)

Weingarten: (943–1056 Benediktinerinnen),
1056–1806, seit 1922

Wiesensteig: 861 – unbekannt, (1130–1803
Kollegiatstift)

Wimpfen: (965–1803 Kollegiatstift),
seit 1919

Zwiefalten: 1089–1802

Benediktinerpriorate/-propsteien

Auggen-Gutnau: (1181 – unbekannt,
Benediktinerinnen), 1492–1553 von
St. Blasien

Baiersbronn-Klosterreichenbach: 1085–1603
Hirsau

Bissingen: 1284–1453 St. Peter

Bollschweil-St. Ulrich: 1087–1546 Cluny,
1560–1806 St. Peter

Bretzfeld-Rappach: 1343–1444 Odenheim

Buggingen-Betberg: 13. Jh. – 1556 St. Peter

Ebringen: 1621–1806 St. Gallen

Ehingen-Mochental: 15. Jh. – 1803
Zwiefalten

Freudenstadt-Kniebis: (1271–1277
Chorherren, bis 1344 Franzisk.), bis 1535
von Alpirsbach

Friedrichshafen-Hofen: (1085–1419
  Benediktinerinneninnen), 1441–1594
  Propstei von Weingarten, 1702–1802
  Priorat von Weingarten
Göppingen-Faurndau: 875–1200 St. Gallen,
  (bis 1290 Chorherrenpriorat, bis 1536
  Chorherrenstift)
Grafenhausen: 1736–1805 St. Blasien,
  (1100–15. Jh. Benediktinerinnen)
Gundelsheim-Höchstberg: 1136–1523
  Comburg
Heidelberg: St. Michael + St. Stephan:
  um 1020–1248 Lorch, (bis 1555
  Prämonstratenserpriorat)
Ibach-Neuenzell: 1320 – nach 1558
  St. Blasien
Ingelfingen-Kocherstein: 1149–1483
  Comburg
Kißlegg-Rötsee: 12.Jh. – 1580 Petershausen
Krozingen: 1383–1806 St. Blasien
Leimen-St. Ilgen: 1131–1476 Sinsheim
Mengen: (1282–1725 Wilhelmiten),
  bis 1740 St. Blasien, bis 1774
Petershausen, bis 1806 St. Blasien
Merdingen-Wippertskirch: 1683–1806
  Schuttern
Oberried: (1252–1724 Wilhelmiten),
  bis 1807 St. Blasien
Ochsenhausen: 1093–1391 St. Blasien,
  (1391–1803 Abtei)

Öhningen-Schienen: (830–909 Abtei),
  bis 1757 Reichenau
Ostfildern-Nellingen: 13.Jh. – 1649
  St. Blasien
Rippoldsau-Schapbach: Rippoldsau
  1273–1802 von St. Georgen
Rosenberg-Hohenberg: 1229 – um 1460
  von Ellwangen
Schliengen-Bürgeln: 1130–1561 St. Blasien,
  (1561–1805 Verwaltungssitz)
Schwäbisch Hall-Kleincomburg: 1108–?,
  von Großcomburg (Benediktinerinnen,
  Franziskaner)
Sölden: (um 1080–1500 Benediktinerinnen),
  1560–1806 von St. Peter
Steinen-Weitenau: ca. 1100–1560
  von St. Blasien
Tettnang-Langnau: 1200–1386 von
  Allerheiligen in Schaffhausen,
  (1405–1787 Pauliner)
Todtmoos: 1504–1806 St. Blasien,
  (seit 1987 Pauliner)
Wiesenbach: 1200–1480 Ellwangen

Brüder vom gemeinsamen Leben

Dettingen (a.d. Erms)

Herrenberg

Ottersweier (heute)

Oberboihingen

Tübingen-Einsiedel

Urach

Weilheim (heute)

Deutschherren

Ballei Elsaß-Burgund:

Achberg

Altshausen

Blaustein-Arnegg

Freiburg

Hohenfels

Konstanz-Mainau

Rheinfelden-Beuggen

Tengen-Blumenfeld

Deutschherren

Ballei Franken (Ellingen):

Giengen	Unterschneidheim
Lauchheim-Kapfenburg	Unterschneidheim-Zipplingen
Ulm	

Kammerballei Mergentheim:

Brackenheim-Stockheim	Mergentheim
Elztal-Dallau	Mergentheim-Wachbach
Friedrichshall-Heuchlingen	Neckarsulm
Gundelsheim-Horneck	Talheim
Heilbronn	Vaihingen
Heilbronn-Kirchhausen	Weinheim
Heilbronn-Sontheim	Winnenden

Dominikaner

Breisach	Pforzheim
Esslingen	Rottweil
Freiburg	Schwäbisch Gmünd
Heidelberg	Stuttgart
Konstanz	Ulm
Lauffen	Wimpfen
Mergentheim	

Franziskaner

Baden-Baden: Fremersberg	Rastatt
Bönnigheim	Reutlingen
Breisach	Saulgau
Freiburg	Schwäbisch Gmünd
Freudenstadt-Kniebis	Schwäbisch Hall
Hausach	Tauberbischofsheim
Heidelberg	Triberg-Nußbach
Heilbronn	Tübingen
Heiligenberg-Betenbrunn	Überlingen
Konstanz	Ulm
Leonberg	Villingen
Mosbach	Waldsee
Neuenburg	Wangen
Offenburg	

Heilig-Geist-Orden

Markgröningen	Wimpfen
Pforzheim	

Jesuiten

Baden-Baden	Ottersweier
Ellwangen	Ravensburg: heute
Ettlingen	Rottenburg
Freiburg	Rottweil
Heidelberg	St. Blasien: heute
Karlsruhe: heute	Stuttgart: heute
Konstanz	
Mannheim: heute	

Johanniter

Boxberg-Wölchingen: bis1300	Neuenburg: 1257
Bruchsal: 1272	Obersulm-Affaltrach: 1278
Freiburg: 1237	Rohrdorf: 1250
Grafenau-Dätzingen: 1263	Rottenburg-Hemmendorf: 1250
Heitersheim: 1297	Rottweil: 1250
Horb-Rexingen: 1275	Schwäbisch-Hall: 1200
Kenzingen: 1416	Überlingen: 1257
Krautheim: 13. Jh.	Villingen: 1253
Mergentheim: 1207	
Mosbach-Neckarelz: 1300	

Kapuziner

Baden-Baden	Mergentheim (heute)
Biberach	Meßkirch
Breisach	Neckarsulm
Bretten	Neuenburg
Bruchsal	Oberkirch
Bruchsal-Michaelsberg	Offenburg (heute)
Cleebronn-Michaelsberg	Oppenau
Deggingen (Deggingen)	Ottersweier
Dürnau	Radolfzell
Ellwangen	Ravensburg
Engen	Riedlingen
Freiburg	Rottenburg
Haslach	Rottweil
Heidelberg	Schwäbisch Gmünd
Karlsruhe	Staufen
Konstanz	Stockach
Langenargen	Stühlingen (heute)
Mahlberg	Titisee-Neustadt
Markdorf	Überlingen
Mannheim	Villingen

491

Kapuziner

Waghäusel (heute)

Waldshut

Walldürn

Wangen

Weil der Stadt

Wurmlingen

Zell (heute)

Karmeliten

Esslingen

Heilbronn

Ravensburg

Rottenburg

Weinheim

Kartäuser

Urach-Güterstein

Freiburg

Wurzach-Marienau (heute)

Kollegiatstifte

Backnang: 1477–1537, zuvor Augustiner 1116–1477

Baden-Baden: 1453–1803

Boll: 1155–1464, nach Göppingen-Oberhofen

Bruchsal: 1507–1803, zuvor in Odenheim

Ellwangen: 1459–1803, zuvor Benediktiner-Kloster

Ettlingen: 1460–1549

Geislingen-Binsdorf: 1372 – 15. Jh.

Göppingen-Faurndau: 12. Jh. – 1534, zuvor St. Gallen

Göppingen-Oberhofen: 1448–1534

Güglingen-Frauenzimmern: 1230–1246, danach Zisterzienserinnen

Hechingen: 1495–1806

Heidelberg:1400–1556

Heiligenberg-Betenbrunn: 1398–1801

Herbrechtingen:1144–1171, zuvor Benediktiner, danach Augustiner-Chorherren

Herrenberg: 1439–1481, 1517–1534, dazwischen Brüder vom gemeinsamen Leben

Hettingen   1503 – vor 1524

Hildrizhausen: 12. Jh. – 1439 nach Herrenberg

Horb: 1587–1806

Konstanz: Bischofskapitel: 6./7. Jh. – 1821

Konstanz: St. Stephan 10. Jh. – 1811

Konstanz: St. Johann 1266–1807

Lahr: 1482–1588, zuvor Augustiner-Chorherren

Leutkirch-Zeil: 1608–1805

Lorch: ca. 1060–1327

Markdorf: 1389–1431

Mosbach: 1016–1556, zuvor Benediktiner-kloster

Möckmühl: 1379–1558

Öhningen-Schienen: um 1250–1757, zuvor Benediktiner

Öhringen: 1037–1556

Östringen-Odenheim: 1494–1507, zuvor Benediktiner-Kloster

Pforzheim: 1460–1524

Radolfzell: 1100–1809

Reichenau-Oberzell: 11.–16. Jh.

Reichenau-Niederzell:1008–16. Jh.

Rheinau-Honau: 1047–1398, zuvor irisches Kloster

Rottenburg: 1330–1806

Schwäbisch Gmünd: 1761–1803

Schwäbisch Hall-Comburg: 1488–1802, zuvor Benediktiner-Kloster

Sindelfingen: 1050–1477, zuvor
   Benediktiner-Kloster; danach Augustiner
Sinsheim: 1496–1565, zuvor Benediktiner-
   Kloster
Stuttgart: 1320–1536
Trochtelfingen
Tübingen: 1476–1534
Überlingen: 1609–1810
Urach: 1517–1536, zuvor Brüder v.
   gemeinsamen Leben

Waldkirch: 1431–1806, zuvor Benediktine-
   rinnen-Kloster
Weinstadt-Beutelsbach: vor 1080–1316,
   nach Stuttgart
Wertheim: 1481–1547
Wimpfen: 10. Jh. – 1803
Wiesensteig: 1130–1803
Wolfegg: 1519–1806

Kongregationen

Biberach: Oblaten der makellosen Jungfrau
Bruchsal: Pallottiner
Durmersheim: Redemptoristen
Ellwangen: Redemptoristen
Ettenheim: Brüder der christlichen Lehre
Freiburg: Barmherzige Brüder
Freiburg: Herz-Jesu-Priester
Furtwangen: Salesianer
Heidelberg: Oratorianer
Immenstaad: Pallottiner
Jestetten: Redemptoristen
Konstanz: Salesianer

Mannheim: Salesianer
Riedlingen: Redemptoristen
Schwäbisch Gmünd: Pallottiner
Sindelfingen: Salettiner
Spaichingen: Claretiner
Stegen: Herz-Jesu-Priester
Stuttgart: Pallottiner
Stuttgart: Salvatorianer
Ulm: Salettiner
Unterkirnach (s. Villingen-Schwenningen):
   Schulbrüder
Wurzach: Salvatorianer

Missionsorden

Aulendorf: Steyler-Missionare
Ellwangen: Combonimissionare
Haigerloch: Weiße Väter

Kernen-Stetten: Missionsgesellschaft
Mosbach: Steyler-Missionare
Stuttgart: Spiritaner

Pauliner-Eremiten

Bonndorf
Kenzingen-Kirnhalden
Lenzkirch-Grünwald
Rottenburg Rohrhalden
St. Märgen (heute)
St. Peter (Kaiserstuhl)

Satteldorf-Anhausen
Tettnang: Argenhardt + Langnau
Todtmoos (heute)
Villingen-Schwenningen-Tannheim
Waldenburg-Goldbach
Weinstadt-Gundelsbach (Beutelsbach)

Prämonstratenser

Adelberg
Grenzach-Wyhlen: Himmelspforte (Priorat)
Lauda-Gerlachsheim (Priorat v. Oberzell)
Obermarchtal

Oppenau-Allerheiligen
Ravensburg-Weissenau
Rot a.d. Rot
Schussenried

Weltliche Chorherren

Siehe Kollegiatstifte

Wilhelmiten

Freiburg

Mengen

Mühlbach (Eppingen)

Oberried

Tübingen

Zisterzienser

Freiamt-Tennenbach: 1158–1806

Herrenalb: 1149–1535

Königsbronn: 1303–1554

Maulbronn: 1146–1557

Salem: 1134–1804

Schonau: 1145–1558

Schöntal: 1157–1802

Tübingen-Bebenhausen: 1190–1535

Urach-Güterstein: 1245–1279

Wertheim-Bronnbach: 1151–1548,
    1557–1803

Ortsverzeichnis

Autorenbiografie

Der Autor bei einer Exkursion

Wolfgang Willig, geboren 1949 in Aschaffenburg. Studium in Tübingen mit Abschluß als Diplompsychologe. 10 Jahre Tätigkeit als Schulpsychologe im Bereich des Oberschulamtes Tübingen. Seit 1987 freiberuflicher Fachschriftsteller und Herausgeber der Reihe „Unterrichtsmaterialien für soziale Berufe" im eigenen Verlag. Ehrenamtliche Tätigkeit in der Elternarbeit an Schulen und auf Landesebene. Kulturhistorisches Engagement in Form von Studienreisen und Seminaren zur Ordensgeschichte im Kloster Heiligkreuztal.

BADEN-WÜRTTEMBERG

A	
B	
C	
D	
E	
F	
G	

Scale: 0 10 20 30 40 50 km

Wertheim

Tauberbischofsheim
Lauda-Königshofen
Bad Mergentheim
Weikersheim Creglingen
Niederstetten
Schrozberg
Rot a.S.
Kirchberg
Satteldorf
Jagstzell
Ellwangen
Unterschneidheim
Kirchheim a.R.
Neresheim
Königsbronn

Walldürn
Boxberg
Krautheim
Ingelfingen
Weldenburg
Schwäbisch Hall
Michelfeld
Rosenberg
Murrhardt
Lorch
Adelberg
Göppingen

Osterburken
Möckmühl
Schöntal
Öhringen
Bretzfeld
Obersulm
Löwenstein
Oberstenfeld
Großbottwar
Steinheim a.d.M.
Backnang
Winnenden
Schwäbisch Gmünd
Winterbach

Limbach
Billigheim
Gundelsheim Bad Friedrichshall
Neckarsulm
Heilbronn
Lauffen
Bönnigheim
Marbach
Waiblingen
Weinstadt
Esslingen
Ostfildern

Elztal
Mosbach
Bad Wimpfen
Bietigheim-Bissingen
Markgröningen
STUTTGART
Weinstadt

Lobbach
Weinsberg
Eppingen
Brackenheim
Cleebronn
Sachsenheim
Leonberg Gerlingen
Sindelfingen

Schönau
Heidelberg
Leimen
Sinsheim
Östringen
Güglingen
Maulbronn
Vaihingen
Weil der Stadt

Weinheim
Wiesloch
Bretten
Pforzheim
Grafenau

Mannheim
Bruchsal
Calw

Waghäusel
Bad Teinach

Karlsruhe
Ettlingen
Marxzell
Bad Herrenalb

Durmersheim
Rastatt
Baden-Baden

Bühl

Rheinmünster

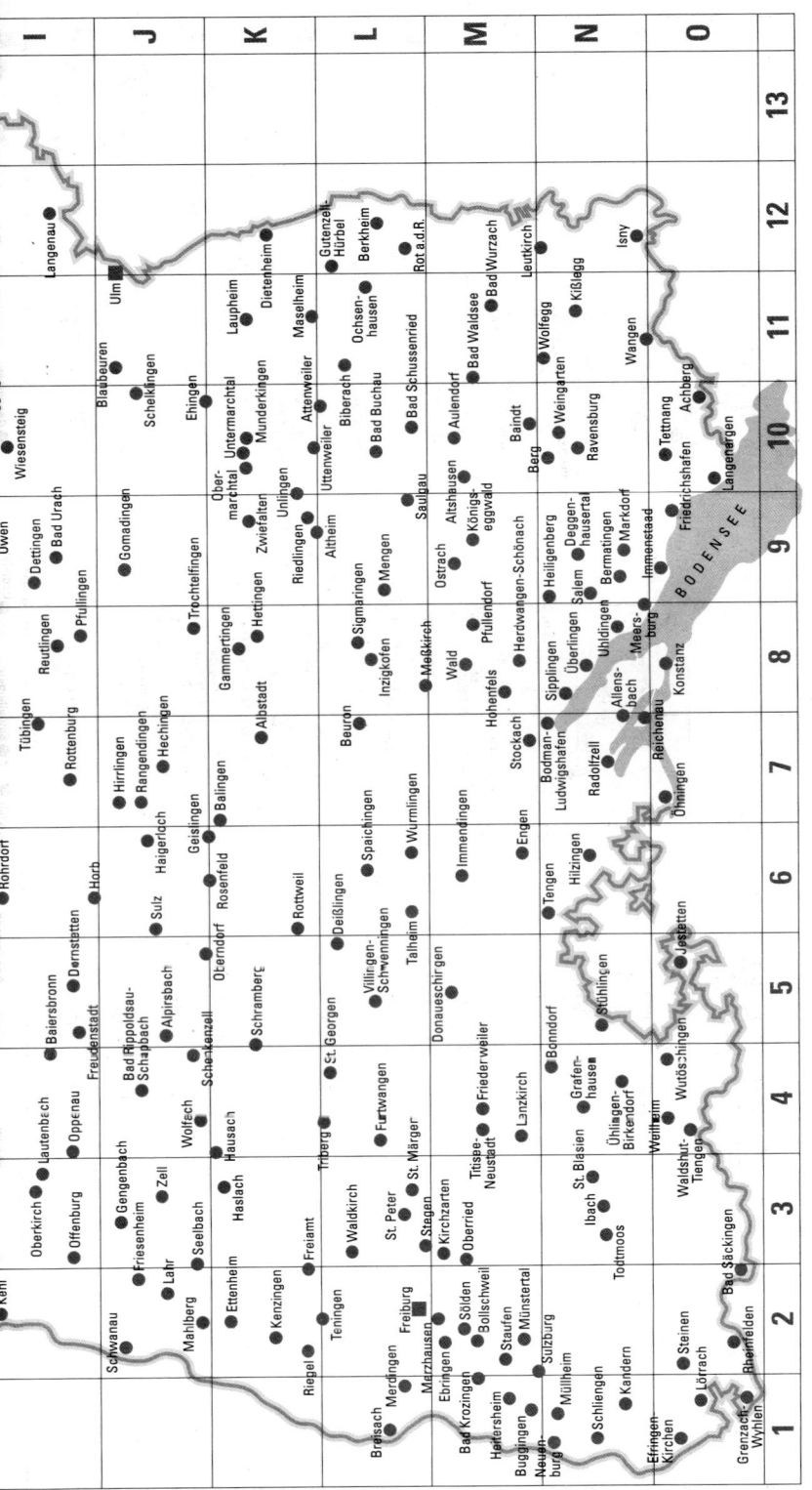

Das Buch richtet sich an:

- Alle Geschichtsinteressierten

- Kunst- und KulturliebhaberInnen

- Umweltbewußte Menschen, die die Welt vor Ihrer Haustüre entdecken wollen

- Senioren, denen nur noch ein Tages- oder Wochenendausflug erträglich ist

- Familien, die ihren Kindern einen Einblick in die Vergangenheit vermitteln wollen

- Beruflich Reisende, die aus einer Geschäftsreise mehr machen wollen

- ReiseleiterInnen, die ausgefallene Objekte für Studienreisen suchen

- SpurensucherInnen, die sich für das Unscheinbare begeistern können

- An Sie!